Die Hauptuntersuchung

§29, § 47a und Wichtiges aus der StVZO

Die Haupt-
untersuchung

§29, § 47a und Wichtiges aus der StVZO

Ein Leitfaden für Werkstätten, Fahrzeugverkäufer, Verwaltungsbehörden, Polizeibeamte, Fahrlehrer, Fuhrparkleiter und alle Interessierten an techn.-rechtlichen Fragen aus dem Bereich der StVZO und angrenzender Rechtsgebiete.

20. Auflage
(Stand: April 2008)

Dipl.-Ing. H. Braun · BMVBS

20. Auflage
Stand April 2008

Lektorat: Annette Dammann
Herstellung: Silvia Hollerbach
Satz & Layout: satz-studio gmbh, 86663 Bäumenheim
Umschlaggestaltung: Bernd Walser
Druck: Media-Print Informationstechnologie GmbH, 33100 Paderborn

Die Springer Transport Media GmbH ist Teil der Fachverlagsgruppe
Springer Science+Business Media.

ISBN: 978-3-574-28001-6 Verlag Heinrich Vogel

ISBN: 978-3-89059-093-6 Auto Business Verlag

Vorwort

Mit der 20. Auflage wird das Buch an die Vorschriften der Fahrzeugzulassungs-Verordnung (FZV) und die damit einhergegangenen Änderungen der StVZO angepasst. Dies betrifft insbesondere die Kapitel M und N.

Weiterhin wurden alle im Buch enthaltenen Vorschriften, Richtlinien und Merkblätter aktualisiert.

Auf die überarbeitete AU-Richtlinie und die neu veröffentlichte Richtlinie für die Überprüfung von Betriebstüren in KOM bei der HU und SP wird hingewiesen.

Bonn, im April 2008

H. Braun

Hinweis: Die mit gekennzeichneten Tabellen können unter www.heinrich-vogel-shop.de bzw. unter www.auto-business-shop.de im DIN A4-Format heruntergeladen werden.

aaO = am angegebenen Ort

aaS = amtlich anerkannter Sachverständiger für den Kraftfahrzeugverkehr

aaSoP = amtlich anerkannter Sachverständiger oder Prüfer für den Kraftfahrzeugverkehr

ABE = Allgemeine Betriebserlaubnis für Fahrzeuge oder Fz-Teile

Abs. = Absatz

ABV = automatischer Blockierverhinderer

AKE = Arbeitskreis Erfahrungsaustausch

ASU = Abgassonderuntersuchung

AU = Abgasuntersuchung

AVO = Ausnahmeverordnung zur StVZO

BGBl. = Bundesgesetzblatt

BGH = Bundesgerichtshof

BMI = Bundesministerium des Innern

BMVBS = Bundesministerium für Verkehr, Bau und Stadtentwicklung (früher: BMV = Bundesministerium für Verkehr)

BOKraft = Verordnung über den Betrieb von Kraftfahrtunternehmen im Personenverkehr

BSU = Bremsensonderuntersuchung

Buchst. = Buchstabe

bzw. = beziehungsweise

DA = Dienstanweisung zur StVZO

d.h. = das heißt

DEKRA = Deutscher Kraftfahrzeug-Überwachungs-Verein e.V.

EBE = Betriebserlaubnis für Einzelfahrzeuge oder Fz-Teile

ECE = Wirtschaftskommission der Vereinten Nationen für Europa

ELB = elektronisch gesteuerte Druckluftbremsanlage

EU = Europäische Union (früher EWG = Europäische Wirtschaftsgemeinschaft)

FeV = Fahrerlaubnis-Verordnung

FKÜ = Freiwillige Kraftfahrzeug-Überwachung der TÜV

FmH = Fahrrad mit Hilfsmotor

Fz = Fahrzeug

FZV = Fahrzeug-Zulassungsverordnung

GebOSt = Gebührenordnung für Maßnahmen im Straßenverkehr

ggf. = gegebenenfalls

GGVS = Gefahrgutverordnung Straße

GüKG = Güterkraftverkehrsgesetz

HU = Hauptuntersuchung

i.d.F. = in der Fassung

i.d.R. = in der Regel

i.R. = im Rahmen

i.S. = im Sinne

i.V.m. = in Verbindung mit

KBA = Kraftfahrt-Bundesamt

Kfz = Kraftfahrzeug

km/h = Kilometer pro Stunde

KOM = Kraftomnibus

Krad = Kraftrad

kW = Kilowatt

Lkw = Lastkraftwagen

lt. = laut

lof = land- oder forstwirtschaftliche

OBD = On-Board-Diagnosesystem

OLG = Oberlandesgericht

OWiG = Gesetz über Ordnungswidrigkeiten

PBefG = Personenbeförderungsgesetz

PI = Prüfingenieur

Abkürzungen

Pkw	=	Personenkraftwagen
s	=	Sekunde
sogen.	=	so genannte
SP	=	Sicherheitsprüfung
s.S.	=	siehe Seite
StVG	=	Straßenverkehrsgesetz
StVO	=	Straßenverkehrs-Ordnung
StVZO	=	Straßenverkehrs-Zulassungs-Ordnung
TP	=	Technische Prüfstelle
TÜV	=	Technischer Überwachungs-Verein
u.a.	=	unter anderem
u.a.m.	=	und anderes mehr
ÜO	=	Überwachungsorganisation
u.U.	=	unter Umständen
VD	=	Verkehrsdienst (Monat, Jahr, Seite)
VO	=	Verordnung
VOInt	=	Verordnung über internationalen Kraftfahrzeugverkehr
VkBl.	=	Amtsblatt des Bundesministeriums für Verkehr (Verkehrsblatt)
VRS	=	Verkehrsrechts-Sammlung
VwV	=	Allgemeine Verwaltungsvorschrift zur StVO bzw. StVZO
Zgm	=	Zugmaschine
ZU	=	Zwischenuntersuchung
zul. GG/GM	=	zulässiges Gesamtgewicht/zulässige Gesamtmasse
z.B.	=	zum Beispiel
z.T.	=	zum Teil
$=$	=	gleich
$\leqq$	=	kleiner gleich
$\geqq$	=	größer gleich

O Beleuchtung von Fahrzeugen 453

P Besondere Vorschriften aus der StVZO 465

Q Anhang mit Richtlinientexten (ausgenommen zu § 29 StVZO)/Sachwortverzeichnis 477

Entwicklung des § 29 StVZO und rechtliche Überwachung nach der Richtlinie 96/96/EG, der Richtlinie 2000/30/EG und der Technikrichtlinie

1. Entwicklung des § 29 StVZO
2. Richtlinie 96/96/EG mit Ergänzungen
3. Richtlinie 2000/30/EG über Unterwegskontrollen
4. Regelungen über technische Kontrollen von Nutzfahrzeugen auf der Straße (Technikrichtlinie)

1. Entwicklung des § 29 StVZO

Entwicklung des § 29 StVZO und technische Überwachung nach der Richtlinie 96/96/EG, der Richtlinie 2000/30/EG und der TechKontrollV

1. Entwicklung des § 29 StVZO

Bereits im Jahre 1930 wurde in der damaligen Reichs-Straßen-Zulassungs-Ordnung eine Kontrolluntersuchung für Kraftfahrzeuge und ihre Anhänger eingeführt. Diese Kontrolluntersuchungen entsprachen in etwa denen, die heute nach § 17 StVZO vorgesehen sind.

Im Jahre 1938 wurden die Vorschriften des § 29 StVZO eingeführt; sie sahen erstmals die Möglichkeit der wiederkehrenden Überwachung der Fahrzeuge vor. § 29 StVZO (BGBl. 1938 S. 1198) lautete wie folgt:

„*(1) Neben der ständigen Überwachung der Fahrzeuge im Straßenverkehr können Kraftfahrzeuge und ihre Anhänger von den Zulassungsstellen zur Prüfung durch amtlich anerkannte Sachverständige vorgeladen werden. Die Fahrzeuge sind zur Prüfung an dem in der Vorladung bestimmten Ort zur bestimmten Zeit vorzuführen. Die Prüfung ist in angemessenen Zeiträumen zu wiederholen.*

(2) Hauptsächlich sind zu prüfen: Lenkung, Bremsen, Beleuchtung (besonders die Abblendung der Scheinwerfer und die Deutlichkeit der Schluss- und Bremslichter), Bereifung und Fahrtrichtungsanzeiger, außerdem sind namentlich die amtlichen Kennzeichen und ihre Beleuchtung auf die etwaige Geräusch- und Rauchentwicklung zu prüfen.“

Parallel hierzu wurden durch die Verordnung über den Betrieb von Kraftfahrtunternehmen im Personenverkehr vom 13. Februar 1939 (BGBl. I S. 231) BOKraft-Bestimmungen über die Untersuchung von Fahrzeugen der Kraftfahrtunternehmen, die dem PBefG unterliegen, aufgenommen. Dies sind Unternehmen, die die gewerbsmäßige Beförderung von Personen betreiben, wie z.B. Kraftomnibus-, Taxen- und Mietwagenunternehmen.

Bei diesen Fahrzeugen wurden Erstuntersuchungen und regelmäßige Untersuchungen verlangt. Bei den regelmäßigen Untersuchungen wurde zwischen jährlichen Hauptuntersuchungen und laufenden Untersuchungen, die alle zwei Monate stattfinden sollten, unterschieden.

Nach diesen Bestimmungen wurden die Bezeichnungen „Haupt- und Zwischenuntersuchungen“ abgeleitet. Für jedes Fahrzeug musste ein Prüfbuch angelegt werden.

Mit der VO zur Änderung der StVZO vom 25. November 1951 (BGBl. I S. 908) wurde die wiederkehrende Überwachung von Kraftfahrzeugen und Anhängern obligatorisch eingeführt. § 29 StVZO erhielt folgenden Wortlaut:

„§ 29 Überwachung der Kraftfahrzeuge und Anhänger

(1) Unabhängig von der ständigen Überwachung der Fahrzeuge im Straßenverkehr haben die Zulassungsstellen in angemessenen, von den für den Verkehr zuständigen obersten Landesbehörden festzusetzenden Zeitabständen die Vorführung der Kraftfahrzeuge und ihrer Anhänger zur Prüfung durch amtlich anerkannte Sachverständige anzuordnen. Die Fahrzeuge sind zur Prüfung an dem in der Anordnung bestimmten Ort zur bestimmten Zeit vorzuführen.

(2) Die Prüfung hat alle für die Verkehrssicherheit wichtigen Teile und Einrichtungen, einschließlich der amtlichen Kennzeichen und ihrer Beleuchtung, sowie die Geräusch- und Rauchentwicklung zu umfassen.

(3) Fahrzeughaltern, die im eigenen Betrieb über entsprechend geschultes Personal und die erforderlichen technischen Einrichtungen verfügen, kann jederzeit widerruflich gestattet werden, die Prüfung der Kraftfahrzeuge und Anhänger selbst vorzunehmen. Die Erlaubnis wird von der für den Verkehr zuständigen obersten Landesbehörde erteilt und kann an Auflagen gebunden werden. § 68 Abs. 3 bleibt unberührt.

(4) Fahrzeughaltern, die den Nachweis erbringen, dass sie ihre Fahrzeuge regelmäßig von anerkannten Kunden- oder Bremsendiensten der Fahrzeug- oder Bremsenhersteller oder sonstigen anerkannten Stellen überwachen lassen, können Erleichterungen hinsichtlich der Prüfungen nach Absatz 1 gewährt werden. Die Anerkennung wird durch die für den Verkehr zuständige oberste Landesbehörde ausgesprochen. Sie bestimmt das Ausmaß der Erleichterungen.“

Mit dieser Vorschrift wurden damals die anerkannten Kundendienste der Fahrzeug- und der Bremsenhersteller in die Überwachung einbezogen Fahrzeughalter, die ihre Fahrzeuge dort regelmäßig untersuchen ließen, erhielten Erleichterungen.

Durch die Verordnung zur Änderung von Vorschriften des Straßenverkehrsrechts vom 7. Juli 1960 (BGBl. I S. 485) wurden die Bestimmungen über die technische Überwachung der Kraftfahrzeuge erheblich geändert und ergänzt. Man hatte festgestellt, dass der Personalmangel bei den Stadt- und Kreisbehörden die rechtzeitige Einberufung zur Untersuchung erheblich erschwerte und dass viele Kraftfahrzeughalter trotz mehrmaliger Aufforderung die Fahrzeuge nicht vorführten. Deshalb strebte die Neufassung die Heranziehung aller überwachungspflichtigen Fahrzeuge, die Entlastung der Stadt- und Kreisbehörden und die Einführung einer wirksamen Kontrolle durch Einführung der Plakette am Fahrzeug an. Wegen der Notwendigkeit einer besonders eingehenden Untersuchung auch der Fahrzeuge, die der Personenbeförderung im Werkverkehr dienten, wurden die Vorschriften des damaligen 5. Abschnitts der Verordnung über den Betrieb von Kraftfahrtunternehmen im Personenverkehr – BOKraft – (§§ 47 bis 87) im Wesentlichen in die StVZO übernommen. Dem Halter wurde die Pflicht auferlegt, ohne behördliche Aufforderung dafür zu sorgen, dass die vorgeschriebenen Untersuchungen durchgeführt werden. Zur Kontrolle wurde eine Prüfplakette eingeführt, die erkennen lässt, wann die nächste Hauptuntersuchung zu veranlassen ist. Die Pflicht des Halters, die periodische Untersuchung durchführen zu lassen, und die Grundsätze über die Prüfplakette wurden im neuen § 29 StVZO geregelt. In der Anlage VIII fanden sich die Einzelheiten über die Untersuchungen. Anlage IX schrieb vor, wie die Prüfplakette beschaffen sein musste. Die Hauptuntersuchung beschränkte sich nicht mehr auf die Verkehrssicherheit und die Geräusch- und Abgasentwicklung, sondern auf die Einhaltung aller technischen Vorschriften der Straßenverkehrs-Zulassungs-Ordnung, z.B. auch der Maßnahmen zur Funkentstörung.

Nachdem man 11 Jahre Erfahrungen gesammelt und § 29 im Jahre 1963 geringfügig geändert hatte, wurden § 29 und die Anlagen VIII und IX zur StVZO durch die Verordnung vom 13. Juli 1971 (BGBl. I S. 979) nochmals neu gefasst.

Die wesentlichsten Änderungen, die diese Verordnung enthielt, waren:

Der Kreis der überwachungspflichtigen Fahrzeuge sollte auf die Fahrzeuge konzentriert werden, die ein eigenes amtliches Kennzeichen nach Art der Vorlage V zur StVZO führten. Das waren zunächst alle Kraftfahrzeuge und Anhän-

ger, die nach § 18 Abs. 1 StVZO zulassungspflichtig waren. Hinzu kamen diejenigen Kraftfahrzeuge, die nach § 18 Abs. 2 zwar zulassungsfrei waren, aber nach § 18 Abs. 4 ein amtliches Kennzeichen führen mussten.

Hingegen entfiel zu einem Teil die bisherige Einbeziehung auch der lediglich betriebserlaubnispflichtigen Fahrzeuge; es handelte sich dabei vornehmlich um folgende Fahrzeugarten:

- Selbstfahrende Arbeitsmaschinen und einachsige Zugmaschinen mit einer durch die Bauart bestimmten Höchstgeschwindigkeit von nicht mehr als 20 km/h – jetzt 25 km/h.
- Krankenfahrstühle, Fahrräder mit Hilfsmotor sowie Kleinkrafträder, diese allerdings nur, wenn ihre durch die Bauart bestimmte Höchstgeschwindigkeit nicht mehr als 20 km/h betrug und
- die nach § 18 Abs. 1 Nr. 6 StVZO zulassungsfreien Anhänger.

Die Herausnahme der nicht selbst kennzeichenpflichtigen Fahrzeuge aus der amtlichen technischen Überwachung befreite selbstverständlich die Halter und Führer solcher Fahrzeuge in keiner Weise von ihrer Verantwortlichkeit dafür, dass die Fahrzeuge im Verkehr zu jeder Zeit vorschriftsmäßig sein mussten (§ 16 Abs. 1 i.V.m. § 31 Abs. 2 StVZO und § 23 Abs. 1 StVO).

Der Zulassungsstelle und dem amtlich anerkannten Sachverständigen oder Prüfer wurde die Möglichkeit eingeräumt, die Prüfplakette ausnahmsweise auch dann zuzuteilen, wenn das Fahrzeug nur geringe Mängel aufwies. Die Änderung dient der Straffung des Überwachungsverfahrens; sie macht zugleich für den Halter die erneute Vorführung seines Fahrzeugs zur Nachuntersuchung entbehrlich.

Die VO wollte schließlich das Prüfbuchverfahren vereinfachen. Künftig war ein Prüfbuch nur noch für Fahrzeuge zu führen, die Zwischenuntersuchungen und Bremsensonderuntersuchungen unterzogen werden mussten. Hier war das Prüfbuch zu Kontrollzwecken weiterhin notwendig.

In den nächsten Jahren folgten, bis auf die Zulassung weiterer amtlich anerkannter Überwachungsorganisationen im Jahre 1989 (Änderung der Nr. 7 Anlage VIII StVZO), nur marginale Vorschriftenänderungen. Durch die am 1. Juni 1998 in Kraft getretene 28. VO zur Änderung straßenverkehrsrechtlicher Vorschriften (BGBl. I S. 1051) wurden § 29 und Anlage VIII StVZO umfassend überarbeitet bzw. neu gefasst. Zielsetzung hierbei war es, insbesondere die „Überwachungsvorschriften" an den fortgeschrittenen Entwicklungsstand sowie das verbesserte Verschleißverhalten der Fahrzeuge anzupassen (Zusammenfassung von ZU und BSU zur SP, „Streckung" der SP-Fristen) und eine Verbesserung bei der Qualität der vorgeschriebenen HU und SP durch eindeutige Durchführungsvorschriften zu erreichen. Die Durchführungsvorschriften (§ 29 und Anlage VIII bis VIIId StVZO) und die dazugehörigen Richtlinien traten im Wesentlichen am 1.12.1999 in Kraft, damit bis zu diesem Zeitpunkt sowohl die personellen (z.B. Schulungen, Anerkennungen) wie auch sächlichen Voraussetzungen (z.B. Ausstattung der Untersuchungsstellen) geschaffen werden konnten.

Durch die 24. VO zur Änderung der StVZO vom 3.2.1999 (BGBl. I S. 82, VkBl. 1999, S. 552) wurden insbesondere die für amtlich anerkannte Überwachungsorganisationen geltenden Vorschriften der Anlage VIIIb StVZO geändert und erweitert.

Eine umfassende Änderung der Vorschriften erfolgte durch die 41. VO zur Änderung straßenverkehrsrechtlicher Vorschriften vom 3.3.2006 (BGBl. I S. 470, VkBl. 2006, S. 249).

Durch die VO wurden die Vorschriften über die regelmäßige technische Überwachung der Fahrzeuge an die fortgeschrittene Fahrzeugtechnik angepasst und verschiedene Vorschriften vereinfacht. Im Einzelnen:

- Zusammenfassung der HU und AU nach einem zeitlich gestuften Verfahren (2006/2010) auf Grund der geänderten Vorschriften über die zulässigen Abgasemissionen von Kraftfahrzeugen; damit mittelfristig Entlastung der Halter von Kraftfahrzeugen.
- Einführung der Untersuchung der Abgase und Geräusche im Verkehr befindlicher Krafträder.
- Einführung der Untersuchung sicherheits- und umweltrelevanter elektronisch geregelter

Fahrzeugsysteme auf der Grundlage von Systemdaten (Verbaudaten, Identifizierungsmerkmalen, Prüfmodalitäten), die von den Fahrzeugherstellern Fahrzeug bezogen zur Verfügung gestellt werden.
- Vereinfachung der Vorschriften durch Zusammenfassung verschiedener Anerkennungsvorschriften für Kraftfahrzeugwerkstätten sowie Trennung von grundlegenden Vorschriften, die in die Verordnung und von Durchführungsbestimmungen, die in Durchführungsrichtlinien aufgenommen wurden.

Im Wesentlichen traten die Vorschriften am 1.4.2006 in Kraft.

Eine Ergänzung der Vorschriften über die regelmäßige technische Überwachung erfolgte durch die 42. VO zur Änderung straßenverkehrsrechtlicher Vorschriften vom 16.3.2006 (BGBl. I S. 543, VkBl. S. 418). Durch diese VO wurde die wiederkehrende Überprüfung der Gasanlagen für Antriebssysteme von Kfz in die HU integriert. Diese Untersuchung kann – ähnlich wie die AU und AUK – auch von dafür amtlich anerkannten Kfz-Werkstätten durchgeführt werden. Auch diese Vorschriften traten am 1.4.2006 in Kraft.

In Ausfüllung der Revisionsklausel zur 41. VO – siehe dazu auch die amtliche Begründung unter B4 – ist vorgesehen, etwa 2010 die Vorschriften umfassend zu überarbeiten.

2. RICHTLINIE 96/96/EG DES RATES vom 20.12.1996, zur Angleichung der Rechtsvorschriften der Mitgliedstaaten über die technische Überwachung der Kraftfahrzeuge und Kraftfahrzeuganhänger[1], geändert durch die Richtlinien der Kommission – 1999/52/EG, 2001/9/EG, 2001/11/EG und 2003/27/EG sowie durch VO EG Nr. 1882/2003

(Abl. Nr. L 46/1 vom 17.2.97, Nr. L 142/26 vom 5.6.1999, Nr. L 48/18, Nr. L 48/20 vom 17.2.2001), Nr. L 90/41 vom 8.4.2003 und Nr. L 284/1 vom 31.10.2003

KAPITEL I

Allgemeine Bestimmungen

Artikel 1

(1) In jedem Mitgliedstaat sind die in diesem Staat zugelassenen Kraftfahrzeuge, Kraftfahrzeuganhänger und Sattelanhänger einer regelmäßigen technischen Überwachung entsprechend dieser Richtlinie und insbesondere ihrer Anhänge I und II zu unterziehen.

(2) Die zu untersuchenden Fahrzeuggruppen, die Zeitabstände der Untersuchungen und die Punkte, die geprüft werden müssen, sind in den Anhängen I und II aufgeführt.

Artikel 2

Die technische Überwachung nach dieser Richtlinie ist von staatlichen Stellen oder von staatlich entsprechend beauftragten öffentlichen Stellen oder von Organisationen oder Einrichtungen vorzunehmen, die vom Staat dafür bestimmt und unter seiner unmittelbaren Aufsicht tätig sind, einschließlich hierfür zugelassener privatwirtschaftlicher Organisationen. Sind die mit der technischen Überwachung beauftragten

[1] Die in der Richtlinie aufgeführten Rechtsgrundlagen, Verfahren und Erwägungsgründe (Präambel) sind hier nicht wiedergegeben, sie können in den o.g. EG-Amtsblättern nachgelesen werden.

Einrichtungen gleichzeitig als Kraftfahrzeugreparaturwerkstätten tätig, so tragen die Mitgliedstaaten in besonderer Weise dafür Sorge, dass die Objektivität und eine hohe Qualität der Überwachung gewahrt sind.

Artikel 3

(1) Die Mitgliedstaaten treffen die ihres Erachtens erforderlichen Maßnahmen, damit nachgewiesen werden kann, dass das Fahrzeug einer technischen Untersuchung, die mindestens den Anforderungen dieser Richtlinie entspricht, mit positivem Ergebnis unterzogen worden ist.

Diese Maßnahmen werden den übrigen Mitgliedstaaten und der Kommission mitgeteilt.

(2) Jeder Mitgliedstaat erkennt den in einem anderen Mitgliedstaat erteilten Nachweis darüber, dass ein im Hoheitsgebiet des betreffenden anderen Mitgliedstaats zugelassenes Kraftfahrzeug, ein Kraftfahrzeuganhänger oder ein Sattelanhänger einer technischen Untersuchung, die mindestens den Anforderungen dieser Richtlinie entspricht, mit positivem Ergebnis unterzogen worden ist, in der gleichen Weise an, als hätte er diesen Nachweis selbst erteilt.

(3) Die Mitgliedstaaten wenden zweckdienliche Verfahren an, um, soweit das praktikabel ist, sicherzustellen, dass die Bremswirkung der auf ihrem Hohheitsgebiet zugelassenen Fahrzeuge den Anforderungen dieser Richtlinie entspricht.

KAPITEL II

Ausnahmeregelungen

Artikel 4

(1) Die Mitgliedstaaten können die Fahrzeuge der Streitkräfte, der Polizei, der Gendarmerie und der Feuerwehr vom Anwendungsbereich dieser Richtlinie ausnehmen.

(2) Die Mitgliedstaaten können nach Anhörung der Kommission bestimmte Fahrzeuge, die unter außergewöhnlichen Bedingungen in Betrieb genommen oder benutzt werden, sowie Fahrzeuge, die nicht oder kaum auf öffentlichen Wegen benutzt werden, einschließlich vor dem 1. Januar 1960 hergestellter Fahrzeuge von historischem Interesse, oder die vorübergehend aus dem Verkehr gezogen werden, vom Anwendungsbereich dieser Richtlinie ausnehmen oder Sonderbestimmungen unterwerfen.

(3) Für Fahrzeuge von historischem Interesse dürfen die Mitgliedstaaten nach Anhörung der Kommission eigene Prüfvorschriften erlassen.

Artikel 5

Unbeschadet der Anhänge I und II können die Mitgliedstaaten

- den Zeitpunkt für die erste obligatorische technische Untersuchung vorverlegen und ggf. eine Untersuchung vor der Zulassung des Fahrzeugs vorschreiben,
- den Zeitabstand zwischen zwei aufeinanderfolgenden obligatorischen technischen Untersuchungen abkürzen,
- die technische Untersuchung der fakultativen Ausrüstung zwingend vorschreiben,
- die Zahl der zu untersuchenden Punkte erhöhen,
- die Verpflichtung zur regelmäßigen technischen Untersuchung auf andere Fahrzeuggruppen ausdehnen,
- zusätzliche technische Untersuchungen vorschreiben,
- für die auf ihrem Hoheitsgebiet zugelassenen Fahrzeuge höhere Werte für die Mindestwirksamkeit der Bremsen festlegen und die Prüfungen bei höheren Nutzlasten als den in Anhang II festgelegten Werten durchführen, sofern diese Vorschriften nicht über die der ursprünglichen Typgenehmigung des Fahrzeugs hinausgehen.

Artikel 6

(1) Abweichend von den Anhängen I und II können die Mitgliedstaaten bis spätestens 1. Januar 1993

- einen späteren Zeitpunkt für die erste obligatorische technische Untersuchung vorsehen,
- den Zeitabstand zwischen zwei aufeinanderfolgenden obligatorischen Untersuchungen verlängern,

- die Zahl der zu untersuchenden Punkte verringern,
- die der obligatorischen technischen Untersuchung unterliegenden Fahrzeuggruppen ändern,

jedoch müssen vor diesem Stichtag alle in Anhang I Nummer 5 aufgeführten leichten Nutzfahrzeuge der obligatorischen technischen Untersuchung gemäß dieser Richtlinie unterworfen werden.

In den Mitgliedstaaten, in denen für diese Fahrzeuggruppe am 28. Juli 1988 noch kein mit dem System dieser Richtlinie vergleichbares System einer regelmäßigen technischen Überwachung bestand, gilt Absatz 1 bis zum 1. Januar 1995.

(2) Im Falle der in Anhang I Nummer 6 aufgeführten Personenkraftwagen gilt Absatz 1 bis zum 1. Januar 1994.

In den Mitgliedstaaten, in denen für diese Fahrzeuggruppe am 31. Dezember 1991 noch kein mit dem System dieser Richtlinie vergleichbares System für die regelmäßige technische Überwachung bestand, gilt Absatz 1 bis zum 1. Januar 1998.

KAPITEL III

Schlussbestimmungen

Artikel 7

(1) Der Rat erlässt auf Vorschlag der Kommission mit qualifizierter Mehrheit die erforderlichen Einzelrichtlinien zur Festlegung der Mindestvorschriften und -verfahren für die Überwachung der Fahrzeuge in bezug auf die in Anhang II aufgeführten Punkte.

(2) Die Änderungen, die erforderlich sind, um die in den Einzelrichtlinien niedergelegten Vorschriften und Verfahren an den technischen Fortschritt anzupassen, werden nach dem Verfahren des Artikels 8 erlassen.

Artikel 8

(1) Die Kommission wird von einem Ausschuss zur Anpassung der Richtlinie über die technische Überwachung der Kraftfahrzeuge und Kraftfahrzeuganhänger an den technischen Fortschritt (nachstehend „Ausschuss" genannt) unterstützt.

(2) Wird auf diesen Artikel Bezug genommen, so gelten die Artikel 5 und 7 des Beschlusses 1999/468/EG[1] unter Beachtung von dessen Artikel 8.

Der Zeitraum nach Artikel 5 Absatz 6 des Beschlusses 1999/468/EG wird auf drei Monate festgesetzt.

(3) Der Ausschuss gibt sich eine Geschäftsordnung.

Artikel 9

(1) Die Kommission legt dem Rat spätestens am 31. Dezember 1998 einen Bericht über die Einführung der technischen Überwachung von Personenkraftwagen mit allen erforderlichen Vorschlägen, insbesondere für die zeitlichen Abstände und die Aufgabenstellung der Überwachungen, vor.

(2) Die Kommission überprüft spätestens drei Jahre nach der Einführung regelmäßiger Untersuchungen der Geschwindigkeitsbegrenzer auf der Grundlage der gesammelten Erfahrungen, ob sich durch die vorgesehenen Kontrollen Störungen oder unbefugte Eingriffe in Geschwindigkeitsbegrenzer nachweisen lassen und ob eine Änderung der geltenden Regelung erforderlich ist.

Artikel 10

Die in Anhang III Teil A[1] aufgeführten Richtlinien werden zu dem in Artikel 11 genannten Zeitpunkt unbeschadet der Verpflichtungen der Mitgliedstaaten hinsichtlich der in Anhang III Teil B[1] aufgeführten Umsetzungs- und Anwendungsfristen aufgehoben.

Verweisungen auf die aufgehobenen Richtlinien gelten als Verweisungen auf die vorliegende Richtlinie und sind nach der Übereinstimmungstabelle in Anhang IV[2] zu lesen.

Artikel 11

(1) Die Mitgliedstaaten erlassen die Rechts- und Verwaltungsvorschriften, die erforderlich sind, um dieser Richtlinie spätestens ab dem 9. März

[1] Beschluss 1999/468/EG des Rates vom 28. Juni 1999 zur Festlegung der Modalitäten für die Ausübung der der Kommission übertragenen Durchführungsbefugnisse (ABl. L 184 vom 17.7.1999, S. 23).

[2] Die Anhänge III und IV sind hier nicht abgedruckt.

1998 nachzukommen. Sie setzen die Kommission unverzüglich davon in Kenntnis.

Wenn die Mitgliedstaaten diese Vorschriften erlassen, nehmen sie in den Vorschriften selbst oder durch einen Hinweis bei der amtlichen Veröffentlichung auf diese Richtlinie Bezug. Die Mitgliedstaaten regeln die Einzelheiten der Bezugnahme.

(2) Die Mitgliedstaaten teilen der Kommission den Wortlaut der wichtigsten innerstaatlichen Rechtsvorschriften mit, die sie auf dem unter diese Richtlinie fallenden Gebiet erlassen.

(3) Die Mitgliedstaaten ergreifen die erforderlichen Maßnahmen zur Umsetzung des in dieser Richtlinie vorgesehenen Überwachungssystems.

Diese Maßnahmen müssen wirksam, verhältnismäßig und abschreckend sein.

Artikel 12

Diese Richtlinie tritt am zwanzigsten Tag nach ihrer Veröffentlichung im *Amtsblatt der Europäischen Gemeinschaften* in Kraft.

Artikel 13

Diese Richtlinie ist an die Mitgliedstaaten gerichtet.

Geschehen zu Brüssel am 20. Dezember 1996.

Im Namen des Rates
Der Präsident

S. BARRETT

ANHANG I

DER TECHNISCHEN ÜBERWACHUNG UNTERLIEGENDE FAHRZEUGGRUPPEN UND ZEITABSTÄNDE DER UNTERSUCHUNGEN

Fahrzeuggruppe	Zeitabstände der Untersuchungen
1. Kraftfahrzeuge, die der Personenbeförderung dienen und außer dem Führersitz mehr als acht Sitzplätze aufweisen	Ein Jahr nach der ersten Benutzung, dann jährlich
2. Kraftfahrzeuge, die der Güterbeförderung dienen, mit einer zulässigen Gesamtmasse von mehr als 3500 kg	Ein Jahr nach der ersten Benutzung, dann jährlich
3. Anhänger und Sattelanhänger mit einer zulässigen Gesamtmasse von mehr als 3500 kg	Ein Jahr nach der ersten Benutzung, dann jährlich
4. Taxis, Krankenkraftwagen	Ein Jahr nach der ersten Benutzung, dann jährlich
5. Kraftfahrzeuge, die normalerweise der Beförderung von Gütern im Straßenverkehr dienen, mit einer zulässigen Gesamtmasse von nicht mehr als 3500 kg und mindestens vier Rädern, mit Ausnahme von landwirtschaftlichen Zug- und Arbeitsmaschinen	Vier Jahre nach der ersten Benutzung, dann alle zwei Jahre
6. Kraftfahrzeuge zur Personenbeförderung mit mindestens vier Rädern, die außer dem Führersitz nicht mehr als acht Sitzplätze aufweisen	Vier Jahre nach der ersten Zulassung, dann alle zwei Jahre

ANHANG II

OBLIGATORISCHE PRÜFPUNKTE

Die Untersuchung erstreckt sich mindestens auf die nachstehend aufgeführten Punkte, sofern sich diese auf die Ausrüstung beziehen, die in dem betreffenden Mitgliedstaat für das zu prüfende Fahrzeug obligatorisch ist.

Die in diesem Anhang aufgeführten Untersuchungen können ohne Ausbau der Fahrzeugteile erfolgen.

Für den Fall, dass das Fahrzeug an den nachstehend aufgeführten Prüfpunkten Mängel aufweist, legen die zuständigen Behörden der Mitgliedstaaten ein Verfahren fest, in dem die Bedingungen für eine Benutzung des Fahrzeugs im Straßenverkehr bis zum erfolgreichen Durchlaufen einer neuerlichen technischen Untersuchung festgelegt werden.

FAHRZEUGE DER FAHRZEUGGRUPPEN 1, 2, 3, 4, 5 UND 6	
1 Bremsvorrichtung Die technische Überwachung der Bremsvorrichtung des Fahrzeugs umfasst die nachstehend genannten Punkte. Die hierbei erzielten Werte müssen, soweit dies praktikabel ist, den technischen Anforderungen der Richtlinie 71/320/EWG [1] genügen.	
Prüfpunkte	**Mängel**
1.1 Mechanischer Zustand und Funktion	
1.1.1 Bremsnockenhebel, Fußbremshebel	– schwergängig – Lagerung ausgeschlagen – Verschleiß / Spiel zu groß
1.1.2 Zustand des Pedals und Weg der Bremsbetätigungseinrichtung	– übermäßiger Weg oder keine ausreichende Wegreserve vorhanden – Freigängigkeit der Bremse beeinträchtigt – Antirutschvorrichtung auf dem Bremspedal fehlt, ist locker oder abgenutzt
1.1.3 Vakuumpumpe oder Kompressor und Behälter	– übermäßige Schwelldauer – Luftdruck bzw. Vakuum für mindestens zwei Bremsungen nach Ansprechen der Warneinrichtung (oder Manometeranzeige in der Gefahrzone) unzureichend – spürbarer Druckabfall durch Luftaustritt oder hörbarer Luftaustritt
1.1.4 Druckwarnanzeige, Manometer	– Druckwarnanzeige bzw. Manometer arbeitet fehlerhaft oder ist schadhaft

[1] Richtlinie 71/320/EWG des Rates vom 26. Juli 1971 zur Angleichung der Rechtsvorschriften der Mitgliedstaaten über die Bremsanlagen bestimmter Klassen von Kraftfahrzeugen und deren Anhängern (ABl. Nr. L 202 vom 6.9.1971, S. 37). Richtlinie zuletzt geändert durch die Richtlinie 91/422/EWG (ABl. Nr. L 233 vom 22.8.1991, S. 21).

Prüfpunkte	Mängel
1.1.5 Handbremsventil	– Betätigungseinrichtung gebrochen oder beschädigt, übermäßiger Verschleiß – Ventil arbeitet fehlerhaft – Betätigungseinrichtung unsicher an Ventilspindel befestigt oder Ventilkörper ungenügend gesichert – Verbindungen locker oder Leckage im System – Funktion ungenügend
1.1.6 Feststellbremse, -bremshebel, -ratsche	– Feststellratsche hält nicht ausreichend – übermäßiger Verschleiß an Hebellagerung oder an Ratschenvorrichtung – übermäßiger Hebelweg infolge falscher Einstellung
1.1.7 Bremsventile (Fußventile, Druckregler, Regelventile usw.)	– beschädigt, übermäßiger Luftaustritt – übermäßiger Ölaustritt aus Kompressor – unsicher befestigt / unsachgemäß montiert – Austritt von Hydraulikbremsflüssigkeit
1.1.8 Kupplungsköpfe für Anhängerbremsen	– Absperrhähne oder selbstabsperrendes Kupplungskopfventil schadhaft – unsicher befestigt / unsachgemäß montiert – übermäßige Leckage
1.1.9 Energievorratsbehälter, Druckluftbehälter	– beschädigt, korrodiert, undicht – Entwässerungseinrichtung ohne Funktion – unsicher befestigt / unsachgemäß montiert
1.1.10 Bremskraftverstärker, Hauptbremszylinder (hydraulische Anlagen)	– Bremskraftverstärker schadhaft oder ohne Wirkung – Hauptbremszylinder schadhaft oder undicht – Hauptbremszylinder unsicher befestigt – Bremsflüssigkeitsvorrat unzureichend – Abdeckung für Ausgleichsbehälter des Hauptbremszylinders fehlt – Bremsflüssigkeitswarnlicht leuchtet oder ist defekt – Warnanzeige für Bremsflüssigkeitsstand arbeitet fehlerhaft
1.1.11 Bremsleitungen	– Ausfall- oder Bruchgefahr – undichte Leitungen oder Kupplungskopfanschlüsse – beschädigt oder übermäßig korrodiert – falsche Verlegung

Prüfpunkte	Mängel
1.1.12 Bremsschläuche	– Ausfall- oder Bruchgefahr – Beschädigung, Scheuerstellen, Bremsschläuche zu kurz, verdreht eingebaut – undichte Schläuche oder Anschlüsse – Ausbeulung des Schlauchs unter Druck – Porosität
1.1.13 Bremsbeläge, -klötze	– übermäßiger Verschleiß – verschmutzt (Öl, Fett usw.)
1.1.14 Bremstrommeln, Bremsscheiben	– übermäßiger Verschleiß, übermäßige Riefenbildung, Risse, ungenügend gesichert oder gebrochen – Bremstrommeln oder Bremsscheiben verschmutzt (Öl, Fett usw.) – Bremsträger ungenügend gesichert
1.1.15 Bremsseile, Bremszugstangen, Bremshebel, Bremsgestänge	– Seile beschädigt, verknotet – übermäßiger Verschleiß oder übermäßige Korrosion – Seil- oder Zugstangenverbindung ungenügend gesichert – Seilführung schadhaft – Beeinträchtigungen der Freigängigkeit der Bremsanlage – übermäßige Hebel-, Zugstangen- oder Gestängewege infolge falscher Einstellung oder übermäßigen Verschleißes
1.1.16 Zugspanneinrichtungen (einschließlich Federspeicherbremsen oder hydraulische Radbremszylinder)	– gerissen oder beschädigt – undicht – unsicher befestigt / unsachgemäß montiert – übermäßig korrodiert – übermäßiger Weg des Betätigungskolbens oder der Membrane – Staubschutz fehlt oder ist übermäßig beschädigt
1.1.17 Bremskraftregler	– Gestänge defekt – falsch eingestellt – festgefressen, unwirksam – fehlt
1.1.18 Automatische Gestängesteller	– festgefressen oder zu großer Weg infolge übermäßigen Verschleißes oder falscher Einstellung – schadhaft
1.1.19 Retarder (soweit vorhanden oder erforderlich)	– unsichere Verbindungen oder Befestigungen – schadhaft

Prüfpunkte		Mängel
1.2	Betriebsbremse, Wirkung und Wirksamkeit	
1.2.1	Wirkung (schrittweise Steigerung bis zur maximalen Bremskraft)	– nicht vorhandene oder ungenügende Bremskraft an einem oder mehreren Rädern – Bremskraft an einem Rad beträgt weniger als 70 % der größten, an dem anderen Rad derselben Achse gemessenen Bremskraft. Im Falle einer Bremsprüfung auf der Straße: übermäßige Abweichung des Fahrzeugs von der Geraden – Bremskraft nicht abstufbar (Rupfen) – Verlustzeit der Bremse an einem der Räder zu lang – übermäßige Bremskraftschwankungen aufgrund verzogener Scheiben oder unrunder Trommeln
1.2.2	Wirksamkeit	– Abbremswirkung, bezogen auf die zulässige Höchstmasse oder, im Falle von Sattelanhängern, auf die Summe der zulässigen Achslasten, wenn durchführbar, von weniger als den folgenden Werten: Mindestbremswirksamkeit Gruppe 1: 50 %[1] Gruppe 2: 43 %[2] Gruppe 3: 40 %[3] Gruppe 4: 50 % Gruppe 5: 45 %[4] Gruppe 6: 50 % oder die Bremskraft liegt unter den vom Fahrzeughersteller für die Fahrzeugachse[5] festgelegten Bezugswerten

[1] 48 % für Fahrzeuge der Gruppe 1, die nicht mit ABS ausgerüstet sind, oder für die die Typgenehmigung vor dem 1. Oktober 1991 erteilt wurde (Datum des Verbots des ersten Inverkehrbringens ohne europäische Typgenehmigung) (Richtlinie 71/320/EWG in der Fassung der Richtlinie 88/194/EWG der Kommission [ABl. Nr. L 92 vom 9.4.1988, S. 47]).

[2] 45 % für Fahrzeuge, die nach 1988 oder ab dem Datum der Umsetzung der Richtlinie 71/320/EWG in der Fassung der Richtlinie 85/647/EWG der Kommission (ABl. Nr. L 380 vom 31.12.1985, S. 1) in einzelstaatliches Recht, falls diese später erfolgte, zugelassen wurden.

[3] 43 % für Sattelanhänger und LKW-Anhänger, die nach 1988 oder nach dem Datum der Umsetzung der Richtlinie 71/320/EWG in der Fassung der Richtlinie 85/647/EWG der Kommission in einzelstaatliches Recht, falls diese später erfolgte, zugelassen wurden.

[4] 50 % für Fahrzeuge der Gruppe 5, die nach 1988 oder nach dem Datum der Umsetzung der Richtlinie 71/320/EWG in der Fassung der Richtlinie 85/647/EWG der Kommission in einzelstaatliches Recht, falls diese später erfolgte, zugelassen wurden.

[5] Der Bezugswert für die Fahrzeugachse ist die Bremskraft – ausgedrückt in Newton –, die notwendig ist, um diese vorgeschriebene Bremskraft bei dem speziellen Gewicht des vorgeführten Fahrzeugs zu erreichen.

Prüfpunkte		Mängel
1.3	Hilfsbremse, Wirkung und Wirksamkeit	
1.3.1	Wirkung	– Bremse einseitig ohne Wirkung – Bremskraft an einem Rad 70% der größten, an einem anderen Rad derselben Achse gemessenen Bremskraft – Bremskraft nicht abstufbar (Rupfen) – automatische Bremsanlagen bei Anhängern unwirksam
1.3.2	Wirksamkeit	– für alle Fahrzeuggruppen eine Abbremswirkung von weniger als 50%[6] der Wirkung der Betriebsbremse gemäß 1.2.2, bezogen auf die zulässige Höchstmasse, oder, im Falle von Sattelanhängern, auf die Summe der zulässigen Achslasten
1.4	Feststellbremse, Wirkung und Wirksamkeit	
1.4.1	Wirkung	– Bremse einseitig ohne Wirkung
1.4.2	Wirksamkeit	– für alle Fahrzeuggruppen eine Abbremswirkung von weniger als 16% in bezug auf die zulässige Höchstmasse oder für Kraftfahrzeuge weniger als 12%, bezogen auf die Höchstmasse der Fahrzeugkombination, je nachdem welcher Wert höher ist
1.5	Retarder oder Motorbremse	– Bremskraft nicht abstufbar (Retarder) – schadhaft
1.6	Blockierverhinderer	– Warneinrichtung arbeitet fehlerhaft – schadhaft

[6] Bei Fahrzeugen der Gruppe 2 und 5 beträgt die (von der Richtlinie 71/320/EWG in der Fassung der Richtlinie 85/647/EWG der Kommission nicht erfasste) Mindestbremswirkung der Hilfsbremse 2,2 m/s².

Fahrzeuge der Fahrzeuggruppen 1, 2 und 3		Fahrzeuge der Fahrzeuggruppen 4, 5 und 6	
2	**Lenkvorrichtung und Lenkrad**	**2**	**Lenkvorrichtung**
2.1	Mechanischer Zustand	2.1	Mechanischer Zustand
2.2	Lenkrad	2.2	Lenkungsspiel
2.3	Lenkungsspiel	2.3	Lenkradverbindung
2.4	Radlager		
3	**Sichtverhältnisse**	**3**	**Sichtverhältnisse**
3.1	Sichtfeld	3.1	Sichtfeld
3.2	Scheiben	3.2	Scheiben
3.3	Rückspiegel	3.3	Rückspiegel
3.4	Scheibenwischer	3.4	Scheibenwischer
3.5	Scheibenwascher	3.5	Scheibenwascher
4	**Leuchten, Rückstrahler und sonstige elektrische Anlagen**	**4**	**Beleuchtungseinrichtungen**
4.1	Scheinwerfer für Fern- und Abblendlicht	4.1	Scheinwerfer für Fern- und Abblendlicht
4.1.1	Zustand und Funktionieren	4.1.1	Zustand und Funktionieren
4.1.2	Einstellung	4.1.2	Einstellung
4.1.3	Schalter	4.1.3	Schalter
4.1.4	Optischer Wirkungsgrad		
4.2	Begrenzungs-, Umriss- und Schlussleuchten	4.2	Zustand und Funktionieren, Fehlerfreiheit der Streuscheibe, Farbwirkung und Beleuchtungsstärke der
4.2.1	Zustand und Funktionieren	4.2.1	Begrenzungsleuchten
4.2.2	Lichtfarbe und optischer Wirkungsgrad	4.2.2	Bremsleuchten
4.2.3	Fahrtrichtungsanzeiger		
		4.2.4	Rückfahrscheinwerfer
4.2.5	Nebelleuchten		
		4.2.6	Beleuchtung für das hintere Kennzeichen
4.2.7	Rückstrahler		
		4.2.8	Gefahrenwarnleuchten
4.3	Bremsleuchten		
4.3.1	Zustand und Funktionieren		
4.3.2	Lichtfarbe und optischer Wirkungsgrad		
4.4	Fahrtrichtungsanzeiger		
4.4.1	Zustand und Funktionieren		
4.4.2	Lichtfarbe und optischer Wirkungsgrad		
4.4.3	Schalter		
4.4.4	Blinkfrequenz		

Fahrzeuge der Fahrzeuggruppen 1, 2 und 3		Fahrzeuge der Fahrzeuggruppen 4, 5 und 6	
4.5 4.5.1 4.5.2 4.5.3	Nebelscheinwerfer und Nebelschlussleuchten Anbringung Zustand und Funktionieren Lichtfarbe und optischer Wirkungsgrad		
4.6 4.6.1 4.6.2	Rückfahrscheinwerfer Zustand und Funktionieren Lichtfarbe und optischer Wirkungsgrad		
4.7	Beleuchtung für das hintere Kennzeichen		
4.8	Rückstrahler – Zustand und Farbe		
4.9	Funktionsanzeiger		
4.10	Elektrische Verbindungen zwischen ziehendem Fahrzeug und Anhänger oder Sattelanhänger		
4.11	Elektrische Leitungen		
5	**Achsen, Räder, Reifen und Aufhängungen**	**5**	**Achsen, Räder, Reifen und Aufhängungen**
5.1	Achsen	5.1	Achsen
5.2	Räder und Reifen	5.2	Räder und Reifen
5.3	Aufhängungen	5.3	Aufhängungen
6	**Fahrgestell, am Fahrgestell befestigte Teile**	**6**	**Fahrgestell, am Fahrgestell befestigte Teile**
6.1 6.1.1 6.1.2 6.1.3 6.1.4 6.1.5 6.1.6	Fahrgestell oder Fahrgestellrahmen und daran befestigte Teile Allgemeiner Zustand Abgasführungen und Schalldämpfer Kraftstoffbehälter und -leitungen Abmessungen und Zustand des Unterfahrschutzes bei Lastkraftwagen Halterung des Ersatzrades Kupplung am ziehenden Fahrzeug, Anhänger und Sattelanhänger	6.1 6.1.1 6.1.2 6.1.3 6.1.4 6.1.5	Fahrgestell oder Fahrgestellrahmen und daran befestigte Teile Allgemeiner Zustand Abgasführungen und Schalldämpfer Kraftstoffbehälter und -leitungen Halterung des Ersatzrades Sicherheit der Kupplung (falls eingebaut)
6.2 6.2.1 6.2.2 6.2.3 6.2.4	Führerhaus und Karosserie Allgemeiner Zustand Befestigung Türen und Schlösser Boden	6.2 6.2.1 6.2.2	Karosserie Zustand der Struktur Türen und Schlösser

Fahrzeuge der Fahrzeuggruppen 1, 2 und 3	Fahrzeuge der Fahrzeuggruppen 4, 5 und 6
6.2.5 Fahrersitz 6.2.6 Trittstufen	
7 Sonstige Ausstattungen	**7 Sonstige Ausstattungen**
7.1 Sicherheitsgurte	7.1 Befestigung des Fahrersitzes
7.2 Feuerlöscher	7.2 Befestigung der Batterie
7.3 Schlösser und Diebstahlsicherungen	7.3 Einrichtung für Schallzeichen
7.4 Warndreieck	7.4 Warndreieck
7.5 Verbandskasten 7.5.1 Sicherheit des Einbaus 7.5.3 Betrieb	7.5 Sicherheitsgurte 7.5.2 Zustand der Gurte
7.6 Unterlegkeil(e) für Räder	
7.7 Einrichtung für Schallzeichen	
7.8 Geschwindigkeitsmesser	
7.9 Fahrtschreiber (Vorhandensein und Verplombung) – Überprüfung der Gültigkeit des Einbauschildes nach der Verordnung (EWG) Nr. 3821/85[1] – im Zweifelsfall ist zu überprüfen, ob der Nennumfang oder die Größe der Reifen den Daten entspricht, die auf dem Einbauschild angegeben sind – falls durchführbar, ist zu überprüfen, ob die Verplombung des Fahrtschreibers und ggf. sonstige Sicherungseinrichtungen der Anschlüsse gegen unbefugte Eingriffe unversehrt sind	
7.10 Geschwindigkeitsbegrenzer – wenn möglich, ist zu überprüfen, ob der Geschwindigkeitsbegrenzer gemäß der Richtlinie 92/6/EWG[2] eingebaut ist – Überprüfung der Gültigkeit des Einbauschildes des Geschwindigkeitsbegrenzers	

[1] Verordnung (EWG) Nr. 3821/85 des Rates vom 20. Dezember 1985 über das Kontrollgerät im Straßenverkehr (ABl. Nr. L 370 vom 31.12.1985, S. 8). Verordnung zuletzt geändert durch die Verordnung (EG) Nr. 2479/95 der Kommission (ABl. Nr. L 256 vom 26.10.1995, S. 8).

[2] Richtlinie 92/6/EWG des Rates vom 10. Februar 1992 über Einbau und Benutzung von Geschwindigkeitsbegrenzern für bestimmte Kraftfahrzeugklassen in der Gemeinschaft (ABl. Nr. L 57 vom 2.3.1992, S. 27) und Berichtigung (ABl. Nr. L 224 vom 30.9.1993, S. 34).

Fahrzeuge der Fahrzeuggruppen 1, 2 und 3	Fahrzeuge der Fahrzeuggruppen 4, 5 und 6
– falls durchführbar, ist zu überprüfen, ob die Verplombung des Geschwindigkeitsbegrenzers und ggf. sonstige Sicherungseinrichtungen der Anschlüsse gegen unbefugte Eingriffe unversehrt sind – falls durchführbar, ist zu überprüfen, ob der Geschwindigkeitsbegrenzer verhindert, dass die in den Artikeln 2 und 3 der Richtlinie 92/6/EWG genannten Fahrzeuge diese vorgegebenen Werte überschreiten	
8 Umweltbelästigungen	**8 Umweltbelästigungen**
8.1 Lärmentwicklung	8.1 Lärmentwicklung

FAHRZEUGE DER FAHRZEUGGRUPPEN 1, 2, 3, 4, 5, UND 6

8.2 Auspuffabgase

8.2.1 Kraftfahrzeuge mit Fremdzündungsmotor (mit Benzin betrieben)

a) Wenn die Emissionen nicht durch eine moderne Abgasreinigungsanlage wie einen Dreiwege-Katalysator mit Lambdasonde verringert werden:

1. Sichtprüfung der Auspuffanlage auf Vollständigkeit, ordnungsgemäßen Zustand und Dichtheit.

2. Sichtprüfung der vom Hersteller eingebauten Emissionsminderungseinrichtung auf Vollständigkeit, ordnungsgemäßen Zustand und Dichtheit.

Nach einer angemessenen (den Empfehlungen des Fahrzeugherstellers entsprechenden) Warmlaufzeit des Motors Messung des Kohlenmonoxid-Gehalts (CO) der Abgase im Leerlauf (ohne Last).

Der CO-Gehalt der Abgase darf höchstens dem vom Fahrzeughersteller angegebenen Wert entsprechen. Liegen hierzu keine Angaben vor oder entscheiden die Prüfstellen in den Mitgliedstaaten, diese nicht als Referenzwerte zu verwenden, so darf der CO-Gehalt der Abgase folgende Werte nicht überschreiten.

i) 4,5 Vol.-% bei Fahrzeugen, die zwischen dem Zeitpunkt, ab dem die Mitgliedstaaten für diese Fahrzeuge die Übereinstimmung mit der Richtlinie 70/220/EWG[1] vorgeschrieben haben, und dem 1. Oktober 1986 erstmals zugelassen bzw. in Betrieb genommen wurden;

ii) 3,5 Vol.-% bei Fahrzeugen, die nach dem 1. Oktober 1986 erstmals zugelassen bzw. in Betrieb genommen wurden.

b) Wenn die Emissionen durch eine moderne Abgasreinigungsanlage wie einen Dreiwege-Katalysator mit Lambdasonde verringert werden:

[1] ABl. L 76 vom 9.3.1970, S. 1.

1. Sichtprüfung der Auspuffanlage auf Vollständigkeit, ordnungsgemäßen Zustand und Dichtheit.

2. Sichtprüfung der vom Hersteller eingebauten Emissionsminderungseinrichtung auf Vollständigkeit, ordnungsgemäßen Zustand und Dichtheit.

3. Ermittlung der Wirksamkeit der Abgasreinigungsanlage durch Messung des Lambdawerts und des CO-Gehalts der Abgase gemäß Nummer 4 oder gemäß den sonstigen vom Fahrzeughersteller angegebenen, bei der Erteilung der Typgenehmigung genehmigten Verfahren. Für jede Prüfung wird der Motor nach den Empfehlungen des Fahrzeugherstellers konditioniert.

4. Emissionen am Auspuff – Grenzwerte

   Der CO-Gehalt der Abgase darf höchstens dem vom Fahrzeughersteller angegebenen Wert entsprechen. Liegen hierzu keine Angaben vor, so darf der CO-Gehalt der Abgase folgende Werte nicht überschreiten:

   i) Messungen bei Leerlauf des Motors:

      Der zulässige CO-Gehalt der Abgase darf 0,5 Vol.-% nicht überschreiten; bei Fahrzeugen, für die die Typgenehmigung gemäß den Grenzwerten in Zeile A der Tabelle in Anhang I Abschnitt 5.3.1.4 der Richtlinie 70/220/EG in der geänderten Fassung der Richtlinie 98/69/EG[2] oder in später geänderten Fassungen erteilt wurde, darf der CO-Gehalt 0,3 Vol.-% nicht überschreiten. Ist Übereinstimmung mit der Richtlinie 70/220/EG in der geänderten Fassung der Richtlinie 98/69/EG nicht gegeben, so gelten die vorstehend genannten Bestimmungen für Fahrzeuge, die nach dem 1. Juli 2002 erstmals zugelassen oder in Betrieb genommen wurden;

   ii) Messungen bei erhöhter Leerlaufdrehzahl (ohne Last) von mindestens 2000 min^{-1}:

      Der CO-Gehalt darf höchstens 0,3 Vol.-% betragen; bei Fahrzeugen, für die die Typgenehmigung gemäß den Grenzwerten in Zeile A oder Zeile B der Tabelle in Anhang I Abschnitt 5.3.1.4 der Richtlinie 70/220/EG in der geänderten Fassung der Richtlinie 98/69/EG oder in später geänderten Fassungen erteilt wurde, darf der CO-Gehalt 0,2 Vol.-% nicht überschreiten. Ist Übereinstimmung mit der Richtlinie 70/220/EG in der geänderten Fassung der Richtlinie 98/69/EG nicht gegeben, so gelten die vorstehend genannten Bestimmungen für Fahrzeuge, die nach dem 1. Juli 2002 erstmals zugelassen oder in Betrieb genommen wurden.

      Lambda: 1 ± 0,03 oder gemäß Herstellerangaben;

   iii) Bei gemäß der Richtlinie 70/220/EWG (in der geänderten Fassung der Richtlinie 98/69/EG und späteren Fassungen) mit On-Board-Diagnosesystemen (OBD) ausgerüsteten Kraftfahrzeugen können die Mitgliedstaaten alternativ zu der unter i) genannten Prüfung das ordnungsgemäße Funktionieren des Abgassystems durch das angemessene Ablesen des OBD-Geräts bei gleichzeitiger Prüfung des ordnungsgemäßen Funktionierens des OBD-Systems feststellen.

8.2.2 Kraftfahrzeuge mit Selbstzündungsmotor (Dieselmotor)

a) Messung der Abgastrübung bei Beschleunigung (ohne Last) von der Leerlauf- bis zur Abregeldrehzahl, wobei sich der Gangschalthebel in neutraler Stellung befindet und die Kupplung betätigt wird.

[2] ABl. L 350 vom 28.12.1998, S. 1.

b) Vorkonditionierung des Fahrzeugs:

1. Die Fahrzeuge können ohne Konditionierung geprüft werden. Aus Sicherheitsgründen sollte der Motor aber betriebswarm und in ordnungsgemäßem mechanischen Zustand sein.

2. Außer gemäß Buchstabe d) Unterabsatz 5 darf die Prüfung für kein Fahrzeug als nicht bestanden gewertet werden, das nicht wie folgt konditioniert wurde:

   i) Der Motor hat die volle Betriebstemperatur erreicht, z.B. hat er bei Messung der Motoröltemperatur mit einem Fühler im Messstabrohr mindestens 80 °C oder eine darunter liegende übliche Betriebstemperatur, oder die Motorblocktemperatur entspricht bei Messung der Infrarotstrahlung mindestens einer gleich hohen Temperatur. Ist diese Messung aufgrund der Fahrzeugkonfiguration nicht durchführbar, so kann die normale Betriebstemperatur des Motors auf andere Weise, z.B. durch die Inbetriebsetzung des Motorgebläses, erreicht werden.

   ii) Das Abgassystem wird mit mindestens drei Beschleunigungszyklen von der Leerlaufdrehzahl bis zur Abregeldrehzahl oder mit einem gleichwertigen Verfahren durchgespült.

c) Prüfverfahren:

1. Sichtprüfung der vom Hersteller eingebauten Emissionsminderungseinrichtung auf Vollständigkeit, ordnungsgemäßen Zustand und Dichtheit.

2. Der Motor und ein etwa vorhandener Lader müssen vor dem Beginn des Beschleunigungszyklus die Leerlaufdrehzahl erreicht haben. Bei schweren Dieselmotoren ist dazu mindestens 10 Sekunden nach Lösen des Fahrpedals zu warten.

3. Zur Einleitung des Beschleunigungszyklus muss das Fahrpedal schnell (in weniger als einer Sekunde) und anhaltend, jedoch nicht gewaltsam vollständig herabgedrückt werden, um eine maximale Förderarbeit der Injektionspumpe zu erzielen.

4. Bei jedem Beschleunigungszyklus muss der Motor die Abregeldrehzahl bzw. bei Fahrzeugen mit Automatikgetriebe die vom Hersteller angegebene Drehzahl und – wenn diese Angabe nicht vorliegt – zwei Drittel der Abregeldrehzahl erreichen, bevor das Fahrpedal gelöst wird. Dies kann überprüft werden, indem z.B. die Motordrehzahl überwacht oder das Fahrpedal ab der anfänglichen Betätigung bis zum Lösen lange genug betätigt wird, was bei Fahrzeugen der Klassen 1 und 2 des Anhangs 1 mindestens zwei Sekunden betragen sollte.

d) Grenzwerte:

1. Die Trübung darf den vom Fahrzeughersteller gemäß der Richtlinie 72/306/EWG[3] auf dem Kennzeichen angegebenen Wert nicht überschreiten.

2. Liegen hierzu keine Angaben vor oder entscheiden die Prüfstellen in den Mitgliedstaaten, diese nicht als Referenzwerte zu verwenden, so darf die Trübung den vom Fahrzeughersteller angegebenen Wert nicht überschreiten bzw. dürfen beim Absorptionsbeiwert folgende Werte nicht überschritten werden:

   höchster Absorptionsbeiwert bei:

   – Saugmotoren = 2,5 m^{-1};

[3] ABl. L 190 vom 20.8.1972, S. 1.

- Turbomotoren = 3,0 m^{-1};
- ein Grenzwert von 1,5 m^{-1} gilt für folgende Fahrzeuge, für die die Typgenehmigung erteilt wurde gemäß den Grenzwerten in

a) Zeile B der Tabelle in Anhang I Abschnitt 5.3.1.4 der Richtlinie 70/220/EWG in der geänderten Fassung der Richtlinie 98/69/EG (Leichte Nutzfahrzeuge Diesel-Euro4),

b) Zeile B1 der Tabelle in Anhang I Abschnitt 6.2.1 der Richtlinie 88/77/EWG in der geänderten Fassung der Richtlinie 1999/96/EG[4] (Schwere Nutzfahrzeuge Diesel-Euro4),

c) Zeile B2 der Tabelle in Anhang I Abschnitt 6.2.1 der Richtlinie 88/77/EWG in der geänderten Fassung der Richtlinie 1999/96/EG – (Schwere Nutzfahrzeuge Diesel-Euro5),

d) Zeile C der Tabelle in Anhang I Abschnitt 6.2.1 der Richtlinie 88/77/EWG in der geänderten Fassung der Richtlinie 1999/96/EG (Schwere Nutzfahrzeuge – EEV),

oder den Grenzwerten in später geänderten Fassungen der Richtlinie 70/220/EG in der geänderten Fassung der Richtlinie 98/69/EG oder den Grenzwerten in später geänderten Fassungen der Richtlinie 88/77/EWG in der geänderten Fassung der Richtlinie 1999/96/EG oder entsprechenden Werte bei der Verwendung eines Prüfgeräts einer anderen als der bei der Erteilung der EG-Typgenehmigung verwendeten Art.

Ist Übereinstimmung mit Anhang I Abschnitt 5.3.1.4 der Richtlinie 70/220/EG in der geänderten Fassung der Richtlinie 98/69/EG oder Anhang I Abschnitt 6.2.1 der Richtlinie 88/77/EWG in der geänderten Fassung der Richtlinie 1999/96/EG nicht gegeben, so gelten die vorstehend genannten Bestimmungen für Fahrzeuge, die nach dem 1. Juli 2008 erstmals zugelassen oder in Betrieb genommen wurden.

3. Diese Vorschriften gelten nicht für Fahrzeuge, die vor dem 1. Januar 1980 erstmals zugelassen oder in Betrieb genommen wurden.
4. Die Prüfung ist nur dann als nicht bestanden zu werten, wenn das arithmetische Mittel von mindestens drei Beschleunigungszyklen den Grenzwert überschreitet. Bei der Berechnung dieses Wertes werden Messungen, die erheblich vom gemittelten Messwert abweichen, oder das Ergebnis anderer statistischer Berechnungen, die die Streuung der Messungen berücksichtigen, außer Acht gelassen. Die Mitgliedstaaten können die Zahl der durchzuführenden Prüfzyklen begrenzen.
5. Um unnötige Prüfungen zu vermeiden, können die Mitgliedstaaten abweichend von den Bestimmungen von Nummer 8.2.2 Buchstabe d) Unterabsatz 4 die Prüfung eines Fahrzeugs als nicht bestanden werten, dessen Messwerte nach weniger als drei Beschleunigungszyklen oder nach den Spülzyklen (oder gleichwertigen Verfahren) gemäß Nummer 8.2.2 Buchstabe b) Unterabsatz 2 Ziffer ii) die Grenzwerte erheblich überschreiten. Desgleichen können die Mitgliedstaaten, um Prüfungen zu vermeiden, abweichend von den Bestimmungen von Nummer 8.2.2 Buchstabe d) Unterabsatz 4 die Prüfung eines Fahrzeugs als bestanden werten, dessen Messwerte nach weniger als drei Beschleunigungs-

[4] ABl. L 44 vom 16.2.2000, S. 1.

zyklen oder nach den Spülzyklen (oder gleichwertigen Verfahren) gemäß Nummer 8.2.2 Buchstabe b) Unterabsatz 2 Ziffer ii) die Grenzwerte erheblich unterschreiten.

8.2.3 Prüfgeräte

Mit den Prüfgeräten, die zur Überprüfung der Fahrzeugemissionen eingesetzt werden, muss sich genau feststellen lassen, ob vom Fahrzeug die vorgeschriebenen bzw. vom Hersteller angegebenen Grenzwerte eingehalten werden.

8.2.4 Sollten die in dieser Richtlinie festgesetzten Grenzwerte von einem Fahrzeugtyp bei der Erteilung der EG-Typgenehmigung nicht eingehalten werden können, so können die Mitgliedstaaten für diesen Fahrzeugtyp auf der Grundlage eines entsprechenden Nachweises des Herstellers höhere Grenzwerte festlegen. Sie unterrichten hiervon unverzüglich die Kommission, die ihrerseits die übrigen Mitgliedstaaten unterrichtet.

Fahrzeuge der Fahrzeuggruppen 1, 2 und 3		**Fahrzeuge der Fahrzeuggruppen 4, 5 und 6**	
8.3	Funkentstörung		
9	**Zusätzliche Untersuchungen für Fahrzeuge, die der Fahrgastbeförderung dienen**		
9.1	Notausstieg(e) (einschließlich Hammer zum Einschlagen der Scheiben), Notausstiegshinweisschilder		
9.2	Heizung		
9.3	Lüftung		
9.4	Ausstattung der Sitze		
9.5	Innenbeleuchtung		
10	**Identifizierung des Fahrzeugs**	**10**	**Identifizierung des Fahrzeugs**
10.1	Kennzeichenschilder	10.1	Kennzeichenschilder
10.2	Fahrgestellnummer	10.2	Fahrgestellnummer

Erläuterungen zur RL 96/96/EG:

Die Richtlinie 96/96/EG enthält bis jetzt nur Mindestvorschriften und jeder Mitgliedstaat kann zusätzliche Untersuchungen und Prüfpunkte national vorschreiben. Eine weitgehende Vereinheitlichung insbesondere wegen des zunehmenden grenzüberschreitenden Verkehrs wird jedoch für unabdingbar gehalten. Daher setzt sich insbesondere Deutschland als Transitland für eine Fortschreibung der „Überwachungsrichtlinie" ein. Der EU-Kommission wurden bereits mehrere Ergänzungen bzw. Erweiterungen des Anwendungsbereichs auf zusätzliche, bisher noch nicht von der Richtlinie erfasste Fahrzeuge, vorgeschlagen, die noch in die Richtlinie aufgenommen werden sollen.

Wichtig ist außerdem, dass für die Untersuchungen nicht nur die Prüfpunkte benannt werden, sondern auch festgeschrieben wird, wie und in welchem Umfang zu prüfen ist und wie die Ergebnisse zu bewerten sind. Bisher sind lediglich die Bereiche Bremsprüfung und Abgasprüfung („EU-AU") im Rahmen der technischen Überwachung ausgefüllt.

Aus den vorgenannten Gründen kann z.Z. auch noch nicht von einer Gleichwertigkeit der in den einzelnen EU-Mitgliedstaaten durchgeführten regelmäßigen technischen Überwachung der Fahrzeuge ausgegangen werden. Eine gegenseitige Anerkennung der in den einzelnen EU-Mitgliedstaaten durchgeführten Untersuchungen setzt dies jedoch ebenso wie Mindestbedingungen an das prüfende Personal und an die Prüfstellen/Prüfgeräte voraus.

3. Richtlinie 2000/30/EG des Europäischen Parlaments und des Rates vom 6.6.2000 über die technische Unterwegskontrolle von Nutzfahrzeugen, die in der Gemeinschaft am Straßenverkehr teilnehmen, geändert durch die Richtlinie der Kommission 2003/26/EG (ABl. Nr. L 203/1 vom 10.8.2000 und Nr. L 90/37 vom 8.4.2003)

Artikel 1

(1) Im Interesse der Verbesserung der Straßenverkehrssicherheit und des Umweltschutzes zielt diese Richtlinie darauf ab, dass bestimmte technische Vorschriften der Richtlinie 96/96/EG von den im Gebiet der Gemeinschaft am Straßenverkehr teilnehmenden Nutzfahrzeugen besser eingehalten werden.

(2) In dieser Richtlinie werden bestimmte Bedingungen für die Durchführung der technischen Unterwegskontrolle von Nutzfahrzeugen festgelegt, die im Gebiet der Gemeinschaft am Straßenverkehr teilnehmen.

(3) Unbeschadet der gemeinschaftlichen Rechtsvorschriften berührt diese Richtlinie in keiner Weise das Recht der Mitgliedstaaten, von dieser Richtlinie nicht erfasste Kontrollen durchzuführen sowie andere Aspekte des Straßenverkehrs, insbesondere im Zusammenhang mit Nutzfahrzeugen, einer Kontrolle zu unterziehen. Die Mitgliedstaaten werden im Übrigen nicht daran gehindert, im Rahmen von Kontrollen, die nicht in den Anwendungsbereich dieser Richtlinie fallen, die in Anhang I aufgeführten Punkte an anderer Stelle als auf öffentlichen Straßen zu kontrollieren.

Artikel 2

Im Sinne dieser Richtlinie bezeichnet der Ausdruck

a) „Nutzfahrzeug" Kraftfahrzeuge der Gruppen 1, 2 und 3 gemäß dem Anhang I der Richtlinie 96/96/EG sowie ihre Anhänger;

b) „technische Unterwegskontrolle“ die von den Behörden nicht angekündigte und somit unerwartete, auf öffentlichen Straßen durchgeführte technische Kontrolle eines Nutzfahrzeugs, das im Gebiet eines Mitgliedstaats am Straßenverkehr teilnimmt, durch die Behörden oder unter ihrer Aufsicht;

c) „technische Überwachung“ die Kontrolle der Übereinstimmung des Fahrzeugs mit den technischen Vorschriften gemäß Anhang II der Richtlinie 96/96/EG.

Artikel 3

(1) Jeder Mitgliedstaat führt ausreichende technische Unterwegskontrollen durch, um die in Artikel 1 genannten Ziele in Bezug auf die von dieser Richtlinie erfassten Nutzfahrzeuge zu erreichen, wobei die im Rahmen der Richtlinie 96/96/EG auf diese Fahrzeuge angewandte einzelstaatliche Regelung berücksichtigt wird.

(2) Die technischen Unterwegskontrollen werden ohne Unterscheidung auf Grund der Staatsangehörigkeit des Fahrers oder des Landes durchgeführt, in dem das Nutzfahrzeug zugelassen ist oder in Verkehr gebracht wurde, sowie unter Berücksichtigung der Notwendigkeit, die Kosten und Verzögerungen für die Fahrer und Unternehmen so gering wie möglich zu halten.

Artikel 4

(1) Die technische Unterwegskontrolle umfasst entweder einen oder zwei oder alle der folgenden Punkte:

a) eine Sichtprüfung des Wartungszustands des Nutzfahrzeugs im Stillstand;

b) eine Prüfung eines kürzlich erstellten Berichts über die technische Unterwegskontrolle gemäß Artikel 5 oder eine Kontrolle der Unterlagen, mit denen die Übereinstimmung mit den für das Fahrzeug geltenden technischen Vorschriften bescheinigt wird, und insbesondere bei den Fahrzeugen, die in einem Mitgliedstaat zugelassen sind oder in Verkehr gebracht wurden, eine Kontrolle der Bescheinigung, dass das Nutzfahrzeug der obligatorischen technischen Überwachung gemäß der Richtlinie 96/96/EG unterzogen wurde;

c) eine Prüfung auf Wartungsmängel. Diese Überprüfung erstreckt sich auf einen, mehrere oder die Gesamtheit der in Anhang I Nummer 10 aufgeführten Prüfpunkte.

(2) Die Überprüfung der Bremsanlage und der Auspuffemissionen erfolgt nach den Bestimmungen des Anhangs II.

(3) Vor einer Überprüfung anhand der in Anhang I Nummer 10 aufgeführten Prüfpunkte berücksichtigt der Prüfer die letzte Bescheinigung über die technische Überwachung und/oder einen kürzlich erstellten Bericht über eine technische Unterwegskontrolle, die gegebenenfalls vom Fahrer vorgelegt werden.

Der Prüfer kann auch jedes andere, von einer zugelassenen Stelle ausgestellte Sicherheitszeugnis berücksichtigen, das gegebenenfalls vom Fahrer vorgelegt wird.

Erbringen die genannten Bescheinigungen und/oder der genannte Bericht den Nachweis, dass einer der in Anhang I Nummer 10 aufgeführten Punkte während der letzten drei Monate bereits Gegenstand einer Überprüfung war, so wird dieser Punkt nicht erneut kontrolliert, es sei denn, eine Kontrolle ist insbesondere auf Grund eines offensichtlichen Mangels und/oder einer offensichtlichen Nichtübereinstimmung gerechtfertigt.

Artikel 5

(1) Der Bericht über die technische Unterwegskontrolle in Bezug auf die Prüfung gemäß Artikel 4 Absatz 1 Buchstabe c wird von der Behörde oder dem Prüfer, die bzw. der die Prüfung vorgenommen hat, erstellt. Ein Muster dieses Berichts ist in Anhang I wiedergegeben; es enthält in Nummer 10 eine Liste der Prüfpunkte. Die Behörde oder der Prüfer kreuzt die entsprechenden Kästchen an. Der Bericht ist dem Fahrer des Nutzfahrzeugs auszuhändigen.

(2) Ist die Behörde oder der Prüfer der Auffassung, dass der Umfang der Wartungsmängel am Nutzfahrzeug ein Sicherheitsrisiko darstellen kann und dass auf Grund dessen insbesondere in Bezug auf die Bremsanlage eine eingehendere Überprüfung gerechtfertigt ist, so kann das Nutzfahrzeug in einer nahegelegenen, vom Mitgliedstaat bezeichneten Prüfstelle einer gründlicheren Kontrolle gemäß Artikel 2 der Richtlinie 96/96/EG unterzogen werden.

Die Benutzung eines solchen Fahrzeugs kann bis zur Beseitigung der festgestellten gefährlichen Mängel vorläufig untersagt werden, wenn entweder bei der technischen Unterwegskontrolle gemäß Artikel 4 Absatz 1 oder bei der gründlicheren Kontrolle gemäß Unterabsatz 1 des vorliegenden Absatzes festgestellt wird, dass das Nutzfahrzeug für seine Insassen oder für andere Verkehrsteilnehmer ein bedeutendes Risiko darstellt.

Artikel 6

Die Mitgliedstaaten teilen der Kommission alle zwei Jahre vor dem 31. März die erhobenen Daten der zwei vorhergehenden Jahre zur Anzahl der kontrollierten Nutzfahrzeuge, aufgeschlüsselt nach Fahrzeugklassen gemäß Anhang I Nummer 6 und nach Zulassungsland, mit und geben auf der Grundlage des Anhangs I Nummer 10 an, welche Punkte kontrolliert und welche Mängel festgestellt wurden. Die erste Übermittlung von Daten erstreckt sich auf den Zweijahreszeitraum ab dem 1. Januar 2003.

Die Kommission übermittelt diese Informationen dem Europäischen Parlament.

Artikel 7

(1) Die Mitgliedstaaten gewähren einander Amtshilfe bei der Durchführung dieser Richtlinie. Sie teilen sich gegenseitig insbesondere mit, welche Dienststellen für die Ausführung der Kontrollen zuständig sind und wer als Kontaktperson fungiert.

(2) Schwerwiegende Mängel an einem Nutzfahrzeug, das Eigentum eines Gebietsfremden ist, insbesondere Mängel, auf Grund deren die Benutzung des Fahrzeugs vorläufig untersagt wurde, müssen den zuständigen Behörden des Mitgliedstaats, in dem das Fahrzeug zugelassen ist oder in Verkehr gebracht wurde, auf der Grundlage des Musters des Kontrollberichts in Anhang I gemeldet werden, unbeschadet einer etwaigen Ahndung entsprechend den geltenden Gesetzen in dem Mitgliedstaat, in dem dieser Verstoß festgestellt wurde.

Unbeschadet des Artikels 5 können die zuständigen Behörden des Mitgliedstaats, in dem ein schwerwiegender Mangel an einem Nutzfahrzeug festgestellt wurde, das Eigentum eines Gebietsfremden ist, die zuständigen Behörden des Mitgliedstaats, in dem das Fahrzeug zugelassen ist oder in Verkehr gebracht wurde, ersuchen, dass gegenüber dem Zuwiderhandelnden angemessene Maßnahmen ergriffen werden, beispielsweise die erneute Durchführung der technischen Überwachung für das Fahrzeug.

Die Behörden, an die dieses Ersuchen gerichtet wurde, teilen den zuständigen Behörden des Mitgliedstaats, in dem die Mängel an dem Nutzfahrzeug festgestellt wurden, die gegebenenfalls gegenüber dem Zuwiderhandelnden oder dem Transportunternehmen ergriffenen Maßnahmen mit.

Artikel 8

Die erforderlichen Änderungen zur Anpassung des Anhangs I oder zur Anpassung der technischen Anforderungen des Anhangs II an den technischen Fortschritt werden nach dem Verfahren des Artikels 9 Absatz 2 erlassen.

Diese Änderungen dürfen jedoch keine Ausdehnung des Anwendungsbereichs dieser Richtlinie bewirken.

Artikel 9

(1) Die Kommission wird von dem durch Artikel 8 der Richtlinie 96/96/EG eingesetzten „Ausschuss für die Anpassung an den technischen Fortschritt" unterstützt.

(2) Wird auf diesen Absatz Bezug genommen, so gelten die Artikel 5 und 7 des Beschlusses 1999/468/EG unter Beachtung von dessen Artikel 8.

Der Zeitraum nach Artikel 5 Absatz 6 des Beschlusses 1999/468/EG wird auf drei Monate festgesetzt.

(3) Der Ausschuss gibt sich eine Geschäftsordnung.

Artikel 10

Die Mitgliedstaaten erstellen eine Sanktionsregelung, die anwendbar ist, falls der Fahrer oder der Unternehmer die technischen Anforderungen, die auf Grund dieser Richtlinie kontrolliert werden, nicht einhält.

Sie ergreifen alle notwendigen Maßnahmen, um die Durchführung dieser Sanktionen sicherzu-

stellen. Die vorgesehenen Sanktionen müssen wirksam, verhältnismäßig und abschreckend sein.

Artikel 11

Die Kommission legt dem Rat spätestens ein Jahr, nachdem sie die in Artikel 6 genannten Daten von den Mitgliedstaaten erhalten hat, einen Bericht über die Durchführung dieser Richtlinie zusammen mit einer Zusammenfassung der erzielten Ergebnisse vor.

Der erste Bericht erstreckt sich auf den Zweijahreszeitraum ab dem 1. Januar 2003.

Artikel 12

(1) Die Mitgliedstaaten setzen die Rechts- und Verwaltungsvorschriften in Kraft, die erforderlich sind, um dieser Richtlinie vor dem 10. August 2002 nachzukommen. Sie setzen die Kommission unverzüglich davon in Kenntnis.

(2) Wenn die Mitgliedstaaten diese Vorschriften erlassen, nehmen sie in den Vorschriften selbst oder durch einen Hinweis bei der amtlichen Veröffentlichung auf diese Richtlinie Bezug. Die Mitgliedstaaten regeln die Einzelheiten der Bezugnahme.

(3) Die Mitgliedstaaten teilen der Kommission den Wortlaut der innerstaatlichen Rechtsvorschriften mit, die sie auf dem unter diese Richtlinie fallenden Gebiet erlassen.

Artikel 13

Diese Richtlinie tritt am Tag ihrer Veröffentlichung im Amtsblatt der Europäischen Gemeinschaften in Kraft.

Artikel 14

Diese Richtlinie ist an die Mitgliedstaaten gerichtet.

ANHANG I

MUSTER DES BERICHTS ÜBER DIE TECHNISCHE UNTERWEGSKONTROLLE MIT EINER LISTE DER PRÜFPUNKTE (RICHTLINIE 2000/30/EG)

1 Ort der Kontrolle ______

2 Datum ______

3 Uhrzeit ______

4 Länderkennzeichen und amtliches Kennzeichen des Kraftfahrzeugs ______

5 Länderkennzeichen und amtliches Kennzeichen des Anhängers/Sattelanhängers ______

6 Fahrzeugklasse ______

a) ☐ Leichtes Nutzfahrzeug (3,5–12 t)[1]

b) ☐ Anhänger[2]

c) ☐ Lastzug[3]

d) ☐ Kraftomnibus[4]

e) ☐ Schweres Nutzfahrzeug (über 12 t)[5]

f) ☐ Sattelanhänger[6]

g) ☐ Sattelzug[7]

7 Unternehmen, das den Transport durchführt/Anschrift ______

8 Nationalität ______

9 Fahrer ______

10 Prüfpunkte

	kontrolliert	nicht kontrolliert	nicht vorschriftsmäßig
a) Bremsanlage und deren Bestandteile[8]	☐	☐	☐
b) Auspuffanlage[8]	☐	☐	☐
c) Abgastrübung (Dieselmotoren)[8]	☐	☐	☐
d) Gasförmige Emissionen (Benzin-, Erdgas- oder Flüssiggasmotoren)[8]	☐	☐	☐
e) Lenkanlage	☐	☐	☐
f) Beleuchtungs- und Signaleinrichtungen	☐	☐	☐
g) Räder/Reifen	☐	☐	☐

[1] Kraftfahrzeug zur Güterbeförderung mit mindestens vier Rädern und einer zulässigen Gesamtmasse zwischen 3,5 t und 12 t (Klasse N2).

[2] Fahrzeuge, die dazu bestimmt sind, von einem Kraftfahrzeug gezogen zu werden, mit Ausnahme von Sattelanhängern, und die auf Grund ihrer Bauart und Ausrüstung zur Güterbeförderung dienen: Anhänger mit einer zulässigen Gesamtmasse von mehr als 3,5 t und bis zu 10 t (Klasse O3), Anhänger mit einer zulässigen Gesamtmasse von mehr als 10 t (Klasse O4).

[3] Kombination aus einem Kraftfahrzeug zur Güterbeförderung mit einer zulässigen Gesamtmasse von mehr als 3,5 t (Klassen N2 und N3) und einem Anhänger (Klassen O3 und O4).

[4] Kraftfahrzeug zur Personenbeförderung mit mindestens vier Rädern und mehr als acht Sitzplätzen außer dem Fahrersitz (Klassen M2 und M3).

[5] Kraftfahrzeug zur Güterbeförderung mit mindestens vier Rädern und einer zulässigen Gesamtmasse von mehr als 12 t (Klasse N3).

[6] Fahrzeuge, die dazu bestimmt sind, so an ein Kraftfahrzeug angekuppelt zu werden, dass ein Teil des Sattelanhängers auf dem Kraftfahrzeug aufliegt und ein wesentlicher Teil seines Gewichts oder seiner Nutzlast von diesem Kraftfahrzeug getragen wird, und die auf Grund ihrer Bauart und Ausrüstung zur Güterbeförderung dienen (Klassen O3 und O4).

[7] Kombination aus einer Zugmaschine und einem Sattelanhänger.

[8] Diese Punkte sind Gegenstand besonderer Prüfungen und/oder Kontrollen gemäß Anhang II der Richtlinie 2000/30/EG.

	kontrolliert	nicht kontrolliert	nicht vorschriftsmäßig
h) Federung (sichtbare Mängel)	□	□	□
i) Fahrgestell (sichtbare Mängel)	□	□	□
j) Fahrtschreiber (Einbau)	□	□	□
k) Geschwindigkeitsbegrenzer (Einbau und Funktion)	□	□	□
l) Austritt von Kraftstoff und/oder Öl	□	□	□

11 Ergebnisse der Kontrolle
Das Fahrzeug weist schwerwiegende Mängel auf;
die Benutzung des Fahrzeugs wird vorläufig untersagt □

12 Verschiedenes/Bemerkungen

13 Kontrollierende(r) Behörde/Beauftragter oder Prüfer

Unterschrift der Behörde bzw. des Beauftragten oder Prüfers, die bzw. der die Kontrolle durchgeführt hat.

ANHANG II

VORSCHRIFTEN FÜR DIE PRÜFUNGEN UND/ODER KONTROLLEN DER BREMSANLAGE UND DER AUSPUFFEMISSIONEN

1 Besondere Vorschriften für Bremsanlagen

Sämtliche Teile der Bremsanlage und ihre Betätigungseinrichtungen müssen in einwandfreiem Betriebszustand gehalten und richtig eingestellt sein.
Die Fahrzeugbremsen müssen die folgenden Bremsfunktionen ausführen:

a) Bei Kraftfahrzeugen, Kraftfahrzeuganhängern und Sattelanhängern muss die Betriebsbremse das Fahrzeug unabhängig von den Beladungsbedingungen und der Steigung oder dem Gefälle der Straße, auf dem das Fahrzeug fährt, sicher, schnell und wirksam abbremsen und zum Stillstand bringen können.

b) Bei Kraftfahrzeugen, Kraftfahrzeuganhängern und Sattelanhängern muss die Feststellbremse das Fahrzeug unabhängig von den Beladungsbedingungen und der Steigung oder dem Gefälle der Straße im Stillstand halten können.

2. Besondere Vorschriften für Auspuffemissionen

2.1 Kraftfahrzeuge mit Fremdzündungsmotor (Benzinmotor)

a) Wenn die Emissionen nicht durch eine moderne Abgasreinigungsanlage wie einen Dreiwege-Katalysator mit Lambdasonde verringert werden:

1. Sichtprüfung der Auspuffanlage auf Vollständigkeit, ordnungsgemäßen Zustand und Dichtheit;

2. Sichtprüfung der vom Hersteller eingebauten Emissionsminderungseinrichtung auf Vollständigkeit, ordnungsgemäßen Zustand und Dichtheit.

Nach einer angemessenen (den Empfehlungen des Fahrzeugherstellers entsprechenden) Warmlaufzeit des Motors Messung des Kohlenmonoxid-Gehalts (CO) der Abgase im Leerlauf (ohne Last).

Der CO-Gehalt der Abgase darf höchstens dem vom Fahrzeughersteller angegebenen Wert entsprechen. Liegen hierzu keine Angaben vor oder entscheiden die Prüfstellen in den Mitgliedstaaten, diese nicht als Referenzwerte zu verwenden, so darf der CO-Gehalt der Abgase folgende Werte nicht überschreiten:

i) 4,5 Vol.-% bei Fahrzeugen, die zwischen dem Zeitpunkt, ab dem die Mitgliedstaaten für diese Fahrzeuge die Übereinstimmung mit der Richtlinie 70/220/EWG des Rates[1] vorgeschrieben haben, und dem 1. Oktober 1986 erstmals zugelassen bzw. in Betrieb genommen wurden.

ii) 3,5 Vol.-% bei Fahrzeugen, die nach dem 1. Oktober 1986 erstmals zugelassen oder in Betrieb genommen wurden.

b) Wenn die Emissionen durch eine moderne Abgasreinigungsanlage wie einen Dreiwege-Katalysator mit Lambdasonde verringert werden:

1. Sichtprüfung der Auspuffanlage auf Vollständigkeit, ordnungsgemäßen Zustand und Dichtheit;

2. Sichtprüfung der vom Hersteller eingebauten Emissionsminderungseinrichtung auf Vollständigkeit, ordnungsgemäßen Zustand und Dichtheit;

3. Ermittlung der Wirksamkeit der Abgasreinigungsanlage durch Messung des Lambdawerts und des CO-Gehalts der Abgase gemäß Nummer 4 oder gemäß den sonstigen vom Fahrzeughersteller angegebenen, bei der Erteilung der Typgenehmigung genehmigten Verfahren. Für jede Prüfung wird der Motor nach den Emp-

[1] ABl. L 76 vom 9.3.1970, S. 1.

fehlungen des Fahrzeugherstellers konditioniert;

4. Emissionen am Auspuff – Grenzwerte.

Der CO-Gehalt der Abgase darf höchstens dem vom Fahrzeughersteller angegebenen Wert entsprechen. Liegen hierzu keine Angaben vor, so darf der CO-Gehalt der Abgase folgende Werte nicht überschreiten:

i) Messungen bei Leerlauf des Motors:

Der zulässige CO-Gehalt der Abgase darf 0,5 Vol.-% nicht überschreiten; bei Fahrzeugen, für die die Typgenehmigung gemäß den Grenzwerten in Zeile A der Tabelle in Anhang I Abschnitt 5.3.1.4 der Richtlinie 70/220/EG, in der geänderten Fassung der Richtlinie 98/69/EG[1] oder in später geänderten Fassungen erteilt wurde, darf der CO-Gehalt 0,3 Vol.-% nicht überschreiten. Ist Übereinstimmung mit der Richtlinie 70/220/EG in der geänderten Fassung der Richtlinie 98/69/EG nicht gegeben, so gelten die vorstehend genannten Bestimmungen für Fahrzeuge, die nach dem 1. Juli 2002 zugelassen oder erstmals in Betrieb genommen wurden.

ii) Messungen bei erhöhter Leerlaufdrehzahl (ohne Last) von mindestens 2000 min^{-1}:

Der CO-Gehalt darf höchstens 0,3 Vol.-% betragen; bei Fahrzeugen, für die die Typgenehmigung gemäß den Grenzwerten in Zeile A oder Zeile B der Tabelle in Anhang I Abschnitt 5.3.1.4 der Richtlinie 70/220/EG, in der geänderten Fassung der Richtlinie 98/69/EG oder in später geänderten Fassungen erteilt wurde, darf der CO-Gehalt 0,2 Vol.-% nicht überschreiten. Ist eine Übereinstimmung mit der Richtlinie 70/220/EG in der geänderten Fassung der Richtlinie 98/69/EG nicht gegeben, so gelten die vorstehend genannten Bestimmungen für Fahrzeuge, die nach dem 1. Juli 2002 erstmals zugelassen oder in Betrieb genommen wurden.

Lambda: 1 ± 0,03 oder gemäß Herstellerangaben.

iii) Bei gemäß der Richtlinie 70/220/EWG (in der geänderten Fassungen der Richtlinie 98/69/EG und späteren Fassungen) mit On-Board-Diagnosesystemen (OBD) ausgerüsteten Kraftfahrzeugen können die Mitgliedstaaten alternativ zur unter i) genannten Prüfung das ordnungsgemäße Funktionieren des Abgassystems durch das angemessene Ablesen des OBD-Geräts bei gleichzeitiger Prüfung des ordnungsgemäßen Funktionierens des OBD-Systems feststellen.

2.2 *Kraftfahrzeuge mit Selbstzündungsmotor (Dieselmotor)*

a) Messung der Abgastrübung bei Beschleunigung (ohne Last) von der Leerlauf- bis zur Abregeldrehzahl, wobei sich der Gangschalthebel in neutraler Stellung befindet und die Kupplung betätigt wird.

b) Vorkonditionierung des Fahrzeugs:

1. Die Fahrzeuge können ohne Konditionierung geprüft werden. Aus Sicherheitsgründen sollte der Motor aber betriebswarm und in ordnungsgemäßem mechanischen Zustand sein.

2. Außer gemäß Buchstabe d) Unterabsatz 5 darf die Prüfung für kein Fahrzeug als nicht bestanden gewertet werden, das nicht wie folgt konditioniert wurde:

i) Der Motor hat die volle Betriebstemperatur erreicht, z.B. hat er bei Messung der Motoröltemperatur mit einem Fühler im Messstabrohr mindestens 80 °C oder eine darunter liegende übliche Betriebstemperatur, oder die Motorblocktemperatur entspricht bei Messung der Infrarotstrahlung mindestens einer gleich hohen Temperatur. Ist diese Messung auf-

[1] ABl. L 350 vom 28.12.1998, S. 1.

grund der Fahrzeugkonfiguration nicht durchführbar, so kann die normale Betriebstemperatur des Motors auf andere Weise, z.B. durch die Inbetriebsetzung des Motorgebläses, erreicht werden.

ii) Das Abgassystem wird mit mindestens drei Beschleunigungszyklen von der Leerlaufdrehzahl bis zur Abregeldrehzahl oder mit einem gleichwertigen Verfahren durchgespült.

c) Prüfverfahren:

1. Sichtprüfung der vom Hersteller eingebauten Emissionsminderungseinrichtung auf Vollständigkeit, ordnungsgemäßen Zustand und Dichtheit.

2. Der Motor und ein etwa vorhandener Lader müssen vor dem Beginn des Beschleunigungszyklus die Leerlaufdrehzahl erreicht haben. Bei schweren Dieselmotoren ist dazu mindestens 10 Sekunden nach Lösen des Fahrpedals zu warten.

3. Zur Einleitung des Beschleunigungszyklus muss das Fahrpedal schnell (in weniger als einer Sekunde) und anhaltend, jedoch nicht gewaltsam vollständig herabgedrückt werden, um eine maximale Förderarbeit der Injektionspumpe zu erzielen.

4. Bei jedem Beschleunigungszyklus muss der Motor die Abregeldrehzahl, bzw. bei Fahrzeugen mit Automatikgetriebe die vom Hersteller angegebene Drehzahl – und wenn diese Angaben nicht vorliegen – zwei Drittel der Abregeldrehzahl erreichen, bevor das Fahrpedal gelöst wird. Dies kann überprüft werden, indem z.B. die Motordrehzahl überwacht oder das Fahrpedal ab der anfänglichen Betätigung bis zum Lösen lange genug betätigt wird, was bei Fahrzeugen der Klassen 1 und 2 des Anhangs 1 mindestens zwei Sekunden betragen sollte.

d) Grenzwerte

1. Die Trübung darf den vom Fahrzeughersteller gemäß der Richtlinie 72/306/EWG des Rates[1] auf dem Kennzeichen angegebenen Wert nicht überschreiten.

2. Liegen hierzu keine Angaben vor oder entscheiden die Prüfstellen in den Mitgliedstaaten, diese nicht als Referenzwerte zu verwenden, so darf die Trübung den vom Fahrzeughersteller angegebenen Wert nicht überschreiten bzw. dürfen beim Absorptionsbeiwert folgende Werte nicht überschritten werden:

höchster Absorptionsbeiwert bei:

– Saugmotoren = 2,5 m^{-1};

– Turbomotoren = 3,0 m^{-1};

– ein Grenzwert von 1,5 m^{-1} gilt für folgende Fahrzeuge, für die die Typgenehmigung erteilt wurde gemäß den Grenzwerten in:

a) Zeile B der Tabelle in Anhang I Abschnitt 5.3.1.4 der Richtlinie 70/220/EWG in der geänderten Fassung der Richtlinie 98/69/EG (Leichte Nutzfahrzeuge Diesel-Euro4);

b) Zeile B1 der Tabelle in Anhang I Abschnitt 6.2.1 der Richtlinie 88/77/EWG in der geänderten Fassung der Richtlinie 1999/96/EG (Schwere Nutzfahrzeuge Diesel-Euro4);

c) Zeile B2 der Tabelle in Anhang I Abschnitt 6.2.1 der Richtlinie 88/77/EWG in der geänderten Fassung der Richtlinie 1999/96/EG (Schwere Nutzfahrzeuge Diesel-Euro5);

d) Zeile C der Tabelle in Anhang I Abschnitt 6.2.1 der Richtlinie 88/77/EWG in der geänderten Fassung der Richtlinie 1999/96/EG (Schwere Nutzfahrzeuge – EEV),

[1] ABl. L 190 vom 20.8.1972, S. 1.

oder den Grenzwerten in später geänderten Fassungen der Richtlinie 70/220/EG in der geänderten Fassung der Richtlinie 98/69/EG oder den Grenzwerten in später geänderten Fassungen der Richtlinie 88/77/EWG in der geänderten Fassung der Richtlinie 1999/96/EG oder entsprechenden Werten bei der Verwendung eines Prüfgeräts einer anderen als der bei der Erteilung der EG-Typgenehmigung verwendeten Art.

Ist Übereinstimmung mit Anhang I Abschnitt 5.3.1.4 der Richtlinie 70/220/EG in der geänderten Fassung der Richtlinie 98/69/EG oder Anhang I Abschnitt 6.2.1 der Richtlinie 88/77/EWG in der geänderten Fassung der Richtlinie 1999/96/EG nicht gegeben, so gelten die vorstehend genannten Bestimmungen für Fahrzeuge, die nach dem 1. Juli 2008 erstmals zugelassen oder in Betrieb genommen wurden.

3. Diese Vorschriften gelten nicht für Fahrzeuge, die vor dem 1. Januar 1980 erstmals zugelassen oder in Betrieb genommen wurden.

4. Die Prüfung ist nur dann als nicht bestanden zu werten, wenn das arithmetische Mittel von mindestens drei Beschleunigungszyklen den Grenzwert überschreitet. Bei der Berechnung dieses Wertes werden Messungen, die erheblich vom gemittelten Messwert abweichen, oder das Ergebnis anderer statistischer Berechnungen, die die Streuung der Messungen berücksichtigen, außer Acht gelassen. Die Mitgliedstaaten können die Zahl der durchzuführenden Prüfzyklen begrenzen.

5. Um unnötige Prüfungen zu vermeiden, können die Mitgliedstaaten abweichend von den Bestimmungen von Nummer 2.4 Buchstabe d) Unterabsatz 4 die Prüfung eines Fahrzeugs als nicht bestanden werten, dessen Messwerte nach weniger als drei Beschleunigungszyklen oder nach den Spülzyklen (oder gleichwertigen Verfahren) gemäß Nummer 2.4 Buchstabe b) Unterabsatz 2 Ziffer ii) die Grenzwerte erheblich überschreiten. Desgleichen können die Mitgliedstaaten, um Prüfungen zu vermeiden, abweichend von den Bestimmungen von Nummer 2.4 Buchstabe d) Unterabsatz 4 die Prüfung eines Fahrzeugs als bestanden werten, dessen Messwerte nach weniger als drei Beschleunigungszyklen oder nach den Spülzyklen (oder gleichwertigen Verfahren) gemäß Nummer 2.4 Buchstabe b) Unterabsatz 2 Ziffer ii) die Grenzwerte erheblich unterschreiten.

2.3 *Prüfgeräte*

Mit den Prüfgeräten, die zur Überprüfung der Fahrzeugemissionen eingesetzt werden, muss sich genau feststellen lassen, ob bei einem Fahrzeug die vorgeschriebenen bzw. vom Hersteller angegebenen Grenzwerte eingehalten werden.

3. Besondere Vorschriften für Geschwindigkeitsbegrenzer

- wenn möglich, ist zu überprüfen, ob der Geschwindigkeitsbegrenzer gemäß der Richtlinie 92/6/EWG des Rates[1] eingebaut ist;
- Überprüfung der Gültigkeit des Einbauschildes des Geschwindigkeitsbegrenzers;
- falls durchführbar, ist zu überprüfen, ob die Verplombung des Geschwindigkeitsbegrenzers und ggf. sonstige Sicherheitseinrichtungen der Anschlüsse gegen unbefugte Eingriffe unversehrt sind;
- falls durchführbar, ist zu überprüfen, ob der Geschwindigkeitsbegrenzer verhindert, dass die in den Artikeln 2 und 3 der Richtlinie 92/6/EWG genannten Fahrzeuge diese vorgegebenen Werte überschreiten.

[1] ABl. L 57 vom 2.3.1992, S. 27.

Erläuterungen zur RL 2000/30/EG

Die Richtlinie zielt darauf ab, dass durch die Unterwegskontrollen von den im Gebiet der EU am Straßenverkehr teilnehmenden Nutzfahrzeugen – auch aus Drittländern – insbesondere die technischen Vorschriften über Bremsanlagen und Abgasemissionen besser eingehalten werden. In der Begründung zu dieser Richtlinie ist ausgeführt, dass eine einmalige jährliche technische Überwachung von Nutzfahrzeugen, wie sie durch die Richtlinie 96/96/EG (EU-weite techn. Überwachung) vorgeschrieben ist, nicht als ausreichend angesehen wird, um sicherzustellen, dass Nutzfahrzeuge das ganze Jahr hindurch verkehrstüchtig sind. Daher sollen nicht angekündigte Unterwegskontrollen durchgeführt werden, in deren Rahmen entweder einer oder mehrere der folgenden Punkte kontrolliert werden:

- Prüfung von Kontrollberichten und anderen Unterlagen;
- Sichtprüfung des Wartungszustandes des Nutzfahrzeuges im Stillstand;
- eine Prüfung auf Wartungsmängel unter besonderer Berücksichtigung der Bremsanlagen und der Abgasemissionen.

Durch die Richtlinie wird außerdem einheitlich geregelt:

- ausreichende Straßenkontrollen ohne Unterscheidung nach Staatsangehörigkeit des Fahrers oder des Landes, in dem das Fahrzeug zugelassen ist,
- Einführung einer einheitlichen Kontrollliste,
- Dokumentations- und Berichtspflicht aller Mitgliedstaaten alle 2 Jahre an die KOM,
- Amtshilfe der Mitgliedstaaten und Mitteilungen über
  - Vollzugsbehörden und Kontaktpersonen
  - gegenseitige Mitteilungen über schwerwiegende Mängel an Fahrzeugen und Ersuchen um angemessene Maßnahmen
  - gegenseitige Unterrichtung über getroffene Maßnahmen,
- angemessene und wirksame Sanktionen bei Verstößen.

Bei der Überprüfung des Kontrollberichts hat die das Nutzfahrzeug zu prüfende Person dann auf eine weitere Kontrolle des Fahrzeugs zu verzichten, wenn aus diesem hervorgeht, dass die zu prüfenden Punkte bereits Gegenstand einer Überprüfung in den letzten 3 Monaten waren. Voraussetzung hierfür ist jedoch, dass bei den zu prüfenden Punkten keine offensichtlichen Wartungsmängel vorliegen (Artikel 4 der Richtlinie).

4. Verordnung über technische Kontrollen von Nutzfahrzeugen auf der Straße (TechKontrollV)

Vom 21.5.2003 (BGBl. I S. 774, VkBl. S. 418) geändert durch VO vom 18.12.2003 (BGBl. I S. 3095, VkBl. 2004 S. 55), Gesetz vom 21.6.2005 (BGBl. I S. 1818), durch Artikel 2 der VO vom 29.6.2005 (BGBl. I S. 1947) und durch Artikel 469 der 9. Zuständigkeitsanpassungs-VO vom 31.10.2006 (BGBl. I S. 2407)

§ 1 Anwendungsbereich

(1) Die Vorschriften dieser Verordnung gelten für die technische Kontrolle von Nutzfahrzeugen, die am Straßenverkehr teilnehmen oder aus einem Drittland in Deutschland einfahren.

(2) Auf Grund anderer Rechtsvorschriften durchzuführende Kontrollen von Nutzfahrzeugen, die nicht unter Absatz 1 fallen, bleiben unberührt.

§ 2 Begriffsbestimmungen

Im Sinne dieser Verordnung bezeichnet der Begriff:

1. „Nutzfahrzeug“: die Lastkraftwagen und ihre Anhänger sowie Zugmaschinen und ihre Sattelanhänger, die der Güterbeförderung dienen, mit einer Gesamtmasse von mehr als 3,5 t und Kraftomnibusse; diese Nutzfahrzeuge sind in der Anlage 1 Nr. 6 näher bezeichnet,
2. „Kontrolle“: die von den Behörden nicht angekündigte und somit unerwartete, auf öffentlichen Straßen durchgeführte Überwachung, Prüfung oder Untersuchung eines Nutzfahrzeugs hinsichtlich seines technischen Zustands nach den Maßgaben des § 5 durch die zuständigen Behörden,
3. „Prüfpunkt“: die technische Ausrüstung und Beschaffenheit der Nutzfahrzeuge, die kontrolliert werden sollen; die Prüfpunkte sind in den Anlagen 1 und 2 aufgelistet,

4. „Mitgliedstaaten“: solche, die Mitgliedstaaten der Europäischen Union oder Vertragsstaaten des Abkommens über den Europäischen Wirtschaftsraum sind.

§ 3 Zuständigkeiten

(1) Die Kontrollen führen die nach Bundes- und Landesrecht zuständigen Behörden durch.

(2) Die zuständigen Behörden können amtlich anerkannte Sachverständige und Prüfer für den Kraftfahrzeugverkehr nach dem Kraftfahrsachverständigengesetz und Prüfingenieure nach Anlage VIIIb Nr. 3.9 der Straßenverkehrs-Zulassungs-Ordnung aus gegebenem Anlass beauftragen, an den technischen Kontrollen ganz oder teilweise mitzuwirken.

(3) Das Bundesamt für Güterverkehr wird als die für die Bundesrepublik Deutschland zuständige Stelle bestimmt, die im Rahmen dieser Verordnung die Informationen und die Amtshilfe unter den Mitgliedstaaten und deren Behörden und das Berichtswesen mit der Kommission der Europäischen Gemeinschaft entsprechend der §§ 8 bis 10 durchführt.

§ 4 Häufigkeit der Kontrollen

(1) Die zuständigen Behörden stellen sicher, dass in ihrem sachlichen und örtlichen Zuständigkeitsbereich ein ausreichender Anteil an Nutzfahrzeugen den in dieser Verordnung vorgesehenen Kontrollen unterworfen wird, um zu prüfen, ob die technischen Vorschriften in den Zeiträumen zwischen den nach § 29 der Straßenverkehrs-Zulassungs-Ordnung oder der Richtlinie 96/96/EG des Rates vom 20. Dezember 1996 zur Angleichung der Rechtsvorschriften der Mitgliedstaaten über die technische Überwachung der Kraftfahrzeuge und Kraftfahrzeuganhänger (ABl. EG 1997 Nr. L 46 S. 1) vorgeschriebenen Untersuchungen der Nutzfahrzeuge eingehalten werden.

(2) Ausreichend ist ein repräsentativer Anteil an den im jeweiligen Land zugelassenen Nutzfahrzeugen und dem Verkehrsaufkommen mit Nutzfahrzeugen. Die Zahlen über die in den Ländern durchgeführten technischen Kontrollen gemessen am jeweiligen Bestand der Nutzfahrzeuge und dem Verkehrsaufkommen mit Nutzfahrzeugen werden alle zwei Jahre zum 30. Juni für die vorangegangenen zwei Jahre den Ländern durch das Bundesamt für Güterverkehr in Abstimmung mit dem Kraftfahrt-Bundesamt zur Verfügung gestellt. Die Zahlen über die durch die zuständigen Bundesbehörden durchgeführten Kontrollen werden ebenfalls bekannt gegeben. Die erste Übersicht erfolgt zum 30. Juni 2005.

§ 5 Kontrollen auf der Straße

(1) Die Durchführung der Kontrollen erfolgt

1. in Ausführung von Artikel 3 der Verordnung (EWG) Nr. 4060/89 des Rates vom 21. Dezember 1989 über den Abbau von Grenzkontrollen der Mitgliedstaaten im Straßen- und Binnenschiffsverkehr (ABl. EG Nr. L 390 S. 18) und Artikel 1 der Verordnung (EWG) Nr. 3912/92 des Rates vom 17. Dezember 1992 über innerhalb der Gemeinschaft durchgeführte Kontrollen im Straßen- und Binnenschiffsverkehr von in einem Drittland registrierten oder zum Verkehr zugelassenen Verkehrsmitteln (ABl. EG Nr. L 395 S. 6),
2. ohne Unterscheidung hinsichtlich der Staatsangehörigkeit des Fahrers oder des Staates, in dem das Nutzfahrzeug zugelassen oder in Verkehr gebracht wurde.

(2) Die Kontrollen erfolgen durch

1. eine Prüfung des für das Nutzfahrzeug kürzlich erstellten Prüfberichts über
   a) eine nach dieser Verordnung durchgeführte Kontrolle
   oder
   b) eine Untersuchung des Nutzfahrzeugs, mit dem die Übereinstimmung mit den für das Fahrzeug geltenden technischen Vorschriften bescheinigt wird, insbesondere gemäß § 29 der Straßenverkehrs-Zulassungs-Ordnung oder der Richtlinie 96/96/EG, oder
2. eine Sichtprüfung des Wartungszustands des Nutzfahrzeugs oder
3. eine Prüfung auf Wartungsmängel; dabei sind vorgelegte Prüfberichte oder auch jedes andere, von einer zugelassenen Stelle ausgestellte Sicherheitszeugnis zu berücksichtigen; liegt die Prüfung eines Prüfpunktes nicht länger als drei Monate zurück, so erfolgt eine Prüfung dieses Punktes nur, wenn der Zustand mit dem Ergebnis des Prüfberichts nicht übereinstimmt oder ein offensichtlicher Mangel vorliegt.

Die Kontrollen können auch zwei oder alle Prüfarten nach den Nummern 1 bis 3 beinhalten.

(3) Eine Überprüfung erstreckt sich auf einen, mehrere oder die Gesamtheit der in Anlage 1 Nr. 10 aufgeführten Prüfpunkte. Dabei erfolgt die Überprüfung der Bremsanlage, der Auspuffemissionen und der Geschwindigkeitsbegrenzer nach den Bestimmungen der Anlage 2.

§ 6 Kontrollbericht

Über die Prüfung auf Wartungsmängel gemäß § 5 Abs. 3 Nr. 3 haben die zuständigen Behörden oder die Beauftragten, wenn Wartungsmängel festgestellt werden, einen Kontrollbericht nach Anlage 1 zu fertigen. Eine Ausfertigung des Kontrollberichts erhält der Fahrer des geprüften Nutzfahrzeugs.

§ 7 Festgestellte Mängel

Werden bei der Überprüfung des Nutzfahrzeugs nach § 5 Abs. 3 Nr. 3 Mängel festgestellt, die ein Sicherheitsrisiko für seine Insassen oder andere Verkehrsteilnehmer darstellen können, so können neben dem nach § 6 zu erstellenden Kontrollbericht insbesondere folgende Maßnahmen von der zuständigen Behörde veranlasst werden:

1. die eingehendere Untersuchung entsprechend einer Hauptuntersuchung nach § 29 der Straßenverkehrs-Zulassungs-Ordnung bei einer nahegelegenen, örtlichen Untersuchungsstelle,
2. die vorläufige Untersagung der Benutzung des Nutzfahrzeugs bis zur Beseitigung der schwerwiegenden Mängel oder
3. die Verweigerung der Einfahrt des Nutzfahrzeugs, das in einem Drittland zugelassen ist, nach Deutschland.

§ 8 Informationen unter den Mitgliedstaaten

Die obersten Landesbehörden oder die von ihnen beauftragten Stellen teilen jährlich zum 30. Juni dem Bundesamt für Güterverkehr zur Durchführung der Informationen unter den Mitgliedstaaten mit, welche Behörde in ihrem Land für die Durchführung der Kontrollen zuständig und wer Ansprechpartner ist. Die erste Mitteilung erfolgt einen Monat nach Verkündung dieser Verordnung.

§ 9 Amtshilfe unter den Behörden der Mitgliedstaaten

(1) Sind an einem Nutzfahrzeug, das Eigentum eines Staatsangehörigen aus einem anderen Mitgliedstaat oder eines Unternehmens mit Sitz in einem anderen Mitgliedstaat ist, schwerwiegende Mängel, insbesondere solche, auf Grund derer die Benutzung des Nutzfahrzeugs vorläufig untersagt worden ist, festgestellt worden, hat die zuständige deutsche Behörde der zuständigen Behörde des Mitgliedstaats, in dem das Nutzfahrzeug zugelassen oder in Verkehr gebracht worden ist, unverzüglich eine Ausfertigung des Kontrollberichts nach § 6 zu übersenden. Weitere Maßnahmen nach dieser Verordnung bleiben unberührt.

(2) Neben der Meldung nach Absatz 1 können die zuständigen Behörden des Mitgliedstaats ersucht werden, gegenüber dem Zuwiderhandelnden oder dem Transportunternehmen angemessene Maßnahmen, insbesondere die erneute technische Untersuchung des Nutzfahrzeugs, zu ergreifen. Die zuständigen Behörden der Mitgliedstaaten teilen gemäß der Richtlinie 2000/30/EG des Europäischen Parlaments und des Rates vom 6. Juni 2000 über die technische Unterwegskontrolle von Nutzfahrzeugen, die in der Gemeinschaft am Straßenverkehr teilnehmen (ABl. EG Nr. L 203 S. 1), die ergriffenen Maßnahmen der ersuchenden Behörde mit.

(3) Die zuständigen Behörden leisten den zuständigen Behörden in anderen Mitgliedstaaten Amtshilfe bei der Durchführung der Richtlinie 2000/30/EG.

(4) Wird einer nach dieser Verordnung zuständigen Behörde durch eine zuständige Behörde eines Mitgliedstaates ein schwerwiegender Mangel an einem Nutzfahrzeug entsprechend Absatz 1 gemeldet oder ersucht diese Behörde um angemessene Maßnahmen entsprechend Absatz 2, so ergreift die nach dieser Verordnung zuständige Behörde die erforderlichen Maßnahmen. Sie teilt die getroffenen Maßnahmen der ersuchenden Behörde des Mitgliedstaates mit.

(5) Meldungen, Mitteilungen und Ersuchen gemäß den Absätzen 1 bis 4 richten die zuständigen Behörden unmittelbar an das Bundesamt für Güterverkehr, das die grenzüberschreitende Amtshilfe koordiniert.

§ 10 Berichtswesen

(1) Die nach Bundes- und Landesrecht zuständigen Behörden übermitteln dem Bundesamt für Güterverkehr jeweils für zwei Kalenderjahre spätestens zwei Monate nach deren Ablauf einen nach dem Muster in Anlage 3 für ihren Bereich erstellten Bericht über die Anwendung dieser Verordnung mit folgenden Angaben:

1. kontrollierte Nutzfahrzeuge, aufgeschlüsselt nach Fahrzeugklassen der Anlage 1,
2. Zulassungsländer, aufgeschlüsselt nach Deutschland, Mitgliedstaaten und Drittstaaten,
3. kontrollierte Prüfpunkte und festgestellte Mängel.

(2) Das Bundesamt für Güterverkehr erstellt aufgrund der Berichte nach Absatz 1 einen für Deutschland zusammengefassten Bericht und übersendet diesen dem Bundesministerium für Verkehr, Bau und Stadtentwicklung zur Weiterleitung an die Kommission der Europäischen Gemeinschaften.

(3) Die erste Übermittlung von Daten erstreckt sich auf den Zweijahreszeitraum vom 1. Januar 2003 bis 31. Dezember 2004.

§ 11 Kontrollen des Bundesamtes für Güterverkehr, der Bundespolizei und der Zollverwaltung

Diese Verordnung wird entsprechend angewendet durch:

1. das Bundesamt für Güterverkehr hinsichtlich der Vorschriften für Auspuffemissionen gemäß § 11 Abs. 2 Nr. 3 Buchstabe k des Güterkraftverkehrsgesetzes vom 22. Juni 1998 (BGBl I S. 1485), das zuletzt durch Artikel 251 der Verordnung vom 29. Oktober 2001 (BGBl I S. 2785) geändert worden ist, in der jeweils geltenden Fassung,
2. die Bundespolizei bei Einfahrten von Nutzfahrzeugen aus einem Drittland nach Deutschland im Rahmen seiner Gefahrenabwehr und
3. den Grenzzolldienst bei Kontrollen an den Grenzübergängen und im grenznahen Raum.

§ 12 Inkrafttreten

Diese Verordnung tritt am ersten Tage des dritten auf die Verkündung folgenden Kalendermonats in Kraft.

ANLAGE 1
(zu § 5 Abs. 4 und § 6)

BERICHT ÜBER DIE TECHNISCHE KONTROLLE VON NUTZFAHRZEUGEN AUF DER STRASSE

1. Ort der Kontrolle ______
2. Datum ______
3. Uhrzeit ______
4. Länderkennzeichen und amtliches Kennzeichen des Kraftfahrzeugs ______
5. Länderkennzeichen und amtliches Kennzeichen des Anhängers/Sattelanhängers ______
6. Fahrzeugklasse ______
   a) ☐ Leichtes Nutzfahrzeug (3,5–12 t)[1]
   b) ☐ Anhänger[2]
   c) ☐ Lastzug[3]
   d) ☐ Kraftomnibus[4]
   e) ☐ Schweres Nutzfahrzeug (über 12 t)[5]
   f) ☐ Sattelanhänger[6]
   g) ☐ Sattelzug[7]
7. Unternehmen, das den Transport durchführt/Anschrift ______
8. Nationalität ______
9. Fahrer ______

---

[1] Kraftfahrzeug zur Güterbeförderung mit mindestens vier Rädern und einer zulässigen Gesamtmasse zwischen 3,5 t und 12 t (Klasse N2).

[2] Fahrzeuge, die dazu bestimmt sind, von einem Kraftfahrzeug gezogen zu werden, mit Ausnahme von Sattelanhängern, und die aufgrund ihrer Bauart und Ausrüstung zur Güterbeförderung dienen: Anhänger mit einer zulässigen Gesamtmasse von mehr als 3,5 t und bis zu 10 t (Klasse 03), Anhänger mit einer zulässigen Gesamtmasse von mehr als 10 t (Klasse 04).

[3] Kombination aus einem Kraftfahrzeug zur Güterbeförderung mit einer zulässigen Gesamtmasse von mehr als 3,5 t (Klassen N2 und N3) und einem Anhänger (Klassen 03 und 04).

[4] Kraftfahrzeug zur Personenbeförderung mit mindestens vier Rädern und mehr als acht Sitzplätzen außer dem Fahrersitz (Klassen M2 und M3).

[5] Kraftfahrzeug zur Güterbeförderung mit mindestens vier Rädern und einer zulässigen Gesamtmasse von mehr als 12 t (Klasse N3).

[6] Fahrzeuge, die dazu bestimmt sind, so an ein Kraftfahrzeug angekuppelt zu werden, dass ein Teil des Sattelanhängers auf dem Kraftfahrzeug aufliegt und ein wesentlicher Teil seines Gewichts oder seiner Nutzlast von diesem Kraftfahrzeug getragen wird, und die aufgrund ihrer Bauart und Ausrüstung zur Güterbeförderung dienen (Klassen 03 und 04).

[7] Kombination aus einer Zugmaschine und einem Sattelanhänger.

10. Prüfpunkte

	kontrol-liert	nicht kontrol-liert	nicht vorschrifts-mäßig
a) Bremsanlage und deren Bestandteile[1]	□	□	□
b) Auspuffanlage[1]	□	□	□
c) Abgastrübung (Dieselmotoren)[1]	□	□	□
d) Gasförmige Emissionen (Benzin-, Erdgas- oder Flüssiggasmotoren)[1]	□	□	□
e) Lenkanlage	□	□	□
f) Beleuchtungs- und Signaleinrichtungen	□	□	□
g) Räder/Reifen	□	□	□
h) Federung (sichtbare Mängel)	□	□	□
i) Fahrgestell (sichtbare Mängel)	□	□	□
j) Fahrtschreiber (Einbau)	□	□	□
k) Geschwindigkeitsbegrenzer (Einbau und/oder Funktion)	□	□	□
l) Austritt von Kraftstoff und/oder Öl	□	□	□

11. Ergebnisse der Kontrolle
Das Fahrzeug weist schwerwiegende Mängel auf:
die Benutzung des Fahrzeugs wird vorläufig untersagt □

12. Verschiedenes/Bemerkungen

13. Kontrollierende(r) Behörde/Beauftragter oder Prüfer

Unterschrift der Behörde bzw. des Beauftragten oder Prüfers, die bzw. der die Kontrolle durchgeführt hat.

[1] Diese Punkte sind Gegenstand besonderer Prüfungen und/oder Kontrollen gemäß Anlage 2 (Anhang II der Richtlinie 2000/30/EG).

Anlage 2
(zu § 5 Abs. 3)

Vorschriften für die Prüfungen und Kontrollen der Bremsanlage, der Auspuffemissionen und der Geschwindigkeitsbegrenzer

1. Besondere Vorschriften für Bremsanlagen

Sämtliche Teile der Bremsanlage und ihre Betätigungseinrichtungen müssen in einwandfreiem Betriebszustand gehalten und richtig eingestellt sein.

Die Fahrzeugbremsen müssen die folgenden Bremsfunktionen ausführen:

a) Bei Kraftfahrzeugen, Kraftfahrzeuganhängern und Sattelanhängern muss die Betriebsbremse das Fahrzeug unabhängig von den Beladungsbedingungen und der Steigung oder dem Gefälle der Straße, auf dem das Fahrzeug fährt, sicher, schnell und wirksam abbremsen und zum Stillstand bringen können.

b) Bei Kraftfahrzeugen, Kraftfahrzeuganhängern und Sattelanhängern muss die Feststellbremse das Fahrzeug unabhängig von den Beladungsbedingungen und der Steigung oder dem Gefälle der Straße im Stillstand halten können.

2. Besondere Vorschriften für Auspuffemissionen

2.1 Kraftfahrzeuge mit Fremdzündungsmotor (Benzinmotor)

a) Wenn die Emissionen nicht durch eine moderne Abgasreinigungsanlage wie einen Dreiwege-Katalysator mit Lambdasonde verringert werden:

1. Sichtprüfung der Auspuffanlage auf Vollständigkeit, ordnungsgemäßen Zustand und Dichtheit;

2. Sichtprüfung der vom Hersteller eingebauten Emissionsminderungseinrichtung auf Vollständigkeit, ordnungsgemäßen Zustand und Dichtheit.

Nach einer angemessenen (den Empfehlungen des Fahrzeugherstellers entsprechenden) Warmlaufzeit des Motors, Messung des Kohlenmonoxid-Gehalts (CO) der Abgase im Leerlauf (ohne Last).

Der CO-Gehalt der Abgase darf höchstens dem vom Fahrzeughersteller angegebenen Wert entsprechen. Liegen hierzu keine Angaben vor oder entscheiden die Prüfstellen in den Mitgliedstaaten, diese nicht als Referenzwerte zu verwenden, so darf der CO-Gehalt der Abgase folgende Werte nicht überschreiten:

– 4,5 Vol.-% bei Fahrzeugen, die zwischen dem Zeitpunkt, ab dem die Mitgliedstaaten für diese Fahrzeuge die Übereinstimmung mit der jeweils geltenden Fassung der Richtlinie 70/220/EWG des Rates vom 20. März 1970 (ABl. EG Nr. L 76, S. 1) vorgeschrieben haben, und dem 1. Oktober 1986 erstmals zugelassen oder in Betrieb genommen wurden.

– 3,5 Vol.-% bei Fahrzeugen, die nach dem 1. Oktober 1986 erstmals zugelassen oder in Betrieb genommen wurden.

b) Wenn die Emissionen durch eine moderne Abgasreinigungsanlage wie einen Dreiwege-Katalysator mit Lambdasonde verringert werden:

1. Sichtprüfung der Auspuffanlage auf Vollständigkeit, ordnungsgemäßen Zustand und Dichtheit;

2. Sichtprüfung der vom Hersteller eingebauten Emissionsminderungseinrichtung auf Vollständigkeit, ordnungsgemäßen Zustand und Dichtheit;

3. Ermittlung der Wirksamkeit der Abgasreinigungsanlage durch Messung des Lambdawerts und des CO-Gehalts der Abgase gemäß Nummer 4 oder gemäß den sonstigen vom Fahrzeughersteller angegebenen, bei der Erteilung der Typgenehmigung genehmigten Verfahren. Für jede Prüfung wird der Motor nach den Empfehlungen des Fahrzeugherstellers konditioniert;

4. Emissionen am Auspuff – Grenzwerte

Der CO-Gehalt der Abgase darf höchstens dem vom Fahrzeughersteller angegebenen Wert entsprechen. Liegen hierzu keine Angaben vor, so darf der CO-Gehalt der Abgase folgende Werte nicht überschreiten:

– Messungen bei Leerlauf des Motors:

  Der zulässige CO-Gehalt der Abgase darf 0,5 Vol.-% nicht überschreiten; bei Fahrzeugen, die für die Typgenehmigung gemäß den Grenzwerten in Zeile A der Tabelle in Anhang I Abschnitt 5.3.1.4 der Richtlinie 70/220/EWG, in der geänderten Fassung der Richtlinie 98/69/EG (ABl. EG Nr. L 350, S. 1) oder in später geänderten Fassungen erteilt wurde, darf der CO-Gehalt 0,3 Vol.-% nicht überschreiten. Ist Übereinstimmung mit der Richtlinie 70/220/EWG in der geänderten Fassung der Richtlinie 98/69/EG nicht gegeben, so gelten die vorstehend genannten Bestimmungen für Fahrzeuge, die nach dem 1. Juli 2002 zugelassen oder erstmals in Betrieb genommen wurden.

– Messungen bei erhöhter Leerlaufdrehzahl (ohne Last) von mindestens 2000 min^{-1}:

  Der CO-Gehalt darf höchstens 0,3 Vol.-% betragen; bei Fahrzeugen, für die die Typgenehmigung gemäß den Grenzwerten in Zeile A oder Zeile B der Tabelle in Anhang I Abschnitt 5.3.1.4 der Richtlinie 70/220/EWG, in der geänderten Fassung der Richtlinie 98/69/EG oder in später geänderten Fassungen erteilt wurde, darf der CO-Gehalt 0,2 Vol.-% nicht überschreiten. Ist eine Übereinstimmung mit der Richtlinie 70/220/EWG in der geänderten Fassung der Richtlinie 98/69/EG nicht gegeben, so gelten die vorstehend genannten Bestimmungen für Fahrzeuge, die nach dem 1. Juli 2002 erstmals zugelassen oder in Betrieb genommen wurden.

  Lambda: 1 ± 0,03 oder gemäß Herstellerangaben.

– Bei gemäß der Richtlinie 70/220/EWG (in der geänderten Fassung der Richtlinie 98/69/EG und späteren Fassungen) mit On-Board-Diagnosesystemen (OBD) ausgerüsteten Kraftfahrzeugen können die Mitgliedstaaten alternativ zu der im ersten Spiegelstrich genannten Prüfung das ordnungsgemäße Funktionieren des Abgassystems durch das angemessene Ablesen des OBD-Geräts bei gleichzeitiger Prüfung des ordnungsgemäßen Funktionierens des OBD-Systems feststellen.

2.2 Kraftfahrzeuge mit Selbstzündungsmotor (Dieselmotor)

a) Messung der Abgastrübung bei Beschleunigung (ohne Last) von der Leerlauf- bis zur Abregeldrehzahl, wobei sich der Gangschalthebel in neutraler Stellung befindet und die Kupplung betätigt wird.

b) Vorkonditionierung des Fahrzeugs:

   1. Die Fahrzeuge können ohne Konditionierung geprüft werden. Aus Sicherheitsgründen sollte der Motor aber betriebswarm und in ordnungsgemäßem mechanischen Zustand sein.

   2. Außer gemäß Buchstabe d Nummer 5 darf die Prüfung für kein Fahrzeug als nicht bestanden gewertet werden, das nicht wie folgt konditioniert wurde:

      – Der Motor hat die volle Betriebstemperatur erreicht, z. B. hat er bei Messung der Motoröltemperatur mit einem Fühler im Messstabrohr mindestens 80° C oder eine darunter liegende übliche Betriebstemperatur, oder die Motorblocktemperatur entspricht bei Messung der Infrarotstrahlung mindestens einer gleich hohen Temperatur. Ist diese Messung aufgrund der Fahrzeugkonfiguration nicht durchführbar, so kann

die normale Betriebstemperatur des Motors auf andere Weise, z. B. durch die Inbetriebsetzung des Motorgebläses, erreicht werden.

– Das Abgassystem wird mit mindestens drei Beschleunigungszyklen von der Leerlaufdrehzahl bis zur Abregeldrehzahl oder mit einem gleichwertigen Verfahren durchgespült.

c) Prüfverfahren:

1. Sichtprüfung der vom Hersteller eingebauten Emissionsminderungseinrichtung auf Vollständigkeit, ordnungsgemäßen Zustand und Dichtheit.

2. Der Motor und ein etwa vorhandener Lader müssen vor dem Beginn des Beschleunigungszyklus die Leerlaufdrehzahl erreicht haben. Bei schweren Dieselmotoren ist dazu mindestens 10 Sekunden nach Lösen des Fahrpedals zu warten.

3. Zur Einleitung des Beschleunigungszyklus muss das Fahrpedal schnell (in weniger als einer Sekunde) und anhaltend, jedoch nicht gewaltsam vollständig herabgedrückt werden, um eine maximale Förderarbeit der Injektionspumpe zu erzielen.

4. Bei jedem Beschleunigungszyklus muss der Motor die Abregeldrehzahl, bzw. bei Fahrzeugen mit Automatikgetriebe die vom Hersteller angegebene Drehzahl – und wenn diese Angaben nicht vorliegen – zwei Drittel der Abregeldrehzahl erreichen, bevor das Fahrpedal gelöst wird. Dies kann überprüft werden, indem z. B. die Motordrehzahl überwacht oder das Fahrpedal ab der anfänglichen Betätigung bis zum Lösen lange genug betätigt wird, was bei Fahrzeugen der Klassen 1 und 2 des Anhangs 1 der Richtlinie 96/96/EG mindestens zwei Sekunden betragen sollte.

d) Grenzwerte

1. Die Trübung darf den vom Fahrzeughersteller gemäß der jeweils geltenden Fassung der Richtlinie 72/306/EWG des Rates vom 2. August 1972 (ABl. EG Nr. L 190, S. 1) auf dem Kennzeichen angegebenen Wert nicht überschreiten.

2. Liegen hierzu keine Angaben vor oder entscheiden die Prüfstellen in den Mitgliedstaaten, diese nicht als Referenzwerte zu verwenden, so darf die Trübung den vom Fahrzeughersteller angegebenen Wert nicht überschreiten bzw. dürfen beim Absorptionsbeiwert folgende Werte nicht überschritten werden:

   höchster Absorptionsbeiwert bei:

   – Saugmotoren = 2,5 m^{-1};

   – Turbomotoren = 3,0 m^{-1};

   – ein Grenzwert von 1,5 m^{-1} gilt für folgende Fahrzeuge, für die die Typgenehmigung erteilt wurde gemäß den Grenzwerten in:

     a) Zeile B der Tabelle in Anhang I Abschnitt 5.3.1.4 der Richtlinie 70/220/EWG in der geänderten Fassung der Richtlinie 98/69/EG (Leichte Nutzfahrzeuge Diesel-Euro4);

     b) Zeile B1 der Tabelle in Anhang I Abschnitt 6.2.1 der Richtlinie 88/77/EWG in der geänderten Fassung der Richtlinie 1999/96/EG (Schwere Nutzfahrzeuge Diesel-Euro4);

     c) Zeile B2 der Tabelle in Anhang I Abschnitt 6.2.1 der Richtlinie 88/77/EWG in der geänderten Fassung der Richtlinie 1999/96/EG (Schwere Nutzfahrzeuge Diesel-Euro5);

     d) Zeile C der Tabelle in Anhang I Abschnitt 6.2.1 der Richtlinie

88/77/EWG in der geänderten Fassung der Richtlinie 1999/96/EG (Schwere Nutzfahrzeuge – EEV),

oder den Grenzwerten in später geänderten Fassungen der Richtlinie 70/220/EWG in der geänderten Fassung der Richtlinie 98/69/EG oder den Grenzwerten in später geänderten Fassungen der Richtlinie 88/77/EWG in der geänderten Fassung der Richtlinie 1999/96/EG oder entsprechenden Werten bei der Verwendung eines Prüfgeräts einer anderen als der bei der Erteilung der EG-Typgenehmigung verwendeten Art.

Ist Übereinstimmung mit Anhang I Abschnitt 5.3.1.4 der Richtlinie 70/220/EWG in der geänderten Fassung der Richtlinie 98/69/EG oder Anhang I Abschnitt 6.2.1 der Richtlinie 88/77/EWG in der geänderten Fassung der Richtlinie 1999/96/EG nicht gegeben, so gelten die vorstehend genannten Bestimmungen für Fahrzeuge, die nach dem 1. Juli 2008 erstmals zugelassen oder in Betrieb genommen wurden.

3. Diese Vorschriften gelten nicht für Fahrzeuge, die vor dem 1. Januar 1980 erstmals zugelassen oder in Betrieb genommen wurden.

4. Die Prüfung ist nur dann als nicht bestanden zu werten, wenn das arithmetische Mittel von mindestens drei Beschleunigungszyklen den Grenzwert überschreitet. Bei der Berechnung dieses Wertes werden Messungen, die erheblich vom gemittelten Messwert abweichen, oder das Ergebnis anderer statistischer Berechnungen, die die Streuung der Messungen berücksichtigen, außer Acht gelassen. Die Mitgliedstaaten können die Zahl der durchzuführenden Prüfzyklen begrenzen.

5. Um unnötige Prüfungen zu vermeiden, können die Mitgliedstaaten abweichend von den Bestimmungen in Nummer 4 die Prüfung eines Fahrzeugs als nicht bestanden werten, dessen Messwerte nach weniger als drei Beschleunigungszyklen oder nach den Spülzyklen (oder gleichwertigen Verfahren) gemäß Buchstabe b Nr. 2, 2. Spiegelstrich die Grenzwerte erheblich überschreiten. Desgleichen können die Mitgliedstaaten, um Prüfungen zu vermeiden, abweichend von den Bestimmungen in Nummer 4 die Prüfung eines Fahrzeugs als bestanden werten, dessen Messwerte nach weniger als drei Beschleunigungszyklen oder nach den Spülzyklen (oder gleichwertigen Verfahren) gemäß Buchstabe b Nr. 2, 2. Spiegelstrich die Grenzwerte erheblich unterschreiten.

2.3 Prüfgeräte

Mit den Prüfgeräten, die zur Überprüfung der Fahrzeugemissionen eingesetzt werden, muss sich genau feststellen lassen, ob bei einem Fahrzeug die vorgeschriebenen bzw. vom Hersteller angegebenen Grenzwerte eingehalten werden.

3. Besondere Vorschriften für Geschwindigkeitsbegrenzer

- Wenn möglich, ist zu überprüfen, ob der Geschwindigkeitsbegrenzer gemäß der Richtlinie 92/6/EWG des Rates vom 10. Februar 1992 (ABl. EG Nr. L 57, S. 27) in der jeweils geltenden Fassung eingebaut ist.
- Die Gültigkeit des Einbauschildes des Geschwindigkeitsbegrenzers ist zu überprüfen.
- Falls durchführbar, ist zu überprüfen, ob die Verplombung des Geschwindigkeitsbegrenzers und ggf. sonstige Sicherheitseinrichtungen der Anschlüsse gegen unbefugte Eingriffe unversehrt sind.
- Falls durchführbar, ist zu überprüfen, ob der Geschwindigkeitsbegrenzer verhindert, dass die in den Artikeln 2 und 3 der Richtlinie 92/6/EWG genannten Fahrzeuge diese vorgegebenen Werte überschreiten.

ANLAGE 3
(zu § 10 Abs. 1)

MUSTER DES FORMULARS FÜR DEN BERICHT AN DAS BUNDESAMT FÜR GÜTERVERKEHR ÜBER DIE ANZAHL DER KONTROLLIERTEN NUTZFAHRZEUGE UND ÜBER VERSTÖSSE UND MASSNAHMEN BEI FESTGESTELLTEN TECHNISCHEN WARTUNGSMÄNGELN

Bundesland: ______________________ Bundespolizei/Zollverwaltung Jahr: _______

Lfd. Nr.	Art/Inhalt	Fahrzeuge/Zulassungsland in dem Gebiet Inland	sonstige EU/EWR-Staaten	Nicht-EU/EWR-Staaten	Gesamt
1	**Anzahl kontrollierter Nutzfahrzeuge insgesamt**				
	davon				
1.1	leichtes Nutzfahrzeug (3,5–12 t)				
1.2	schweres Nutzfahrzeug (über 12 t)				
1.3	Anhänger				
1.4	Sattelanhänger				
1.5	Lastzug				
1.6	Sattelzug				
1.7	Kraftomnibus				
2	**Anzahl beanstandeter Nutzfahrzeuge insges.**				
	davon Mängel an				
2.1	Bremsanlage und deren Bestandteile				
2.2	Auspuffanlage				
2.3	Abgastrübung (Dieselmotoren)				
2.4	Gasförmige Emissionen (Benzin-, Erdgas- oder Flüssiggasmotoren)				
2.5	Lenkanlage				
2.6	Beleuchtungs- und Signaleinrichtungen				
2.7	Räder/Reifen				
2.8	Federung (sichtbare Mängel)				
2.9	Fahrgestell (sichtbare Mängel)				
2.10	Fahrtschreiber (Einbau)				
2.11	Geschwindigkeitsbegrenzer (Einbau und/oder Funktion)				
2.12	Austritt von Kraftstoff und/oder Öl				
3	**Anzahl/Zurückweisungen an der EU/EWR-Außengrenze**				
4	**Anzahl/Benutzung vorläufig untersagt**				

§ 29, § 47a und Anlage VIII StVZO; Untersuchung der Kfz und Anhänger

1. § 29, § 47a StVZO
2. Anlage VIII StVZO
3. Übergangsvorschriften (§ 72 Abs. 2 StVZO)
4. Auszug aus der Begründung zur Neufassung der § 29, § 47a und Anlage VIII StVZO durch die 41. VO zur Änderung straßenverkehrsrechtlicher Vorschriften vom 3. 3. 2006
5. Untersuchungspflichtige Fahrzeuge und Ausnahmen
6. Fahrzeuge, die kein eigenes amtliches Kennzeichen führen müssen und damit von der Untersuchungspflicht ausgenommen sind
7. Durchführung von Untersuchungen nach § 29 StVZO bei Auslandsaufenthalten
8. Sondervorschriften für HU nach BOKraft

1. § 29 StVZO

Untersuchung der Kraftfahrzeuge und Anhänger

(1) Die Halter von zulassungspflichtigen Fahrzeugen im Sinne des § 3 Abs. 1 der Fahrzeug-Zulassungsverordnung und kennzeichenpflichtigen Fahrzeugen nach § 4 Abs. 2 und 3 Satz 2 der Fahrzeug-Zulassungsverordnung haben ihre Fahrzeuge auf ihre Kosten nach Maßgabe der Anlage VIII in Verbindung mit Anlage VIIIa in regelmäßigen Zeitabständen untersuchen zu lassen. Ausgenommen sind

1. Fahrzeuge mit rotem Kennzeichen oder Kurzzeitkennzeichen,
2. Fahrzeuge der Bundeswehr und der Bundespolizei.

Über die Untersuchung der Fahrzeuge der Feuerwehren und des Katastrophenschutzes entscheiden die zuständigen obersten Landesbehörden im Einzelfall oder allgemein.

(2) Der Halter hat den Monat, in dem das Fahrzeug spätestens zur

1. Hauptuntersuchung vorgeführt werden muss, durch eine Prüfplakette nach Anlage IX auf dem amtlichen Kennzeichen nachzuweisen,
2. Sicherheitsprüfung vorgeführt werden muss, durch eine Prüfmarke in Verbindung mit einem SP-Schild nach Anlage IXb nachzuweisen.

Prüfplaketten sind von der Zulassungsbehörde oder den zur Durchführung von Hauptuntersuchungen berechtigten Personen zuzuteilen und auf dem hinteren amtlichen Kennzeichen dauerhaft und gegen Missbrauch gesichert anzubringen. Prüfmarken sind von der Zulassungsbehörde zuzuteilen und von dem Halter oder seinem Beauftragten auf dem SP-Schild nach den Vorschriften der Anlage IXb anzubringen oder von den zur Durchführung von Hauptuntersuchungen oder Sicherheitsprüfungen berechtigten Personen zuzuteilen und von diesen nach den Vorschriften der Anlage IXb auf dem

SP-Schild anzubringen. SP-Schilder dürfen von der Zulassungsbehörde, von den zur Durchführung von Hauptuntersuchungen berechtigten Personen, dem Fahrzeughersteller, dem Halter oder seinem Beauftragten nach den Vorschriften der Anlage IXb angebracht werden.

(3) Eine Prüfplakette darf nur dann zugeteilt und angebracht werden, wenn keine Bedenken gegen die Vorschriftsmäßigkeit des Fahrzeugs bestehen. Durch die nach durchgeführter Hauptuntersuchung zugeteilte und angebrachte Prüfplakette wird bescheinigt, dass das Fahrzeug zum Zeitpunkt dieser Untersuchung vorschriftsmäßig nach Nummer 1.2 der Anlage VIII ist. Weist das Fahrzeug lediglich geringe Mängel auf, so kann abweichend von Satz 1 die Prüfplakette zugeteilt und angebracht werden, wenn die unverzügliche Beseitigung der Mängel zu erwarten ist.

(4) Eine Prüfmarke darf zugeteilt und angebracht werden, wenn das Fahrzeug nach Abschluss der Sicherheitsprüfung nach Maßgabe der Nummer 1.3 der Anlage VIII keine Mängel aufweist. Die Vorschriften von Nummer 2.6 der Anlage VIII bleiben unberührt.

(5) Der Halter hat dafür zu sorgen, dass sich die nach Absatz 3 angebrachte Prüfplakette und die nach Absatz 4 angebrachte Prüfmarke und das SP-Schild in ordnungsgemäßem Zustand befinden; sie dürfen weder verdeckt noch verschmutzt sein.

(6) Monat und Jahr des Ablaufs der Frist für die nächste

1. Hauptuntersuchung müssen von demjenigen, der die Prüfplakette zugeteilt und angebracht hat,
   a) bei den im üblichen Zulassungsverfahren behandelten Fahrzeugen im Fahrzeugschein oder
   b) bei anderen Fahrzeugen auf dem nach § 4 Abs. 5 der Fahrzeug-Zulassungsverordnung mitzuführenden oder aufzubewahrenden Nachweis oder Fahrzeugschein

   in Verbindung mit dem Prüfstempel der untersuchenden Stelle und der Kennnummer der untersuchenden Personen oder Stelle,
2. Sicherheitsprüfung müssen von demjenigen, der die Prüfmarke zugeteilt hat, im Prüfprotokoll

vermerkt werden.

(7) Die Prüfplakette und die Prüfmarke werden mit Ablauf des jeweils angegebenen Monats ungültig. Ihre Gültigkeit verlängert sich um einen Monat, wenn bei der Durchführung der Hauptuntersuchung oder Sicherheitsprüfung Mängel festgestellt werden, die vor der Zuteilung einer neuen Prüfplakette oder Prüfmarke zu beheben sind. Satz 2 gilt auch, wenn bei geringen Mängeln keine neue Prüfplakette nach Absatz 3 Satz 3 zugeteilt wird, und für Prüfmarken in den Fällen der Anlage VIII Nr. 2.4 Satz 6. Befindet sich an einem Fahrzeug, das mit einer Prüfplakette oder einer Prüfmarke in Verbindung mit einem SP-Schild versehen sein muss, keine gültige Prüfplakette oder keine gültige Prüfmarke, so kann die Zulassungsbehörde für die Zeit bis zur Anbringung der vorgenannten Nachweise den Betrieb des Fahrzeugs im öffentlichen Verkehr untersagen oder beschränken. Die betroffene Person hat das Verbot oder die Beschränkung zu beachten.

(8) Einrichtungen aller Art, die zu Verwechslungen mit der in Anlage IX beschriebenen Prüfplakette oder der in Anlage IXb beschriebenen Prüfmarke in Verbindung mit dem SP-Schild Anlass geben können, dürfen an Kraftfahrzeugen und ihren Anhängern nicht angebracht sein.

(9) Der für die Durchführung von Hauptuntersuchungen oder Sicherheitsprüfungen Verantwortliche hat für Hauptuntersuchungen einen Untersuchungsbericht und für Sicherheitsprüfungen ein Prüfprotokoll nach Maßgabe der Anlage VIII zu erstellen und dem Fahrzeughalter oder seinem Beauftragten auszuhändigen.

(10) Der Halter hat den Untersuchungsbericht mindestens bis zur nächsten Hauptuntersuchung und das Prüfprotokoll mindestens bis zur nächsten Sicherheitsprüfung aufzubewahren. Der Halter oder sein Beauftragter hat den Untersuchungsbericht, bei Fahrzeugen nach Absatz 11 zusammen mit dem Prüfprotokoll und dem Prüfbuch, zuständigen Personen und der Zulassungsbehörde bei allen Maßnahmen zur Prüfung auszuhändigen. Kann der letzte Untersuchungsbericht oder das letzte Prüfprotokoll

nicht ausgehändigt werden, hat der Halter auf seine Kosten Zweitschriften von den prüfenden Stellen zu beschaffen oder eine Hauptuntersuchung oder eine Sicherheitsprüfung durchführen zu lassen. Die Sätze 2 und 3 gelten nicht für den Hauptuntersuchungsbericht bei der Fahrzeugzulassung, wenn die Fälligkeit der nächsten Hauptuntersuchung für die Zulassungsbehörde aus einem anderen amtlichen Dokument ersichtlich ist.

(11) Halter von Fahrzeugen, an denen nach Nummer 2.1 der Anlage VIII Sicherheitsprüfungen durchzuführen sind, haben ab dem Tag der Zulassung Prüfbücher nach einem im Verkehrsblatt mit Zustimmung der zuständigen obersten Landesbehörden bekannt gemachten Muster zu führen. Untersuchungsberichte und Prüfprotokolle müssen mindestens für die Dauer ihrer Aufbewahrungspflicht nach Absatz 10 in den Prüfbüchern abgeheftet werden.

(12) Der für die Durchführung von Hauptuntersuchungen, Sicherheitsprüfungen oder Untersuchungen der Abgase Verantwortliche hat ihre Durchführung unter Angabe des Datums, bei Kraftfahrzeugen zusätzlich unter Angabe des Kilometerstandes, im Prüfbuch einzutragen.

(13) Prüfbücher sind bis zur endgültigen Außerbetriebsetzung des jeweiligen Fahrzeugs von dem Halter des Fahrzeugs aufzubewahren.

(14) Für Kraftfahrzeuge, die mit einem On-Board-Diagnosesystem ausgerüstet sind, das den im Anhang zu § 47 genannten Bestimmungen entspricht, und deren Abgase nach Nummer 1.2.1.1 Buchstabe a der Anlage VIII in Verbindung mit Nummer 4.8.2.2 der Anlage VIIIa untersucht werden, sind Plaketten in entsprechender Anwendung des § 47a Abs. 3 und 5 zuzuteilen und anzubringen. § 47a Abs. 6 gilt entsprechend.

§ 47a

Abgasuntersuchung (AU) – Untersuchung der Abgase von im Verkehr befindlichen Kraftfahrzeugen –

(1) Die Halter von Kraftfahrzeugen, die mit Fremdzündungsmotor oder mit Kompressionszündungsmotor angetrieben werden und nicht mit einem On-Board-Diagnosesystem ausgerüstet sind, das den im Anhang zu § 47 genannten Bestimmungen entspricht, haben zur Verringerung des Schadstoffausstoßes die Abgase ihres Kraftfahrzeugs auf ihre Kosten nach Nummer 1.2.1.1 Buchstabe b der Anlage VIII in Verbindung mit Nummer 4.8.2.1 der Anlage VIIIa in den in Anlage VIII Nr. 2 genannten Zeitabständen untersuchen zu lassen. Ausgenommen sind

1. Kraftfahrzeuge mit
   a) Fremdzündungsmotor, die weniger als vier Räder, ein zulässiges Gesamtgewicht von weniger als 400 kg oder eine bauartbedingte Höchstgeschwindigkeit von weniger als 50 km/h haben oder die vor dem 1. Juli 1969 erstmals in den Verkehr gekommen sind;
   b) Kompressionszündungsmotor, die weniger als vier Räder oder eine bauartbedingte Höchstgeschwindigkeit von nicht mehr als 25 km/h haben oder die vor dem 1. Januar 1977 erstmals in den Verkehr gekommen sind;
   c) rotem Kennzeichen oder Kurzzeitkennzeichen;
   d) Versicherungskennzeichen;
2. land- oder forstwirtschaftliche Zugmaschinen und
3. selbstfahrende Arbeitsmaschinen, die nicht den Baumerkmalen von Lastkraftwagen hinsichtlich des Antriebsmotors und des Fahrgestells entsprechen und Stapler.

Über die Untersuchung der Fahrzeuge der Feuerwehren und des Katastrophenschutzes entscheiden die zuständigen obersten Landesbehörden im Einzelfall oder allgemein.

(2) Untersuchungen nach Absatz 1 Satz 1 dürfen nur von Werken des Fahrzeugherstellers, einer eigenen Werkstatt des Importeurs und von hierfür anerkannten Kraftfahrzeugwerkstätten, amtlich anerkannten Sachverständigen oder Prüfern für den Kraftfahrzeugverkehr, von betrauten Prüfingenieuren einer für die Durchführung von Hauptuntersuchungen nach § 29 amtlich anerkannten Überwachungsorganisation oder von Fahrzeughaltern, die Hauptuntersuchungen oder Sicherheitsprüfungen an ihren Fahrzeugen im eigenen Betrieb durchführen dürfen, vorgenommen werden. Die für die anerkannten Kraftfahrzeugwerkstätten nach den Nummern 2.9 und 2.10 der Anlage VIIIc vorgeschriebenen Anforderungen gelten entsprechend auch für alle anderen in Satz 1 genannten Stellen; die Vorschriften sind auf Fahrzeughalter, die Hauptuntersuchungen oder Sicherheitsprüfungen an ihren Fahrzeugen im eigenen Betrieb durchführen dürfen, entsprechend anzuwenden.

(3) Als Nachweis über die Untersuchung der Abgase hat der für die Untersuchung Verantwortliche eine vom Bundesministerium für Verkehr, Bau und Stadtentwicklung mit Zustimmung der zuständigen obersten Landesbehörden festgelegte Prüfbescheinigung nach einem im Verkehrsblatt bekannt gegebenen Muster auszuhändigen und bei positivem Ergebnis eine Plakette nach Anlage IXa zuzuteilen und am vorderen amtlichen Kennzeichen nach Maßgabe der Anlage IXa dauerhaft und gegen Missbrauch gesichert anzubringen; § 29 Abs. 12 bleibt unberührt. Der für die Untersuchung Verantwortliche hat dafür zu sorgen, dass die Prüfbescheinigung mindestens das amtliche Kennzeichen des untersuchten Kraftfahrzeugs, den Stand des Wegstreckenzählers, den Hersteller des Kraftfahrzeugs einschließlich Schlüsselnummer, Fahrzeugtyp und -ausführung einschließlich Schlüsselnummer, die Fahrzeug-Identifizierungsnummer, die nach Nummer 4.8.2.1 der Anlage VIIIa in Verbindung mit der Richtlinie für die Untersuchung der Abgase von Kraftfahrzeugen nach Anlage VIIIa Nr. 4.8.2 angegebenen Sollwerte und die von ihm abschließend ermittelten Istwerte sowie Monat und Jahr des Ablaufs der Frist für die nächste Abgasuntersuchung, ferner das Datum und die Uhrzeit, soweit zugeteilt die Kontrollnummer und den Namen und die Anschrift der prüfenden Stelle sowie die Unterschrift des für die Untersuchung Verantwortlichen enthält. Eine Durchschrift, ein Abdruck oder eine Speicherung auf Datenträger der Prüfbescheinigung verbleibt bei der untersuchenden Stelle. Sie ist aufzubewahren und nach zwei Jahren ab Ablauf ihrer Gültigkeitsdauer zu vernichten.

(4) Die Prüfbescheinigung ist aufzubewahren. Der Fahrzeugführer hat die Prüfbescheinigung der für die Durchführung der Hauptuntersuchung nach § 29 verantwortlichen Person sowie auf Verlangen zuständigen Personen und der Zulassungsbehörde zur Prüfung auszuhändigen. Kann die Prüfbescheinigung nicht ausgehändigt werden, hat der Halter auf seine Kosten eine Zweitschrift von der untersuchenden Stelle zu beschaffen oder eine Abgasuntersuchung durchführen zu lassen.

(5) Bei der Zuteilung eines amtlichen Kennzeichens ist die Plakette von der Zulassungsbehörde dauerhaft und gegen Missbrauch gesichert anzubringen. Eine Prüfbescheinigung wird nicht ausgestellt. Erfolgt die Anbringung der Plakette vor der ersten vorgeschriebenen Abgasuntersuchung, ist Absatz 4 nicht anzuwenden.

(6) Der Halter hat dafür zu sorgen, dass sich die nach Absatz 3 Satz 1 oder Absatz 5 Satz 1 angebrachte Plakette in ordnungsgemäßem Zustand befindet; sie darf weder verdeckt noch verschmutzt sein. § 29 Abs. 7 und 8 gilt für Plaketten nach Anlage IXa entsprechend.

(7) Für Kraftfahrzeuge, für die ein Saisonkennzeichen zugeteilt ist, gilt Nummer 2.6 der Anlage VIII und für Kraftfahrzeuge, die vorübergehend stillgelegt worden sind, gilt Nummer 2.7 der Anlage VIII entsprechend.

(8) Die Bundeswehr, die Bundespolizei und die Polizeien der Länder können die Untersuchung nach Absatz 1 für ihre Kraftfahrzeuge selbst durchführen sowie die Ausgestaltung der Prüfbescheinigung selbst bestimmen. Für die Fahrzeuge der Bundeswehr und der Bundespolizei entfällt die Plakette nach Absatz 3.

2. Anlage VIII StVZO

Anlage VIII (§ 29 Abs. 1 bis 4, Abs. 7, 9, 11 und 13)

Untersuchung der Fahrzeuge

1. Art und Gegenstand der Hauptuntersuchungen und Sicherheitsprüfungen, Ausnahmen

1.1 Die untersuchungspflichtigen Kraftfahrzeuge und Anhänger unterliegen Hauptuntersuchungen und Sicherheitsprüfungen nach Maßgabe der folgenden Vorschriften.

1.2 Hauptuntersuchungen

1.2.1 Bei einer Hauptuntersuchung ist die Einhaltung der geltenden Bestimmungen dieser Verordnung, der Verordnung über die EG-Typgenehmigung für Fahrzeuge und Fahrzeugteile, der Verordnung über die EG-Typgenehmigung für zweirädrige oder dreirädrige Kraftfahrzeuge, der Verordnung über die EG-Typgenehmigung für land- und forstwirtschaftliche Zugmaschinen, ihre Anhänger und die von ihnen gezogenen auswechselbaren Maschinen sowie für Systeme, Bauteile und selbstständige technische Einheiten dieser Fahrzeuge sowie die Einhaltung anderer straßenverkehrsrechtlicher Vorschriften nach Maßgabe der Anlage VIIIa zu untersuchen; dabei ist ein Fahrzeug als vorschriftsmäßig einzustufen, wenn nach den Vorschriften der Anlage VIIIa sowie den dazu im Verkehrsblatt mit Zustimmung der obersten Landesbehörden bekannt gemachten Richtlinien keine Mängel festgestellt wurden und auch sonst kein Anlass zu der Annahme besteht, dass die Verkehrssicherheit gefährdet oder die Umweltverträglichkeit des Fahrzeugs mehr als unvermeidbar beeinträchtigt ist.

1.2.1.1 Bei der Untersuchung der Umweltverträglichkeit von Kraftfahrzeugen, die mit Fremdzündungsmotor oder Selbstzündungsmotor angetrieben werden, sind die Abgase

a) nach Nummer 4.8.2.2 der Anlage VIIIa bei Kraftfahrzeugen, die mit einem On-Board-Diagnosesystem ausgerüstet sind, das den im Anhang zu § 47 genannten Bestimmungen entspricht,

oder

b) nach Nummer 4.8.2.1 der Anlage VIIIa bei Kraftfahrzeugen, die nicht mit einem Diagnosesystem nach Buchstabe a ausgerüstet sind,

zu untersuchen.

1.2.1.2 Mit Ausnahme von Krafträdern sind von dem Untersuchungspunkt Motormanagement-/Abgasreinigungssystem der Anlage VIIIa Nr. 4.8.2 ausgenommen:

1. Kraftfahrzeuge mit

a) Fremdzündungsmotor, die weniger als vier Räder, eine zulässige Gesamtmasse von weniger als 400 kg oder eine bauartbedingte Höchstgeschwindigkeit von weniger als 50 km/h haben oder die vor dem 1. Juli 1969 erstmals in den Verkehr gekommen sind,

b) Kompressionszündungsmotor, die weniger als vier Räder oder eine bauartbedingte Höchstgeschwindigkeit von nicht mehr als 25 km/h haben oder die vor dem 1. Januar 1977 erstmals in den Verkehr gekommen sind,

c) rotem Kennzeichen oder Kurzzeitkennzeichen,

2. land- oder forstwirtschaftliche Zugmaschinen,

3. selbstfahrende Arbeitsmaschinen, die nicht den Baumerkmalen von Lastkraftwagen hinsichtlich des Antriebsmotors und des Fahrgestells entsprechen und Stapler.

1.3 Sicherheitsprüfungen

1.3.1 Die Sicherheitsprüfung hat eine Sicht-, Wirkungs- und Funktionsprü-

fung des Fahrgestells und Fahrwerks, der Verbindungseinrichtung, Lenkung, Reifen, Räder, Auspuffanlage und Bremsanlage des Fahrzeugs nach der hierzu im Verkehrsblatt mit Zustimmung der obersten Landesbehörden bekannt gemachten Richtlinie zu umfassen.

2. Zeitabstände der Hauptuntersuchungen und Sicherheitsprüfungen

2.1 Die Fahrzeuge sind mindestens in folgenden regelmäßigen Zeitabständen einer Hauptuntersuchung und einer Sicherheitsprüfung zu unterziehen; die Zeitabstände für Sicherheitsprüfungen beziehen sich hierbei auf die zuletzt durchgeführte Hauptuntersuchung:

	Art des Fahrzeugs	**Art der Untersuchung und Zeitabstand**	
		Hauptuntersuchung Monate	**Sicherheitsprüfung Monate**
2.1.1	Krafträder	24	–
2.1.2.	Personenkraftwagen sowie Krankenkraftwagen und Behinderten-Transportfahrzeuge mit nicht mehr als 8 Fahrgastplätzen		
2.1.2.1	Personenkraftwagen allgemein		
2.1.2.1.1	bei erstmals in den Verkehr gekommenen Personenkraftwagen für die erste Hauptuntersuchung	36	–
2.1.2.1.2	für die weiteren Hauptuntersuchungen	24	–
2.1.2.2	Personenkraftwagen zur Personenbeförderung nach dem Personenbeförderungsgesetz oder nach § 1 Nr. 4 Buchstabe d, g und i der Freistellungs-Verordnung	12	–
2.1.2.3	Krankenkraftwagen und Behinderten-Transportfahrzeuge mit nicht mehr als 8 Fahrgastplätzen	12	–
2.1.3	Kraftomnibusse und andere Kraftfahrzeuge mit mehr als 8 Fahrgastplätzen		
2.1.3.1	bei erstmals in den Verkehr gekommenen Fahrzeugen in den ersten 12 Monaten	12	–
2.1.3.2	für die weiteren Untersuchungen von 12 bis 36 Monate vom Tage der Erstzulassung an	12	6
2.1.3.3	für die weiteren Untersuchungen	12	3/6/9
2.1.4	Kraftfahrzeuge, die zur Güterbeförderung bestimmt sind, selbstfahrende Arbeitsmaschinen, Zugmaschinen sowie Kraftfahrzeuge, die nicht unter 2.1.1 bis 2.1.3 oder 2.1.6 fallen		
2.1.4.1	mit einer bauartbestimmten Höchstgeschwindigkeit von nicht mehr als 40 km/h oder einer zulässigen Gesamtmasse ≤ 3,5 t	24	–
2.1.4.2	mit einer zulässigen Gesamtmasse > 3,5 t ≤ 7,5 t	12	–

	Art des Fahrzeugs	Art der Untersuchung und Zeitabstand	
		Hauptuntersuchung Monate	Sicherheitsprüfung Monate
2.1.4.3	mit einer zulässigen Gesamtmasse > 7,5 t ≤ 12 t		
2.1.4.3.1	bei erstmals in den Verkehr gekommenen Fahrzeugen in den ersten 36 Monaten	12	–
2.1.4.3.2	für die weiteren Untersuchungen	12	6
2.1.4.4	mit einer zulässigen Gesamtmasse > 12 t		
2.1.4.4.1	bei erstmals in den Verkehr gekommenen Fahrzeugen in den ersten 24 Monaten	12	–
2.1.4.4.2	für die weiteren Untersuchungen	12	6
2.1.5	Anhänger, einschließlich angehängte Arbeitsmaschinen und Wohnanhänger		
2.1.5.1	mit einer zulässigen Gesamtmasse ≤ 0,75 t oder ohne eigene Bremsanlage		
2.1.5.1.1	bei erstmals in den Verkehr gekommenen Fahrzeugen für die erste Hauptuntersuchung	36	–
2.1.5.1.2	für die weiteren Hauptuntersuchungen	24	–
2.1.5.2	die entsprechend § 58 für eine zulässige Höchstgeschwindigkeit von nicht mehr als 40 km/h gekennzeichnet sind, oder mit einer zulässigen Gesamtmasse > 0,75 t ≤ 3,5 t	24	–
2.1.5.3	mit einer zulässigen Gesamtmasse > 3,5 t ≤ 10 t	12	–
2.1.5.4	mit einer zulässigen Gesamtmasse > 10 t		
2.1.5.4.1	bei erstmals in den Verkehr gekommenen Fahrzeugen in den ersten 24 Monaten	12	–
2.1.5.4.2	für die weiteren Untersuchungen	12	6
2.1.6	Wohnmobile		
2.1.6.1	mit einer zulässigen Gesamtmasse ≤ 3,5 t		
2.1.6.1.1	bei erstmals in den Verkehr gekommenen Fahrzeugen für die erste Hauptuntersuchung	36	–
2.1.6.1.2	für die weiteren Hauptuntersuchungen	24	–
2.1.6.2	mit einer zulässigen Gesamtmasse > 3,5 t ≤ 7,5 t		
2.1.6.2.1	in den ersten 72 Monaten	24	–
2.1.6.2.2	für die weiteren Hauptuntersuchungen	12	–
2.1.6.3	mit einer zulässigen Gesamtmasse > 7,5 t	12	–

2.2 Wenn untersuchungspflichtige Fahrzeuge ohne Gestellung eines Fahrers gewerbsmäßig vermietet werden, ohne dass sie für den Mieter zugelassen sind, beträgt die Frist für die Hauptuntersuchung in allen Fällen 12 Monate; davon ausgenommen beträgt die Frist für die Hauptuntersuchung an Personenkraftwagen nach Nummer 2.1.2.1 24 Monate, wenn diese für eine Mindestdauer von 36 Monaten von einem Mieter gemietet werden. An Kraftfahrzeugen nach Nummer 2.1.3 sind Sicherheitsprüfungen in Zeitabständen von drei, sechs und neun Monaten und an Kraftfahrzeugen, selbstfahrenden Arbeitsmaschinen, Zugmaschinen und Wohnmobilen nach den Nummern 2.1.4.3, 2.1.4.4 und 2.1.6.3 sowie Anhängern, einschließlich angehängten Arbeitsmaschinen nach Nummer 2.1.5.4, in einem Abstand von sechs Monaten nach der letzten Hauptuntersuchung durchführen zu lassen.

2.3 Die Frist für die nächste Hauptuntersuchung beginnt mit dem Monat und Jahr der letzten Hauptuntersuchung; wurde diese verspätet durchgeführt, so beginnt die Frist mit dem Monat und Jahr, in dem die Hauptuntersuchung hätte durchgeführt werden müssen. Bei Fahrzeugen, die erstmals in den Verkehr kommen, beginnt die Frist für die nächste Hauptuntersuchung mit dem Monat und Jahr der Zuteilung eines amtlichen Kennzeichens. Bei Fahrzeugen, die wieder zum Verkehr zugelassen werden oder die vorher außerhalb des Geltungsbereichs dieser Verordnung zum Verkehr zugelassen waren, beginnt die Frist mit dem Monat und Jahr der Begutachtung nach § 21. Sie endet mit Ablauf des durch die Prüfplakette nachgewiesenen Monats und Jahres. Bei Fahrzeugen mit einer EG-Typgenehmigung, die vorher außerhalb des Geltungsbereichs dieser Verordnung zum Verkehr zugelassen waren, ist § 7 Abs. 1 der Fahrzeug-Zulassungsverordnung anzuwenden.

2.4 Die Frist für die Durchführung der Sicherheitsprüfung beginnt mit dem Monat und Jahr der letzten Hauptuntersuchung; wurde diese verspätet durchgeführt, so beginnt die Frist mit dem Monat und Jahr, in dem die letzte Hauptuntersuchung hätte durchgeführt werden müssen. Die Sicherheitsprüfung darf in dem unmittelbar vor dem durch die Prüfmarke in Verbindung mit dem SP-Schild ausgewiesenen Monat durchgeführt werden, ohne dass sich die nach Nummer 2.1 oder Nummer 2.2 vorgeschriebenen Zeitabstände für die nächste vorgeschriebene Sicherheitsprüfung ändern. Bei Fahrzeugen, die wieder zum Verkehr zugelassen werden oder die vorher außerhalb des Geltungsbereichs dieser Verordnung zum Verkehr zugelassen waren, beginnt die Frist mit dem Monat und Jahr der Begutachtung nach § 21. Bei Fahrzeugen mit einer EG-Typgenehmigung, die außerhalb des Geltungsbereichs dieser Verordnung zum Verkehr zugelassen waren, ist § 23 Abs. 5 entsprechend anzuwenden. Die Frist endet mit Ablauf des durch die Prüfmarke in Verbindung mit dem SP-Schild nachgewiesenen Monats und Jahres. Diese Frist darf um höchstens einen Monat überschritten werden, wenn die mit der Prüfung beauftragte Stelle trotz rechtzeitig erteilten Auftrags die Sicherheitsprüfung nicht bis zum Ablauf der Frist nach Satz 5 durchführen konnte und dies in dem Prüfprotokoll bestätigt. Wird die Frist zur Durchführung einer Sicherheitsprüfung überschritten und liegt keine Bestätigung nach Satz 6 vor, ist eine Hauptuntersuchung verbunden mit einer Sicherheitsprüfung im Umfang von Nummer 2.3 der Anlage VIIIa durchzuführen.

2.5 Wird bei einer Hauptuntersuchung festgestellt, dass der durch die Prüf-

marke in Verbindung mit dem SP-Schild ausgewiesene Monat zur Vorführung des Fahrzeugs zur Sicherheitsprüfung nicht den Fristen der Nummern 2.1 und 2.2 in Verbindung mit Nummer 2.4 entspricht, ist eine neue Prüfmarke zuzuteilen und dies im Untersuchungsbericht zu vermerken.

2.6 Wäre eine Hauptuntersuchung oder Sicherheitsprüfung bei Fahrzeugen, für die ein Saisonkennzeichen zugeteilt ist, außerhalb des Betriebszeitraums durchzuführen, so ist die Hauptuntersuchung oder Sicherheitsprüfung im ersten Monat des nächsten Betriebszeitraums durchführen zu lassen. Waren außerhalb des Zulassungszeitraums sowohl eine Hauptuntersuchung als auch eine Sicherheitsprüfung durchzuführen, so ist eine Hauptuntersuchung verbunden mit einer Sicherheitsprüfung im Umfang von Nummer 2.3 der Anlage VIIIa durchführen zu lassen. Die Frist für die nächste Hauptuntersuchung beginnt, abweichend von Nummer 2.3 Satz 1, zweiter Teilsatz, mit dem Monat der Durchführung der Hauptuntersuchung.

2.7 Die Untersuchungspflicht ruht während der Zeit, in der Fahrzeuge durch Ablieferung des Fahrzeugscheins oder der amtlichen Bescheinigung über die Zuteilung des amtlichen Kennzeichens und durch Entstempelung des amtlichen Kennzeichens vorübergehend stillgelegt worden sind. War vor oder in dieser Zeit eine Hauptuntersuchung oder eine Sicherheitsprüfung durchzuführen, so ist die Hauptuntersuchung oder Sicherheitsprüfung bei Wiederinbetriebnahme des Fahrzeugs durchführen zu lassen. Waren in dieser Zeit sowohl eine Hauptuntersuchung als auch eine Sicherheitsprüfung durchzuführen, so ist eine Hauptuntersuchung verbunden mit einer Sicherheitsprüfung im Umfang von Nummer 2.3 der Anlage VIIIa durchführen zu lassen. Die Frist für die nächste Hauptuntersuchung und Sicherheitsprüfung beginnt abweichend von Nummer 2.3 Satz 1, zweiter Teilsatz, mit dem Monat der Durchführung der Hauptuntersuchung bei Wiederinbetriebnahme des Fahrzeugs.

3. Durchführung der Hauptuntersuchungen und Sicherheitsprüfungen, Nachweise

3.1 Hauptuntersuchungen

3.1.1 Hauptuntersuchungen sind von einem amtlich anerkannten Sachverständigen oder Prüfer für den Kraftfahrzeugverkehr (im Folgenden als aaSoP bezeichnet) oder von einer amtlich anerkannten Überwachungsorganisation nach Anlage VIIIb durch einen von ihr betrauten Prüfingenieur (im Folgenden als PI bezeichnet) durchführen zu lassen.

3.1.1.1 Die Untersuchung des Motormanagement-/Abgasreinigungssystems der Kraftfahrzeuge nach Nummer 1.2.1.1 in Verbindung mit Nummer 4.8.2 der Anlage VIIIa kann als eigenständiger Teil der Hauptuntersuchungen von einer dafür nach Nummer 1 der Anlage VIIIc anerkannten Kraftfahrzeugwerkstatt durchgeführt werden; die Durchführung ist auf einem mit fälschungserschwerenden Merkmalen zu versehenden Nachweis, der dem vom Bundesministerium für Verkehr, Bau und Stadtentwicklung mit Zustimmung der obersten Landesbehörden im Verkehrsblatt bekannt gemachten Muster entspricht, zu bescheinigen. Diese Untersuchung darf in dem unmittelbar vor dem durch die Prüfplakette angegebenen Monat für die nächste vorgeschriebene Hauptuntersuchung durchgeführt werden, ohne dass sich die nach Nummer 2.1 oder Nummer 2.2 vorgeschriebenen Zeitabstände für die nächste vorgeschriebene Hauptuntersuchung ändern. Der Nachweis ist dem aaSoP oder PI auszuhändigen, der die Kontrollnummer der in Satz 1 genannten Kraftfahrzeugwerkstatt sowie gegebenenfalls die Mängelnummer nach Nummer 3.1.4.6 in den Untersuchungsbericht überträgt und die von ihr im Nachweis aufgeführten Mängel bei der Hauptuntersuchung berücksichtigt.

3.1.1.2 Die Untersuchung der Gasanlagen für Antriebssysteme von Kraftfahrzeugen nach Nummer 1.2.1 in Verbindung mit Anlage VIIIa Nr. 4.8.5 kann als eigenständiger Teil der Hauptuntersuchung von einer dafür nach Anlage XVIIa anerkannten Kraftfahrzeugwerkstatt durchgeführt werden (wiederkehrende Gasanlagenprüfung). Die Durchführung der Untersuchung ist auf einem Nachweis nach Nummer 2.4 der Anlage XVII zu bescheinigen. Die Untersuchung darf höchstens zwölf Monate vor dem durch die Prüfplakette angegebenen Monat für die nächste vorgeschriebene Hauptuntersuchung durchgeführt werden, ohne dass sich die nach Nummer 2.1 oder Nummer 2.2 vorgeschriebenen Zeitabstände für die nächste vorgeschriebene Hauptuntersuchung ändern. Wurde innerhalb dieses Zeitraums eine Gassystemeinbauprüfung nach § 41a Abs. 5 oder eine Gasanlagenprüfung nach § 41a Abs. 6 durchgeführt, tritt diese an die Stelle der Untersuchung nach Satz 1. Der Nachweis über die durchgeführte Untersuchung oder Prüfung ist dem aaSoP oder PI auszuhändigen, der die Kontrollnummer der in Satz 1 genannten Kraftfahrzeugwerkstatt in den Untersuchungsbericht überträgt und die von ihr im Nachweis aufgeführten Mängel bei der Hauptuntersuchung berücksichtigt.

3.1.2 Der Halter oder sein Beauftragter haben das Fahrzeug spätestens bis zum Ablauf des Monats, der durch die Prüfplakette nach Maßgabe des § 29 Abs. 2 und die Eintragungen im Fahrzeugschein oder im Nachweis nach § 4 Abs. 5 der Fahrzeug-Zulassungsverordnung sowie im Untersuchungsbericht nachgewiesen ist, beim aaSoP oder PI zur Hauptuntersuchung vorzuführen.

3.1.3 Kann bei der Vorführung zur Hauptuntersuchung eine nach Nummer 2.1 vorgeschriebene Sicherheitsprüfung nicht nachgewiesen werden, ist eine Hauptuntersuchung verbunden mit einer Sicherheitsprüfung im Umfang von Nummer 2.3 der Anlage VIIIa durchzuführen.

3.1.4 Stellt der aaSoP oder PI bei der Hauptuntersuchung oder bei einer Nachprüfung nach Nummer 3.1.4.3 Satz 2

3.1.4.1 keine Mängel fest, so hat er für das Fahrzeug eine Prüfplakette nach § 29 Abs. 3 zuzuteilen,

3.1.4.2 geringe Mängel (GM) fest, so sind diese im Untersuchungsbericht einzutragen. Er kann für das Fahrzeug, außer bei Untersuchungen nach Nummer 3.1.3, eine Prüfplakette nach Maßgabe des § 29 Abs. 3 Satz 3 zuteilen; der Halter hat die Mängel unverzüglich, spätestens jedoch innerhalb eines Monats, beheben zu lassen,

3.1.4.3 erhebliche Mängel (EM) fest, so sind diese im Untersuchungsbericht einzutragen. Er darf für das Fahrzeug keine Prüfplakette zuteilen; der Halter hat alle Mängel unverzüglich beheben zu lassen und das Fahrzeug zur Nachprüfung der Mängelbeseitigung unter Vorlage des Untersuchungsberichtes spätestens bis zum Ablauf von einem Monat nach dem Tag der Hauptuntersuchung wieder vorzuführen. Sind bei der Nachprüfung nicht alle Mängel behoben oder werden zusätzliche Mängel festgestellt, darf die Prüfplakette nicht zugeteilt werden und das Fahrzeug ist innerhalb der in Satz 2 genannten Frist erneut zur Nachprü-

fung vorzuführen; der aaSoP oder PI hat die nicht behobenen oder die zusätzlich festgestellten Mängel im Untersuchungsbericht zu vermerken. Wird bei der Nachprüfung der Untersuchungsbericht nicht vorgelegt oder wird das Fahrzeug später als ein Monat nach dem Tag der Hauptuntersuchung wieder vorgeführt, so hat der aaSoP oder PI statt der Nachprüfung der Mängelbeseitigung eine neue Hauptuntersuchung durchzuführen. Die Frist für die nächste Hauptuntersuchung beginnt dann immer mit dem Monat der Fälligkeit der letzten Hauptuntersuchung,

3.1.4.4 Mängel fest, die das Fahrzeug verkehrsunsicher machen (VU), so sind diese im Untersuchungsbericht einzutragen; er hat die vorhandene Prüfplakette zu entfernen und unverzüglich die Zulassungsbehörde zu benachrichtigen; § 5 Abs. 3 der Fahrzeug-Zulassungsverordnung ist anzuwenden,

3.1.4.5 Mängel fest, die vor Abschluss der Untersuchung, längstens während seines Aufenthaltes in der Untersuchungsstelle*) beseitigt werden, so sind diese unter Angabe der Uhrzeit ebenfalls im Untersuchungsbericht einzutragen. Die sofortige Mängelbeseitigung ist durch die Bezeichnung der Mängel in Verbindung mit einer eindeutigen Bestätigung der untersuchenden Person unter Angabe der Uhrzeit zu bescheinigen. Die Vorschriften über die Zuteilung einer Prüfplakette nach § 29 Abs. 3 bleiben hiervon unberührt.

3.1.4.6 Mängel nicht selbst fest, sondern werden in nach Nummer 1 der Anlage VIIIc anerkannten Kraftfahrzeugwerkstätten bei der Durchführung der Untersuchung des Motormanagement-/Abgasreinigungssystems im Rahmen des eigenständigen Teils der Hauptuntersuchung nach Nummer 3.1.1.1 Mängel festgestellt, die vor Abschluss der Untersuchung des Motormanagement/Abgasreinigungssystems, längstens innerhalb eines Kalendertages beseitigt werden, so sind diese in Form einer Mängelnummer auf dem Nachweis einzutragen und vom aaSoP oder PI im Untersuchungsbericht zu übernehmen. Die sofortige Mängelbeseitigung ist in Verbindung mit einer eindeutigen Bestätigung der verantwortlichen Person zu bescheinigen. Die Vorschriften über die Zuteilung einer Prüfplakette nach § 29 Abs. 3 bleiben hiervon unberührt.

3.1.5 Untersuchungsberichte über Hauptuntersuchungen sind fälschungserschwerend auszuführen und müssen mindestens folgende Angaben enthalten:

- die Untersuchungsart,
- das amtliche Kennzeichen des untersuchten Fahrzeugs,
- das Jahr, in dem das Fahrzeug erstmalig in den Verkehr gekommen ist,
- den Hersteller des Fahrzeugs einschließlich seiner Schlüsselnummer,
- die Fahrzeugart und den Fahrzeugtyp einschließlich Schlüsselnummern,
- die Fahrzeug-Identifizierungsnummer (mindestens die letzten sieben Zeichen),
- den Monat und das Jahr der zuletzt durchgeführten Hauptuntersuchung,
- den Stand des Wegstreckenzählers bei Kraftfahrzeugen,
- das Datum und den Ort der Durchführung der Hauptuntersuchung,
- die Uhrzeit der Mängelfeststellung

*) Hinweis: Gemeint ist: „längstens während eines Kalendertages“. Eine Änderung ist beabsichtigt.

sowie die Uhrzeit der Feststellung der Mängelbeseitigung nach Nummer 3.1.4.5,

- den Namen und die Anschrift der untersuchenden Stelle,
- die Unterschrift mit Prüfstempel und Kennnummer des für die Untersuchung Verantwortlichen,
- den Monat und das Jahr des Ablaufs der Frist für die nächste Hauptuntersuchung und Sicherheitsprüfung,
- Angaben über die anlässlich der Hauptuntersuchung festgestellten Mängel,
- Bremswerte der Betriebs- und Feststellbremse, soweit möglich,
- Entscheidung über die Zuteilung der Prüfplakette,
- Anordnung der Wiedervorführpflicht,
- Angaben über Entgelte/Gebühren,
- die Kontrollnummer der anerkannten Kraftfahrzeugwerkstatt, wenn diese die Untersuchung nach Nummer 1.2.1.1 durchgeführt hat, und das Datum der Untersuchung,
- für Krafträder: Messdrehzahl und Standgeräuschvergleichswert von Standgeräuschmessungen.

3.2 Sicherheitsprüfungen

3.2.1 Sicherheitsprüfungen sind von hierfür nach Anlage VIIIc anerkannten Kraftfahrzeugwerkstätten oder von aaSoP oder PI durchführen zu lassen.

3.2.2 Der Halter hat das Fahrzeug nach Maßgabe der Nummern 2.1 und 2.2 in Verbindung mit Nummer 2.4 spätestens bis zum Ablauf der dort angegebenen Fristen in einer hierfür anerkannten Kraftfahrzeugwerkstatt oder beim aaSoP oder PI zur Sicherheitsprüfung vorzuführen.

3.2.3 Werden bei der Sicherheitsprüfung oder bei der Nachprüfung nach Nummer 3.2.3.2 Satz 2 am Fahrzeug

3.2.3.1 keine Mängel festgestellt, so ist dies im Prüfprotokoll zu bescheinigen und eine Prüfmarke nach Maßgabe der Anlage IXb zuzuteilen,

3.2.3.2 Mängel festgestellt, so sind diese im Prüfprotokoll einzutragen. Der Halter hat die Mängel unverzüglich beheben zu lassen und das Fahrzeug zur Nachprüfung der Mängelbeseitigung unter Vorlage des Prüfprotokolls spätestens bis zum Ablauf von einem Monat nach dem Tag der Sicherheitsprüfung einer anerkannten Kraftfahrzeugwerkstatt oder einem aaSoP oder PI vorzuführen; Nummer 3.1.4.3 Satz 3 ist entsprechend anzuwenden, wenn Mängel nicht behoben sind oder zusätzlich festgestellt werden. Wird das Fahrzeug später als in dem vorgeschriebenen Zeitraum zur Nachprüfung wieder vorgeführt, so ist statt der Nachprüfung der Mängelbeseitigung eine neue Sicherheitsprüfung durchzuführen. Die Behebung der Mängel ist im Prüfprotokoll zu bescheinigen und eine Prüfmarke nach Maßgabe der Anlage IXb zuzuteilen,

3.2.3.2.1 Mängel festgestellt, jedoch sofort behoben, so sind diese auch im Prüfprotokoll einzutragen, ihre sofortige Behebung ist zu bescheinigen und eine Prüfmarke nach Maßgabe der Anlage IXb zuzuteilen,

3.2.3.3 Mängel festgestellt, die zu einer unmittelbaren Verkehrsgefährdung führen können, so hat

3.2.3.3.1 die anerkannte Kraftfahrzeugwerkstatt nach Nummer 3.2.3.2.1 zu verfahren oder die Prüfmarke zu entfernen und die Zulassungsbehörde unverzüglich zu benachrichtigen; § 5 Abs. 3 der Fahrzeug-Zulassungsverordnung ist anzuwenden,

3.2.3.3.2 der aaSoP oder PI die vorhandene Prüfmarke und Prüfplakette zu entfernen, wenn nicht nach Nummer 3.2.3.2.1 verfahren wird, und unverzüglich die Zulassungsbehörde zu benachrichtigen; § 5 Abs. 3 der Fahrzeug-Zulassungsverordnung ist anzuwenden.

3.2.4 Eine Hauptuntersuchung, die zum Zeitpunkt einer Sicherheitsprüfung durchgeführt wird, kann die Sicherheitsprüfung nicht ersetzen.

3.2.5 Prüfprotokolle über Sicherheitsprüfungen sind nach einem vom Bundesministerium für Verkehr, Bau und Stadtentwicklung mit Zustimmung der obersten Landesbehörden im Verkehrsblatt bekannt gemachten Muster fälschungserschwerend auszuführen und müssen mindestens folgende Angaben enthalten:

- die Prüfungsart,
- das amtliche Kennzeichen des untersuchten Fahrzeugs,
- das Jahr, in dem das Fahrzeug erstmalig in den Verkehr gekommen ist,
- den Hersteller des Fahrzeugs einschließlich seiner Schlüsselnummer,
- die Fahrzeugart und den Fahrzeugtyp einschließlich Schlüsselnummern,
- die Fahrzeug-Identifizierungsnummer (mindestens die letzten sieben Zeichen),
- den Monat und das Jahr der zuletzt durchgeführten Hauptuntersuchung,
- den Stand des Wegstreckenzählers bei Kraftfahrzeugen,
- das Datum und die Uhrzeit der Sicherheitsprüfung,
- den Namen, die Anschrift und den Prüfort oder die Kontrollnummer der prüfenden Stelle,
- die Unterschrift des für die Prüfung Verantwortlichen der anerkannten Werkstatt oder die Unterschrift mit Prüfstempel und Kennnummer des für die Prüfung verantwortlichen aaSoP oder PI,
- den Monat und das Jahr des Ablaufs der Frist für die nächste Sicherheitsprüfung,
- Angaben über die anlässlich der Sicherheitsprüfung festgestellten Mängel,
- Bremswerte der Betriebs- und Feststellbremse, soweit möglich,
- Entscheidung über die Zuteilung der Prüfmarke,
- Anordnung der Wiedervorführpflicht.

4. Untersuchungsstellen zur Durchführung von Hauptuntersuchungen und Untersuchungen der Abgase sowie Sicherheitsprüfungen und wiederkehrende Gasanlageprüfungen

4.1 Hauptuntersuchungen und Untersuchungen der Abgase der Kraftfahrzeuge nach Nummer 3.1.1.1 sowie Sicherheitsprüfungen und wiederkehrende Gasanlageprüfungen dürfen von den hierzu berechtigten Personen nur an den Untersuchungsstellen durchgeführt werden, die die Vorschriften der Anlage VIIId erfüllen. Die Untersuchungsstellen der Technischen Prüfstellen und der amtlich anerkannten Überwachungsorganisationen sind der zuständigen obersten Landesbehörde oder den von ihr bestimmten oder nach Landesrecht zuständigen Stellen unter Angabe der Ausstattungsmerkmale gemäß Anlage VIIId sowie der zu untersuchenden und prüfenden Fahrzeugarten zu melden. Darüber hinaus sind die Prüfstellen und auf Anforderung die anderen Untersuchungsstellen zur Anerkennung zu melden.

4.2 Die Hauptuntersuchungen durch aaSoP der Technischen Prüfstellen sollen in der Regel in deren Prüfstellen nach Nummer 2.1 der Anlage

VIIId, die Hauptuntersuchungen durch die amtlich anerkannten Überwachungsorganisationen sollen in der Regel in Prüfstützpunkten nach Nummer 2.2 der Anlage VIIId oder auf Prüfplätzen nach Nummer 2.3 der Anlage VIIId durchgeführt werden.

4.3 Die zuständige oberste Landesbehörde oder die von ihr bestimmten oder nach Landesrecht zuständigen Stellen oder die zuständige Anerkennungsstelle können selbst prüfen oder durch von ihr bestimmte sachverständige Personen oder Stellen prüfen lassen, ob die für die Untersuchungsstellen geltenden Vorschriften eingehalten sind. Technische Prüfstellen und amtlich anerkannte Überwachungsorganisationen müssen die erstmalige Überprüfung jeweils für ihren Bereich selbst durchführen, wenn die nach § 10 Abs. 1 des Kraftfahrsachverständigengesetzes zuständige Stelle oder die nach Nummer 1 der Anlage VIIIb zuständige Anerkennungsstelle sie dazu beauftragt hat; Nummer 4.1 bleibt unberührt. Die regelmäßig wiederkehrende Prüfung von Prüfstützpunkten nach Nummer 2.2 der Anlage VIIId erfolgt hierbei mindestens alle 3 Jahre durch die in Nummer 1.1 Satz 1 der Anlage VIIIc genannten Stellen. Die mit der Prüfung beauftragten Personen sind befugt, Grundstücke und Geschäftsräume, die zur gemeldeten Untersuchungsstelle gehören, während der Geschäfts- und Betriebszeiten zu betreten, dort Prüfungen und Besichtigungen vorzunehmen und die vorgeschriebenen Aufzeichnungen einzusehen. Der Inhaber der Untersuchungsstelle hat diese Maßnahmen zu dulden, soweit erforderlich die beauftragten Personen dabei zu unterstützen und auf Verlangen die vorgeschriebenen Aufzeichnungen vorzulegen. Der Inhaber der Untersuchungsstelle hat die Kosten der Prüfung zu tragen.

4.4 Die nach Nummer 4.3 Satz 3 zuständigen Stellen führen einen Nachweis über die durchgeführten Überprüfungen der Prüfstützpunkte und teilen die Ergebnisse, insbesondere Abweichungen von Nummer 3 der Anlage VIIId, den dort tätigen Technischen Prüfstellen und Überwachungsorganisationen mit.

3. Übergangsvorschriften (§ 72 Abs. 2 StVZO)

Die geänderten Vorschriften über die technische Überwachung traten im Wesentlichen am 1.4.2006 in Kraft. Die „zweite Stufe" der Zusammenfassung von HU und AU wird am 1.1.2010 zur Anwendung kommen. § 72 Abs. 2 StVZO schreibt vor:

1. **§ 29 (Untersuchung der Kraftfahrzeuge und Anhänger)**
   ist anzuwenden ab dem 1. April 2006. Bis zu diesem Datum gilt § 29 in der vor dem 1. April 2006 geltenden Fassung. Ab dem 1. Januar 2010 sind anlässlich von Hauptuntersuchungen die auf den vorderen amtlichen Kennzeichen angebrachten Plaketten nach den bis zum 31. Dezember 2009 geltenden Vorschriften des § 47a Abs. 3 und 5 von den die Hauptuntersuchung durchführenden Personen zu entfernen.

   § 29 Abs. 14 (Kraftfahrzeuge, die mit On-Board-Diagnosesysteme ausgerüstet sind)
   ist nach dem 31. Dezember 2009 nicht mehr anzuwenden.

2. **§ 47a (Abgasuntersuchung (AU) – Untersuchung der Abgase von im Verkehr befindlichen Kraftfahrzeugen –)**
   ist anzuwenden vom 1. April 2006 bis zum 31. Dezember 2009. Bis zum 31. März 2006 gilt § 47a in der vor dem 1. April 2006 geltenden Fassung.

3. **§ 47b (Anerkennungsverfahren zur Durchführung von Abgasuntersuchungen) wird zum 31.3.2006 aufgehoben.**
   Einzelne Übergangsvorschriften zu § 47b lauten nunmehr wie folgt:

   a) **§ 47b Abs. 2 (Anerkennungsverfahren zur Durchführung von Abgasuntersuchungen)**

Vor dem 1. April 2006 erteilte Anerkennungen zur Durchführung von Abgasuntersuchungen von Fachkräften nach § 47b in der bis zum 31. März 2006 geltenden Fassung bleiben weiterhin gültig und sind gleichwertigen Anerkennungen nach Anlage VIIIc gleichzusetzen.

b) **§ 47b Abs. 3 (Zur Schulung befugte, ermächtigte oder anerkannte Stellen)**
Vor dem 1. April 2006 zur Schulung befugte, ermächtigte oder anerkannte Stellen nach § 47b in der bis zum 31. März 2006 geltenden Fassung dürfen weiterhin schulen. Die Schulungen sind gleichwertigen Schulungen nach Anlage VIIIc gleichzusetzen.

4. **Anlage VIII (Untersuchung der Fahrzeuge)**
ist ab dem 1. April 2006 anzuwenden. Bis zu diesem Datum gilt Anlage VIII in der vor dem 1. April 2006 geltenden Fassung.
Abweichend vom Satz 1
   1. ist an Krafträdern, die ab dem 1. Januar 1989 erstmals in den Verkehr gekommen sind, anlässlich von Hauptuntersuchungen, die ab dem 1. April 2006 durchgeführt werden, auch eine Untersuchung der Umweltverträglichkeit nach Nummer 1.2.1.1 durchzuführen,
   2. ist an Kraftfahrzeugen, die unter den Anwendungsbereich des Buchstaben b der Nummer 1.2.1.1 fallen, ab dem 1. Januar 2010 eine Untersuchung der Umweltverträglichkeit nach Nummer 1.2.1.1 der Anlage VIII bei Hauptuntersuchungen durchzuführen,
   3. ist Nummer 3.1.1.1 für Kraftfahrzeuge, die unter den Anwendungsbereich des Buchstaben b der Nummer 1.2.1.1 fallen, spätestens ab dem 1. Januar 2010 anzuwenden,
   4. ist Nummer 3.1.5 hinsichtlich der Angaben zur Kontrollnummer der anerkannten Kraftfahrzeugwerkstätten spätestens ab dem 1. Januar 2010 für die Durchführung von Hauptuntersuchungen an Kraftfahrzeugen, die unter den Anwendungsbereich des Buchstaben b der Nummer 1.2.1.1 fallen, anzuwenden.

5. **Anlage VIIIa (Durchführung der Hauptuntersuchung)**
ist spätestens ab dem 1. April 2006 für die ab diesem Datum erstmals in den Verkehr kommenden Fahrzeuge anzuwenden. Für andere Fahrzeuge gilt Anlage VIIIa in der vor dem 1. April 2006 geltenden Fassung. Abweichend von den Sätzen 1 und 2 sind die Nummern 4.8.1 und 4.8.2 an allen Krafträdern sowie die Nummer 4.8.2 an Fahrzeugen, die mit einem On-Board-Diagnosesystem ausgerüstet sind, das den im Anhang zu § 47 genannten Bestimmungen entspricht, bei der Durchführung von Hauptuntersuchungen spätestens ab dem 1. April 2006 anzuwenden.

6. **Anlage VIIIb (Anerkennung von Überwachungsorganisationen)**
Bis zum 1. Dezember 1999 erteilte Anerkennungen zur Durchführung von Hauptuntersuchungen (§ 29) sowie von Abnahmen (§ 19 Abs. 3 Nr. 3 oder 4) gelten auch für die Durchführung von Sicherheitsprüfungen. Die Organisation darf die von ihr mit der Durchführung von Hauptuntersuchungen betrauten Personen nur mit der Durchführung der Sicherheitsprüfungen betrauen, wenn diese Personen hierfür besonders ausgebildet worden sind; die Betrauung ist der nach 1. zuständigen Anerkennungsbehörde mitzuteilen. Die Nummern 2.1 sowie 2.1a sind hinsichtlich der gleichen Rechte und Pflichten nicht auf Überwachungsorganisationen anzuwenden, die vor dem 1. März 1999 amtlich anerkannt worden sind; für sie gilt Nummer 7.2.1 der Anlage VIII in der vor dem 1. Juni 1998 geltenden Fassung und tritt Nummer 2.1a hinsichtlich der Vorschrift, dass die Sachverständigen keiner anderen Organisation angehören dürfen, am 1. Januar 2000 in Kraft. Eine mittelbare Trägerschaft bei einer anderen Organisation ist zulässig, solange der Sachverständige und seine Angestellten nicht von dieser Organisation mit der Durchführung von Hauptuntersuchungen, Abgasuntersuchungen, Sicherheitsprüfungen und Abnahmen betraut sind. Die Nummer 6.4 tritt am 1. August 1999 in Kraft.

7. **Anlage VIIIc (Anerkennung von Kraftfahrzeugwerkstätten zur Durchführung von Sicherheitsprüfungen und/oder Untersuchungen der Abgase sowie Schulung der verantwortlichen Personen und Fachkräfte)**
   ist spätestens ab dem 1. April 2006 anzuwenden. Bis zum 31. März 2006 gilt Anlage VIIIc hinsichtlich der Anerkennung von Kraftfahrzeugwerkstätten zur Durchführung von Sicherheitsprüfungen in der vor dem 1. April 2006 geltenden Fassung unter der Maßgabe, dass die bis zum 31. März 2006 erteilten Anerkennungen weiterhin gültig sind.

8. **Anlage VIIId (Untersuchungsstellen zur Durchführung von Hauptuntersuchungen, Sicherheitsprüfungen, Untersuchungen der Abgase)**
   ist spätestens ab dem 1. April 2006 anzuwenden. Bis zum 31. März 2006 gilt für Untersuchungsstellen zur Durchführung von Hauptuntersuchungen und Sicherheitsprüfungen Anlage VIIId in der vor dem 1. April 2006 geltenden Fassung.

9. **Anlage IXa (Plakette für die Durchführung von Abgasuntersuchungen) ist nach dem 31. Dezember 2009 nicht mehr anzuwenden.**

10. Die Anlagen
    XI (Prüfung der Kraftfahrzeuge mit Ottomotor auf den Gehalt an Kohlenmonoxyd (CO) im Abgas bei Leerlauf),

    XIa (Abgasuntersuchung an Kraftfahrzeugen mit Fremd- oder Kompressionszündungsmotor)
    und
    XIb (Untersuchungsstellen für die Durchführung von Abgasuntersuchungen (AU-Untersuchungsstellen))
    wurden zum 31.3.2006 aufgehoben.

4. Auszug aus der Begründung zur Neufassung der § 29, § 47a und Anlage VIII StVZO durch die 41. Verordnung zur Änderung straßenverkehrsrechtlicher Vorschriften vom 3.3.2006 (nur allgemeiner Teil)

(VKBl. 2006, S. 280)

Durch die Verordnung werden die Vorschriften über die regelmäßige Technische Überwachung der Fahrzeuge §§ 29, 47a, 47b StVZO neu gefasst und teilweise aufgehoben.

Hervorzuheben ist:

- Zusammenfassung der für Kraftfahrzeuge nach § 29 und § 47a StVZO vorgeschriebenen Hauptuntersuchungen (HU) und Abgasuntersuchungen (AU) nach einem zeitlich gestuften Verfahren.
- Einführung der Untersuchung der Abgase und Geräusche im Verkehr befindlicher Krafträder.
- Einführung der Untersuchung von elektronisch geregelten Fahrzeugsystemen, die sicherheits- oder umweltrelevant sind.
- Die Zusammenfassung der bisher für die HU und AU geltenden Untersuchungs-, Anerkennungs- und Aufsichtsvorschriften, durch die der Umfang der Vorschriften insgesamt erheblich reduziert werden konnte.

Als Folge vorgenannter Vorschriftenänderungen werden die Gebührenordnung für Maßnahmen im Straßenverkehr angepasst und die Bußgeldkatalog-Verordnung geändert sowie mehrere Durchführungsrichtlinien im Anschluss an die Verkündung der Verordnung im Verkehrsblatt bekannt gegeben.

I. Allgemeines

1. **Ausgangslage**
   Die Vorschriften über die regelmäßige Technische Überwachung (TÜ) der Fahrzeuge wurden zuletzt durch die 28. Verordnung zur Änderung straßenverkehrsrechtlicher Vorschriften vom 20. Mai

1998 (BGBl. I S. 1051, VkBl. S. 470) umfassend geändert. Zielsetzungen dieser Verordnung (VO) waren eine bessere Aufteilung in Fahrzeughalter- und Untersuchungs-/Prüfvorschriften zur besseren Lesbarkeit, eine Zusammenfassung der für bestimmte Nutzfahrzeuge vorgeschriebenen Zwischenuntersuchungen (ZU) und Bremsensonderuntersuchungen (BSU) zu einer Sicherheitsprüfung (SP) einhergehend mit der Einführung von altersabhängigen („dynamisierten") Fristen und damit Entlastung der Fahrzeughalter, detaillierten und rechtlich verbindlichen Prüfvorschriften für HU und SP, Wegfall der Vorschriften für Eigenüberwacher sowie Entlastungen der Verwaltungen der Länder durch die Aufnahme von Delegationsmöglichkeiten verschiedener Befugnisse auf dritte Stellen.

Im Wesentlichen wurden durch die Umsetzung der VO die vorgegebenen Ziele erreicht. Durch die jetzt vorliegende VO werden ähnliche Zielsetzungen verfolgt.

2. **Zielsetzungen der Verordnung**

Durch die Überarbeitung und Neufassung der maßgeblichen Vorschriften zur TÜ (§§ 29, 47a und 47b StVZO) werden mehrere Maßnahmen umgesetzt. Im Einzelnen:

2.1 Zusammenfassung der HU und AU

Infolge der Fortschreibung der „Abgasrichtlinie" 70/220/EWG durch die Richtlinie 98/69/EG und weiterer Änderungsrichtlinien wurden für bestimmte Kraftfahrzeuge so genannte On-Board-Diagnosesysteme (OBD) mit zeitlich gestuften Inkrafttretungsdaten für neue Kraftfahrzeuge vorgeschrieben. Diese OBD überwachen das Abgasverhalten der Kraftfahrzeuge während ihres Betriebs permanent und zeigen aufgetretene Fehler im Abgassystem dem Fahrzeugführer durch Aufleuchten der MI-Lampe (malfunction indicator – Fehlfunktionsanzeige) an. Im Weiteren ist vorgegeben, dass auch Störungen/Fehler im Abgassystem, die sporadisch und nicht dauerhaft auftreten, je nach ihrer vorgegebenen Wertigkeit im „Fehlerspeicher" abgespeichert und über eine genormte Schnittstelle mit einem Diagnosegerät ausgelesen werden können. Für die TÜ von Kraftfahrzeugen mit ordnungsgemäß arbeitenden OBD ergibt sich insoweit eine Vereinfachung, da bei ihnen zukünftig auf eine Messung und Bewertung des Abgasverhaltens, wie i. R. der AU für Kraftfahrzeuge ohne die genannten Systeme vorgeschrieben ist, verzichtet werden kann. Von daher lag es nahe, die vom Untersuchungsaufwand reduzierte AU an diesen Kraftfahrzeugen in die HU zu integrieren, da ohnehin bei der HU und AU zum Teil gleiche Untersuchungspunkte durchzuführen waren (Fahrzeug-Identifizierung, Sichtprüfung der abgasrelevanten Teile). Die Zusammenfassung beider Untersuchungen erfolgt zeitlich gestuft und beginnt am 1. April 2006 zunächst für OBD-Kraftfahrzeuge. Auf die Untersuchung der Abgase an OBD-Kraftfahrzeugen, die ab 01.01.2006 erstmals in den Verkehr kommen, wird verzichtet. Ab dem 1. Januar 2010 wird in einer 2. Stufe auch die AU an „alten" Kraftfahrzeugen in die HU integriert. Diese zeitliche Stufung basiert auf den prognostizierten Zulassungszahlen. Damit im Zeitraum von 2006–2010 eine reibungslose Kontrolle der Durchführung der AU auch im ruhenden Verkehr möglich ist, wurde die bestehende Nachweisführung durch die nach § 47a StVZO vorgeschriebene „AU-Plakette" auf dem vorderen amtlichen Kennzeichen auch auf OBD-Kraftfahrzeuge ausgedehnt; ab dem Jahre 2010 erfolgt der Nachweis an allen Kraftfahrzeugen nur noch über die (HU-) Prüfplakette auf dem hinteren amtlichen Kennzeichen.

Die Durchführung der Untersuchung des Motormanagement-/Abgasreinigungssystems an OBD-Kraftfahrzeugen als eigenständiger Teil der HU kann dabei – wie die bisherige AU – von dafür anerkannten Kraftfahrzeugwerkstätten durchgeführt und bescheinigt werden. Der Nachweis über die Durchführung ist dem aaSoP/PI vor Beginn der HU vorzulegen.

2.2 Einführung der Untersuchung der Abgase und Geräusche an Krafträdern

Krafträder unterlagen bisher keiner regelmäßigen Überwachung ihres Abgas- und Geräuschverhaltens. Die Einführung einer regelmäßigen Überwachung der Abgase und Geräusche der im Verkehr befindlichen Krafträder ist als notwendiger Teilbereich für eine effiziente und umweltgerechte Verkehrspolitik anzusehen. Diese für Krafträder zunächst als „Umweltuntersuchung (UU)" bezeichnete Maßnahme wurde auch von der BMU-Projektgruppe „Motorrad und Umwelt" empfohlen. Sie ist darüber hinaus in der vom Bundesministerium für Umwelt, Naturschutz und Reaktorsicherheit (BMU) im September 1999 herausgegebenen Dokumentation „Motorrad und Umwelt" als eine wesentliche Maßnahme aufgeführt. Die vorgesehenen Untersuchungen sollen mit dazu beitragen, dass Verschlechterungen im Abgas und Geräuschverhalten des einzelnen Kraftrades im Verkehr als Folge von Verschleiß, unterlassener oder fehlerhafter Reparatur oder Wartung und/oder Einbau nicht genehmigter Auspuffanlagen besser erkannt werden.

Die vorgenannten Untersuchungen (Abgase und Geräusche) wurden in das Konzept der Zusammenfassung von HU und AU eingebunden. Dabei wurde die AU im Wesentlichen der Pkw-AU entsprechend gestaltet. Die Untersuchung der Abgase an Krafträdern soll dabei auch als eigenständiger Teil der HU von dafür anerkannten Werkstätten durchgeführt und bestätigt werden.

Die Geräuschuntersuchung wird fester Bestandteil der HU. Als Pflichtuntersuchung wird eine „subjektive" Geräuschbeurteilung vorgeschrieben. Erscheint dem Prüfer, der ohnehin eine Fahrprobe durchführt, dabei das Geräuschverhalten des Kraftrades auffällig, ist als Ergänzungsuntersuchung nach Anlage VIIIa StVZO eine Messung des Standgeräusches durchzuführen. Die Bundesregierung vertritt außerdem die Auffassung, dass zur Eindämmung übermäßiger Geräuschentwicklungen bei Kradrädern, die durch Manipulationen an der Auspuffanlage oder den Anbau einer nicht genehmigten Auspuffanlage „zwischen" den vorgeschriebenen Untersuchungen verursacht werden, Zufallsuntersuchungen an der Straße ein geeignetes Mittel sein können. Da diese in den Zuständigkeitsbereich der Länder fallen, sind die Länder gehalten abzuklären, wie solche Zufallsuntersuchungen zu einem wirksamen Instrument zur Vermeidung unnötiger Geräuschbelästigungen ausgestaltet und umgesetzt werden können.

(Siehe dazu auch Nr. 2.7).

2.3 Einführung der Untersuchung von elektronisch geregelten Fahrzeugsystemen, die sicherheitsoder umweltrelevant sind

1. Die Elektronik hat in den letzten Jahren in Fahrzeugen eine zunehmende und insbesondere auch eine übergreifende Rolle übernommen. Elektronische Komponenten zur Steuerung verkehrssicherheits- oder umweltrelevanter Fahrzeugeinrichtungen, wie z. B. Automatischer Blockierverhinderer (ABV), Airbag und Motormanagement sind heute selbstverständlich. Neuere Systeme, wie Abstandswarngeräte, Abstandsregelungen, Fahrdynamikregelungen und Lenkanlagen mit elektronischen Bauteilen werden in Zukunft verstärkt auch in Fahrzeugen der unteren Preisklassen zum Einbau kommen. Insoweit muss auch gewährleistet werden, dass diese elektronischen Systeme, die die „Mechanik" der Fahrzeuge steuern, über die gesamte Einsatzzeit der Fahrzeuge, also der Zulassung zur Teilnahme am Straßenverkehr, ordnungsgemäß arbeiten. Um dies sicherzustellen, bedarf es auch einer Untersuchung der in die Fahrzeuge eingebauten elektronisch geregelten Fahrzeugsysteme bei

der wiederkehrenden regelmäßigen technischen Überwachung der Fahrzeuge. Diese Untersuchung hat vom Grundsatz eine Prüfung der eingebauten Teile auf sogenannte Ident.-Teile (Original- oder freigegebene Ersatzteile), unzulässige technische Änderungen sowie Funktions- und Wirkungsprüfungen zu beinhalten. Da jedoch bei der regelmäßigen technischen Überwachung der Zeit- und Kostenaufwand der Untersuchungen in einem vertretbaren Umfang zu den Untersuchungszielen stehen muss, sind aufwendige Funktions- und Wirkungsprüfungen, wie z. B. von fahrdynamischen Regelungen, derzeit nicht umsetzbar. Von daher lag es nahe, bereits bei der Abfassung der Bau- und Wirkvorschriften für derartige Einrichtungen die Belange der regelmäßigen technischen Überwachung insoweit zu berücksichtigen, dass über einfache und ohne aufwendige Prüfstände durchzuführende Prüfschritte das ordnungsgemäße Arbeiten nachgewiesen werden kann. Aktuelle Fehler, aber auch sporadisch auftretende, zum Zeitpunkt der Untersuchung nicht eingetretene, vom System jedoch erkannte und eventuell abgespeicherte relevante Fehler sollten hierbei feststellbar werden. Die Bundesregierung hat entsprechende Vorschläge in die Vorschriftengremien der EG und ECE (UN-Wirtschaftskommission für Europa) eingebracht, deren Umsetzung und Aufnahme in die EG-Richtlinien und ECE-Regelungen bisher nur zögerlich erfolgte oder aber weitgehend am Widerstand der anderen Mitglieds- bzw. Anwenderstaaten scheiterte.

Letztlich wurde dieses Ziel durch die „Abgasrichtlinie“ 98/69/EG (vergleiche Nr. 2.1) sowie durch die ECE-Regelungen Nr. 13/13 H (Bremsanlagen) und Nr. 79 (Lenkanlagen) aus der Sicht der technischen Überwachung in einer ersten Stufe bisher teilweise gelöst.

2. Um dem gesetzlichen Auftrag, über die regelmäßige technische Überwachung der Fahrzeuge sowohl die (technische) Verkehrssicherheit als auch die Umweltverträglichkeit im Betrieb sicherzustellen, nachzukommen, wird mit der vorliegenden Verordnung und den Untersuchungsvorschriften ein neuer Weg beschritten. Die Untersuchungsvorschriften der Anlage VIIIa StVZO, die auch für die Untersuchung der elektronischen Fahrzeugkomponenten gelten, tragen dem unter 1. dargestellten Umstand (Nichtberücksichtigung der regelmäßigen technischen Überwachung in den Bau- und Wirkvorschriften) dadurch Rechnung, dass die Untersuchung sich nicht nur auf die Prüfung der Vorschriftsmäßigkeit („Übereinstimmung mit den Bau- und Wirkvorschriften“) beschränkt, sondern die Fahrzeuge auch auf Einhaltung des übergeordneten Zieles bezüglich der technischen Verkehrssicherheit und Umweltverträglichkeit zu untersuchen sind (vergl. Nr. 1.2 Anlage VIII StVZO). Demzufolge wird durch Anlage VIIIa StVZO eine stufenförmige Abfolge („Prüfkaskade“) der bei den Untersuchungen zu berücksichtigenden Vorschriften vorgegeben. Sofern durch § 29 und den darauf aufbauenden Untersuchungsvorschriften und -richtlinien (Nr. 1 Abschnitt 1 und 2 Anlage VIIIa StVZO), die auf vorhandenen Bau- und Wirkvorschriften (Typ-) aufbauen, keine detaillierten Untersuchungsvorschriften vorgegeben sind, können die entsprechenden Untersuchungen aufgrund von Systemdaten, die vom Hersteller oder Importeur bei der Homologation oder aber nachträglich speziell für die wiederkehrende technische Fahrzeugüberwachung angegeben oder die vom Arbeitskreis Erfahrungsaustausch in der technischen Fahrzeugüberwachung (AKE) im Benehmen mit den Herstellern und Importeuren erarbeitetet wurden, durchgeführt werden (Nr. 1 Abschnitt 3 oder

4 Anlage VIIIa StVZO). Diese Vorschrift stützt sich auf folgende Gegebenheiten:

- spezielle Untersuchungsvorschriften für die regelmäßige technische Überwachung wurden bisher bei der Abfassung der Bau- und Wirkvorschriften nicht oder nur unzureichend berücksichtigt (siehe Ausführungen unter 1.),
- die von den Herstellern eingebauten Sicherheitskonzepte, über die die ordnungsgemäße Funktion – oftmals auch die Wirkung – der Einrichtungen permanent überwacht werden, können bei Angabe von Systemdaten (vergl. Nr. 4 Anlage VIIIa StVZO) für die regelmäßige technische Überwachung genutzt werden.

Für die mit dieser VO eingeführten Pflichtuntersuchungen sicherheitsrelevanter, elektronisch geregelter Fahrzeugsysteme müssen allen aaSoP/PI zuverlässig die gleichen Prüfvorgaben und Systemdaten bereitgestellt werden, die die Grundlagen bilden für gleichmäßige Untersuchungen der elektronisch geregelten Fahrzeugsysteme in hoher Qualität einerseits und andererseits mit einem vertretbar geringen Aufwand. Dazu, d. h. zur Absicherung der geforderten Güte dieser Untersuchungen ist für die Aufwendungen zur Erstellung, Vorhaltung und Bereitstellung entsprechender Prüfvorgaben und Systemdaten die Erhebung einer gesonderten Gebühr erforderlich. Eine solche Gütesicherung kann nicht der normalen Gebührenfestsetzung innerhalb des Gebührenrahmens für die HU (Gebührennummer 413.1 bis 413.4.6 – Spalte 5 –) überlassen werden. Eine Teilgebühr mit der Zweckbindung für die gleichmäßige Erstellung, Vorhaltung und Bereitstellung entsprechender Prüfvorgaben und Systemdaten für alle aaSoP/PI über den AKE bringt die notwendige langfristige Sicherheit. Diese Teilgebühr wird von den Technischen Prüfstellen bei der HU erhoben und „als durchlaufender Posten" an den AKE abgeführt. Ein Entgelt in gleicher Höhe wird auch von den amtlich anerkannten Überwachungsorganisationen bei der HU erhoben und an den AKE abgeführt.

Für seine eigenen Aufwendungen beim Bereitstellen und Vorhalten der Prüfvorgaben und Systemdaten wird vom AKE die Hälfte der an ihn abgeführten Gebühren und Entgelte einbehalten. Die andere Hälfte erhalten die Hersteller und Importeure nach einem Schlüssel, abhängig von dem Umfang, der von ihnen gelieferten und auf die Fahrzeugsidentifizierungs-Nr. (FIN) bezogenen Prüfvorgaben und Systemdaten und entsprechend ihrem Anteil an der Zahl der Zulassungen nach KBA-Statistik in dem jeweiligen Jahr. Wird die Datenlieferung und vorhaltung von Dritten übernommen, erhalten diese vom AKE den entsprechenden Anteil.

Da den Herstellern auch aus Gründen der Produkthaftung daran gelegen ist, dass jeder Ausfall, Manipulationen oder andere unzulässige Änderungen an den Einrichtungen schnellstmöglich behoben werden oder der „Originalzustand" wieder hergestellt wird, ist dieser Weg folgerichtig. Er bietet außerdem den Vorteil, dass keine „starren" und, wie in der Vergangenheit teilweise festgestellt werden musste, innovationshemmende Untersuchungsvorschriften vorgegeben werden.

Die nach Abschnitt 4 Nr. 1 Anlage VIIIa StVZO durchzuführende Untersuchung nach Vorgaben des AKE ist als Auffangtatbestand einzustufen; sie wird dann umzusetzen sein, wenn nach den Abschnitten 1., 2. und 3. keine Vorgaben vorliegen, jedoch vom Hersteller oder Importeur nachträglich – also nach der Homologation – solche Vorgaben angegeben werden oder wenn die Erfordernis spezieller Untersuchungen einer Einrichtung, z. B. nach Unfällen, gegeben ist.

2.4 Wirkungsprüfung von in Pkw eingebauten Schwingungsdämpfern („Achsdämpfungs-Prüfung“)

Ausgehend von der immer wieder gestellten Forderung für in Pkw eingebaute Schwingungsdämpfer (Stoßdämpfer) eine Wirkungsprüfung bei der HU vorzuschreiben, hatte das Bundesministerium für Verkehr, Bau und Stadtentwicklung gemeinsam mit der Bundesanstalt für Straßenwesen (BASt) zwei Forschungsvorhaben vergeben. Ziel dieser Vorhaben war festzustellen, wie hoch die Defektrate von Schwingungsdämpfer an im Verkehr befindlichen Pkw ist und darauf aufbauend welches Nutzen-Kosten-Verhältnis bei Einführung einer Wirkungsprüfung zu erwarten ist. Die Ergebnisse der Forschungsvorhaben zeigten auf

- dass zwischen 8–9 % aller eingebauten Schwingungsdämpfer defekt sind, also eine Restwirkung von ≤ 20 % aufweisen (Untersuchungen von anderen Institutionen: Defektrate bis zu 12–14 %),
- dass ein aussagekräftiges Nutzen-Kosten-Verhältnis nicht ermittelt werden konnte, da, je nach Zugrundelegung der einzelnen anzunehmenden Parameter sowohl ein positives wie auch negatives Verhältnis hochgerechnet werden konnte.

Ausgehend von der hohen sicherheitstechnischen Bedeutung der Schwingungsdämpfer insbesondere an (schnellfahrenden) Pkw und davon, dass über eine reine Sichtkontrolle und die so genannte „Wippmethode“ i. R. der HU defekte Schwingungsdämpfer nicht festgestellt werden können, sollte eine stufenweise Einführung der Wirkungsprüfung von in Pkw eingebauten Schwingungsdämpfern vorgeschrieben werden.

Diese Maßnahme erschien aus folgenden Gründen erforderlich:

- defekte Schwingungsdämpfer führen in Abhängigkeit von der gefahrenen Geschwindigkeit und den Fahrzuständen zu einer geringeren oder zeitweise nicht mehr vorhandenen Bodenhaftung der Reifen mit dem Einhergehen von nicht mehr übertragbaren Längs- und Seitenkräften,
- defekte Schwingungsdämpfer führen zu Bremswegverlängerungen insbesondere bei mit ABV ausgerüsteten Pkw,
- defekte Schwingungsdämpfer haben verschiedene, zum Teil sehr nachteilige Wirkungen auf mit Fahrdynamikregelungen ausgestattete Pkw, bei denen die Dämpferraten je nach Fahrzeugbelastung, Fahrbahnzustand und Fahrgeschwindigkeit elektronisch gesteuert und unterschiedlich vorgegeben werden.

Dem Einwand, dass eine Wirkungsprüfung von Schwingungsdämpfern, die Teil einer in Pkw eingebauten Fahrdynamikregelung sind, mit herkömmlichen Prüfständen nicht durchgeführt werden kann, wurde entgegengehalten, dass diese Regelungen über die Einführung der Untersuchung von elektronischen Steuerungseinrichtungen (vergl. 2.3) geprüft werden könnten und insoweit darüber Aussagen zur Restwirkung aus diesen Ergebnissen ableitbar sind.

Die Einführung einer Wirkungsprüfung der Achsdämpfung von Pkw scheiterte zum Zeitpunkt des Inkrafttretens vorliegender Verordnung, da die vorliegenden Ergebnisse des speziell dafür gebauten Referenzprüfstandes eine Beurteilung mit einem allgemein gültigen Grenzwert nicht zulässt.

Die Beteiligten (Prüfstandshersteller, Fahrzeughersteller, TP, ÜO, ZDK) sind aufgefordert, ihrerseits die eingeleitete Entwicklung mit dem Ziel fortzuführen, ein objektives und in der „Fläche“ einsetzbares Messverfahren zu entwickeln, das zuverlässige Ergebnisse für die Beurteilung der Achsdämpfung bei einer HU zulässt.

2.5 <u>Überprüfung der Zeitabstände (Fristen) für die Durchführung der HU an bestimmten Fahrzeugen entsprechend der festgestellten Mängelhäufigkeit in Abhängigkeit vom Fahrzeugalter sowie der Aufnahme versicherungskennzeichenpflichtiger Kraftfahrzeuge in die regelmäßige technische Überwachung</u>

2.5.1 Eine Änderung bereits vorgeschriebener Fristen ist immer dann eine unpopuläre Maßnahme, wenn damit statt einer Verlängerung eine Verkürzung der Zeitabstände auf Grund festgestellter Erkenntnisse vorzunehmen ist, da die Fahrzeughalter mit erhöhtem Zeitbedarf und höheren Prüfkosten belastet werden. Deshalb müssen solche Maßnahmen auf Fakten gestützt werden, die eindeutig belegen, dass aus Gründen der (technischen) Verkehrssicherheit diese „Verschärfung" unumstößlich ist. Die Gründe für solche Verkürzungen liegen im Wesentlichen bei zwei Arten von unterschiedlich ermittelten Fahrzeugmängeln:

1. Den so genannten unfallursächlichen technischen Mängeln, die nach Unfällen ermittelt werden und bei denen festgestellt wurde, dass auf Grund ihres Vorhandenseins der Unfall überhaupt erst eingetreten ist oder die maßgeblich zur Erhöhung der Unfallschwere beigetragen haben,
2. den anlässlich von vorgeschriebenen Untersuchungen festgestellten erheblichen technischen Mängeln, die Aussagen über das im Verkehr befindliche „Mängelpotenzial" an Fahrzeugen zulassen. Durch dieses „Mängelpotenzial" können sowohl die Fahrer dieser Fahrzeuge als auch unbeteiligte andere Verkehrsteilnehmer erheblich gefährdet werden.

Der hierzu von einer dafür eingesetzten Arbeitsgruppe (AG) vorgelegte Untersuchungsbericht basiert auf derzeit vorliegenden Unfallstatistiken, einer Anzahl von ausgewerteten Unfällen mit unfallursächlichen technischen Mängeln an den betroffenen Fahrzeugen, den Wartungs-/Inspektions- und Reparaturarbeiten sowie unzulässigen technischen Änderungen insbesondere an älteren Pkw. In Verbindung mit den vorliegenden Erhebungen über Mängel, die anlässlich von HU festgestellt wurden (Statistische Mitteilungen des KBA, Reihe 7: Fahrzeuguntersuchungen), wurde von der vorgenannten AG u. a. vorgeschlagen, die Fristen für HU an älteren Pkw ab dem 8. Zulassungsjahr von 2 auf 1 Jahr zu verkürzen. Dieser Vorschlag wurde von den Entscheidungsträgern der Länder und des Bundes geprüft und mit der Begründung abgelehnt, dass der Vorschlag auf „wenig belastbaren Argumenten fußt", insbesondere aber der konkrete Nachweis der unfallursächlichen technischen Mängel zwar ausschnittsweise, aber nicht in einer für die Entscheidungsfindung erforderlichen Bandbreite nachgewiesen wurde. Insoweit wurde diesem Vorschlag dann nicht gefolgt.

Die bisherigen Arbeiten deuten darauf hin, dass dieser Sachverhalt einer weiteren eingehenden Untersuchung bedarf, in der das Potenzial einer möglichen Steigerung der (technischen) Verkehrssicherheit aufzuzeigen und ggf. darauf basierend eine Nutzen-Kosten-Betrachtung durchzuführen ist. Der Verordnungsgeber ist aufgerufen, hierzu das Erforderliche zu veranlassen.

2.5.2 <u>Überprüfung der Aufnahme versicherungskennzeichenpflichtiger Kraftfahrzeuge in die regelmäßige technische Überwachung</u>

Zusätzlich zu den ca. 3,6 Mio. zulassungspflichtiger – und damit auch HU-pflichtiger – Krafträder nehmen zurzeit etwa 1,7 Mio. Kraftfahrzeuge mit Versicherungskennzeichen am Verkehr teil. Die letztgenannten Kraftfahrzeuge, das sind vornehmlich Mofas, Mopeds oder Motorräder, unterliegen bisher nicht den Vorschriften über die regelmäßige technische Überwachung.

Die unter 2.5.1 erwähnte AG hat in ihrem Untersuchungsbericht die Einführung

einer HU im Zweijahresabstand für die genannten Kraftfahrzeuge vorgeschlagen.

Der Vorschlag wurde – im Auftrage des BMVBS – von der BASt im Rahmen einer Nutzen-Kosten-Betrachtung überprüft. Die BASt hat hierzu u. a. ausgeführt:

„... Aufgrund der Ergebnisse aller durchgeführten Nutzen-Kosten-Analysen ist somit abschließend festzustellen, dass die Einführung einer technischen Überwachung von zulassungsfreien Fahrzeugen mit Versicherungskennzeichen äußert ineffizient wäre. Selbst unter Anrechnung des gesamten Nutzenpotenzials der Maßnahme, d. h. aller Unfälle mit technischen Mängeln bei einer in der Praxis nicht erreichbaren Maßnahmenwirksamkeit von 100 %, liegt der maximal denkbare Nutzen eindeutig unter den Kosten der Maßnahme. Bei Anrechnung realistischer, d. h. niedrigerer Wirksamkeiten sowie bei Einbeziehung von Zeitkosten würde sich das Nutzen-Kosten-Verhältnis noch weiter verschlechtern.

Von der Einführung einer obligatorischen Überwachung von zulassungsfreien Fahrzeugen mit Versicherungskennzeichen kann deshalb nur abgeraten werden."

Der Vorschlag der AG wurde daher nicht umgesetzt.

2.6 Zusammenfassung der bisher für die HU und AU geltenden Vorschriften

Die Zusammenfassung der HU und AU zu einer Untersuchung in einem zeitlich gestuften Verfahren ermöglicht auch eine Zusammenfassung der bisher für die einzelnen Untersuchungen jeweils getrennt geltenden Vorschriften und Richtlinien sowie teilweise Verwaltungsvereinfachungen (z. B. bei der Anerkennung von SP- und AU-Werkstätten, ab dem 01.04.2006 die Aufhebung des § 47b und der Anlagen XI, XIa und XIb sowie ab dem 01.01.2010 den Wegfall weiterer Vorschriften, z. B. § 47a StVZO).

2.7 Überprüfung der Vorschriften

Der Umfang der geänderten Vorschriften und die damit im Zusammenhang stehenden sachlichen Änderungen machen eine Überprüfung nach einer Zeit von 3 bis 5 Jahren nach In-Kraft-Treten erforderlich. Innerhalb dieser Zeit sind von allen Beteiligten Erfahrungen über die Wirksamkeit der vorgeschriebenen Änderungen zu sammeln und nötigenfalls Vorschläge für Verbesserungen vorzuschlagen. Dies betrifft insbesondere nachfolgende Regelungsbereiche:

- Zusammenfassung der HU und AU
- Einführung der Untersuchung der Abgase und Geräusche an Krafträdern; die Einführung dieser Untersuchung soll durch ein Forschungsvorhaben begleitet werden, durch das u. a. festzustellen ist, ob durch eine zusätzliche Kennzeichnung der Schalldämpferanlagen (z. B. über besondere Plakette) eine weitere wirksame Eindämmung unzulässiger Geräuschemissionen erreicht werden kann
- Einführung der Untersuchung von elektronischen Steuerungseinrichtungen
- Nutzen-Kosten-Betrachtung bei Einführung einer HU-Fristverkürzung für ältere Pkw.

Der Verordnungsgeber wird hierzu gemeinsam mit den zu Beteiligenden die notwendigen Schritte einleiten.

5. Untersuchungspflichtige Fahrzeuge und Ausnahmen

1. Es sind nur solche Kraftfahrzeuge und Anhänger untersuchungspflichtig, die ein eigenes amtliches Kennzeichen führen müssen (§ 29 Abs. 1 StVZO).

   Ausgenommen sind Fahrzeuge mit rotem Kennzeichen oder Kurzzeitkennzeichen und Fahrzeuge der Bundeswehr und der Bundespolizei sowie zulassungsfreie Fahrzeuge, es sei denn, dass sie nach § 4 Abs. 2 FZV ein amtliches Kennzeichen führen müssen (§ 29 Abs. 1 StVZO).

2. Die folgenden Fahrzeuge müssen eigene amtliche Kennzeichen führen:
   a) alle zulassungspflichtigen Kfz und Anhänger (§ 3 Abs. 1 FZV) sowie
   b) die folgenden zulassungsfreien Fahrzeuge (§ 4 Abs. 2 Nr. 1 bis 3):
      1. selbstfahrende Arbeitsmaschinen, Stapler und einachsige Zugmaschinen (die nur als Lof-ZGM verwendet werden) mit einer durch die Bauart bestimmten Höchstgeschwindigkeit von mehr als 20 km/h (§ 3 Abs. 2 Nr. 1, Buchstaben a und b FZV),
      2. Leichtkrafträder (§ 3 Abs. 2 Nr. 1, Buchstabe c FZV), und
      3. Anhänger nach § 3 Abs. 2 Nr. 2, Buchstaben d und e FZV – ausgenommen Anhänger, die mit Geschwindigkeitsschildern nach § 58 StVZO für eine zulässige Höchstgeschwindigkeit von nicht mehr als 25 km/h gekennzeichnet sind.

6. Fahrzeuge, die kein eigenes amtliches Kennzeichen führen und damit von der Untersuchungspflicht ausgenommen sind

Die folgenden Fahrzeuge brauchen kein eigenes amtliches Kennzeichen zu führen:

a) Die in § 3 Abs. 2 Nr. 1, Buchstabe c bis f FZV genannten Kfz.
b) Die in § 3 Abs. 2 Nr. 2, Buchstabe a bis c und f bis i FZV genannten Anhänger.

Die Befreiung dieser Fahrzeuge von der regelmäßigen technischen Überwachung entlässt die Halter und Fahrer nicht aus ihrer Verantwortung, dass die Fahrzeuge jederzeit vorschriftsmäßig, vor allem verkehrssicher sein müssen (§ 31 Abs. 2 StVZO, § 23 StVO).

7. Durchführung von Untersuchungen nach § 29 StVZO bei Auslandsaufenthalten

Beim § 29 StVZO handelt es sich um eine nationale Bestimmung mit Geltung im Geltungsbereich der StVZO. Es wird nicht gefordert, dass bei einem Auslandsaufenthalt nur deshalb in die Bundesrepublik Deutschland zurückgefahren werden muss, um die turnusmäßige technische Fahrzeugüberwachung durchführen zu lassen. Jedoch muss nach Überschreitung der Grenze zur Bundesrepublik Deutschland ohne schuldhafte Zeitverzögerung die nächste gegebene Möglichkeit wahrgenommen werden, um eine fällig gewordene Hauptuntersuchung oder Sicherheitsprüfung durchführen zu lassen. Dies gilt auch für die Durchführung der Abgasuntersuchung.

8. Sondervorschriften für Hauptuntersuchungen nach BOKraft

Für die nach dem PBefG genehmigungspflichtigen Fahrzeuge gelten §§ 41 und 42 BOKraft, die folgendes bestimmen:

§ 41 Hauptuntersuchungen

(1) Bei den Hauptuntersuchungen der Fahrzeuge nach § 29 StVZO ist auch festzustellen, ob die Fahrzeuge den Vorschriften dieser VO (BOKraft) entsprechen.

(2) Nach Hauptuntersuchungen hat der Unternehmer eine Ausfertigung des Untersuchungsberichts, bei Kraftomnibussen das Prüfbuch, unverzüglich der Genehmigungsbehörde oder der von der Landesregierung bestimmten Behörde vorzulegen.

§ 42 Außerordentliche Hauptuntersuchungen

(1) Vor der ersten Inbetriebnahme in einem Unternehmen hat der Unternehmer auf seine Kosten eine außerordentliche Hauptuntersuchung des Fahrzeugs zu veranlassen und der Genehmigungsbehörde darüber unverzüglich den Untersuchungsbericht, bei Kraftomnibussen das Prüfbuch, vorzulegen.

(2) Besteht für ein fabrikneues Fahrzeug eine Allgemeine Betriebserlaubnis, so kann die außerordentliche Hauptuntersuchung nach Absatz 1 auf die Feststellung beschränkt werden, ob die Vorschriften dieser Verordnung (BOKraft) erfüllt sind. Ist für einen Kraftomnibus die Übereinstimmung mit dieser Verordnung bei Erteilung der Allgemeinen Betriebserlaubnis festgestellt worden und bestätigt deren Inhaber dies durch Vermerk im Prüfbuch, kann die außerordentliche Hauptuntersuchung unterbleiben.

Durchführung der Hauptuntersuchung (HU), Abgasuntersuchung und Sicherheitsprüfung (SP)

1. Anlage VIIIa StVZO (§ 29 Abs. 1 und Anlage VIII Nr. 1.2)

Durchführung der Hauptuntersuchung

1. Durchführung und Gegenstand der Hauptuntersuchung

Bei der Durchführung der Hauptuntersuchung hat der amtlich anerkannte Sachverständige oder Prüfer für den Kraftfahrzeugverkehr (im Folgenden als aaSoP bezeichnet) oder der von einer amtlich anerkannten Überwachungsorganisation betraute Prüfingenieur (im Folgenden als PI bezeichnet) die Einhaltung

1. der für diese Untersuchung geltenden Vorschriften des § 29 und der Anlage VIII sowie
2. der dazu im Verkehrsblatt vom Bundesministerium für Verkehr, Bau und Stadtentwicklung mit Zustimmung der obersten Landesbehörden bekannt gemachten Richtlinien

oder, soweit solche nicht vorliegen

3. diesbezüglicher Vorgaben (z. B. Systemdaten), die vom Hersteller oder Importeur speziell für die wiederkehrende technische Fahrzeugüberwachung angegeben wurden,

oder, soweit keine gesetzlichen Vorschriften und keine ausreichenden Vorgaben nach den Nummern 1 bis 3 vorliegen

4. von Vorgaben, die vom Arbeitskreis Erfahrungsaustausch (AKE) gemäß der Richtlinie für den Erfahrungsaustausch in der technischen Fahrzeugüberwachung im Benehmen mit den Herstellern oder Importeuren erarbeitet und abgestimmt wurden,

zu überprüfen.

Keine ausreichenden Vorgaben im Sinne des Satzes 1 liegen immer dann vor, wenn damit aufgrund vorliegender Erkenntnisse oder Prüferfahrungen eine Aussage nach Nummer 1.2 der Anlage VIII über die Vorschriftsmäßigkeit des Fahrzeugs nicht möglich ist.

Die Hauptuntersuchung erstreckt sich auf das Fahrzeug mit den unter den Nummern 4.1 bis 4.10 aufgeführten Bauteilen und Systemen.

2. Umfang der Hauptuntersuchung

Die Entscheidung über den Umfang der Hauptuntersuchung liegt im pflichtgemäßen Ermessen des aaSoP oder PI; jedoch muss unter Beachtung von Nummer 1

2.1 die Hauptuntersuchung mindestens die unter den Nummern 4.1 bis 4.10 vorgeschriebenen Pflichtuntersuchungen umfassen; wurde die Untersuchung des Motormanagement-/Abgasreinigungssysteme ms als eigenständiger Teil nach Maßgabe der Nummer 3.1.1.1 der Anlage VIII durchgeführt, verringert sich für den aaSoP oder PI der Umfang der von ihm durchzuführenden Pflichtuntersuchungen um diesen eigenständigen Teil,

2.2 der aaSoP oder PI zusätzlich Ergänzungsuntersuchungen durchführen, wenn aufgrund des Zustandes oder des Alters des Fahrzeugs, Bauteils oder Systems die Vermutung besteht, dass bei den entsprechenden Untersuchungspunkten eine über die Pflichtuntersuchung hinausgehende vertiefte Untersuchung erforderlich ist. Dabei sind die unter den Nummern 4.1 bis 4.10 jeweils zu treffenden Ergänzungsuntersuchungen dann zu erweitern, wenn dies zur Feststellung der Vorschriftsmäßigkeit des Fahrzeugs erforderlich ist. Dies gilt in gleicher Weise, wenn unzulässige technische Änderungen am Fahrzeug, an Bauteilen oder Systemen vermutet werden,

2.3 an einem Fahrzeug, für das eine vorgeschriebene Sicherheitsprüfung nicht nachgewiesen werden kann, zusätzlich eine Sicherheitsprüfung durchgeführt werden. Der Umfang der Hauptuntersuchung mindert sich dabei um die Prüfpunkte der zusätzlich durchgeführten Sicherheitsprüfung. In diesem Fall ist vom aaSoP oder PI zusätzlich das Prüfprotokoll über die Sicherheitsprüfung zu erstellen. Die Vorschriften der Nummer 3.2.2 der Anlage VIII gelten entsprechend.

3. Beurteilung der bei Hauptuntersuchungen festgestellten Mängel

Werden bei Hauptuntersuchungen an Fahrzeugen Mängel nach Nummer 3.1.4 der Anlage VIII festgestellt, sind diese vom aaSoP oder PI zu beurteilen. Dies gilt auch, wenn die Untersuchung des Motormanagement-/Abgasreinigungssystems alseigenständiger Teil nach Maßgabe von der Nummer 3.1.1.1 der Anlage VIII durchgeführt wurde. Die Beurteilung und die Zuordnung der Mängel sind nach der hierzu im Verkehrsblatt vom Bundesministerium für Verkehr, Bau und Stadtentwicklung mit Zustimmung der zuständigen obersten Landesbehörden bekannt gemachten Richtlinie vorzunehmen.

4. Untersuchungskriterien

Das Fahrzeug ist hinsichtlich des Zustandes, der Funktion, der Ausführung und der Wirkung seiner Bauteile und Systeme zu untersuchen. Bei Fahrzeugen mit elektronischen Komponenten umfasst diese Untersuchung auch die Prüfung dieser Systeme auf Einhaltung von Systemdaten, sofern in den Nummern 4.1 bis 4.10 entsprechende Untersuchungskriterien enthalten sind. Systemdaten beinhalten die Informationen zum tatsächlichen Verbau der Fahrzeugsysteme und der entsprechenden Untersuchungsverfahren.

Solche Systemdaten können beispielsweise physikalische Größen, Fehlercodes, Algorithmen, Identifizierungsmerk-

male oder manipulationssichere Anzeigen sein. Die Angaben und die Art der Weitergabe der Systemdaten müssen der dazu im Verkehrblatt von Bundesministerium für Verkehr, Bau und Stadtentwicklung mit Zustimmung der obersten Landesbehörden bekannt gemachten Richtlinie entsprechen.

Die Untersuchung des *Zustandes* hat visuell und/oder manuell und/oder elektronisch auf

- Beschädigung, Korrosion und Alterung,
- übermäßigen Verschleiß und übermäßiges Spiel,
- sachgemäße Befestigung, Sicherung, Montage und Verlegung,
- Freigängigkeit und Leichtgängigkeit

zu erfolgen.

Die Untersuchung der *Funktion* hat visuell und/oder manuell und/oder elektronisch zu erfolgen. Dabei ist zu prüfen, ob nach der Betätigung von Pedalen, Hebeln, Schaltern oder sonstigen Bedienungseinrichtungen, die einen Vorgang auslösen, dieser Vorgang zeitlich und funktionell richtig abläuft.

Die Untersuchung der *Ausführung* hat visuell und/oder elektronisch auf

- eine vorgegebene Gestaltung,
- eine vorgegebene Anbringung/Anzahl,
- eine vorgegebene Schaltung (Verbauprüfung),
- eine erforderliche Kennzeichnung (Identifizierungsprüfung)

zu erfolgen.

Die Untersuchung der *Wirkung* hat grundsätzlich messtechnisch auf Einhalten oder Erreichen von vorgegebenen Grenzwerten zu erfolgen; sie beinhaltet auch Rechenvorgänge.

Untersuchungspunkt (Bauteil, System)	**Untersuchungskriterium**	
	Pflichtuntersuchungen	**Ergänzungsuntersuchungen (Beispiele)**
4.1 Bremsanlage		
Gesamtanlage	• Betriebsbremswirkung • Feststellbremswirkung • Gleichmäßigkeit • Funktion der Dauerbremsanlage – *Auffälligkeiten* • Abstufbarkeit/Zeitverhalten – *Auffälligkeiten* • Löseverhalten • Dichtheit • Einhaltung von Systemdaten	• Hilfsbremswirkung • Funktion des Automatischen Blockierverhinderers
Einrichtungen zur Energiebeschaffung	• Füllzeit – *Auffälligkeiten*	
Einrichtungen zur Energiebevorratung	• Zustand – *Auffälligkeiten* • Funktion der Entwässerungseinrichtung	• Zustand • Ausführung

Untersuchungspunkt (Bauteil, System)	Untersuchungskriterium	
	Pflichtuntersuchungen	**Ergänzungsuntersuchungen (Beispiele)**
Betätigungs- und Übertragungseinrichtungen	• Zustand – *Auffälligkeiten*	• Zustand
Auflaufeinrichtung	• Zustand – *Auffälligkeiten* • Funktion	• Zustand • Ausführung – *Zulässigkeit*
Steuer- und Regeleinrichtungen (Ventile)	• Zustand – *Auffälligkeiten* *bei Druckluftbremsanlagen:* • Einstellung und Funktion des automatisch lastabhängigen Bremskraftreglers • Funktion der Drucksicherung • Funktion der Abreißsicherung • Funktion der selbsttätigen Bremsung • Funktion des Löseventiles am Anhänger	• Zustand • Ausführung • Funktion des Bremskraftverstärkers
Radbremse/ Zuspanneinrichtung	• Zustand – *Auffälligkeiten* • Funktion	• Zustand • Funktion der Nachstelleinrichtung • Einstellung • Ausführung
Prüfeinrichtungen und Prüfanschlüsse	• Zustand – *Auffälligkeiten*	• Zustand
Kontroll- und Warneinrichtungen	• Funktion	
4.2 Lenkanlage		
Gesamtanlage	• Einhaltung von Systemdaten	
Betätigungseinrichtungen	• Zustand – *Auffälligkeiten* • Ausführung – *Zulässigkeit* • Funktion der Lenkanlage	• Zustand • Lenkkräfte – *Auffälligkeit, Zulässigkeit*
Übertragungseinrichtungen	• Zustand – *Auffälligkeiten*	• Zustand • Einstellung
Lenkhilfe	• Funktion	• Zustand • Dichtheit
Lenkungsdämpfer	• Zustand	
4.3 Sichtverhältnisse		
Scheiben	• Zustand – *Auffälligkeiten* • Beeinträchtigung des Sichtfeldes	• Zustand • Ausführung – *Zulässigkeit*

Untersuchungspunkt (Bauteil, System)	Untersuchungskriterium	
	Pflichtuntersuchungen	**Ergänzungsuntersuchungen (Beispiele)**
Rückspiegel	• Zustand – *Auffälligkeiten* • Ausführung, Anzahl – *Zulässigkeit*	• Zustand • Beeinträchtigung der Sicht
Scheibenwischer	• Zustand – *Auffälligkeiten* • Funktion	• Zustand
Scheibenwaschanlage	• Funktion	
4.4 Lichttechnische Einrichtungen und andere Teile der elektrischen Anlage		
4.4.1 Aktive lichttechnische Einrichtungen		
Scheinwerfer und Leuchten	• Zustand – *Auffälligkeiten* • Ausführung – *Zulässigkeit* • Anzahl – *Zulässigkeit* • Funktion • Einstellung der Scheinwerfer • Einhaltung von Systemdaten	• Zustand • Prüfzeichen • Blinkfrequenz von Fahrtrichtungsanzeiger und Warnblinkanlage • Anbaumaße und Sichtwinkel – *Zulässigkeit*
4.4.2 Passive lichttechnische Einrichtungen		
Rückstrahler und retroreflektierende Einrichtungen	• Zustand – *Auffälligkeiten* • Ausführung – *Zulässigkeit* • Anzahl – *Zulässigkeit*	• Zustand • Prüfzeichen • Anbaumaße und Sichtwinkel – *Zulässigkeit*
4.4.3 Andere Teile der elektrischen Anlage		
elektrische Leitungen	• Zustand – *Auffälligkeiten*	• Zustand • Verlegung, Absicherung
Batterien	• Zustand – *Auffälligkeiten*	• Zustand • Ladekapazität
elektrische Verbindungseinrichtungen	• Zustand – *Auffälligkeiten* • Ausführung – *Zulässigkeit* • Anzahl – *Zulässigkeit*	• Zustand • Funktion (Kontaktbelegung)
Kontroll- und Warneinrichtungen	• Funktion	
andere Teile	• Zustand – *Auffälligkeiten*	• Zustand
4.5 Achsen, Räder, Reifen, Aufhängungen		
Achsen	• Zustand – *Auffälligkeiten*	• Zustand • Art und Qualität der Reparaturausführung
Aufhängung	• Zustand – *Auffälligkeiten* • Ausführung – *Zulässigkeit* (Kraftrad)	• Zustand
Federn, Stabilisator	• Zustand – *Auffälligkeiten*	• Zustand • Ausführung – *Zulässigkeit*

Untersuchungspunkt (Bauteil, System)	Untersuchungskriterium	
	Pflichtuntersuchungen	Ergänzungsuntersuchungen (Beispiele)
pneumatische und hydropneumatische Federung	• Zustand – *Auffälligkeiten*	• Zustand • Funktion und Einstellung der Ventile
Schwingungsdämpfer/ Achsdämpfung	• Zustand – *Auffälligkeiten* • Ausführung – *Zulässigkeit*	• Zustand
Räder	• Zustand – *Auffälligkeiten* • Ausführung – *Zulässigkeit*	• Zustand
Reifen	• Zustand – *Auffälligkeiten* • Ausführung – *Zulässigkeit*	• Zustand
4.6 Fahrgestell, Rahmen, Aufbau; daran befestigte Teile		
Rahmen/tragende Teile	• Zustand – *Auffälligkeiten*	• Zustand
Aufbau	• Zustand – *Auffälligkeiten* • Ausführung – *Zulässigkeit,* Befestigung	• Zustand
Unterfahrschutz/seitliche Schutzvorrichtung	• Zustand – *Auffälligkeiten* • Ausführung – *Zulässigkeit*	• Zustand
mechanische Verbindungseinrichtungen	• Zustand – *Auffälligkeiten*	• Zustand • Ausführung – *Zulässigkeit* • Funktion
Stützeinrichtungen	• Zustand – *Auffälligkeiten*	• Zustand • Funktion
Reserveradhalterung	• Zustand – *Auffälligkeiten* • Ausführung – *Zulässigkeit*	• Zustand • Funktion
Heizung (nicht elektrisch und nicht mit Motorkühlmittel als Wärmequelle)	• Zustand – *Auffälligkeiten* • Ausführung	• Zustand • Prüf- bzw. Austauschfristen • Funktion
Kraftradverkleidung	• Zustand – *Auffälligkeiten* • Ausführung – *Zulässigkeit*	• Zustand
andere Teile	• Zustand – *Auffälligkeiten*	• Zustand • Ausführung – *Zulässigkeit*
4.7 Sonstige Ausstattungen		
Sicherheitsgurte oder andere Rückhaltesysteme	• Zustand – *Auffälligkeiten* • Anzahl, Anbringung – *Zulässigkeit* • Einhaltung von Systemdaten	• Ausführung – *Zulässigkeit* • Funktion
Airbag	• Einhaltung von Systemdaten	• Einhaltung der vom Hersteller vorgegebenen Austauschfrist
Überrollschutz	• Einhaltung von Systemdaten	
Sicherung gegen unbefugte Benutzung/Diebstahlsicherung/Alarmanlage	• Ausführung – *Zulässigkeit* • Funktion	• Zustand

Untersuchungspunkt (Bauteil, System)	Untersuchungskriterium	
	Pflichtuntersuchungen	Ergänzungsuntersuchungen (Beispiele)
Unterlegkeile	• Zustand – *Auffälligkeiten* • Ausführung, Anzahl, Anbringung – *Zulässigkeit*	• Zustand
Einrichtungen für Schallzeichen	• Ausführung – *Zulässigkeit* • Funktion	• Zustand
Geschwindigkeitsmessgerät	• Ausführung – *Zulässigkeit* • Funktion	• Genauigkeit
Fahrtschreiber/Kontrollgerät	• Vorhandensein von Einbauschild und Verplombung • Einhaltung der Prüffrist	• Zustand • Funktion
Geschwindigkeitsbegrenzer	• Ausführung, Einbau – *Zulässigkeit* • Vorhandensein von Prüfbescheinigung bzw. Verplombung • Funktion, sofern Prüfanschluss vorhanden • Einhaltung von Systemdaten	• Zustand • Manipulationssicherheit • Funktion
Geschwindigkeitsschild(er)	• Zustand – *Auffälligkeiten* • Ausführung, Anzahl, Anbringung – *Zulässigkeit*	• Zustand
fahrdynamische Systeme mit Eingriff in die Bremsanlage	• Einhaltung von Systemdaten	
4.8 Umweltbelastung **4.8.1 Geräusche** **4.8.1.1 Fahrzeuge allgemein**		
Schalldämpferanlage	• Zustand – *Auffälligkeiten* • Ausführung – *Zulässigkeit* • Geräuschentwicklung – *Auffälligkeiten*	• Zustand • Messung Standgeräusch
Motor/Antrieb/Aufbau/ Kapselung	• Geräuschentwicklung – *Auffälligkeiten*	• Zustand • Messung Fahrgeräusch
4.8.1.2 Krafträder		
Schalldämpferanlage	• Zustand – *Auffälligkeiten* • Ausführung – *Zulässigkeit, Kennzeichnung der Auspuffanlage* • Geräuschentwicklung – *Auffälligkeiten*	• Funktion • Messung Standgeräusch bei nicht nachgewiesener Zulässigkeit • Messung Standgeräusch

Untersuchungspunkt (Bauteil, System)	Untersuchungskriterium	
	Pflichtuntersuchungen	Ergänzungsuntersuchungen (Beispiele)
Motor/Antrieb/Aufbau/ Kapselung	• Geräuschentwicklung – *Auffälligkeiten*	• Zustand • Messung Fahrgeräusch
4.8.2 Abgase **4.8.2.1 Kraftfahrzeuge ohne On-Board-Diagnosesystem (Anlage VIII Nr. 1.2.1.1 Buchstabe b)**		
schadstoffrelevante Bauteile/ Abgasanlage	• Zustand – *Auffälligkeiten* • Ausführung – *Zulässigkeit*	
Abgasreinigungssystem	• Abgasverhalten – *Zulässigkeit*	
4.8.2.2 Kraftfahrzeuge mit On-Board-Diagnosesystem (Anlage VIII Nr. 1.2.1.1 Buchstabe a)		
schadstoffrelevante Bauteile/ Abgasanlage	• Zustand – *Auffälligkeiten* • Ausführung – *Zulässigkeit*	
Motormanagement-/ Abgasreinigungssystem	• Abgasverhalten*) – *Zulässigkeit* • OBD-Daten (Modus 01) – *Zulässigkeit*	• OBD-Fehlercodes (Modus 03) – *Zulässigkeit*
4.8.3 Elektromagnetische Verträglichkeit		
Zündanlage/andere elektrische und elektronische Einrichtungen	• Zustand – *Auffälligkeiten*	
4.8.4 Verlust von Flüssigkeiten		
Motor/Antrieb/Lenkanlage/ Tank/Kraftstoffleitungen/ Bremsanlage/Klimaanlage/ Batterie	• Zustand – *Auffälligkeiten* • Ausführung – *Zulässigkeit* • Kennzeichnung der Gasanlage	• Zustand • Dichtheit
4.8.5 Gasanlage im Antriebssystem von Kraftfahrzeugen		
Gesamte Gasanlage	• Zustand – *Auffälligkeiten* • Ausführung – *Zulässigkeit* • Dichtheit	• Zustand • Kennzeichnung der Bauteile
4.9 Zusätzliche Untersuchungen an Kraftfahrzeugen, die zur gewerblichen Personenbeförderung eingesetzt sind **4.9.1 Kraftfahrzeuge zur Personenbeförderung mit mehr als 8 Fahrgastsitzplätzen**		
Ein-, Aus- und Notausstiege	• Zustand – *Auffälligkeiten* • Ausführung, Anzahl – *Zulässigkeit* • Funktion der Reversiereinrichtung	• Zustand • Funktion
Bodenbelag und Trittstufen	• Zustand – *Auffälligkeiten* • Ausführung	• Zustand
Platz für Fahrer und Begleitpersonal	• Zustand – *Auffälligkeiten* • Ausführung	• Zustand

*) Bei Kraftfahrzeugen mit Fremdzündungsmotor oder Kompressionszündungsmotor, die ab dem 1. Januar 2006 erstmals für den Verkehr zugelassen wurden, wird auf die Messung und Bewertung des Abgasverhaltens verzichtet.

Untersuchungspunkt (Bauteil, System)	Untersuchungskriterium	
	Pflichtuntersuchungen	**Ergänzungsuntersuchungen (Beispiele)**
Sitz-/Steh-/Liegeplätze, Durchgänge	• Zustand – *Auffälligkeiten* • Ausführung, Anzahl – *Zulässigkeit*	• Zustand • Übereinstimmung mit Angaben auf Schild
Festhalteeinrichtungen, Rückhalteeinrichtungen	• Zustand – *Auffälligkeiten* • Ausführung, Anzahl, Anbringung – *Zulässigkeit* • Funktion	• Ausführung – *Zulässigkeit*
Fahrgastverständigungssystem	• Funktion	• Zustand
Innenbeleuchtung	• Funktion	• Zustand
Ziel-/Streckenschild, Liniennummer	• Ausführung	• Funktion der Beleuchtungseinrichtung • Zustand
Unternehmeranschrift	• Ausführung	
Feuerlöscher	• Einhaltung der Prüffrist	• Zustand
Verbandkästen einschließlich Inhalt und Unterbringung	• Zustand – *Auffälligkeiten* • Ausführung	• Zustand
4.9.2 Taxi		
Taxischild/Beleuchtungseinrichtung	• Ausführung	• Zustand • Funktion
Fahrzeugfarbe	• Ausführung – *Zulässigkeit*	
Unternehmeranschrift	• Ausführung	
Fahrpreisanzeiger	• Ausführung • Verplombung	• Zustand
Alarmeinrichtung	• Ausführung – *Zulässigkeit* • Funktion	• Zustand
4.9.3 Krankenkraftwagen		
Kennzeichnung	• Ausführung, Anbringung – *Zulässigkeit*	• Zustand
Inneneinrichtung	• Ausführung	• Zustand
4.10 Identifizierung und Einstufung des Fahrzeugs		
Fahrzeug-Identifizierungsnummer	• Zustand – *Auffälligkeiten* • Ausführung – Übereinstimmung mit den Fahrzeugdokumenten	• Zustand
Fabrikschild	• Ausführung, Anbringung – *Zulässigkeit*	• Übereinstimmung mit den Fahrzeugdokumenten
Nachweis der Übereinstimmung mit der Richtlinie 96/53/EG	• Zustand – *Auffälligkeiten* • Ausführung –*Auffälligkeiten*	• Übereinstimmung mit den tatsächlichen Maßen

Untersuchungspunkt (Bauteil, System)	Untersuchungskriterium	
	Pflichtuntersuchungen	Ergänzungsuntersuchungen (Beispiele)
Amtliches Kennzeichen (vorne und hinten)	• Zustand • Ausführung	
Fahrzeugdokumente	• Übereinstimmung der Angaben mit den tatsächlichen Verhältnissen	

2. Richtlinie für die Durchführung von Hauptuntersuchungen (HU) und die Beurteilung der dabei festgestellten Mängel an Fahrzeugen nach § 29, Anlagen VIII und VIIIa StVZO („HU-Richtlinie")

(VkBl. 2006, S. 293)

1. Bau- und Wirkvorschriften

Bei der Durchführung der Hauptuntersuchung (HU) ist die Einhaltung der für diese Untersuchung geltenden Vorschriften:

1. des § 29 und der Anlagen VIII und VIIIa StVZO sowie
2. der dazu im Verkehrsblatt vom Bundesministerium für Verkehr, Bau und Stadtentwicklung mit Zustimmung der obersten Landesbehördenbekanntgemachten Richtlinien,

oder, soweit solche nicht vorliegen

3. diesbezüglicher Vorgaben (z. B. Systemdaten), die vom Hersteller oder Importeur speziell für die wiederkehrende technische Fahrzeugüberwachung angegeben wurden,

oder, soweit keine gesetzlichen Vorschriften und keine ausreichenden Vorgaben nach 1 bis 3 vorliegen

4. von Vorgaben, die vom Arbeitskreis Erfahrungsaustausch (AKE) gemäß der Richtlinie für den Erfahrungsaustausch in der technischen Fahrzeug überwachung im Benehmen mit den Herstellern oder Importeuren erarbeitet und abgestimmt wurden,

zu überprüfen.

Diese „Untersuchungsvorschriften" basieren auf den für die Fahrzeuge geltenden Bau- und Betriebsvorschriften und den hierzu veröffentlichten Richtlinien.

Anstelle nationaler Bau- und Wirkvorschriften können auch die entsprechenden internationalen Vorschriften beim Bau und der Genehmigung der Fahrzeuge berücksichtigt worden sein. Dabei sind folgende Fälle zu unterscheiden:

- Für die Fahrzeuge liegen EG-Typgenehmigungen vor (Vorschriften entsprechend der zutreffenden Einzelrichtlinien der EG).
- Für die Fahrzeuge oder Teile von ihnen liegen
  - EG-Genehmigungen für Fahrzeuge, Systeme, Bauteile oder selbstständige technische Einheiten,
  - in der Bundesrepublik Deutschland gültige ECE-Genehmigungen,
  - nationale Genehmigungen,

vor.

Weiter ist zu beachten, dass zur Konkretisierung insbesondere der Vorschriften des § 30 StVZO verschiedene Regelwerke bei der Begutachtung der Fahrzeuge zugrunde gelegt werden, die ggf. zu berücksichtigen sind.

Dies können sein (Beispiele):

- spezielle Anweisungen der Fahrzeug- oder Fahrzeugteilehersteller,
- technische Normen,
- Leitlinien des Wirtschaftsverbandes der deutschen Kautschukindustrie (für Reifen),

- Merkblätter des Verbandes der Technischen Überwachungsvereine,
- Merkblätter des Kraftfahrt-Bundesamtes,
- Richtlinien und Merkblätter des Bundesministeriums für Verkehr, Bau und Stadtentwicklung (BMVBS).

2. Untersuchungsvorschriften

Die untersuchende Person (amtlich anerkannter Sachverständiger oder Prüfer – aaSoP –, Prüfingenieur – PI –) hat die Feststellung zu treffen, ob das vorgestellte Fahrzeug nach Nummer 1.2 Anlage VIII StVZO vorschriftsmäßig ist. Dabei ist, je nach vorliegenden Umständen, vom aaSoP/PI eine HU durchzuführen, die sich entweder auf eine Untersuchung der so genannten „Pflichtuntersuchungs-Punkte" beschränkt oder aber zusätzlich ergänzende Untersuchungen beinhalten muss. Bei Fahrzeugsystemen mit elektronischen Komponenten umfasst diese Untersuchung auch die Prüfung solcher Systeme auf Einhaltung von Systemdaten. Solche Systemdaten können beispielsweise physikalische Größen, Fehlercodes, Algorithmen, Identifizierungsmerkmale oder manipulationssichere Anzeigen sein (Anlage VIIIa StVZO). Insoweit ist den aaSoP/PI, anders als nach den bisher geltenden Vorschriften, nunmehr vorgeschrieben, dass bestimmte Fahrzeugteile und -einrichtungen mit elektronischen Komponenten konkret zu untersuchen und zu bewerten sind.

Wird bei der Durchführung der ersten HU an einem Fahrzeug vom aaSoP oder PI festgestellt, dass Bauteile oder Systeme im Fahrzeug verbaut sind, für die noch keine oder nur teilweise Systemdaten entsprechend Nr. 1 und Nr. 4 Anlage VIIIa StVZO vorliegen und insoweit die Beurteilung der Vorschriftsmäßigkeit nicht möglich ist, so muss der aaSoP oder PI eine über die Pflichtuntersuchung hinausgehende Ergänzungsuntersuchung nach Nr. 2.2 Anlage VIIIa StVZO durchführen. Die erforderlichen Systemdaten sind von ihm vor der Durchführung der HU zu ermitteln, bei der Untersuchung zu berücksichtigen und über den Leiter der TP oder ÜO an den AKE zu übermitteln.

Die bei der HU festgestellten Mängel beziehen sich nach den Vorschriften der Anlage VIIIa StVZO auf die zerlegungs- und zerstörungsfreie Untersuchung von Fahrzeugbauteilen oder -baugruppen hinsichtlich:

- Zustand
- Funktion
- Ausführung
- Wirkung

und, sofern Anlass dazu besteht, auf Vorschriftsmäßigkeit (Nummer 2.2 Anlage VIIIa StVZO).

Dabei bedeuten für die HU:

- Zustand, die visuelle und/oder manuelle Untersuchung eines bestimmten Bauteils oder Systems auf
  - Beschädigung, Korrosion und Alterung
  - übermäßigen Verschleiß und übermäßiges Spiel
  - sachgemäße Befestigung, Sicherung, Montage und Verlegung
  - Freigängigkeit, Leichtgängigkeit,
- Funktion, die visuelle und/oder manuelle Untersuchung eines bestimmten Bauteils oder Systems auf einwandfreien Ablauf beim
  - Betätigen von Pedalen, Hebeln, Schaltern oder sonstigen Bedienungseinrichtungen, die einen Vorgang auslösen,
- Ausführung, die visuelle Untersuchung eines Bauteils oder Systems auf
  - eine vorgegebene Gestaltung
  - eine vorgegebene Anbringung / Anzahl
  - eine vorgegebene Schaltung (Verbauprüfung)
  - eine erforderliche Kennzeichnung (Identprüfung),

- Wirkung, eine messtechnische Untersuchung – sie impliziert auch Rechenvorgänge – eines Bauteils oder Systems auf
  - Einhalten bzw. Erreichen von vorgegebenen Grenzwerten.

Für die Untersuchung der Abgase der Kraftfahrzeuge gilt die „Richtlinie für die Untersuchung der Abgase von Kraftfahrzeugen nach Nummer 4.8.2 Anlage VIIIa StVZO" („AU-Richtlinie") unabhängig davon, ob diese Untersuchung von aaSoP/PI oder von dafür amtlich anerkannten Kraftfahrzeugwerkstätten nach Nummer 3.1.1.1 Anlage VIII StVZO durchgeführt wird.

Die bei HU festgestellten Mängel beziehen sich nach den Vorschriften der Anlage VIIIa StVZO auch auf die Überprüfung der vorgelegten Fahrzeugdokumente hinsichtlich der Identität des Fahrzeugs und der Übereinstimmung der dort enthaltenen Angaben mit den tatsächlichen Verhältnissen.

3. Beurteilung der Mängel

Die bei der HU festgestellten Mängel sind nach Nummer 3.1.4 Anlage VIII und Nummern 3 und 4 Anlage VIIIa StVZO zu bewerten und in Mängelklassen einzuordnen. Dabei ist ein strenger Maßstab zugrunde zu legen; es gelten folgende Kriterien:

OM – Ohne festgestellte Mängel
Zuteilung einer Prüfplakette

GM – Geringe Mängel
Mängel, bei denen eine kurzzeitige Abweichung von Vorschriften oder Richtlinien hingenommen werden kann und bei denen zum Zeitpunkt der Mängelfeststellung eine Verkehrsgefährdung kurzzeitig nicht zu erwarten ist.
Eine Nachprüfung ist nicht erforderlich, wenn die unverzügliche Beseitigung dieser Mängel durch den Halter des Fahrzeugs zu erwarten ist. Zuteilung einer Prüfplakette möglich.

EM – Erhebliche Mängel
Mängel, die auf Abweichungen von den Vorschriften und den hierzu ergangenen Richtlinien beruhen; das sind auch Mängel, die eine Verkehrsgefährdung erwarten lassen.
Eine Nachprüfung ist erforderlich.
Keine Zuteilung einer Prüfplakette.

VU – Verkehrsunsicher
Mängel, die eine unmittelbare Verkehrsgefährdung darstellen.
Entfernen der vorhandenen Prüfplakette und unverzügliche Benachrichtigung der Zulassungsbehörde.
Der Fahrzeugführer/-halter ist darauf hinzuweisen, dass das Fahrzeug so nicht mehr am öffentlichen Straßenverkehr teilnehmen darf.

Auch bei GM und EM ist der Fahrzeugführer/-halter darauf hinzuweisen, dass der Weiterbetrieb des Fahrzeugs vor Beseitigung der Mängel gegen die §§ 23 StVO und 31 StVZO verstößt.

Werden bei der HU Mängel festgestellt, die vor Abschluss der Untersuchung, längstens während seines Aufenthalts in der Untersuchungsstelle, beseitigt werden, so sind sie in die betreffende Mängelklasse einzuordnen, jedoch bleiben sie bei der Einstufung des untersuchten Fahrzeugs unberücksichtigt. Die Vorschriften von Nr. 3.1.4.5 Anlage VIII StVZO gelten („Mängelschleife").

Die abschließende Einstufung des untersuchten Fahrzeugs in eine der Mängelklassen auf Grund eventuell verbleibender festgestellter Mängel bleibt davon unberührt.

Die Einstufung des Fahrzeugs in eine der Mängelklassen richtet sich bei mehreren Mängeln nach dem schwersten Mangel. Bei mehreren Mängeln derselben Mängelklasse kann das Fahrzeug in die nächsthöhere Mängelklasse eingestuft werden, wenn die zu erwartenden Auswirkungen aufgrund des Zusammenwirkens dieser Mängel sich verstärken. Die pflichtgemäße Entscheidung hierüber trifft die prüfende Person.

Alle festgestellten Mängel sind in den Untersuchungsbericht einzutragen.

4. **Beurteilungskatalog von Mängeln bei Hauptuntersuchungen**

4.1 Um die Zuordnung der festgestellten Mängel in die einzelnen Mängelklassen zu erleichtern, eine einheitliche Verfahrensweise und damit auch eine Gleichbehandlung der Fahrzeughalter bei der Beurteilung ihrer Fahrzeuge zu erreichen, sind in der Anlage die am häufigsten auftretenden Beanstandungen aufgeführt und in Mängelklassen eingestuft worden.

Die Zuordnung zur entsprechenden Mängelklasse liegt im pflichtgemäßen Ermessen der prüfenden Person.

Der Aufbau des Beurteilungskatalogs entspricht weitgehend dem Aufbau der „Prüfpunkte" nach der Richtlinie 96/96/EG über die EU-weite Technische Überwachung der Kraftfahrzeuge und Kraftfahrzeuganhänger.

4.2 Werden in anerkannten Kraftfahrzeugwerkstätten (Nr. 1 Anlage VIIIc StVZO) bei der Durchführung der Untersuchung des Motormanagement-/Abgasreinigungssystems im Rahmen des eigenständigen Teils der HU nach Nr. 3.1.1.1 Anlage VIII StVZO Mängel festgestellt, die vor Abschluss dieser Untersuchung, längstens innerhalb eines Kalendertags, beseitigt werden, so sind diese in Form der Mängelnummer 813 auf dem Nachweis einzutragen und vom aaSoP oder PI in den Untersuchungsbericht zu übernehmen. Die sofortige Mängelbeseitigung ist in Verbindung mit einer eindeutigen Bestätigung der verantwortlichen Person zu bescheinigen („Mängelschleife"). Die Vorschriften über die Zuteilung einer Prüfplakette nach § 29 Abs. 3 StVZO bleiben hiervon unberührt.

5. **Anwendung der Richtlinie**
Nach Zustimmung der zuständigen obersten Landesbehörden (Nummer 1.2 Anlage VIII und Nummer 1 Anlage VIIIa StVZO) wird hiermit die für eine einheitliche Durchführung von HU aufgestellte Richtlinie bekannt gemacht. Die Richtlinie ist ab dem **1. April 2006** anzuwenden; ab dem gleichen Zeitpunkt wird die Richtlinie „§ 29 StVZO;

- Richtlinie für die Durchführung von Hauptuntersuchungen (HU) und die Beurteilung der dabei festgestellten Mängel an Fahrzeugen nach § 29, Anlagen VIII und VIIIa StVZO", vom 2. Juni 1998, VkBl. S. 519, zuletzt geändert am 29.10.2003, VkBl. S. 749, aufgehoben.

Anlage
zu Nr. 4 der
„HU-Richtlinie"

1 Bremsanlage

Nr.	Mängelbezeichnung	Mängelklasse		
		GM	EM	VU
101	BETRIEBSBREMSANLAGE			
	Mindestabbremsung nicht erreicht;		X	X
	Systemdaten nicht eingehalten		X	X
102	BETRIEBSBREMSANLAGE – VORN			
	keine Wirkung, einseitig ohne Wirkung, mögliche Ausfallgefahr;		X	X
	ungenügende Wirkung, löst nicht;		X	
	ungleichmäßige Wirkung > 25 %		X	
103	BETRIEBSBREMSANLAGE – HINTEN			
	keine Wirkung, einseitig ohne Wirkung,mögliche Ausfallgefahr;		X	X
	ungenügende Wirkung, löst nicht;		X	
	ungleichmäßige Wirkung > 25 %		X	
104	BETRIEBSBREMSANLAGE – ABSTUFBARKEIT / ZEITVERHALTEN			
	Betriebs- / Hilfsbremsanlage nicht abstufbar;		X	
	Druckanstieg in den Bremszylindern bei vollem Durchtreten des Bremspedals zu langsam		X	
105	BETRIEBSBREMSANLAGE – DICHTHEIT			
	undicht, Druckabfall nach 3 min > 0,4 bar		X	X
106	HILFSBREMSANLAGE – WIRKUNG			
	ungenügend		X	

Nr.	Mängelbezeichnung	Mängelklasse		
		GM	EM	VU
107	FESTSTELLBREMSANLAGE			
	Wirkung ungenügend;		X	
	Systemdaten nicht eingehalten		X	
108	FESTSTELLBREMSANLAGE – GLEICHMÄSSIGKEIT			
	bei FBA, die auch während der Fahrt betätigt werden können ungleichmäßige Wirkung > 50 %;		X	
	andere FBA > 95 %		X	
109	DAUERBREMSANLAGE			
	fehlt, ohne Funktion, unzulässig;		X	
	wenn Wirkungsprüfung erfolgt:			
	zu geringe / große Wirkung, nicht abstufbar		X	
110	AUFLAUFBREMSE			
	ungenügende Wirkung;		X	
	ohne Wirkung			X
111	FEDERSPEICHER-BREMS-ANLAGE			
	ungenügende Wirkung		X	
112	LUFTPRESSER-FÜLLZEIT			
	Füllzeit zu lang		X	
113	ENERGIESPEICHER / DRUCKLUFTBEHÄLTER			
	undicht, Entwässerung ohne Funktion;		X	
	ohne Kennzeichnung;	X		
	Befestigung unsachgemäß, stark beschädigt		X	
114	BREMSKRAFTVERSTÄRKER / HAUPTBREMSZYLINDER			
	Bremskraftverstärker:			
	schadhaft, unwirksam;		X	
	Hauptbremszylinder:			
	schadhaft, undicht, lose;		X	X
	Bremsflüssigkeitsmenge:			
	zu gering, unzureichend;	X	X	
	Vorratsbehälter schadhaft		X	
115	BETRIEBSBREMSANLAGE – PEDAL- / HEBELWEG			
	zu groß, keine ausreichende Wegreserve;	X	X	
	Pedaloberfläche nicht rutschsicher;		X	
	Lagerung ausgeschlagen oder schwergängig		X	
116	FESTSTELLBREMSANLAGE – HEBELWEG / FESTSTELLEINRICHTUNG			
	Hebelweg zu groß;		X	
	Feststelleinrichtung schadhaft, Lagerung ausgeschlagen		X	
117	BREMSSEILE / BREMSGESTÄNGE			
	Bremsseil:			
	beschädigt, nicht gesichert, schwergängig, Führung schadhaft;	X	X	
	unsachgemäß befestigt;		X	
	Bremsgestänge / Gelenke:			
	beschädigt, schwergängig, Gelenke nicht gesichert, Führungen ausgeschlagen		X	
118	BREMSWELLEN / BREMS-HEBEL / GESTÄNGESTELLER			
	äußerlich beschädigt mit Funktions-beeinträchtigung;		X	
	schwergängig, Lager ausgeschlagen		X	
119	BREMSLEITUNGEN – VORN; LINKS, RECHTS			
120	BREMSLEITUNGEN – HINTEN; LINKS, RECHTS			
121	BREMSLEITUNGEN – MITTE			
	mögliche Ausfallgefahr;		X	X
	undicht, stark beschädigt, stark korrodiert;	X	X	
	unsachgemäß verlegt oder befestigt		X	
122	BREMSSCHLÄUCHE – VORN; LINKS, RECHTS			
123	BREMSSCHLÄUCHE – MITTE UND HINTEN; LINKS, RECHTS			
	mögliche Ausfallgefahr;		X	X
	zu kurz, schadhaft, undicht;	X	X	
	unsachgemäß montiert		X	
124	BREMSZYLINDER / -HUB / STAUBMANSCHETTEN			
	Bremszylinder:			
	undicht, lose, unsachgemäß montiert;		X	X
	Bremszylinderhub: zu groß;		X	
	Staubmanschetten: stark beschädigt, fehlen		X	
125	AUFLAUFBREMSANLAGE / ABREISS-SEIL			
	Auflaufeinrichtungen:			
	nicht genehmigte Ausführung, stark beschädigt;		X	
	unzulässige Stabilisierungs-einrichtung;	X	X	

Nr.	Mängelbezeichnung	Mängelklasse		
		GM	EM	VU
	Auflaufweg zu groß, Dämpfer mangelhaft;	X	X	
	Typschild fehlt;	X		
	Abreißseil:			
	fehlt oder beschädigt		X	
126	BREMSVENTILE / BREMS-KRAFTREGLER – FUNKTION / EINSTELLUNG			
	arbeitet nicht;		X	X
	Bremskraftregelung / -verteilung fehlerhaft		X	X
127	BREMSEN – KUPPLUNGSKÖPFE			
	Absperrhahn, Kupplungs-kopfventil:			
	äußerlich beschädigt mit Funktions-beeinträchtigung;		X	
	falsch angebracht, vertauscht		X	
128	BREMSTROMMELN / BREMSSCHEIBEN			
	Schlag, übermäßiger Verschleiß, starke Riefenbildung, Risse;		X	
	Bruch oder unmittelbare Bruchgefahr			X
129	BREMSBELÄGE –VORN / HINTEN			
	Verschleißmaß des Herstellers erreicht oder unterschritten;		X	
	erheblich unterschritten		X	X
130	BREMSEN – FREIGÄNGIGKEIT			
	Einstellung (Beläge schleifen)	X	X	
131	PRÜFANSCHLÜSSE			
	schadhaft, fehlen, unzugänglich	X	X	
132	ALB-SCHILD			
	fehlt, nicht lesbar, Einstelldaten unvollständig oder fehlerhaft;	X	X	
	sonstige Mängel	X		
133	DRUCKWARNANZEIGE / MANOMETER			
	Druckwarnanzeige / Kontrollleuchte schadhaft;	X	X	
	Manometer schadhaft	X		
134	FEDERSPEICHER-BREMSANLAGE			
	Warneinrichtung ohne Funktion		X	
135	AUTOMATISCHER BLOCKIERVERHINDERER			

Nr.	Mängelbezeichnung	Mängelklasse		
		GM	EM	VU
	Warneinrichtung:			
	Fehlermeldung über Warneinrichtung (Warnleuchte)		X	
136	DRUCKSICHERUNGSVENTIL			
	Drucksicherung nicht funktionssicher		X	X
137	ABREISS-SICHERUNG			
	am Kraftfahrzeug:			
	Federspeicher-Bremszylinder werden entlüftet;			X
	Selbsttätige Entlüftung der Vorratsleitung setzt nicht ein am Anhänger;			X
	selbsttätige Bremsung des Anhängers setzt nicht ein			X

2 Lenkanlage

Nr.	Mängelbezeichnung	Mängelklasse		
		GM	EM	VU
201	LENKANLAGE			
	Systemdaten nicht eingehalten		X	X
201a	LENKUNG – ANSCHLAG			
	verstellt, fehlt oder ohne Wirkung		X	
202	LENKUNG – SCHWERGÄNGIG / RASTPUNKTE			
	schwergängig, Rastpunkte, klemmt, ohne Rückstellung		X	X
203	LENKUNG – SPIEL			
	zu groß		X	X
204	LENKRAD / LENKER			
	nicht genehmigte Ausführung;		X	
	lose, schadhaft		X	X
205	LENKKOPFLAGER / LENKSÄULE			
	Lenkkopflager: schadhaft, zu großes Spiel;		X	X
	Lenksäule: lose, schadhaft;		X	X
	bei Gefahr des Lösens der Verbindung			X
206	LENKGETRIEBE – STAUBMANSCHETTEN			
	mangelhaft	X		
207	LENKGETRIEBE – DICHTHEIT			
	undicht, Flüssigkeitsmenge unzureichend		X	X
208	LENKGETRIEBE – BEFESTIGUNG			

Nr.	Mängelbezeichnung	Mängelklasse		
		GM	EM	VU
	lose, Aufnahmeteil gerissen		X	X
209	LENKGELENKE / LENKSCHEIBEN			
	zu großes Spiel, ungenügende Sicherung an Lenkungsteilen;		X	
	bei Gefahr des Lösens der Verbindung			X
210	SCHUBSTANGE(N) / SPURSTANGE(N)			
	ungenügende Befestigung / Sicherung, Risse, Bruchgefahr, verbogen		X	X
211	DREHKRANZ			
	lose, zu großes Spiel		X	X
212	LENKHEBEL			
	ungenügende Befestigung / Sicherung, Risse, Bruchgefahr, verbogen		X	X
213	LENKGESTÄNGE / LENKSEILE			
	ungenügende Befestigung / Sicherung, Risse, Bruchgefahr;		X	X
	Lenkgestänge verbogen		X	X
214	LENKUNGSDÄMPFER			
	ungenügende Befestigung, undicht, unzulässig		X	
215	LENKHILFE / ZUSATZ-LENKUNG / LEITUNGEN / SCHLÄUCHE			
	Funktion beeinträchtigt, Fehlermeldung über Warneinrichtung (Kontrollleuchte);		X	X
	Leitungen / Schläuche beschädigt, undicht;		X	X
	nicht scheuerfrei verlegt, verdreht;		X	
	Vorratsbehälter: Flüssigkeitsmenge unzureichend		X	

3 Sichtverhältnisse

Nr.	Mängelbezeichnung	Mängelklasse		
		GM	EM	VU
301	SICHT / SCHEIBEN / SONNENBLENDE			
	Scheibenbeschädigung im Sichtbereich des Fz-Führers;		X	
	unzulässige bzw. unzulässig veränderte Scheiben oder Folien;		X	
	Sichtbeeinträchtigung zur Seite / nach vorn / nach hinten;	X	X	
	Aufbringung von Folien: zulässige Flächen überschritten;	X	X	
	sonstige Mängel;	X		
	Sonnenblende: alle Mängel	X		
302	RÜCKSPIEGEL – AUSSEN / INNEN / ANFAHRSPIEGEL			
	fehlt, unwirksam, Verstellbarkeit nicht gegeben;		X	
	leicht beschädigt (Sicht nicht wesentlich beeinträchtigt)	X		
303	AUFBAU – SCHEIBEN-WISCHER / WASCHANLAGE			
	Scheibenwischer fehlt, wischt nicht;		X	
	Scheibenwischerblätter beschädigt;	X		
	Scheibenwaschanlage: ohne Funktion	X		

4 Lichttechnische Einrichtungen und andere Teile der elektrischen Anlage

4.1 Aktive lichttechnische Einrichtungen

Nr.	Mängelbezeichnung	Mängelklasse		
		GM	EM	VU
401	SCHEINWERFER – GLAS / SPIEGEL			
	Glas: fehlt, teilweise zerstört, erhebliche Beeinträchtigung der Leuchtwirkung;		X	
	gesprungen;	X		
	falsch angebracht;		X	
	Spiegel: erhebliche Beeinträchtigung der Leuchtwirkung;		X	
	Systemdaten nicht eingehalten		X	
402	ABBLENDLICHT			
	Scheinwerfer in der Wirkung erheblich beeinträchtigt oder leuchten nicht;		X	
	einer leuchtet nicht oder ist in der Wirkung zu schwach;	X	X	
	Scheinwerfer zu hoch und/oder verdreht;		X	
	nach Prüfrichtlinie zu tief eingestellt (unwesentliche Abweichung);	X		
	Leuchtweitenregelung: arbeitet nicht;		X	
	nicht genehmigte Ausführung		X	
403	FERNLICHT			
	Scheinwerfer in der Wirkung erheblich beeinträchtigt oder leuchten nicht;		X	

Nr.	Mängelbezeichnung	Mängelklasse		
		GM	EM	VU
	einer leuchtet nicht oder ist in der Wirkung zu schwach;	X		
	Scheinwerfer zu hoch und/oder verdreht;		X	
	nach Prüfrichtlinie zu tief eingestellt (unwesentliche Abweichung);	X		
	nicht genehmigte Ausführung		X	
404	BEGRENZUNGSLEUCHTEN / PARKLEUCHTEN			
	leuchten nicht, beschädigt	X		
405	NEBELSCHEINWERFER			
	leuchten nicht;	X		
	zu hoch eingestellt, falsch angebracht/geschaltet;		X	
	gesprungene Gläser, beschädigte Gehäuse;	X		
	falsch angebrachte Gläser;		X	
	nicht genehmigte Ausführung		X	
406	ZUSATZLEUCHTEN / -SCHEINWERFER			
	leuchten nicht;	X		
	Zusatzscheinwerfer zu hoch und/oder verdreht;	X	X	
	unzulässige Scheinwerfer, falsch angebrachte Gläser;		X	
	unzulässige Leuchten;		X	
	falsch angebracht;	X	X	
	falsch geschaltet, leuchten nicht;	X		
	gesprungene Gläser, beschädigte Gehäuse;	X		
	nicht genehmigte Ausführung;		X	
	unzulässige Anbringung von Kennleuchten für blaues oder gelbes Blinklicht (Rundumlicht)		X	
407	UMRISSLEUCHTEN / SPURHALTELEUCHTEN / SEITEN MARKIERUNGSLEUCHTEN			
	Umrissleuchten:			
	leuchten nicht, unzulässige Anzahl;	X		
	gesprungene oder falsch angebrachte Gläser, beschädigte Gehäuse;	X		
	nicht genehmigte Ausführung;		X	
	Spurhalte- / Seitenmarkierungs-leuchten: alle Mängel	X		
408	SCHLUSSLEUCHTEN			
	unzulässig; alle leuchten nicht;		X	
	Wirkung erheblich beeinträchtigt, nicht genehmigte Ausführung;		X	

Nr.	Mängelbezeichnung	Mängelklasse		
		GM	EM	VU
	eine leuchtet nicht oder in der Wirkung unzureichend;	X		
	alle erheblich verblasst oder beschädigt, verdeckt, nachträglich eingefärbt;		X	
	lose;	X	X	
	falsch angebracht, falsche Glühlampen;		X	
	falsch angebrachte Gläser;	X	X	
	stark beschädigte Gehäuse		X	
409	BREMSLEUCHTEN			
	unzulässig, alle leuchten nicht;		X	
	Wirkung erheblich beeinträchtigt, nicht genehmigte Ausführung;		X	
	eine leuchtet nicht oder in der Wirkung unzureichend;	X		
	alle erheblich verblasst oder beschädigt, verdeckt, nachträglich eingefärbt;		X	
	lose;	X	X	
	falsch angebracht, falsche Glühlampen;		X	
	gesprungene oder falsch angebrachte Gläser;	X	X	
	stark beschädigte Gehäuse		X	
410	KENNZEICHENBELEUCHTUNG			
	leuchtet nicht, beschädigt	X		
411	NEBELSCHLUSSLEUCHTEN			
	falsch angebracht, fehlen, nicht genehmigte Ausführung, falsch geschaltet;		X	
	leuchten nicht	X		
412	RÜCKFAHRSCHEINWERFER			
	leuchten nicht, falsch geschaltet;	X		
	blenden, fehlen, nicht genehmigte Ausführung		X	
413	BLINKLEUCHTEN / FAHRTRICHTUNGSANZEIGER			
	alle vorgeschriebenen leuchten nicht;		X	
	in der Wirkung erheblich beeinträchtigt;		X	
	lose, falsch angebracht;	X	X	
	alle erheblich verblasst oder beschädigt;		X	
	verdeckt, nachträglich eingefärbt;		X	
	Blinkfrequenz nicht vorschriftsmäßig;	X		
	nicht genehmigte Ausführung		X	

Nr.	Mängelbezeichnung	Mängelklasse		
		GM	EM	VU
414	WARNBLINKANLAGE			
	fehlt, leuchtet nicht, falsch geschaltet;		X	
	Blinkfrequenz nicht vorschriftsmäßig	X	X	

4.2 Passive lichttechnische Einrichtungen

Nr.	Mängelbezeichnung	Mängelklasse		
		GM	EM	VU
420	RÜCKSTRAHLER – VORN / SEITLICH / HINTEN			
	jeweils alle vorgeschriebenen fehlen oder in der Wirkung erheblich beeinträchtigt;		X	
	Anzahl unzulässig oder einzelne fehlen;	X		
	falsch angebracht, nicht genehmigte Ausführung		X	
421	WARNMARKIERUNGEN / WARNTAFELN / SONST. KENNZEICHNUNGEN			
	fehlen, mangelhaft		X	

4.3 Andere Teile der elektrischen Anlage

Nr.	Mängelbezeichnung	Mängelklasse		
		GM	EM	VU
430	KONTROLLLEUCHTEN			
	Fernlicht, Fahrtrichtungsanzeiger, Warnblinkanlage, Nebelschlussleuchten: leuchten nicht	X		
431	ELEKTRISCHE VERBINDUNGSEINRICHTUNGEN			
	Steckdosen / Stecker / Verbindungsleitungen:			
	fehlen oder stark beschädigt;		X	
	kein Kontakt, Kontaktbelegung falsch		X	
432	ELEKTRISCHE LEITUNGEN			
	Isolationsschaden mit Kurzschluss- / Brandgefahr;		X	
	einzelne Halterungen lose, leichte Isolationsschäden, nicht scheuerfrei verlegt	X		
433	BATTERIE-BEFESTIGUNG / ABDECKUNG			
	Batterie lose, Abdeckung fehlt	X	X	

5 Achsen, Räder, Reifen, Aufhängungen

Nr.	Mängelbezeichnung	Mängelklasse		
		GM	EM	VU
501	VORDERACHSE – ACHSKÖRPER / AUFHÄNGUNG / GABEL			
	Achskörper gebrochen;			X
	Achskörper angerissen, verbogen, erhebliche Korrosion, unsachgemäß repariert;		X	X
	Aufhängung ausgeschlagen, verformt, übermäßiges Spiel, ungenügende Befestigung, Manschetten der Trag-/Lenkgelenke beschädigt;		X	X
	Achsschenkel schwergängig, Höhenspiel;		X	
	Kraftradgabel:			
	verändert, Zulässigkeit nicht nachgewiesen, stark beschädigt;		X	
	erhebliche Korrosion		X	X
502	VORDERACHSE – FEDERN / STABILISATOR			
	gebrochen, schadhaft, übermäßiger Verschleiß;		X	X
	Aufhängung, Befestigung: ausgeschlagen, lose;		X	X
	Luftfederung schadhaft;		X	X
	Luftfederung falsch eingestellt		X	
503	VORDERACHSE – SCHWINGUNGSDÄMPFER / ACHSDÄMPFUNG			
	Befestigung lose, ausgeschlagen;		X	
	schadhaft; Wirkung unzureichend;		X	
504	VORDERACHSE – RADLAGER			
	übermäßiges Spiel, schwergängig, fest		X	
505	HINTERACHSE – ACHSKÖRPER / AUFHÄNGUNG / SCHWINGE			
	Achskörper gebrochen;			X
	Achskörper angerissen, verbogen, erhebliche Korrosion, unsachgemäß repariert;		X	X
	Aufhängung ausgeschlagen, verformt, übermäßiges Spiel, ungenügende Befestigung, Manschetten der Trag-/Lenkgelenke beschädigt;		X	X
	Kraftradschwinge:			
	verändert, Zulässigkeit nicht nachgewiesen, stark beschädigt;		X	
	erhebliche Korrosion		X	X

Nr.	Mängelbezeichnung	Mängelklasse		
		GM	EM	VU
506	HINTERACHSE – FEDERN / STABILISATOR			
	gebrochen, schadhaft, übermäßiger Verschleiß;		X	X
	Aufhängung, Befestigung: ausgeschlagen, lose;		X	X
	Luftfederung schadhaft;		X	X
	Luftfederung falsch eingestellt		X	
507	HINTERACHSE – SCHWINGUNGSDÄMPFER / ACHSDÄMPFUNG			
	Befestigung lose, ausgeschlagen;		X	
	schadhaft; Wirkung unzureichend		X	
508	HINTERACHSE – RADLAGER			
	übermäßiges Spiel, schwergängig, fest		X	
509	BEREIFUNG – SCHÄDEN			
	beschädigt		X	X
510	BEREIFUNG – PROFILTIEFE			
	nicht ausreichend		X	
511	BEREIFUNG – GRÖSSE / BAUART / KENNZEICHNUNG			
	Größe und / oder Bauart abweichend von den genehmigten Reifen;		X	
	unzulässige Verwendung unterschiedlicher Bauarten (Radial-, Diagonalreifen)		X	
512	RÄDER – SCHÄDEN			
	angerissen, ausgebrochen, stark verbogen		X	X
513	RÄDER – BEFESTIGUNG			
	Radmuttern fehlen, lose, falsche Ausführung		X	X
514	RÄDER – GRÖSSE / AUSFÜHRUNG			
	Zulässigkeit von Sonderrädern nicht nachgewiesen		X	
515	M+S-REIFEN-GESCHWINDIGKEITSANGABE			
	vorgeschriebenes Schild bei M+S-Reifen fehlt, falsch angebracht	X		
516	RADEINSTELLUNG			
	erkennbare oder gemessene Fehler	X	X	

6 Fahrgestell / Rahmen; daran befestigte Teile

Nr.	Mängelbezeichnung	Mängelklasse		
		GM	EM	VU
601	RAHMEN / TRAGENDE TEILE – BRUCH, RISS			
	(auch Hilfsrahmen)			
	gebrochen, angerissen, verbogen		X	X
602	RAHMEN / TRAGENDE TEILE – KORROSION			
	(auch Hilfsrahmen)			
	Korrosionsschäden, die Rahmen oder tragende Teile erheblich schwächen;		X	X
	Korrosionsschäden, die bei Nichtbehandlung zur Schwächung tragender Teile führen	X		
603	RAHMEN / TRAGENDE TEILE – SCHRAUB- /NIET- / SCHWEISS- UND ANDERE VERBINDUNGEN			
	(auch Hilfsrahmen und Aufbau)			
	mehrere Nieten, Schrauben lose, ausgebrochen;		X	X
	Schäden bei einzelnen Nieten oder Schrauben;	X		
	Schweißnähte gerissen oder unsachgemäß ausgeführt		X	X
604	RAHMEN/TRAGENDE TEILE – REPARATUR UNSACHGEMÄSS			
	(auch Hilfsrahmen)			
	unsachgemäß repariert		X	X
605	UNTERFAHRSCHUTZ / SEITLICHE SCHUTZVORRICHTUNG			
	unsachgemäß angebracht, fehlt;		X	
	stark beschädigt, stark verbogen, unzulässig verändert		X	
606	ANHÄNGE- / SATTELKUPPLUNG			
	in der Funktion beeinträchtigt, übermäßiges Spiel (Verschleißgrenze überschritten), schadhaft, Befestigung unzureichend, nicht genehmigte Ausführung;		X	X
	Fangmaul erheblich beschädigt;		X	
	Stützlastschild fehlt;	X		
	Typschild fehlt		X	
607	ABSCHLEPPEINRICHTUNG – VORN / HINTEN			
	mangelhaft, fehlt		X	
608	ZUGEINRICHTUNG – BEFESTIGUNG			
	lose, zu großes Spiel;		X	X

Nr.	Mängelbezeichnung	Mängelklasse		
		GM	EM	VU
	schadhafte Sicherung		X	
609	ZUGEINRICHTUNG – SCHADHAFT			
	Zuggabel / -rohr:			
	stark verbogen, angerissen oder unzulässig / unsachgemäß reparaturgeschweißt, nicht genehmigte Ausführung;		X	X
	Zugöse / Zugsattelzapfen:			
	zulässige Toleranz überschritten;		X	
	Typschild fehlt		X	
610	ZUGEINRICHTUNG – BODENFREIHEIT / HÖHENEINSTELLEINRICHTUNG / STÜTZEINRICHTUNG			
	keine Bodenfreiheit;		X	
	Höheneinstelleinrichtung fehlt, schadhaft;		X	
	nicht genehmigte Ausführung;		X	
	Typschild fehlt;	X		
	Stützeinrichtung fehlt, schadhaft;		X	
	Stützlastschild fehlt	X		
611	RESERVERADBEFESTIGUNG			
	Reserverad außen ungenügend befestigt;		X	
	nicht ausreichend gesichert		X	
612	HEIZUNG / LÜFTUNG			
	fehlt, nicht genehmigte Ausführung, nicht vorschriftsmäßig; Wärmetauscher defekt, unsachgemäß instandgesetzt oder nach vorgeschriebener Frist nicht ausgetauscht;		X	
	Wirkung stark beeinträchtigt		X	
613	LADERAUM – BODEN / WÄNDE / RUNGEN			
	unsichere Befestigung, stark beschädigt / korrodiert;		X	
	einzelne lose Nieten / Schrauben	X	X	
614	LADERAUM – PLANE / GESTELL / VERSCHLÜSSE			
	Spriegelgestell beschädigt, nicht ausreichend befestigt, Bordwandverschlüsse schadhaft, scharfkantig	X	X	
615	LADERAUM – KIPP- / LADEEINRICHTUNG			
	Kippeinrichtung:			
	Niederspanneinrichtung fehlt, wirkungslos;		X	
	Ladeeinrichtung:			
	nicht ausreichend befestigt, gesichert, nicht in Fahrzeugpapieren eingetragen;		X	
	Hydraulik- oder Druckluftteil undicht;	X	X	
	einzelne lose Nieten / Schrauben	X	X	
616	AUFBAU FÜHRERHAUS / KRAFTRADVERKLEIDUNG			
	unzulässig verändert;		X	
	stark beschädigt, stark korrodiert;		X	
	Kraftradverkleidung:			
	Zulässigkeit nicht nachgewiesen, unzulässig verändert;		X	
	beschädigt	X	X	
617	GEFÄHRDENDE FAHRZEUGTEILE – AUSSEN / INNEN			
	außen, innen	X	X	
618	RADABDECKUNGEN			
	fehlen, nicht ausreichend, stark beschädigt, lose		X	
619	HALTEGRIFF – KRAFTRAD			
	fehlt		X	
620	AUFBAU – ANBAUTEILE			
	Befestigung unzureichend, lose;		X	
	Zulässigkeit nicht nachgewiesen		X	
621	TÜREN / HAUBEN / GRIFFE / SCHLÖSSER / SCHARNIERE			
	unbeabsichtigtes Öffnen möglich		X	
622	SITZE / FUSSRASTEN			
	Sitze:			
	schadhaft, unzureichende Befestigung, keine sichere Lehnenarretierung;	X	X	
	unzulässige Sitze;		X	
	Krad:			
	Fußrasten fehlen;		X	
	Fußrasten schadhaft	X	X	
623	MOTOR / ANTRIEB – KUPPLUNG / SCHALTUNG			
	schadhaft oder eingeschränkte Funktion	X	X	
624	ANTRIEBSWELLEN / KETTE(N)-SCHUTZ / MANSCHETTE			
	fehlt oder schadhaft		X	
625	MOTOR/ ANTRIEB – AUFHÄNGUNG			
	schadhaft		X	

Nr.	Mängelbezeichnung	Mängelklasse		
		GM	EM	VU
626	GEPÄCKTRÄGER / -BEHÄLTER			
	scharfkantig, nicht ausreichend befestigt;		X	
	Kennzeichen / Beleuchtung verdeckt		X	
627	KRAFTRADSTÄNDER			
	Kippständer / Seitenstütze fehlt, wird im hochgeklappten Zustand nicht sicher gehalten, nicht vorschriftsmäßig;		X	
	schadhaft	X	X	
628	BEIWAGEN			
	mechanischer und / oder lichttechnischer Anschluss schadhaft, Zulässigkeit nicht nachgewiesen		X	

7 Sonstige Ausstattungen

Nr.	Mängelbezeichnung	Mängelklasse		
		GM	EM	VU
701	SICHERHEITSGURTE			
	fehlen, unbrauchbar, beschädigt, nicht genehmigte(r) o. falsche(r) Ausführung / Einbau		X	
701 a	RÜCKHALTESYSTEME (z.B. Gurtstraffer)			
	Systemdaten nicht eingehalten		X	
701 b	AIRBAG			
	Systemdaten nicht eingehalten		X	
701 c	ÜBERROLLSCHUTZ (dynamisch wirkender)			
	Systemdaten nicht eingehalten		X	
702	SICHERUNG GEGEN UNBEFUGTE BENUTZUNG			
	fehlt, schadhaft mit Beeinträchtigung der Lenkanlage;		X	X
	schadhaft ohne Beeinträchtigung der Lenkanlage	X		
703	WEGFAHRSPERRE			
	ohne Funktion		X	
704	UNTERLEGKEILE			
	Befestigung / Sicherung: nicht vorhanden, unwirksam;		X	
	falsche Größe, schadhaft oder fehlen	X		
705	EINRICHTUNGEN FÜR SCHALLZEICHEN			
	Hupe / Horn / Einsatzhorn:			
	fehlt, ohne Funktion, unzulässig;		X	
	Wirkung nicht ausreichend;	X		
	Diebstahl-Alarmeinrichtung: alle Mängel	X		

Nr.	Mängelbezeichnung	Mängelklasse		
		GM	EM	VU
706	GESCHWINDIGKEITSMESSGERÄT / FAHRTSCHREIBER / KONTROLLGERÄT			
	Geschwindigkeitsmessgerät:			
	fehlt, keine Anzeige;		X	
	Fahrtschreiber / Kontrollgerät:			
	mangelhaft (insbesondere Einbauschild und Plomben, Untersuchungsfrist überschritten)		X	
707	GESCHWINDIGKEITSBEGRENZER			
	Geschwindigkeitsbegrenzer fehlt, ohne Funktion;		X	
	Systemdaten nicht eingehalten;		X	
	Gerät oder Einbau fehlerhaft;		X	
	Prüfbescheinigung, Einbauschild ungültig oder fehlt;		X	
	Einstellung über Grenzwert		X	
708	GESCHWINDIGKEITSSCHILD(ER)			
	fehlt / fehlen, mangelhaft	X		
709	WARNDREIECK / WARNLEUCHTE			
	fehlen, mangelhaft	X		
710	VERBANDKASTEN (Kraftomnibusse)			
	fehlt, mangelhaft	X		
711	FAHRDYNAMISCHE SYSTEME MIT EINGRIFF IN DIE BREMSANLAGE			
	Systemdaten nicht eingehalten		X	

8 Umweltbelastung

8.1 Geräusche

8.1.1 Fahrzeuge allgemein

Nr.	Mängelbezeichnung	Mängelklasse		
		GM	EM	VU
801	SCHALLDÄMPFERANLAGE – SCHÄDEN / BEFESTIGUNG			
	stark undicht, schadhaft;		X	
	leicht undicht;	X		
	Aufhängung lose, nicht ausreichend befestigt	X	X	
802	SCHALLDÄMPFERANLAGE – FALSCHE AUSFÜHRUNG			
	Originalanlage geändert / ersetzt, Zulässigkeit nicht nachgewiesen		X	
803	GERÄUSCHENTWICKLUNG			
	Stand- und / oder Fahrgeräusch über dem zulässigen Wert		X	

8.1.2 Krafträder

Nr.	Mängelbezeichnung	Mängelklasse		
		GM	EM	VU
804	SCHALLDÄMPFERANLAGE – SCHÄDEN / BEFESTIGUNG			
	stark undicht, schadhaft;		X	
	leicht undicht;	X		
	Aufhängung lose, nicht ausreichend befestigt	X	X	
805	SCHALLDÄMPFERANLAGE – FALSCHE AUSFÜHRUNG			
	Originalanlage geändert / ersetzt, Zulässigkeit nicht nachgewiesen		X	
806	GERÄUSCHENTWICKLUNG			
	Stand- und / oder Fahrgeräusch über dem zulässigen Wert		X	

8.2 Abgase

8.2.1 Kraftfahrzeuge ohne On-Board-Diagnosesystem

Nr.	Mängelbezeichnung	Mängelklasse		
		GM	EM	VU
810	SCHADSTOFFRELEVANTE BAUTEILE / ABGASANLAGE			
	unvollständig, beschädigt, nicht vorhanden, undicht;	X	X	
	nicht genehmigte Ausführung		X	
811	RAUCHENTWICKLUNG (LEERLAUF)			
	Dieselmotor:			
	erhebliche Abgastrübung;		X	
	Ottomotor:			
	erhebliche Motorölverbrennung		X	
812	ABGASREINIGUNGSSYSTEM			
	bis 31.12.2009:			
	CO-Konzentration im Abgas zu hoch (Abgasverhalten);		X	
	Frist zur Durchführung der AU überschritten oder AU-Prüfbescheinigung fehlt		X	
	ab 1.1.2010:			
	ABGASREINIGUNGSSYSTEM			
	CO-Konzentration im Abgas zu hoch (Abgasverhalten);		X	
	Abgasverhalten unzulässig;		X	
	Nachweis der Untersuchung des Abgasreinigungssystems abgelaufen		X	
813	MOTORMANAGEMENT-/ ABGASREINIGUNGSSYSTEM			
	nach Nr. 3.1.1.1 Anlage VIII StVZO festgestellte und bereits behobene Mängel		X[1]	

8.2.2 Kraftfahrzeuge mit On-Board-Diagnosesystem

Nr.	Mängelbezeichnung	Mängelklasse		
		GM	EM	VU
820	SCHADSTOFFRELEVANTE BAUTEILE / ABGASANLAGE			
	unvollständig, beschädigt, nicht vorhanden, undicht;	X	X	
	nicht genehmigte Ausführung		X	
821	MOTORMANAGEMENT-/ ABGASREINIGUNGSSYSTEM			
	Abgasverhalten unzulässig;		X	
	Nachweis der Untersuchung des Motormanagement-/ Abgasreinigungssystems abgelaufen;		X	
	Fehler im OBD-System ausgelesen		X	

8.3 Elektromagnetische Verträglichkeit

Nr.	Mängelbezeichnung	Mängelklasse		
		GM	EM	VU
830	FUNKENTSTÖRUNG			
	mangelhaft	X		

8.4 Öl, Hydraulik, Flüssigkeitsverlust

Nr.	Mängelbezeichnung	Mängelklasse		
		GM	EM	VU
840	KRAFTSTOFF- / GASANLAGE – LEITUNG / TANK			
	unzulässige Veränderungen;		X	
	undicht, Befestigung mangelhaft, schlechter Zustand;		X	
	nicht genehmigte Ausführung;		X	
	Termin für Dichtheitsprüfung abgelaufen;		X	
	Lebensdauer des Zylinder/Behälters abgelaufen;		X	
	Typschild/Kennzeichnungsschild nicht vorhanden, nicht lesbar		X	
841	MOTOR / ANTRIEB			
	Ölverlust	X	X	
842	MOTOR			
	Kühlflüssigkeitsverlust	X		
843	LENKUNG / BREMSE / FEDERUNG			
	starker Hydraulik-Ölverlust		X	X

[1] Wenn die Mängelbehebung auf dem Nachweis bescheinigt ist, erfolgt eine Übertragung in den Untersuchungsbericht nur aus statistischen Gründen.

9 Zusätzliche Untersuchungen an Fahrzeugen zur gewerblichen Personenbeförderung

9.1 Fahrzeuge der Gruppe 1 nach RL 96/96/EG (Kraftfahrzeuge zur Personenbeförderung mit mehr als 8 Fahrgastplätzen)

Nr.	Mängelbezeichnung	Mängelklasse		
		GM	EM	VU
901	EIN- UND AUSSTIEGE			
	Fahrgasttüren nicht von innen zu öffnen über Nothahn und / oder über normale Türbetätigungs-einrichtung;		X	
	Nothahnkontrolleinrichtung fehlt, defekt;	X	X	
	Gefährdung von Personen beim Öffnen und Schließen der Türen möglich (Ausfall der Einklemm-schutzeinrichtung oder zu hohe Ansprechkräfte);		X	
	defekte Schutzleisten;	X	X	
	Einstieghilfen:			
	nicht vorschriftsmäßig;	X	X	
	Einrichtung zur Beobachtung der Ein- und Ausstiege fehlen oder stark beschädigt		X	
902	TÜREND- / SCHLIESS-STELLUNG / KONTROLLEINRICHTUNG			
	Kontrollmechanismus fehlt, defekt		X	
903	NOTAUSSTIEGE			
	Nothämmer fehlen, Betätigungs-einrichtung unwirksam;		X	
	Anzahl / Größe der Notausstiege nicht mehr ausreichend, Zugänglichkeit eingeschränkt		X	
904	BODENBELAG			
	nicht ausreichend rutschsicher;	X	X	
	schadhaft (Stolpergefahr)	X	X	
905	FAHRERPLATZ			
	Abschrankung fehlt, nicht vorschriftsmäßig[2];		X	
	Sitze für Begleitpersonal nicht vorschriftsmäßig;	X	X	
	Sonnenblenden: fehlen, beschädigt	X	X	
906	SITZ- / STEH- / LIEGEPLÄTZE / HALTEGRIFFE			
	Stehplatzbegrenzung fehlt;		X	
	Anzahl der Haltegriffe nicht ausreichend;		X	
	Haltegriffe falsch angebracht;	X	X	

Nr.	Mängelbezeichnung	Mängelklasse		
		GM	EM	VU
	Liegeplätze: Ausführung nicht vorschriftsmäßig[3];		X	
	Sitzanordnung nicht vorschrifts-mäßig, Gangbreite nicht ausreichend		X	
907	VERSTÄNDIGUNGS-EINRICHTUNG			
	optisches / akustisches Signal-system fehlt /ohne Funktion	X	X	
908	INNENBELEUCHTUNG			
	fehlt, nicht ausreichend, defekt;	X	X	
	zum Fahrerplatz hin nicht ausreichend abgeschirmt	X		
909	BESCHRIFTUNG / KENNZEICHNUNG – AUSSEN			
	Anbringungs- und Beleuchtungs-möglichkeiten für Zielschild, Streckenschild und Liniennummern fehlen, beschädigt;	X		
	Tempo-“100“-Plakette: unrechtmäßig angebracht;		X	
	Unternehmeranschrift fehlt;	X		
	Kennzeichnung der Ein- und Ausstiege fehlt;	X		
	Beschaffenheit / Anbringung von Zeichen und Ausrüstungs-gegenständen	X	X	
910	BESCHRIFTUNG / KENN-ZEICHNUNG – INNEN / EIN-TRAG IN FAHRZEUGPAPIERE			
	Angabe der zulässigen Sitz- / Stehplatzzahl fehlt;	X		
	Hinweise auf Verbandkästen und Sitzplätze für Schwerbehinderte fehlen;	X		
	Kennzeichnung der Notausstiege fehlt;	X	X	
	SCHULBUS:			
	(bei Eintragung in der Zulassungs-bescheinigung Teil I bzw. im Fz-Schein) entspricht nicht den Anforderungen	X	X	
911	FEUERLÖSCHER / VERBANDKÄSTEN			
	nicht in ausreichender Anzahl vorhanden;	X		
	Prüfschild am Feuerlöscher nicht vorhanden oder Prüffrist abge-laufen, Anbringungsort falsch;	X		

[2] Gilt nur für Kraftomnibusse, die vor dem 13.02.2005 erstmals in den Verkehr kamen.

[3] Gilt nur für Kraftomnibusse, die nicht mit Sicherheitsgurten aus-gerüstet sein müssen.

Nr.	Mängelbezeichnung	Mängelklasse		
		GM	EM	VU
	Verbandkästen entsprechen nicht den Vorschriften	X		
912	HANDLAMPE			
	windsichere Handlampe fehlt, defekt	X		

9.2 Fahrzeuge der Gruppe 4 (Taxen und Krankenwagen)

9.2.1 Taxen

Nr.	Mängelbezeichnung	Mängelklasse		
		GM	EM	VU
920	TAXI-SCHILD / ORDNUNGSNUMMER			
	Taxischild fehlt oder nicht vorschriftsmäßig;		X	
	Ordnungsnummer fehlt, falsch angebracht	X		
921	TAXI / MIETWAGEN-FARBE / WERBEAUFSCHRIFT			
	Taxi-Farbe entspricht nicht RAL 1015;		X	
	Taxi / Mietwagen-Werbeaufschrift nicht vorschriftsmäßig	X		
922	TAXI-UNTERNEHMER-ANSCHRIFT			
	fehlt, nicht deutlich sichtbar angebracht	X		
923	TAXI-FAHRPREISANZEIGER / MIETWAGEN-WEGSTRECKENZÄHLER			
	nicht vorhanden, nicht verplombt, Eichfrist abgelaufen		X	
924	TAXI / MIETWAGEN-ALARMANLAGE			
	fehlt, schadhaft		X	

9.2.2 Krankenwagen

Nr.	Mängelbezeichnung	Mängelklasse		
		GM	EM	VU
925	BESCHRIFTUNG / KENNZEICHNUNG – AUSSEN			
	Beleuchtungsmöglichkeiten;	X		
	Beschaffenheit / Anbringung von Zeichen und Ausrüstungsgegenständen	X	X	

10 Identifizierung und Einstufung des Fahrzeugs

Nr.	Mängelbezeichnung	Mängelklasse		
		GM	EM	VU
001	FAHRZEUG-IDENTIFIZIERUNGS-NUMMER / FABRIKSCHILD / SONSTIGE SCHILDER			
	Identifizierungs-Nr. fehlt, nicht auffindbar, unvollständig, nicht lesbar, nicht original;		X	
	Fabrikschild fehlt, unvollständig, lose, schlecht lesbar;	X		
	Nachweis nach RL 86/364/EWG / RL 96/53/EG unvollständig oder falsch	X	X	
002	AMTLICHES KENNZEICHEN – VORN, HINTEN			
	fehlt;		X	
	Beschriftung / Ausführung falsch;		X	
	nicht fest angebracht oder schlecht lesbar	X		
003	FAHRZEUGDOKUMENTE			
	Fahrzeug-Identifizierungs-Nr. stimmt nicht mit der am Fahrzeug vorhandenen überein;		X	
	Oldtimer-Einstufung nicht mehr zutreffend;		X	
	Ausnahmegenehmigung nicht mehr zutreffend oder ungültig;		X	
	sonstige Angaben stimmen mit den tatsächlichen Verhältnissen nicht überein	X	X	

3. – Richtlinie für die Untersuchung der Abgase von Kraftfahrzeugen nach Nummer 4.8.2 der Anlage VIIIa StVZO und für die Durchführung von Abgasuntersuchungen an Kraftfahrzeugen nach § 47a StVZO (AU-Richtlinie) – Liste der von der AU ausgenommenen selbstfahrenden Arbeitsmaschinen

(VkBl. 2008, S. 196)

Nach Anhörung der zuständigen obersten Landesbehörden gebe ich bekannt:

1. Die Neufassung der Richtlinie für die Untersuchung der Abgase von Kraftfahrzeugen nach Nummer 4.8.2 der Anlage VIIIa StVZO und für die Durchführung von Abgasuntersuchungen an Kraftfahrzeugen nach § 47a StVZO (AU-Richtlinie).

2. Die Richtlinie für die Untersuchung von Kraftfahrzeugen nach Nummer 4.8.2 Anlage VIIIa StVZO (AU-Richtlinie) vom 09. März 2006 (VkBl. 2006 S. 302) ist ab dem 01.12.2008 nicht mehr anzuwenden.

3. Die Ergänzung der Liste der im Allgemeinen von der Abgasuntersuchung nach § 47a StVZO oder der Untersuchung der Abgase von Kraftfahrzeugen nach Nummer 4.8.2 der Anlage VIIIa StVZO ausgenommen selbstfahrenden Arbeitsmaschinen (VkBl. 2006 S. 794).

Richtlinie für die Durchführung der Untersuchung der Abgase von Kraftfahrzeugen nach Nummer 4.8.2 der Anlage VIIIa StVZO und für die Durchführung von Abgasuntersuchungen an Kraftfahrzeugen nach § 47a StVZO (AU-Richtlinie)

Inhalt

lysator oder mit Katalysator, jedoch ohne lambdageregelte Gemischaufbereitung

3.9 Untersuchung eines Kraftrades mit Fremdzündungsmotor, mit Katalysator und lambdageregelter Gemischaufbereitung

4. Beurteilung der Prüfergebnisse

5. Nachweis über die Untersuchung der Abgase

Anlage 1: Begriffsbestimmungen

Anlage 2: Lambda-Wert-Berechnung

Anlage 3: Erläuterungen zur Durchführung der freien Beschleunigung

Anlage 4: Aufkleber für Abgasmessgeräte

Anlage 5: Sondenadaption

1 Allgemeines

1.1 Anwendungsbereich und Sonderregelungen

1.1.1 Diese Richtlinie gilt für die Durchführung der Untersuchung der Abgase von Kraftfahrzeugen im Rahmen der Hauptuntersuchung nach Nummer 4.8.2 der Anlage VIIIa StVZO und für die Durchführung von Abgasuntersuchungen nach § 47a StVZO - im Weiteren insgesamt unter der Abkürzung AU zusammengefasst-, die mit Fremd- oder Kompressionszündungsmotor angetrieben werden.

1.1.2 Sie gilt für die nach Anlage VIII StVZO Nr. 1.2.1.1 in Verbindung mit Nr. 1.2.1.2 und § 72 Abs. 2 sowie die nach § 47a Abs. 1 StVZO abgasuntersuchungspflichtigen Kraftfahrzeuge.

1.1.3 Als Krafträder im Sinne dieser Richtlinie gelten Kraftfahrzeuge der Klassen L3e, L4e, L5e und L7e nach Abschnitt 2 der Anlage XXIX StVZO.

1.1.4 Als selbstfahrende Arbeitsmaschinen, die nicht mit den Baumerkmalen von Lastkraftwagen hinsichtlich des Antriebsmotors und des Fahrgestells entsprechen, gelten grundsätzlich die Arbeitsmaschinen, die in der Veröffentlichung vom 20. Oktober 2006 (VkBl. 2006 S. 794) bekannt gemacht wurden in der Fassung der Ergänzung vom 30. April 2008 (VkBl. 2008 S. 222).

1.1.5 Die Untersuchung der Abgase der Kraftfahrzeuge nach Nr. 1.2.1.1 Anlage VIII StVZO in Verbindung mit Nr. 4.8.2 Anlage VIIIa StVZO kann als eigenständiger Teil der Hauptuntersuchungen von einer dafür nach Nr. 1 Anlage VIIIc StVZO anerkannten Kraftfahrzeugwerkstatt durchgeführt werden.

1.1.6 Für die Durchführung der AU gilt Folgendes:

1. Ab dem 01.04.2006 erstreckt sich bei Kraftfahrzeugen, die mit einem OBD ausgerüstet sind, sowie bei Krafträdern die Untersuchung der Abgase nach Nr. 3.1.1.1 Anlage VIII StVZO auf den Untersuchungspunkt „Motormanagement-/Abgasreinigungssystem".
2. Bis zum 31.12.2009 erstreckt sich bei Kraftfahrzeugen, die nicht mit einem OBD-System ausgerüstet sind, die Untersuchung der Abgase nach § 47a StVZO auf die Untersuchungspunkte „Schadstoffrelevante Bauteile/Abgasanlage" und „Motormanagement-/Abgasreinigungssystem".
3. Ab dem 01.01.2010 beschränkt sich für alle Kraftfahrzeuge die Untersuchung der Abgase nach Nr. 3.1.1.1 Anlage VIII StVZO auf den Untersuchungspunkt „Motormanagement- / Abgasreinigungssystem".

1.1.7 Bei der Durchführung der AU ist festzustellen, ob das Abgasverhalten des untersuchten Kraftfahrzeugs nach dem jeweiligen Stand der Technik als "in Ordnung" eingestuft werden kann. Dazu sind die für das Fahrzeug geltenden und in den Nummern 3 näher beschriebenen Arbeiten auszuführen.

1.1.8 Kraftfahrzeuge mit einem OBD-System, die eine Typgenehmigung nach den Bestimmungen der Richtlinie 2005/55/EG oder deren jeweils danach geänderten Fassungen haben, können nach den Bestimmungen und dem Prüfablauf nach Nummer 3.6 untersucht werden. Dies gilt jedoch nur, wenn

1. der Fahrzeughersteller dieses Prüfverfahren für das zu untersuchende Kraftfahrzeug verbindlich vorgegeben hat;
2. die Identifizierung des Kraftfahrzeugs anhand der Zulassungsdokumente sichergestellt ist und
3. die notwendigen Informationen zur Untersuchung nach Nummer 3.6 vorliegen.

NOx-relevante Einträge, die nach Ziffer 3 vom Fahrzeughersteller aufgelistet worden sind, müssen von der für die Durchführung der AU verantwortlichen Person gesondert bewertet werden. Sind ausschließlich NOx-relevante Einträge vorhanden und die Ergebnisse der Sichtprüfung, des Status und der Ansteuerung Kontrollleuchte Motordiagnose i.O., so ist im Feld „Bemerkungen" das Gesamtergebnis abweichend von Nummer 10 des Nachweises als „AU bestanden" mit dem Hinweis „NOx-relevanter Eintrag" zu erläutern.

1.1.9 Sofern bestimmte Kraftfahrzeuge mit einem OBD-System nach den Prüfverfahren entsprechend Nummer 3.4 oder Nummer 3.6 nicht prüfbar sind, muss der Fahrzeughersteller dies dem BMVBS mitteilen und ein entsprechendes Ersatzverfahren festlegen und bekannt machen. Die Eignung dieses Ersatzverfahrens muss vorab von einer für die Begutachtung der Zusatzanforderungen an die Abgasmessgeräte in Nummer 1.2.2 genannten Stelle geprüft und bestätigt worden sein. Im Feld „Bemerkungen" ist in diesen Fällen der Hinweis „OBD-Verf. n. Fz-Hersteller nicht anwendbar" einzutragen.

1.2 Mess- und Prüfgeräte

1.2.1 Die nach Nr. 3 Anlage VIIId StVZO vorgeschriebenen Mess- und Prüfgeräte sind für die Durchführung zu verwenden und müssen den dort genannten Vorschriften entsprechen.

1.2.2 Die für die Untersuchung von Kraftfahrzeugen -ausgenommen Krafträder- mit

1. Fremdzündungsmotor, Katalysator und lambdageregelter Gemischaufbereitung, ohne oder mit OBD-System oder
2. Kompressionszündungsmotor, ohne oder mit OBD-System eingesetzten Abgasmessgeräte müssen des Weiteren dem in dieser Richtlinie vorgegebenen Ablauf des Prüfverfahrens genügen, für das sie eingesetzt werden. Sie müssen über Einrichtungen verfügen oder mit Einrichtungen verbunden sein, die die angegebenen Daten und die ermittelten Messwerte aufnehmen, speichern und in Form einer Prüfbescheinigung/eines Nachweises ausdrucken. Die Erfüllung dieser Zusatzanforderungen ist mit einem Gutachten der Abgasprüfstelle der TÜV-Nord Mobilität GmbH & Co. KG, Adlerstraße 7, 45307 Essen oder der Prüfstelle für AU-Abgasmessgeräte der DEKRA Automobil GmbH, Handwerkstr. 15, 70565 Stuttgart nachzuweisen.

Dies gilt entsprechend auch für den Ablauf der Prüfverfahren für Krafträder nach Nummer 3.8 oder 3.9, sofern diese Prüfverfahren optional verfügbar gemacht werden sollen.

1.2.3 Die innerstaatliche Bauartzulassung oder die EG-Baumusterprüfbescheinigung und das positive Gutachten einer der in Nummer 1.2.2 genannten Stellen sind die Voraussetzung dafür, dass ein Abgasmessgerät entsprechend den im Gutachten festgelegten Bedingungen für AU eingesetzt werden darf. Jedem Abgasmessgerät, das für AU eingesetzt werden

kann, ist ein Abdruck des Gutachtens beizugeben. Zudem ist ein solches Abgasmessgerät mit einem Aufkleber gemäß Anlage 4 kenntlich zu machen.

1.2.4 Die für die Durchführung der Untersuchungen nach dieser Richtlinie einsetzbaren Softwareversionen für die Abgasmessgeräte sind im Leitfaden zur Begutachtung der Bedienerführung (AU-Geräteleitfaden) von AU-Abgasmessgeräten in der

a) Version 1 vom 23.06.1994,
b) Version 2 vom 31.01.2002,
c) Version 3 vom 14.01.2005 oder
d) Version 4 vom 30.04.2008

näher erläutert. Zulässig nach Nummer 3.4 Anlage VIIId StVZO für die Untersuchung nach Nummer sind:

Nummer	Version 1	Version 2	Version 3	Version 4
3.2 (Otto ohne-/ U-Kat)	X	X	X	X
3.3 (Otto G-Kat)	X	X	X	X
3.4 (Otto mit OBD) (*)				
– Ez bis 31.12.2005		X	X	X
– Ez ab 01.01.2006				X
3.5 (Diesel)	X	X	X	X
3.6 (Diesel mit OBD) (*)				
– Ez bis 31.12.2005			X	X
– Ez ab 01.01.2006				X

(*) Gilt grundsätzlich nur für Kraftfahrzeuge mit Fremdzündungsmotor oder Kompressionszündungsmotor, die nach der Richtlinie 70/220/EWG typgenehmigt sind.

1.2.5 Abgasmessgeräte, die mit den Versionen 1 oder 2 arbeiten, dürfen längstens bis zum 31.12.2009 eingesetzt werden. Für die Durchführung der AU an Kraftfahrzeugen mit Fremdzündungsmotor aber auch nur, wenn der Antriebsmotor der Kraftfahrzeuge mit Benzin betrieben wird.

1.2.6 Der AU-Geräteleitfaden kann bei Bedarf von den unter Nummer 1.2.2 genannten Stellen bezogen oder beim BMVBS eingesehen werden.

1.2.7 Sofern erforderlich, sind auch nach dem Stand der Technik geeignete Mess- oder Prüfgeräte zur Ermittlung der Motortemperatur, des Schließwinkels, des Zündzeitpunktes sowie zur Regelkreisprüfung nach Nummer 3.3.1.8.4 oder 3.3.1.8.5 einzusetzen. Die mit diesen Geräten ermittelten Werte dürfen für die Erstellung der Prüfbescheinigung/des Nachweises über das Abgasmessgerät manuell eingegeben werden. Die Eingabe ist durch das Abgasmessgerät kenntlich zu machen. Dies gilt nicht für die Untersuchungsverfahren nach Nummer 3.4 und Nummer 3.6.

1.2.8 Bei der Untersuchung von Kraftfahrzeugen mit Fremdzündungsmotor, ohne Katalysator oder mit U-Kat und bei Krafträdern, können die geforderten Daten und ermittelten Messwerte auch handschriftlich in die Prüfbescheinigung/den Nachweis eingetragen werden.

1.3 Inkrafttreten der Richtlinie

Diese Richtlinie ist ab dem 01.12.2008 bei Untersuchungen nach Nummer 1.1.1 anzuwenden.

2 Vorbereitung der AU

2.1 Fahrzeug-Identifizierung

2.1.1 Zulassungsdokument (Fahrzeugschein oder Fahrzeugbrief bzw. Zulassungsbescheinigung Teil I oder Teil II) sowie ggf. die Prüfbescheinigung/den Nachweis der letzten Untersuchung vorlegen lassen.

2.1.2 Prüfen, ob das vorgelegte Zulassungsdokument zum vorgestellten Kraftfahrzeug gehört.

2.1.3 Die nachfolgend genannten Identifizierungsangaben gemäß Zulassungsdokument sind aufzunehmen:

- amtliches Kennzeichen,
- Emissionsschlüsselnummer/Emissionsklasse,
- Fahrzeughersteller in Verbindung mit der Schlüsselnummer,
- Typ und Ausführung/Typ mit Schlüsselnummer/Code,
- Fahrzeug-Identifizierungsnummer,
- Kraftstoffart:
  - Benzin

• Flüssiggas
• Erdgas
• Diesel
• Wasserstoff
• ggf. andere Kraftstoffart

– Stand des Wegstreckenzählers,

– Datum der Erstzulassung.

2.1.4 Feststellen, welches Untersuchungsverfahren nach dieser Richtlinie bei dem zu untersuchenden Kraftfahrzeug angewendet werden muss, und sicherstellen, dass die dafür notwendigen AU-Daten vorhanden sind.

2.2 Solldaten der Fahrzeughersteller

Die beiden nachfolgenden Übersichten geben die für die einzelnen Untersuchungsverfahren erforderlichen und aufzunehmenden Solldaten an; darin sind auch die bei fehlenden Herstellervorgaben zu Grunde zu legenden Solldaten enthalten.

Die Herstellervorgaben müssen mindestens diese zu Grunde zu legenden Solldaten einhalten, es sei denn, der Hersteller weist gegenüber einer vom Bundesministerium für Verkehr, Bau und Stadtentwicklung (BMVBS) bestimmten Stelle nach, dass diese Werte auch bei ordnungsgemäßem Zustand des Motors und der schadstoffrelevanten Bauteile nicht eingehalten werden können.

1. Untersuchungsverfahren für Kraftfahrzeuge mit Fremdzündungsmotor:

Untersuchungsverfahren Fremdzündungsmotor	Fremdzündungsmotor allgemein			Krafträder		Maßeinheit	Hinweise
	ohne Kat, mit U-Kat	mit G-Kat	mit OBD(*)	ohne Kat, mit U-Kat	mit G-Kat		
Solldaten:							
Motorentemperatur	X(*) [≥ 60 bezogen auf:] [Motoröl]		[Kühlmittel]			°C	Motoröl, Kühlmittel oder Motorteile
Zündzeitpunkt	X	(X)	–	–	–	°Kw	vor/nach OT bzw. +/-
Schließwinkel	X	–	–	–	–	°Kw	auch als %
Leerlaufdrehzahl	X(*)			X	–	min^{-1}	
Erhöhte Leerlaufdrehzahl	(X)	X(*) [2500 bis 3000]		–	X(*) [2000 bis 3000]	min^{-1}	
Anzahl Abgasanlagen u. durchzuführender Messungen	X(*) [1]					–	
CO-Gehalt im Abgas bei Leerlauf	X [≤ 3,5]	X [≤ 0,5]	–	X [≤ 4,5]	–	% vol	
CO-Gehalt im Abgas bei erhöhtem Leerlauf	(X)	X [≤ 0,3]	X(*) [≤ 0,2]	–	X [≤ 0,3]	% vol	
Lambda bei erhöhtem Leerlauf	–	X(*) [0,97 bis 1,03]		–	–	–	
Verfahren für Regelkreisprüfung:	–	X	–	–	–	–	
Drehzahl für Störgrößenaufschaltung	–	X	–	–	–	min^{-1}	
Auslenkung bei der Regelkreisprüfung	–	X [≥ 0,03]	–	–	–	–	
Anzahl der Auslenkungen	–	X [2 Halbwellen]	–	–	–	–	
OBD-Daten:							
Prüfdrehzahl – Regelsonden	–	–	X(*) [Leerlaufdrehzahl]	–	–	min^{-1}	
Ausführung – Regelsonden	–	–	X(*)	–	–	–	Sprungsonden: S Breitbandsonden: B
Sprungsonden – minimal zulässiger Spannungshub	–	–	X(*) [0,3]	–	–	V	
Breitbandsonden – Wert für Lambda, Stromstärke oder Spannung	–	–	X(*) [λ = 0,97 bis 1,03]	–	–	– mA V	

2. Untersuchungsverfahren für Kraftfahrzeuge mit Kompressionszündungsmotor[1]:

Untersuchungsverfahren Kompressionszündungsmotor	Kompressionszündungsmotor allgemein		Maßeinheit	Hinweise
	ohne OBD	mit OBD(*)		
Solldaten:				
Motortemperatur	X(*) [≥ 60 bezogen auf:] [Motoröl]	[Kühlmittel]	°C	Motoröl oder Kühlmittel
Leerlaufdrehzahl	X(*)		min^{-1}	
Abregeldrehzahl	X(*)		min^{-1}	
Messzeit Abregeldrehzahlermittlung	X(*) [5]		s	
Messzeitanteil Abregeldrehzahl (Trübungsmessung)	X(*) [0,5 bis 2]		s	
Anzahl Abgasanlagen u. durchzuführender Messungen	X(*)		–	
Messmodus (A oder B)	X(*) [B]		–	unterschiedliche Zeitkonst. für die Messkreise
Rauchgastrübung	X(*) [≤ 2,5] bzw. [≤ 1,5](**)		m^{-1}	ausschließlich Trübungskoeffizient
Sondengröße (1 oder 2)	X(**)		–	Sonde 1 oder 2 für Auspuffendrohre bis 70 oder über 70 mm Ø
Beschleunigungszeit	[≤ 2,0] zGM ≤ 3,5t [≤ 4,0] zGM > 3,5t	[≤ 2,0](*)	s	maximale Bandbreite 0,5 s

[1] Hinweis:
Für Krafträder, deren Antriebsmotor mit Dieselkraftstoff betrieben wird ist zurzeit noch kein AU-Verfahren praxistauglich verfügbar. Insoweit beschränkt sich die AU bei diesen Krafträdern auf eine Sichtprüfung und Identifikation der abgasrelevanten Bauteile.

Legende:

(X): Entsprechend gekennzeichnete Solldaten sind nur dann zu überprüfen, wenn der Hersteller hierzu eine Angabe gemacht hat.

[...]: Angabe des zu Grunde zu legenden Sollwertes bei fehlender Herstellervorgabe.

(*) Bei Kraftfahrzeugen mit Fremdzündungsmotoren oder Kompressionszündungsmotor (Typgenehmigung nach Richtlinie 70/220/EWG), die ab dem 01.01.2006 erstmals für den Verkehr zugelassen wurden, wird auf die Messung und Bewertung des Abgasverhaltens verzichtet, wenn das Ergebnis nach Ziffer 5 in Nummer 3.4.4.6 oder 3.6.4.6 dies zulässt. Dies gilt entsprechend auch für die Kraftfahrzeuge nach Nummer 1.1.8 .

(**) Für Fahrzeuge, die ab dem 01.10.2006 erstmals in den Verkehr gekommen sind, gilt ein Trübungswert von max. 1,5 m^{-1}.

2.3 Hinweise zum Untersuchungspunkt „Schadstoffrelevante Bauteile/Abgasanlage“

Durch eine Sichtprüfung werden der Zustand (Dichtheit, Beschädigung, Korrosion, Befestigung) und die Ausführung (Vorhandensein, Vollständigkeit, vorgeschriebene Kennzeichnung) der schadstoffrelevanten Bauteile/Abgasanlage untersucht, soweit dies ohne Demontage möglich ist.

Als schadstoffrelevante Bauteile/Abgasanlage sind solche anzusehen, deren Zustand, Ausführung und Funktion unmittelbaren Einfluss auf die vom Antriebsmotor einschließlich der Energiebevorratung und -weiterleitung ausgehende gasförmige Schadstoffemission oder Partikelemission haben.

Das Ergebnis der Sichtprüfung der schadstoffrelevanten Bauteile/Abgasanlage ist insgesamt mit „in Ordnung“ oder „nicht in Ordnung“ zu bewerten.

Die folgende Übersicht enthält die schadstoffrelevanten Bauteile/Abgasanlage für die jeweilige Antriebsart des Kraftfahrzeugs, die – soweit vorhanden – ohne Demontage zu untersuchen sind:

<table>
<tr><th rowspan="2">Antriebsart:</th><th colspan="3">Fremdzündungsmotor</th><th colspan="2">Kompressionszündung</th></tr>
<tr><th>ohne Kat, mit U-Kat</th><th>mit G-Kat</th><th>mit OBD</th><th>ohne OBD</th><th>mit OBD</th></tr>
<tr><td>Schadstoffrelevante Bauteile/ Abgasanlage:</td><td colspan="5"></td></tr>
<tr><td>Verengter Tankeinfüllstutzen oder Betankungshinweis</td><td colspan="2">X
(nicht bei Krad)</td><td>–</td><td>–</td><td>–</td></tr>
<tr><td>Verliersicherung Tankdeckel</td><td>–</td><td>–</td><td>X</td><td>–</td><td>–</td></tr>
<tr><td>Luftfilter</td><td colspan="5">X</td></tr>
<tr><td>Sekundärluft-Systeme</td><td colspan="3">X</td><td>–</td><td>–</td></tr>
<tr><td>Abgasrückführungs-Systeme</td><td colspan="5">X</td></tr>
<tr><td>Kurbelgehäuse-Entlüftung</td><td colspan="3">X</td><td>–</td><td>–</td></tr>
<tr><td>Kraftstoffdampf-Rückhaltesysteme</td><td>–</td><td colspan="2">X (nicht bei Krad)</td><td>–</td><td>–</td></tr>
<tr><td>Auspuffanlage</td><td colspan="5">X</td></tr>
<tr><td>Lambdasonden</td><td>–</td><td>X</td><td>X</td><td>–</td><td>–</td></tr>
<tr><td>Katalysatoren</td><td colspan="5">X</td></tr>
<tr><td>Sonstige Abgasnachbehandlungs-Systeme (z.B. Partikelfilter)</td><td>–</td><td>–</td><td>–</td><td>X</td><td>X</td></tr>
<tr><td>Sensoren, Stellgliederleitungen</td><td colspan="5">X</td></tr>
<tr><td>Volllastanschlag Einspritzpumpe</td><td>–</td><td>–</td><td>–</td><td>X</td><td>–</td></tr>
</table>

3 Durchführung der AU Untersuchungspunkt „Motormanagement-/Abgasreinigungssystem

3.1 Eingabe der Fahrzeug-Ident.-Daten – aus dem Zulassungsdokument Fahrzeugschein (– Feld Nr.) oder Zulassungsbescheinigung (□ Feld) mit Angabe der einzugebenden Stellen – gilt für alle zu untersuchenden Kraftfahrzeuge

3.1.1 amtliches Kennzeichen max. 10 Stellen
– komplett
□ komplett

3.1.2 Emissionsschlüsselnummer 4 Stellen
– Schlüssel-Nr. zu Feld Nr. 1
□ Feld 14.1 (Code zu Feld 14)

3.1.3 Fahrzeughersteller max. 25 Stellen
– Feld Nr. 2
□ Feld 2

– Schlüssel-Nr. zu Feld Nr. 2 4 Stellen
□ Feld 2.1 (Code zu Feld 2)

3.1.4 Typ und Ausführung/ Typ max. 25 Stellen
– Feld Nr. 3
□ Feld D 2 (nur Typ)

– Schlüssel-Nr. zu Feld Nr. 3 (die ersten) 3 Stellen
□ Feld 2.2 (Code zu Feld D.2)

3.1.5 Fahrzeug-Ident.-Nr. max. 17 Stellen
– Feld Nr. 4 komplett
□ Feld E komplett

3.1.6 Kraftstoffart auswählen
– Benzin
– Flüssiggas
– Erdgas
– Diesel
– Wasserstoff
– ggf. andere Kraftstoffart

3.1.7 Stand des Wegstreckenzählers 7 Stellen
– im Fahrzeug ablesen

3.1.8 Datum der Erstzulassung (tt.mm.jjjj) max. 10 Stellen
– Feld Nr. 32 komplett
□ Feld B komplett

3.2 Untersuchung eines Kraftfahrzeugs (ausgenommen Kraftrad) mit Fremdzündungsmotor ohne Katalysator oder mit Katalysator, jedoch ohne lambdageregelte Gemischaufbereitung

3.2.1 Eingabe der Fahrzeug-Soll-Daten

3.2.1.1 Motortemperatur [°C]
(nach Herstellervorgabe, ansonsten min. 60°C Öltemperatur)

3.2.1.2 Zündzeitpunkt [+ °Kw/- °Kw]
– soweit darstellbar
(min./max.)

3.2.1.3 Schließwinkel [Grad/%]
– bei kontaktgesteuerten Zündanlagen –

3.2.1.4 Leerlaufdrehzahl [min^{-1}]
(min./max.)

3.2.1.5 CO-Gehalt im Auspuffendrohr bei Leerlauf [% vol]
(nach Herstellervorgabe, ansonsten max. 3,5 % vol)

3.2.1.6 Erhöhte Leerlaufdrehzahl [min^{-1}]
– sofern gefordert
(min./max.)

3.2.1.7 CO-Gehalt im Auspuffendrohr bei erhöhtem Leerlauf und Lambda > 1 [% vol]
– sofern gefordert
(max.)

3.2.2 Sichtprüfung „schadstoffrelevante Bauteile“ (soweit nach Nummer 1.1.6 erforderlich)

3.2.2.1 Prüfung der schadstoffrelevanten Bauteile einschließlich Auspuffanlage auf Vorhandensein, Vollständigkeit, Dichtheit und auf Beschädigung, soweit ohne Demontage sichtbar. Dazu gehören insbesondere verengter Tankeinfüllstutzen oder Betankungshinweis – soweit gefordert –, Kurbelgehäuseentlüftung, Luftfilter und ggf. Abgasrückführungssysteme, Sekundärluftsysteme, Katalysator sowie Sensoren und Stellgliederleitungen.

3.2.2.2 Ergebnis der Sichtprüfung „schadstoffrelevante Bauteile“
(soweit nach Nummer 1.1.6 erforderlich)
– nicht in Ordnung
– in Ordnung

3.2.3 Motor und ggf. Katalysator auf Betriebstemperatur bringen;
sofern vorgegeben, entsprechend den Anleitungen des Fahrzeugherstellers.

3.2.4 Funktionsprüfung

Kontrolle der schadstoffrelevanten Einstelldaten auf Einhaltung der vom Fahrzeughersteller für das Kraftfahrzeug vorgegebenen Sollwerte nach den Anleitungen des Fahrzeugherstellers.

3.2.4.1 Istwerte des Kraftfahrzeugs, entsprechend den in Nummer 3.2.1 vorgegebenen Sollwerten, ermitteln und aufnehmen.

Der Wert für Lambda ist bei erhöhtem Leerlauf nach Nummer 3.2.1.7 gemäß der in Anlage 2 dieser Richtlinie festgeschriebenen Formel zu errechnen. Dies erfordert den Einsatz eines Abgasmessgerätes, das den Anforderungen entsprechend Nummer 1.2.2 genügt.

3.2.4.2 Sofern für das Kraftfahrzeug vom Hersteller keine Sollwerte angegeben sind, gilt die Einstellung nach dem jeweiligen Stand der Technik als erfüllt, wenn die Schadstoffemissionen bei betriebssicherer Funktion des Motors minimiert sind. Der CO-Gehalt im Leerlauf darf dabei den Wert von 3,5 % vol nicht übersteigen, es sei denn, es wird nachgewiesen, dass er auch bei ordnungsgemäßem Zustand des Motors und der schadstoffrelevanten Bauteile nicht eingehalten werden kann. Der für die Abgasuntersuchung Verantwortliche hat dies in der Prüfbescheinigung/im Nachweis darzulegen.

3.2.4.3 Abgasuntersuchung abschließen oder ab Nummer 3.2.3 wiederholen.

3.2.5 Prüfbescheinigung/Nachweis erstellen

Der für die Untersuchung Verantwortliche hat nach Abschluss der AU eine Prüfbescheinigung/einen Nachweis auszustellen. Die Prüfbeschei-

nigung/der Nachweis muss die nachfolgenden Angaben enthalten:

3.2.5.1 Datum, Uhrzeit, ausführende Stelle (Name, Anschrift), Messgerätetyp, AU-Programmversion.

Die AU-Programmversion entfällt bei einer Prüfbescheinigung nach Nummer 1.2.8.

3.2.5.2 Fahrzeug-Ident.-Daten

3.2.5.3 Fahrzeug-Soll-Daten

3.2.5.4 Fahrzeug-Ist-Daten

3.2.5.5 Ergebnis der Sichtprüfung Bauteile (soweit nach Nummer 1.1.6 erforderlich)
- nicht in Ordnung (n.i.O.)
- in Ordnung (i.O.)

3.2.5.6 Ergebnis der Einzelprüfungen Soll/Ist-Vergleich (i.O./n.i.O.)

3.2.5.7 Ggf. Abweichungen/Erläuterungen zu den einzelnen Punkten

3.2.5.8 Gesamtergebnis
- AU bestanden
- AU nicht bestanden

3.2.5.9 Monat, Jahr des Ablaufs der Frist für die nächste AU

3.2.5.10 Unterschrift des für die Untersuchung Verantwortlichen und bei anerkannten Kraftfahrzeugwerkstätten die Kontrollnummer.

3.3 Untersuchung eines Kraftfahrzeugs (ausgenommen Kraftrad) mit Fremdzündungsmotor, mit Katalysator und lambdageregelter Gemischaufbereitung

3.3.1 Eingabe der Fahrzeug-Soll-Daten

3.3.1.1 Motortemperatur [°C] (nach Herstellervorgabe, ansonsten min. 60°C Öltemperatur)

3.3.1.2 Zündzeitpunkt [+°Kw/- °Kw]
- soweit darstellbar (min/max.)

3.3.1.3 Leerlaufdrehzahl [min^{-1}] (min/max.)

3.3.1.4 CO-Gehalt im Auspuffendrohr bei Leerlauf [% vol] (nach Herstellervorgabe, ansonsten
- max. 0,5 % vol bei Kraftfahrzeugen, die keine EG-Typgenehmigung haben oder die vor dem 1. Juli 2002 erstmals in den Verkehr gebracht worden sind
- max. 0,3 % vol bei allen übrigen Kraftfahrzeugen)

3.3.1.5 Erhöhte Leerlaufdrehzahl [min^{-1}] (min./max. nach Herstellervorgabe, ansonsten 2500/3000)

3.3.1.6 Werte für Lambda bei erhöhtem Leerlauf im Auspuffendrohr (min./max. nach Herstellervorgabe, ansonsten Lambda 0,97/1,03)

3.3.1.7 CO-Gehalt im Auspuffendrohr bei erhöhtem Leerlauf [% vol] (nach Herstellervorgabe, ansonsten
- max. 0,3 % vol bei Kraftfahrzeugen, die keine EG-Typgenehmigung haben oder die vor dem 1. Juli 2002 erstmals in den Verkehr gebracht worden sind
- max. 0,2 % vol bei allen übrigen Kraftfahrzeugen)

3.3.1.8 Regelkreisprüfung
- Grundverfahren nach Nummer 3.3.1.8.1 bis 3.3.1.8.3 oder
- Ersatzverfahren nach Nummer 3.3.1.8.4 oder
- Alternatives Verfahren nach Nummer 3.3.1.8.5

3.3.1.8.1 Störgrößenaufschaltung bei Drehzahl [min^{-1}] (min./max.)

3.3.1.8.2 Anzahl der Lambda-Auslenkungen (nach Herstellervorgabe, ansonsten 2 Halbwellen)

3.3.1.8.3 $\Delta\lambda \geq 0{,}03$ oder sofern vom Hersteller in begründeten Einzelfällen vorgegeben $\Delta\lambda \geq 0{,}02$

3.3.1.8.4 Ersatzverfahren nach Herstellerangabe
Die Eignung eines Ersatzverfahrens

muss von einer für die Begutachtung der Zusatzanforderungen an die Abgasmessgeräte in Nummer 1.2.2 genannten Stelle geprüft und bestätigt worden sein.

3.3.1.8.5 Alternatives Verfahren nach Herstellerangabe

3.3.2 Sichtprüfung „schadstoffrelevante Bauteile"
(soweit nach Nummer 1.1.6 erforderlich)

3.3.2.1 Prüfung der schadstoffrelevanten Bauteile einschließlich Auspuffanlage auf Vorhandensein, Vollständigkeit, Dichtheit und auf Beschädigung, soweit ohne Demontage sichtbar. Dazu gehören insbesondere Katalysator, Regelsonde und ggf. Kraftstoffdampf-Rückhaltesysteme, Abgasrückführungssysteme, Sekundärluftsysteme sowie Sensoren und Stellgliederleitungen.

3.3.2.2 Prüfung des verengten Tankeinfüllstutzens, sofern dazu vom Fahrzeughersteller keine Ausnahmeregelung angegeben ist.

3.3.2.3 Ergebnis der Sichtprüfung „schadstoffrelevante Bauteile"
(soweit nach Nummer 1.1.6 erforderlich)
– nicht in Ordnung
– in Ordnung

3.3.3 Motor und Katalysator auf Betriebstemperatur bringen;
sofern vorgegeben, entsprechend den Anleitungen des Fahrzeugherstellers.

3.3.4 Funktionsprüfung
Kontrolle der schadstoffrelevanten Einstelldaten auf Einhaltung der vom Fahrzeughersteller für das Kraftfahrzeug vorgegebenen Sollwerte nach den Anleitungen des Fahrzeugherstellers.

3.3.4.1 Motortemperatur ermitteln und aufnehmen [°C]

3.3.4.2 Istwerte des Kraftfahrzeugs bei erhöhtem Leerlauf ermitteln und aufnehmen. Dazu ist die erhöhte Leerlaufdrehzahl anzufahren und mindestens 30 Sekunden vor der Messung zu halten.

3.3.4.2.1 Erhöhte Leerlaufdrehzahl [min^{-1}]

3.3.4.2.2 Lambda-Wert
Der Wert für Lambda ist nach der in Anlage 2 dieser Richtlinie festgeschriebenen Formel zu errechnen.

3.3.4.2.3 CO-Gehalt im Auspuffendrohr [% vol]

3.3.4.3 Istwerte des Kraftfahrzeugs bei Leerlauf ermitteln und aufnehmen.

3.3.4.3.1 Leerlaufdrehzahl [min^{-1}]

3.3.4.3.2 CO-Gehalt im Auspuffendrohr [% vol]

3.3.4.3.3 Zündzeitpunkt [+ °Kw/- °Kw]
– soweit darstellbar –

3.3.4.4 Regelkreisprüfung (Grundverfahren)

3.3.4.4.1 Prüfdrehzahl anfahren und halten sowie Lambda-Wert erfassen

3.3.4.4.2 Störgröße aufschalten ($\Delta\lambda \geq 0{,}03$ oder $\Delta\lambda \geq 0{,}02$ entsprechend Nummer 3.3.1.8.3)

3.3.4.4.3 Ausregelung abwarten (max. 60 s)

3.3.4.4.4 Störgröße zurücknehmen ($\Delta\lambda \geq$ entsprechend Nummer 3.3.4.4.2)

3.3.4.4.5 Ausregelung abwarten (max. 60 s) und Lambda-Wert erfassen ($|\Delta\lambda|$ zu Nummer 3.3.4.4.1 $\leq 0{,}01$)

3.3.4.4.6 Bewertung des Regelkreises
– nicht in Ordnung
– in Ordnung

3.3.4.5 Regelkreisprüfung (Ersatzverfahren)

3.3.4.5.1 Prüfung entsprechend den nach Nummer 3.3.1.8.4 geprüften und bestätigten Herstellervorgaben mit den dazu vom Hersteller bestimmten oder anderen geeigneten Prüfeinrichtungen

3.3.4.5.2 Bewertung des Regelkreises

– nicht in Ordnung
– in Ordnung

3.3.4.6 Regelkreisprüfung (alternatives Verfahren)

3.3.4.6.1 Prüfung nach Herstellervorgabe mit den dazu vom Hersteller bestimmten oder anderen geeigneten Prüfeinrichtungen

3.3.4.6.2 Bewertung des Regelkreises
– nicht in Ordnung
– in Ordnung

3.3.4.7 Untersuchung abschließen oder ab Nummer 3.3.3 wiederholen

3.3.5 Prüfbescheinigung/Nachweis erstellen
Der für die Untersuchung Verantwortliche hat nach Abschluss der Abgasuntersuchung eine Prüfbescheinigung/einen Nachweis auszustellen. Die Prüfbescheinigung/der Nachweis muss die nachfolgenden Angaben enthalten:

3.3.5.1 Datum, Uhrzeit, ausführende Stelle (Name, Anschrift), Messgerätetyp, AU-Programmversion

3.3.5.2 Fahrzeug-Ident.-Daten

3.3.5.3 Fahrzeug-Soll-Daten

3.3.5.4 Fahrzeug-Ist-Daten

3.3.5.5 Ergebnis der Sichtprüfung Bauteile (soweit nach Nummer 1.1.6 erforderlich)
– nicht in Ordnung (n.i.O.)
– in Ordnung (i.O.)

3.3.5.6 Ergebnis der Einzelprüfungen Soll/Ist-Vergleich (i.O./n.i.O.) und Bewertung des Regelkreises (i.O./n.i.O.)

3.3.5.7 Ggf. Abweichungen/Erläuterungen zu den einzelnen Punkten
– Wurde für die Bewertung der Regelkreisprüfung nur 1 Halbwelle nach Nummer 3.3.1.8.2 vorgegeben und erkannt, muss hier automatisch ein entsprechender Hinweis, z. B. „Regelkreisprüfung 1 Auslenkung", ausgedruckt werden.
– Wurde das Ersatzverfahren nach Nummer 3.3.1.8.4 ausgewählt, muss hier automatisch ein entsprechender Hinweis, z. B. „Regelkreisprüfung nach Ersatzverfahren", ausgedruckt werden.
– Wurde das Alternativverfahren nach Nummer 3.3.1.8.5 ausgewählt, muss hier automatisch ein entsprechender Hinweis, z. B. „Regelkreisprüfung nach Alternativverfahren", ausgedruckt werden.

3.3.5.8 Gesamtergebnis
– AU bestanden
– AU nicht bestanden

3.3.5.9 Monat, Jahr des Ablaufs der Frist für die nächste Abgasuntersuchung

3.3.5.10 Unterschrift des für die Untersuchung Verantwortlichen und bei anerkannten Kraftfahrzeugwerkstätten die Kontrollnummer

3.3.6 Bemerkungen zu den Abgasmessgeräten

3.3.6.1 Die verwendeten Abgasmessgeräte müssen den mit der Untersuchung befassten Mitarbeiter durch das Prüfverfahren führen (Bedienerführung).

3.3.6.2 Die Istdaten sind vom Gerät in der Regel automatisch zu ermitteln und aufzunehmen. Sofern dies entsprechend Nummer 1.2.7 nicht möglich ist, darf eine manuelle Eingabe des entsprechenden Istwertes erfolgen. Die Eingabe ist durch das Gerät im Protokollausdruck kenntlich zu machen.

3.3.6.3 Erfolgt auf eine Vorgabe der Bedienerführung nach Aufnahme der Motortemperatur innerhalb von 10 Minuten keine Eingabe oder Reaktion und somit kein Fortschritt im Prüfablauf, hat das Messgerät die Untersuchung automatisch abzubrechen. Ein gewollter Abbruch der Untersu-

chung muss darüber hinaus jederzeit möglich sein. Nach Abbruch der Untersuchung ist die Prüfbescheinigung/der Nachweis mit den bis zum Abbruch erfassten Daten und der Bemerkung „Untersuchung abgebrochen" auszudrucken.

3.3.6.4 Die Bedienerführung des Abgasmessgerätes muss die Möglichkeit eröffnen, nach den Untersuchungsschritten Nummer 3.3.4.1, 3.3.4.2, 3.3.4.3, 3.3.4.4, 3.3.4.5 oder Nummer 3.3.4.6 eine Wiederholung des jeweiligen Untersuchungsschrittes zuzulassen.

3.4 Untersuchung eines Kraftfahrzeugs (ausgenommen Kraftrad) mit Fremdzündungsmotor, mit Katalysator und lambdageregelter Gemischaufbereitung und mit On-Board-Diagnosesystem (OBD-System)

3.4.1 Verbinden des Auslesegerätes mit der Diagnoseschnittstelle des Fahrzeugs: Die Lage der Diagnoseschnittstelle muss vom Fahrzeughersteller in den Solldaten angegeben werden.

3.4.2 Sichtprüfung der Kontrollleuchte Motordiagnose auf Vorhandensein und Funktion

3.4.2.1 Zündung einschalten

3.4.2.2 Kontrollleuchte Motordiagnose muss leuchten

3.4.2.3 Ergebnis der Sichtprüfung der Kontrollleuchte Motordiagnose
– nicht in Ordnung (n.i.O.)
– in Ordnung (i.O.)

3.4.2.4 Motor starten und im Leerlauf laufen lassen

3.4.3 Kommunikation Auslesegerät mit Steuergerät herstellen

Das Auslesegerät muss alle nach Richtlinie 70/220/EWG i.d.F. der Richtlinie 2003/76/EG zugelassenen Kommunikationsprotokolle automatisch erkennen.

Das Auslesegerät wählt automatisch (ggf.) den MODUS 09 und dann den MODUS 01 „Istdaten" im OBD-System des Steuergerätes an.

Wenn die Kommunikation beim ersten Mal nicht hergestellt werden kann, darf dieser Vorgang wiederholt werden.

Dazu Zündung ausschalten und Auslesegerät von der Diagnoseschnittstelle trennen, danach ab Nummer 3.4.3 wiederholen.

Wenn die Kommunikation nicht aufgebaut werden kann, muss das Fahrzeug zurückgewiesen werden.

Das Gesamtergebnis der AU ist "nicht bestanden". Auf dem Nachweis ist unter Erläuterungen zu vermerken: "kein Kommunikationsaufbau möglich".

3.4.4 Funktionsprüfung OBD

Kontrolle von abgasrelevanten Systemdaten aus dem OBD-System.

Die nachfolgenden Systemdaten werden vom Auslesegerät automatisch ausgelesen und an das Abgasmessgerät weitergeleitet. Eine Bewertung erfolgt automatisch durch das Abgasmessgerät.

3.4.4.1 OBD-Status
Der OBD-Status gibt an, welches OBD-System eingebaut ist. Eine Bewertung dieser Angabe erfolgt nicht, sie dient nur zur Information.

3.4.4.2 Prüfbereitschaftstests
– auslesen der unterstützten/nicht unterstützten Prüfbereitschaftstests
– auslesen der gesetzten/nicht gesetzten Prüfbereitschaftstests
– Vergleich unterstützte zu gesetzten Prüfbereitschaftstests

Die Prüfbereitschafts-Tests werden als Binärcode dargestellt. Alle unterstützten Tests müssen auf "0" gesetzt sein.

3.4.4.3 Kontrollleuchte Motordiagnose
– Status Kontrollleuchte Motordia-

gnose („aus“ = i.O. / „an“ = n.i.O.)
– Ansteuerung Kontrollleuchte Motordiagnose
Status „aus“:
Kontrollleuchte aus = i.O.;
Kontrollleuchte an = n.i.O.

Status „an“:
Kontrollleuchte an = i.O.;
Kontrollleuchte aus = n.i.O.

Die Bewertung der Ansteuerung wird vom Bediener vorgenommen.

3.4.4.4 Anzahl der im Fehlerspeicher (MODUS 03) abgelegten Fehler
– kein Fehler (Ergebnis = 0): in Ordnung (i.O.)
– Fehler vorhanden (Ergebnis > 0): nicht in Ordnung (n.i.O.)

3.4.4.5 Auslesen des Fehlerspeichers (MODUS 03)
Ist die Anzahl der Fehler nach Nummer 3.4.4.4 ungleich Null, so wird vom Auslesegerät automatisch der MODUS 03 angewählt und die Fehlercodes der abgespeicherten Fehler ausgelesen und an das Abgasmessgerät weitergeleitet.
Ansonsten weiter mit Nummer 3.4.4.6

3.4.4.6 Bewertung und Anzeige der Ergebnisse aus der Funktionsprüfung
1. Status Kontrollleuchte: Motordiagnose i.O./n.i.O.
2. Ansteuerung Kontrollleuchte: Motordiagnose i.O./n.i.O.
3. Anzahl gespeicherter Fehler:
   – kein Fehler i.O.
   – Fehler gespeichert n.i.O. (s. Ziffer 4.)
4. Ggf. Fehlercodes
5. Prüfbereitschaftstests
   – Anzahl der unterstützten Prüfbereitschaftstests = 0 / weiter mit Nr. 3.4.5
   – nicht alle unterstützten durchgeführt / weiter mit Nr. 3.4.5
   – alle unterstützten durchgeführt i.O.

Wenn das Datum der Erstzulassung nach Nummer 3.1.8 ab 01.01.2006 ist und Ziffer 5 mit „i.O.“ bewertet wird, weiter mit Nummer 3.4.7.

3.4.5 Eingabe der Fahrzeug-Soll-Daten

a) wenn Datum der Erstzulassung des Kraftfahrzeugs vor dem 01.01.2006 liegt

oder

b) wenn nicht alle unterstützten Prüfbereitschaftstests gesetzt sind

oder

c) wenn die Anzahl der unterstützten Prüfbereitschaftstests = 0

3.4.5.1 Motortemperatur [°C]
(nach Herstellervorgabe, ansonsten min. 60 °C)

3.4.5.2 Leerlaufdrehzahl [min^{-1}]
(min./max.)

3.4.5.3 Erhöhte Leerlaufdrehzahl [min^{-1}]
(min./max., nach Herstellervorgabe, ansonsten 2500/3000)

3.4.5.4 Wert für Lambda bei erhöhtem Leerlauf im Auspuffendrohr
(min./max. nach Herstellervorgabe, ansonsten Lambda 0,97 bis 1,03)

3.4.5.5 CO-Gehalt im Auspuffendrohr bei erhöhtem Leerlauf [% vol]
(max., nach Herstellervorgabe, ansonsten max. 0,2 % vol)

3.4.5.6 Abgasrelevante Systemdaten, die über die Diagnoseschnittstelle im MODUS 01 ausgelesen werden

3.4.5.6.1 Prüfdrehzahl zur Ermittlung des Signals der Regelsonde(n) [min^{-1}]
(min./max., Leerlaufdrehzahl nach Nummer 3.4.5.2 oder nach Herstellervorgabe)

3.4.5.6.2 Ausführung der Regelsonden
(Sprungsonden „S“ oder Breitbandsonden „B“)

3.4.5.6.3 Sprungsonde(n):
minimal zulässiger Wert für den Spannungshub [V] der Regelsonde(n) bei Prüfdrehzahl
(nach Herstellervorgabe, ansonsten min. 0,3 V)

3.4.5.6.4 Breitbandsonde(n):
- Wert für Lambda bei Prüfdrehzahl (min./max. nach Herstellervorgabe, ansonsten Lambda 0,97/1,03) oder
- Wert der Stromstärke [mA] bei Prüfdrehzahl (min./max. nach Herstellervorgabe) oder
- Wert der Spannung [V] bei Prüfdrehzahl (min./max. nach Herstellervorgabe)

Fehlt eine Herstellervorgabe, gilt der (errechnete) Wert für Lambda.

3.4.6 Abgasprüfung (soweit nach Nummer 3.4.5 erforderlich)

3.4.6.1 Motor und Katalysator auf Betriebstemperatur bringen; sofern vorgegeben, entsprechend den Anleitungen des Fahrzeugherstellers.

Die Motortemperatur und die Motordrehzahl werden über die Diagnoseschnittstelle im MODUS 01 ausgelesen und zum Abgasmessgerät übertragen und dort angezeigt.

Wenn die Motortemperatur und/oder die Motordrehzahl nicht ausgegeben werden, muss das Fahrzeug zurückgewiesen werden. Das Gesamtergebnis der AU ist „nicht bestanden". Auf dem Nachweis ist unter Erläuterungen zu vermerken: „Motortemperatur fehlt" bzw. „Motordrehzahl fehlt".

3.4.6.2 Motortemperatur auslesen und aufnehmen [°C]

3.4.6.3 Istwerte des Kraftfahrzeugs bei erhöhtem Leerlauf ermitteln und aufnehmen. Dazu ist die erhöhte Leerlaufdrehzahl anzufahren und mindestens 30 Sekunden vor der Messung zu halten.

3.4.6.3.1 Erhöhte Leerlaufdrehzahl [min^{-1}]

3.4.6.3.2 Lambda-Wert
Der Wert für Lambda ist nach der in Anlage 2 dieser Richtlinie festgeschriebenen Formel zu errechnen.

3.4.6.3.3 CO-Gehalt im Auspuffendrohr [% vol]

3.4.6.4 Istwerte des Kraftfahrzeugs bei Leerlauf ermitteln und aufnehmen.

3.4.6.4.1 Leerlaufdrehzahl [min^{-1}]
Die Leerlaufdrehzahl ist über 5 Sekunden zu messen und muss sich während dieser Zeit im nach Nummer 3.4.5.2 vorgegebenen Bereich bewegen.

3.4.6.5 Prüfung des/der Signal(es/e) der Regelsonde(n)
Wenn unter Nummer 3.4.4.2 festgestellt wurde, dass nicht alle unterstützen Prüfbereitschaftstests gesetzt sind (Binärcodes = 0), oder wenn keine Prüfbereitschaftstests unterstützt werden, wird als Ergänzungsuntersuchung automatisch das/die Signal(e) der Regelsonde(n) ausgelesen und aufgenommen.
Ansonsten weiter mit Nummer 3.4.6.6.

3.4.6.5.1 Prüfdrehzahl anfahren und halten [min^{-1}]
Die Messzeit beträgt 20 Sekunden

3.4.6.5.2 Istwert(e) der Regelsonde(n) auslesen und aufnehmen

3.4.6.5.2.1 Sprungsonden
- Spannungshub [V]

3.4.6.5.2.2 Breitbandsonden
- Lambdawert [-]
oder
- Spannung [V]
oder
- Stromstärke [mA]

3.4.6.6 Bewertung und Anzeige der Ergebnisse der Abgasprüfung
1. Leerlaufdrehzahl i.O./n.i.O.
2. CO und Lambda bei erhöhtem Leerlauf i.O./n.i.O.
3. Ggf. Prüfdrehzahl i.O./n.i.O.
4. Ggf. Prüfung Signal(e) Regelsonde(n) i.O./n.i.O.

3.4.6.7 Untersuchung abschließen oder ab Nummer 3.4.6 wiederholen

3.4.7 Nachweis erstellen
Der für die Untersuchung Verantwortliche hat nach Abschluss der Untersuchung einen Nachweis auszustellen. Der Nachweis muss die nachfolgenden Angaben enthalten:

3.4.7.1 Datum, Uhrzeit, ausführende Stelle (Namen, Anschrift), Messgerätetyp, AU-Programmversion

3.4.7.2 Fahrzeug-Ident.-Daten

3.4.7.3 Ergebnis der Sichtprüfung Kontrollleuchte Motordiagnose
– nicht in Ordnung (n.i.O.)
– in Ordnung (i.O.)

3.4.7.4 Ergebnis der Funktionsprüfung OBD-System

3.4.7.4.1 OBD-Status

3.4.7.4.2 Status Kontrollleuchte Motordiagnose
– nicht in Ordnung (n.i.O.)
– in Ordnung (i.O.)

3.4.7.4.3 Ansteuerung Kontrollleuchte Motordiagnose
– nicht in Ordnung (n.i.O.)
– in Ordnung (i.O.)

3.4.7.4.4 Anzahl der gespeicherten Fehler
– nicht in Ordnung (n.i.O.)
– in Ordnung (i.O.)

3.4.7.4.5 Ggf. Fehlercodes mit Fehlertexten

3.4.7.4.6 Prüfbereitschaftstests
– Unterstützte und gesetzte Tests als Binärcode (ja: 1/0; nein: 0/1)
– Alle Systemtests durchgeführt (i.O.) /nicht alle Systemtests durchgeführt
– keine Prüfbereitschaftstests unterstützt

3.4.7.5 Ggf. Fahrzeug-Soll-Daten

3.4.7.6 Ggf. Fahrzeug-Ist-Daten

3.4.7.7 Ggf. Ergebnis der Abgasprüfung Soll-Ist-Vergleich (i.O./n.i.O.)

3.4.7.7.1 Ggf. Signal(e) der Regelsonde(n) Soll-Ist-Vergleich (i.O./n.i.O.)

3.4.7.8 Ggf. Abweichungen/Erläuterungen zu einzelnen Punkten (Eingabe nur über Tastatur; handschriftliche Einträge sind nicht zulässig)

3.4.7.9 Gesamtergebnis
– AU bestanden
– AU nicht bestanden

3.4.7.10 Monat, Jahr des Ablaufs der Frist für die nächste AU

3.4.7.11 Unterschrift des für die Untersuchung Verantwortlichen und bei anerkannten Kraftfahrzeugwerkstätten die Kontrollnummer

3.4.8 Bemerkungen zu den Abgasmessgeräten

3.4.8.1 Die verwendeten Abgasmessgeräte müssen den mit der Untersuchung befassten Mitarbeiter durch das Prüfverfahren führen (Bedienerführung).

3.4.8.2 Die Istdaten sind vom Abgasmessgerät automatisch zu ermitteln und aufzunehmen. Eine manuelle Eingabe ist nur für die unter Nummer 3.4.7.8 genannten Abweichungen/Erläuterungen zugelassen. Eine manuelle Befundung (durch die für die Untersuchung verantwortliche Person) ist nur für die Sichtprüfung der Kontrollleuchte Motordiagnose nach Nummer 3.4.2 und für die Prüfung „Ansteuerung Kontrollleuchte Motordiagnose" nach Nummer 3.4.4.3 zugelassen. Die manuellen Eingaben sind durch das AU-Abgasmessgerät im Protokollausdruck kenntlich zu machen.

3.4.8.3 Erfolgt auf die Vorgabe der Bedienerführung nach Aufnahme der Motortemperatur innerhalb von 10 Minuten keine Eingabe oder Reaktion und somit kein Fortschritt im Prüfablauf, hat das Abgasmessgerät die Untersuchung automatisch abzubrechen. Ein gewollter Abbruch der Untersuchung darf nur nach Nummer 3.4.3 (Kommuniktionsaufbau) und Nummer 3.4.6.1 möglich sein. Nach Abbruch der Untersuchung ist der Nachweis mit den bis zum Abbruch erfassten

Daten und der Bemerkung „Untersuchung abgebrochen“ bzw. „kein Kommunikationsaufbau möglich“ oder „Motortemperatur fehlt“ bzw. „Motordrehzahl fehlt“ auszudrucken. In diesem Fall ist das Gesamtergebnis der Prüfung: n.i.O.

3.4.8.4 Die Bedienerführung des Abgasmessgerätes muss die Möglichkeit eröffnen, nach Nummer 3.4.3 eine Wiederholung ab Nummer 3.4.1 und nach Nummer 3.4.6.7 eine Wiederholung ab Nummer 3.4.6.2 zuzulassen.

3.4.8.5 Wird die Kommunikation zwischen Motorsteuergerät und Auslesegerät während der Prüfung unterbrochen und ist ein erneuter Kommunikationsaufbau problemlos möglich, so muss keine Dokumentation (Ausdruck) erfolgen, sondern die Prüfung kann an der Stelle wo sie unterbrochen wurde fortgesetzt werden.

3.4.8.6 Ist kein Auslesegerät an das Abgasmessgerät angeschlossen bzw. findet keine Datenübertragung statt, darf entweder der Prüfablauf nach Nummer 3.4 (OBD – Fahrzeuge) nicht aktiviert werden können oder es muss die Meldung „kein Diagnosegerät angeschlossen“ bzw. „keine Verbindung“ erfolgen.

3.4.8.7 Außerhalb des AU-Ablaufes können die Auslesegeräte auch für allgemeine Diagnosefunktionen genutzt werden. Innerhalb des Ablaufes müssen diese Funktionen jedoch gesperrt sein.

3.5 Untersuchung eines Kraftfahrzeugs (ausgenommen Kraftrad) mit Kompressionszündungsmotor

3.5.1 Eingabe der Fahrzeug-Soll-Daten

3.5.1.1 Motortemperatur [°C]
(nach Herstellervorgabe ansonsten min. 60 °C Öltemperatur)

3.5.1.2 Leerlaufdrehzahl [min^{-1}]
(min./max.)

3.5.1.3 Abregeldrehzahl [min^{-1}]
(min./max.)

3.5.1.4 Länge des Messzeitanteils t_x [s]
nach Erreichen der Abregeldrehzahl entsprechend der Anlage 3 festlegen. (Nach Herstellerangabe, ansonsten min. 0,5 s; max. 2,0 s)

3.5.1.5 Messmodus (A oder B)
(Verwendung nach Herstellervorgabe ansonsten Messmodus B)
Erläuterung :
- Messmodus A:
  Das Abgasmessgerät muss innerhalb der Eichfehlergrenzen den gleichen Trübungswert anzeigen wie ein Abgasmessgerät, dessen Küvette 430 mm lang ist und dessen elektrischer Messkreis eine Zeitkonstante von weniger als 0,05 s besitzt.
- Messmodus B:
  Das Abgasmessgerät muss innerhalb der Eichfehlergrenze den gleichen Trübungswert anzeigen wie ein Abgasmessgerät, dessen Küvette 430 mm lang ist und dessen elektrischer Messkreis eine Zeitkonstante in Anlehnung an die Richtlinie 72/306/EWG (ABL. Nr. L 190 vom 20. August 1972 S.1), zuletzt geändert durch Richtlinie 97/20/EG (ABI Nr. L 125 vom 16. Mai 1997 S. 21), von 0,9 s bis 1,1 s besitzt.

3.5.1.6 Sonde 1 oder 2
(Verwendung entsprechend nachfolgender Erläuterung oder bei Auspuffendrohren mit einem Durchmesser von 60–80 mm nach Herstellervorgabe)

Erläuterungen:
- Sonde 1:
  Innendurchmesser 10 mm für Auspuffendrohre bis 70 mm Durchmesser;
- Sonde 2:
  Innendurchmesser 27 mm für Auspuffendrohre größer 70 mm Durchmesser.

3.5.1.7 Trübungswert [m^{-1}]
(nach Herstellervorgabe, ansonsten
– für Kraftfahrzeuge, die vor dem 01. Oktober 2006 erstmals in den Verkehr gebracht worden sind: max. 2,5 m^{-1} bezogen auf Messmodus B;
– für Kraftfahrzeuge, die ab dem 01. Oktober 2006 erstmals in den Verkehr gebracht werden: max. 1,5 m^{-1} bezogen auf Messmodus B.)

3.5.1.8 Messzeit für die Ermittlung der Abregeldrehzahl (Nummer 3.5.4.3) (nach Herstellervorgabe, min. 1 s/ max. 5 s, ansonsten 5 s)

3.5.2 Sichtprüfung „schadstoffrelevante Bauteile“ (soweit nach Nummer 1.1.6 erforderlich)

3.5.2.1 Prüfung der schadstoffrelevanten Bauteile einschließlich Auspuffanlage auf Vorhandensein, Vollständigkeit, Dichtheit und auf Beschädigung, soweit ohne Demontage sichtbar.
Dazu gehören insbesondere Luftfilter, Abgasrückführungssysteme, Abgasnachbehandlungssysteme sowie Sensoren und Stellgliederleitungen.

3.5.2.2 Prüfung des Volllastanschlags der Einspritzpumpe bei durchgetretenem Fahrpedal, soweit durchführbar.

3.5.2.3 Ergebnis der Sichtprüfung „schadstoffrelevante Bauteile“ (soweit nach Nummer 1.1.6 erforderlich)
– nicht in Ordnung
– in Ordnung

3.5.3 Motor und – sofern vorhanden – Abgasreinigungssysteme auf Betriebstemperatur bringen; sofern vorgegeben, entsprechend den Anleitungen des Fahrzeugherstellers vorgehen.

3.5.4 Erfassen der Istwerte und Kontrolle auf Übereinstimmung mit den vorgegebenen Sollwerten.

3.5.4.1 Motortemperatur ermitteln und aufnehmen. [°C]

3.5.4.2 Leerlaufdrehzahl ermitteln und aufnehmen. [min^{-1}]

3.5.4.3 Abregeldrehzahl ermitteln und aufnehmen. [min^{-1}]

3.5.4.4 Freie Beschleunigung durchführen, Istwerte erfassen und aufnehmen.

3.5.4.4.1 Leerlaufdrehzahl [min^{-1}]
– mindestens 15 s halten –

3.5.4.4.2 Fahrpedal schnell (in weniger als 1 Sekunde) und anhaltend, jedoch nicht gewaltsam, vollständig betätigen und halten; t_H entsprechend der Bestimmung nach Anlage 3.

3.5.4.4.3 Beschleunigungszeit t_B entsprechend der Bestimmung nach Anlage 3 [s]
Die Beurteilung von t_B erfolgt durch den Bediener. Falls keine Herstellervorgaben vorliegen:
– $t_B \leq 2,0$ s mit einer maximalen Bandbreite von 0,5 s (zul. Gesamtmasse ≤ 3,5 Tonnen)
– $t_B \leq 4,0$ s mit einer maximalen Bandbreite von 0,5 s (zul. Gesamtmasse > 3,5 Tonnen)

3.5.4.4.4 Abregeldrehzahl [min^{-1}]

3.5.4.4.5 Spitzenwert der Rauchgastrübung [m^{-1}]

3.5.4.5 Freie Beschleunigung nach Nummer 3.5.4.4 mindestens noch 3mal wiederholen;

3.5.4.6 Bandbreite der Spitzenwerte der Rauchgastrübung bei in etwa gleicher t_B für die letzten Einzelmessungen innerhalb von
0,5 m^{-1} bei Trübungskoeffizienten ≤ 2,5 m^{-1};
0,7 m^{-1} bei Trübungskoeffizienten > 2,5 m^{-1}.
– Ja: Untersuchung abschließen.
– Nein: Untersuchung abschließen oder weitere freie Beschleunigung nach Nummer 3.5.4.4 durchführen.

3.5.5 Prüfbescheinigung/Nachweis erstellen

Der für die Untersuchung Verantwortliche hat nach Abschluss der Abgasuntersuchung eine Prüfbescheinigung/einen Nachweis auszustellen. Die Prüfbescheinigung/der Nachweis muss die nachfolgenden Angaben enthalten:

3.5.5.1 Datum, Uhrzeit, ausführende Stelle (Name, Anschrift), Messgerätetyp, AU-Programmversion

3.5.5.2 Fahrzeug-Ident.-Daten

3.5.5.3 Fahrzeug-Soll-Daten

3.5.5.4 Fahrzeug-Ist-Daten

3.5.5.5 Ergebnis der Sichtprüfung „schadstoffrelevante Bauteile“
(soweit nach Nummer 1.1.6 erforderlich)
– nicht in Ordnung (n.i.O.)
– in Ordnung (i.O.)

3.5.5.6 Ergebnis der Einzelmessungen der 3 letzten durchgeführten freien Beschleunigungen ausweisen und vergleichen
– nicht in Ordnung (n.i.O.)
– in Ordnung (i.O.)

3.5.5.6.1 Leerlaufdrehzahlen

3.5.5.6.2 Abregeldrehzahlen

3.5.5.6.3 Beschleunigungszeiten

3.5.5.6.4 Spitzenwerte der Rauchgastrübung

3.5.5.6.5 Ergebnis der Trübungsbandbreite nach Nummer 3.5.4.6

3.5.5.6.6 Ergebnis des arithmetischen Mittelwertes der 3 letzten Spitzenwerte der Rauchgastrübung

3.5.5.7 Ggf. Abweichungen/Erläuterungen zu den einzelnen Punkten

3.5.5.8 Gesamtergebnis
– AU bestanden
– AU nicht bestanden

3.5.5.9 Monat, Jahr des Ablaufs der Frist für die nächste AU

3.5.5.10 Unterschrift des für die Untersuchung Verantwortlichen und bei anerkannten Kraftfahrzeugwerkstätten die Kontrollnummer.

3.5.6 Bemerkungen zu den Abgasmessgeräten

3.5.6.1 Die verwendeten Abgasmessgeräte müssen den mit der Untersuchung befassten Mitarbeiter durch das Prüfverfahren führen (Bedienerführung).

3.5.6.2 Die Istdaten sind vom Abgasmessgerät in der Regel automatisch zu ermitteln und aufzunehmen. Sofern dies entsprechend Nummer 1.2.7 nicht möglich ist, darf eine manuelle Eingabe des entsprechenden Istwertes erfolgen. Die Eingabe ist durch das Abgasmessgerät auf der Prüfbescheinigung/dem Nachweis kenntlich zu machen.

3.5.6.3 Erfolgt auf die Vorgabe der Bedienerführung nach Aufnahme der Motortemperatur innerhalb von 10 Minuten keine Eingabe oder Reaktion und somit kein Fortschritt im Prüfablauf, hat das Abgasmessgerät die Untersuchung automatisch abzubrechen. Ein gewollter Abbruch der Untersuchung muss darüber hinaus jederzeit möglich sein. Nach Abbruch der Untersuchung ist die Prüfbescheinigung/der Nachweis mit den bis zum Abbruch erfassten Daten und der Bemerkung "Untersuchung abgebrochen" auszudrucken.

3.5.6.4 Die Bedienerführung des Abgasmessgerätes muss die Möglichkeit eröffnen, nach den Untersuchungsschritten Nummer 3.5.4.2 und Nummer 3.5.4.3 eine Wiederholung des jeweiligen Untersuchungsschrittes zuzulassen.

3.6 Untersuchung eines Kraftfahrzeugs (ausgenommen Kraftrad) mit Kompressionszündungsmotor und mit On-Board-Diagnosesystem (OBD) nach Richtlinie 70/220/EWG.

3.6.1 Verbinden des Auslesegerätes mit der Diagnoseschnittstelle des Fahrzeugs; die Lage der Diagnoseschnittstelle muss vom Fahrzeughersteller in den Solldaten angegeben werden.

3.6.2 Sichtprüfung der Kontrollleuchte Motordiagnose auf Vorhandensein und Funktion

3.6.2.1 Zündung einschalten

3.6.2.2 Kontrollleuchte Motordiagnose muss leuchten

3.6.2.3 Ergebnis der Sichtprüfung der Kontrollleuchte Motordiagnose
- nicht in Ordnung (n.i.O.)
- in Ordnung (i.O.)

3.6.2.4 Motor starten und im Leerlauf laufen lassen

3.6.3 Kommunikation Auslesegerät mit Steuergerät herstellen
Das Auslesegerät muss alle nach Richtlinie 70/220/EWG i.d.F. der Richtlinie 2003/76/EG zugelassenen Kommunikationsprotokolle automatisch erkennen.
Das Auslesegerät wählt automatisch (ggf.) MODUS 09 und dann den MODUS 01 „Istdaten" im OBD-System des Steuergerätes an.
Wenn die Kommunikation beim ersten Mal nicht hergestellt werden kann, darf dieser Vorgang wiederholt werden.
Dazu Zündung ausschalten und Auslesegerät von der Diagnoseschnittstelle trennen, danach ab Nummer 3.6.3 wiederholen.
Wenn die Kommunikation nicht aufgebaut werden kann, muss das Fahrzeug zurückgewiesen werden.
Das Gesamtergebnis der AU ist „nicht bestanden". Auf dem Nachweis ist unter Erläuterungen zu vermerken: „kein Kommunikationsaufbau möglich".

3.6.4 Funktionsprüfung OBD-System
Kontrolle von abgasrelevanten Systemdaten aus dem OBD-System.
Die nachfolgenden Systemdaten werden vom Auslesegerät automatisch ausgelesen und an das Abgasmessgerät weitergeleitet. Eine Bewertung erfolgt automatisch durch das Abgasmessgerät.

3.6.4.1 OBD-Status
Der OBD-Status gibt an, welches OBD-System eingebaut ist. Eine Bewertung dieser Angabe erfolgt nicht, sie dient nur zur Information.

3.6.4.2 Prüfbereitschaftstests
- auslesen der unterstützten/nicht unterstützten Prüfbereitschaftstests
- auslesen der gesetzten/nicht gesetzten Prüfbereitschaftstests
- Vergleich unterstützte zu gesetzte Prüfbereitschaftstests

Die Prüfbereitschaftstests werden als Binärcode dargestellt. Alle unterstützten Tests müssen auf „0" gesetzt sein.

3.6.4.3 Kontrollleuchte Motordiagnose
- Status Kontrollleuchte Motordiagnose
(„aus" = i.O. / „an" = n.i.O.)
- Ansteuerung Kontrollleuchte Motordiagnose
Status „aus":
Kontrollleuchte aus = i.O.:
Kontrollleuchte an = n.i.O.
Status „an":
Kontrollleuchte an = i.O.:
Kontrollleuchte aus = n.i.O.

Die Bewertung der Ansteuerung wird vom Bediener vorgenommen.

3.6.4.4 Anzahl der im Fehlerspeicher (MODUS 01) abgelegten Fehler
- kein Fehler
(Ergebnis = 0):
in Ordnung (i.O.)
- Fehler vorhanden
(Ergebnis > 0):
nicht in Ordnung (n.i.O.)

3.6.4.5 Auslesen des Fehlerspeichers (MODUS 03)
Ist die Anzahl der Fehler (Nummer 3.6.4.4) ungleich Null, so wird vom Auslesegerät automatisch der MODUS 03 angewählt und die Fehlercodes der abgespeicherten Fehler ausgelesen und an das Abgasmessgerät weitergeleitet.

Ansonsten weiter mit Nummer 3.6.4.6

3.6.4.6 Bewertung und Anzeige der Ergebnisse aus der Funktionsprüfung

1. Status Kontrollleuchte Motordiagnose i.O./n.i.O.
2. Ansteuerung Kontrollleuchte Motordiagnose i.O./n.i.O.
3. Anzahl gespeicherter Fehler:
   - kein Fehler i.O.
   - Fehler gespeichert n.i.O. (s. Ziffer 4)
4. Ggf. Fehlercodes
5. Prüfbereitschaftstests
   - Anzahl der unterstützten Prüfbereitschaftstests = 0

   weiter mit Nr. 3.6.5
   - nicht alle unterstützten durchgeführt

   weiter mit Nr. 3.6.5
   - alle unterstützten durchgeführt i.O.

Wenn das Datum der Erstzulassung nach Nummer 3.1.8 ab 01.01.2006 ist und Ziffer 5 mit „i.O." bewertet wird, weiter mit Nummer 3.6.7.

3.6.5 Eingabe der Fahrzeug-Soll-Daten

a) wenn Datum der Erstzulassung des Kraftfahrzeugs vor dem 01.01.2006 liegt

oder:

b) wenn nicht alle unterstützten Prüfbereitschaftstests gesetzt sind

oder:

c) wenn die Anzahl der unterstützten Prüfbereitschaftstests = 0

3.6.5.1 Motortemperatur [°C] (nach Herstellervorgabe, ansonsten min. 60 °C)

3.6.5.2 Leerlaufdrehzahl [min^{-1}] (min./max.)

3.6.5.3 Abregeldrehzahl [min^{-1}] (min./max.)

3.6.5.4 Länge des Messzeitanteils t_x [s] nach Erreichen der Abregeldrehzahl entsprechend der Anlage 3 festlegen. (Nach Herstellervorgabe, ansonsten min. 0,5 s; max. 2,0 s)

3.6.5.5 Messmodus A oder B (Verwendung nach Herstellervorgabe ansonsten Messmodus B)

Erläuterung:
- Messmodus A:

  Das Abgasmessgerät muss innerhalb der Eichfehlergrenzen den gleichen Trübungswert anzeigen wie ein Abgasmessgerät, dessen Küvette 430 mm lang ist und dessen elektrischer Messkreis eine Zeitkonstante von weniger als 0,05 s besitzt.
- Messmodus B:

  Das Abgasmessgerät muss innerhalb der Eichfehlergrenze den gleichen Trübungswert anzeigen wie ein Abgasmessgerät, dessen Küvette 430 mm lang ist und dessen elektrischer Messkreis eine Zeitkonstante in Anlehnung an die Richtlinie 72/306/EWG (ABL. Nr. L 190 vom 20. August 1972 S.1) zuletzt geändert durch Richtlinie 97/20/EG (ABI Nr. L 125 vom 16. Mai 1997 S. 21) von 0,9 s bis 1,1 s besitzt.

3.6.5.6 Sonde 1 oder 2 (Verwendung entsprechend nachfolgender Erläuterung oder bei Auspuffendrohren mit einem Durchmesser von 60–80 mm nach Herstellervorgabe)

Erläuterungen:
- Sonde 1:

  Innendurchmesser 10 mm für Auspuffendrohre bis 70 mm Durchmesser;
- Sonde 2:

  Innendurchmesser 27 mm für Auspuffendrohre größer 70 mm Durchmesser.

3.6.5.7 Trübungswert [m^{-1}] (nach Herstellervorgabe, ansonsten
- für Kraftfahrzeuge, die vor dem 1. Oktober 2006 erstmals in den Verkehr gebracht worden sind max. 2,5 m^{-1}, bezogen auf Messmodus B;

– für Kraftfahrzeuge, die ab dem 1. Oktober 2006 erstmals in den Verkehr gebracht werden 1,5 m^{-1}, bezogen auf Messmodus B)

3.6.5.8 Messzeit für die Ermittlung der Abregeldrehzahl (3.6.5.3)
(nach Herstellervorgabe, min. 1 s/ max. 5 s, ansonsten 5 s)

3.6.5.9 Beschleunigungszeit t_B [s]
(nach Herstellervorgabe, ansonsten:
– $t_B \leq 2{,}0$ s mit einer maximalen Bandbreite von 0,5 s)
(zul. Gesamtmasse ≤ 3,5 Tonnen)
– $t_B \leq 4{,}0$ s mit einer maximalen Bandbreite von 0,5 s
(zul. Gesamtmasse > 3,5 Tonnen)

3.6.6 Abgasprüfung (soweit nach Nummer 3.6.5 erforderlich)

3.6.6.1 Motor und Abgasreinigungssysteme auf Betriebstemperatur bringen; sofern vorgegeben, entsprechend den Anleitungen des Fahrzeugherstellers.

Die Motortemperatur und die Motordrehzahl werden über die Diagnoseschnittstelle im MODUS 01 ausgelesen und zum Abgasmessgerät übertragen und dort angezeigt.
Wenn die Motortemperatur und/oder die Motordrehzahl nicht ausgegeben werden, muss das Fahrzeug zurückgewiesen werden. Das Gesamtergebnis der AU ist „nicht bestanden". Auf dem Nachweis ist unter Erläuterungen zu vermerken: „Motortemperatur fehlt" bzw. „Motordrehzahl fehlt".

3.6.6.2 Motortemperatur auslesen und aufnehmen. [°C]

3.6.6.3 Leerlaufdrehzahl auslesen und aufnehmen. [min^{-1}]

3.6.6.4 Abregeldrehzahl auslesen und aufnehmen. [min^{-1}]

3.6.6.5 Freie Beschleunigung durchführen, Istwerte ermitteln und aufnehmen.

3.6.6.5.1 Leerlaufdrehzahl [min^{-1}]
– mindestens 15 s halten -

3.6.6.5.2 Fahrpedal schnell (in weniger als 1 Sekunde) und anhaltend, jedoch nicht gewaltsam, vollständig betätigen und halten; t_H entsprechend der Bestimmung nach Anlage 3.

3.6.6.5.3 Beschleunigungszeit t_B [s]
entsprechend der Bestimmung nach Anlage 3.
Die Beurteilung von t_B erfolgt:
– bei Fahrzeugen mit Erstzulassung bis 01.01.2006 durch den Bediener
– bei Fahrzeugen mit Erstzulassung ab 01.01.2006 durch das Abgasmessgerät

3.6.6.5.4 Abregeldrehzahl [min^{-1}]

3.6.6.5.5 Spitzenwert der Rauchgastrübung [m^{-1}]

3.6.6.6 Freie Beschleunigung nach 3.6.6.5 mindestens noch 3 mal wiederholen;

3.6.6.7 Bandbreite der Spitzenwerte der Rauchgastrübung bei nach Nummer 3.6.5.9 vorgegebener t_B für die 3 letzten Einzelmessungen innerhalb von
0,5 m^{-1} bei Trübungskoeffizienten ≤ 2,5 m^{-1};
0,7 m^{-1} bei Trübungskoeffizienten > 2,5 m^{-1}.
– Ja: Untersuchung abschließen.
– Nein: Untersuchung abschließen oder weitere freie Beschleunigung nach Nummer 3.6.6.5 durchführen.

3.6.6.8 Bewertung und Anzeige der Ergebnisse der Abgasprüfung
1. Leerlaufdrehzahl i.O./n.i.O.
2. Abregeldrehzahl i.O./n.i.O.
3. Freie Beschleunigung i.O./n.i.O.
4. Bandbreite der Spitzenwerte der Rauchgastrübung i.O./n.i.O.
5. Beschleunigungs-Zeiten i.O./n.i.O.*

3.6.6.9 Untersuchung abschließen oder ab Nummer 3.6.6 wiederholen

3.6.7 Nachweis erstellen
Der für die Untersuchung Verant-

* nur für Fahrzeuge mit Erstzulassung ab 01.01.2006

wortliche hat nach Abschluss der AU einen Nachweis auszustellen. Der Nachweis muss die nachfolgenden Angaben enthalten:

3.6.7.1 Datum, Uhrzeit, ausführende Stelle (Name, Anschrift), Messgerätetyp, AU-Programmversion

3.6.7.2 Fahrzeug-Ident.-Daten

3.6.7.3 Ergebnis der Sichtprüfung Kontrollleuchte Motordiagnose
– nicht in Ordnung (n.i.O.)
– in Ordnung (i.O.)

3.6.7.4 Ergebnis der Funktionsprüfung OBD-System

3.6.7.4.1 OBD-Status

3.6.7.4.2 Status Kontrollleuchte Motordiagnose
– nicht in Ordnung (n.i.O.)
– in Ordnung (i.O.)

3.6.7.4.3 Ansteuerung Kontrollleuchte Motordiagnose
– nicht in Ordnung (n.i.O.)
– in Ordnung (i.O.)

3.6.7.4.4 Anzahl der gespeicherten Fehler
– nicht in Ordnung (n.i.O.)
– in Ordnung (i.O.)

3.6.7.4.5 Ggf. Fehlercodes mit Fehlertexten

3.6.7.4.6 Prüfbereitschaftstests
– Unterstützte und gesetzte Tests als Binärcode (ja:1/0; nein:0/1)
– Alle Systemtests durchgeführt (i.O.) / nicht alle Systemtests durchgeführt
– keine Prüfbereitschaftstests unterstützt

3.6.7.5 Ggf. Fahrzeug-Soll-Daten

3.6.7.6 Ggf. Fahrzeug-Ist-Daten

3.6.7.7 Ggf. Ergebnis der Einzelmessungen der 3 letzten durchgeführten freien Beschleunigungen ausweisen und vergleichen
– nicht in Ordnung (n.i.O.)
– in Ordnung (i.O.)

3.6.7.7.1 Leerlaufdrehzahlen

3.6.7.7.2 Abregeldrehzahlen

3.6.7.7.3 Beschleunigungszeiten

3.6.7.7.4 Ergebnis der Beschleunigungszeit nach Nummer 3.6.6.5.3 und Bandbreite nach Nummer 3.6.6.7

3.6.7.7.5 Spitzenwerte der Rauchgastrübung

3.6.7.7.6 Ergebnis der Trübungsbandbreite nach Nummer 3.6.6.7

3.6.7.7.7 Ergebnis des arithmetischen Mittelwertes der 3 letzten Spitzenwerte der Rauchgastrübung

3.6.7.8 Ggf. Ergebnis der Abgasprüfung Soll-/Ist-Vergleich (i.O./n.i.O.)

3.6.7.9 Ggf. Abweichungen/Erläuterungen zu den einzelnen Punkten (Eingabe nur über Tastatur; handschriftliche Einträge sind nicht zulässig)

3.6.7.10 Gesamtergebnis
– AU bestanden
– AU nicht bestanden

3.6.7.11 Monat, Jahr des Ablaufs der Frist für die nächste AU

3.6.7.12 Unterschrift des für die Untersuchung Verantwortlichen und bei anerkannten Kraftfahrzeugwerkstätten die Kontrollnummer.

3.6.8 Bemerkungen zu den Abgasmessgeräten

3.6.8.1 Die verwendeten Abgasmessgeräte müssen den mit der Untersuchung befassten Mitarbeiter durch das Prüfverfahren führen (Bedienerführung).

3.6.8.2 Die Istdaten sind vom Abgasmessgerät automatisch zu ermitteln und aufzunehmen. Eine manuelle Eingabe ist nur für die unter Nummer 3.6.7.9 genannten Abweichungen/Erläuterungen zugelassen. Eine manuelle Befundung (durch die für die Untersuchung verantwortliche Person) ist nur für die Sichtprüfung der Kontrollleuchte Motordiagnose nach Nummer 3.6.2 und für die Prüfung

„Ansteuerung Kontrollleuchte Motordiagnose“ nach Nummer 3.6.4.3 zugelassen. Die manuellen Eingaben sind durch das Abgasmessgerät im Protokollausdruck kenntlich zu machen.

3.6.8.3 Erfolgt auf eine Vorgabe der Bedienerführung nach Aufnahme der Motortemperatur innerhalb von 10 Minuten keine Eingabe oder Reaktion und somit kein Fortschritt im Prüfablauf, hat das Abgasmessgerät die Untersuchung automatisch abzubrechen. Ein gewollter Abbruch der Untersuchung darf nur nach Nummer 3.6.3 (Kommuniktionsaufbau) und Nummer 3.6.6.1 möglich sein. Nach Abbruch der Untersuchung ist der Nachweis mit den bis zum Abbruch erfassten Daten und der Bemerkung „Untersuchung abgebrochen“ bzw. „kein Kommunikationsaufbau möglich“ oder „Motortemperatur fehlt“ bzw. „Motordrehzahl fehlt“ auszudrucken.

In diesem Fall ist das Gesamtergebnis der Prüfung: n.i.O.

3.6.8.4 Die Bedienerführung des Abgasmessgerätes muss die Möglichkeit eröffnen, nach Nummer 3.6.3 eine Wiederholung ab Nummer 3.6.1, und nach Nummer 3.6.6.9 eine Wiederholung ab Nummer 3.6.6.2 zuzulassen.

3.6.8.5 Wird die Kommunikation zwischen Motorsteuergerät und Auslesegerät während der Prüfung unterbrochen und ist ein erneuter Kommunikationsaufbau problemlos möglich, so muss keine Dokumentation (Ausdruck) erfolgen, sondern die Prüfung kann an der Stelle, wo sie unterbrochen wurde, automatisch fortgesetzt werden.

3.6.8.6 Ist kein Auslesegerät an das Abgasmessgerät angeschlossen bzw. findet keine Datenübertragung statt, darf entweder der Prüfablauf nach Nummer 3.6 (OBD-Fahrzeuge) nicht aktiviert werden können, oder es muss die Meldung „Kein Diagnosegerät angeschlossen bzw. keine Verbindung“ erfolgen.

3.6.8.7 Außerhalb des AU-Ablaufes können die Auslesegeräte auch für allgemeine Diagnosefunktionen genutzt werden. Innerhalb des AU-Ablaufes müssen diese Funktionen jedoch gesperrt sein.

3.7 Untersuchung eines Kraftfahrzeugs (ausgenommen Kraftrad) mit Fremd- oder Kompressionszündungsmotor und alternativem Antrieb oder Kraftstoff

3.7.1 monovalent, gasförmiger Kraftstoff (z.B. Erdgas, LPG, Wasserstoff)

3.7.1.1 Eingabe der Fahrzeug-Soll-Daten (nach Herstellervorgaben)

3.7.1.2 Sichtprüfung „schadstoffrelevante Bauteile“
(soweit nach Nummer 1.1.6 erforderlich)

3.7.1.2 .1 Prüfung der schadstoffrelevanten Bauteile einschließlich Auspuffanlage auf Vorhandensein, Vollständigkeit, Dichtheit und auf Beschädigung, soweit ohne Demontage sichtbar.

3.7.1.2.2 Ergebnis der Sichtprüfung „schadstoffrelevante Bauteile“
(soweit nach Nummer 1.1.6 erforderlich)
– nicht in Ordnung
– in Ordnung

3.7.1.3 Motor und ggf. Katalysator auf Betriebstemperatur bringen;
sofern vorgegeben, entsprechend den Anleitungen des Fahrzeugherstellers

3.7.1.4 Funktionsprüfung
Kontrolle der schadstoffrelevanten Einstelldaten auf Einhaltung der vom Fahrzeughersteller für das Kraftfahrzeug anzugebenden Sollwerte nach den Anleitungen
– des Fahrzeugherstellers entsprechend Nummer 3.2, 3.3 oder 3.4 oder

– des Systemherstellers

3.7.1.4.1 Istwerte des Kraftfahrzeugs entsprechend den in Nummer 3.7.1.1 vorgegebenen Sollwerten ermitteln und aufnehmen

3.7.1.4.2 Sofern für ein ab dem
– 01.01.1993 der Fahrzeugklasse M_1 oder
– 01.10.1994 der Fahrzeugklasse M_1 > 2,5 t zGM oder N_1
erstmals in den Verkehr gebrachtes Kraftfahrzeug vom Hersteller kein(e) Sollwert(e) für den CO-Gehalt im Leerlauf und/oder erhöhten Leerlauf vorgegeben ist/sind darf der CO-Gehalt im Auspuffendrohr bei Leerlauf den Wert von 0,5 % vol bzw. 0,3 % vol entsprechend Nummer 3.3.1.4 und bei erhöhtem Leerlauf (min. 2500/max. 3000 [min^{-1}]) den Wert von 0,3 % vol bzw. 0,2 % vol entsprechend Nummer 3.3.1.7 nicht übersteigen. Ansonsten darf der Wert für den CO-Gehalt 3,5 % vol nicht übersteigen.

3.7.1.4.3 AU abschließen oder ab Nummer 3.7.1.3 wiederholen

3.7.1.5 Prüfbescheinigung/Nachweis erstellen.
Der für die Untersuchung Verantwortliche hat nach Abschluss der AU eine Prüfbescheinigung/einen Nachweis auszustellen. Die Prüfbescheinigung/der Nachweis muss die nachfolgenden Angaben enthalten:

3.7.1.5.1 Datum, Uhrzeit, ausführende Stelle (Name, Anschrift), Messgerätetyp, AU-Programmversion

3.7.1.5.2 Fahrzeug-Ident.-Daten

3.7.1.5.3 Fahrzeug-Soll-Daten

3.7.1.5.4 Fahrzeug-Ist-Daten

3.7.1.5.5 Ergebnis der Sichtprüfung schadstoffrelevante Bauteile
(soweit nach Nummer 1.1.6 erforderlich)
– nicht in Ordnung (n.i.O.)
– in Ordnung (i.O.)

3.7.1.5.6 Ergebnis der Einzelprüfungen Soll-Ist-Vergleich (i.O / n.i.O.)

3.7.1.5.7 Ggf. Abweichungen/Erläuterungen zu den einzelnen Punkten (Benennung der verwendeten Messgeräte)

3.7.1.5.8 Gesamtergebnis
– AU bestanden;
– AU nicht bestanden

3.7.1.5.9 Monat, Jahr des Ablaufs der Frist für die nächste AU

3.7.1.5.10 Unterschrift des für die Untersuchung Verantwortlichen und bei anerkannten Kraftfahrzeugwerkstätten die Kontrollnummer

3.7.2 bivalent

3.7.2.1 gasförmiger Kraftstoff / Ottokraftstoff oder

3.7.2.2 gasförmiger Kraftstoff / Kraftstoff für Kompressionszündungsmotoren oder

3.7.2.3 Elektroantrieb/Verbrennungsantrieb

3.7.3 Die AU an den in Nummer 3.7.2 beschriebenen Kraftfahrzeugen ist durchzuführen

3.7.3.1 nur im Betrieb mit Ottokraftstoff nach dem entsprechenden, in Nummer 3.2, 3.3 oder 3.4 beschriebenen Verfahren oder

3.7.3.2 nur im Betrieb mit Kraftstoff für Kompressionszündungsmotoren nach dem in Nummer 3.5 oder 3.6 beschriebenen Verfahren oder

3.7.3.3 entsprechend dem vom Fahrzeug- oder Systemhersteller vorgegebenen Verfahren in Anlehnung an den Ablauf nach Nummer 3.7.1.

3.8 Untersuchung eines Kraftrads mit Fremdzündungsmotor ohne Katalysator oder mit Katalysator, jedoch ohne lambdageregelte Gemischaufbereitung

3.8.1 Eingabe/Erfassen der Fahrzeug-Soll-Daten

3.8.1.1 Motortemperatur [°C] (nach Herstellervorgaben, ansonsten mindestens 60 °C)

3.8.1.2 Leerlaufdrehzahl [min^{-1}] (min/max.)

3.8.1.3 CO-Gehalt im Auspuffendrohr bei Leerlauf [% vol] (nach Herstellerangabe, ansonsten ≤ 4,5 % vol)

3.8.2 Motor auf Betriebstemperatur bringen; darauf achten, dass bei luftgekühltem Motor dieser nicht überhitzt wird; sofern vorgegeben, Konditionierung entsprechend den Vorgaben des Fahrzeugherstellers.

3.8.3 Funktionsprüfung
Kontrolle der schadstoffrelevanten Einstelldaten auf Einhaltung der vom Fahrzeughersteller für das Kraftrad vorgegebenen Sollwerte nach den Anleitungen des Fahrzeugherstellers.

3.8.3.1 Motortemperatur ermitteln und aufnehmen [°C]

3.8.3.2 Istwerte des Kraftrades bei Leerlauf über Abgasmessgerät und mittels externem Messgerät oder bordeigenem Drehzahlmesser ermitteln und aufnehmen.

3.8.3.2.1 Leerlaufdrehzahl [min^{-1}]

3.8.3.2.2 CO-Gehalt im Auspuffendrohr [% vol]

3.8.4 Untersuchung abschließen oder ab Nummer 3.8.2 wiederholen

3.8.5 Nachweis erstellen
Der für die Untersuchung Verantwortliche hat nach Abschluss der Abgasuntersuchung einen Nachweis auszustellen. Der Nachweis muss die nachfolgenden Angaben enthalten:

3.8.5.1 Datum, Uhrzeit, ausführende Stelle (Name, Anschrift)

3.8.5.2 Fahrzeug-Ident.-Daten

3.8.5.3 Fahrzeug-Soll-Daten

3.8.5.4 Fahrzeug-Ist-Daten

3.8.5.5 Ergebnis der Abgasprüfung Soll-Ist-Vergleich (i.O./n.i.O.)

3.8.5.6 Ggf. Abweichungen/Erläuterungen zu den einzelnen Punkten

3.8.5.7 Gesamtergebnis
– AU bestanden
– AU nicht bestanden

3.8.5.8 Monat, Jahr des Ablaufs der Frist für die nächste AU

3.8.5.9 Unterschrift des für die Untersuchung Verantwortlichen und bei anerkannten Kraftfahrzeugwerkstätten die Kontrollnummer

3.8.6 Bemerkungen zu den Abgasmessgeräten

3.8.6.1 Eine wichtige Voraussetzung für eine wiederholbare und reproduzierbare Messung der CO-Konzentration ist die richtige Entnahme der Motorabgase. Bedingt durch die im Allgemeinen relativ kurzen Auspuffanlagen und damit fehlender Beruhigungsstrecken für den Abgasstrom, kann bei Krafträdern das Motorabgas je nach Auspuffführung und Motorkonzept am Austritt des Endschalldämpfers sehr stark pulsieren. Bei Krafträdern mit Ein- oder Zweizylindermotor und/oder mit großem Hubraum kann dieser Effekt durch Schwingungen der Motorabgase mit großer Amplitude besonders stark sein.

3.8.6.2 Wird bei der AU an Krafträdern das Abgas direkt aus dem Endrohr des Schalldämpfers entnommen, kommt es konstruktionsbedingt daher unter Umständen zu einer Vermischung der Motorabgase mit Umgebungsluft. Der gemessene CO-Wert weicht u.U. vom tatsächlichen Wert stark ab; die gemessene CO-Konzentration ist zu niedrig. Deutlich erkennbar ist dies an einem hohen O_2-Anteil infolge von hohem Luftanteil im Bereich des Endrohrs (z.B. mit 4-Gas-Messgeräten im kontinuierlichen Messmodus feststellbar). Daher müssen bei der

Gasentnahme am Auspuffendrohr zur Messung des CO-Gehaltes bei Krafträdern bestimmte Parameter unbedingt beachtet und zwingend eingehalten werden (Anlage 5).

Diese sind:

1. Die Entnahmesonde muss mindestens 300 mm in den Endschalldämpfer eingeführt werden.
2. Kann die Entnahmesonde nicht mindestens 300 mm eingeführt werden, so ist eine Verlängerung anzubringen, die auf geeignete Weise luftdicht am Endschalldämpfer anzubringen ist, um eine Abgasverdünnung sicher zu verhindern. Beispiele siehe Anlage 5.
3. Die Verlängerung muss mindestens 400 mm lang sein und darf einen maximalen Innendurchmesser von 50 mm haben.
4. Adaption und Verlängerung müssen hitzebeständig, abgasbeständig und dauerhaltbar sein.
5. Besitzt das Kraftrad mehrere Auspuffendrohre und ist die Abgasführung nicht konstruktionsbedingt vor den Auspuffendrohren zusammengeführt, so ist in jedem Endrohr die Abgasemissionsmessung vorzunehmen, wobei als Messergebnis der arithmetische Mittelwert gilt. Es sind Entnahmesysteme zulässig, die alle Abgasteilströme zu einer Messung zusammenführen.
6. Das Vorhandensein von Abgasreinigungssystemen nach dem Prinzip „Sekundärlufteinblasung" ist zu beachten. Ist dieses System während der AU aktiv, wird zusätzlich Luft nach dem Auslassventil den Abgasen zugeführt. Die Vorgaben des Fahrzeug- bzw. Systemherstellers sind zu beachten.
7. Bei Messungen an Krafträdern mit 2-Takt-Motor ist mit erhöhten HC und Öl-Belastungen der Messgeräte zu rechnen. Es sind die Anweisungen des Messgeräteherstellers zu beachten.
8. Durch das Anbringen des Adapters und der Verlängerung darf sich das Betriebsverhalten des Motors nicht verändern, d.h. die Endschalldämpfer-Verlängerung sollte so ausgeführt sein, das der Gegendruck so gering wie nur möglich ansteigt.
9. Die Abdichtung zwischen Endschalldämpfer und Endschalldämpfer-Verlängerung muss während der gesamten Abgasmessung vorhanden sein.
10. Beschädigungen am Kraftrad oder Teilen davon, insbesondere der Auspuffanlage, sind zu vermeiden.

3.8.6.3 Korrekturformeln für CO für Krafträder

Sofern die Entnahmesonde nicht mindestens 300 mm in die Auspuffanlage eingeführt werden kann, ist die Anwendung einer Korrekturformel im Zusammenhang mit der Verwendung eines 4-Gas-Messgerätes erlaubt. Mit dieser Korrekturformel kann anhand der Ermittelten CO- und CO_2-Konzentrationen eine korrigierte CO-Konzentration berechnet werden.

Die Korrekturformel lautet für 2-Takt-Motoren:

$$CO_{Korr} = [CO] * \left(\frac{10}{[CO] + [CO_2]} \right)$$

4-Takt-Motoren:

$$CO_{Korr} = [CO] * \left(\frac{15}{[CO] + [CO_2]} \right)$$

Angewendet werden kann die Formel nur bei Verwendung von 4-Gas-Messgeräten (AU) und nicht bei den einfachen CO-Testern, da zusätzlich

CO_2 als Messgröße benötigt wird. D.h. bei Verwendung von (einfachen) CO-Testern müssen weiterhin die Abgas-Adaptionen nach Anlage 5 verwendet werden.

3.9 Untersuchung eines Kraftrades mit Fremdzündungsmotor, mit Katalysator und lambdageregelter Gemischaufbereitung

3.9.1 Eingabe/Erfassen der Fahrzeug-Soll-Daten

3.9.1.1 Motortemperatur [°C]
(nach Herstellervorgaben, ansonsten mindestens 60 °C)

3.9.1.2 Erhöhte Leerlaufdrehzahl [min^{-1}]
(nach Herstellerangabe, ansonsten 2000 bis 3000)

3.9.1.3 CO-Gehalt im Auspuffendrohr bei erhöhtem Leerlauf [% vol]
(nach Herstellerangabe, ansonsten ≤ 0,3 % vol)

3.9.2 Motor auf Betriebstemperatur bringen;
darauf achten, dass bei luftgekühltem Motor dieser nicht überhitzt wird;
sofern vorgegeben, Konditionierung entsprechend den Vorgaben des Fahrzeugherstellers

3.9.3 Funktionsprüfung
Kontrolle der schadstoffrelevanten Einstelldaten auf Einhaltung der vom Fahrzeughersteller für das Kraftrad vorgegebenen Sollwerte nach den Anleitungen des Fahrzeugherstellers.

3.9.3.1 Motortemperatur ermitteln und aufnehmen [°C]

3.9.3.2 Istwerte des Kraftrades bei erhöhtem Leerlauf über Abgasmessgerät und mittels externem Messgerät oder bordeigenem Drehzahlmesser ermitteln und aufnehmen.

3.9.3.2.1 Erhöhte Leerlaufdrehzahl [min^{-1}]

3.9.3.2.2 CO-Gehalt im Auspuffendrohr [% vol]

3.9.4 Untersuchung abschließen oder ab Nummer 3.9.2 wiederholen

3.9.5 Nachweis erstellen
Der für die Untersuchung Verantwortliche hat nach Abschluss der AU einen Nachweis auszustellen. Der Nachweis muss die nachfolgenden Angaben enthalten:

3.9.5.1 Datum, Uhrzeit, ausführende Stelle (Name, Anschrift)

3.9.5.2 Fahrzeug-Ident.-Daten

3.9.5.3 Fahrzeug-Soll-Daten

3.9.5.4 Fahrzeug-Ist-Daten

3.9.5.5 Ergebnis der Abgasprüfung Soll/Ist-Vergleich (i.O./n.i.O.)

3.9.5.6 Ggf. Abweichungen/Erläuterungen zu den einzelnen Punkten

3.9.5.7 Gesamtergebnis
– AU bestanden
– AU nicht bestanden

3.9.5.8 Monat, Jahr des Ablaufs der Frist für die nächste AU

3.9.5.9 Unterschrift des für die Untersuchung Verantwortlichen und bei anerkannten Kraftfahrzeugwerkstätten die Kontrollnummer

3.9.6 Bemerkungen zu den Abgasmessgeräten

3.9.6.1 Eine wichtige Voraussetzung für eine wiederholbare und reproduzierbare Messung der CO-Konzentration ist die richtige Entnahme der Motorabgase. Bedingt durch die im Allgemeinen relativ kurzen Auspuffanlagen und damit fehlender Beruhigungsstrecken für den Abgasstrom, kann bei Krafträdern das Motorabgas je nach Auspuffführung und Motorkonzept am Austritt des Endschalldämpfers sehr stark pulsieren. Bei Krafträdern mit Ein- oder Zweizylindermotor und/oder mit großem Hubraum kann dieser Effekt durch Schwingungen der Motorabgase mit großer Amplitude besonders stark sein.

3.9.6.2 Wird bei der AU an Krafträdern das Abgas direkt aus dem Endrohr des Schalldämpfers entnommen, kommt es konstruktionsbedingt daher unter Umständen zu einer Vermischung der Motorabgase mit Umgebungsluft. Der gemessene CO-Wert weicht u. U. vom tatsächlichen Wert stark ab; die gemessene CO-Konzentration ist zu niedrig. Deutlich erkennbar ist dies an einem hohen O_2-Anteil infolge von hohem Luftanteil im Bereich des Endrohrs (z.B. mit 4-Gas-Messgeräten im kontinuierlichen Messmodus feststellbar). Daher müssen bei der Gasentnahme am Auspuffendrohr zur Messung des CO-Gehaltes bei Krafträdern bestimmte Parameter unbedingt beachtet und zwingend eingehalten werden (Anlage 5).

Diese sind:

1. Die Entnahmesonde muss mindestens 300 mm in den Endschalldämpfer eingeführt werden.
2. Kann die Entnahmesonde nicht mindestens 300 mm eingeführt werden, so ist eine Verlängerung anzubringen, die auf geeignete Weise luftdicht am Endschalldämpfer anzubringen ist, um eine Abgasverdünnung sicher zu verhindern. Beispiele siehe Anlage 5.
3. Die Verlängerung muss mindestens 400 mm lang sein und darf einen maximalen Innendurchmesser von 50 mm haben.
4. Adaption und Verlängerung müssen hitzebeständig, abgasbeständig und dauerhaltbar sein.
5. Besitzt das Kraftrad mehrere Auspuffendrohre und ist die Abgasführung nicht konstruktionsbedingt vor den Auspuffendrohren zusammengeführt, so ist in jedem Endrohr die Abgasemissionsmessung vorzunehmen, wobei als Messergebnis der arithmetische Mittelwert gilt. Es sind Entnahmesysteme zulässig, die alle Abgasteilströme zu einer Messung zusammenführen.
6. Das Vorhandensein von Abgasreinigungssystemen nach dem Prinzip „Sekundärlufteinblasung“ ist zu beachten. Ist dieses System während der Abgasuntersuchung aktiv, wird zusätzlich Luft nach dem Auslassventil den Abgasen zugeführt. Die Vorgaben des Fahrzeug- bzw. Systemherstellers sind zu beachten.
7. Bei Messungen an Krafträdern mit 2-Takt-Motor ist mit erhöhten HC und Öl-Belastungen der Messgeräte zu rechnen. Es sind die Anweisungen des Messgeräteherstellers zu beachten.
8. Durch das Anbringen des Adapters und der Verlängerung darf sich das Betriebsverhalten des Motors nicht verändern, d.h. die Endschalldämpfer-Verlängerung sollte so ausgeführt sein, das der Gegendruck so gering wie nur möglich ansteigt.
9. Die Abdichtung zwischen Endschalldämpfer und Endschalldämpfer-Verlängerung muss während der gesamten Abgasmessung vorhanden sein.
10. Beschädigungen am Kraftrad oder Teilen davon, insbesondere der Auspuffanlage, sind zu vermeiden.

3.9.6.3 Korrekturformel für CO für Krafträder

Sofern die Entnahmesonde nicht mindestens 300 mm in die Auspuffanlage eingeführt werden kann, ist die Anwendung einer Korrekturformel im Zusammenhang mit der Verwendung eines 4-Gas-Messgerätes erlaubt. Mit dieser Korrekturformel kann anhand der Ermittelten CO- und CO_2-Konzentrationen eine korrigierte CO-Konzentration berechnet werden.

Die Korrekturformel lautet für 2-Takt-Motoren:

$$CO_{Korr} = [CO] * \left(\frac{10}{[CO] + [CO_2]} \right)$$

4-Takt-Motoren:

$$CO_{Korr} = [CO] * \left(\frac{15}{[CO] + [CO_2]} \right)$$

Angewendet werden kann die Formel nur bei Verwendung von 4-Gas-Messgeräten (AU) und nicht bei den einfachen CO-Testern da zusätzlich CO_2 als Messgröße benötigt wird. D.h. bei Verwendung von (einfachen) CO-Testern müssen weiterhin die Abgas-Adaptionen nach Anlage 5 verwendet werden.

4. Beurteilung der Prüfergebnisse

4.1 Es gelten die Vorschriften der Nr. 3 Anlage VIIIa StVZO.

4.2 Im Ergebnis der Durchführung des Untersuchungspunktes „Motormanagement-/ Abgasreinigungssystem" als eigenständiger Teil der HU durch eine dafür anerkannte Kraftfahrzeugwerkstatt ist eine Gesamtbewertung mit „i.O" oder „n.i.O." vorzunehmen.

4.3 Werden von nach Anlage VIIIc StVZO anerkannten Kraftfahrzeugwerkstätten bei der Durchführung der Untersuchung des Motormanagement-/Abgas-reinigungssystems im Rahmen des eigenständigen Teils der HU nach Nr. 3.1.1.1 Anlage VIII StVZO Mängel festgestellt, die vor Abschluss der Untersuchung des Motormanagement-/Abgasreinigungssystems, längstens innerhalb eines Kalendertages beseitigt werden, so sind diese in Form einer Mängelnummer („Sammelmangel") auf dem Nachweis einzutragen und vom aaSoP oder PI in den Untersuchungsbericht zu übernehmen. Die sofortige Mängelbeseitigung ist in Verbindung mit einer eindeutigen Bestätigung der verantwortlichen Person zu bescheinigen („Mängelschleife").

4.4 Um die bei der Untersuchung der Abgase festgestellten abgasrelevanten Mängel bei der Durchführung der HU nach § 29 StVZO in den Technischen Prüfstellen und bei Überwachungsorganisationen sowie bei der Durchführung der Untersuchung des Motormanagement-/Abgasreinigungssystems im Rahmen des eigenständigen Teils der HU nach Nr. 3.1.1.1 Anlage VIII StVZO in den dafür anerkannten Kfz-Werkstätten einheitlich zu erfassen und zu bewerten, müssen die nachfolgenden Mängel in allen Untersuchungsstellen intern dokumentiert werden:

Untersuchungsverfahren	Fremdzündungsmotor allgemein				Krafträder		Kompressionszündungsmotor		
	ohne Kat, mit U-Kat	mit G-Kat	mit OBD	mit OBD (*)	ohne Kat, mit U-Kat	mit G-Kat	ohne OBD	mit OBD	mit OBD (*)
Abgasrelevante Mängel									
Leerlaufdrehzahl	X	X	X	(X)[1]	X	X (**)	X	X	(X)[1]
Zündzeitpunkt	X	X							
Schließwinkel	X								
CO-Konzentration im Abgas bei Leerlaufdrehzahl	X	X			X				
CO-Konzentration im Abgas bei erhöhter Leerlaufdrehzahl		X	X	(X)[1]		X			
λ bei erhöhter Leerlaufdrehzahl		X	X	(X)[1]					
Regelkreisprüfung		X							
Funktionsprüfung OBD:									
Sichtprüfung „Kontrollleuchte“			X	X				X	X
Status Kontrollleuchte Motordiagnose			X	X				X	X
Ansteuerung Kontrollleuchte Motordiagnose			X	X				X	X
Prüfbereitschaftstests			X	X				X	X
Fehlerspeicher (Anzahl gespeicherter Fehler – Modus 01), ggf. Auslesen der Fehlercodes (Modus 03)			X	X				X	X
Abregeldrehzahl							X	X	(X)[1]
Trübungswert							X	X	(X)[1]

(*) Bei Kraftfahrzeugen mit Fremdzündungsmotor oder Kompressionszündungsmotor (Typgenehmigung nach Richtlinie 70/220/EWG), die ab dem 01. Januar 2006 erstmals für den Verkehr zugelassen wurden, wird auf die Messung und Bewertung des Abgasverhaltens verzichtet.

(**) Erhöhte Leerlaufdrehzahl

[1] Zu erfassen, wenn das Ergebnis nach Ziffer 5 in Nummer 3.4.4.6 oder 3.6.4.6 die Messung und Bewertung das Abgasverhalten erfordert.

4.5 Die nach Nummer 5.5 festgestellten Mängel außerhalb des eigenständigen Untersuchungsumfangs sind in die Bewertung nicht einzubeziehen.

5. Nachweis über die Untersuchung der Abgase

5.1 Wird die Untersuchung der Abgase im Rahmen einer HU nach § 29 StVZO von einem aaSoP oder PI durchgeführt, ist der Nachweis über den ermittelten Zustand des Abgasverhaltens des untersuchten Kraftfahrzeuges Bestandteil des Hauptuntersuchungsberichts.

5.2 Wird nach Nr. 3.1.1.1 Anlage VIII StVZO der Untersuchungspunkt „Motormanagement-/ Abgasreinigungssystem“ als eigenständiger Teil der HU von einer dafür nach Anlage VIIIc StVZO anerkannten Kraftfahrzeugwerkstatt durchgeführt, so hat diese einen Nachweis nach dem im VkBl. 2008 S. 222 veröffentlichten Muster mit fälschungserschwerenden Merkmalen auszustellen und dem Fahrzeughalter oder seinem Beauftragten zu übergeben und diesen darauf aufmerksam zu machen, dass der Nachweis dem aaSoP oder PI vor der Durchführung der HU zu übergeben ist.

5.3 Bis zum 31.12.2009 ist als Nachweis über die Durchführung einer AU nach § 47a Abs. 1 StVZO an einem Kraftfahrzeug ohne OBD-System eine Prüfbescheinigung nach dem im VkBl. 2008 S. 222 veröffentlichten Muster mit fälschungserschwerenden Merkmalen auszustellen und dem Fahrzeughalter oder seinem Beauftragten zu übergeben (§ 47a Abs. 3 StVZO).

5.4 Ist das Gesamtergebnis der AU als bestanden ausgefallen, ist bis zum

31.12.2009 eine Plakette nach Anlage IXa StVZO zuzuteilen und am vorderen amtlichen Kennzeichen nach Maßgabe der Anlage IXa StVZO anzubringen. Davon ausgenommen sind Krafträder.

5.5 Werden über den eigenständigen Untersuchungsumfang hinaus Mängel an schadstoffrelevanten Bauteilen oder an der Abgasanlage festgestellt, müssen diese in dem Nachweis unter Nummer 13 („Erkannte Mängel“) aufgeführt werden; der Fahrzeughalter oder sein Beauftragter ist auf seine Verpflichtung zur Behebung dieser Mängel (§ 31 StVZO und § 23 StVO) aufmerksam zu machen.

Anlage 1

zu der AU-Richtlinie

Begriffsbestimmungen

Abgase:
Gesamtheit der für die Menge und die Qualität (Zusammensetzung) der von Kraftfahrzeugen ausgestoßenen Abgase unter Berücksichtigung der relevanten Eigenschaften der Kraftfahrzeuge, Baugruppen, Bauteilen und des Abgases.

Abgasverhalten:
Ermittlung der Zusammensetzung des aus dem Auspuff eines Kraftfahrzeuges ausgestoßenen Abgases.

Fehlfunktionsanzeige (Kontrollleuchte Motordiagnose oder anderes MI (Mal-function Indicator)-Signal):
Ein optisches oder akustisches Signal, das dem Fahrzeugführer anzeigt, wenn ein an das OBD-System angeschlossenes schadstoffrelevantes Bauteil oder das OBD-System selbst eine Fehlfunktion aufweist.
Üblich ist die Kontrollleuchte Motordiagnose (MIL – Malfunction Indicator Light), die im Sichtbereich des Fahrzeugführers angebracht ist.

Motormanagement-/ Abgasreinigungssystem:
Ermittlung der Zusammensetzung des aus dem Auspuff eines Kraftfahrzeuges ausgestoßenen Abgases und/oder, sofern vorgeschrieben, der OBD-Daten im Modus 01. Eigenständiger Teil der HU, der gemäß Anlage VIII StVZO durch eine anerkannte Kfz-Werkstatt ausgeführt werden kann. Dieser Teil besteht aus einer Abgasmessung und/oder, sofern vorgeschrieben, dem Auslesen der OBD-Daten im Modus 01 in Verbindung mit der Ergänzungsuntersuchung Auslesen der OBD-Fehlercodes im Modus 03.

OBD-Daten
Auslesen der OBD-Daten im Modus 01 als Pflichtuntersuchung; erforderlichenfalls Auslesen der OBD-Fehlercodes im Modus 03 als Ergänzungsuntersuchung.

Dokumentation gem. Muster „Nachweis der Abgase nach Nummer 3.1.1.1 Anlage VIII StVZO“, wenn der eigenständige Teil durch eine anerkannte Werkstatt durchgeführt wird.

OBD-System
Ein an Bord des Fahrzeugs installiertes Diagnosesystem für die Emissionsüberwachung, das in der Lage sein muss, mit Hilfe rechnergespeicherter Fehlercodes Fehlfunktionen und deren wahrscheinliche Ursachen anzuzeigen. Es muss eine EG-Typgenehmigung nach den Vorschriften

- der Richtlinie 70/220/EWG des Rates vom 20. März 1970 (ABl. EG Nr. L 76 S. 1) über Maßnahmen gegen die Verunreinigung der Luft durch Emissionen von Kraftfahrzeugen in der Fassung der Richtlinie 98/69/EG des Europäischen Parlaments und des Rates vom 13. Oktober 1998 (ABl. EG Nr. L 350 S. 1) über Maßnahmen gegen die Verunreinigung der Luft durch Emissionen von Kraftfahrzeugen und zur Änderung der Richtlinie 70/220/EWG des Rates
  oder
- der Richtlinie 2005/55/EG des Europäischen Parlaments und des Rates vom 28. September 2005 (ABl. EU Nr. L 275 S. 1) zur Angleichung der Rechtsvorschriften der Mitgliedstaaten über Maßnahmen gegen die Emission gasförmiger Schadstoffe und luftverunreinigender Partikel aus Selbstzündungsmotoren zum Antrieb von Fahrzeugen und die Emission gasförmiger Schadstoffe aus mit Flüssig-

gas oder Erdgas betriebenen Fremdzündungsmotoren zum Antrieb von Fahrzeugen

oder deren jeweils danach geänderten und im Amtsblatt der Europäischen Gemeinschaften veröffentlichten Fassungen haben. Liegt eine EG-Typgenehmigung nicht vor, muss die Eignung des OBD-Systems im Sinne der vorgenannten Richtlinien von einem für diese EG-Richtlinien vom Kraftfahrt-Bundesamt nach Abschnitt II EG-TypV akkreditierten Prüflabor bestätigt worden sein.

Anlage 2

zu der AU-Richtlinie
Lambda-Wert-Berechnung
Berechnung des Lambda-Wertes nach Brettschneider
(BOSCH TECHNISCHE BERICHTE, Band 6 (1979), Laufnr. 50277)
– Berechnung des Lambda-Wertes

$$\text{Lambda} = A\,1 \cdot A\,2 \text{ mit}$$

$$A1 = \frac{21}{21 + 50\mu\ x \cdot \dfrac{[CO]/[CO_2]}{K + [CO]/[CO_2]}}$$

$$A2 = \frac{[CO_2] + \dfrac{[CO]}{2} + [O_2] + \dfrac{[NO]}{2} + \left(\dfrac{Hcv}{4} \cdot \dfrac{K}{K + [CO]/[CO_2]} - \dfrac{Ocv}{2}\right) \cdot ([CO_2] + [CO]) - \dfrac{Wcv}{2} \cdot (...)}{\left(1 + \dfrac{Hcv}{4} - \dfrac{Ocv}{2}\right) \cdot ([CO_2] + [CO] + K1 \cdot [HC])}$$

Folgende Vereinfachungen werden gemacht: [x)]

			Benzin	Flüssiggas	Erdgas	Ethanol
X	= Luftfeuchte in kg Wasserdampf je kg Luft A 1 = 1 gesetzt	=		sehr klein		
Wcv	= Verhältnis Wasser zu Kohlenstoff	=		0		
Ocv	= Atomzahlenverhältnis Sauerstoff zu Kohlenstoff	=	0,02	0	0	0,5
Hcv	= Atomzahlenverhältnis Wasserstoff zu Kohlenstoff	=	1,73	2,53	4	3
K	= Wassergas-Gleichgewichtskonstante	=		3,5		
K1	= Umrechnungsfaktor für FID-Messung zu NDIR-Messung; ist vom Messgerätehersteller anzugeben					
NO/2	= Stickoxyd	=		0		

[x)] Bei Änderungen der Kraftstoffzusammensetzung werden die entsprechenden Konstanten den Gegebenheiten angepasst und im Verkehrsblatt bekannt gemacht. Die Werte der in der Formel verwandten Konstanten müssen überprüfbar sein. Zudem müssen die zur Berechnung des Lambda-Wertes notwendigen Messwerte (CO_2, CO, HC und O_2 und Konstanten) bei Bedarf ausgedruckt werden können. Bei vom Sollwert abweichendem Lambda sollte dieser Kontrollausdruck der Prüfbescheinigung stets beigefügt werden.

– Vereinfachte Lambda-Berechnung:

$$Lambda = \frac{[CO_2] + [CO]/2 + [O_2] + \left(\dfrac{Hcv}{4} \cdot \dfrac{3{,}5}{3{,}5 + [CO]/[CO_2]} - \dfrac{Ocv}{2}\right) \cdot ([CO_2] + [CO])}{\left(1 + \dfrac{Hcv}{4} - - \dfrac{Ocv}{2}\right) \cdot ([CO_2] + [CO] + K1 \cdot [HC])}$$

Die eckigen Klammern bezeichnen die Volumenkonzentration der Abgaskomponenten in der Einheit „% vol."

Anlage 3

zu der AU-Richtlinie

Erläuterungen zur Durchführung der freien Beschleunigung

(Definition Messzyklus „freie Beschleunigung“)

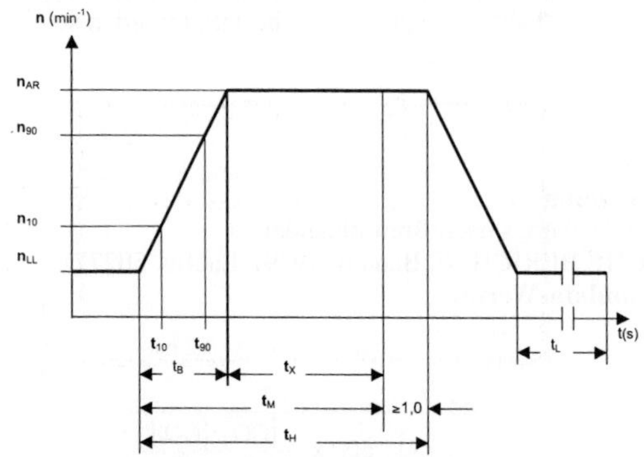

n_{LL} : Leerlaufdrehzahl; $n_{10} = n_{LL} + 10\ \%\ n_{LL}$

n_{AR} : Abregeldrehzahl; $n_{90} = n_{AR} - 10\ \%\ n_{AR}$

t_B : Beschleunigungszeit; der Drehzahlanstieg innerhalb t_B muss monoton sein;

t_X : Messzeitanteil nach Erreichen der Abregeldrehzahl (nach Herstellerangabe, ansonsten min. 0,5 s; max. 2,0 s);

t_M : Messzeit = $t_B + t_X$;

t_H : Haltezeit Fahrpedal = t_M + mindestens 1 Sekunde;

t_L : Leerlaufverweilzeit (mindestens 15 Sekunden).

$$t_B = \frac{(n_{AR} - n_{LL}) \cdot (t_{90} - t_{10})}{n_{90} - n_{10}}$$

Anlage 4

zu der AU-Richtlinie
Aufkleber für Abgasmessgeräte

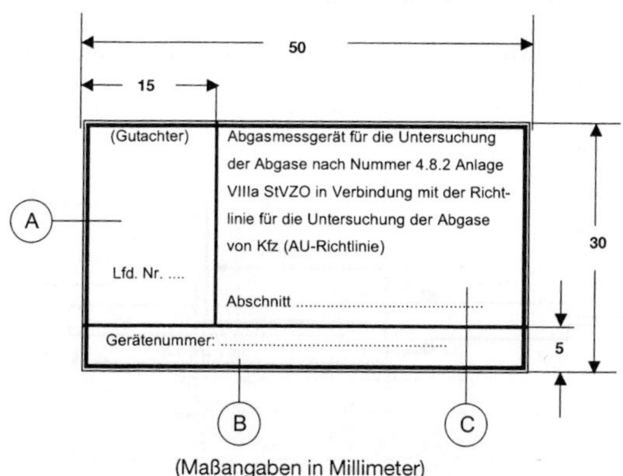

(Maßangaben in Millimeter)

Inhalt der Felder des Aufklebers:

Feld A: Name der für das Gutachten verantwortlichen Stelle mit Angabe der Registriernummer des Gutachtens;
Feld B: Gerätenummer (Seriennummer);
Feld C: Angabe für welche Untersuchungen der Abgase nach Nr. 4.8.2 Anlage VIIIa StVZO das Abgasmessgerät und gegebenenfalls in Verbindung mit welchem(n) anderem(n) Gerät(en) eingesetzt werden darf.

Anlage 5

zu der AU-Richtlinie
Sondenadaption
(Nr. 3.8.6.2 und Nr. 3.9.6.2)

Prinzipskizze 1a: Adaption/Abdichtung „außen“ am Endschalldämpfer, Entnahme der Abgase in der Verlängerung

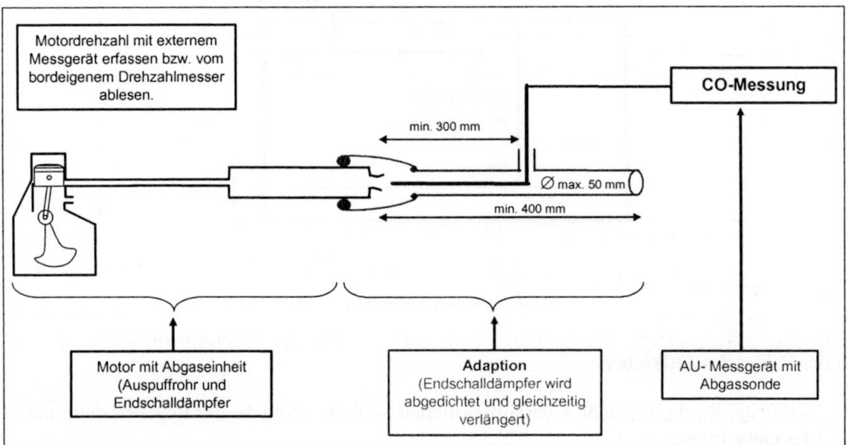

Prinzipskizze 1b: Adaption/Abdichtung „außen“ am Endschalldämpfer, Entnahme der Abgase am Endrohr der Verlängerung

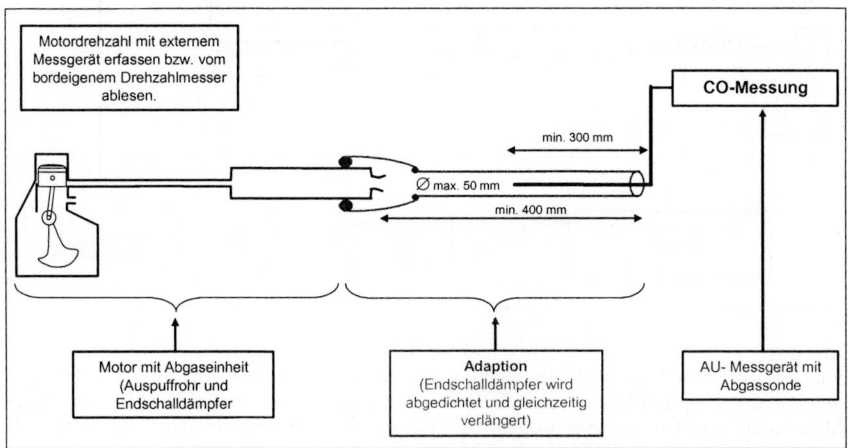

Erläuterung:
Bei den Prinzipskizzen 1a/1b ist die Verlängerung direkt auf dem Endschalldämpfer befestigt. Eine vorhandene Adaption (Dichtung) läuft um den Endschalldämpfer und lässt die Motorabgase nicht entweichen bzw. Falschluft eintreten.

Prinzipskizze 2a: Adaption/Abdichtung „innen“ am Endschalldämpfer, Entnahme der Abgase in der Verlängerung

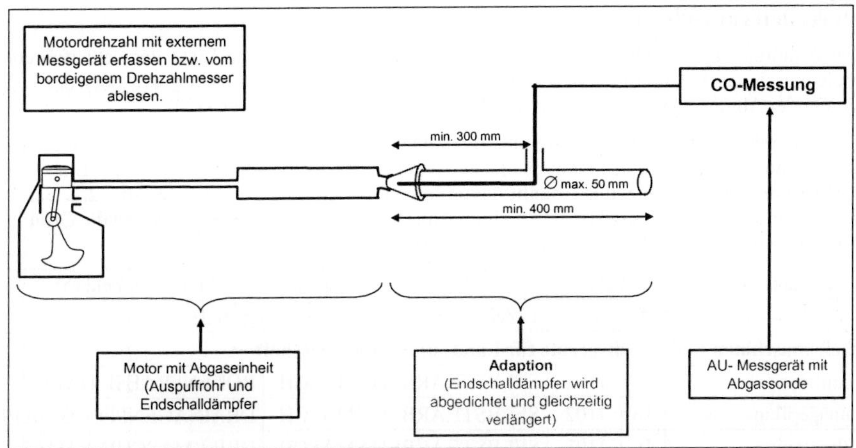

Prinzipskizze 2b: Adaption/Abdichtung „innen“ am Endschalldämpfer, Entnahme der Abgase am Endrohr der Verlängerung

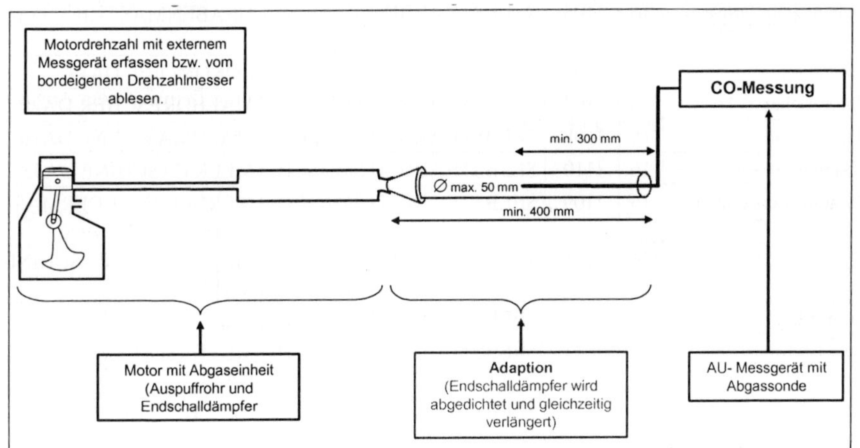

Erläuterung:

Bei den Prinzipskizzen 2a/2b stellt die Adaption ein flexibles Konusstück dar. Mittels der Adaption wird die Verlängerung luftdicht am Endrohr bzw. Abgasaustritt des Endschalldämpfers angebracht. Die Abgassonde wird bei beiden Systemen am Ende der Auspuff-Verlängerung (1b, 2b) oder über eine seitliche Öffnung in die Verlängerung (1a, 2a) so weit eingeführt, dass keine Vermischung der Motorabgase mit der Umgebungsluft stattfindet. Das Vorhandensein von Abgasreinigungssystemen nach dem Prinzip „Sekundärlufteinblasung“ ist zu beachten. Ist dieses System während der AU aktiv, wird zusätzlich Luft nach dem Auslassventil den Abgasen zugeführt. Die Vorgaben des Fahrzeug- bzw. Systemherstellers sind zu beachten.

Liste der im Allgemeinen von der AU nach § 47a oder der Untersuchung der Abgase von Kfz nach Nr. 4.8.2 der Anl VIIIa ausgenommenen selbstfahrenden Arbeitsmaschinen

Nach Anhörung der zuständigen obersten Landesbehörden wird eine Liste der selbstfahrenden Arbeitsmaschinen bekannt gegeben, die im Allgemeinen von der AU nach § 47a oder der Untersuchung der Abgase von Kfz nach Nr. 4.8.2 der Anl VIIIa ausgenommen sind.

Selbstfahrende Arbeitsmaschinen, die im Allgemeinen nicht den Baumerkmalen von Lkw hinsichtlich des Antriebsmotors u. des Fahrgestells entsprechen, sind nachfolgend aufgeführt. Eine abweichende Festlegung im Einzelfalle bleibt davon unbenommen. Die DA zu § 18 Abs. 2 u. das Verzeichnis zur Systematisierung von Kfz u. ihren Anh (Stand: 03.2006) des KBA bilden die Grundlage der Liste VkBl. 2006, S. 794, ergänzt im VkBl 2008, S. 222:

Art des Fahrzeugs	Feld		Angaben in den Zulassungsdokumenten Feld (5)	
	J	(4)	1. Zeile	2. Zeile
Arbeitsmaschinen und Arbeitsgeräte für Land- und Forstwirtschaft				
Bodenfräse	16	1101	SELBSTF.ARBEITSMASCH.	BODENFRAESE DA15
Drainagepflug	16	1102	SELBSTF.ARBEITSMASCH.	DRAINAGENPFLUG DA19
Drillmaschine	16	1103	SELBSTF.ARBEITSMASCH.	DRILLMASCHINE DA65
Getreideimpf- u. Mutterkornernte-Gerät	16	1104	SELBSTF.ARBEITSMASCH.	GETREIDEIMPFER DA62
Grabenherstellungs- u. -reinigungsmaschine	16	1105	SELBSTF.ARBEITSMASCH.	GRABENMASCHINE DA19
Lokomobil	16	1106	SELBSTF.ARBEITSMASCH.	LOKOMOBIL DA17
Mähdrescher	16	1107	SELBSTF.ARBEITSMASCH.	MAEHDRESCHER DA20
Mähmaschine	16	1108	SELBSTF.ARBEITSMASCH.	MAEHMASCHINE DA16
Melkmaschine	16	1110	SELBSTF.ARBEITSMASCH.	MELKMASCHINE DA55
Mergelfördermaschine	16	1109	SELBSTF.ARBEITSMASCH.	MERGEL-FOERDERMASCH. DA19
Motorhackmaschine	16	1111	SELBSTF.ARBEITSMASCH.	MOTORHACKMASCHINE DA14
Motorpflug	16	1112	SELBSTF.ARBEITSMASCH.	MOTORPFLUG DA12
Motorspaltmaschine	16	1113	SELBSTF.ARBEITSMASCH.	MOTORSPALTMASCHINE DA10
Presse für Stroh und Heu	16	1115	SELBSTF.ARBEITSMASCH.	STROH- U. HEUPRESSE DA57
Saatgutreinigungsmaschine	16	1116	SELBSTF.ARBEITSMASCH.	SAATGUTREINIG. DA52
Spritze für Schädlingsbekämpfung	16	1118	SELBSTF.ARBEITSMASCH.	SCHAEDLINGSSPRITZE DA18
Walze	16	1119	SELBSTF.ARBEITSMASCH.	LAND.MOTORWALZE DA14
Arbeitsmaschinen für Erdarbeiten und Straßenbau				
Bodenrüttler	16	1404	SELBSTF.ARBEITSMASCH.	BODENRUETTLER DA7
Bodenstampfer	16	1402	SELBSTF.ARBEITSMASCH.	BODENSTAMPFER DA8

Art des Fahrzeugs	Feld		Angaben in den Zulassungsdokumenten Feld (5)	
	J	(4)	1. Zeile	2. Zeile
Erdhobel	16	1405	SELBSTF.ARBEITSMASCH.	ERDHOBEL DA74
Planiermaschine	16	1406	SELBSTF.ARBEITSMASCH.	PLANIERMASCHINE DA59
Steinbrecher	16	1410	SELBSTF.ARBEITSMASCH.	STEINBRECHER DA37
Straßenfertiger	16	1411	SELBSTF.ARBEITSMASCH.	STRASSENFERTIGER DA74
Straßenwalze	16	1412	SELBSTF.ARBEITSMASCH.	STRASSENWALZE DA5
sonstige Arbeitsmaschinen				
Ausbauwinde für Pumprohre oder Pumpengestänge	16	0801	SELBSTF.ARBEITSMASCH.	AUSBAUWINDE DA47
Bagger – Schaufellader Bagger	16	1201	SELBSTF.ARBEITSMASCH.	BAGGER DA4
Bagger/Schaufellader	16	1203	SELBSTF.ARBEITSMASCH.	BAGGER/SCHAUFEL-LADER DA4
Bagger (Schaufellader o. nur Schaufellader)	16	1202	SELBSTF.ARBEITSMASCH.	SCHAUFELLADER DA4
Bohrgerät für Erdöl	16	0804	SELBSTF.ARBEITSMASCH.	BOHRGERAET ERDOEL DA47
Förderband	16	0810	SELBSTF.ARBEITSMASCH.	FORDERBAND DA3
Motorsäge	16	0824	SELBSTF.ARBEITSMASCH.	MOTORSAEGE DA9
Strandreinigungs-maschine	16	3711	SELBSTF.ARBEITSMASCH.	STRANDREINIGER DA90
Mischladegeräte, Schießwagen zur Durchführung von Sprengungen im Bohr-loch usw.	16	0827	SELBSTF.ARBEITSMASCH.	BOHRLOCHSCHIESSWG. DA46
Autokran	16	2101	SELBSTF.ARBEITSMASCH.	AUTOKRAN DA53
Turmdrehkran	16	2102	SELBSTF.ARBEITSMASCH.	TURMDREHKRAN DA53
Mobilkran	16	2700	SELBSTF.ARBEITSMASCH.	MOBILKRAN DA53

Hinweis: Mit Inkrafttreten der Fahrzeugzulassung-Verordnung (FZV) am 01.03.2007 wurde § 18 Abs. 2 StVZO aufgehoben. Aus diesem Grund wurden die Klartexte in der 2. Zeile verändert, d.h. die bisher enthaltenen DA-Nrn. (z.B. „DA53“) wurden entfernt. Die bereits aufgrund von Dienstanweisungen (DA) anerkannten Arten von selbstfahrenden Arbeitsmaschinen sind damit jedoch nicht weggefallen. Fehlt in der 2. Zeile nunmehr die entsprechende DA-Nr. kann sie im Verzeichnis zur Systematisierung von Kraftfahrzeugen und ihren Anhängern in der Spalte „Hinweise“ gefunden werden (VkBl. 2007 S. 696).

4. Richtlinie für die Prüfung der Bremsanlagen von Fahrzeugen bei Hauptuntersuchungen nach § 29 StVZO

(VkBl. 1993 S. 422, 1995 S. 336[1]), 1997 S. 408, 1998 S. 1140 und 2003 S. 751)

Bei der Durchführung der Hauptuntersuchungen nach § 29 StVZO ist die Vorschriftsmäßigkeit des Fahrzeugs auch im Hinblick auf seine Bremsanlage zu prüfen. Grundlage für diese Prüfung war bisher Abschnitt 6 der „Richtlinie für die Bremsprüfung von Kraftfahrzeugen und Anhängern“ vom 4. Dezember 1964 (VkBl. 1964 S. 593). Die durch Fortschreibung der Bauvorschriften (StVZO/EWG/ECE) vorgegebenen höheren Anforderungen an Bremsanlagen einerseits und die verbesserte Prüftechnik für Bremsanlagen andererseits erforderten eine Überarbeitung des Abschnitts 6 der vorgenannten Richtlinie auch dahin gehend, dass diese Prüfaufgaben nunmehr in einer eigenen Richtlinie zusammengefasst vorgegeben werden sollen.

Um die Vorschriftsmäßigkeit hinsichtlich der Bremswirkung bestätigen zu können, müssen die Mindestwerte für Verzögerungen bzw. Abbremsungen für erstmals in den Verkehr kommende Fahrzeuge auch bei Hauptuntersuchungen als Orientierung gelten. Andererseits ist der Prüfaufwand bei § 29 StVZO-Reihenuntersuchungen in Grenzen zu halten, da es sich hierbei um Untersuchungen handelt, bei denen die äußeren Prüfumstände (z.B. Prüfverfahren, Beladungszustand etc.) nicht vergleichbar sind mit denen, die bei der Begutachtung zur Erteilung einer Betriebserlaubnis vorliegen.

Insoweit geben die in der Richtlinie angegebenen Mindestwerte für die Verzögerung bzw. Abbremsung Grenzwerte vor, die zwar unter den gesetzlich vorgeschriebenen liegen, bei deren Einhaltung jedoch das Erreichen der durch Vorschriften vorgegebenen Werte unter idealen Prüfvoraussetzungen unterstellt werden kann (§ 41 Abs. 12 StVZO).

[1]) Hinweis:
Durch die Änderung der Richtlinie vom 26.05.1995 wurden neben kleineren anderen Änderungen die in Anlage 2 aufgeführten Werte für die Mindestabbremsung nach der Richtlinie 94/23/EG übernommen.

Durch die Richtlinie 92/54/EWG vom 22. Juni 1992 wurde die Richtlinie 77/143/EWG über die regelmäßige technische Überwachung der Kraftfahrzeuge und ihrer Anhänger für den Bereich der Bremsprüfung fortgeschrieben. Die Richtlinie 92/54/EWG wird durch die nachstehend veröffentlichte Richtlinie in Verbindung mit der „Richtlinie für die Beurteilung von Mängeln bei Hauptuntersuchungen von Fahrzeugen nach § 29 StVZO und Anlage VIII, Nr. 1.2 in Verbindung mit Nr. 3.1, 3.3 und 4.2 StVZO“ (VkBl. 1993, S. 240) umgesetzt.

Abschnitt 6 der „Richtlinie für die Bremsprüfung von Kraftfahrzeugen und Anhängern“ vom 4. Dez. 1964 (VkBl. 1964 S. 593) wird hiermit aufgehoben.

Richtlinie für die Prüfung der Bremsanlagen von Fahrzeugen bei Hauptuntersuchungen nach § 29 StVZO

Übersicht

Richtlinie für die Prüfung der Bremsanlagen von Fahrzeugen bei Hauptuntersuchungen nach § 29 StVZO

1 Anwendungsbereich

Diese Richtlinie gilt für die Prüfung von Bremsanlagen an Fahrzeugen, für die nach § 29 StVZO in Verbindung mit Anlage VIII Hauptuntersuchungen vorgeschrieben sind.

Bei BSU-pflichtigen Fahrzeugen sind die Ergebnisse der vor der Hauptuntersuchung (HU) durchgeführten Bremsensonderuntersuchung (BSU) bei den einzelnen Untersuchungsschritten der Sicht- und Funktionsprüfungen zu berücksichtigen.

2 Formelzeichen[1]

bei Index für den Zustand „beladen“

E Radstand (m)

F Bremskraft zwischen Reifen und Fahrbahn bzw. zwischen Reifen und Bremsprüfstand (N)

F_{1i} Bremskräfte bei Druck p_{1i} (N)

F_{2i} Bremskräfte bei Druck p_{2i} (N)

F_{3i} hochgerechnete Bremskräfte bei Druck p_{3i} (N)

h Schwerpunkthöhe des Fahrzeugs über der Fahrbahn (m)

i Index (Achse)

m Faktor (Steigung der Kennlinie für die Bremskraft)

p Bremszylinderdruck (bar)

pz auf das unbeladene Fahrzeug bezogener eingesteuerter Bremszylinderdruck (bar) – sieht ggf. ALB-Schild

p_{1i} niedriger Bremsdruck, der bei der Bremsprüfung in die Radzylinder der jeweiligen Achse i eingesteuert wird (bar). (s. Ziff. 5.4.3.3)

p_{2i} hoher Bremsdruck, der bei der Bremsprüfung in den Radzylindern der jeweiligen Achse i eingesteuert wird (bar). (s. Ziff. 5.4.3.3)

p_{3i} bei der Hochrechnung zu verwendender Berechnungsdruck (bar) im Bremszylinder der Achse i (s. Ziff. 5.4.3.3)

Bei Achsen, deren Bremsdruck durch Regelventile begrenzt wird, ist dieser abgeregelte Druck einzusetzen.

p_m Druck am Kupplungskopf der Bremsleitung (bar)

p_z auf das beladene Fahrzeug bezogener eingesteuerter Bremszylinderdruck (bar) – s. ggf. ALB-Schild

[1] Aus praktischen Gründen werden in den Anlagen 1 und 2 die Kräfte in daN angegeben.

P_M Gewichtskraft des ziehenden Fahrzeugs (N)

$P_{M'}$ Gewichtskraft des leeren oder teilbeladenen Fahrzeugs (N)

P_{Mmax} PM-Wert bei zul. Gesamtmasse (Gesamtgewicht) (N)

P_R gesamte statische Normalkraft zwischen den Rädern des Anhängefahrzeugs und der Aufstandsfläche (N)

P_{Rmax} PR-Wert (ohne Aufliegelast) bei Gesamtgewicht des Anhängefahrzeugs (N)

P_z zulässige Gesamtgewichtskraft des Fahrzeugs (N)

R Rollwiderstand (%)

Z Abbremsung in (%)

Z' max. Abbremsung des leeren oder teilbeladenen Fahrzeugs (%)

Z_M Abbremsung des Kraftfahrzeugs (%)

Z_{Mbel} Abbremsung des beladenen Kraftfahrzeugs (%)

Z_R Abbremsung des Anhängefahrzeugs (%)

Z_{Rbel} Abbremsung des beladenen Anhängefahrzeugs (%)

Z_{R+M} Abbremsung der Fahrzeugkombination nur mit der Bremsanlage des Anhängefahrzeugs (%)

3 Umfang der Prüfung von Bremsanlagen

Die Prüfung der Bremsanlagen hat zu umfassen:

- Sichtprüfung
- Funktionsprüfung
- Wirkungsprüfung

Dabei sind vorhandene Herstellerangaben zu berücksichtigen.

4 Sichtprüfung

4.1 Allgemeine Forderungen

Die Sichtprüfung umfasst die sicherheitsrelevanten Teile von Bremsanlagen, die ohne Zuhilfenahme von Werkzeugen und ohne wesentliche Demontagen zugänglich sind. Alle Teile (einschließlich Warneinrichtungen) müssen sich in einem funktionssicheren Zustand befinden und dürfen keine Schäden oder unzulässige Reparaturen/Veränderungen/Verschleißerscheinungen aufweisen.

4.2 Besondere Forderungen

- Rohr- und Schlauchleitungen äußerlich nicht beschädigt, nicht übermäßig korrodiert oder gealtert, korrekt verlegt und befestigt
- Seile und Seilzüge einwandfrei geführt und leichtgängig, nicht übermäßig korrodiert oder aufgespleißt, fester Sitz und ausreichende Anzahl der Seilklemmen, Umlenkungen stabil und leichtgängig
- Bremsgeräte äußerlich ohne Schäden und nicht übermäßig korrodiert
- Betätigungseinrichtungen leichtgängig und nicht ausgeschlagen
- Gestänge nicht reparaturgeschweißt, nicht beschädigt, leichtgängig
- Gelenke sachgemäß gesichert, leichtgängig, nicht ausgeschlagen
- Kupplungsköpfe nicht beschädigt, richtig montiert und gekennzeichnet
- Staubmanschetten richtig befestigt, nicht beschädigt, Geräte sachgemäß eingebaut und befestigt
- Vorratsbehälter für Bremsflüssigkeit ausreichend gefüllt, äußerlich nicht beschädigt
- Energiespeicher (Druckluftbehälter, Hydraulikspeicher) nicht übermäßig korrodiert, Kennzeichnung vorhanden
- Zustand der Radbremsen in Ordnung (z.B. Lüftspiel, Pedalweg, Bremszylinderhub, Bremsbeläge, -scheiben, -trommeln)
- ALB-Schild vorhanden und vollständig ausgefüllt; ALB-Regler nicht beschädigt, richtig montiert und eingestellt
- Prüfanschlüsse vorhanden und funktionsfähig
- besondere Einrichtungen wie Rückfahrsperre, Abreißseil, Gestängesteller etc. funktionssicher

- Kompressorantrieb nicht beschädigt
- Spannschlösser und Nachstelleinrichtungen funktionssicher.

5 Funktions- und Wirkungsprüfung

5.1 Betriebsbremsanlage

5.1.1 Allgemeines

Die Betriebsbremsanlage muss abstufbar zu betätigen und zu lösen sein. Die Kontrolleinrichtungen und Bremsleuchten müssen beim Betätigen funktionsgerecht ansprechen. Die in Anlage 2 angegebene Bremswirkung muss nachgewiesen werden.

5.1.2 Besondere Prüfungen

5.1.2.1 Druckluftbremsanlagen

5.1.2.1.1 Kompressor

- Förderleistung
- Einschalt-/Abschaltdruck

5.1.2.1.2 Dichtheit und Vorratsdruck

- Prüfung des Vorratsdrucks
- Prüfung bei Abschaltdruck, stehendem Motor, betätigter Betriebsbremsanlage und gelöster Feststellbremsanlage (Federspeicher)

5.1.2.1.3 Ansprechverhalten / Abstufbarkeit

- Bremskraftregler in Vollaststellung (soweit möglich), Gesamtanlagen bis Abschaltdruck auffüllen, Motor abstellen
- Druck am Kupplungskopf der Vorratsleitung prüfen
- bei zügig durchgetretenem Bremspedal bis zur Vollbremsung muss der Druckaufbau in den Bremszylindern und ggf. am Kupplungskopf der Bremsleitung unmittelbar folgen
- bei Vollbremsung Druck am Kupplungskopf der Bremsleitung prüfen
- ausreichende Abstufbarkeit

5.1.2.1.4 Selbsttätige Bremsung

- Am Zugfahrzeug muss bei Abriss der Vorrats- und/oder Bremsleitung die Drucksicherung gewährleistet sein (BBA, keine unzulässige Beeinflussung der Federspeicher-Feststellbremsanlage). Bei simuliertem Abriss der druckluftbeaufschlagten Bremsleitung muss die selbsttätige Bremsung des Anhängers eingeleitet werden können.
- Bei Anhängern muss bei Absenkung des Drucks in der Vorratsleitung die selbsttätige Bremsung des Anhängers spätestens ansprechen, wenn der Druck in der Vorratsleitung auf unter 2 bar abgefallen ist; ein betätigtes Löseventil muss bei Druckbeaufschlagung über die Vorratsleitung die Betriebsbremsanlage wieder in Betriebsbereitschaft setzen.

5.1.2.1.5 Drucksicherung

Bei aufgefüllter Druckluftbremsanlage und abgestelltem Motor ist der Druck in den einzelnen Bremskreisen unter einen bestimmten Wert (i.d.R. 3 bar) abzusenken, dabei muss der Druck in den verbleibenden Kreisen der Bremsanlage mindestens in Höhe des statischen Sicherungsdruckes (i.d.R. 4 bar) stabil bleiben. Die Funktion der Warneinrichtung ist dabei zu prüfen.

Bei Anhängern muss bei Druckverlust in den Nebenverbrauchern der Druckluftbremsanlage und bei abgesperrter Vorratsleitung der Druck in der Betriebsbremsanlage mindestens in Höhe des statischen Sicherungsdruckes (i.d.R. 5 bar) stabil bleiben.

5.1.2.6 Bremskraftregelung

Bremskraftregler sind auf Funktion sowie auf Übereinstimmung mit vorgegebenen Einstellanweisungen (z.B. ALB-Schild) zu prüfen.

5.1.2.2 Hydraulikbremsanlagen

5.1.2.2.1 Dichtheit

Die Anlage muss beim Betätigen bis zur Vollbremsstellung und Festhalten des Bremspedals den Druck halten.

Unterdruckleitungen von Bremskraftverstärkern sind durch Sicht- und Hörkontrolle auf Dichtheit zu prüfen.

5.1.2.2.2 Hauptbremszylinder, Bremskraftverstärker

Funktion prüfen

5.1.2.2.3 Bremskraftregler, -begrenzer

Prüfung der Einstellung, soweit Sollwerte vorliegen (ALB-Schild) und Prüfanschlüsse vorhanden sind

5.1.2.2.4 Pumpe, Speicher

- bei stehendem Motor: Betriebsbremse viermal voll betätigen, dabei darf die Warneinrichtung nicht ansprechen
- Warneinrichtung prüfen

Im übrigen ist sinngemäß wie bei Druckluftbremsanlagen nach 5.1.2.1 zu verfahren.

5.1.2.3 Kombinierte Druckluft-Hydraulikbremsanlagen

Bei kombinierten Bremsanlagen sind die unter 5.1.2.1 und 5.1.2.2. beschriebenen Prüfungen sinngemäß durchzuführen

5.1.2.4 Auflaufbremsanlagen

Es sind die Gängigkeit der Übertragungseinrichtungen und das Rückfahrsystem zu prüfen. Der Hub der Zugstange darf höchstens ²/₃ des gesamten Auflaufweges betragen; dies gilt nicht für die Prüfung des Rückfahrsystems.

5.2 Feststellbremsanlage

Kontrolle der Funktion der Betätigungseinrichtungen, Sperren oder Haltevorrichtungen; die in der Anlage 2 angegebene Wirkung muss nachgewiesen werden.

5.3 Dauerbremsanlage

Es ist eine Funktions- und Sichtprüfung und ggf. Dichtheitsprüfung durchzuführen.

Im Zweifelsfall muss die in der Anlage 2 angegebene Bremswirkung im Fahrversuch mit einem schreibenden Bremsmessgerät nachgewiesen werden.

5.4 Messung der Bremswirkung

5.4.1 Messbedingungen

Die Bremswirkung ist i.d.R. auf einem Bremsprüfstand festzustellen.

Auf die Prüfung der Bremswirkung auf Bremsprüfständen kann verzichtet werden:

a) bei Bremsprüfungen auf Prüfplätzen entsprechend Nr. 2.2.1 und 2.2.2 der „Richtlinie über die Beschaffenheit und Ausstattung von Untersuchungsstellen zur Durchführung von Hauptuntersuchungen nach § 29 und Anlage VIII, Nr. 3 und 4.2 StVZO“ vom 6. Okt. 1988 (VkBl. 1988 S. 718),

b) bei der Prüfung von Dauerbremsanlagen (siehe 5.3),

c) bei Fahrzeugen, die auf einem Bremsprüfstand aus technischen Gründen nicht geprüft werden können,

d) bei Krafträdern und dreirädrigen Fahrzeugen.

Die Bremswirkung dieser Fahrzeuge ist im Fahrversuch mit einem schreibenden Bremsmessgerät auf ebener, griffiger Fahrbahn festzustellen. Die Aufzeichnungen über die Bremswirkungen sind mit dem Prüfbericht zu verbinden.

In begründeten Fällen (z.B. Unterbringung des Bremsmessgerätes nicht möglich) darf die Beurteilung der Bremswirkung auch ohne Bremsmessgerät durchgeführt werden.

5.4.2 Ermittlung der Abbremsung

Die Abbremsung ist – bezogen auf das zul. Gesamtgewicht des Fahrzeugs – nachzuweisen. Die Bremskräfte können bei jedem beliebigen Beladungszustand gemessen werden.

5.4.2.1 Definition der Abbremsung

Bei der Ermittlung der Abbremsung dürfen die zulässigen Betätigungskräfte bzw. Bremsdrücke nicht überschritten werden.

Die Abbremsung z (%) ist definiert als:

$$z = \frac{\text{Summe der Bremskräfte am Radumfang} \times 100\ (\%)}{\text{Gewichtskraft des Fz}^{1}}$$

Ist das Fahrzeug nicht vollständig beladen und blockieren die Räder oder ist ein ALB-Regler vorhanden, so sind zur Hochrechnung der Ab-

[1] Die Gewichtskraft (N) erhält man durch Multiplikation der Gesamtmasse (kg) mit dem Faktor 10 (g gerundet auf 10 m/s²). Für Sattelanhänger oder Anhängefahrzeuge ähnlicher Bauart: Summe der Achskräfte.

bremsung für das beladene Fahrzeug die gemessenen Bremskräfte des teilbeladenen oder leeren Fahrzeugs zu verwenden (vgl. Ziff. 5.4.3.3 bis 5.4.3.5).

Im Zweifelsfall muss die Prüfung im beladenen Zustand wiederholt werden.

5.4.3 Messung auf dem Bremsprüfstand

5.4.3.1 Liegen Referenzwerte vor, so ist deren Einhaltung nachzuweisen.

Jeder Referenzwert setzt sich zusammen aus einem Eingabewert (z.B. der Betätigungskraft oder dem in die Radbremszylinder eingesteuerten Druck) und der zugehörigen Bremskraft der Achse.

Die Einhaltung der für das beladene Fahrzeug geforderten Abbremsung gilt damit ohne Hochrechnung als nachgewiesen.

5.4.3.2 Liegen keine Referenzwerte vor, so ist die Mindestabbremsung wie folgt nachzuweisen:

5.4.3.2.1 Wird die auf das zulässige Gesamtgewicht bezogene Mindestabbremsung bereits bei unbeladenem oder teilbeladenem Fahrzeug erreicht, gilt die geforderte Mindestabbremsung als nachgewiesen.

5.4.3.2.2 Kann nach 5.4.3.2.1 die Mindestabbremsung nicht nachgewiesen werden, so ist diese gesondert nachzuweisen (z.B. bei Druckluftbremsanlagen durch Hochrechnung nach Absatz 5.4.3.3).

Wird statt der Betätigungskraft ein Bremsdruck angegeben, so ist – soweit technisch möglich – zu prüfen, ob der für das beladene Fahrzeug vorgesehene maximale Bremsdruck erreicht werden kann.

5.4.3.3 Ermittlung der Abbremsung bei Druckluftbremsanlagen

5.4.3.3.1 Kraftfahrzeuge

Bei Kraftfahrzeugen kann die Abbremsung Z_{Mbel} (in %) für das beladene Fahrzeug analog nach 5.4.3.3.2 ermittelt werden.

Liegt der Berechnungsdruck des Fahrzeugherstellers nicht vor, ist bei der Ermittlung der Berechnungsdrücke p_{3i} folgendes zugrunde zu legen:

- Vorratsdruck, der sich beim Einschaltdruck ergibt,
- ALB-Regler in Stellung „beladen“

5.4.3.3.2 Anhängefahrzeuge

Werden die Bremskräfte nur bei leerem oder teilbeladenem Fahrzeug auf dem Bremsprüfstand gemessen, ist die Abbremsung Z_{Rbel} (in %) für das beladene Fahrzeug nach folgender Formel zu ermitteln:

$$Z_{Rbel} = \frac{\Sigma F_{3i}}{P_{Rmax}} \cdot 100\,(\%)$$

Dabei gelten folgende Beziehungen:

$$F_{3i} = F_{2i} + m_i\,(p_{3i} - p_{2i})$$

$$m_i = \frac{F_{2i} - F_{1i}}{p_{2i} - p_{1i}}$$

Die Bremskräfte F_{1i} und F_{2i} sind bei den zugehörigen Drücken p_{1i} und p_{2i} zu ermitteln.

Die Drücke p_{1i} und p_{2i} sind bei den einzelnen Achsen so zu wählen, dass ihre Werte möglichst weit auseinanderliegen. Bei der Ermittlung der Abbremsung kann ein Berechnungsblatt analog Anlage 1 verwendet werden.

Bei der Ermittlung der für die Hochrechnung zu verwendenden Berechnungsdrücke p_{3i} ist ein Bremszylinderdruck von maximal 6,5 bar zugrunde zu legen.

5.4.3.4 Ermittlung der Abbremsung bei kombinierten Bremsanlagen

Hierbei ist sinngemäß nach den vorstehenden Unterpunkten von 5.4.3 zu verfahren (ggf. Anweisungen des Fahrzeugherstellers beachten).

5.4.3.5 Ermittlung der Abbremsung bei Bremsanlagen anderer Bauarten

Hierbei ist sinngemäß nach den vorstehenden Unterpunkten von 5.4.3 zu verfahren (ggf. Anweisungen des Fahrzeugherstellers beachten).

5.4.3.6 Auflaufbremsanlagen

Prüfung über die Festellbremsanlage; es muss entweder eine Abbremsung von mindestens

15 % (bezogen auf das zul. Gesamtgewicht des Anhängers) oder die Blockiergrenze erreicht werden.

5.4.3.7 Feststellbremsanlagen

Es muss eine Abbremsung nach dem in der Anlage 2 für die Feststellbremsanlage angegebenen Mindestwert (bezogen auf das zul. Gesamtgewicht des Fahrzeugs) oder die Blockiergrenze erreicht werden.

Die Festhaltewirkung kann auch auf einer entsprechenden Gefällestrecke oder durch Messung der Zugkraft bei einem Zugversuch geprüft werden.

5.4.4 Messung im Fahrversuch

5.4.4.1 Ermittlung der Abbremsung von Kraftfahrzeugen

Wenn Messungen mit leerem oder teilbeladenem Fahrzeug durchgeführt werden, muss die vorgeschriebene Abbremsung (siehe Anlage 2) bei einem eingesteuerten Bremsdruck bzw. einer Betätigungskraft erreicht werden, der/die zum maximalen Wert im gleichen Verhältnis steht wie das Fahrzeuggewicht in dem bei der Messung vorhandenen Beladungszustand zum zul. Gesamtgewicht des Fahrzeugs.

Die Abbremsung für das Fahrzeug bei zulässigem Gesamtgewicht kann dann nach der Formel

$$z_{bel} = z' \cdot \frac{pz}{pz'} \cdot \frac{P_M'}{P_{Mmax}} \quad (\%)$$

berechnet werden, wenn die Bremsdrücke an Vorder- und Hinterachse in den verschiedenen Beladungszuständen jeweils im gleichen Verhältnis zueinander stehen (ggf. ALB-Regler in Stellung „beladen“ bringen oder Anweisungen des Fahrzeugherstellers beachten).

Alternativ kann bei Fahrzeugen mit Druckluftbremsanschluss der Nachweis der Mindestabbremsung durch Erfüllung eines der Zuordnungsbänder (leer oder beladen) erbracht werden.

Kann die Mindestabbremsung nach den vorgenannten Verfahren nicht ermittelt werden, so ist diese mindestens im vorgestellten Beladungszustand nachzuweisen.

5.4.4.2 Ermittlung der Abbremsung von Anhängefahrzeugen

Zur Feststellung der Wirkung der Anhängerbremsanlage sind Fahrversuche mit dem Zug durchzuführen, wobei nur das Anhängefahrzeug gebremst wird.

Die Abbremsung des Anhängefahrzeugs errechnet sich dann aus:

$$Z_R = (Z_{R+M} - R) \cdot \frac{P_M + P_R}{P_R} + R^1 \, (\%)$$

Die Einhaltung der Mindestabbremsung, bezogen auf das zulässige Gesamtgewicht des Fahrzeugs, ist ggf. analog Nr. 5.4.4.1 nachzuweisen.

5.4.5 Beurteilung der Bremswirkung

5.4.5.1 Mindestabbremsung

Die in der Anlage 2 angegebene Mindestabbremsung muss von den Fahrzeugen erreicht werden.

5.4.5.2 Gleichmäßigkeit der Bremswirkung

– **Betriebsbremsanlage**

In den oberen 2/3 des Prüfbereiches darf der Unterschied der Bremskräfte an den Rädern einer Achse nicht mehr als 25 %, bezogen auf den jeweils höheren Messwert, betragen.

Bei automatischer Auswertung muss sichergestellt sein, dass der Messwert zum Zeitpunkt des Blockierens eines Rades nicht in die Bewertung eingeht.

Bei Messungen im Fahrversuch ist die Gleichmäßigkeit der Bremswirkung (Spurhaltung, Eigenlenkbewegungen, Blockierverhalten) einzuschätzen; ein übermäßiges Abweichen von der Fahrspur ist nicht zulässig. Beim Ablesen/Feststellen der Messwerte darf kein Rad blockieren.

– **Feststellbremsanlage**

Die Feststellbremsanlage muss auf beiden Seiten einer Achse wirken.

Bei Fahrzeugen, bei denen die Feststellbremsanlage gemäß Richtlinie 71/320/EWG Anhang I Nr.

[1] Für R (Rollwiderstand) können näherungsweise 1,5 % eingesetzt werden.

2.2.1.2.4[1] so beschaffen sein muss, dass sie während der Fahrt betätigt werden kann, darf dabei die Differenz der Bremskräfte im oberen Bereich unmittelbar vor der Blockiergrenze nicht mehr als 50 %, bezogen auf den jeweils höheren Wert betragen.

Beim Ablesen der Messwerte darf kein Rad der geprüften Achse blockieren.

Bei automatischer Auswertung ist nur die vor der Blockiergrenze angezeigte Ungleichheit zu berücksichtigen.

Die Einhaltung dieser Bedingungen ist bei Prüfung auf dem Bremsprüfstand achsweise wie folgt zu überprüfen:

$$\frac{\text{Differenz der Bremskräfte}}{\text{größte Bremskraft}} \cdot 100 \leq \ldots (\%)$$

6 Automatischer Blockierverhinderer (ABV)

Bei Fahrzeugen mit ABV ist zu prüfen, ob die Sicherheitseinrichtung entsprechend den Herstellerangaben arbeitet (Sicherheitsschaltung in Verbindung mit der Warneinrichtung – nur Aufleuchten und Verlöschen der Kontrolleuchte –).

[1] Auszug aus Richtlinie 71/329/EWG Anh. I Nr. 2.2.1.2.4: Haben die Betriebsbremsanlage und die Hilfsbremsanlage eine gemeinsame Betätigungseinrichtung, so muss die Feststellbremsanlage so beschaffen sein, dass sie während der Fahrt betätigt werden kann. Diese Vorschrift gilt nicht, wenn eine Hilfsbetätigungseinrichtung ein wenigstens teilweises Betätigen der Betriebsbremsanlage gestattet.

Anlage 1
zu Nr. 5.4.3.3

Berechnungsblatt

Allgemeine Fahrzeugdaten aus den Fahrzeugpapieren			
amtl. Kennzeichen		zul. Gesamtgewicht	kg
Fz- und Aufbauart		zul. Achslast, vorn i = 1	kg
Fz-Hersteller		zul. Achslast, mitten i = 2	kg
Typ		zul. Achslast, mitten i = 3	kg
Nutz- o. Aufliegelast	kg	zul. Achslast, hinten i = 4	kg
Leergewicht	kg	Zahl der Achsen	

Meßwerte und Berechnung

Achse i	F_{2i} (daN)		p_{2i} (bar)	F_{1i} (daN)		p_{1i} (bar)	m $(\frac{daN}{bar})$	p_{3i} (bar)	p_{32i} (bar)	F_{3i} (daN)
	li	re		li	re					
i = 1										
i = 2										
i = 3										
i = 4										
									ΣF_{3i} = (daN)	

$z_{Mbel} = \frac{\Sigma F_{3i}}{P_{M\max}} \cdot 100 =$	(%)
$z_{Rbel} = \frac{\Sigma F_{3i}}{P_{R\max}} \cdot 100 =$	(%)

Erläuterungen

p_{1i} = Druck bei Meßwert 1 > Anlegedruck

p_{2i} = Druck bei Meßwert 2 < Blockierdruck

p_{3i} = Berechnungsdruck für Achse i (ggf. bei max. Abregeldruck)

p_{32i} = Differenz zwischen Berechnungsdruck und Druck bei Meßwert 2; $p_{32i} = p_{3i} - p_{2i}$

F_{1i} = Bremskräfte bei Druck p_{1i} ($F_{1i} = F_{1ili} + F_{1ire}$)

F_{2i} = Bremskräfte bei Druck p_{2i} ($F_{2i} = F_{2ili} + F_{2ire}$)

F_{3i} = nachgerechnete Bremskraft; $F_{3i} = F_{2i} + m_i \cdot p_{32i}$

ΣF_{3i} = Summe der hochgerechneten Bremskräfte

m = Kennliniensteigung für Bremskraft; $m_i = \frac{F_{2i} - F_{1i}}{p_{2i} - p_{1i}}$

z_{Mbel} = Abbremsung des beladenen Kraftfahrzeugs (%)

z_{Rbel} = Abbremsung des beladenen Anhängefahrzeugs (%)

P_{Mmax} = gesamte statische Normalkraft (daN) bei zul. Gesamtmasse (Gesamtgewicht) des Kraftfahrzeugs

P_{Rmax} = gesamte statische Normalkraft (daN) zwischen den Rädern des Anhängefahrzeugs und dem Boden bei zul. Gesamtmasse (zul. Gesamtgewicht)

Anlage 2
zu 5.4.5.1 – Stand Mai 1995 –

Mindestabbremsung
und zulässige Betätigungskräfte

Tabelle 1 [1]**:** Gilt für Fahrzeuge, die **ab** dem 1. Januar 1991 (Inkrafttreten des § 41 Abs. 18 StVZO i.V.m. § 72 Abs. 2 StVZO) geprüft und genehmigt wurden. Die in Klammern gesetzten Abbremswerte gelten für Fahrzeuge, die **vor** dem 1. Januar 1991 geprüft und genehmigt wurden. Ist für diese Fahrzeuge kein Klammerwert angegeben, gelten die Werte in Tabelle 2.

Fahrzeugklassen	BBA			FBA		
	$z \geqq$ [%]	$F_H \leqq$ [daN]	$F_F \leqq$ [daN]	$z \geqq$ [%]	$F_H \leqq$ [daN]	$F_F \leqq$ [daN]
M_1 (Pkw, Wohnmobile)	50	—	50	16; (15)	40	50
M_2, M_3 (Kraftomnibusse)	50; (48)	—	70	16; (15)	60	70
L_5 (3rädrige Kfz bis 1000 kg zul. Gesamtgewicht)	45	20	50	15	20	50
N_1 (Lkw/Zugm. bis 3,5 t zul. Gesamtgewicht)	50; (45)[2]	—	70	16; (15)	60	70
N_2, N_3 (Lkw/Zugm. über 3,5 t zul. Gesamtgewicht)	45; (43)[2]	—	70	16; (15)	60	70
O[3] (Anhängefahrzeuge)						
bis 25 km/h	25	—	—	15	60	—
über 25 km/h	43; (40)	($P_m \leqq$ 6,5 bar)		16; (15)	60	—
Krafträder bei Prüfung ohne Beifahrer	v h vuh					
L_2-3rädrig/≦ 50 km/h	15[4] 15[4] 35/40[5]	20	40	—	—	—
L_3-2rädrig/> 50 km/h	35 30 50	20	50	—	—	—
L_4-3rädrig; asym./> 50 km/h	— — 45	20	50	—	—	—
lof Zugmaschinen $V_{max} \leqq$ 30 km/h	35	40	60	15	40	60
übrige Kraftfahrzeuge						
bis 25 km/h	25	—	70	15	60	70
über 25 km/h	40	—	70	16 (15)	60	70
	Dauerbremswirkung					
M_3 (≦ 10 t), N_3	entsprechend Typ II	vgl. RREG 71/320/EWG Anhang II				
M_3 (> 10 t)	entsprechend Typ IIa					

Tabelle 2[1]**:** Gilt für Fahrzeuge, die vor dem 1. Januar 1991 geprüft und genehmigt wurden und für die in Tabelle 1 keine Abbremswerte (Klammerwerte) angegeben sind.

Fahrzeugklassen		BBA			HBA			FBA		
		$z \geq$ [%]	$F_H \leq$ [daN]	$F_F \leq$ [daN]	$z \geq$ [%]	$F_H \leq$ [daN]	$F_F \leq$ [daN]	$z \geq$ [%]	$F_H \leq$ [daN]	$F_F \leq$ [daN]
Krafträder		30	25	50	—	—	—	—	—	—
andere Kraft-fahr-zeuge	≦ 25 km/h	25	—	80	20	G ≦ 2,5 t: 40	80	20	G ≦ 2,5 t: 40	80
	> 25 km/h	40	—	80	20	G > 2,5 t: 60	80	20	G > 2,5 t: 60	80
An-hänger	≦ 25 km/h	25	40	—	—	—	—	20	60	—
	> 25 km/h	40	40	—	—	—	—	20	60	—

Hinweise:

[1]) Die verwendeten Abkürzungen bedeuten:

BBA = Betriebsbremsanlage; HBA = Hilfsbremsanlage; FBA = Feststellbremsanlage;
F_F = Fußkraft; F_H = Handkraft; G = zul. Gesamtgewicht;
v = vorn; vuh = vorn und hinten; z = Abbremsung
h = hinten;

[2]) Bei Fahrzeugen mit einer radstandsbezogenen Schwerpunkthöhe von $\frac{h}{E} \geqq 0{,}5$ sind bei der Prüfung Abbremswerte von 40 % ausreichend.

[3]) Bei O_1-Anhängern nur, soweit eine Bremsanlage vorhanden ist.

[4]) Sofern unabhängige Betriebsbremsanlagen für Vorder- und Hinterräder vorhanden.

[5]) 35% bei asymmetrisch angeordneten Rädern und 40 % bei symmetrisch angeordneten Rädern.

5. Richtlinie für die Überprüfung des Standgeräuschs von Krafträdern im Rahmen der regelmäßigen technischen Überwachung nach § 29 StVZO („Richtlinie zur Standgeräuschmessung") sowie zur Kontrolle der Geräuschemission im Verkehr befindlicher Krafträder

(VkBl. 2006, S. 338)

Die Vorschriften des § 29 StVZO über die regelmäßige technische Überwachung der Fahrzeuge wurden erweitert um die Ermittlung der Geräuschemissionen von Krafträdern (Anlage VIIIa Nr. 4.8.1.2 StVZO).

In der Zulassungsbescheinigung Teil I (Fz-Schein) wird ein Wert für das Standgeräusch des Fahrzeugs dokumentiert, der von den amtlich anerkannten Sachverständigen oder Prüfern/Prüfingenieuren (aaSoP/PI) bzw. der Polizei herangezogen werden kann, um eine Aussage über die Geräuschemission des Fahrzeugs treffen zu können.

Die vorliegende Richtlinie beinhaltet die Durchführungsbestimmungen für Standgeräuschmessungen durch die aaSoP/PI bzw. der Polizei sowie die erforderlichen Vorgaben an die einzusetzenden Messgeräte und den Prüfplatz.

Nach Zustimmung der zuständigen obersten Landesbehörden (Nr. 1.2.1 Anlage VIII und Nr. 1 Anlage VIIIa StVZO) wird hiermit die nachstehende Richtlinie bekannt gegeben. Die Richtlinie ist ab dem 1. April 2006 anzuwenden.

Richtlinie für die Überprüfung des Standgeräuschs von Krafträdern im Rahmen der regelmäßigen technischen Überwachung nach § 29 StVZO(„Richtlinie zur Standgeräuschmessung") sowie zur Kontrolle der Geräuschemission im Verkehr befindlicher Krafträder

1. Allgemeines

Nach § 29 in Verbindung mit Anlage VIIIa StVZO muss die Geräuschemission eines motorisierten Kraftrads vom aaSoP/PI beurteilt werden. Nach Auffälligkeit bei der subjektiven Geräuschbeurteilung findet die „Richtlinie zur Standgeräuschmessung" Anwendung (Nr. 4.8.1.2 Anlage VIIIa StVZO).

In der „Richtlinie zur Standgeräuschmessung" werden Mindestanforderungen an

- örtliche Gegebenheiten
- Geräteausstattung
- Durchführung und Auswertung der Messungen

vorgegeben.

Bei Beachtung vorstehend genannter Kriterien kann die Richtlinie auch für die Kontrolle der Geräuschemissionen im Verkehr befindlicher Krafträder durch die Polizei angewendet werden.

2. Voraussetzungen

2.1 Örtliche Anforderungen

Als Prüfgelände eignen sich ebene Flächen, die mit Beton, Asphalt oder einem anderen harten Material (keine fest gewalzte Erde) überzogen sind und eine hohe Schallreflexion aufweisen.

Nennenswerte akustische Störungen dürfen nicht auftreten.

Die Mindestabmessungen des Prüfgeländes sind in Bild 1 dargestellt.

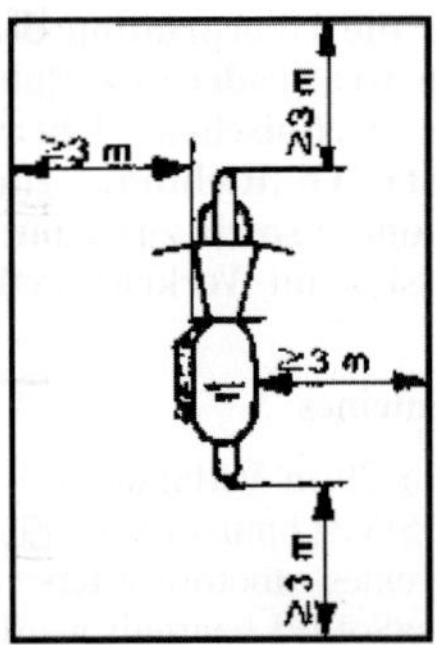

Bild 1: Mindestgröße des Prüfgeländes

Auf dem Prüfgelände dürfen keine nennenswerten Hindernisse sein; während der Messung dürfen sich nur der Fahrer und die die Messung durchführende Person auf dem Prüfgelände befinden.

2.2 Messgeräte

2.2.1 Geräuschmessgeräte

Die zu verwendenden Schallpegelmesser müssen den Anforderungen der Klasse 1 der Norm IEC 61672, Teil 1, Stand 2002, entsprechen.

Zu Beginn und am Ende jeder Messreihe (eine Kalibrierung pro Tag) ist das Schallpegelmessgerät nach Herstellerangabe mit einer geeigneten Schallquelle zu kalibrieren.

2.2.2 Drehzahlmessgerät (DZMG)

Das DZMG muss unabhängig von Motorbauart, Zünd- und Gemischbildungssystem arbeiten und darf maximal einen Fehler von ± 3% vom Skalenendwert aufweisen.

Die Verwendung eines am Fahrzeug vorhandenen Drehzahlmessers für die Standgeräuschmessung ist nicht zulässig.

3. Messbedingungen

3.1 Kraftrad

Vor Beginn der Messung muss das Kraftrad konditioniert werden, d. h. der Motor muss die normale Betriebstemperatur erreicht haben.

Bei automatisch gesteuerten Lüftern darf während der Geräuschmessung nicht in die Schaltautomatik eingegriffen werden.

Für die Messung muss das Getriebe in Leerlaufstellung gebracht werden; bei einem Automatikgetriebe muss das Antriebsrad frei laufen.

Die Drehzahl des Motors ist für die Dauer von mindestens 1 s in dem entsprechenden Drehzahlband zu halten:

– 1/2 S ± 5 %, wenn S > 5000 min^{-1}

– 3/4 S ± 5 %, wenn S ≤ 5000 min^{-1} ist.

„S" steht für Nennleistungsdrehzahl des zu prüfenden Kraftrads.

Die zu messende Drehzahl muss dokumentiert werden. Nach Erreichen der Messdrehzahl (Anzeige am Gerät) ist die Betätigungseinrichtung der Drosselklappe plötzlich in Leerlaufstellung zurückzunehmen. Der Schallpegel ist während des Betriebsablaufs, der die Verweildauer im Drehzahlband (1 s) und mindestens eine Verzögerung der Motordrehzahl auf einen Wert von 50 % des Messwertes umfasst, zu messen, wobei als Messwert der maximale Anzeigewert gilt.

3.2 Durchführung der Messungen

3.2.1 Allgemeines

Das Umgebungsgeräusch muss mindestens 10 dB (A) unter dem zu messenden Geräuschpegel liegen (Standgeräuschwert aus Fz-Papieren).

Das Kraftrad muss auf dem Prüfgelände (siehe Bild 1) positioniert sein, so dass bei eventuell vorhandenen Bordsteinkanten ein Mindestabstand zum Messmikrofon von 1 m vorhanden ist.

Es ist der A-bewertete maximale Geräuschpegel in dB zu messen.

An jedem Messpunkt sind mindestens drei Messungen vorzunehmen.

3.2.2 Mikrofonpositionierung (siehe Bild 2)

Das Mikrofon ist in der Höhe der Auspuffmündung aufzustellen, in keinem Fall jedoch niedriger als 0,2 m über der Fahrbahnoberfläche. Die Ausrichtung der Kapsel des Mikrofons gegen die Ausströmöffnung der Abgase ist vorzunehmen. Hilfsmittel, wie z. B. eine Positionierungslehre, sind zulässig. Die Mikrofonkapsel muss zur Ausströmöffnung einen Abstand von 0,5 m ± 0,05 m haben. Die Achse der größten Empfindlichkeit des Mikrofons muss sich parallel zur Fahrbahnoberfläche und unter einem Winkel von 45° ± 5° zu der senkrechten Ebene, in der die Austrittsrichtung der Abgase liegt, befinden. Mit Bezug auf diese senkrechte Ebene ist das Mikrofon auf der Seite aufzustellen, die den größtmöglichen Abstand zum Umriss des Kraftrads – ausschließlich des Lenkers – zulässt. Hat das Auspuffsystem mehrere Mündungen, deren Mittenabstand nicht größer als 0,3 m ist, so ist das Mikrofon der Mündung zuzuordnen, die dem Kraftradumriss – ausschließlich des Lenkers – am nächsten liegt oder die den größten Abstand von der Fahrbahnoberfläche hat. Beträgt der Mittenabstand der Mündungen mehr als 0,3 m, so sind getrennte Messungen für jede Auspuffmündung vorzunehmen, wobei der größte gemessene Wert festzuhalten ist.

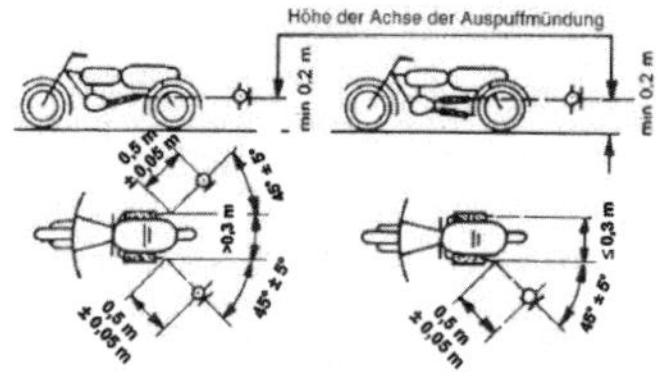

Bild 2: Mikrofonpositionierung bei der Standgeräuschmessung

3.2.3 Auswertung der Ergebnisse

Die Geräuschmesswerte sind am Schallpegelmessgerät abzulesen und auf das nächstliegende ganze dB mathematisch zu runden (folgt dem Komma eine Ziffer zwischen 0 und 4, wird abgerundet; folgt ihm eine Ziffer zwischen 5 und 9, wird aufgerundet).

Es sind nur Geräuschmesswerte zu verwenden, deren Differenz bei drei aufeinander folgenden Messungen nicht größer als 2 dB (A) ist.

Als Geräuschmessergebnis gilt der höchste der drei Messwerte.

Das ermittelte Geräuschmessergebnis muss korrigiert werden. Zu berücksichtigende Einflussfaktoren sind unter anderem Messgerätetoleranzen und Ablesefehler.

Der Korrekturwert für die voranstehend beschriebene Standgeräuschmessung beträgt 5 dB (A)[1].

Der für die Geräuschbeurteilung heranzuziehende Wert ist das Geräuschmessergebnis reduziert um den Korrekturwert. Dieser Wert wird als Standgeräuschvergleichswert (SGVWt) bezeichnet.

3.2.4 Dokumentation der Ergebnisse[2]

3.2.4.1 Standgeräuschmessung im Rahmen der Hauptuntersuchung (HU)

Übersteigt der SGVWt den in den Fz-Papieren eingetragenen Standgeräuschmesswert, so ist von aaSoP/PI ein erheblicher Mangel – EM – festzustellen (vgl. HU-Richtlinie). Die Messdrehzahl sowie der SGVWt sind im Untersuchungsbericht zu dokumentieren.

[1] Siehe Forschungsbericht der Bundesanstalt für Straßenwesen „Standgeräuschmessung an Motorrädern im Verkehr und bei der Hauptuntersuchung nach § 29 StVZO", Januar 2004; Schriftenreihe der BASt, Unterreihe „Fahrzeugtechnik", F 48.

[2] Bei Krafträdern, deren Standgeräuschwert bei der Homologation im Fernfeld (DIN-Phon) ermittelt wurde, ist ein Vergleich des SGVWt mit dem in den Fahrzeugdokumenten eingetragenen Standgeräuschwert nicht zulässig. Zum Vergleich mit dem Messergebnis ist der eingetragene Standgeräuschwert um 21 dB(A) zu erhöhen.

3.2.4.2 Standgeräuschmessung im Verkehr befindlicher Krafträder durch die Polizei

Übersteigt der SGVWt den in den Fz-Papieren eingetragenen Standgeräuschmesswert, so ist zu prüfen, ob ein Erlöschen der Betriebserlaubnis nach § 19 StVZO vorliegt. Liegt kein Erlöschen der Betriebserlaubnis nach § 19 StVZO vor, ist ein Verstoß gegen § 49 Abs. 1 StVZO festzustellen.

Nachstehend genannte Angaben sind zu dokumentieren:

- Fahrzeughersteller (Marke)
- Amtliches Kennzeichen
- Standgeräuschwert aus der Zulassungsbescheinigung Teil I (Fz-Schein)
- SGVWt
- Messdrehzahl.

6. Richtlinie für die Lieferung von Systemdaten durch Fahrzeughersteller oder -importeure für die regelmäßige technische Überwachung der Fahrzeuge nach § 29 StVZO („Systemdaten-Richtlinie")

(VkBl. 2006, S. 334)

Infolge der Neufassung der Vorschriften über die regelmäßige technische Überwachung der Fahrzeuge (§§ 29, 47a StVZO) werden elektronische Fahrzeugsysteme in die Untersuchungen einbezogen (Nr. 1.3 und 1.4 Anlage VIIIa StVZO). Sofern keine Untersuchungsvorschriften nach Nr. 1.1 oder 1.2 Anlage VIIIa StVZO vorliegen, sollen Fahrzeughersteller oder -importeure für diesen Zweck für die einzelnen Fahrzeuge Systemdaten liefern, die die amtlich anerkannten Sachverständigen oder Prüfer/Prüfingenieure (aaSoP/ PI) in die Lage versetzen, im Rahmen der vorgeschriebenen Pflichtuntersuchungen die in den untersuchten Fahrzeugen vorhandenen Systeme oder Bauteile zu identifizieren und durch Anwendung geeigneter Prüfverfahren an den verbauten Systemen eventuelle Mängel zu erkennen. Darüber hinaus werden diese Systemdaten benötigt, um feststellen zu können, ob gegebenenfalls das vorgeschriebene Sicherheitsniveau des Fahrzeugs z. B. durch Änderung oder Ausbauten unzulässig vermindert wurde.

Die Systemdaten sollen in digitaler Form an den Arbeitskreis Erfahrungsaustausch in der technischen Fahrzeugüberwachung nach StVZO (AKE) geliefert werden, damit die Informationen den aaSoP/PI mit vertretbarem Aufwand in Form von Datenbanken elektronisch zur Verfügung gestellt werden können.

Die vorliegende Richtlinie beinhaltet die Vorgaben für den Inhalt, die Form und die Verfahren zur Lieferung der Systemdaten durch die Fahrzeughersteller oder -importeure.

Nach Zustimmung der zuständigen obersten Landesbehörden wird hiermit die nachstehende Richtlinie bekanntgegeben (Nr. 4 Anlage VIIIa StVZO). Die Richtlinie kann sofort angewendet werden.

Richtlinie für die Lieferung von Systemdaten durch Fahrzeughersteller oder -importeure für die regelmäßige technische Überwachung der Fahrzeuge nach § 29 StVZO („Systemdaten-Richtlinie ")

1. Geltungsbereich

Diese Richtlinie gilt für Fahrzeuge, in denen Systeme und Bauteile mit elektronischen Komponenten verbaut sind und für die keine Untersuchungsvorschriften nach Nr. 1.1 oder 1.2 Anlage VIIIa StVZO vorliegen, jedoch nach Anlage VIIIa StVZO eine Pflichtuntersuchung („Einhaltung von Systemdaten") vorgeschrieben ist. Die Lieferung von Systemdaten soll für alle Fahrzeuge, die ab dem 1. April 2006 erstmals in den Verkehr kommen unter der Maßgabe erfolgen, dass die Systemdaten spätestens sechs Monate nach dem erstmals in den Verkehr bringen von neuen Fahrzeugen geliefert sind.

2. Inhalt

2.1 Systemdaten

Systemdaten sind die Gesamtheit der Informationen über die im jeweiligen Einzelfahrzeug verbauten Bauteile und Systeme mit elektronischen Komponenten, für die nach Anlage VIIIa StVZO die Untersuchung auf Einhaltung der Systemdaten vorgeschrieben ist (Verbauinformation) sowie die Prüfverfahren für diese Systeme.

2.2 Verbauinformation

Die Verbauinformation zu einem bestimmten System oder Bauteil umfasst die Bezeichnung und die Identifikationsmerkmale des Systems oder Bauteils.

Die Bezeichnung muss so differenziert sein, dass sie zwischen verschiedenen Systemversionen (siehe auch 2.3) unterscheidet, sofern sie für die Untersuchung relevant sind.

2.3 Systemversion

Eine Systemversion ist eine definierte Ausprägung eines Systems oder Bauteils, innerhalb derer die prüfrelevanten Eigenschaften, Identifikationsmerkmale und Prüfverfahren einheitlich sind.

2.4 Identifikationsmerkmale

Merkmale, die – für sich allein oder in Kombination – die eindeutige Identifikation eines bestimmten Systems oder Bauteils ermöglichen (z. B. Ort und Art des Komponentenverbaus, Kontroll- und Warnleuchten, Schalter, Hinweise zu Anbauteilen, Aufkleber, Komponentenabfrage mittels universellem Diagnosegerät).

2.5 Prüfverfahren

Die Angabe des Prüfverfahrens zu einem bestimmten System oder Bauteil beinhaltet die Bezeichnung desselben und die algorithmische Beschreibung (Auflistung der Prüfschritte) des Prüfverfahrens inklusive Rand- und Erfolgsbedingungen.

Zu den Randbedingungen gehören alle vor und während einer Funktions- oder Wirkprüfung einzuhaltenden bzw. zu schaffenden Voraussetzungen für eine zuverlässige und beschädigungsvermeidende Prüfungsdurchführung des Systems.

Erfolgsbedingungen bezeichnen die Beurteilungen verschiedener im Rahmen der Prüfung auftretender Systemzustände bezüglich der Verkehrssicherheit aus der Sicht des Fahrzeugherstellers oder -importeurs.

Ein Prüfverfahren ist für die Lieferung im Rahmen der Systemdaten dann geeignet, wenn damit die Vorschriftsmäßigkeit des betreffenden Bauteils oder Systems mit vertretbarem zeitlichen und finanziellen Aufwand sowie mit ausreichender Zuverlässigkeit festgestellt werden kann.

2.6 Inhalte der Dateien von Systemdaten

Die Lieferung der Daten muss für die Verbauinformation umfassen:

- Zuordnung der Fahrzeugidentifizierungsnummer – FIN – (Auszug) und/oder der (m) KBA-Schlüsselnummern und/oder Ausstattungscodes zur Systembezeichnung oder zum Systemcode.

Die Lieferung der Daten muss für die Prüfverfahren umfassen:

- Zuordnung jeder Systembezeichnung bzw. jedem Systemcode zur Bezeichnung des Prüfverfahrens
- algorithmische Beschreibung des Prüfverfahrens.

Begleitend sind folgende Informationen mitzuliefern, um die Interpretation der gelieferten Daten zu ermöglichen:

- Datensatzbeschreibungen zu allen gelieferten Informationen (Tabellen).
- Verknüpfungsregelungen mit Erläuterungen für die korrekte Zuordnung der FIN (Auszug) und/oder KBA-Schlüsselnummern und/oder Ausstattungscodes zu den Systemdaten auf Basis der gelieferten Tabellen.

Aus den Dateien müssen die benötigten Informationen gewonnen werden können, das heißt:

- Zu jeder FIN (Auszug) und/oder KBA-Schlüsselnummer und/oder Ausstattungscode eines Fahrzeugs des Fahrzeugherstellers oder -importeurs müssen allein auf Basis der gelieferten Tabellen und Zusatzinformationen die Systemdaten (immer Verbau und soweit vorhanden Prüfverfahren) eindeutig und vollständig zuzuordnen sein.

3. Form

Die Systemdaten müssen in digitaler Form eines gebräuchlichen Dateiformats bereitgestellt werden. Für die Datenstruktur gibt es keine festen Vorgaben. Die Datenstruktur muss jedoch die benötigten Informationen vollständig enthalten und durch den Hersteller dokumentiert sein, so dass die Systemdaten eindeutig und uneingeschränkt ableitbar sind (siehe 2.6). Der AKE wird die Hersteller dabei unterstützen, geeignete, aufwandsminimale Datenformate und -strukturen zu definieren.

4. Verfahren

4.1 Die Systemdaten für ein bestimmtes System oder Bauteil sollen vom Fahrzeughersteller oder -importeur speziell für die Fahr-zeugüberwachung festgelegt werden. Die Systemdaten werden von den Fahrzeugherstellern oder -importeuren in der nach 3. erforderlichen Form an den AKE geliefert.

4.2 Um die Abläufe und die erzielten Ergebnisse zu optimieren und einen Ansprechpartner für fachliche und technische Fragen der Datenlieferung zur Verfügung zu stellen, sollen sogenannte „AKE-Beauftragte" eingesetzt werden. Diese AKE-Beauftragten sind Mitarbeiter von Technischen Prüfstellen für den Kraftfahrzeugverkehr oder amtlich anerkannter Überwachungsorganisationen (TP oder ÜO) und stellen die Verbindung zu den Fahrzeugherstellern oder -importeuren sicher.

4.3 Die Fahrzeughersteller oder -importeure generieren/exportieren die für die Fahrzeugüberwachung benötigten Daten in Abstimmung mit den AKE-Beauftragten und stellen sie diesen digital zur Verfügung.

Die AKE-Beauftragten pflegen die vom Fahrzeughersteller oder -importeur gelieferten Daten gemäß standardisierter Vorgaben in die zentrale AKE-Systemdatenbank ein. Fahrzeughersteller oder -importeure sind bei Abweichungen von den gelieferten Datenvorgaben unaufgefordert und unverzüglich zu unterrichten.

Die Datensätze aus der AKE-Systemdatenbank werden den TP oder ÜO online und offline über ein standardisiertes Datenmodell mit einheitlicher Struktur, einheitlichem Format und einheitlicher Darstellung bereitgestellt.

5. Verfahren, wenn keine oder nicht ausreichende Systemdaten vorliegen

5.1 Sofern keine oder nicht ausreichende Systemdaten geliefert werden, sind diese vom AKE im Benehmen mit dem Fahrzeughersteller oder -importeur festzulegen (Nr. 1.4 Anlage VIIIa StVZO). Nicht ausreichende Vorgaben liegen vor, wenn damit auf Grund vorliegender Erkenntnisse oder Prüferfahrungen Feststellungen über die Vorschriftsmäßigkeit des Fahrzeugs nach den Vorschriften der Anlage VIIIa StVZO nicht möglich sind.

5.2 Die vom Fahrzeughersteller oder -importeur gelieferten Systemdaten für ein bestimmtes System oder Bauteil können vom AKE in Abstimmung mit ihnen ergänzt und korrigiert werden, wenn auf Grund vorliegender Erkenntnisse oder Prüferfahrungen Feststellungen über die Vorschriftsmäßigkeit des Fahrzeugs nach den Vorschriften der Anlage VIIIa StVZO sonst nicht möglich sind.

Wird bei der Durchführung der ersten HU an einem Fahrzeug von aaSoP oder PI festgestellt, dass Bauteile oder Systeme im Fahrzeug verbaut sind, für die noch keine oder nur teilweise Systemdaten entsprechend Nr. 1 und Nr. 4 Anlage VIIIa StVZO vorliegen und insoweit die Beurteilung der Vorschriftsmäßigkeit nicht möglich ist, so muss der aaSoP oder PI eine über die Pflichtuntersuchung hinausgehende Ergänzungsuntersuchung nach Nr. 2.2 Anlage VIIIa StVZO durchführen. Soweit möglich, sind dabei von ihm die für die Durchführung der HU benötigten Systemdaten festzulegen und bei der Untersuchung zu berücksichtigen. Danach ist das Fahrzeug über den Leiter der TP oder ÜO an den AKE zu melden. Die Weitergabe bzw. die Erstellung der Systemdaten ist dann über den AKE zu veranlassen.

7. Richtlinie für die Durchführung von Sicherheitsprüfungen (SP) nach § 29 und Anlage VIII StVZO („SP-Richtlinie")

(VkBl. 1998 S. 528 und 2003 S. 750)

Durch die Neufassung der Vorschriften über die regelmäßige Technische Überwachung der Fahrzeuge (§ 29, Anlage VIII StVZO) sind die bisher für Nutzfahrzeuge vorgeschriebenen Zwischenuntersuchungen (ZU) und Bremsensonderuntersuchungen (BSU) entfallen. Die wichtigsten Prüfinhalte der ZU und BSU wurden zusammengefasst, in einigen Punkten im Sinne einer effizienteren Durchführung gestrafft und in die Sicherheitsprüfung aufgenommen.

Die SP soll von ihrer Zielsetzung der verbesserten Fahrzeugtechnik, dem insgesamt günstigeren Verschleißverhalten und der zurückgegangenen Reparaturanfälligkeit der Fahrzeuge Rechnung tragen. Dementsprechend wurden auch die Zeitabstände (Fristen) für die Durchführung der SP in Nummer 2.1 der Anlage VIII StVZO vorgeschrieben. Außerdem beschränkt sich der Umfang der SP auf die nachstehend aufgeführten 5 Prüfbereiche an den Fahrzeugen. Die dort aufgeführten (Einzel-)Prüfpunkte sind von den die SP durchführenden Personen immer zu überprüfen (Nummer 1.3 Anlage VIII StVZO).

Die Vorschriften über das Verfahren der Mängelfeststellungen und die Zuteilung der Prüfmarke (Anlage IXb StVZO) für mängelfreie Fahrzeuge sind in Nummer 3.2 Anlage VIII StVZO enthalten.

Nach Zustimmung der zuständigen obersten Landesbehörden (Nummer 1.3 Anlage VIII StVZO) wird hiermit die für eine einheitliche Durchführung der SP aufgestellte Richtlinie bekanntgemacht.

Die Richtlinie ist ab dem 1. Dezember 1999 bei der Durchführung von SP anzuwenden.

Richtlinie für die Durchführung von Sicherheitsprüfungen (SP) nach § 29 und Anlage VIII StVZO

1. Anwendungsbereich und durchführende Personen / Stellen

1.1 Die SP ist an Fahrzeugen nach Maßgabe der Anlage VIII StVZO durchzuführen.

1.2 Sicherheitsprüfungen sind von

1.2.1 hierfür anerkannten Kraftfahrzeugwerkstätten

oder

1.2.2 amtlich anerkannten Sachverständigen oder Prüfern – aaSoP – / Prüfingenieuren – PI –, ausgenommen bei den Fahrzeugen, an denen eine innere Untersuchung der Radbremsen vom Bremsen- / Fahrzeughersteller vorgegeben ist oder aufgrund der Sicht-, Funktions- oder Wirkungsprüfung erforderlich ist,

durchzuführen.

2. Prüfumfang und Prüfbereiche

Die bei der SP zu prüfenden Punkte sind im folgenden aufgeführt und den nachstehenden Prüfbereichen zugeordnet:

2.1 Fahrgestell/Fahrwerk-Verbindungseinrichtungen

2.2 Lenkung

2.3 Reifen/Räder

2.4 Auspuffanlage

2.5 Bremsanlage

2.6 Werden bei den Prüfungen der Fahrzeuge darüber hinaus Mängel festgestellt, die nicht den aufgeführten Prüfbereichen zuzuordnen oder nicht bei den aufgezählten Prüfpunkten enthalten sind, müssen diese im Prüfprotokoll aufgeführt und der Fahrzeughalter oder sein Beauftragter auf seine Verpflichtung zur Behebung dieser Mängel (§ 31 Abs. 2 StVZO sowie § 23 StVO) aufmerksam gemacht werden.

Prüfpunkte und Mängelbezeichnung

2.1 Fahrgestell / Fahrwerk / Aufbau / Verbindungseinrichtungen

Rahmen / Hilfsrahmen / tragende Teile	
Bauteil	– gebrochen – angerissen – verbogen – erhebliche Schwächung durch Korrosion
Schraub-/Nietverbindungen Schweißnähte	– lose, ausgebrochen – gerissen – unsachgemäß ausgeführt / repariert
Unterfahrschutz / seitliche Schutzvorrichtung	
Bauteil Schraub-/Nietverbindungen Schweißnähte	– stark beschädigt, stark verbogen – lose, ausgebrochen – gerissen
Vorderachse	
Achskörper	– angerissen – verbogen – gebrochen – erheblich korrodiert – unsachgemäß repariert
Aufhängung (Lenker, Streben)	– ausgeschlagen – verformt – übermäßiges Spiel – ungenügende Befestigung – Achsschenkel schwergängig – Achsschenkel hat Höhenspiel
Federung / Stabilisator	– gebrochen – schadhaft – Befestigung lose / ausgeschlagen – Luftfederung schadhaft – Luftfederung: Steuerventil falsch eingestellt
Schwingungsdämpfer	– schadhaft – Befestigung lose / ausgeschlagen
Radlager	– übermäßiges Spiel – schwergängig, fest
Hinterachse	
Achskörper	– angerissen – verbogen – gebrochen – erheblich korrodiert – unsachgemäß repariert

Prüfpunkte und Mängelbezeichnung

Aufhängung (Lenker / Streben)	– ausgeschlagen – verformt – übermäßiges Spiel – ungenügende Befestigung
Federung / Stabilisator	– gebrochen – schadhaft – Befestigung lose / ausgeschlagen – Luftfederung schadhaft – Luftfederung: Steuerventil falsch eingestellt
Schwingungsdämpfer	– schadhaft – Befestigung lose / ausgeschlagen
Radlager	– übermäßiges Spiel – schwergängig, fest
Motor / Antrieb	
Kupplung / Schaltung	– schadhaft oder eingeschränkte Funktion – Ölverlust
Verbindungseinrichtungen	
Anhängekupplung / Sattelkupplung	– zu großes Spiel – verschlissen – beschädigt – Befestigung unzureichend, lose – Fangmaul erheblich beschädigt – in der Funktion beeinträchtigt
Zugeinrichtung	– Befestigung lose / ausgeschlagen – verbogen – angerissen – unzulässige / unsachgemäße Reparatur-schweißungen – schadhafte Sicherung – Zugöse / Zugsattelzapfen: zulässige Toleranz überschritten – Höheneinstelleinrichtung fehlt / schadhaft – Stützeinrichtung fehlt / schadhaft
Aufbau	
Radabdeckungen	– fehlen, lose, stark beschädigt
Anbauteile	– Befestigung unzureichend, lose
Reserveradbefestigung	– Befestigung lose – Sicherung fehlt / defekt
Laderaum-Boden, Wände, Rungen	– stark beschädigt
Planengestell	– stark beschädigt
Kippaufbau	– Niederspanneinrichtung fehlt / wirkungslos

Prüfpunkte und Mängelbezeichnung

Ladegerät (z.B. Ladekran, Hubladebühne)	– Befestigung unzureichend, lose – Sicherung unzureichend
Kraftomnibusse: Fahrgasttüren bewegl. Einstiegshilfen Bodenbeläge und Trittstufen	– Ansprechkräfte der Einklemmschutzeinrichtung zu hoch – schadhaft – nicht ausreichend rutschsicher, schadhaft
2.2 Lenkung	
Lenkanschlag	– fehlt – ohne Wirkung
Lenkung	– schwergängig – Rastpunkte, klemmt – ohne Rückstellung – Spiel zu groß
Lenkrad	– lose – schadhaft
Lenksäule	– ungenügende Befestigung / Sicherung
Lenkgetriebe	– undicht, Flüssigkeitsmenge unzureichend – Befestigung lose – Aufnahmeteil gerissen
Lenkgelenke / Lenkscheiben	– zu großes Spiel – ungenügende Befestigung / Sicherung
Schubstangen / Spurstangen	– ungenügende Befestigung / Sicherung – Risse – Bruchgefahr – verbogen
Drehkranz	– lose – zu großes Spiel
Lenkhebel	– ungenügende Befestigung / Sicherung – Risse – Bruchgefahr – verbogen
Lenkgestänge / Lenkseile	– ungenügende Befestigung / Sicherung – Risse – Bruchgefahr – Lenkgestänge verbogen
Lenkhilfe / Zusatzlenkung	– Funktion beeinträchtigt – Fehlermeldung über Warneinrichtung – Leitungen / Schläuche beschädigt oder undicht – Leitungen / Schläuche nicht scheuer frei verlegt / verdreht
Lenkungsdämpfer	– ungenügende Befestigung – undicht

Prüfpunkte und Mängelbezeichnung

2.3 Reifen/Räder	
Bereifung	– beschädigt – Profiltiefe nicht ausreichend – Größe und/oder Bauart abweichend von den genehmigten Reifen
Räder	– angerissen – ausgebrochen – stark verbogen – Befestigung lose, Radmuttern fehlen – falsche Ausführung der Radbefestigung
2.4 Auspuffanlage	
Auspuffanlage	– stark undicht – Aufhängung lose
2.5 Bremsanlage **Sichtprüfung, Prüfung der Radbremsen**[1]	
Betätigungseinrichtung der Betriebsbremsanlage	– Lagerung ausgeschlagen – Lagerung schwergängig – Pedaloberfläche nicht rutschsicher
Betätigungseinrichtung der Feststellbremsanlage	– Hebelweg zu groß – Feststelleinrichtung nicht funktionssicher – Lagerung ausgeschlagen
Bremsseile	– übermäßig beschädigt – schwergängig – nicht gesichert – Führung schadhaft
Bremsgestänge/Gelenke	– übermäßig beschädigt – schwergängig – Führungen ausgeschlagen – Gelenke nicht gesichert – Nachstelleinrichtung nicht funktionssicher
Bremswellen	– Lager ausgeschlagen/schwergängig
Bremsleitungen	– lose – undicht – übermäßig beschädigt – übermäßig korrodiert
Bremsschläuche	– übermäßig beschädigt – undicht – unsachgemäß montiert – zu kurz

[1] Innere Untersuchung der Radbremsen – wenn vom Fahrzeug/Bremsenhersteller vorgegeben oder aufgrund der Sicht-, Funktions- oder Wirkungsprüfung erforderlich.

Prüfpunkte und Mängelbezeichnung

Bremszylinder	– lose – undicht – Hub zu groß – Staubmanschetten fehlen / stark beschädigt
Bremstrommeln / Bremsscheiben	– Schlag – starke Riefenbildung[1] – Bruch oder unmittelbare Bruchgefahr[1] – Risse[1] – übermäßiger Verschleiß[1]
Bremsbeläge	– Verschleißmaß unterschritten – verschmiert, verölt oder verglast[1] – beschädigt[1] – vom Belagträger gelöst[1] – Belagträger beschädigt[1]
Bremsnocken	– übermäßiger Verschleiß, beschädigt[1]
Kupplungsköpfe	– Ventil schadhaft – unsachgemäß montiert – falsch angebracht / vertauscht
ALB-Schild	– fehlt – nicht lesbar – Einstelldaten unvollständig
Bremsgeräte / -ventile	– lose – äußerlich beschädigt mit Funktionsbeeinträchtigung – falsche Ausführung
Energiespeicher (Druckluftbehälter)	– unsachgemäß befestigt – äußerlich stark beschädigt
Prüfanschlüsse	– schadhaft / fehlen
Automatischer Blockierverhinderer	– Fehlermeldung über Warneinrichtung (Warnleuchte)
Funktionsprüfung	
(einschl. Füllzeit, Dichtheit, Vorratsdruck, Drucksicherung, Abstufbarkeit und Zeitverhalten) – Die Überprüfung erfolgt nach Maßgabe der Anlage 1 –	
Kompressor	– Füllzeit zu lang
Druckwarnanzeige / Federspeicher-Warnanzeige / Manometer	– ohne Funktion
Energiespeicher (Druckluftbehälter)	– Entwässerungseinrichtung ohne Funktion
Drucksicherung (Mehrkreisschutzventil)	– nicht funktionssicher

[1] Innere Untersuchung der Radbremsen – wenn vom Fahrzeug-/Bremsenhersteller vorgegeben oder aufgrund der Sicht-, Funktions- oder Wirkungsprüfung erforderlich.

Prüfpunkte und Mängelbezeichnung

Abreißsicherung am Kfz (Vorratsleitung)	– Federspeicher-Bremszylinder werden entlüftet
Abreißsicherung am Kfz (Bremsleitung)	– selbsttätige Entlüftung der Vorratsleitung setzt nicht ein
Abreißsicherung am Anhänger (Vorratsleitung)	– selbsttätige Bremsung des Anhängers setzt nicht ein
Bremsventile / Bremskraftregler (ALB)	– Bremskraftregelung fehlerhaft
Radbremsen	– Freigängigkeit nicht gegeben
Betriebsbremsanlage	– undicht; Druckabfall nach 3 min > 0,4 bar
Betriebs-/Hilfsbremsanlage	– nicht abstufbar – Druckanstieg in den Bremszylindern bei vollem Durchtreten des Bremspedals zu langsam
Dauerbremsanlage	– ohne Funktion
Löseventil am Anhänger	– geht nicht selbständig in Betriebsstellung

Wirkungsprüfung

Die Bremswirkung ist auf einem Bremsprüfstand nach Maßgabe der Anlage 1 festzustellen; die für die Feststellung der Mindestbremswirkung der Betriebsbremsanlage ermittelten messwerte sind im Prüfprotokoll einzutragen.

Hiervon darf nur abgewichen werden bei Fahrzeugen, die aus technischen Gründen (z.B. überbreite Fz, perman. Allradantrieb) nicht auf einem Prüfstand geprüft werden können. Die Bremswirkung ist dann im Fahrversuch mit einem schreibenden Bremsmessgerät auf ebener, griffiger Fahrbahn festzustellen.

Betriebsbremsanlage – vorn	– ungenügende Wirkung – löst nicht – ungleichmäßige Wirkung > 25 %
Betriebsbremsanlage – hinten	– ungenügende Wirkung – löst nicht – ungleichmäßige Wirkung > 25 %
Betriebsbremsanlage	– Mindestabbremsung nicht erreicht
Feststellbremsanlage	– Mindestabbremsung nicht erreicht – ungenügende Wirkung – bei FBA, die auch während der Fahrt betätigt werden können ungleichmäßige Wirkung > 50 %, – bei anderen FBA ungleichmäßige Wirkung > 95 %

Anlage zum Prüfbereich „2.5 Bremsanlage" der Richtlinie für die Durchführung von Sicherheitsprüfungen (SP)

Bei der Untersuchung der Bremsanlage sind für die aufgeführten Prüfpunkte nachstehende Prüfschritte durchzuführen:

zu Funktionsprüfungen

Kompressor

- Es ist die Förderleistung zu überprüfen

Dichtheit der Anlage und Vorratsdruck

1. Bremskraftregler in Vollast-Stellung (soweit möglich)

2a. • *Bei Kraftfahrzeugen:*

- Gesamtanlage bis Abschaltdruck auffüllen,
- Motor abstellen,
- Druck in den Druckluftbehältern prüfen,
- Bremsung mit der Betriebsbremsanlage (BBA) bis zu einem Bremszylinderdruck von ca. 3 bar einleiten.

2b. • *Bei Anhängefahrzeugen:*

- Gesamtanlage mit mindestens 6,5 bar in der Vorratsleitung auffüllen,
- Vorratsleitung durch eine geeignete Einrichtung ohne Entlüftung absperren, so dass keine automatische Bremsung eintritt,
- Bremsung mit der Betriebsbremsanlage (BBA) bis zu einem Bremszylinderdruck von ca. 3 bar einleiten,

3. • 1 Minute warten,

- Druck in den Druckluftbehältern messen.
- Nach weiteren 3 Minuten darf dieser Druck nicht mehr als 0,4 bar abgefallen sein.

Drucksicherung

Die Überprüfungsart ist von der Konstruktion der Drucksicherungseinrichtung abhängig. Es ist wie folgt zu verfahren:

1. Absicherung der BBA des Kraftfahrzeuges gegen Druckabsenkung in den Kreisen, die nicht zur BBA gehören:
   - Gesamtanlage bis Abschaltdruck auffüllen, Motor abstellen,
   - Druck in einem Kreis, der nicht zu den beiden Kreisen der BBA gehört, schnell unter einen bestimmten Wert (in der Regel unter 3 bar) absenken,
   - Druck in den beiden Kreisen der BBA muss sich oberhalb des statischen Sicherungsdruckes (in der Regel oberhalb 4 bar) stabilisieren,
   - Gesamtanlage erneut auffüllen, hierbei muss der Druck in dem Kreis mit höherem Restdruck zuerst ansteigen.
2. Absicherung eines Kreises der BBA des Kraftfahrzeuges gegen Druckabsenkung des anderen Kreises der BBA:
   - Gesamtanlage bis Abschaltdruck auffüllen, Motor abstellen,
   - Druck im Druckluftbehälter eines der beiden Kreise der BBA „defekter Kreis" schnell unter einen bestimmten Wert (in der Regel unter 3 bar) absenken,
   - Druck im anderen Kreis der BBA „intakter Kreis" muss sich oberhalb des statischen Sicherungsdruckes (in der Regel oberhalb 4 bar) stabilisieren,
   - Funktion der Warneinrichtung prüfen,
   - Gesamtanlage erneut auffüllen, hierbei muss der Druck in dem Kreis mit höherem Restdruck zuerst ansteigen.
   - Gesamte Prüfung ist mit einem „simulierten Defekt" im anderen Kreis zu wiederholen.
3. Absicherung der BBA des Anhängefahrzeuges gegen Defekt in den Nebenverbrauchern (einschl. der Federspeicher-Bremsanlagen):
   - Gesamtanlage mit mindestens 6,5 bar in der Vorratsleitung auffüllen,
   - Vorratsleitung durch eine geeignete Einrichtung ohne Entlüftung absperren, so dass keine automatische Bremsung eintritt,

- Druck in den Druckluftbehältern der Nebenverbraucher schnell unter einen bestimmten Wert (in der Regel unter 4 bar) absenken.
- Der Druck in der Betriebsbremsanlage muss mindestens in der Höhe des statischen Sicherungsdruckes (in der Regel oberhalb 4 bar) stabil bleiben.

Abreißsicherung

- Vorratsleitung

  Bei Abriss der Vorratsleitung darf kein ungewolltes „Einbremsen" der Federspeicher-Bremszylinder des Kraftfahrzeuges erfolgen.

  Bei Abriss der Vorratsleitung muss die BBA des Anhängefahrzeuges auf Grund der entlüfteten Vorratsleitung in Vollbremsstellung gehen.
- Bremsleitung

  Bei Abriss der Bremsleitung muss bei voller Betätigung der BBA des Kraftfahrzeuges der Druck in der Vorratsleitung zum Anhängefahrzeug in 2 s auf 1,5 bar sinken und somit die selbsttätige Bremsung des Anhängefahrzeuges gewährleisten.

Löseventil

Das an einem angekuppelten Anhängefahrzeug betätigte Löseventil muss bei Druckaufbau über die Vorratsleitung selbsttätig wieder in Betriebsstellung gehen.

Abstufbarkeit / Zeitverhalten

- Bremskraftregler in Vollaststellung (soweit möglich),
- bei stehendem Motor Druck am Kupplungskopf der Vorratsleitung prüfen (Druckbereich zwischen 6,5 und 8,5 bar),
- bei zügig durchgetretenem Bremspedal bis zur Vollbremsung muss der Druckaufbau in den Bremszylindern und ggf. am Kupplungskopf der Bremsleitung unmittelbar folgen,
- bei Vollbremsung den Druck am Kupplungskopf der Bremsleitung prüfen (Druckbereich zischen 6,5 und 8,5 bar),
- der Druck muss durch das Bremspedal ausreichend abstufbar sein.

zu Wirkungsprüfungen

Die Abbremsung ist bezogen auf das Prüfgewicht des Fahrzeugs nachzuweisen. Die Bremskräfte können bei jedem beliebigen Beladungszustand gemessen werden. Bei der Ermittlung der Abbremsung dürfen die zulässigen Betätigungskräfte bzw. Bremsdrücke nicht überschritten werden.

1. Definition der Abbremsung

$$z = \frac{\textit{Summe der Bremskräfte am Radumfang}}{\textit{Gewichtskraft des Fahrzeugs}^{1}} \times 100\ (\%)$$

2. Ermittlung der Abbremsung der BBA auf dem Bremsprüfstand

2.1 Die Einhaltung der vom Hersteller oder vom aaSoP oder PI auf Wunsch des Fahrzeughalters anlässlich einer HU ermittelten und angegebenen Referenzwerte für das Fahrzeug, die mit den Grenzwerten der Tabelle unter 6. korrelieren, ist nachzuweisen. Jeder Referenzwert setzt sich zusammen aus einem Eingabewert (z.B. der Betätigungskraft oder dem in die Radbremszylinder eingesteuerten Druck) und der zugehörigen Bremskraft der Achse.

Die Einhaltung der geforderten Mindestabbremsung gilt damit als nachgewiesen.

2.2 Liegen keine Referenzwerte nach 2.1 vor, so ist die Mindestabbremsung entsprechend der Tabelle unter 6. wie folgt nachzuweisen:

2.2.1 Ermittlung der Abbremsung bei Fahrzeugen mit Druckluftbremsanlagen

[1] Die Gewichtskraft (N) erhält man durch Multiplikation der Gesamtmasse (kg) mit dem Faktor 10 (g gerundet auf 10 m/s²). Für Sattelanhänger oder Anhängefahrzeuge ähnlicher Bauart: Summe der Achskräfte.

Werden die Bremskräfte bei leerem, teilbeladenem oder bis zur zulässigen Gesamtgewichtskraft beladenem Fahrzeug (Prüfgewicht) gemessen, so ist die Abbremsung z_{PM} (%) näherungsweise wie folgt zu ermitteln:

$$z_{PM} = \frac{F_1 + F_2 + \dots F_n}{P_M} \times 100\ [\%]$$

Definitionen:

z_{PM} Abbremsung des leeren, teilbeladenen oder vollständig beladenen Fahrzeugs [%]

F Bremskraft [N] der Achsen l bis n

P_M Prüfgewicht des Fahrzeuges [N]

Fahrzeuge dürfen nach dieser Methode nur dann im beladenen Zustand geprüft werden, wenn deren Prüfgewichte bekannt sind.

2.2.1.1 Kann nach 2.2.1 die Einhaltung der vorgeschriebenen Mindestbremswerte nicht nachgewiesen werden, ist die Abbremsung nach folgender Formel zu bestimmen:

$$z = \frac{F_1 \times i_1 + F_2 \times i_2 + \dots F_n \times i_n}{G_2} \times 100\ [\%]$$

Definitionen:

z Abbremsung [%]

G_z zul. Gesamtgewichtskraft des Fz [N]

F_1 Bremskraft der ersten Achse, die bei dem Druck p_1 ermittelt wurde [N]

F_2 Bremskraft der zweiten Achse, die bei dem Druck p_2 ermittelt wurde [N]

F_n Bremskraft der letzten Achse, die bei dem Druck p_n ermittelt wurde [N]

$$i_1 \quad \frac{p_{Ni} - 0{,}4}{p_l - 0{,}4}$$

$$i_n \quad \frac{p_{Nn} - 0{,}4}{p_n - 0{,}4}$$

$p_{nl \dots n}$ vom Hersteller für die betreffende Achse angegebener max. Bremsdruck [bar]

Falls $p_{nl \dots n}$ nicht angegeben ist, so ist der Berechnungsdruck einzusetzen

$p_{l \dots n}$ Bremsdruck, der bei der Bremsprüfung in den (die) Bremszylinder der jeweiligen Achse eingesteuert wird [bar]

Bei Achsen, deren Bremsdruck durch Regelventile begrenzt wird, ist maximal dieser Druck einzusetzen.

2.2.2 Ermittlung der Abbremsung bei Fahrzeugen mit anderen Bremsanlagen.

Hierbei ist sinngemäß nach 2.2.1 zu verfahren. Anweisungen der Fahrzeughersteller sind zu beachten.

3. Ermittlung der Abbremsung der Feststellbremsanlage (FBA) auf dem Bremsprüfstand

Es muss eine Abbremsung nach dem in der Tabelle unter 6. für die FBA angegebenen Mindestwert oder die Blockiergrenze erreicht werden.

Die Festhaltewirkung kann auch auf einer entsprechenden Gefällestrecke oder durch Messung der Zugkraft bei einem Zugversuch geprüft werden.

4. Messungen im Fahrversuch (nur eingeschränkt zulässig

Die Messungen im Fahrversuch sind so durchzuführen, dass eine größtmögliche Vollverzögerung ohne Blockierung der Räder erreicht wird.

4.1 Ermittlung der Abbremsung von Kraftfahrzeugen

Wenn Messungen mit leerem, teilbeladenem oder bis zur zulässigen Gesamtgewichtskraft beladenem Fahrzeug durchgeführt werden, ist ein schreibendes Bremsmessgerät zu verwenden. Die in der Tabelle unter 6. vorgeschriebene Mindestabbremsung muss erreicht werden. Gibt das schreibende

Bremsmessgerät nicht die Abbremsung z [in %], sondern die Verzögerung b [in m/s²] an, so erhält man näherungsweise die Abbremsung durch Multiplikation des Wertes der Verzögerung mit dem Faktor 10.

4.2 Ermittlung der Abbremsung von Anhängefahrzeugen

Zur Feststellung der Wirkung der Anhängerbremsanlagen sind Fahrversuche mit dem Zug durchzuführen, wobei nur das Anhängefahrzeug gebremst wird.

Die Abbremsung des Anhängefahrzeugs errechnet sich näherungsweise nach der Formel:

$$z_{PMA} = z_{PM} \times \frac{P_M + P_{M'}}{P_{M'}} \, [\%]$$

Definitionen:

z_{PMA} Abbremsung des Anhängefahrzeugs [%]

z_{PM} Abbremsung der Fz-Kombination nur mit der Bremsanlage des Anhängefahrzeugs [%], ermittelt in Anlehnung an 4.1

P_M Gewichtskraft des ziehenden Fahrzeuges [N]

$P_{M'}$ gesamte statische Normalkraft zwischen den Rädern des Anhängefahrzeugs und der Aufstandfläche [N]

Fahrzeuge dürfen nach dieser Methode nur dann im beladenen Zustand geprüft werden, wenn deren Prüfgewichte bekannt sind.

5. Beurteilung der Bremswirkung

5.1 Mindestabbremsung

Die in der Tabelle unter 6. angegebene Mindestabbremsung muss von den Fahrzeugen erreicht werden.

5.2 Gleichmäßigkeit der Bremswirkung

5.2.1 BBA

In den oberen zwei Dritteln des Prüfbereiches darf der Unterschied der Bremskräfte an den Rädern einer Achse nicht mehr als 25 %, bezogen auf den jeweils höheren Messwert, betragen.

Bei der Auswertung muss sichergestellt sein, dass der Messwert zum Zeitpunkt des Blockierens eines Rades nicht in die Bewertung eingeht.

Bei Messungen im Fahrversuch ist die Gleichmäßigkeit der Bremswirkung (Spurhalten, Eigenlenkbewegung, Blockierverhalten) einzuschätzen; ein Abweichen von der Fahrspur ist nicht zulässig.

5.2.2 FBA

Die Feststellbremsanlage muss auf beiden Seiten einer Achse wirken.

Bei Fahrzeugen, bei denen die Feststellbremsanlage gemäß Richtlinie 71/320/EWG Anhang I Nr. 2.2.1.2.4[1] so beschaffen sein muss, dass sie während der Fahrt betätigt werden kann, darf dabei die Differenz der Bremskräfte im oberen Bereich unmittelbar vor der Blockiergrenze nicht mehr als 50 %, bezogen auf den jeweils höheren Wert betragen.

Beim Ablesen der Messwerte darf kein Rad der geprüften Achse blockieren.

Bei automatischer Auswertung ist nur die vor der Blockiergrenze angezeigte Ungleichheit zu berücksichtigen.

Die Einhaltung dieser Bedingungen ist bei Prüfung auf dem Bremsprüfstand achsweise wie folgt zu überprüfen:

$$\frac{\textit{Differenz der Bremskräfte}}{\textit{größte Bremskraft}} \times 100 \leq \ldots [\%]$$

5.3.3 Formel zur Beurteilung der Gleichmäßigkeit der Bremswirkung

$$\frac{\textit{Differenz der Bremskräfte einer Achse}}{\textit{größte Bremskraft einer Achse}} \times 100 \leq \ldots [\%]$$

[1] Auszug aus Richtlinie 71/329/EWG Anh. I Nr. 2.2.1.2.4: Haben die Betriebsbremsanlage und die Hilfsbremsanlage eine gemeinsame Betätigungseinrichtung, so muss die Feststellbremsanlage so beschaffen sein, dass sie während der Fahrt betätigt werden kann. Diese Vorschrift gilt nicht, wenn eine Hilfsbetätigungseinrichtung ein wenigstens teilweises Betätigen der Betriebsbremsanlage gestattet.

6. Mindestabbremsung und zulässige Betätigungskräfte

Fahrzeugklassen	BBA			FBA		
	$z \geq (\%)$	$F_H \leq (daN)$	$F_F \leq (daN)$	$z \geq (\%)$	$F_H \leq (daN)$	$F_F \leq (daN)$
M	48	–	70	15	60	70
N	43	–	70	15	60	70
O (Anhängerfahrzeuge) bis 25 km/h über 25 km/h	 25 40	 – $p_m \leq 6{,}5$ bar	 – 	 15 15	 60 60	 – –
übrige Kraftfahrzeuge bis 25 km/h über 25 km/h	 25 40	 – –	 70 70	 15 15	 60 60	 70 70

Die verwendeten Abkürzungen bedeuten:

z = Abbremsung;
BBA = Betriebsbremsanlage;
F_F = Fußkraft;
FBA = Feststellbremsanlage;
F_H = Handkraft;
p_m = Druck am Kupplungskopf Bremsleitung („gelb")

8. Konkrete Durchführungsvorschriften für die HU und SP

a) HU

Entgegen den bisherigen Vorschriften (§ 29 Abs. 2a StVZO – alt –: „... für vorschriftsmäßig befunden...") wird durch die angebrachte Prüfplakette bescheinigt, dass das Fz zum Zeitpunkt der HU vorschriftsmäßig nach Nr. 1.2 der Anlage VIII StVZO ist. Nr. 1.2 Anlage VIII verweist wiederum für die Durchführung auf die Vorschriften der Anlage VIIIa StVZO und die HU-Richtlinie. Durch diese Verweisungen und die im Einzelnen sehr detaillierten Prüf- und Verfahrensvorschriften wurde letztlich der Ermessensspielraum für die prüfenden Personen eingeschränkt, um bundeseinheitlich gleiche Durchführungen und Qualitäten bei den HU zu erreichen.

b) SP

Bei der Durchführung der SP sind die 5 Prüfbereiche Fahrgestell/Fahrwerk und Verbindungseinrichtungen, Lenkung, Reifen/Räder, Auspuffanlage und Bremsanlage mit jeweils vorgegebenen Prüfpunkten „abzuprüfen". Gegenüber der ZU und teilweise auch der BSU werden die Fahrzeuge nicht mehr in ihrer Gesamtheit überprüft.

Es wird konkret vorgegeben, welche Prüfpunkte zu prüfen und ggf. welche Mängel zu beanstanden sind. Dies hat auch den Vorteil, dass die vorgeschriebenen Prüfpunkte in der zur Verfügung stehenden Zeit intensiv überprüft werden können. Bei Beanstandungen oder Kritik an der Durchführung der SP oder bei Überprüfungen der anerkannten SP-Werkstätte oder des PI der ÜO durch die die Aufsicht führende Stelle (z.B. Behörde oder Kfz-Innung) wird es möglich sein, jederzeit festzustellen, ob die durchführende Person ordnungsgemäß das oder die Fahrzeuge überprüft hat.

Neu ist auch, dass für die SP in gleicher Weise wie für die HU in Anlage VIII unter 3.1 eindeutige Verfahrensvorschriften für die Mängelfeststellungen, Einstufungen, Wiedervorführpflichten usw. vorgeschrieben sind.

9. Überschreitungen der Fristen bei HU und SP und ihre Folgen

a) HU

Der Halter hat das Fz spätestens in dem Monat, der durch die Prüfplakette angegeben ist, zur HU vorzuführen; die Prüfplakette wird – anders als nach den bisherigen Vorschriften – mit Ablauf des angegebenen Monats ungültig (§ 29 Abs. 2 i.V.m. Abs. 7 StVZO). Ihre Gültigkeit verlängert sich nur dann um einen Monat, wenn bei der Durchführung Mängel festgestellt werden, die vor der Zuteilung einer neuen Prüfplakette zu beheben sind (Nr. 3.1.4.3 Anlage VIII StVZO). Diese „Verlängerung" hat jedoch keinen Einfluss auf die Fälligkeit der nächsten HU. Nr. 2.3 Anlage VIII StVZO ist hier eindeutig, es heißt u.a.: „Die Frist für die HU beginnt mit dem Monat der letzten HU; wurde diese nach Ablauf ihrer Fälligkeit durchgeführt, so beginnt die Frist mit dem Monat der Fälligkeit der letzten HU ..." Diese Vorschrift hat zur Folge, dass anders als bisher das „Überziehen" der Frist keinerlei „Vorteile" mit sich bringt.

b) SP

Die Vorschriften über die Gültigkeit der Prüfmarke sind denen der für Prüfplaketten gleich (s. § 29 Abs. 2 i.V.m. Abs. 7 StVZO).

Auf folgende Fälle wird im einzelnen eingegangen:

- **SP-Frist überschritten**
  Hierzu schreibt Nr. 2.5 Anlage VIII StVZO vor: „... Wird die Frist zur Durchführung einer SP überschritten und liegt keine Bestätigung nach Satz 6 vor (gemeint ist, dass die mit der Prüfung beauftragte Stelle trotz rechtzeitig erteilten Auftrags die SP nicht fristgerecht durchführen konnte und dies im Prüfprotokoll bestätigt), ist eine HU, verbunden mit einer SP im Umfange von Nr. 2.3, der Anlage VIII a durchzuführen.
- **Nicht-Durchführung einer SP**
  Nr. 3.1.3 Anlage VIII StVZO lautet: „Kann bei der Vorführung zur HU eine nach 2.1 vorgeschriebene SP nicht nachgewiesen werden, ist eine HU, verbunden mit einer SP im Umfange von Nr. 2.3 der Anlage VIIIa, durchzuführen."
- **Fristüberschreitung bei der Nachprüfung zu einer SP**
  In Nr. 3.2.3.2 Anlage VIII StVZO ist hierzu u.a. vorgeschrieben: „ ... Wird das Fz später als in dem vorgeschriebenen Zeitraum zur Nachprüfung wieder vorgeführt (gemeint ist mehr als ein Monat nach dem Tag der SP), so ist statt der Nachprüfung der Mängelbeseitigung eine neue SP durchzuführen ...". Der im folgenden dargestellte Ablaufplan einer SP verdeutlicht die in Anlage VIII StVZO vorgeschriebenen Verfahren/Abläufe.
- **Vorziehen der SP um einen Monat**
  Durch Änderung von Nr. 2.5 Anlage VIII StVZO wurde die Möglichkeit geschaffen, die SP um einen Monat vorzuziehen, ohne dass sich die vorgeschriebenen Fristen nach Nr. 2.1 oder Nr. 2.2 Anlage VIII StVZO ändern. Diese Änderung bringt insbesondere Vorteile für Fahrzeuge mit längeren Auslandsaufenthalten.

⇒ *Schema siehe nächste Seite oben.*

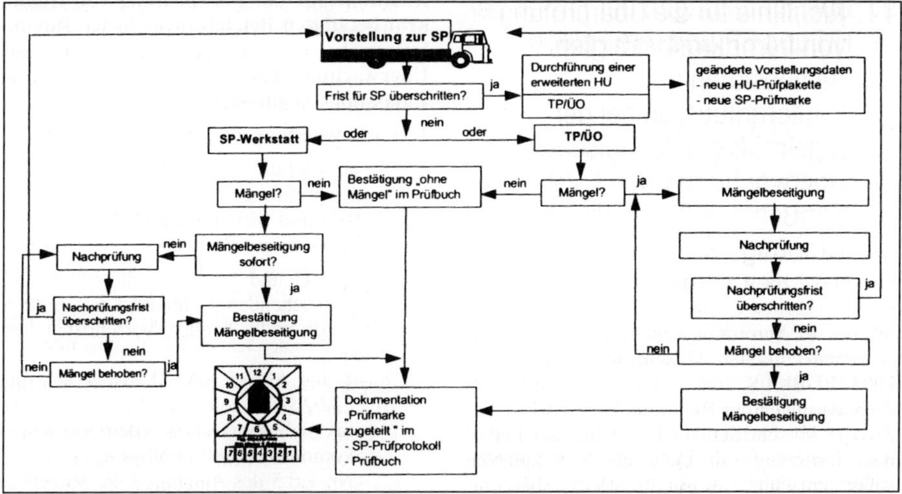

10. Festgestellte Mängel bei der SP, die nicht den 5 Prüfbereichen zugeordnet werden können

Da die SP auf 5 Prüfbereiche beschränkt ist, wird sich bei ihrer Durchführung oftmals die Frage stellen, wie bei festgestellten Mängeln zu verfahren ist, die nicht den 5 SP-Prüfbereichen zugeordnet werden können. In solchen Fällen hat die durchführende/verantwortliche Person Folgendes zu beachten:

1. Diese Mängel haben keinen Einfluss auf die Durchführung der SP. D.h., auch wenn diese Mängel <u>nicht</u> behoben werden, kann die SP – soweit die übrigen Vorschriften eingehalten werden – positiv abgeschlossen und die Prüfmarke zugeteilt werden.
2. Dennoch muss die die SP durchführende oder dafür verantwortliche Person tätig werden. In der SP-Durchführungs-Richtlinie ist hierzu in Nr. 2.6 vorgeschrieben:

„Werden bei den Prüfungen der Fahrzeuge darüber hinaus Mängel festgestellt, die nicht den aufgeführten Prüfbereichen zuzuordnen oder nicht bei den aufgezählten Prüfpunkten enthalten sind, müssen diese im Prüfprotokoll aufgeführt und der Fahrzeughalter oder sein Beauftragter auf seine Verpflichtung zur Behebung dieser Mängel (§ 31 Abs. 2 StVZO sowie § 23 StVO) aufmerksam gemacht werden."

11. Richtlinie für die Überprüfung von fremdkraftbetätigten Betriebstüren in Kraftomnibussen bei der regelmäßigen technischen Überwachung nach § 29 Straßenverkehrs-Zulassungs-Ordnung (StVZO)

(VkBl. 2008, S. 195)

Mit der 36. Verordnung zur Änderung straßenverkehrsrechtlicher Vorschriften vom 22.10. 2003 (BGBl. I S. 2085, VkBl. 734) wurden die Anforderungen der Richtlinie 2001/85/EG (besondere Vorschriften für Fahrzeuge zur Personenbeförderung mit mehr als 8 Sitzplätzen außer dem Führersitz) in die StVZO übernommen (§§ 30d ff.) und die bis dato geltenden entsprechenden nationalen Vorschriften zum 13.02.2005 für neu in den Verkehr kommende Kraftomnibusse aufgehoben. Ab dem vorgenannten Datum müssen alle neu in den Verkehr kommenden Kraftomnibusse somit die Vorschriften der Richtlinie 2001/85/EG erfüllen.

Für fremdkraftbetätigte Betriebstüren gelten die Anforderungen der Richtlinie 2001/85/EG. Danach sind als (Tür-) Schließkräfte eine effektive Kraft Fe ≤ 150 N und eine nur kurzzeitig wirkende Spitzenkraft Fs ≤ 300 N zulässig. Damit sind unterschiedliche Schließkräfte zu den zuvor national zulässigen Schließkräften möglich. Zur Angleichung an die Vorschriften der Richtlinie 2001/85/EG und zur einheitlichen Durchführung der Untersuchungen nach § 29 StVZO werden hiermit

Nr. 4.1.2 und Nr. 5.3 des Anhangs zu Nr. 5.1.3 der „Richtlinie für fremdkraftbetätigte Fahrgasttüren in Kraftomnibussen" vom 11.12. 1984, VkBl. 1984, Seite 556, zuletzt geändert am 27.05.1991, VkBl. Seite 498, aufgehoben. Für die Überprüfung von fremdkraftbetätigten Betriebstüren in Kraftomnibussen gilt ab sofort die nachstehende Richtlinie.

Richtlinie für die Überprüfung von fremdkraftbetätigten Betriebstüren in Kraftomnibussen bei der regelmäßigen technischen Überwachung nach § 29 Straßenverkehrs-Zulassungs-Ordnung (StVZO)

1. Anwendungsbereich

1.1 Die Richtlinie ist anzuwenden bei der Durchführung von Hauptuntersuchungen (HU) und Sicherheitsprüfungen (SP) an Kraftomnibussen.

1.2 Bei HU und SP gelten die für den zu untersuchenden/prüfenden Kraftomnibus jeweils maßgebenden Vorschriften des/der

- § 35e Abs. 5 StVZO in der bis zum 13.02.2005 geltenden Fassung für die bis zu diesem Datum in den Verkehr gekommenen Kraftomnibusse,
- Nr. 7.6.5 des Anhangs I der Richtlinie 2001/85/EG für Kraftomnibusse, die ab dem 13.02.2005 erstmals in den Verkehr kommen.

2. Untersuchung/Prüfung

2.1 Bauliche Maßnahmen zur Absicherung der für Fahrgäste gefährlichen Bereiche beim Schließ- und Öffnungsvorgang der Betriebstüren sind auf

- Vorhandensein,
- ordnungsgemäßen Zustand und
- auf sonstige, der Sicherheit abträgliche Umstände

zu überprüfen und ggf. zu beanstanden (Mängelfeststellung). Dies gilt in besonderem Maße für Schutzleisten („Gummileisten") und Abdeckungen für sich beim Schließ- und Öffnungsvorgang bewegende Teile.

2.2 Die Betätigungseinrichtungen zum Öffnen und Schließen der Betriebstüren, einschließlich der Notbetätigungseinrichtungen (z.B. Nothähne) und die dazu vorgeschriebenen Anzeigen am Fahrerplatz sind auf

- Vorhandensein und
- ordnungsgemäße Funktion

zu überprüfen und ggf. zu beanstanden (Mängelfeststellung).

2.3 Die für Betriebstüren vorgeschriebenen oder vorhandenen Einklemmsicherungen

(„Reversiereinrichtungen") für den Schließ- und Öffnungsvorgang sind auf ordnungsgemäße Funktion zu überprüfen.

2.3.1 Eine ordnungsgemäße Funktion der jeweiligen Einklemmsicherung ist dann zu unterstellen, wenn die
- über dem gesamten Bewegungsablauf wirkende Effektivkraft Fe ≤ 150 N und
- eine nur kurzzeitige Spitzenkraft Fs ≤ 280 N[1]

nicht übersteigt.

2.3.2 Bei der Durchführung von HU und SP ist es ausreichend, wenn die Einhaltung der Spitzenkraft Fs ≤ 280 N überprüft wird.

2.4 Bei den Messungen mit dem in Nr. 3 vorgegebenen Messgerät sind
- ein Messpunkt in der Mitte der Tür,
- ein Messpunkt 150 mm oberhalb der Unterkante der Tür

auszuwählen. Wird bei einer Messung eine Spitzenkraft von annähernd 280 N erreicht, sind an diesem Messpunkt 3 Messungen durchzuführen. Übersteigt der arithmetische Mittelwert der gemessenen 3 Kräfte den Wert von 280 N (Fs ≤ 280 N[1] ist ein erheblicher Mangel festzustellen.

3. Messgerät

3.1 Es sind Messgeräte zur Messung der Spitzenkraft Fs einzusetzen, die den Anforderungen des Anhangs V der Richtlinie 2001/85/EG entsprechen.

3.2 Jedem Messgerät ist eine Bedienungsanleitung beizufügen, aus der auch hervorzugehen hat, in welchen Zeitabständen und wie die vorgenannten Messgeräte zu kalibrieren sind.

3.3 Messgeräte in elektronischer Bauweise mit Digitalanzeige, die die Anforderungen von Nr. 3.1 und 3.2 sinngemäß einhalten, dürfen ebenfalls zur Anwendung kommen.

[1] Anmerkung:
Die Spitzenkraft Fs wurde auf 280 N begrenzt, damit die bisher verwendeten Messgeräte (Messbereich ≤ 300 N) weiter verwendet werden können.

Nachweise über durchgeführte HU und SP

1. Anlage IX zu § 29 StVZO (Prüfplakette)
2. Anlage IXa StVZO (AU-Plakette)
3. Muster einer Prüfbescheinigung nach § 47a Abs. 3 und eines Nachweises nach Nr. 3.1.1.1 Anlage VIII StVZO
4. Prüfmarke und SP-Schild für die Durchführung von SP
5. Muster für Prüfbücher nach § 29 Abs. 11 StVZO
6. Eintragungen und Führung von Prüfbüchern
7. Muster für Prüfprotokolle über die SP nach § 29 und Anlage VIII StVZO
8. Erläuterungen zum Prüfprotokoll

1. Anlage IX zu § 29 StVZO (Prüfplakette)

Anlage IX (§ 29 Abs. 2, 3, 5 bis 8)

a) Wortlaut:

Prüfplakette für die Untersuchung von Kraftfahrzeugen und Anhängern

Vorgeschriebene Abmessungen der Prüfplakette:

Durchmesser:	35 mm
Schrifthöhe der Ziffern bei den Monatszahlen:	4 mm
Schrifthöhe der Ziffern bei der Jahreszahl:	5 mm
Höhe des ebenen Strichs über und unter den Zahlen 1 bis 12:	3 mm
Strichdicke:	0,7 mm

Ergänzungsbestimmungen:

1. Die Prüfplakette muss so beschaffen sein, dadass sie für die Dauer ihrer Gültigkeit den Beanspruchungen beim Betrieb des Fahrzeugs standhält. Die Beschriftung der Prüfplakette – ausgenommen die Umrandung sowie die schwarzen Felder des Abschnitts zwischen den Zahlen 11 bis 1 – muss nach ihrer Anbringung mindestens 0,10 mm erhaben sein; sie ist nach dem Schriftmuster der Normschrift DIN 1451 in Schwarz auf farbigem Grund auszuführen. Die Farbe des Untergrunds ist nach dem Kalenderjahr zu bestimmen, in dem das Fahrzeug zur nächsten Hauptuntersuchung vorgeführt werden muss (Durchführungsjahr). Sie ist für das Durchführungsjahr:

2003	gelb
2004	braun
2005	rosa
2006	grün
2007	orange
2008	blau.

   Die Farben wiederholen sich für die folgenden Durchführungsjahre jeweils in dieser

Reihenfolge. Die Farbtöne der Beschriftung und des Untergrundes sind in dem Farbregister RAL 840 HR, herausgegeben vom RAL Deutsches Institut für Gütesicherung und Kennzeichnung e.V., Siegburger Straße 39, 53757 St. Augustin, zu entnehmen, und zwar ist als Farbton zu wählen für

Schwarz	RAL 9005
Braun	RAL 8004
Rosa	RAL 3015
Grün	RAL 6018
Gelb	RAL 1012
Blau	RAL 5015
Orange	RAL 2000

2. Die Jahreszahl wird durch die letzten beiden Ziffern des Durchführungsjahres im Mittelkreis angegeben; sie ist in Engschrift auszuführen.
3. Die einstelligen Monatszahlen am Rand der Prüfplakette sind in Mittelschrift, die zweistelligen in Engschrift auszuführen.
4. Das Plakettenfeld muss in 12 gleiche Teile (Zahlen 1 bis 12 entgegen dem Uhrzeigersinn dargestellt) geteilt sein. Der Abschnitt (60°) ist durch die Zahlen 11, 12 und 1 unterbrochen. Die oberste Zahl bezeichnet den Durchführungsmonat des Jahres, dessen letzte beiden Ziffern sich im Mittelkreis befinden.

b) Form und Aussehen der geltenden Prüfplakette

Die Prüfplakette hat zwischen den Zahlen 11 und 1 einen schwarzen Abschnitt, vgl. das abgebildete Muster.

Durch diese auffällige Markierung soll die Lesbarkeit erhöht werden. Außerdem gilt u.a. Folgendes:

a) Die Erhabenheit der Prüfplakette muss nach Anbringung mindestens 0,10 mm betragen.

b) Ab dem Jahr 2009 sind somit nach Anlage IX StVZO folgende Farben für die Prüfplakette vorgeschrieben:

2009	gelb
2010	braun
2011	rosa
2012	grün
2013	orange
2014	blau
2015	gelb.

Diese Farben wiederholen sich für die folgenden Durchführungsjahre jeweils in dieser Reihenfolge.

c) Anbringen der Prüfplakette auf den amtlichen Kennzeichen

Der Halter hat dafür zu sorgen, dass sich die nach § 29 Abs. 2 StVZO angebrachte Prüfplakette am hinteren Kennzeichen des Fahrzeugs in ordnungsgemäßem Zustand befindet; sie darf weder verdeckt noch verschmutzt sein (§ 29 Abs. 5 StVZO).

Die Prüfplakette ist an den amtlichen Kennzeichen an den dafür vorgesehenen Stellen anzubringen.

Die ordnungsgemäße Anbringung der Prüfplakette setzt voraus, dass die alte, ungültige Prüfplakette zuvor entfernt wird. In der Praxis werden die Prüfplaketten von den Personen, die die Hauptuntersuchung durchführen, angebracht. Hat der Fz-Halter den Prüfer beauftragt, die neue Prüfplakette anzubringen, muss er ein nicht beabsichtigtes leichtes Zerkratzen des Kennzeichens, das beim Entfernen der alten Prüfplakette u.U. eintreten kann, hinnehmen.

2. Plakette für die Durchführung von Abgasuntersuchungen[1)]

Anlage IXa (§ 47a Abs. 5)

Die Plakette kann auch auf einem runden weißen (RAL 9001) Plakettenträger fest angebracht sein.

Vorgeschriebene Abmessungen der Plakette

Kantenlänge des äußeren Sechsecks	17,5 mm
Kantenlänge des inneren Sechsecks	5 mm
Schrifthöhe der Ziffern bei den Monatszahlen	4 mm
Schrifthöhe der Ziffern bei der Jahreszahl	5 mm
Höhe des ebenen Strichs über den Zahlen 2, 4, 6, 8, 10 und 12	3 mm
Höhe des ebenen Strichs über den Zahlen 3, 5, 7, 9	1 mm
Strichdicke	0,7 mm
Strichdicke der Umrandung des äußeren Sechsecks	1,5 mm

Ergänzungsbestimmungen

1. Die Plakette muss so beschaffen sein, dass sie für die Dauer ihrer Gültigkeit den Beanspruchungen beim Betrieb des Fahrzeugs standhält. Die Beschriftung der Plakette – ausgenommen die Umrandung sowie die schwarzen Felder des Abschnitts zwischen den Zahlen 11 bis 1 – muss nach ihrer Anbringung mindestens 0,10 mm erhaben sein; sie ist nach dem Schriftmuster der Normschrift DIN 1451 in Schwarz auf farbigem Grund auszuführen. Die Farbe des Untergrundes ist nach dem Kalenderjahr zu bestimmen, in dem die nächste Abgasuntersuchung durchgeführt werden muss (Durchführungsjahr). Sie ist für das Durchführungsjahr

   2002 blau

   2003 gelb

   2004 braun

   2005 rosa

   2006 grün

   2007 orange

   Die Farben wiederholen sich für die folgenden Durchführungsjahre jeweils in dieser Reihenfolge. Die Farbtöne der Beschriftung und des Untergrundes sind dem Farbtonregister RAL 840 HR, Ausgabe 1966, des RAL Deutsches Institut für Gütesicherung und Kennzeichnung e.V., Siegburger Straße 39, 53757 St. Augustin, zu entnehmen, und zwar ist als Farbton zu wählen für

schwarz	RAL 9005
grün	RAL 6018
gelb	RAL 1012
blau	RAL 5015
orange	RAL 2000
braun	RAL 8004
rosa	RAL 3015.

2. Die Jahreszahl im inneren Sechseck ist in Engschrift auszuführen.
3. Die einstelligen Monatszahlen am Rand der Plakette sind in Mittelschrift, die zweistelligen in Engschrift auszuführen.
4. Das Plakettenfeld muss in 12 gleiche Teile (Zahlen 1 bis 12 entgegen dem Uhrzeigersinn dargestellt) geteilt sein. Der Abschnitt (60°) ist durch die Zahlen 11, 12 und 1 unterbrochen. Die oberste Zahl bezeichnet den Durchführungsmonat des Jahres, dessen letzte beiden Ziffern sich im inneren Sechseck befinden.

[1)] Hinweis: Auf Grund der zeitlich gestuften Zusammenfassung von HU und AU wird die AU-Plakette nur noch bis zum 31.12.2009 zugeteilt. Die Anlage IXa StVZO wird zum 1.1.2010 aufgehoben.

5. (aufgehoben)
6. Die Plaketten sind von der Zulassungsbehörde zu beziehen; die oberste Landesbehörde oder die nach Landesrecht zuständige Stelle kann Abweichendes genehmigen. Die zur Durchführung von Abgasuntersuchungen anerkannten Werkstätten beziehen die Plaketten von den örtlich zuständigen Handwerkskammern oder von der örtlich und fachlich zuständigen Kraftfahrzeuginnung, wenn diese die Anerkennung ausgesprochen hat. Über die Verwendung der Plaketten ist von dem Verantwortlichen für die Abgasuntersuchungen fortlaufend ein Nachweis nach einem vom Bundesministerium für Verkehr, Bau und Stadtentwicklung mit Zustimmung der zuständigen obersten Landesbehörden im Verkehrsblatt bekannt gemachten Muster zu führen. Der Nachweis ist drei Jahre lang aufzubewahren.

Übergangsvorschriften zur Anlage IXa (§ 72 Abs. 2):

Anlage IXa (Plakette für die Durchführung von Abgasuntersuchungen) ist nach dem 31. Dezember 2009 nicht mehr anzuwenden.

3. Muster einer Prüfbescheinigung nach § 47a Abs. 3 und eines Nachweises nach Nr. 3.1.1.1 der Anlage VIII Straßenverkehrs-Zulassungs-Ordnung (StVZO)

(VkBl. 2008, S. 222)

Das Muster der Prüfbescheinigung/des Nachweises nach Nr. 3.1.1.1 mit dem Nachweissiegel, veröffentlicht im VkBl. 2006, S. 336, wird nach Zustimmung der zuständigen Landesbehörden durch die nachstehend veröffentlichten Muster ersetzt.

Muster einer Prüfbescheinigung

Prüfbescheinigung
über die Durchführung der AU nach § 47a Abs. 3 StVZO

1. ....
   Ausführende Stelle (Name und Anschrift)

2. Datum, Uhrzeit ....

3. Amtliches Kennzeichen ....

4. ....
   Fahrzeughersteller und Schlüssel-Nr. zu Feld Nr. 2/ Code zu Feld 2

5. ....
   Typ und Ausführung; Schlüssel-Nr. zu Feld Nr. 3/ Typ; Code zu Feld D.2

6. Fahrzeug-Ident.-Nr.: ....

7. Stand des Wegstreckenzählers ....

8. Ergebnis der Sichtprüfung ☐ in Ordnung (i.O.)*); ☐ nicht in Ordnung (n.i.O.)*)

9. Untersuchungsergebnis des Abgasverhaltens:

Bezeichnung (z. B. Motortemperatur)	Sollwert	Istwert	Soll/Ist-Vergleich
	....	....	....
....	....	....	....
....	....	....	....
....	....	....	....

10. Bemerkungen:
    ....
    ....

11. Gesamtergebnis ☐ Untersuchung der AU bestanden *)
    Plakette nach Anlage IX a zugeteilt
    ☐ Untersuchung der AU nicht bestanden *)

12. Ablauf der Frist für die nächste Untersuchung der Abgase: (Monat/Jahr)....................

13. Messgerätetyp und AU-Programmversion: ....

....
Unterschrift der verantwortlichen Person und Angabe der Kontrollnummer

*) Zutreffendes ankreuzen

Muster eines Nachweises

Nachweis
über die Durchführung der AU nach Nr. 3.1.1.1 Anlage VIII StVZO

1. ....
Ausführende Stelle (Name und Anschrift)

2. Datum, Uhrzeit ....

3. Amtliches Kennzeichen ....

4. ....
Fahrzeughersteller und Schlüssel-Nr. zu Feld Nr. 2/ Code zu Feld 2

5. ....
Typ und Ausführung; Schlüssel-Nr. zu Feld Nr. 3/ Typ; Code zu Feld D.2

6. Fahrzeug-Ident.-Nr.: ....

7. Stand des Wegstreckenzählers: ....

8. Untersuchungsergebnis des Abgasverhaltens:

Bezeichnung	Sollwert	Istwert	Soll/Ist-Vergleich
(z. B. Motortemperatur)	....	....	....
....	....	....	....
....	....	....	....
....	....	....	....

9. Bemerkungen :
....
....

10. Gesamtergebnis

☐ Untersuchung der AU bestanden *)
Plakette nach Anlage IX a zugeteilt **)

☐ Untersuchung der AU nicht bestanden *)

11. Ablauf der Frist für die nächste AU: (Monat/Jahr)..

12. Mängel-Nr. 813 der HU-Richtlinie (Mängel nach Nr. 4.4 der AU-Richtlinie, die behoben wurden): ja ☐

13. Erkannte, aber nicht behobene Mängel nach Nr. 5.5 der AU-Richtlinie: ....

....

14. Messgerätetyp und AU-Programmversion: ....

Nachweis-Siegel:
Ø30 mm in blau

....
Unterschrift der verantwortlichen Person, Angabe der Kontrollnummer und Nachweis-Siegel

*) Zutreffendes ankreuzen
**) Entfällt ab 01.01.2010

4. Anlage IXb StVZO

(§ 29 Abs. 2 bis 8) Anlage IX b StVZO

Prüfmarke und SP-Schild für die Durchführung von Sicherheitsprüfungen

1. Vorgeschriebene Beschaffenheit

1.1 Muster

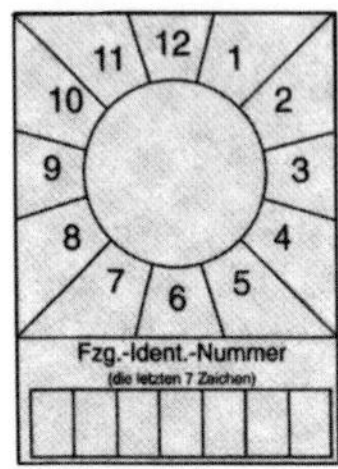

SP-Schild

Prüfmarke

1.2 Abmessungen und Gestaltung

1.2.1 Prüfmarke

1.2.1.1 Allgemeines

Material:	Folie oder Festkörper aus Kunststoff
Kantenlänge der Prüfmarke:	24,5 mm × 24,5 mm
Strichfarben:	schwarz
Schriftart:	Helvetica medium
Schriftfarbe:	schwarz

1.2.1.2 Grundkörper von Prüfmarken, die als Festkörper ausgebildet sind

Durchmesser:	35 mm
Höhe:	3 mm
Farbe:	grau
Umrandung:	keine

1.2.1.3 Fläche des Pfeiles:

Kantenlänge des Pfeilschaftes:	17,3 mm × 17,3 mm
Kantenlänge der Pfeilspitze:	Basislinie: 17,3 mm Seitenlinien: 12,2 mm
Farbe:	jeweils entsprechend dem Kalenderjahr, in dem die nächste Sicherheitsprüfung durchgeführt werden muss (Durchführungsjahr). Sie ist für das Durchführungsjahr 1999 – rosa 2000 – grün 2001 – orange 2002 – blau 2003 – gelb 2004 – braun Die Farben wiederholen sich für die folgenden Kalenderjahre jeweils in dieser Reihenfolge.

	Strichstärke der Umrandung:	0,7 mm
	Anordnung Text „SP“:	vertikal zentriert, Buchstabenunterkante 10 mm unter der Pfeilspitze
	Schrifthöhe Text „SP“:	4 mm
	Anordnung Jahreszahl:	vertikal und horizontal zentriert
	Schrifthöhe Jahreszahl:	5 mm
1.2.1.4	Restfläche:	
	Farbe:	grau
	Umrandung:	keine
1.2.2	SP-Schild	
1.2.2.1	Allgemeines	
	Material:	Folie, Kunststoff oder Metall
	Kantenlänge (Höhe × Breite):	80 mm × 60 mm
	Grundfarbe:	grau
	Strichfarben:	schwarz
	Schriftfarben:	schwarz
1.2.2.2	Quadrat Monatsangabe	
	Kantenlänge:	60 mm
	Anordnung der Monatszahlen:	1 bis 12 jeweils um 30° im Uhrzeigersinn versetzt, an einem fiktiven Kreisring von 40 mm Durchmesser außen angesetzt
	Schriftart:	Helvetica medium, zweistellige Zahlen in Engschrift
	Schrifthöhe:	5 mm
	Linien zwischen den Monatszahlen:	sechs jeweils fiktiv durch den Mittelpunkt des Quadrates verlaufende, um 30° versetzte Linien
	Strichstärke:	0,5 mm
1.2.2.3	Kreisfläche	
	Beschaffenheit:	Damit die Prüfmarke von dem SP-Schild abgelöst werden kann, ohne dieses zu zerstören, sollte die Kreisfläche mindestens 1 mm positiv erhaben sein.
	Anordnung Mittelpunkt:	auf den Mittelpunkt des Quadrates (Monatsangabe) zentriert
	Innendurchmesser:	35 mm
	Umrandung:	keine
	Grundfarbe:	grau
1.2.2.4	Feld „Fzg.-Ident.-Nummer“	
	Anordnung:	je 2 mm Abstand zur seitlichen und unteren Außenkante
	Kantenlänge (Höhe x Breite:	12 mm x 56 mm
	Einzelfelder (Höhe x Breite):	7 Felder, 12 mm × 8 mm
	Strichstärke:	0,5 mm
	Schrift:	Helvetica medium
	Schrifthöhe („Fzg.-Ident.-Nummer“):	3 mm
	Schrifthöhe („die letzten 7 Zeichen“):	2 mm

Bei Ausführung des SP-Schildes als Folie muss das Feld nach der Beschriftung mit einer zusätzlichen Schutzfolie gesichert werden.

1.2.3 Farbtöne der Beschriftung und des Untergrundes

Farbregister RAL 840 HR, herausgegeben vom RAL Deutsches Institut für Gütesicherung und Kennzeichnung e.V., Siegburger Straße 39, 53757 St. Augustin.

Als Farbton ist zu verwenden:

Schwarz	– RAL 9005
Braun	– RAL 8004
Rosa	– RAL 3015
Grün	– RAL 6018
Gelb	– RAL 1012
Blau	– RAL 5015
Orange	– RAL 2000
Grau	– RAL 7035

1.2.4 Dauerbeanspruchung

Prüfmarke und SP-Schild müssen so beschaffen sein, dass sie für die Dauer ihrer Gültigkeit den Beanspruchungen beim Betrieb des Fahrzeugs standhalten.

2. Ergänzungsbestimmungen

2.1 Fälschungssicherheit

Damit Fälschungen erschwert und nachweisbar werden, sind durch den Hersteller bestimmte Merkmale und zusätzlich eine Herstellerkennzeichnung einzubringen, die über die gesamte Lebensdauer der Prüfmarke wirksam und erkennbar bleiben.

2.1.1 Prüfmarken in Folienausführung

Es sind unsichtbare Schriftmerkmale und zusätzlich eine Herstellerkennzeichnung, die ohne Hilfsmittel nicht erkennbar sind, einzuarbeiten. Die Erkennbarkeit muss durch die Verwendung von mit Blacklight-Röhren (300 – 400 nm) ausgerüsteten Prüflampen gegeben sein. Die verwendeten Schriften der Kennzeichnung müssen in nicht fälschbarer Mikroschrift ausgeführt sein. In die Kennzeichnung sind der Hersteller und das Produktjahr in Form einer Zahlenkombination einzubringen. Die Zeichen haben eine maximale Höhe von 2 mm und eine maximale Strichstärke von 0,75 mm. Es sind Flächensymbole einzuarbeiten.

2.1.2 Prüfmarken in Festkörperausführung

Die Umrandung des Pfeiles, der Text „SP" und die Jahreszahl müssen mindestens 0,3 mm positiv erhaben sein. Auf der Rückseite der Prüfmarke muss eine zusätzliche Kennzeichnung aufgebracht werden. In die Kennzeichnung sind der Hersteller und das Produktjahr in Form einer Zahlenkombination einzubringen.

Dies gilt nicht, wenn die Prüfmarken die Anforderungen nach 2.1.1 erfüllen.

2.2 Übertragungssicherheit

2.2.1 Allgemeines

Bei Prüfmarken oder SP-Schildern aus Folie muss zur Gewährleistung der Übertragungssicherheit der Untergrund vor dem Aufbringen frei von Staub, Fett, Klebern, Folien oder sonstigen Rückständen sein.

2.2.2 Entfernung von Prüfmarken

Es muss gewährleistet sein, dass sich Prüfmarken bei ordnungsgemäßer Anbringung nicht unzerstört entfernen lassen. Der Zerstörungsgrad der Prüfmarken muss so groß sein, dass eine Wiederverwendung auch unter Korrekturen nicht möglich ist. Es darf nicht möglich sein, aus zwei abgelösten (entfernten) Prüfmarken eine Ähnlichkeitsfälschung herzustellen.

2.3 Echtheitserkennbarkeit im Anlieferungszustand

Die Verarbeiter von Prüfmarken (Zulassungsbehörden, Technische Prüfstellen, Überwachungsorganisationen, anerkann-

te Kfz-Werkstätten) müssen im Anlieferungszustand die systembedingte Echtheit erkennen können. Dies wird durch ein genau definiertes und gekennzeichnetes Schutzpapier auf der Rückseite der Prüfmarken oder durch die auf der Rückseite der Festkörper aufgebrachten fälschungserschwerenden Schriftmerkmale nach Nummer 2.1.2 Abs. 1 sichergestellt.

In der Sichtfläche der Prüfmarke ist eine nicht aufdringliche und das Gesamtbild nicht störende fälschungserschwerende Produktkennzeichnung eingebracht.

Die Prüfmarken sind in übersichtlich zählbaren Behältnissen verpackt.

2.4 Anbringung der Prüfmarken und SP-Schilder[1)]

Die individuelle Beschriftung des SP-Schildes mit der Fahrzeug-Identifizierungsnummer erfolgt mit einem dokumentenechten Permanentschreiber. Diese Beschriftung ist durch eine Schutzfolie zu sichern. Beim Ablösen der Schutzfolie muss sich das Feld „Fzg.-Ident.-Nummer" so zerstören, dass eine Wiederverwendung auch unter Korrekturen nicht möglich ist. Bei Ausführung des SP-Schildes als Festkörper aus Kunststoff oder Metall können die Zeichen auch positiv oder negativ erhaben aufgebracht werden; eine zusätzliche Schutzfolie ist dann entbehrlich.

Das SP-Schild ist gut sichtbar am Fahrzeugheck in Fahrtrichtung hinten links anzubringen. Die Anbringungshöhe ist so zu wählen, dass sich die Oberkante des SP-Schildes mindestens 300 mm und maximal 1800 mm über der Fahrbahn befindet. Die rechte Kante des SP-Schildes darf nicht mehr als 800 mm vom äußersten Punkt des hinteren Fahrzeugumrisses entfernt sein. Davon kann nur abgewichen werden, wenn die Bauart des Fahrzeugs diese Anbringung nicht zulässt.

Die Prüfmarke ist auf der Kreisfläche oder in dem Haltering des SP-Schildes so anzubringen, dass die Pfeilspitze auf den Monat zeigt, in dem das Fahrzeug zur nächsten Sicherheitsprüfung nach den Vorschriften der Anlage VIII vorzuführen ist.

2.5 Bezug von Prüfmarken

Die Hersteller von Prüfmarken beliefern ausschließlich die Zulassungsbehörden, die Technischen Prüfstellen, die Überwachungsorganisationen und die für die Anerkennung von Werkstätten zur Durchführung von Sicherheitsprüfungen zuständigen Stellen. Die Anerkennungsstellen nach Nummer 1.1 Anlage VIIIc beliefern die zur Durchführung von Sicherheitsprüfungen anerkannten Werkstätten. Die zuständige oberste Landesbehörde oder die von ihr bestimmten oder nach Landesrecht zuständigen Stellen können Abweichendes bestimmen.

5. Muster für Prüfbücher nach § 29 Abs. 11 StVZO

(VkBl. 1998 S. 537)

Nach § 29 Abs. 11 StVZO müssen die Halter von Fahrzeugen, für die nach Nummer 2.1 und 2.2 Anlage VIII StVZO Sicherheitsprüfungen vorgeschrieben sind, ab dem Tag der Zulassung Prüfbücher nach dem nachstehenden Muster führen. Die Prüfbücher sind bis zur endgültigen Außerbetriebsetzung der Fahrzeuge von den Haltern der Fahrzeuge aufzubewahren (§ 29 Abs. 13 StVZO).

Zum Muster der Prüfbücher und zur Führung der Prüfbücher wird im Sinne einer einheitlichen Anwendung auf folgendes hingewiesen und ergänzend festgelegt:

1. Die für die Führung und notwendigen Eintragungen maßgeblichen Vorschriften sind § 29 Abs. 10 bis Abs. 13 StVZO.
2. Die im Muster der Prüfbücher vorgesehene Aufnahme von Bremsendaten (Seite 2 und 3) erfolgt freiwillig. Diese Angaben sollen eine effizientere Durchführung der vorgeschriebenen Hauptuntersuchungen (HU) und Sicherheitsprüfungen (SP) ermöglichen und gleichzeitig die Wartung der Fahrzeuge erleichtern.

[1)] Hinweis: siehe dazu Anmerkung zu § 29 Abs. 2 StVZO.

3. Auf den Seiten 4 ff. sind die Nachweise über durchgeführte HU, Abgasuntersuchungen (AU) und SP zu führen (§ 29 Abs. 12 StVZO). Die dort vorgesehenen „Nachweis-Vordrucke" sind als Beispiele zu verstehen, da die Untersuchungs- bzw. Prüfungsfolge (HU, AU, SP) sich nach der jeweiligen Fahrzeugart und den vorgeschriebenen Fristen ausrichten muss.

   Beispiele (neue Fahrzeuge):

   - Kraftomnibus (Nummer 2.1.3 Anlage VIII und Nummer 2 Anlage XIa StVZO):

     AU, HU; SP, AU, HU; SP, AU, HU; SP, SP, SP, AU, HU; SP, SP, SP, AU, HU; usw.

   - Anhänger > 10 t zulässige Gesamtmasse (Nummer 2.1.5 Anlage VIII StVZO):

     HU; HU; SP, HU; SP, HU; usw.

4. Auf Seite 7 des Musters können vom Fahrzeug-Hersteller/-Importeur oder durch den aaSoP/PI Eintragungen vorgenommen werden, die für die Durchführung der HU oder SP von Wichtigkeit sind. Dies können z.B. zu beachtende Besonderheiten bei nicht verkehrsüblichen Fahrzeugen (Sonderfahrzeuge) oder spezielle und nur für das betreffende Fahrzeug geltende Untersuchungs-Prüfungsmodalitäten sein (z.B. innere Untersuchung der Radbremsen ist vom Fahrzeug oder Bremsenhersteller vorgegeben).

   Diese Eintragungen erfolgen freiwillig.

5. Im Prüfbereich sind mindestens 3 Einschubfolien (Seite 8 bis 10) zur Aufbewahrung

   - der Prüfbescheinigung über die zuletzt durchgeführte AU (§ 47a Abs. 3 und 4 StVZO) – entfällt für Anhänger –
   - des Untersuchungsberichtes über die zuletzt durchgeführte HU (§ 29 Abs. 9 bis 11 StVZO)
   - des Prüfprotokolls über die zuletzt durchgeführte SP (§ 29 Abs. 9 bis 11 StVZO)

   vorzusehen.

   Weitere Einschubfolien können vorgesehen werden (z.B. für Nachweise nach § 19 Abs. 3 StVZO usw.).

Das nachstehende Muster enthält die vorgeschriebenen Mindestangaben.

Nach Zustimmung der zuständigen obersten Landesbehörden (§ 29 Abs. 11 StVZO) wird hiermit das Muster für Prüfbücher veröffentlicht.

Das Muster ist anzuwenden bei Prüfbüchern für Fahrzeuge, bei denen ab dem 1. Dezember 1999 nach den geänderten Vorschriften (§ 29 i.V.m. § 72 Abs. 2 StVZO) HU oder SP durchgeführt werden.

Prüfbuch

für

Kraftomnibusse und andere Kraftfahrzeuge
mit mehr als 7,5 t zulässiger Gesamtmasse
sowie
Anhänger
mit mehr als 10 t zulässiger Gesamtmasse

nach den Nummern 2.1.3, 2.1.4 und 2.1.5 der Anlage VIII zur StVZO

Fahrzeug-Identifizierungs-Nr.

Tag der ersten Zulassung:

amtliches Kennzeichen:

geändert:

geändert:

geändert:

Fahrzeugart:
Fahrzeughersteller:
Fahrzeugtyp:

BREMSENDATEN

Die nachfolgend angegebenen Daten erleichtern die Durchführung der regelmäßigen technischen Überwachung sowie die Wartung der Fahrzeuge.

Die Angabe der Daten im Prüfbuch erfolgt freiwillig:

1. **durch den Fahrzeug- oder Bremsenhersteller bzw. -Importeur** oder deren Beauftragter **bei der Auslieferung des Fahrzeugs**
2. **auf Wunsch des Fahrzeughalters oder seines Beauftragten durch den:**
   - **amtlich anerkannten Sachverständigen, anläßlich einer Begutachtung nach § 21 StVZO,**
   - **amtlich anerkannten Sachverständigen oder Prüfer/Prüfingenieur.**

Druckregler: *(für Anhänger entfällt diese Position)*

Abschaltdruck = bar   Einschaltdruck = bar

Vierkreisschutzventil: *(für Anhänger entfällt diese Position)*

niedrigster statischer Sicherungsdruck = bar

Anhängersteuerventil: *(für Anhänger: Anhängerbremsventil)*

Einsteuerdruck = bar   Aussteuerdruck = bar

BREMSENDATEN

Bremskraftregelung (Wirkungskette)

	Achslast .... Achse	Steuerweg Balgdruck	Regler-Eingangsdruck	Bremszylinderdruck (bar) 1. Achse	2. Achse	3. Achse	4. Achse
leer					x	x	x
voll					x	x	x
leer				x		x	x
voll				x		x	x
leer				x	x		x
voll				x	x		x
leer				x	x	x	
voll				x	x	x	

mechanische Kenngrößen:

		1. Achse	2. Achse	3. Achse	4. Achse
Bremszylindertyp BBA/FBA					
maximaler Kolbenhub S_{max}	mm				
Bremshebellänge	mm				

Referenzwerte bei Reifengröße . . . (mindestens zwei angeben):

Bremskraft pro Achse	(daN)	1. Achse	2. Achse	3. Achse	4. Achse
bei Bremszyl.-Druck P_{zyl} = bar					
bei Bremszyl.-Druck P_{zyl} = bar					
bei Bremszyl.-Druck P_{zyl} = bar					
bei Bremszyl.-Druck P_{zyl} = bar					
bei Bremszyl.-Druck P_{zyl} = bar					
bei Bremszyl.-Druck P_{zyl} = bar					

→ (falls technisch nicht möglich: Alternativmethode und -werte)

Für die Richtigkeit der angegebenen Werte:	**Hersteller / Importeur / Beauftragter:**	**aaSoP/ Prüfingenieur:** Stempel
	____________	____________

NACHWEIS DURCHGEFÜHRTER HAUPTUNTERSUCHUNGEN, ABGASUNTERSUCHUNGEN UND SICHERHEITSPRÜFUNGEN

Haupt-untersuchung	**Untersuchungsdatum**	**Plakette zugeteilt**
	Kilometerstand	
		Stempel Unterschrift Prüfingenieur / aaSoP
Sicherheits-prüfung	**Prüfdatum**	**Prüfmarke zugeteilt** Firmenstempel der anerkannten Werkstatt oder Stempel des Prüfingenieurs / aaSoP
	Kontroll-Nr. a. Werkst.	
	Kilometerstand	
		Unterschrift der für die SP verantwortl. Person bzw. des Prüfingenieurs / aaSoP
Abgas-untersuchung	**Untersuchungsdatum**	**Plakette zugeteilt** Firmenstempel der anerkannten Werkstatt oder Stempel des Prüfingenieurs / aaSoP
	Kontroll-Nr. a. Werkst.	
	Kilometerstand	
		Unterschrift der für die AU verantwortl. Person bzw. des Prüfingenieurs / aaSoP
Haupt-untersuchung	**Untersuchungsdatum**	**Plakette zugeteilt**
	Kilometerstand	
		Stempel Unterschrift Prüfingenieur / aaSoP
Sicherheits-prüfung	**Prüfdatum**	**Prüfmarke zugeteilt** Firmenstempel der anerkannten Werkstatt oder Stempel des Prüfingenieurs / aaSoP
	Kontroll-Nr. a. Werkst.	
	Kilometerstand	
		Unterschrift der für die SP verantwortl. Person bzw. des Prüfingenieurs / aaSoP
Abgas-untersuchung	**Untersuchungsdatum**	**Plakette zugeteilt** Firmenstempel der anerkannten Werkstatt oder Stempel des Prüfingenieurs / aaSoP
	Kontroll-Nr. a. Werkst.	
	Kilometerstand	
		Unterschrift der für die AU verantwortl. Person bzw. des Prüfingenieurs / aaSoP

NACHWEIS DURCHGEFÜHRTER HAUPTUNTERSUCHUNGEN, ABGASUNTERSUCHUNGEN UND SICHERHEITSPRÜFUNGEN

Haupt-untersuchung	**Untersuchungsdatum**	**Plakette zugeteilt**
	Kilometerstand	
		Stempel ______ Unterschrift Prüfingenieur / aaSoP
Sicherheits-prüfung	**Prüfdatum**	**Prüfmarke zugeteilt** Firmenstempel der anerkannten Werkstatt oder Stempel des Prüfingenieurs / aaSoP
	Kontroll-Nr. a. Werkst.	
	Kilometerstand	
		Unterschrift der für die SP verantwortl. Person bzw. des Prüfingenieurs / aaSoP
Abgas-untersuchung	**Untersuchungsdatum**	**Plakette zugeteilt** Firmenstempel der anerkannten Werkstatt oder Stempel des Prüfingenieurs / aaSoP
	Kontroll-Nr. a. Werkst.	
	Kilometerstand	
		Unterschrift der für die AU verantwortl. Person bzw. des Prüfingenieurs / aaSoP
Haupt-untersuchung	**Untersuchungsdatum**	**Plakette zugeteilt**
	Kilometerstand	
		Stempel ______ Unterschrift Prüfingenieur / aaSoP
Sicherheits-prüfung	**Prüfdatum**	**Prüfmarke zugeteilt** Firmenstempel der anerkannten Werkstatt oder Stempel des Prüfingenieurs / aaSoP
	Kontroll-Nr. a. Werkst.	
	Kilometerstand	
		Unterschrift der für die SP verantwortl. Person bzw. des Prüfingenieurs / aaSoP
Abgas-untersuchung	**Untersuchungsdatum**	**Plakette zugeteilt** Firmenstempel der anerkannten Werkstatt oder Stempel des Prüfingenieurs / aaSoP
	Kontroll-Nr. a. Werkst.	
	Kilometerstand	
		Unterschrift der für die AU verantwortl. Person bzw. des Prüfingenieurs / aaSoP

NACHWEIS DURCHGEFÜHRTER HAUPTUNTERSUCHUNGEN, ABGASUNTERSUCHUNGEN UND SICHERHEITSPRÜFUNGEN

Haupt-untersuchung	**Untersuchungsdatum**						**Plakette zugeteilt**
	Kilometerstand						
							Stempel ________ Unterschrift Prüfingenieur / aaSoP
Sicherheits-prüfung	**Prüfdatum**						**Prüfmarke zugeteilt** Firmenstempel der anerkannten Werkstatt oder Stempel des Prüfingenieurs / aaSoP
	Kontroll-Nr. a. Werkst.						
	Kilometerstand						
							Unterschrift der für die SP verantwortl. Person bzw. des Prüfingenieurs / aaSoP
Abgas-untersuchung	**Untersuchungsdatum**						**Plakette zugeteilt** Firmenstempel der anerkannten Werkstatt oder Stempel des Prüfingenieurs / aaSoP
	Kontroll-Nr. a. Werkst.						
	Kilometerstand						
							Unterschrift der für die AU verantwortl. Person bzw. des Prüfingenieurs / aaSoP
Haupt-untersuchung	**Untersuchungsdatum**						**Plakette zugeteilt**
	Kilometerstand						
							Stempel ________ Unterschrift Prüfingenieur / aaSoP
Sicherheits-prüfung	**Prüfdatum**						**Prüfmarke zugeteilt** Firmenstempel der anerkannten Werkstatt oder Stempel des Prüfingenieurs / aaSoP
	Kontroll-Nr. a. Werkst.						
	Kilometerstand						
							Unterschrift der für die SP verantwortl. Person bzw. des Prüfingenieurs / aaSoP
Abgas-untersuchung	**Untersuchungsdatum**						**Plakette zugeteilt** Firmenstempel der anerkannten Werkstatt oder Stempel des Prüfingenieurs / aaSoP
	Kontroll-Nr. a. Werkst.						
	Kilometerstand						
							Unterschrift der für die AU verantwortl. Person bzw. des Prüfingenieurs / aaSoP

PLATZ FÜR SONSTIGE EINTRAGUNGEN

durch den Hersteller / Importeur / Beauftragten oder durch den aaSoP / Prüfingenieur

PRÜFBESCHEINIGUNG D. ZULETZT DURCHGEF. ABGASUNTERSUCHUNG

(Einschubfolie)

UNTERSUCHUNGSBERICHT D. ZULETZT DURCHGEF. HAUPTUNTERSUCHUNG

(Einschubfolie)

PRÜFPROTOKOLL D. ZULETZT DURCHGEF. SICHERHEITSPRÜFUNG

(Einschubfolie)

6. Eintragungen und Führung von Prüfbüchern

1. Allgemeines

Die Pflicht zur Führung von Prüfbüchern ergibt sich aus § 29 Abs. 11 StVZO und obliegt den Haltern der Fz. Prüfbücher müssen spätestens ab dem Tag der Zulassung der Fz geführt werden. Es kann davon ausgegangen werden, dass für einen Großteil der erstmals in den Verkehr kommenden Fz von den Herstellern bereits Prüfbücher mitgeliefert werden, in denen die freiwillig anzugebenden (technischen) Daten – s. S. 2 und 3 des Prüfbuch-Muster – aufgenommen wurden.

2. Prüfbuchpflichtige Fahrzeuge

Prüfbücher müssen für alle Fz angelegt und weitergeführt werden, für die nach den Nrn. 2.1 und 2.2 Anlage VIII StVZO Sicherheitsprüfungen vorgeschrieben sind. Dies sind:

- Kraftomnibusse und andere Kfz mit mehr als 8 Fahrgastplätzen (Nrn. 2.1.3 Anlage VIII StVZO),
- Kfz, die zur Güterbeförderung bestimmt sind, selbstfahrende Arbeitsmaschinen, Stapler, Zugmaschinen sowie Kfz, die nicht unter die Nrn. 2.2.1 bis 2.1.3 oder 2.1.6 der Anlage VIII StVZO fallen mit einer zulässigen Gesamtmasse > 7,5 t (Nrn. 2.1.4.3 und 2.1.4.4 Anlage VIII StVZO),
- Anhänger, einschließlich angehängte Arbeitsmaschinen und Wohnanhänger mit einer zulässigen Gesamtmasse > 10 t (Nr. 2.1.5.4 Anlage VIII StVZO),
- Fz, die ohne Gestellung eines Fahrers gewerbsmäßig vermietet werden, ohne dass sie für den Mieter zugelassen sind und für die ebenfalls SP vorgeschrieben sind (Nr. 2.2 Anlage VIII StVZO).

3. Eintragungen im Prüfbuch

- Die fahrzeugbezogenen Angaben auf Seite 1 sind, wenn nicht bereits vom Hersteller angegeben, vom Halter einzutragen.
- Alle auf den Seiten 2 und 3 angegebenen Daten sind freiwillig einzutragen; diese Daten (Bremsendaten) sollen die Durchführung der Hauptuntersuchungen und Sicherheitsprüfungen, aber auch die Wartung der Fahrzeuge erleichtern. Es handelt sich um spezifische Daten wie z.B. Ein- und Abschaltdruck des Druckreglers, Referenzwerte oder die entspr. Drücke der ALB, die freiwillig vom Fz- oder Bremsenhersteller bzw. Importeur oder deren Beauftragte bei der Auslieferung der Fz eingetragen werden. Darüber hinaus können diese Daten auch auf Wunsch des Halters durch aaS anlässlich einer Begutachtung nach § 21 StVZO oder durch aaSoP oder PI z.B. anlässlich der Durchführung einer HU oder SP ermittelt, eingetragen und bestätigt (Unterschrift und Stempel) werden.
- Auf den Seiten 4 bis 6 muss die Durchführung der AU (nur bei Kfz), HU und SP unter Angabe des jeweiligen km-Standes (nur bei Kfz) und des Datums eingetragen und dokumentiert werden (Unterschrift, Stempel und ggf. Kontroll-Nr. der Werkstatt). Diese Pflicht ergibt sich aus den Vorschriften des § 29 Abs. 12 StVZO, wobei der Halter bzw. sein Beauftragter das Prüfbuch gemeinsam mit dem letzten HU-Untersuchungsbericht und dem letzten SP-Prüfprotokoll der untersuchenden Stelle oder Person aushändigen muss (§ 29 Abs. 10 StVZO). Auch der Zulassungsbehörde oder anderen zuständigen Personen ist das Prüfbuch gemeinsam mit dem letzten HU-Untersuchungsbericht und SP-Prüfprotokoll bei allen Maßnahmen zur Prüfung auszuhändigen. Kann der Halter den Bericht oder das Protokoll nicht aushändigen, weil er sie z.B. verloren hat, muss er Zweitschriften auf seine Kosten von den prüfenden Stellen beschaffen, oder es sind eine HU und/oder eine SP durchzuführen (§ 29 Abs. 10 StVZO).
- Auf Seite 7 des Prüfbuches ist „Platz für sonstige Eintragungen“. Diese Eintragungen erfolgen wiederum freiwillig durch den Hersteller / Importeur / Beauftragten oder durch den aaSoP oder PI. Sinn dieser Eintragungen ist es, bestimmte Besonderheiten des Fz aufzuführen, um so ebenfalls die Untersuchungen/Prüfungen und Wartung zu erleichtern; dies können z.B. auch Hinweise auf vorgeschriebene Untersuchungen nach anderen

Rechtsvorschriften sein (Hebezeugprüfung bei angebautem Kran, Behälterprüfung bei GGVS – Fz usw.).

- Die Seiten 8 bis 10 sind keine eigentlichen Seiten im Sinne dieses Begriffs, sondern Einschubfolien (z.B. Klarsichthüllen), in denen der letzte Untersuchungsbericht über die HU, die AU-Prüfbescheinigung und das SP-Prüfprotokoll aufzubewahren sind.

4. Verfahren bei außerordentlicher Hauptuntersuchung (§ 42 BOKraft) und Hauptuntersuchung (§ 41 BOKraft)

Bei Fahrzeugen zur gewerblichen Personenbeförderung mit mehr als 8 Fahrgastplätzen (Kraftomnibusse) sowie bei Kraftdroschken und Mietwagen ist Folgendes zu beachten:

a) Bei fabrikneuen Fahrzeugen, für die eine „Allgemeine Betriebserlaubnis" erteilt und im Fahrzeugbrief bestätigt wurde, dass die Vorschriften der BOKraft erfüllt sind, wird der erste Untersuchungsbericht über eine Hauptuntersuchung im Prüfbuch (bei Kraftomnibussen) vom Hersteller ausgefüllt und unterschrieben. Bei Kraftdroschken und Mietwagen ist der besondere Untersuchungsbericht nach § 42 Abs. 1 BOKraft zu erstellen.

b) Bei fabrikneuen Fahrzeugen, für die eine „Allgemeine Betriebserlaubnis" erteilt, aber **keine** Bestätigung über die Erfüllung der Vorschriften der BOKraft vorliegt, wird die Untersuchung dieser Fahrzeuge auf Einhaltung der Vorschriften der BOKraft durch die für § 29 StVZO-Untersuchungen berechtigte Person vorgenommen. Diese muss einen Untersuchungsbericht erstellen.

c) Bei im Verkehr befindlichen Kraftomnibussen trägt die die HU nach § 29 StVZO und § 41 BOKraft durchführende Person das Untersuchungsergebnis in das Prüfbuch ein und unterschreibt den Untersuchungsbericht. Bei im Verkehr befindlichen Kraftdroschken und Mietwagen ist ein besonderer Untersuchungsbericht nach § 42 Abs. 1 BOKraft zu erstellen.

Der Fahrzeughalter reicht den ausgefüllten Untersuchungsbericht mit seinem Genehmigungsantrag an die Genehmigungsbehörde ein. Nach Eintragung des Sichtvermerks wird das Prüfbuch (Kraftomnibus) mit dem Genehmigungsantrag an den Fahrzeughalter zurückgegeben. Bei Kraftdroschken und Mietwagen verbleibt der besondere Untersuchungsbericht beim Genehmigungsantrag.

5. Besondere Pflichten für den Fz-Halter

- Anlegen und Führen des Prüfbuches nach § 29 Abs. 11 StVZO (s. unter 1.).
- Vorlage des Prüfbuches bei AU, HU und SP sowie zuständigen Personen und Zulassungsbehörde nach § 29 Abs. 10 StVZO. Daraus resultiert jedoch keine Mitführpflicht des Prüfbuches im Fz; das Prüfbuch kann also zu Hause aufbewahrt werden und, wenn nötig, vorgelegt oder mitgeführt werden.
- Prüfbücher sind bis zur endgültigen Außerbetriebsetzung der Fz zu führen bzw. aufzubewahren (§ 29 Abs. 13 StVZO).

7. Muster für Prüfprotokolle über Sicherheitsprüfungen (SP) nach § 29 und Anlage VIII StVZO

(VkBl. 1998 S. 543, 2003 S. 751 und 2006 S. 340)

Sicherheitsprüfungen sind nach Nummer 1.3 Anlage VIII StVZO und der hierzu im Verkehrsblatt veröffentlichten „Richtlinie für die Durchführung von Sicherheitsprüfungen" durchzuführen. Der für die Durchführung von SP Verantwortliche hat nach § 29 Abs. 9 StVZO ein Prüfprotokoll zu erstellen,

- das die in Nummer 3.2.5 Anlage VIII StVZO vorgeschriebenen Angaben enthalten muss und
- in das festgestellte Mängel einzutragen sind (Nummer 3.2.3 Anlage VIII StVZO).

Eintragungen über festgestellte Mängel sind wie folgt vorzunehmen:

1. in manuell auszufüllenden Prüfprotokollen sind die Mängel kenntlich zu machen und zusätzlich in Form der Code-Nr. einzutragen,

2. in mit Hilfe der Elektronischen Datenverarbeitung erstellten Prüfprotokollen sind die Mängel in Klarschrift einzutragen.

Das nachstehende Muster für Prüfprotokolle enthält die vorgeschriebenen Mindestangaben sowie mögliche Mängel einschließlich ihrer Code-Nr. zu den Prüfpunkten. Abweichungen in Aufbau und der Anordnung der Angaben des Musters sind möglich. Werden Prüfprotokolle mit Hilfe der Elektronischen Datenverarbeitung erstellt, genügt die Angabe der *festgestellten* Mängel; auf die Wiedergabe der *möglichen* Mängel entsprechend nachstehendem Muster kann hierbei verzichtet werden.

Nach Zustimmung der zuständigen obersten Landesbehörden (Nummer 3.2.5 Anlage VIII StVZO) wird hiermit das Muster über Prüfprotokolle für die SP veröffentlicht.

Das Muster ist ab dem 1. Dezember 1999 bei der Durchführung von SP anzuwenden.

Die ergänzenden Angaben (VkBl. 2006, S. 340) müssen ab dem 1.4.2006 vorgenommen werden.

Prüfprotokoll Sicherheitsprüfung

Name, Anschrift und Prüfort oder Kontroll-Nr. der prüfenden Stelle

Kennummer d. aaSoP/PI

Feld für zusätzliche Eintragungen

Feld für zusätzliche Eintragungen

Feld für zusätzliche Eintragungen

Prüfdatum | Uhrzeit | km-Stand

Amtliches Kennzeichen | Erstzul. | Letzte HU

Fahrzeug-Identifizierungsnummer

Fahrzeug-Hersteller

Fahrzeug-Typ | KBA-Schlüssel

FESTGESTELLTE MÄNGEL

Rahmen, tragende Teile
100 gebrochen
101 angerissen
102 verbogen
103 erhebl. Schwächung d. Korrosion
104 Verbindungen lose, ausgebrochen
105 Schweißnähte gerissen
106 Schweißnähte unsachg. repariert

Unterfahrschutz / seitl. Schutzvorrichtung
107 stark beschädigt, stark verbogen
108 Verbindungen lose, ausgebrochen
109 Schweißnähte gerissen

VA-Achskörper
110 angerissen
111 verbogen
112 gebrochen
113 erheblich korrodiert
114 unsachgemäß repariert

VA-Aufhängung (Lenker/Streben)
115 ausgeschlagen
116 verformt
117 übermäßiges Spiel
118 ungenügende Befestigung
119 Achsschenkel schwergängig
120 Achsschenkel hat Höhenspiel

VA-Federung / Stabilisator
125 gebrochen
126 schadhaft
127 Befestigung, lose, ausgeschlagen
128 Luftfederung schadhaft
129 Steuerventil falsch eingestellt

VA-Schwingungsdämpfer
130 schadhaft
131 Befestigung, lose, ausgeschlagen

VA-Radlager
135 übermäßiges Spiel
136 schwergängig, fest

HA-Achskörper
140 angerissen
141 verbogen
142 gebrochen
143 erheblich korrodiert
144 unsachgemäß repariert

HA-Aufhängung
145 ausgeschlagen
146 verformt
147 übermäßiges Spiel
148 ungenügende Befestigung

HA-Federung / Stabilisator
150 gebrochen
151 schadhaft
152 Befestigung, lose, ausgeschlagen
153 Luftfederung schadhaft
154 Steuerventil falsch eingestellt

HA-Schwingungsdämpfer
155 schadhaft
156 Befestigung lose, ausgeschlagen

HA-Radlager
160 übermäßiges Spiel
161 schwergängig, fest

Motor / Antrieb / Kupplung / Schaltung
165 schadhaft, eingeschr. Funktion
166 Ölverlust

Anhängerkupplung / Sattelkupplung
170 zu großes Spiel
171 verschlissen
172 beschädigt
173 Befestigung unzureichend, lose
174 Fangmaul erheblich beschädigt
175 i. d. Funktion erhebl. beeinträchtigt

Zugeinrichtung
176 Befestigung, lose, ausgeschlagen
177 verbogen
178 angerissen
179 unzul./unsachg. Reparaturschweiß.
180 schadhafte Sicherung
181 zulässige Toleranzen überschritten
182 Höheneinstelleinr. fehlt, schadhaft
183 Stützeinrichtung fehlt, schadhaft

Aufbau
185 Radabd. fehlt, lose, stark beschädigt
186 Aufbauteile, Befest. unzureich./lose
187 Reserveradbefestigung lose
188 Reserveradbef., Sicherung fehlt
189 Boden, Wände, Rungen st. beschäd.
190 Planengestell stark beschädigt
191 Kippniederspanneinr. wirkungslos
192 Ladegerät, Befestig. unzureich./lose
193 Ladegerät, Sicherung unzureichend
194 KOM-Fahrgasttüren, Anspr.-Kräfte des Einklemmschutzes zu hoch
195 KOM - bewegl. Einstieghilfen schadhaft
196 KOM-Bodenbelag, Trittstufen - schadhaft, nicht rutschsicher

Lenkung
200 Lenkanschlag fehlt
201 Lenkanschlag ohne Wirkung
202 schwergängig
203 Rastpunkte, klemmt
204 ohne Rückstellung
205 Spiel zu groß
206 Lenkrad lose
207 Lenkrad schadhaft
208 Lenksäule ungenüg. Befest./Sicher.

Lenkgetriebe
210 undicht, Flüssigk.-menge unzureich.
211 Befestigung lose
212 Aufnahmeteil gerissen

Lenkgelenke / Lenkscheiben
220 zu großes Spiel
221 ungenügende Befestig. / Sicherung

Schubstangen / Spurstangen
230 ungenügende Befestig. / Sicherung
231 Risse
232 Bruchgefahr
233 verbogen

Drehkranz
240 lose
241 zu großes Spiel

Lenkhebel
250 ungenügende Befestig. / Sicherung
251 Risse
252 Bruchgefahr
253 verbogen

Lenkgestänge / Lenkseile
260 ungenügende Befestig. / Sicherung
261 Risse
262 Bruchgefahr
263 Lenkgestänge verbogen

Lenkhilfe / Zusatzlenkung
270 Funktion beeinträchtigt
271 Fehlermeld. über Warneinricht.
272 Leit./Schläuche beschäd./undicht
273 Leit./Schläuche scheuern / verdreht

Lenkungsdämpfer
280 ungenügende Befestigung
281 undicht

Bereifung
300 beschädigt
301 Profiltiefe nicht ausreichend
302 Größe und/oder Bauart abweichend von den genehmigten Reifen

Räder
310 angerissen
311 ausgebrochen
312 stark verbogen
313 Befest. lose, Radmuttern fehlen
314 falsche Ausführung der Radbefestig.

Auspuffanlage
400 stark undicht
401 Aufhängung lose

BREMSANLAGE - SICHTPRÜFUNG

Betätigungseinrichtung - BBA
500 Lagerung ausgeschlagen
501 Lagerung schwergängig
502 Pedaloberfläche nicht rutschsicher

Betätigungseinrichtung - FBA
505 Hebelweg zu groß
506 Feststelleinr. nicht funktionssicher
507 Lagerung ausgeschlagen

Bremsseile
510 stark beschädigt
511 schwergängig
512 nicht gesichert
513 Führung schadhaft

Bremsgestänge / Gelenke
514 stark beschädigt
515 schwergängig
516 Führungen ausgeschlagen
517 Gelenke nicht gesichert
518 Nachstelleinr. nicht funktionssicher

Bremswellen
519 Lager ausgeschlag. / schwergängig

Bremsleitungen
520 lose
521 undicht
522 stark beschädigt
523 stark korrodiert

Bremsschläuche
524 stark beschädigt
525 undicht
526 unsachgemäß montiert
527 zu kurz

Bremszylinder
530 lose
531 undicht
532 Hub zu groß
533 Staubmanschetten fehlen, schadh.

Bremstrommeln / -scheiben
535 Schlag
536 starke Riefenbildung [1]
537 Bruch oder unmittelbare Bruchgefahr [1]
538 Risse [1]
539 übermäßiger Verschleiß [1]

Bremsbeläge
540 Verschleißmaß unterschritten
541 verschmiert, verölt oder verglast [1]
542 beschädigt [1]
543 vom Belagträger gelöst [1]
544 Belagträger beschädigt [1]

Bremsnocken
545 übermäß. Verschleiß, beschädigt [1]

Kupplungsköpfe
550 Ventil schadhaft
551 unsachgemäß montiert
552 falsch angebracht / vertauscht

ALB-Schild
555 fehlt
556 nicht lesbar
557 Einstelldaten unvollständig

Bremsgeräte / -ventile
560 lose
561 äußerl. beschäd. m. Funktionsbeeintr.
562 falsche Ausführung

Energiespeicher (Druckluftbehälter)
565 unsachgemäß befestigt
566 äußerlich stark beschädigt

Prüfanschlüsse
567 schadhaft / fehlen

Automatischer Blockierverhinderer
568 Fehlermeldung über Warneinrichtung

BREMSANLAGE - FUNKTIONSPRÜFUNG
570 Kompressor - Füllzeit zu lange
571 Warn- / Kontrolleinr. ohne Funktion
572 Energiesp. Entwässerungseinr. o. F.
573 Drucksicherung nicht funktionssicher
574 Abreißsicherung-Kfz (Vorratsleit.) Entlüftung d. Federspeich./Bremszyl.
575 Abreißsicherung-Kfz (Bremsleitung) Entlüft. d. Vorratsleit. nicht selbsttätig
576 Abreißsicherung-Anh. (Vorratsleit.) Anh.-bremsung nicht selbsttätig
577 ALB Bremskraftregelung fehlerhaft
578 Radbremse Freigängigkeit nicht gegeben

Betriebsbremsanlage
580 undicht; Druckabf. n. 3 min > 0,4 bar

Betriebs-/Hilfsbremsanlage
581 nicht abstufbar
582 Druckanstieg in Bremszylindern bei vollem Durchtreten zu langsam

Dauerbremsanlage
583 ohne Funktion

Löseventil am Anhänger
584 geht nicht selbsttätig in Betriebsstellung

BREMSANLAGE - WIRKUNGSPRÜFUNG

Betriebsbremsanlage - vorn
585 ungenügende Wirkung
586 löst nicht
587 ungleichmäßige Wirkung > 25%

Betriebsbremsanlage - hinten
588 ungenügende Wirkung
589 löst nicht
590 ungleichmäßige Wirkung > 25%

Betriebsbremsanlage
591 Mindestabbremsung nicht erreicht

Feststellbremsanlage
595 ungenügende Wirkung
596 x ungleichmäßige Wirkung bei FBA, die auch während der Fahrt betätigt werden können > 50%
x ungleichmäßige Wirkung bei anderen FBA > 95%

wenn eigene Hilfsbremsanlage
597 ungenügende Wirkung

[1] *innere Untersuchung der Radbremse*

1 Sicherheitsprüfung
2 Nachprüfung zu SP d. aaSoP / PI. Bericht-Nr.:
3 Nachprüfung zu SP d. anerk. Werkst., Kontr.-Nr.:
vom

Folgende Mängel wurden festgestellt (Code-Nr.):

Mängel
1 ohne festgestellte Mängel
2 es wurden Mängel festgestellt
3 unmittelbare Verkehrsgefährdung

die o.g. Mängel wurden
1 behoben
2 nicht behoben

Ergebnis
1 Prüfmarke zugeteilt
2 Prüfmarke nicht zugeteilt, Nachprüfung erforderlich
3 Prüfplakette u. Prüfmarke entfernt (nur aaSoP/PI)
4 Prüfmarke entfernt (nur anerkannte Werkstatt)

Ablauf der Frist für die nächste Sicherheitsprüfung

Sonstige Mängel nach Nr. 2.6 der SP-RL.:

Brems-werte	Bremsdruck (bar, ...)	Bremskraft [daN]	mittlerere Vollverzögerung [m/s²]	Abbremsung [%]
Achse 1				
Achse 2				
Achse 3				
Achse 4				

Innere Untersuchung der Radbremse vorgeschrieben / notwendig: ☐ durchgeführt: ☐ (wenn erforderlich bitte ankreuzen)

Unterschrift des für die Prüfung Verantwortlichen / Stempel der anerkannten Werkstatt oder Prüfstempel des aaSoP oder Prüfingenieurs

1) Einzutragen sind jeweils die ersten Ziffern der Zul.-Besch. Teil I für Fz-Art, Fz-Hersteller und Fz-Typ.

8. Erläuterungen zum Prüfprotokoll

Prüfprotokolle müssen dem im Verkehrsblatt bekanntgemachten Muster, einschließlich der erfolgten Ergänzung, entsprechen. Ihr Bezug und ihre Verwaltung durch SP-Werkstätten sind in der SP-Anerkennungs-Richtlinie geregelt. Die Pflicht zur Erstellung eines Prüfprotokolls über eine durchgeführte SP ergibt sich aus § 29 Abs. 9 StVZO. Das Prüfprotokoll ist dem Fahrzeughalter auszuhändigen, der es mindestens bis zur nächsten SP im Prüfbuch aufzubewahren hat. Prüfprotokolle sind ebenso wie HU-Untersuchungsberichte zuständigen Personen (z.B. Polizei, Zulassungsbehörde) bei allen Maßnahmen zur Prüfung auszuhändigen. Das Prüfprotokoll ist bei der HU mit dem Prüfbuch vorzulegen. Eine Mitführpflicht besteht jedoch nicht. Kann der Fahrzeughalter das Prüfprotokoll auf Verlangen nicht aushändigen, weil er es z.B. verloren hat, muss er sich eine Zweitschrift von der Stelle beschaffen, die die SP durchgeführt hat oder eine neue SP durchführen lassen (§ 29 Abs. 10 StVZO).

Die Eintragungen im Prüfprotokoll sind entspr. § 29 Abs. 9 StVZO und den Erläuterungen zum Muster über Prüfprotokolle (s. 5.) von der für die Durchführung von SP verantwortlichen Person (i.d.R. also vom Kfz-Meister, aaSoP oder PI) vorzunehmen.

Anerkennung von Überwachungsorganisationen (ÜO)

1. Erläuterungen zu den Vorschriften der Anlage VIIIb StVZO

In Nr. 4.2 Anlage VIII StVZO – alt – war die Durchführung von HU durch ÜO unter den „Besondere Untersuchungsformen“ (Nr. 4) subsumiert. Als Folge der Neufassung durch die 28. VO zur Änderung straßenverkehrsrechtlicher Vorschriften wurden die durch PI von ÜO durchgeführten Untersuchungen denen von aaSoP gleichgestellt (s. amtl. Begründung unter 2.4.2). Die bisher in Nr. 7 Anlage VIII StVZO – alt – enthaltenen Vorschriften zur Anerkennung von ÜO wurden aus Gründen der besseren Übersicht und wegen des in sich geschlossenen Sachverhalts in Anlage VIIIb StVZO – neu – aufgenommen. Sachliche Änderungen wurden – bis auf die in den Nrn. 2.5 und 3.5 aufgenommenen Ermächtigungen zur Bekanntgabe eines Aus- und Fortbildungsplans für PI nicht aufgenommen.

Eine weitere Änderung der Anlage VIIIb StVZO erfolgte durch die 24. VO zur Änderung der StVZO. Nach der Begründung wurde durch die Novellierung beabsichtigt:

- die Leistungsfähigkeit und Verantwortung der Überwachungsorganisationen zu stärken,
- die Qualität der Untersuchungen zu sichern,
- einen Verdrängungswettbewerb mit unangemessenen Niedrigpreisen auf Kosten der Qualität der Untersuchungen zu vermeiden,
- eine höhere Transparenz bei der Preisgestaltung zu gewährleisten und
- die Länderaufsicht sowie die Kommunikation zwischen Überwachungsorganisationen und Landesbehörden effizienter zu gestalten.

Eine Neubekanntmachung der Anlage VIIIb StVZO erfolgte durch das Gesetz zur Änderung des StVG und anderer straßenverkehrsrechtlicher Vorschriften vom 11.9.2002 (BGBl. I S. 3574, VkBl. S. 634), durch die auch in § 6 Abs. 1 Nr. 2 Buchstabe n StVG eine zweifelsfreie Ermächtigungsnorm für die Anerkennung von Überwachungsorganisationen aufgenommen wurde.

2. Anlage VIIIb StVZO (Anlage VIII Nr. 3.1 und 3.2) Anerkennung von Überwachungsorganisationen[1]

1. Allgemeines

Die Anerkennung von Überwachungsorganisationen zur Durchführung von Hauptuntersuchungen, Abgasuntersuchungen und Sicherheitsprüfungen (im folgenden als HU, AU und SP bezeichnet) sowie Abnahmen (§ 19 Abs. 3 Satz 1 Nr. 3 oder 4) (Organisationen) obliegt der zuständigen obersten Landesbehörde oder den von ihr bestimmten oder nach Landesrecht zuständigen Stellen (Anerkennungsbehörden).

2. Voraussetzungen für die Anerkennung

Die Anerkennung kann erteilt werden, wenn

2.1 die Organisation ausschließlich von mindestens 60 selbstständigen und hauptberuflich tätigen Kraftfahrzeugsachverständigen gebildet und getragen wird, wobei mindestens so viele Prüfungsingenieur dieser Organisation im Anerkennungsgebiet ihren Sitz haben müssen, dass auf 100 000 dort zugelassene Kraftfahrzeuge und Anhänger (nach der Statistik des Kraftfahrt-Bundesamtes am 1. Juli eines jeden Jahres) jeweils ein Prüfingenieur entfällt, jedoch nicht mehr als 30 Prüfingenieure,

2.1a sämtliche Sachverständige, die die Organisation nach 2.1 bilden und tragen, die gleichen Rechte und Pflichten besitzen und keiner anderen Organisationen angehören,

2.2 die nach Gesetz, Vertrag oder Satzung zur Vertretung der Organisation berufenen Personen persönlich zuverlässig sind,

2.3 zu erwarten ist, dass die Organisation die HU, AU und SP sowie die Abnahmen ordnungsgemäß und gleichmäßig sowie unter Verwendung der erforderlichen technischen Einrichtungen, Systemdaten und Prüfhinweise durchführen wird, und sie sich verpflichtet, Sammlung, Auswertung und Austausch der Ergebnisse und Prüferfahrungen sowie qualitätssichernde Maßnahmen innerhalb der Organisation sicherzustellen und gemeinsam mit anderen Überwachungsorganisationen und den Technischen Prüfstellen die gewonnenen Erkenntnisse regelmäßig im „Arbeitskreis Erfahrungsaustausch in der technischen Fahrzeugüberwachung nach § 19 Abs. 3 und § 29 StVZO (AKE)“ gemäß der vom Bundesministerium für Verkehr, Bau und Stadtentwicklung mit Zustimmung der obersten Landesbehörden bekannt gemachten Richtlinien auszutauschen.

2.4 die Organisation durch Einrichtung eines innerbetrieblichen Revisionsdienstes sicherstellt, dass die Ergebnisse für die Innenrevision und die Aufsichtsbehörde so gesammelt und ausgewertet werden, dass jederzeit die Untersuchungs- und Prüfqualität für einen beliebigen Zeitraum innerhalb der letzten drei Jahre nachvollzogen werden kann, und dass die Ergebnisse mit denjenigen anderer Überwachungsorganisationen und denen der Technischen Prüfstellen einwandfrei vergleichbar sind,

2.5 die Organisation sicherstellt, dass die mit der Durchführung der HU, AU und SP sowie der Abnahmen betrauten Personen an mindestens fünf Tagen pro Jahr an regelmäßigen Fortbildungen teilnehmen, die den Anforderungen des vom Bundesministerium für Verkehr, Bau und Stadtentwicklung mit Zustimmung der obersten Landesbehörden im Verkehrsblatt bekanntgegebenen Aus- und Fortbildungsplans entsprechen,

2.6 für die mit der Durchführung der HU, AU und SP sowie der Abnahmen betrauten Personen eine ausreichende Haftpflichtversicherung zur Deckung aller im Zusammenhang mit den HU, AU und SP sowie der Abnahmen entstehenden Ansprüchen besteht und aufrechterhalten wird und die Organi-

[1] Siehe auch Übergangsvorschriften in § 72 Abs. 2 zur Anlage VIIIb StVZO.

sation das Land, in dem sie tätig wird, von allen Ansprüchen Dritter wegen Schäden freistellt, die durch die zur Vertretung der Organisation berufenen Personen, den technischen Leiter, dessen Vertreter oder die mit der Durchführung der HU, AU und SP sowie der Abnahmen betrauten Personen in Ausübung der ihnen übertragenen Aufgaben verursacht werden, und dafür den Abschluss einer entsprechenden Versicherung nachweist und aufrechterhält,

2.6a die Organisation mindestens über eine auch zur Fortbildung und zum Erfahrungsaustausch geeignete Prüfstelle im jeweiligen Anerkennungsgebiet verfügt; mit Zustimmung der zuständigen Anerkennungsbehörde kann darauf in ihrem Anerkennungsgebiet verzichtet werden, und

2.7 dadurch das Prüfangebot durch das Netz der Technischen Prüfstellen zu angemessenen Bedingungen für die Fahrzeughalter (z.B. hinsichtlich der Anfahrtswege und der Gebühren) nicht gefährdet ist; Nummer 2.1.2 der Anlage VIIId ist zu berücksichtigen.

3. Voraussetzungen für Kraftfahrzeugsachverständige und deren Angestellte

Die Organisation darf die ihr angehörenden Kraftfahrzeugsachverständigen (2.1) mit der Durchführung der HU, AU und SP betrauen, wenn diese

3.1 mindestens 24 Jahre alt sind,

3.2 geistig und körperlich geeignet sowie zuverlässig sind,

3.3 die Fahrerlaubnis für Kraftfahrzeuge sämtlicher Klassen, außer Klassen D und D1, besitzen und gegen sie kein Fahrverbot nach § 25 des Straßenverkehrsgesetzes oder § 44 des Strafgesetzbuches besteht oder der Führerschein nach § 94 der Strafprozessordnung in Verwahrung genommen, sichergestellt oder beschlagnahmt ist,

3.4 als Vorbildung ein Studium des Maschinenbaufachs, des Kraftfahrzeugbaufachs oder der Elektrotechnik an einer im Geltungsbereich dieser Verordnung gelegenen oder an einer als gleichwertig anerkannten Hochschule oder öffentlichen oder staatlich anerkannten Fachhochschule erfolgreich abgeschlossen haben,

3.5 an einer mindestens sechs Monate dauernden Ausbildung teilgenommen haben, die den Anforderungen des Aus- und Fortbildungsplans entspricht, der vom Bundesministerium für Verkehr, Bau und Stadtentwicklung mit Zustimmung der obersten Landesbehörden im Verkehrsblatt bekanntgegeben wird; die Dauer der Ausbildung kann bis auf drei Monate verkürzt werden, wenn eine mindestens dreijährige hauptberufliche Tätigkeit als Kraftfahrzeugsachverständiger nachgewiesen wird,

3.6 ihre fachliche Eignung durch eine Prüfung entsprechend den Vorschriften der §§ 2 bis 14 der Verordnung zur Durchführung des Kraftfahrsachverständigengesetzes vom 24. Mai 1972 (BGBl. I S. 854), die durch Artikel 2a des Gesetzes vom 11. September 2002 (BGBl. I S. 3574) geändert worden ist, in der jeweils geltenden Fassung nachgewiesen haben; die Anmeldung zur Prüfung kann nur durch die Organisation erfolgen, die sie nach Nummer 3.5 ausgebildet hat oder sie mit der Durchführung der HU, AU, SP und Abnahmen nach Bestehen der Prüfungen betrauen will; abweichend von § 2 Abs. 3 Nr. 3 der genannten Verordnung kann anstelle des Leiters einer Technischen Prüfstelle für den Kraftfahrzeugverkehr der technische Leiter einer Überwachungsorganisation in den Prüfungsausschuss berufen werden,

3.6a im Anerkennungsgebiet ein Sachverständigenbüro unterhalten; mit Zustimmung der zuständigen Anerkennungsbehörde kann darauf verzichtet werden,

3.7 und wenn die nach 1. zuständige Anerkennungsbehörde zugestimmt hat.

3.8 Die Organisation darf außer den ihr angehörenden Kraftfahrzeugsachverständigen auch deren Angestellte mit der Durchführung der HU, AU und SP betrauen, wenn diese den Anforderungen von 3.1 bis 3.7 genügen und wenn sie hauptberuflich bei den Kraftfahrzeugsachverständigen beschäftigt sind.

3.9 Die mit der Durchführung der HU, AU und SP betrauten Kraftfahrzeugsachverständigen und deren Angestellte werden im Sinne dieser Verordnung als Prüfingenieure (PI) bezeichnet.

4. Abnahmen nach § 19 Abs. 3 Nr. 3 und 4

4.1 Die Organisation darf die ihr angehörenden Kraftfahrzeugsachverständigen und deren Angestellte, die nach 3. mit der Durchführung der HU, AU und SP betraut werden, außerdem mit der Durchführung von Abnahmen nach § 19 Abs. 3 Satz 1 Nr. 3 und 4 betrauen, wenn

4.1.1 sie für diese Abnahmen an einer mindestens zwei Monate dauernden besonderen Ausbildung teilgenommen,

4.1.2 sie die fachliche Eignung für die Durchführung von Abnahmen im Rahmen der Prüfung nach 3.6 nachgewiesen haben, und

4.1.3 wenn die nach 1. zuständige Anerkennungsbehörde zugestimmt hat.

5. Technischer Leiter und Vertreter

Die Organisation hat einen technischen Leiter und einen Vertreter des technischen Leiters zu bestellen, die den Anforderungen nach 3. und 4. genügen müssen. Der technische Leiter hat sicherzustellen, dass die HU, AU und SP sowie die Abnahmen ordnungsgemäß und gleichmäßig durchgeführt werden; er darf hierzu an die mit der Durchführung der HU, AU und SP sowie der Abnahmen betrauten Personen fachliche Weisungen erteilen. Die Aufsichtsbehörde darf dem technischen Leiter fachliche Weisungen erteilen. Die Bestellungen bedürfen der Bestätigung durch die Aufsichtsbehörde. Sie können widerrufen werden, wenn der technische Leiter oder sein Vertreter die von der Aufsichtsbehörde erteilten fachlichen Weisungen nicht beachtet oder sonst keine Gewähr mehr dafür bietet, dass er seine Aufgaben ordnungsgemäß erfüllen wird. Der technische Leiter und sein Vertreter dürfen im Rahmen ihrer Bestellung auch HU, AU und SP und Abnahmen durchführen.

6. Weitere Anforderungen an die Organisation

6.1 Die HU, AU und SP sowie die Abnahmen sind im Namen und für Rechnung der Organisation durchzuführen. Der PI darf von Zahl und Ergebnis der durchgeführten HU, AU und SP sowie Abnahmen nicht wirtschaftlich abhängig sein. Der Nachweis über das Abrechnungs- und das Vergütungssystem der Organisation ist der Aufsichtsbehörde auf Verlangen mitzuteilen.

6.2 Die von den Fahrzeughaltern zu entrichtenden Entgelte für die HU, AU, SP und Abnahmen sind von der Organisation in eigener Verantwortung für den Bereich der jeweils örtlich zuständigen Technischen Prüfstelle einheitlich festzulegen. Wird eine HU in Verbindung mit einem vorliegenden Nachweis über eine durchgeführte Untersuchung nach Nummer 3.1.1.1 der Anlage VIII durch eine anerkannte Kraftfahrzeugwerkstatt durchgeführt, ist dafür ein eigenständiges Entgelt entsprechend Satz 1 festzulegen. Die Entgelte sind der zuständigen Aufsichtsbehörde rechtzeitig vor ihrer Einführung mitzuteilen.

6.3 Die nach Nummer 6.2 festgelegten Entgelte sind von der Organisation in ihren Prüfstellen und, soweit die HU, AU und SP sowie die Abnahmen in einem Prüfstützpunkt vorgenommen werden, in diesem nach Maßgabe der Preisangabenverordnung in der jeweils geltenden Fassung, bekannt zu machen. Ein vereinbartes Entgelt für die Untersuchung nach Nummer 3.1.1.1 der Anlage VIII durch die anerkannte Kraftfahrzeugwerkstatt ist von ihr gesondert bekannt zu machen und zusätzlich zum Entgelt nach Nummer 6.2 Satz 3 vom Fahrzeughalter

zu erheben. Eine eventuell nach Nummer 6.4 vereinbarte Vergütung für die Gestattung von HU, AU, SP und Abnahmen in den Räumen des Prüfstützpunktes sowie für die Benutzung von Einrichtungen und Geräten oder die Inanspruchnahme von Personal ist gesondert bekannt zu machen und muss zusätzlich zu dem Entgelt nach Nummer 6.2 von den Fahrzeughaltern erhoben werden. Das Entgelt nach Nummer 6.2 einschließlich Umsatzsteuer ist auf allen Ausfertigungen der Untersuchungs- und Abnahmeberichte sowie der Prüfprotokolle anzugeben.

6.4 Über die Gestattung von HU, AU, SP und Abnahmen in den Prüfstützpunkten und Prüfplätzen einschließlich der Bekanntgabe der Entgelte nach 6.3 sowie über die Benutzung von deren Einrichtungen und Geräten oder über die Inanspruchnahme von deren Personal sind von der Organisation mit den Inhabern der Prüfstützpunkte und Prüfplätze Verträge abzuschließen. Aus diesen Verträgen muss sich ergeben, ob für die Gestattung von HU, AU, SP und Abnahmen in den Räumen des Prüfstützpunktes sowie für die Benutzung von Einrichtungen und Geräten oder für die Inanspruchnahme von Personal vom Inhaber eine Vergütung und gegebenenfalls in welcher Höhe erhoben wird; für Prüfplätze gilt 6.3 Satz 2 hinsichtlich der Vereinbarung einer solchen Vergütung entsprechend. Diese Verträge sind der Aufsichtsbehörde auf Verlangen vorzulegen.

6.5 Im Rahmen der Innenrevision hat die Organisation insbesondere sicherzustellen, dass die Qualität von HU, AU, SP und Abnahmen durch eine zu hohe Zahl von Einzelprüfungen nicht beeinträchtigt wird.

6.6 Zur Vermeidung von Interessenkollisionen dürfen die die Organisation bildenden und tragenden selbständigen und hauptberuflichen Kraftfahrzeugsachverständigen, die nach Gesetz, Vertrag oder Satzung zur Vertretung der Organisation berufenen Personen sowie die mit der Durchführung von HU, AU und SP oder Abnahmen betrauten PI weder direkt noch indirekt mit Herstellung, Handel, Leasing, Wartung und Reparatur von Fahrzeugen und Fahrzeugteilen befasst sein.

6.7 Die von der Überwachungsorganisation zur Durchführung von HU, AU und SP erhobenen personenbezogenen Daten dürfen nur zum Zwecke des Nachweises einer ordnungsgemäßen Untersuchung und Prüfung im Sinne der Nr. 2.4 verarbeitet oder genutzt werden. Eine Verarbeitung oder Nutzung für andere Zwecke ist nur mit schriftlicher Einwilligung des Betroffenen zulässig. Wird die Einwilligungserklärung zusammen mit anderen Erklärungen abgegeben, ist sie besonders hervorzuheben. Der Betroffene ist bei der Erteilung der Einwilligung darauf hinzuweisen, dass er sie jederzeit mit Wirkung für die Zukunft widerrufen kann.

7. Übergangsvorschriften

7.1 Soweit Organisationen am 18. September 2002 zur Durchführung von HU und Abnahmen nach § 19 Abs. 3 Satz 1 Nr. 3 und 4 bereits anerkannt sind, bleiben diese Anerkennungen bestehen.

7.2 Soweit Organisationen am 1. Juni 1989 zur Durchführung von HU anerkannt waren, bleiben die Anerkennungen bestehen; die Vorschriften nach 2.2 bis 2.7, 3 (ausgenommen 3.8), 4, 5 und 6 sind entsprechend anzuwenden. Die Anerkennungsbehörde kann dies insbesondere im Hinblick auf 2.7 durch Auflagen sicherstellen. Die Ausbildung nach 3.5 und die Prüfung nach 3.6 haben nur die Personen abzulegen, die nach dem 1. Juni 1989 erstmals mit der Durchführung der HU betraut werden sollen oder die länger als zwei Jahre einer Technischen Prüfstelle oder Überwachungsorganisation nicht mehr angehören. Satz 1 gilt entsprechend für die Übertragung von HU auf amtlich anerkannte Sachverständige oder Prüfer in einer Technischen Prüfstelle für den Kraftfahrzeugverkehr nach § 10 Abs. 2 Satz 5 des Kraftfahrsachverständigenge-

setzes und für die Ablösung dieser Aufgabenübertragung durch eine Anerkennung nach 8.

8. Anerkennung des Trägers einer Technischen Prüfstelle

Dem Träger einer Technischen Prüfstelle oder einer anderen Stelle, an der der Träger der Technischen Prüfstelle maßgeblich beteiligt ist, kann für den Bereich der Technischen Prüfstelle die Anerkennung erteilt werden; dies gilt für die andere Stelle jedoch nur, wenn der Träger der Technischen Prüfstelle auf eine Anerkennung verzichtet oder, sofern er bereits als Überwachungsorganisation anerkannt ist, die Anerkennung zurückgibt. Die Vorschriften in 2.2 bis 2.7, 3. (ausgenommen 3.8), 4., 5. und 6. sind entsprechend anzuwenden.

9. Aufsicht über anerkannte Überwachungsorganisationen

9.1 Die oberste Landesbehörde oder die von ihr bestimmten oder nach Landesrecht zuständigen Stellen üben die Aufsicht über die Inhaber der Anerkennungen aus. Die Aufsichtsbehörde oder die zuständigen Stellen können selbst prüfen oder durch von ihnen bestimmte Sachverständige prüfen lassen, ob insbesondere

9.1.1 die Voraussetzungen für die Anerkennung noch gegeben sind,

9.1.2 die HU, AU und SP sowie die Abnahmen ordnungsgemäß durchgeführt und die sich sonst aus der Anerkennung oder aus Auflagen ergebenden Pflichten erfüllt werden,

9.1.3 ob und in welchem Umfang von der Anerkennung Gebrauch gemacht worden ist.

9.2 Die mit der Prüfung beauftragten Personen sind befugt, Grundstücke und Geschäftsräume des Inhabers der Anerkennung während der Geschäfts- und Betriebszeiten zu betreten, dort Prüfungen und Besichtigungen vorzunehmen und die vorgeschriebenen Aufzeichnungen einzusehen. Ferner ist vom Inhaber der Anerkennung sicherzustellen, dass die mit der Aufsicht beauftragten Personen sämtliche Untersuchungsstellen betreten dürfen. Der Inhaber der Anerkennung hat diese Maßnahmen zu ermöglichen; er hat die Kosten der Prüfung zu tragen.

9.3 Die Organisation hat auf Verlangen der Aufsichtsbehörde für das betreffende Anerkennungsgebiet einen Beauftragten zu bestellen. Dieser ist Ansprechpartner der Anerkennungsstelle und Aufsichtsbehörde. Er muss Erklärungen mit Wirkung für und gegen die Organisation abgeben und entgegennehmen können. Er muss weiter die Möglichkeit haben, Angaben, Aufzeichnungen und Nachweise über die von der Organisation im Anerkennungsgebiet durchgeführten HU, AU, SP und Abnahmen zu machen und der Aufsichtsbehörde auf Verlangen vorzulegen. Mit Zustimmung der zuständigen Anerkennungsbehörde kann der Beauftragte auch für den Bereich mehrerer Anerkennungsgebiete ganz oder teilweise bestellt werden.

3. Richtlinie für die Anerkennung von Überwachungsorganisationen nach Nummer 7 der Anlage VIII StVZO (Anerkennungsrichtlinie für Überwachungsorganisationen)[1]

(VkBl. 1989 S. 394)

Durch die Achte Verordnung zur Änderung straßenverkehrsrechtlicher Vorschriften vom 24. Mai 1989 (BGBl. I S. 1002) wurden die rechtlichen Voraussetzungen dafür geschaffen, dass in Zukunft neue Überwachungsorganisationen für die Durchführung von Hauptuntersuchungen nach § 29 StVZO anerkannt werden können. Die neugefasste Nummer 7 der Anlage VIII StVZO enthält aber auch Regelungen, die

[1] Hinweis:
Als Folge der 28. VO zur Änderung straßenverkehrsrechtl. Vorschriften, der 24. VO zur Änderung der StVZO und weiterer Änderungen müsste diese Richtlinie überarbeitet werden. Der Bezug muss lauten: „... nach Anlage VIIIb StVZO...“.

von den bereits anerkannten Überwachungsorganisationen zukünftig zu beachten sind. Um eine einheitliche Anwendung der neuen Vorschriften bei der Anerkennung neuer Organisationen, bei der Änderung bestehender Anerkennungen und der Aufsicht über die Überwachungsorganisationen zu gewährleisten, werden Erläuterungen zur Auslegung gegeben, die Nachweispflichten insbesondere gegenüber der Anerkennungs- und Aufsichtsbehörde konkretisiert sowie Empfehlungen für die Anordnung von Auflagen und sonstigen Nebenbestimmungen gegeben. Nach Anhörung der zuständigen obersten Landesbehörden wird nachfolgende Richtlinie bekanntgemacht.
Die Richtlinie für die amtliche Anerkennung von Überwachungsorganisationen nach Anlage VIII Ziffer 7 zur StVZO vom 22. Juli 1960 (VkBl. 1960, Nr. 204, S. 481) wird hiermit aufgehoben.

1. Erläuterungen:

1.1 Die Anerkennung gilt nur für den Bereich oder Teilbereich des jeweiligen Landes.

Die Anerkennungsbehörden der Länder unterrichten sich gegenseitig über die getroffenen Entscheidungen (Erteilung, Versagung, Änderung, Widerruf, Rücknahme einer Anerkennung oder Auflage zu einer Anerkennung).

1.2 „Hauptberuflich" (Nr. 7.2.1) ist derjenige tätig, der seine beruflichen Einkünfte seit mindestens 1 Jahr im wesentlichen (mindestens 75%) als Kfz-Sachverständiger (d.h. aus der Erstellung von Gutachten, Fahrzeugschätzungen, Hauptuntersuchungen) erzielt.

1.3 „Ordnungsgemäße und gleichmäßige Untersuchungen" (Nr. 7.2.3) setzen voraus:

1.3.1 Ausreichende Leistungsfähigkeit der Organisation (insbesondere finanzielle und organisatorische Leistungsfähigkeit zur Durchführung der Untersuchungen und der sonstigen damit zusammenhängenden Aufgaben).

Deshalb sollte die Organisation von mindestens 40 Kraftfahrzeugsachverständigen nach Nr. 7.2.1 gebildet und getragen werden – Sachverständige der Organisation in anderen Ländern werden mitgezählt.

1.3.2 Zur Vermeidung von Interessenkollisionen dürfen die Organisation und die mit der Durchführung der Untersuchung betrauten Personen (Prüfingenieure) weder direkt noch indirekt mit der Herstellung, dem Handel, der Wartung und Reparatur von Fahrzeugen befasst sein.

1.3.3 Wirtschaftliche Unabhängigkeit des Prüfingenieurs von Zahl und Ergebnis der Untersuchungen. Die Untersuchungen sind im Namen und für Rechnung der Organisation durchzuführen.

1.3.4 Beachtung der maßgebenden nationalen und internationalen Vorschriften (insbesondere StVZO, EG-Richtlinie und EGE-Regelungen) und der dazu ergangenen ergänzenden Bestimmungen (insbesondere Richtlinien und Verlautbarungen des BMV, Erlasse der Länder sowie vom BMV empfohlene Merkblätter) auf den Gebieten der Fahrzeugtechnik, Fahrzeugzulassung und regelmäßigen Fahrzeuguntersuchungen.

1.3.5 Einrichtung eines innerbetrieblichen Informationsdienstes (mit jederzeitigem Zugang für den einzelnen Prüfingenieur) über die maßgebenden Vorschriften und ergänzenden Bestimmungen sowie über deren Anwendung, über die Untersuchungsmethoden, Untersuchungsergebnisse und der weiteren für die Prüfpraxis wesentlichen Entwicklungen.

1.3.6 Regelmäßige Fortbildung der Prüfingenieure mindestens 5 Tage pro Jahr.

1.4 Für den „Austausch der Untersuchungsergebnisse und Prüferfahrungen" (Nr. 7.2.3) zwischen den Organisationen und den Technischen Prüfstellen ist eine federführende Stelle zu benennen.

1.5 Der „innerbetriebliche Revisionsdienst" (Nr. 7.2.4) muss die Sammlung und Auswertung der Untersuchungsberichte nach folgenden Kriterien vornehmen: Untersuchungsstelle, Datum der Untersuchung, Prüfingenieur, Fahrzeug (insbesondere Art; Typ und Alter des Fahrzeugs sowie amtliches Kennzeichen oder Fahrzeug-Identifizierungsnummer), Mängel, Mängelgruppen, Mängeleinstufung, Zuteilung der Plakette.

1.6 Das Prüfangebot durch das Netz der Technischen Prüfstellen ist „gefährdet“ (Nr. 7.2.6), wenn eine flächendeckende Versorgung mit Hauptuntersuchungen nach § 29 StVZO und anderen den amtlich anerkannten Sachverständigen oder Prüfern für den Kraftfahrzeugverkehr gesetzlich übertragenen Tätigkeiten nicht mehr gewährleistet werden kann. Hierbei ist insbesondere die Ertrags- und Kostenlage der Technischen Prüfstelle zu berücksichtigen. Die „angemessenen Bedingungen“ für die Fahrzeughalter beziehen sich u.a. auf die Entfernung zur nächsten Prüfstelle, auf zumutbare Gebühren und auf die Regelmäßigkeit des Angebots durch die Technische Prüfstelle. Zur Sicherstellung der Flächendeckung durch die Technische Prüfstelle kommen auch Beschränkungen und Auflagen in Betracht (z.B. zahlenmäßige Begrenzung der Prüfingenieure, der Untersuchungen oder der Untersuchungsstellen im jeweiligen Anerkennungsbereich, regionale Beschränkung des Tätigkeitsbereichs der Organisation).

1.7 Der Prüfingenieur besitzt die vorgeschriebene „Fahrerlaubnis für Kraftfahrzeuge sämtlicher Klassen“ (Nr. 7.3.3) nicht mehr, wenn diese ganz oder teilweise durch ein Gericht oder eine Verwaltungsbehörde rechtskräftig bzw. bestandskräftig entzogen wurde, nach § 111a Strafprozessordnung vorläufig entzogen wurde oder bei einer Entziehung durch eine Verwaltungsbehörde die sofortige Vollziehung angeordnet worden und die aufschiebende Wirkung eines Rechtsbehelfs nicht wiederhergestellt ist.

1.8 Die „Ausbildung“ (Nr. 7.3.5) der Prüfingenieure kann von der Organisation, einer anderen amtlich anerkannten Überwachungsorganisation oder, sofern die zuständige Landesbehörde diese Aufgabe der Technischen Prüfstelle übertragen oder eine andere Stelle hierfür anerkannt hat, von diesen vorgenommen werden. Die Ausbildungsinhalte und deren zeitliche Aufteilung müssen mindestens der **Anlage** zu dieser Richtlinie entsprechen. Der Ausbildungsplan muss von der zuständigen Behörde genehmigt sein (Nr. 7.3.5). Die Genehmigung kann für eine Übergangszeit auch nach der Durchführung von Ausbildungsveranstaltungen erteilt werden.

1.9 Hinsichtlich der „Prüfung“ (Nr. 7.3.6) ist wie folgt zu verfahren:

1.9.1 Der Bewerber muss von der Organisation zur Prüfung angemeldet werden.

1.9.2 Die Prüfung muss in dem Land abgelegt werden, in dem der Bewerber von der Organisation überwiegend eingesetzt werden soll.

1.9.3 Über die bestandene Prüfung erhält der Bewerber eine Bescheinigung.

1.9.4 Ein amtlich anerkannter Sachverständiger oder Prüfer für den Kraftfahrzeugverkehr, der von einer Technischen Prüfstelle zu einer Überwachungsorganisation wechselt, braucht keine erneute Prüfung abzulegen. Dies gilt auch für Prüfingenieure, die von einer amtlich anerkannten Überwachungsorganisation zu einer anderen wechseln. Unberührt bleibt 3.14.2 dieser Richtlinie. Unberührt bleiben auch die sonstigen Anforderungen nach 7.3, insbesondere die erforderliche Vorbildung nach 7.3.4 der Anlage VIII StVZO.

1.10 Die Befugnis des technischen Leiters, „fachliche Weisungen“ (Nr. 7.5) zu erteilen, erstreckt sich sowohl auf allgemeine Untersuchungsanordnungen als auch auf Anweisungen in Einzelfällen. Das gleiche gilt für das Weisungsrecht der Aufsichtsbehörde.

2. Nachweise:

2.1 Der Anerkennungsbehörde sind vorzulegen:

2.1.1 Nachweis über Bestand, Zweck und Struktur der Überwachungsorganisation (z.B. Gesellschaftsvertrag, Satzung).

2.1.2 Angabe der Mitglieder mit deren persönlichen Daten (Familienname, Geburtsname, Vornamen, Geburtsdatum, Geburtsort, Anschrift; Name und Anschrift des Sachverständigenbüros).

2.1.3 Nachweise über Tätigkeit als selbständiger und hauptberuflich tätiger Kfz-Sachverständiger (z.B. Urkunde über öffentliche Bestellung, Handelsregisterauszug, Auskunft der Industrie- und Handelskammer oder Handwerkskammer, Geschäftsunterlagen, Jahresabschluss über das letzte Jahr, Bilanz, Auskunft einer Berufsorganisation).

2.1.4 Angabe der zur Vertretung der Organisa-

tion berufenen Personen mit deren persönlichen Daten (Familienname, Geburtsname, Vornamen, Geburtsdatum, Geburtsort, Anschrift).

2.1.5 Nachweise über organisationsinterne Struktur sowie entsprechende Richtlinien und Programme für die Durchführung der Untersuchungen (insbesondere über die Organisation des innerbetrieblichen Revisions- und Informationsdienstes, des Erfahrungsaustausches und der Fortbildungsmaßnahmen).

2.1.6 Nachweis über das Abrechnungs- und Vergütungssystem der Organisation.

2.1.7 Nachweis der Versicherungen nach Nr. 7.2.5 und Vorlage einer Freistellungserklärung.

2.2 Der Aufsichtsbehörde sind vorzulegen:

2.2.1 Liste der einzusetzenden Prüfingenieure unter Angabe der Personalien (Familienname, Geburtsname, Vornamen, Geburtsdatum, Geburtsort, Anschrift) sowie der Vorbildung nach Nr. 7.3.4.

2.2.2 Für jeden Prüfingenieur eine Bescheinigung über die bestandene Prüfung (Nr. 7.3.6) und eine beglaubigte oder bestätigte Ablichtung des Führerscheins (Nr. 7.3.3).

2.2.3 Für angestellte Prüfingenieure (Nr. 7.4) zusätzlich eine geglaubigte oder bestätigte Ablichtung des Arbeitsvertrages.

2.2.4 Personalien des technischen Leiters und dessen Vertreters (Familienname, Geburtsname, Vornamen, Geburtsdatum, Geburtsort, Anschrift); beglaubigte oder bestätigte Ablichtung des Führerscheins (Nr. 7.3.3); Vorbildungsnachweis (Nr. 7.3.4); Bescheinigung über die bestandene Prüfung (Nr. 7.3.6); Lebenslauf mit beruflichem Werdegang.

2.2.5 Vor Aufnahme der Prüftätigkeit in einer Untersuchungsstelle:

2.2.5.1 Nachweis der Einwilligung der Inhaber von Untersuchungsstellen, dass die mit der Aufsicht beauftragten Personen die Untersuchungsstelle betreten dürfen (Nr. 7.8).

2.2.5.2 Bestätigung, dass die Anforderungen der Ausstattungsrichtlinie vom 6. Oktober 1988 (VkBl. 1988, S. 718) erfüllt sind.

2.3 Für die Zulassung zur Prüfung sind dem Prüfungsausschuss für jeden Bewerber vorzulegen:

2.3.1 Personalien (Familienname, Geburtsname, Vornamen, Geburtsdatum, Geburtsort, Anschrift).

2.3.2 Beglaubigte oder bestätigte Ablichtung des Führerscheins (Nr. 7.3.3).

2.3.3 Vorbildungsnachweis (Nr. 7.3.4).

2.3.4 Bescheinigung über die Ausbildung (Nr. 7.3.5).

2.3.5 Lebenslauf mit Lichtbild.

2.3.6 Führungszeugnis zur Vorlage bei einer Behörde, das nicht älter als sechs Monate sein darf.

2.4 Zur Prüfung der Zuverlässigkeit kann die zuständige Behörde über die zur Vertretung der Organisation berufenen Personen (Nr. 7.2.2), über den technischen Leiter und dessen Vertreter (Nr. 7.5) sowie über die Prüfingenieure ein Führungszeugnis aus dem Bundeszentralregister einholen. Über den technischen Leiter und dessen Vertreter sowie über die Prüfingenieure kann auch eine Auskunft aus dem Verkehrszentralregister (§ 30 StVG) eingeholt werden, ob die Fahrerlaubnis entzogen oder ein Fahrverbot verhängt ist.

2.5 Die Anerkennungs- und die Aufsichtsbehörde können die Prüfung einzelner Nachweise auf den technischen Leiter der Organisation übertragen.

3. Empfohlene Auflagen und Nebenbestimmungen:

3.1 Die Anerkennung wird unter dem Vorbehalt des Widerrufs und der nachträglichen Anordnung von Auflagen erteilt.

3.2 Die Organisation hat der Aufsichtsbehörde die Angaben nach 2.2 mitzuteilen und die entsprechenden Nachweise vorzulegen.

3.3 Die Organisation hat der zuständigen Behörde jede Änderung zu den Angaben nach 2.1 und 2.2 mitzuteilen und die entsprechenden Nachweise vorzulegen.

3.4 Die Organisation hat auf Verlangen der Aufsichtsbehörde jährlich einen Geschäftsbericht, ggf. mit Bilanz, vorzulegen.

3.5 Die Organisation hat alle Untersuchungsberichte (Nr. 5.4) zentral zu sammeln und mindestens 3 Jahre lang aufzubewahren. Auf Verlangen sind die Untersuchungsberichte der Aufsichtsbehörde vorzulegen.

3.6 Die Organisation hat die Ausgabe der Prüfplaketten zentral zu verwalten und eine ordnungsgemäße Verwendung sicherzustellen. Wegen des Bezuges der Plaketten und ihres Verwendungsnachweises können Ausnahmen von Nr. 4.2.3 gewährt werden.

3.7 Die Organisation hat halbjährlich ihre Untersuchungsstatistiken der Aufsichtsbehörde und dem Kraftfahrt-Bundesamt vorzulegen. Die Statistik muss mindestens enthalten: Anzahl der Untersuchungen, Fahrzeugart, Ergebnis der Untersuchungen nach Schwere der Mängel (ohne Mängel, geringe Mängel, erhebliche Mängel, verkehrsunsicher) und Mängelgruppe (entsprechend dem KBA-Formblatt FZU) sowie auf Verlangen zusätzlich für die Aufsichtsbehörde Anzahl der untersuchten Fahrzeuge und Untersuchungsergebnisse nach Fahrzeugalter, für jeden Prüfingenieur und jede Untersuchungsstelle.

3.8 Der innerbetriebliche Revisionsdienst der Organisation hat die Untersuchungsberichte mindestens stichprobenartig auf Plausibilität und sachliche Richtigkeit zu überprüfen und stichprobenartige Kontrollen an den Untersuchungsstellen durchzuführen. Revisionsberichte mit Angaben zum Stichprobenumfang, Ergebnissen der Überprüfung und Abhilfemaßnahmen bei Beanstandungen sind der Aufsichtsbehörde in jährlichen – auf deren Verlangen auch in kürzeren – Abständen vorzulegen.

3.9 Die Organisation hat dafür zu sorgen, dass alle Prüfingenieure regelmäßig an dem Erfahrungsaustausch innerhalb der Organisation teilnehmen (Nr. 7.2.3).

3.10 Die Organisation hat sich an einem regelmäßigen Erfahrungsaustausch mit anderen Überwachungsorganisationen und den Technischen Prüfstellen zu beteiligen (vgl. 1.4).

3.11 Die Organisation hat auf Verlangen der Aufsichtsbehörde für jeden einzelnen Prüfingenieur nachzuweisen, an welchen Fortbildungsveranstaltungen er teilgenommen hat (vgl. 1.3.6).

3.12 Die Organisation hat mindestens eine eigene Untersuchungsstelle zu unterhalten.

3.13 Die Organisation hat der Aufsichtsbehörde anzugeben, für welches Entgelt die Untersuchungen durchgeführt werden.

3.14 Die Organisation darf Personen mit der Durchführung von Fahrzeuguntersuchungen nicht betrauen, wenn

3.14.1 die Voraussetzungen nach Nr. 7.3 nachträglich entfallen sind (z.B. Entzug der Fahrerlaubnis) oder

3.14.2 sonst keine Gewähr dafür besteht, dass die Untersuchungen ordnungsgemäß und gleichmäßig durchgeführt werden (z.B. Aussetzung der Prüftätigkeit über einen längeren Zeitraum, ohne dass durch Fortbildung die Qualifikation wiederhergestellt wird).

3.15 Die Organisation hat vertraglich sicherzustellen, dass der Prüfingenieur die Entziehung seiner Fahrerlaubnis oder ein gegen ihn angeordnetes Fahrverbot der Organisation mitteilt.

Ausbildung nach Nr. 7.3.5 der Anlage VIII StVZO		**Anlage**
Die Vollausbildung beträgt 120 Tage. Die Kurzausbildung mit einer Dauer von mindestens 60 vollen Tagen berücksichtigt, dass der Betreffende durch die dreijährige Sachverständigentätigkeit im Kraftfahrzeugbereich bereits Kenntnisse und Erfahrungen besitzt, auf denen die Kurzausbildung aufbauen kann.		
Ausbildungsinhalte	**Vollausbildung**	**Kurzausbildung**
Unterricht an der Ausbildungsstätte, Übungen am Fahrzeug in einer Untersuchungsstelle und in einer Werkstatt		
1. Rechtliche Grundlagen – Straßenverkehrsrecht allgemein – StVZO, EG – Vorschriften, ECE-Regelungen – ergänzende Vorschriften für Fahrzeuge zum Transport gefährlicher Güter (GGVS) – ergänzende Vorschriften für Fahrzeuge zur gewerblichen Personenbeförderung (BOKraft) – Richtlinien und Verlautbarungen des BMV, Erlasse der Länder sowie vom BMV empfohlene Merkblätter – Regeln der Technik, Unfallverhütungsvorschriften – Grundzüge des Haftungsrechts	20 Tage	mindestens 15 Tage
2. Fahrzeugtechnik (Bau und Betrieb) – Motor und Nebenaggregate – Kraft-, Schmier-, Betriebsstoffe – Antriebsstrang – Achsen, Radaufhängung, Federung, Dämpfung – Räder, Reifen – Karosserie, Rahmen, Aufbauten – Lenkung – Bremsanlagen – Lichttechnische Einrichtungen – Einrichtungen zur Verbindung von Fahrzeugen – Kontrollgeräte – Lärm und Abgase – Sonstiges/Ausrüstung/Einrichtungen	15 Tage	mindestens 5 Tage
3. Verschleiß-, Schadensbilder, Instandsetzungsmöglichkeiten, Reparaturwege	10 Tage	mindestens 5 Tage

Ausbildungsinhalte	Vollausbildung	Kurzausbildung
4. Durchführung der Hauptuntersuchung – Prüf- und Erkennungsmöglichkeiten am Fahrzeug – zielgerichteter Einsatz von Prüfgeräten und Werkzeugen – Mängelsymptomatik und Kausalität – Erkennen von unsachgemäßen Reparaturen – Mängelbewertung – Erstellung von Untersuchungsberichten	75 Tage	mindestens 35 Tage
	insgesamt 120 Tage	insgesamt mindestens 60 Tage

4. Curricularer Lehrplan für Prüfingenieure (PI) von amtlich anerkannten Überwachungsorganisationen (ÜO)

(VkBl. 2003; S. 89)

Nach den Nummern 3.5 und 4.1.1 Anlage VIIIb Straßenverkehrs-Zulassungs-Ordnung (StVZO) müssen angehende Prüfingenieure an einer mindestens acht Monate dauernden Ausbildung teilgenommen haben, die den Anforderungen des Aus- und Fortbildungsplans entspricht, der vom Bundesministerium für Verkehr, Bau- und Wohnungswesen (BMVBW) mit Zustimmung der obersten Landesbehörden im Verkehrsblatt bekannt gegeben wird, bevor sie ihre Eignung durch eine Prüfung nachweisen können. Außerdem müssen die Überwachungsorganisationen sicherstellen, dass die ihr angehörigen Prüfingenieure an mindestens fünf Tagen pro Jahr an regelmäßigen Fortbildungen teilnehmen, die ebenfalls den Anforderungen des vorgenannten Aus- und Fortbildungsplans entsprechen.

Der curriculare Lehrplan (Aus- und Fortbildungsplan) wurde vom „Arbeitskreis Erfahrungsaustausch §§ 19 Abs. 3 und 29 StVZO" (AKE) erarbeitet und die zuständigen obersten Landesbehörden haben der vorliegenden Fassung zugestimmt (Nr. 2.5 und Nr. 3.5 Anlage VIIIb StVZO). Der Lehrplan ist ab dem Datum seiner Veröffentlichung anzuwenden.[1)]

Von einer Veröffentlichung des curricularen Lehrplans im Verkehrsblatt wird abgesehen, da der Kreis der interessierten Leser begrenzt ist.[2)]

1. Vorbemerkungen

Die Erarbeitung eines nach graduierten Lehrzielen strukturierten Lehrplans zur Aus- und Fortbildung von Prüfingenieuren (PI) einer amtlich anerkannten Überwachungsorganisation (ÜO) nach Nr. 2.5, Nr. 3.5 und Nr. 4.1.1 Anlage VIIIb Straßenverkehrs-Zulassungs-Ordnung (StVZO) und tangierenden Rechtsvorschriften wurde vom „Arbeitskreis Erfahrungsaustausch §§ 19 Abs. 3 und 29 StVZO" wahrgenommen.

Mit der vorliegenden Veröffentlichung kommt der Verordnungsgeber seiner Pflicht nach Anlage VIIIb StVZO nach und gibt einen bundeseinheitlich anzuwendenden Lehrplan für die Ausbildung der PI vor, der gleichzeitig Grundlage für die Prüfung ihrer Eignung nach Nr. 3.6 Anlage VIIIb StVZO ist.

Die Festlegung der Ausbildungsinhalte wurde erforderlich durch die im Folgenden dargestellten Probleme bzw. Ausgangssituationen:

- **Unterschiedliche Eingangsvoraussetzungen und daraus resultierend inhomogene Lerngruppen:**
  - Gemäß Nr. 3.4 Anlage VIIIb StVZO können:

1) Der Lehrplan wurde im Heft 5, 2003, am 15.3.2003 veröffentlicht.

2) Der Lehrplan ist hier abgedruckt.

- Maschinenbauingenieure
- Kraftfahrzeugbauingenieure
- Elektrotechnikingenieure

die Ausbildung zum PI einer ÜO beginnen.

- **Dauer der Ausbildung:**
  - Gemäß Nr. 3.5 und 4.1 Anlage VIIIb StVZO beträgt die Zeit der Ausbildung der PI insgesamt acht Monate. In dieser Zeit muss dem angehenden PI das entsprechende Wissen und die entsprechenden Fähigkeiten vermittelt werden.
- **Nachweis der fachlichen Eignung:**
  - Gemäß KfSachvV muss der Bewerber eine Prüfung vor dem Prüfungsausschuss der zuständigen obersten Landesbehörde oder der von der Landesregierung bestimmten Stelle für den Bereich dieses Landes ablegen.
  - Die Prüfungsgebiete:

    „Bau und Betrieb von Kraftfahrzeugen und ihren Anhängern“ (BUB),

    „Straßenverkehrsrecht sowie die die Sachverständigentätigkeit berührenden anderen Rechtsgebiete“ (Recht) und

    „Tätigkeit der Sachverständigen“ (TSV) sowie einen

    „Praktischen Teil der Prüfung“, in dem der Bewerber nachzuweisen hat, dass er Kraftfahrzeuge aller Klassen mit Verbrennungsmaschinen vorschriftmäßig, sicher und gewandt im Straßenverkehr führen kann.
- **Ausbildung des PI:**
  - Die Problemtopologie:
    - Tätigkeitsorientiertes Prüfen gemäß den Befugnissen,
    - Amtliche Prüfung als Verwaltungsverfahren,
    - Amtliche Prüfung als qualitätssichernde Maßnahme und
    - Rechts- und Verfahrenssicherheit für den PI.
- **Technischer Wandel:**
  - Im Laufe der Zeit gab es sowohl in der Technik der Kraftfahrzeuge selbst, als auch für deren Überprüfung zahlreiche Weiter- und Neuentwicklungen.

2. Ziel des Lehrplans

Es wurde ein tätigkeitsbezogener, nach graduierten Lehrzielen gewichteter und thematisch eingegrenzter Lehrplan für PI erarbeitet.

Durch die differenzierte Betrachtung der befugnis- und tätigkeitsorientierten Anforderungen wurden die notwendigen Abgrenzungen vorgenommen.

Dabei sind die Ausbildungsziele nach den Tätigkeitsanforderungen gewichtet worden. Stoffliche Überschneidungen wurden ausgeschlossen.

Die inhaltliche Gestaltung des Lehrplanes wird genügend Freiräume für eine organisatorische, methodische und didaktische Umsetzung ermöglichen.

3. Weitere Ziele des Lehrplans

- Die Umsetzung des Lehrplans in einen Ausbildungsplan für PI ist ein weiteres Ziel. Dieser Ausbildungsplan sollte eine prozess- und befugnisorientierte Struktur aufweisen. Es ist Aufgabe der ÜO, auf der Basis des vorliegenden Lehrplans einen Ausbildungsplan selbstständig oder auch gemeinsam mit anderen ÜO zu erarbeiten.
- Der Lehrplan ist als Grundlage für die Erarbeitung einer Ausbildungsvorlage für jeden einzelnen Bereich aus dem Ausbildungsplan zu sehen. Diese sollte dann das komplette Referenten- und Teilnehmermaterial mit möglichen Übungsteilen umfassen.

4. Aufbau des Lehrplans

Die systematische Gliederung und ein neuer systematischer Aufbau der Lehrinhalte für die PI ist zwingend notwendig wegen

- der relativ kurzen Ausbildungszeit von acht Monaten,
- der unterschiedlichen Eingangsvorausset-

zungen und somit der entstehenden inhomogenen Lerngruppen (Nr. 3.4 Anlage VIIIb StVZO),

- der zu vermittelnden Tiefe des Ausbildungsstoffes.

In den Fachbereichen

- Bau und Betrieb von Kraftfahrzeugen und ihren Anhängern,
- Straßenverkehrsrecht und angrenzende Rechtsvorschriften,
- Tätigkeit des Sachverständigen

wurde eine einheitliche Gliederung angestrebt. Im Weiteren wurde im Sinne einer einheitlichen Vorgehensweise folgende Taxonomie (Einordnung) bei der Erstellung des amtlichen Lehrplans zu Grunde gelegt.

Taxonomie:
(01) Überblick (Wissensorientierte Ebene),
(02) Kenntnis (Wissensorientierte Ebene),
(03) Fähigkeit (Handlungsorientierte Ebene) und
(04) Fertigkeit (Handlungsorientierte Ebene).

Lfd. Nr.	Taxonomie	Kriterium	Kürzel
01	Überblick	– allgemeine Information geben können – Übersicht zum Lerninhalt darstellen können	ÜB
02	Kenntnis	– Sachverhalte erkennen und erläutern können – wichtige Zusammenhänge erkennen	KE
03	Fähigkeit	– vertiefte Kenntnisse besitzen – Informationsquellen zuordnen – handlungsorientierte Umsetzung – Hilfsmittel (Formelsammlung, Quelltexte) sachgerecht anwenden können (Hilfsmittel können zugelassen werden)	FÄ
04	Fertigkeit	– umfangreiche Kenntnisse besitzen – Lerninhalte ohne Verwendung von Hilfsmitteln selbstständig wiedergeben können – sicheres und selbstständig Handeln	FE

Der Aufbau des Lehrplanes erfolgte in die Punkte:

- Stoff,
- Teilgebiet,
- Lerninhalte und
- Taxonomie.

Curricularer Lehrplan:
A. Bau und Betrieb von Kraftfahrzeugen und ihren Anhängern

Stoff	Teilgebiet	Lerninhalt	Taxonomie
A1 Motor und Neben-aggregate	Fremdzündungs- und Selbstzündungsmotoren	Physikalische und thermodynamische Grundlagen der Verbrennungsverfahren	ÜB
		Technische Merkmale	ÜB
		Vor- und Nachteile	ÜB
		Bauformen	ÜB
	Grundlagen der Gemischzusammensetzung	Zündfähigkeit der Gemische, λ-Wert	KE
		Magergemische, Schichtladebetrieb	KE
	Verbrennungsverfahren bei Fremdzündungsmotoren	Äußere Gemischbildung	KE
		Innere Gemischbildung	KE
	Verbrennungsverfahren bei Selbstzündungsmotoren	Vorkammerverfahren	KE
		Wirbelkammerverfahren	KE
		Direkteinspritzung	KE
		andere Verfahren	ÜB
	Motorsteuerung	Arten der Motorsteuerung	KE
		Nockenwellenantriebe	KE
		Systeme zur variablen Steuerung	ÜB
	Vergaser	Physikalische Grundlagen	KE
		Allgemeiner Aufbau	KE
		Bauarten	ÜB
	Einspritzanlagen bei Fremdzündungsmotoren	Bauarten indirekte Einspritzsysteme	ÜB
		Luftmengen-/Luftmassenmessung	ÜB
		Zusatzsysteme	ÜB
		Steuer- und Regelgrößen	ÜB
		Direkte Einspritzung	ÜB

Stoff	Teilgebiet	Lerninhalt	Taxonomie
	Einspritzanlagen bei Selbstzündungsmotoren	Bauarten der Einspritzsysteme	ÜB
		Zusatzsysteme	ÜB
		Steuer- und Regelgrößen	ÜB
	Zündungssysteme	Aufbau und Funktion von Zündanlagen	ÜB
		Einflussgrößen auf die motorische Verbrennung	KE
	Schmierung	Aufgaben der Schmierung	ÜB
		Schmierverfahren	ÜB
	Kühlung	Aufgaben der Kühlung	ÜB
		Arten der Kühlung	ÜB
	Ansaug- und Aufladesysteme	Systeme zur Erhöhung des Liefergrades	ÜB
		Dynamische Aufladung	ÜB
		Fremdaufladung	ÜB
	Abgasanlage	Schalldämpfersysteme	KE
		Bauteile zur Abgasnachbehandlung	KE
	elektrische/ elektronische Nebenaggregate und Einrichtungen	Systeme zur Stromerzeugung und Speicherung	ÜB
		Anlassersysteme	ÜB
		Servopumpen	ÜB
	Alternative Antriebe	Bauarten und Systeme von alternativen Antriebstechniken	ÜB
A2 Kraft-, Schmier- und Betriebsstoffe	Ottokraftstoff	Aufgaben, Eigenschaften, Klassifizierung	ÜB
	Dieselkraftstoff	Aufgaben, Eigenschaften, Klassifizierung	ÜB
	Alternative Kraftstoffe	Aufgaben, Eigenschaften, Klassifizierung	ÜB
	Motoren- und Getriebeöl	Aufgaben, Eigenschaften Klassifizierung	ÜB

Stoff	Teilgebiet	Lerninhalt	Taxonomie
	Bremsflüssigkeit	Aufgaben, Eigenschaften, Klassifizierung	ÜB
	Hydrauliköl	Aufgaben, Eigenschaften, Klassifizierung	ÜB
	Kühlflüssigkeit	Aufgaben, Eigenschaften, Klassifizierung	ÜB
A3 Emissionen, Abgase und Geräusche	Verbrennungs-prozess	Verbrennungsprozess und Abgas-emission (Abgaszusammensetzung)	KE
		Limitierte Schadstoffe im Verbrennungsprozess	KE
		Europäisches Prüfverfahren zur Schadstoffermittlung	ÜB
		Maßnahmen zur innermotorischen Schadstoffreduzierung an Fremd-zündungs- und Selbstzündungs-motoren	ÜB
	Abgasnach-behandlung	Verfahren der Abgasnachbehandlung bei Fremdzündungs- und Selbstzündungsmotoren	KE
		Auswirkungen auf die Schadstoff-emission	KE
	On-Board Diagnose	On-Board-Überwachung und -Diagnose in Kraftfahrzeugen	KE
	Geräusch-entstehung	Physikalische Grundlagen	ÜB
		Geräuschquellen am Fahrzeug	ÜB
		Maßnahmen zur Verringerung der Geräusche	ÜB
A4 Antriebs-strang	Grundlagen und Arten von Antrieben	Physikalisch-technische Grund-lagen der Kraftübertragung und Momentenverteilung	ÜB
		Zusammenhang von Übersetzungs-verhältnis, Drehzahl, Drehmoment und Schlupf	KE
		Aufbau und Bauarten des Antriebs-strangs	ÜB

Stoff	Teilgebiet	Lerninhalt	Taxonomie
	Kupplungen	Aufgaben und Anforderungen an Kupplungen	ÜB
		Aufbau und Arbeitsweise von Betätigungseinrichtungen	ÜB
		Bauarten, Aufbau und Arbeitsweise von Kupplungen	ÜB
	Wechselgetriebe	Aufgaben und Anforderungen an Wechselgetriebe	ÜB
		Bauarten, Aufbau und Arbeitsweise von manuellen Wechselgetrieben	ÜB
		Bauarten, Aufbau und Arbeitsweise von Automatikgetrieben	ÜB
	Allradantriebe	Aufgaben, Bauarten und Arbeitsweise (Sperren, Sperrwert) von Allradantrieben	KE
	Ausgleichsgetriebe und Radantriebe	Aufgaben, Bauarten und Arbeitsweise von Ausgleichsgetrieben und Radantrieben	ÜB
	Weitere Kraftübertragungssysteme	Aufbau, Arbeitsweise und Besonderheiten weiterer Kraftübertragungssysteme	ÜB
A5 Fahrmechanik und Fahrdynamik	Längsdynamik	Fahrwiderstände, Zugkraftdiagramm	KE
		Kräfte am Rad, Schlupf, Kraftschluss	KE
		Dynamische/statische Achslastverlagerung	KE
		Abbremsung, Verzögerung, Beschleunigung	KE
	Querdynamik	Kräfte am Rad, Schräglaufwinkel	KE
		Kräfte am Fahrzeug, Schwimmwinkel	KE
		Eigenlenkverhalten, Untersteuern, Übersteuern	KE
	Fahrzeugdynamik	Kräfte und Momente am Fahrzeug, Aufbaubewegungen	KE
		Zusammenhang Quer-/Längskräfte, Kraftschlusskreis	KE

Stoff	Teilgebiet	Lerninhalt	Taxonomie
		Fahrstabilität von Fahrzeugkombinationen (Einknicken, Pendeln)	ÜB
	Fahrphysik Kraftrad	Geradeausstabilität	KE
		Kurvenfahrt	KE
		Instabile Fahrzustände (Pendeln, Flattern)	KE
		Seitenwagenbetrieb	ÜB
A6 Fahrwerke und Radaufhängungen	Fahrwerke	Aufbau und Bestandteile des Fahrwerks	FÄ
	Radaufhängungen	Aufbau der Bauteile und ihre Funktion	FÄ
		Konstruktionsprinzipien der Radaufhängungen	KE
		Vor- und Nachteile der Konstruktionen	KE
		Kräfteverlauf in den verschiedenen Arten von Konstruktionen der Radaufhängungen	FÄ
		Aufbau und Funktion der Gelenke	FÄ
		Elastokinematische Lagerungen	FÄ
A7 Federung und Dämpfung	Schwingungsarten	Schwingungen des Aufbaues und des Rades	ÜB
	Federung	Aufgaben und Arten der Federung	KE
		– Federkennlinien	ÜB
		– Federarten und Federungselemente	KE
	Dämpfungsarten	Arten von Stoßdämpfern, Aufbau und Funktion	KE
		Dämpfungsdiagramme und Kennlinien	ÜB
		Einfluss der Federung und Dämpfung auf	KE
		– Fahrkomfort	
		– Fahrsicherheit	
		– Kurvenverhalten	
	Dämpfungssysteme	Geregelte Federungssysteme	KE
		Aktive Federungssysteme	KE

Stoff	Teilgebiet	Lerninhalt	Taxonomie
A8 Lenk-anlagen	Radgeometrie	Radgeometrische Größen und ihr Einfluss auf das Fahrverhalten	KE
	Lenksysteme an Kfz und Anhängern	Lenkungskinematik	KE
		Aufbau und Funktion der gebräuchlichen Lenksysteme	KE
		Sonstige Lenksysteme (Fremdkraft- und Hilfslenksysteme)	ÜB
	Lenkkraftübertragungssysteme	Aufbau und Funktion von Lenkgetrieben (Kugelumlauf- und Zahnstangenlenkungen)	KE
		Aufbau und Funktion von Lenkunterstützungssystemen	ÜB
		Übertragungselemente und ihre Funktion	KE
A9 Räder/ Reifen	Räder an Kfz und Anhängern	Bauarten von Rädern und deren Befestigung	KE
		Felgenausführungen	KE
		Räder-Kennzeichnungen	KE
	Reifen an Kfz und Anhängern	Reifen-Gruppen und -Bauarten	KE
		Anforderungen an Gebrauchseigenschaften	ÜB
		Reifen-Kennzeichnungen	FE
		Statische und dynamische Unwucht	KE
	Neue Räder / Reifensysteme	Bauarten und Eigenschaften	ÜB
		Notlaufsysteme	ÜB
A10 Brems-anlagen	Grundlagen zum Aufbau von Bremsanlagen	Bau- und Wirkvorschriften	KE
		Systematik von Bremsanlagen	KE
		Bremskraftverteilung in Kraftfahrzeugen und ihren Anhängern sowie Zugkombinationen	KE

Stoff	Teilgebiet	Lerninhalt	Taxonomie
	Bestandteile von Bremsanlagen	Aufbau und Funktion der:	
		Energieversorgungseinrichtung	KE
		Betätigungseinrichtung	KE
		Übertragungseinrichtung	KE
		Bremse	KE
		Aufbau und Funktion von Dauerbremsanlagen	KE
	Darstellung von Bremssystemen und deren Komponenten	Schematische Darstellung und Funktion prüfungsrelevanter Bauteile	KE
		Schematische Darstellung des Grundaufbaues von Bremssystemen	FÄ
		System- und Ausfallverhalten von Bremsanlagen	FÄ
	Elektrische/ Elektronische Bremssysteme	Elektrische / Elektronische Bremsanlagen	KE
		Regelsysteme	KE
		„Brake by wire"-Systeme	KE
A11 Lichttechnische und Signaleinrichtungen	Lichttechnische Begriffe	Lichttechnische Einheiten	ÜB
		Arten von lichttechnischen Einrichtungen	KE
	Scheinwerfersysteme	Aufbau und Funktion der einzelnen Bauarten	FÄ
	Zusatzsysteme	Aufbau und Funktion von:	
		Scheinwerferreinigungsanlagen	ÜB
		Leuchtweitenregelung	ÜB
	Leuchten, Leucht- und rückstrahlende Mittel	Aufbau von Leuchten	KE
		Aufbau und Funktion von Leuchtmitteln	KE
		Rückstrahlende Mittel	KE
	Signaleinrichtungen	Aufbau und Funktion von optischen und akustischen Einrichtungen	ÜB

Stoff	Teilgebiet	Lerninhalt	Taxonomie
A12 Karosserie, Rahmen, Aufbauten	Fahrzeugaufbau	Systematik der Fahrzeuge	KE
		Einteilung der Fahrzeuge gem. Rili zum Fz-Brief	KE
		Fahrzeugklassen gem. Richtlinie 70/156/EWG	KE
	Karosserie- und Rahmenbauweisen	Aufgaben von Rahmen und selbsttragendem Aufbau	KE
		Karosserie-/Rahmen-Bauformen und Eigenschaften	KE
		Besonderheiten des Leichtbaus	ÜB
		Elemente der passiven Sicherheit	KE
	Werkstoffe	Werkstoffe im Karosseriebau	ÜB
	Korrosion, Alterung und Oberflächenschutz	Ursachen der Korrosion	KE
		Korrosionsarten und Alterung	KE
		Aktiver und passiver Korrosionsschutz	ÜB
A13 Verbindungs-Einrichtungen	Grundlagen für Verbindungseinrichtungen	Rechtsnormen	KE
		Technische Standards	KE
		Kennwerte	KE
	Verbindungseinrichtungen am Zugfahrzeug	Aufbau und Funktion von:	
		Bolzenkupplung	FÄ
		Sattelkupplung	FÄ
		Kupplungskugel mit Halterung	FÄ
		Anhängebock	FÄ
		Sonderformen	ÜB
	Verbindungseinrichtungen am Anhänger	Aufbau und Funktion von:	
		Zugeinrichtung	FÄ
		Sattelzapfen	FÄ
		Zugkugelkupplungen	FÄ

Stoff	Teilgebiet	Lerninhalt	Taxonomie
		Höheneinstelleinrichtung	FÄ
		Sonderformen	ÜB
A14 Kontroll-geräte	Fahrtschreiber	Aufbau und Funktion	ÜB
	EG-Kontrollgerät	Aufbau und Funktion	ÜB
	Geschwindig-keitsbegrenzung	Funktionsweise	ÜB
A15 Elektronik im Fahrzeug	Grundlagen elektronischer Steuerung und Regelung	Aufbau und Funktion von:	
		Sensorik	ÜB
		Steuereinheit	ÜB
		Stelleinrichtungen	ÜB
		Datenübermittlung in vernetzten Systemen	ÜB
	Bordnetz-architekturen	Strukturierung und Übersicht zu elektronischen Systemen	ÜB
		On-Board-Diagnose und Servicesysteme	ÜB
	Elektronische Systeme	Aktive Sicherheit durch Fahrassistenz-systeme, z. B. im Bereich: – Motor- und Antriebsmanagement – Fahrwerksmanagement – Bremsenmanagement	ÜB
		Passive Sicherheitssysteme durch elektronische Systeme, z. B.: – Airbag – Rückhaltesysteme	ÜB
A16 Instand-setzung	Reparatur-verfahren im Rahmen- und Karosseriebereich	Verbindungstechniken im Fahrzeugbau	KE
		Richten und gebräuchliche Richtsysteme	ÜB
		Fahrwerksvermessung und gebräuchliche Systeme	ÜB
	Reparatur-verfahren für Sicherheitsglas	Einscheibensicherheitsglas	ÜB
		Verbundsicherheitsglas	ÜB
		Reparaturmethoden	ÜB

Stoff	Teilgebiet	Lerninhalt	Taxonomie
A17 Prüf- und Messmittel	Bremsanlage	Aufbau und Funktion von:	
		– Bremsprüfständen	ÜB
		– Verzögerungsmessgeräten	ÜB
	Lichttechnische Einrichtungen	Aufbau und Funktion von Scheinwerfereinstellgeräten	ÜB
	Kraftmessung	Aufbau und Funktion von Kraftmessdosen	ÜB
	Abgasemission	Aufbau und Funktion von Abgasgeräten für:	
		– Fremdzündungsmotoren	ÜB
		– Selbstzündungsmotoren	ÜB
	Geräusch-emission	Aufbau und Funktion von Geräuschmessgeräten	ÜB

Curricularer Lehrplan: B. Straßenverkehrsrecht sowie berührende andere Rechtsgebiete

Der Auszubildende ist in die Lage zu versetzen, bezüglich seiner Befugnisse die ihn berührenden rechtlichen Grundlagen einschätzen zu können. In den die Befugnis unmittelbar betreffenden Rechtsnormen muss er sich sicher bewegen können.

Stoff	Teilgebiet	Lerninhalt	Taxonomie
B1 Allgemeines Recht	Einführung in das Recht	Verfassungsrecht	ÜB
		Öffentliches Recht	ÜB
		Privates Recht	ÜB
B2 Staatsrecht	Aufbau des Rechtsstaates	Gewaltenteilung	ÜB
		Staatsaufbau	ÜB
		Zuständigkeiten	ÜB
	Gesetzgebungs-verfahren	Gesetzgebung in Bund und Ländern	ÜB
		Zuständigkeiten	KE
	Gerichtsbarkeit	Aufbau der Gerichtsbarkeit	ÜB
		Zuständigkeiten	KE
B3 Verwal-tungsrecht **Allg. Verwal-tungsrecht** **Bes. Verwal-tungsrecht**	Arten des Verwal-tungshandelns	Leistungsverwaltung	ÜB
	Hoheitlich/ Fiskalisch	Eingriffsverwaltung	ÜB
	Verwaltungs-verfahren	Richtlinien, Erlass usw.	FÄ
		Ausführungsbestimmungen	FÄ
		Verwaltungsakt:	FÄ
		– Arten des Verwaltungsaktes	
		– Zuständigkeiten	
		Rechtsfolge, Bestandskraft	KE
	Rechtsschutz	Rechtsbehelfe:	KE
		– allgemein	
		– gegen Verwaltungsakte	
		Widerspruch, Klage, Zuständigkeiten	KE
B4 Strafrecht	Straftatbestände	Allg. Straftatbestände	ÜB
		Bes. Straftatbestände	ÜB

Stoff	Teilgebiet	Lerninhalt	Taxonomie
		Tätigkeitsbezogene Straftatbestände, z. B. Urkundsdelikte	ÜB
		Tätigkeitsbezogene Amtsdelikte z. B. Falschbeurkundung im Amt	KE
		spezielle Verkehrsdelikte z. B. Fahren ohne FE, Trunkenheit	KE
B5 Ordnungs-widrigkeiten	Ordnungswidrig-keiten	Abgrenzung Ordnungswidrigkeiten	ÜB
	Ahndung	Straßenverkehrsordnungswidrigkeiten	KE
		Verwarnungsgeld	KE
		Bußgeldangebot	ÜB
		Bußgeldentscheidung	ÜB
		Rechtsfolgen	ÜB
	Rechtsschutz	Einspruch	ÜB
B6 Haftung	Staatshaftung	Amtshaftung	KE
		Behörden	
		Beliehene	
	Haftung des Handelnden	Verschuldenshaftung:	KE
		– Vertragshaftung	
		– Deliktshaftung	
		Gefährdungshaftung	KE
B7 Steuerrecht	Kfz-Steuer	Grundlagen der Kfz-Steuer	ÜB
B8 Versiche-rungsrecht	Pflicht-versicherung	Grundlagen der Pflichtversicherung	ÜB
	weitere Versicherungen	Versicherungen im Zusammenhang mit dem Betrieb eines Kfz	ÜB
		Betriebshaftpflichtversicherung für Überwachungsinstitutionen	ÜB
B9 Internationales Recht	EU-Rechts-vorschriften	Arten der Rechtsnormen	ÜB
		Entstehung der Rechtsnormen	ÜB

Stoff	Teilgebiet	Lerninhalt	Taxonomie
		Rechtsfolgen: – Unmittelbare Wirkung – Übernahme in nationale Vorschriften	ÜB
	Weitere internationale Rechtsvorschriften im Kfz-Bereich	ECE-Regelungen – Entstehung – Wirkung – Übernahme in nationale Vorschriften	ÜB
		Sonstige Rechtsnormen	ÜB
B10 Straßenverkehrsrecht	Rechtsgrundlagen für den Prüfingenieur	Rechtsgrundlagen: – allg. Voraussetzungen – persönliche Voraussetzungen	FE
		Befugnisse	FE
		Durchführung der Tätigkeit:	FE
		– Voraussetzung zur Tätigkeit	FE
		– Vorschriften zur Durchführung der Tätigkeit	FE
	Allg. Straßenverkehrsrechtliche Vorschriften: Personen	Fahrerlaubnisse	ÜB
		Voraussetzung der Erteilung	ÜB
		FE-Klassen	ÜB
	Allg. Straßenverkehrsrechtliche Vorschriften: Fahrzeuge	Erlaubnisse und Genehmigungen für Fahrzeuge und Fahrzeugteile	KE
		Zulassungsverfahren: – Grundlagen – Verwaltungsmaßnahmen	KE
		Erteilung und Entzug der Betriebserlaubnis	KE
		Amtliche Kennzeichen	KE

Stoff	Teilgebiet	Lerninhalt	Taxonomie
		Vorschriftsmäßigkeit der Fahrzeuge	KE
		Bau- und Betriebsvorschriften	KE
		Untersuchungen der Fahrzeuge nach StVZO:	FE
		– Rechtliche Grundlagen	
		– Arten und Umfang	
		– Dokumentation	
		Folgen technischer Änderungen:	FE
		– Rechtsfolgen	
		– Maßnahmen	
		– Dokumentation	
		Sonstige Untersuchungen nach:	KE
		– Personenbeförderungsvorschriften	
		– Gefahrgutvorschriften	
		– Int. KfzVO	
	Struktur des StVR	Aufbau des StVR	KE
		Aufbau des StVG und seiner VO	KE

**Curricularer Lehrplan:
C. Tätigkeit des Sachverständigen**

Der Auszubildende ist in die Lage zu versetzen, Fahrzeuge hinsichtlich der Vorschriftsmäßigkeit, des Zustandes, der Funktion, der Ausführung und der Wirkung ihrer Bauteile und Systeme prüfen und beurteilen zu können.

Es muss vermittelt werden, wie eine Untersuchung an Fahrzeugen oder Zügen vollständig, sachlich richtig, systematisch und rationell, abhängig von den Prüfgegebenheiten vor Ort, durchzuführen ist und wie Mängel einzustufen und zu dokumentieren sind.

Bei der Tätigkeit müssen die Belange des Arbeitsschutzes unter Berücksichtigung der einschlägigen Unfallverhütungsvorschriften beachtet werden.

Stoff	Teilgebiet	Lerninhalt	Taxonomie
C1 Hauptuntersuchung	Grundlagen	Untersuchungspflicht Fristen Durchführende Personen Untersuchungsstellen Systematische Durchführung der HU Einstufung von Mängeln Dokumentation	FE
	Bremsanlage	Zustand, Ausführung, Funktion und Wirkung der Bremsanlagen und deren Bauteile Schadensbilder/Verschleißzustände feststellen und beurteilen Mess- und Prüfverfahren Bewertung und Dokumentieren von Messgrößen	FE
	Lenkanlage	Zustand, Ausführung und Funktion der Lenkanlagen und deren Bauteile prüfen Schadensbilder/Verschleißzustände feststellen und beurteilen	FE
	Sichtverhältnisse	Zustand und Ausführung von Scheiben und Spiegeln sowie Funktion von Scheibenwischern und -waschanlagen beurteilen und prüfen Schadensbilder/Verschleißzustände feststellen und beurteilen	FE

Stoff	Teilgebiet	Lerninhalt	Taxonomie
	LTE und andere Teile der elektrischen Anlage	Zustand, Ausführung, Funktion und Einstellen der LTE und andere Teile der elektrischen Anlage prüfen Schadensbilder/Verschleißzustände feststellen und beurteilen Bewerten von Messgrößen	FE
-	Achsen, Räder, Reifen, Aufhängungen	Zustand, Ausführung und Funktion von Achsen, Rädern, Reifen und Aufhängungen und deren Bauteile prüfen Krafteinleitungspunkte erkennen Schadensbilder/Verschleißzustände feststellen und beurteilen Bewerten von Messgrößen	FE
	Fahrgestell, Rahmen, Aufbau; daran befestigte Teile	Zustand, Ausführung und Funktion von Fahrgestell, Rahmen, Aufbau; daran befestigte Teile prüfen Krafteinleitungspunkte erkennen Schadensbilder/Verschleißzustände feststellen und beurteilen	FE
	Sonstige Ausstattungen	Zustand, Ausführung und Funktion der sonstigen Ausstattungen prüfen Schadensbilder/Verschleißzustände feststellen und beurteilen	FE
	Umwelt-belastungen	Fahrzeugteile und Baugruppen an Fahrzeugen, die Umweltbelastungen verursachen können, prüfen und deren Zustand, Ausführung und Funktion beurteilen Schadensbilder/Verschleißzustände feststellen und beurteilen Bewerten von Messgrößen	FE
	Zusätzliche Untersuchungen an Kraftfahrzeugen, die zur gewerblichen Personenbeförderung eingesetzt sind	Vorgeschriebene zusätzliche Einrichtungen/Ausstattungen prüfen und deren Zustand, Ausführung, Funktion und Wirkung beurteilen Verschleißzustände feststellen und beurteilen Bewerten und Dokumentieren von Messgrößen	FE

Stoff	Teilgebiet	Lerninhalt	Taxonomie
	Identifizierung des Fahrzeugs	Kennzeichnungen, die zur Identifizierung der Fahrzeuge erforderlich sind, prüfen und deren Zustand und Ausführung beurteilen Verschleißzustände feststellen und beurteilen	FE
C2 Sicherheits-prüfung	Grundlagen	Untersuchungspflicht Fristen Durchführende Personen Untersuchungsstellen Systematische Durchführung der SP Einstufung von Mängeln Dokumentation	FE
	Bremsanlage	Zustand, Funktion und Wirkung der Bremsanlagen und deren Bauteile prüfen Schadensbilder/Verschleißzustände feststellen und beurteilen Mess- und Prüfverfahren Bewerten und Dokumentieren von Messgrößen	FE
	Lenkanlage	Zustand und Funktion der Lenkanlagen und deren Bauteile prüfen Schadensbilder/Verschleißzustände feststellen und beurteilen	FE
	Achsen, Räder, Reifen, Aufhängungen	Zustand und Funktion von Achsen, Rädern, Reifen und Aufhängungen und deren Bauteile prüfen Räder und Reifen: zusätzliche Ausführung Krafteinleitungspunkte erkennen Schadensbilder/Verschleißzustände feststellen und beurteilen Bewerten von Messgrößen	FE

Stoff	Teilgebiet	Lerninhalt	Taxonomie
	Fahrgestell, Fahrwerk, Aufbau, Verbindungseinrichtungen	Zustand und Funktion von Fahrgestell, Rahmen, Aufbau, daran befestigte Teile prüfen Krafteinleitungspunkte erkennen Schadensbilder/Verschleißzustände feststellen und beurteilen Zusätzliche Prüfpunkte bei KOM	FE
	Auspuffanlage	Auspuffanlage prüfen und deren Zustand beurteilen Verschleißzustände feststellen und beurteilen	FE
C3 Abgasuntersuchung	Grundlagen	Untersuchungspflicht Fristen Durchführende Personen Untersuchungsstellen	FE
	Durchführung der AU an untersuchungspflichtigen Fzg	Vorbereitende Tätigkeiten Untersuchungsverfahren an: – Fzg mit Fremdzündungsmotor – Fzg mit Kompressionszündungsmotor Beurteilung von Mängeln	FÄ
	Nachweis der AU	Prüfbescheinigung: – Ausführung – Mindestangaben Liste über die Verwendung der Plaketten Zuteilung und Anbringung der Plakette	FÄ
C4 Änderungsabnahme nach § 19/3	Rechtsnormen zur Durchführung der Änderungsabnahme	Veränderungen am Fahrzeug und ihre Rechtsfolgen Durchführende Personen Methodik der Änderungsabnahme Durchführung der Änderungsabnahme	FE

Stoff	Teilgebiet	Lerninhalt	Taxonomie
		Beurteilung von fehlerhaften Veränderungen Dokumentation	
	Prüfzeugnisse	Zulässige Prüfzeugnisse Verbindliche Arbeitsanweisung für alle Überwachungsinstitutionen	FE
	Prüfung	Zustand, Ausführung, Funktion und Wirkung der Änderungen Änderungen gemäß Beispielkatalog/Arbeitsanweisung	FE
C5 Änderung der Fahrzeugpapiere	Meldepflichten der Eigentümer und Halter von Kraftfahrzeugen oder Anhängern; Zurückziehung aus dem Verkehr und erneute Zulassung	Tatsachenfeststellungen veränderter Daten ohne/mit technischer Änderung Voraussetzungen und Bedingungen für die Ausstellung einer Bestätigung Berichtigung der Fahrzeugpapiere bei der Verwaltungsbehörde durch eine Bescheinigung	FE
C6 Untersuchung nach ADR/GGVSE	Rechtsnormen zur Durchführung der Verlängerung der Zulassungsbescheinigung	Untersuchungspflicht Fristen Durchführende Personen Systematische Durchführung der Untersuchung Beurteilung von Mängeln Dokumentation	FE
	Durchführung der Untersuchung	Untersuchung zur Verlängerung der Zulassungsbescheinigung in Abhängigkeit von der Fahrzeug- und Aufbauart	FE
C7 Sonstige Prüfungen	Sachverständigengutachten im Auftrag der Behörde	Maßnahmen der Behörde bei Verdacht auf ein nicht vorschriftsmäßiges Fahrzeug Durchführende Personen Einstufung von Mängeln Erstellung des Gutachtens	FÄ

Stoff	Teilgebiet	Lerninhalt	Taxonomie
	Tempo 100 km/h für Fahrzeugkombinationen	9. Ausnahmeverordnung zur StVO Durchführende Personen Prüfung der Voraussetzungen von Zugfahrzeug und Anhänger Dokumentation Tätigkeiten der Verwaltungsbehörde	FÄ
	Untersuchung für den Erhalt eines Ausfuhr-Kennzeichens	Grundlagen und Definitionen der Int. KfzVO Durchführende Personen Durchführung der Untersuchung Einstufung von Mängeln Dokumentation	FE

Curricularer Lehrplan:
D. Fahrausbildung

Stoff	Teilgebiet	Lerninhalt	Taxonomie
D1 Theoretische Fahr-ausbildung	Grundlagen	Allg. straßenverkehrsrechtliche Vorschriften: – Fahrerlaubnisklassen – Punktsystem im Verkehrszentralregister – Fahrverbot/Entzug der Fahrerlaubnis	ÜB
D2 Praktische Fahr-ausbildung	Fahrtechnische Vorbereitung der Fahrt	Abfahrtkontrolle am Nutzfahrzeug/KOM Fahrzeugspezifische Daten	FÄ FÄ
	Grundfahr-aufgaben	am Gliederzug: – Rückwärtsfahren geradeaus – Umkehren durch Rückwärtsfahren nach links (90°) Alternativ am Sattelzug: – Rückwärts versetzen nach rechts – Rückwärtsfahren um die Ecke nach links (90°)	FÄ FÄ
		am Kraftrad: – Fahren eines Slaloms – Kreisfahrt – Abbremsen mit höchstmöglicher Verzögerung – Ausweichen mit/ohne Abbremsen	FÄ
	Fahren im öffent-lichen Straßen-verkehr	Sicheres, verkehrsgerechtes Führen von Kraftfahrzeugen im öffentlichen Straßenverkehr	FÄ

5. § 19 Abs. 3 und § 29 StVZO; Richtlinie für den Erfahrungsaustausch in der technischen Fahrzeugüberwachung nach StVZO

(VkBl. 2000 S. 26)

1. Ziele des Erfahrungsaustausches

1.1 Der Erfahrungsaustausch soll dazu beitragen, dass die Hauptuntersuchungen und Sicherheitsprüfungen nach § 29 StVZO und die Ein- und Anbauabnahmen nach § 19 Abs. 3 Nr. 3 oder Nr. 4 StVZO ordnungsgemäß und nach gleichen Maßstäben durchgeführt werden (Nr. 2.3 der Anlage VIIIb StVZO) sowie Fragen des Erlöschens der Betriebserlaubnis nach Änderungen einheitlich beurteilt werden.

1.2 Weiterhin sollen beim Erfahrungsaustausch die gewonnenen Erkenntnisse aus den Hauptuntersuchungen und Sicherheitsprüfungen über Mängelschwerpunkte und Prüfmethoden sowie aus den Ein- und Anbauabnahmen ausgewertet und für einen entsprechenden Informationsfluss mit allen beteiligten Institutionen gesorgt werden.

1.3 Schließlich soll der Erfahrungsaustausch auch für die Weiterentwicklung der Fahrzeugtechnik, der Untersuchungs- und Prüfmethoden für Fahrzeuge und der Rechtsvorschriften sowie für die Erteilung der Betriebserlaubnis/ Typgenehmigung für Fahrzeuge genutzt werden.

2. Gegenstand des Erfahrungsaustausches

2.1 Der Erfahrungsaustausch besteht aus Sammlung, Auswertung und Austausch von Erfahrungen und Ergebnissen aus Hauptuntersuchungen und aus Sicherheitsprüfungen, aus Ein- und Anbauabnahmen und aus der Beurteilung des Erlöschens der Betriebserlaubnis nach Änderungen durch die Stellen, die entsprechende Untersuchungen bzw. Abnahmen durchführen.

2.2 Die Ergebnisse der Hauptuntersuchungen und der Sicherheitsprüfungen sind wie folgt aufzubereiten:

2.2.1 Bezeichnung der Technischen Prüfstelle (aufgegliedert nach Trägern und Landesbereichen) oder der amtlich anerkannten Überwachungsorganisation (aufgegliedert nach Anerkennungsbereichen).

2.2.2 Meldung für jedes Halbjahr (30. Juni und 31. Dezember) unter Angabe

1. • der Anzahl der Hauptuntersuchungen,
   • der Anzahl der untersuchten Fahrzeuge nach Fahrzeugart und Alter sowie nach Untersuchungsbereichen und Mängelklasse nach der „HU-Richtlinie“ vom 2. Juni 1998 (VkBl. 1998 S. 519), geändert am 9. Oktober 1998 (VkBl. 1998, S. 1140);
2. • der Anzahl der Sicherheitsprüfungen,
   • der Anzahl der geprüften Fahrzeuge nach Fahrzeugart und Alter sowie nach Prüfbereichen und Mängelfeststellungen nach der „SP-Richtlinie“ vom 2. Juni 1998 (VkBl. 1998 S. 528);
3. • der Anzahl von Einzelbegutachtungen und -abnahmen.

2.3 Die Erfahrungen sind nach Kriterien wie z.B. typspezifische Mängel, Beurteilung des Erlöschens der Betriebserlaubnis nach Änderungen, Ein- und Anbauabnahmen, Prüfgeräte und Prüfmethoden aufzubereiten.

2.4 Die Ergebnisse und Erfahrungen sind so aufzubereiten, dass sie vergleichbar sind.

3. Durchführung des Erfahrungsaustausches

3.1 Die Federführung des Erfahrungsaustausches liegt beim Kraftfahrt-Bundesamt in Flensburg. Die Träger des Erfahrungsaustausches sind die Technischen Prüfstellen und die amtlich anerkannten Überwachungsorganisationen. Weitere Teilnehmer am Erfahrungsaustausch sind das Bundesministerium für Verkehr und die zuständigen obersten Landesbehörden.

3.2 Die federführende Stelle, die Träger und Teilnehmer bilden den „Arbeitskreis Erfahrungsaustausch“. Eine Geschäftsordnung dieses Arbeitskreises regelt dessen genaue Zusammensetzung und Tätigkeit (vgl. Anhang). Der Arbeitskreis hat keine Aufsichtsfunktion.

3.3 Die Träger des Erfahrungsaustausches

übersenden die Angaben nach Nr. 2 halbjährlich jeweils bis spätestens 15. Februar/15. August an die federführende Stelle. Die Angaben werden in einem vorgegebenen Datensatz auf elektronischem Datenträger in Abstimmung mit der federführenden Stelle übersandt.

3.4 Die federführende Stelle sammelt die übermittelten Angaben, stellt die Vergleichbarkeit sicher und übersendet einen entsprechenden Bericht in halbjährlichen Abständen bis jeweils spätestens 15. April und 15. Oktober an die Teilnehmer des Erfahrungsaustausches.

3.5 Typspezifische Sicherheitsmängel oder ein hinreichend begründeter Verdacht auf solche Mängel werden unverzüglich an die federführende Stelle gemeldet, die ihrerseits nach Prüfung alle am Erfahrungsaustausch beteiligten Stellen unverzüglich zu unterrichten hat.

3.6 Beurteilungen des Erlöschens der Betriebserlaubnis nach Änderungen, die nicht im Beispielkatalog zu § 19 Abs. 2 und Abs. 3 StVZO erfasst sind oder die zu einer grundsätzlich vom Beispielkatalog abweichenden Bewertung führen, werden an die federführende Stelle gemeldet, die ihrerseits die Erörterung im „Arbeitskreis Erfahrungsaustausch" mit dem Ziel einer abgestimmten Bewertung solcher Fahrzeugänderungen veranlasst sowie entsprechende Ergänzungen oder Änderungen des Beispielkatalogs vorbereitet.

3.7 Die federführende Stelle beruft mindestens zweimal im Jahr eine Sitzung des Arbeitskreises Erfahrungsaustausch ein. In der Sitzung werden der Bericht nach Nr. 3.4 sowie andere Fragen im Zusammenhang mit dem Erfahrungsaustausch erörtert und ausgewertet.

3.8 Der federführenden Stelle obliegt die Vorbereitung und Durchführung der Sitzungen sowie die Erstellung des Sitzungsberichtes.

Anhang

Geschäftsordnung für den Arbeitskreis Erfahrungsaustausch

Präambel

Der Arbeitskreis Erfahrungsaustausch (AKE) soll dazu beitragen, dass

1. die Hauptuntersuchungen und Sicherheitsprüfungen nach § 29 StVZO, die Ein- und Anbauabnahmen nach § 19 Abs. 3 Nr. 3 und Nr. 4 StVZO ordnungsgemäß und nach gleichen Maßstäben durchgeführt sowie Fragen des Erlöschens der Betriebserlaubnis nach Änderungen einheitlich beurteilt werden,
2. die gewonnenen Erkenntnisse aus den Hauptuntersuchungen und Sicherheitsprüfungen über Mängelschwerpunkte, Prüfmethoden und sonstigen Informationen zu Fahrzeugmängeln sowie Erkenntnisse aus den Ein- und Anbauabnahmen bewertet und an die Mitglieder des Erfahrungsaustausches weitergeleitet werden,
3. Empfehlungen und Stellungnahmen für die zuständigen Landesbehörden und den Verordnungsgeber über aktuelle und grundsätzliche Fragen im Zusammenhang mit den Hauptuntersuchungen und Sicherheitsprüfungen sowie Ein- und Anbauabnahmen erarbeitet werden.

Der Arbeitskreis versteht sich als beratendes Gremium, das über technische Problembereiche diskutiert und diesbezüglich Erfahrungen austauscht, das aber keine Mehrheitsentscheidungen herbeiführt. Konträre Ansichten in den Sitzungen des Arbeitskreises sollen in den Niederschriften deutlich zum Ausdruck kommen und, soweit erforderlich, den zuständigen obersten Landesbehörden und den zuständigen Bund-Länder-Fachausschüssen zur Entscheidung vorgelegt werden.

§ 1 Vorsitz und Geschäftsführung

Der Vorsitz und die Geschäftsführung im AKE werden vom Kraftfahrt-Bundesamt (KBA) wahrgenommen.

§ 2 Mitglieder

(1) Mitglieder im AKE sind

1. die technischen Leiter (bzw. deren Vertreter) der Technischen Prüfstellen und der amtlich anerkannten Überwachungsorganisationen; bei Anerkennung einer Überwachungsorganisation in mehr als einem Land ist diese für alle Länder zusammen nur einmal im AKE vertreten.

2. zwei Vertreter der zuständigen obersten Landesbehörden – nach Absprache wechselnd –,
3. ein Vertreter des Bundesministeriums für Verkehr, Bau- und Wohnungswesen.

(2) Gastmitglieder im AKE sind die Vertreter der Technischen Prüfstellen der Bundesressorts.

§ 3 Stellung der Mitglieder

(1) Mitglieder haben das Recht, Angelegenheiten, deren Behandlung sie im AKE für erforderlich halten, dem Vorsitzenden oder der Geschäftsführung des AKE schriftlich mitzuteilen. Im Regelfall wird darauf hingewirkt, solche Angelegenheiten anlässlich einer Sitzung des AKE zu erörtern.

(2) Mitglieder vertreten die Auffassung der von ihnen vertretenen Institutionen.

(3) Mitglieder setzen sich – gegebenenfalls unter Zuhilfenahme von Personal und Sacheinrichtungen der sie entsendenden Institutionen – für eine Lösung der gestellten Aufgaben in angemessener Frist ein. Diese Aufgaben können auch Erhebungen innerhalb ihrer Institutionen einschließen.

§ 4 Sitzungen

(1) Sitzungen werden nach Nr. 3.7 der Richtlinie einberufen. Zu den Sitzungen wird mindestens 5 Wochen vorher eingeladen.

(2) Der Einladung wird eine Tagesordnung beigefügt.

(3) Änderungen der Tagesordnung sind grundsätzlich möglich. Änderungen sollten im Regelfall auf eilbedürftige Angelegenheiten beschränkt bleiben.

(4) Die Beratungen im AKE erfolgen in freier Aussprache. Das Ergebnis der Beratung muss die Auffassung der Mitglieder deutlich machen; von der Mehrheit abweichende Auffassungen müssen hierbei erkennbar sein.

(5) Die Sitzungen des AKE sind nicht öffentlich. Zu den Sitzungen oder zu einzelnen Beratungspunkten von Sitzungen können nach vorheriger Absprache Gäste eingeladen werden.

(6) Über jede Sitzung wird eine Niederschrift mit den Ergebnissen der Beratungen gefertigt; hierbei sollte der Beratungsverlauf hinreichend deutlich sein. Jedes Mitglied kann verlangen, dass die Meinung zu bestimmten Fragen im einzelnen festgehalten wird.

(7) Jedes Mitglied erhält einen Abdruck der Niederschrift, die von der Geschäftsführung des AKE in Abstimmung mit dem Vorsitzenden des AKE gefertigt wird.

(8) Sitzungsteilnehmer können innerhalb von 6 Wochen schriftlich Einwendungen gegen die Niederschrift vorbringen. Zu Beginn der nächsten Sitzung wird die Niederschrift einer Billigung zugeführt.

(9) Sitzungstermine und Tagungsorte sollen möglichst langfristig im voraus geplant und verabredet werden. Normalerweise wird von 2 Tagungen im Jahr ausgegangen, wobei die Tagungsorte unter den Geschäftsorten der Mitglieder wechseln sollen.

§ 5 Schriftliche Umfragen

Zur Vorbereitung von Sitzungen oder zur Erledigung von Einzelfällen – dies sollte im Regelfall auf sehr eilbedürftige Fälle beschränkt bleiben – können schriftliche Umfragen durchgeführt werden.

§ 6 Arbeitsgruppen

(1) Zur Erledigung von Sonderaufgaben können auf Beschluss des AKE Arbeitsgruppen eingesetzt werden. Der AKE bestimmt dessen Mitglieder und die Federführung; Mitglieder in den Arbeitsgruppen können auch Experten außerhalb der Mitglieder nach § 2 sein. Der Federführende kann überdies weitere Experten als Gäste an den Beratungen beteiligen.

(2) Über Ergebnisse der Beratungen in Arbeitsgruppen fertigt der Federführende baldmöglichst eine Niederschrift und sendet diese an die Geschäftsführung des AKE.

(3) Die Ergebnisse der Arbeitsgruppen werden weiterverfolgt im Rahmen von Sitzungen nach § 4 oder als schriftliche Umfragen nach § 5.

§ 7 Beteiligung Außenstehender

(1) Rechtfertigen Sachfragen die Beteiligung Außenstehender, dann kann auf Beschluss des

AKE eine solche Beteiligung erfolgen. Dies schließt auch die Teilnahme an Sitzungen des AKE ein (§ 4 Abs. 5).

(2) Die Beteiligung kann sich auf die Erledigung von Einzelaufgaben des AKE in Sonderfällen, aber auch auf eine regelmäßige Beteiligung, erstrecken.

(3) Beteiligte nach Nr. 1 wirken im AKE grundsätzlich als Gäste mit. Ihre Meinung sollte angemessen berücksichtigt werden.

§ 8 Vertraulichkeit

Eine Weitergabe von Beratungsergebnissen nach §§ 4, 5 und 6 an Außenstehende ist – auch auszugsweise – nicht erwünscht.

§ 9 Bekanntgaben

(1) Unabhängig von der Übersendung von Niederschriften nach § 4 an die Mitglieder nach § 2 erhält jede zuständige oberste Landesbehörde eine Niederschrift.

(2) In angemessenem Umfang können auch mehr Exemplare der Niederschriften angefordert werden.

(3) Je eine Niederschrift – gegebenenfalls auch nur Auszüge hiervon – können beteiligte Außenstehende nach § 7 erhalten.

(4) Die Ergebnisse von schriftlichen Umfragen nach § 5 können – sofern sie nicht nachfolgend in die Beratungen von Sitzungen des AKE einfließen – von der Geschäftsführung auch auf andere Weise bekanntgegeben werden.

§ 10 Kosten und Auslagen

(1) Die Kosten der federführenden Stelle des AKE sind von den Technischen Prüfstellen und den amtlich anerkannten Überwachungsorganisationen zu tragen.

(2) Die Umlegung dieser Kosten auf die Technischen Prüfstellen und die amtlich anerkannten Überwachungsorganisationen wird in einer Vereinbarung zwischen dem Kraftfahrt-Bundesamt und diesen Stellen geregelt.

(3) Weitere Kosten, die den an der Arbeit des AKE beteiligten Stellen entstehen, werden von diesen selbst getragen; Auslagen werden nicht erstattet.

§ 11 Anpassung der Geschäftsordnung

Eine Anpassung der Geschäftsordnung bedarf der Zustimmung des Bundesministeriums für Verkehr, Bau- und Wohnungswesen, das zuvor die zuständigen obersten Landesbehörden anhört.

Anerkennung von Kfz-Werkstätten zur Durchführung von SP und/oder AU sowie Schulung der verantwortlichen Personen und Fachkräfte

1. Allgemeine Hinweise zur Anerkennung

Da die Anerkennungsverfahren für Kfz-Werkstätten zur Durchführung von SP einerseits und AU andererseits bis auf die jeweiligen Anerkennungsvoraussetzungen schon in der Vergangenheit weitgehend übereinstimmten, lag es nahe, die Anerkennungsverfahren in einer Vorschrift (Anlage VIIIc StVZO) und in einer Anerkennungsrichtlinie zusammenzufassen. Das Verfahren zur Anerkennung von AUK-Werkstätten wurde i.R. der 41. VO ebenfalls in die vorgenannten Vorschriften/Richtlinie subsummiert. Damit konnte insgesamt eine Vereinfachung und bessere Überschaubarkeit erreicht werden.

2. Verantwortliche Personen zur Durchführung von SP, AU und AUK

In Anlage VIIIc StVZO Nummern 2.4 und 2.5 sind die Anerkennungsvoraussetzungen für die verantwortlichen Personen zur Durchführung der Prüfungen/Untersuchungen vorgeschrieben. In der amtlichen Begründung zu dieser Vorschrift (VkBl. 2006, S. 290) ist ausgeführt:

Mit der Liberalisierung der Handwerksordnung sind die Zugangsvoraussetzungen für die selbstständige Führung eines Handwerksbetriebes wesentlich erleichtert worden. In diesem Zusammenhang wurde auch die „Anlage A" zur Handwerksordnung von bisher 94 Handwerken auf 41 reduziert. Für die in der „Anlage" aufgeführten Handwerke wird der Meistertitel zur selbstständigen Führung eines Handwerkbetriebes festgeschrieben und dem „Gefahrengeneig-

ten Handwerk" zugerechnet. Damit wurde gleichzeitig bestätigt, dass die fahrzeugtechnischen Berufe „gefahrengeneigt" sind.

Unabhängig von der novellierten Handwerksordnung wird es wie bisher vielfältige Zugangsmöglichkeiten zur selbstständigen Ausübung eines Handwerks auch bei den in der Anlage A aufgeführten Handwerken geben, für die normalerweise eine Meisterprüfung vorgeschrieben ist. Im Kfz-Handwerk bleibt damit das Problem bestehen, dass verantwortliche Personen für technische Fahrzeuguntersuchungen (SP, AU, AUK), u. U. keine Meisterausbildung besitzen. Dies führte und führt weiterhin zu einer Absenkung der fachlichen Qualifikation bei der Durchführung von Untersuchungen im Rahmen der technischen Fahrzeugüberwachung. Diese einfachere Zugangsmöglichkeit hat in der Vergangenheit bei den Anerkennungsstellen – örtlich zuständigen Kfz-Innungen – für SP/AU zu teilweise erheblichen Problemen geführt, weil die Handwerkskammern auch unberechtigte Personen „an Meisterstelle einsetzten", obwohl die damit verbundenen qualitativen Anforderungen nicht bestanden.

Da mit der novellierten Handwerksordnung diese Gleichstellung eher noch verstärkt wird, soll mit der neuen Nummer 2.4 der Anlage VIIIc StVZO eine Regelung aufgenommen werden, wonach die verantwortlichen Personen für die Durchführung der SP und/oder AU und/oder AUK immer die dort festgeschriebene fachliche Qualifikation, also eine abgeschlossene Meisterausbildung, in den genannten Berufen besitzen müssen.

Vor dem Hintergrund, dass diese Personengruppen besondere und herausgehobene Prüfungs-/Untersuchungstätigkeiten gemäß den straßenverkehrsrechtlichen Vorschriften durchführen und eine verantwortliche Wahrnehmung hoheitlicher Aufgaben als Beliehene übernehmen und erfüllen, wurde die besondere Qualifizierung mit erfolgreichem Abschluss als „Meister" in die StVZO aufgenommen.

Unabhängig von dieser nachzuweisenden Qualifikation bei der Ausübung von Untersuchungen im Rahmen der technischen Fahrzeugüberwachung führt dies zu keiner Beschränkung des liberalisierten Zugangs zur selbstständigen Führung eines Handwerkbetriebs. Damit ist gewährleistet, dass Unternehmensgründungen, Beschäftigung und Ausbildung im Handwerk auch weiterhin möglich sind.

3. Hinweise zur SP-, AU- und AUK-Schulung

- Für die Durchführung von verkehrssicherheitstechnischen Untersuchungen und Prüfungen war in der StVZO bis November 1999 für das Personal von Bremsendiensten (BSU) eine regelmäßige Schulung mit Abschlussprüfungen im Abstand von 3 Jahren vorgeschrieben. Gleiches gilt dem Grunde nach für die „die HU durchführenden Personen"; für sie ist die regelmäßige Schulung (jährlich) entweder über das Kraftfahrsachverständigengesetz (KfSachvG) oder über Anlage VIIIb StVZO vorgeschrieben.
- Die Schulung für die die AU durchführenden Fachkräfte und verantwortlichen Personen war bisher durch § 47b Abs. 3 StVZO vorgeschrieben. Diese Vorschrift wurde, ebenso wie die Vorschriften für die neu vorgeschriebene AUK-Schulung, in die Anlage VIIIc StVZO aufgenommen; § 47b StVZO wurde zum 1.4.2006 aufgehoben.
- Anlage VIIIc StVZO schreibt u.a. vor, dass die SP-/AU-/AUK-Anerkennungen erteilt werden, wenn der Antragsteller oder die für die Durchführung der Prüfung/Untersuchung verantwortlichen Personen und die Fachkräfte darüber hinaus eine dem jeweiligen Stand der Technik der zu prüfenden Fahrzeuge entsprechende Schulung erfolgreich abgeschlossen haben. Diese Vorschrift wird durch die „Anerkennungsrichtlinie" präzisiert; die Anforderungen an die Durchführung der Schulungen und an die vorgeschriebenen Abschlussprüfungen sind in der „SP-/AU-/AUK-Schulungsrichtlinie" enthalten.

4. Anlage VIIIc STVZO; Anerkennung von Kraftfahrzeugwerkstätten zur Durchführung von SP und/oder AU sowie Schulung der verantwortlichen Personen und Fachkräfte

Anlage VIIIc
(Anlage VIII Nr. 3.1.1.1 und Nr. 3.2)

Anerkennung von Kraftfahrzeugwerkstätten zur Durchführung von Sicherheitsprüfungen und/oder Untersuchungen der Abgase sowie Schulung der verantwortlichen Personen und Fachkräfte

1. Allgemeines

1.1. Die Anerkennung von Kraftfahrzeugwerkstätten zur Durchführung von Sicherheitsprüfungen (im Folgenden als SP bezeichnet) und/oder Untersuchungen der Abgase (im Folgenden als AU bezeichnet) und/oder Untersuchungen der Abgase an Krafträdern (im Folgenden als AUK bezeichnet) obliegt der zuständigen obersten Landesbehörde oder den von ihr bestimmten oder nach Landesrecht zuständigen Stellen (Anerkennungsstellen). Diese können die Befugnis auf die örtlich und fachlich zuständigen Kraftfahrzeuginnungen übertragen.

1.2 Für das Verfahren der Anerkennung und des Widerrufs von Kraftfahrzeugwerkstätten zur Durchführung von SP und/oder AU und/oder AUK wird vom Bundesministerium für Verkehr, Bau und Stadtentwicklung mit Zustimmung der zuständigen obersten Landesbehörden eine Richtlinie im Verkehrsblatt bekannt gemacht.

1.3 Für die nach Nummer 2.6 vorgeschriebenen Schulungen und Wiederholungsschulungen wird vom Bundesministerium für Verkehr, Bau und Stadtentwicklung mit Zustimmung der zuständigen obersten Landesbehörden eine Richtlinie im Verkehrsblatt bekannt gemacht.

2. Allgemeine Voraussetzungen für die Anerkennung von Kraftfahrzeugwerkstätten

Die Anerkennung wird erteilt, wenn

2.1 der Antragsteller, bei juristischen Personen die nach Gesetz oder Satzung zur Vertretung berufenen Personen sowie die für die SP und/oder die AU und/oder die AUK verantwortlichen Personen persönlich zuverlässig sind. Ein Führungszeugnis und ein Auszug aus dem Verkehrszentralregister sind jeweils vorzulegen,

2.2 der Antragsteller durch Vorlage einer Bescheinigung der örtlich zuständigen Handwerkskammer die Eintragung in der Handwerksrolle nachweist, dass er selbst oder eine in der Betriebsstätte fest angestellte Person die Voraussetzungen nach der Handwerksordnung zur selbstständigen gewerblichen Verrichtung solcher Arbeiten erfüllt, die zur Behebung der bei der SP und/oder der AU und/oder der AUK festgestellten Mängel erforderlich sind,

2.3 der Antragsteller nachweist, dass er eine oder mehrere für die Durchführung der SP und/oder der AU und/oder der AUK verantwortliche(n) Person(en) bestellt. Zur Unterzeichnung der Prüfprotokolle und/oder Prüfbescheinigungen und/oder Nachweise ist (sind) nur die verantwortliche(n) Person(en) berechtigt; Prüfprotokolle und/oder Prüfbescheinigungen und/oder Nachweise sind unmittelbar nach Durchführung der SP und/oder der AU und/oder der AUK zu unterzeichnen. Zusätzlich sind die Nachweise mit einem Nachweis-Siegel und einer Prägenummer zu versehen. Die Durchführung der SP und/oder der AU und/oder der AUK kann auch von Fachkräften unter der Aufsicht der verantwortlichen Personen erfolgen. Die verantwortliche(n)

Person(en) und Fachkräfte müssen vom Antragsteller namentlich benannt werden,

2.4 der Antragsteller nachweist, dass die für die Durchführung der SP und/oder der AU und/oder der AUK verantwortliche(n) Person(en) und die Fachkräfte über eine entsprechende Vorbildung und ausreichende Erfahrungen auf dem Gebiet der Kraftfahrzeugtechnik verfügen. Für die Durchführung

2.4.1 der Sicherheitsprüfung (SP) müssen Nachweise erbracht werden,

2.4.1.1 dass Fachkräfte eine Abschlussprüfung im anerkannten Ausbildungsberuf

- Kraftfahrzeugmechaniker,
- Kraftfahrzeugelektriker,
- Automobilmechaniker,
- Kraftfahrzeug-Mechatroniker,
- Mechaniker für Karosserieinstandhaltungstechnik,
- Karosserie- und Fahrzeugbauer,
- Karosserie- und Fahrzeugbaumechaniker,
- Metallbauer, Fachrichtung Fahrzeugbau,
- Metallbauer, Fachrichtung Nutzfahrzeugbau,
- Landmaschinenmechaniker,
- Land- und Baumaschinenmechaniker,

2.4.1.2 dass verantwortliche Personen eine Meisterprüfung im

- Kraftfahrzeugmechaniker-Handwerk,
- Kraftfahrzeugelektriker-Handwerk,
- Kraftfahrzeugtechniker-Handwerk,
- Karosserie- und Fahrzeugbauer-Handwerk,
- Metallbauer-Handwerk, Schwerpunkt Nutzfahrzeugbau,
- Landmaschinenmechaniker-Handwerk

erfolgreich bestanden haben;

2.4.2 der Untersuchung der Abgase (AU) müssen Nachweise erbracht werden,

2.4.2.1 dass Fachkräfte eine Abschlussprüfung im anerkannten Ausbildungsberuf

- Kraftfahrzeugmechaniker,
- Kraftfahrzeugelektriker,
- Kraftfahrzeug-Mechatroniker,
- Automobilmechaniker,

2.4.2.2 dass verantwortliche Personen eine Meisterprüfung im

- Kraftfahrzeugmechaniker-Handwerk,
- Kraftfahrzeugelektriker-Handwerk,
- Kraftfahrzeugtechniker-Handwerk, Schwerpunkt Fahrzeugsystemtechnik

erfolgreich bestanden haben;

2.4.3 der Untersuchung der Abgase an Krafträdern (AUK) müssen Nachweise erbracht werden,

2.4.3.1 dass Fachkräfte eine Abschlussprüfung im anerkannten Ausbildungsberuf

- Kraftfahrzeugmechaniker,
- Kraftfahrzeugelektriker,
- Kraftfahrzeug-Mechatroniker,
- Zweiradmechaniker,
- Zweiradmechaniker, Fachrichtung Motorrad-Technik,

2.4.3.2 dass verantwortliche Personen eine Meisterprüfung im

- Kraftfahrzeugmechaniker-Handwerk,
- Kraftfahrzeugelektriker-Handwerk,
- Kraftfahrzeugtechniker-Handwerk, Schwerpunkt Fahrzeugsystemtechnik,

– Zweiradmechaniker-Handwerk erfolgreich bestanden haben;

2.5 der Antragsteller nachweist, dass die für die Durchführung der SP und/oder AU und/oder AUK verantwortliche(n) Person(en) und die Fachkräfte eine Meisterprüfung oder eine Abschlussprüfung im anerkannten Ausbildungsberuf für die unter Nummer 2.4 genannten Berufe erfolgreich bestanden haben. Diesen Prüfungsabschlüssen steht gleich der Dipl.-Ing., Dipl.-Ing. (FH), Ing. (grad.) oder der staatlich geprüfte Techniker der Fachrichtung Maschinenbau, Fahrzeugtechnik, Elektrotechnik oder Luft- und Raumfahrttechnik / Luftfahrzeugtechnik, sofern der Betreffende nachweislich im Kraftfahrzeugbereich (Untersuchung, Prüfung, Wartung oder Reparatur) tätig ist und eine mindestens dreijährige Tätigkeit oder eine Abschlussprüfung in den unter Nummer 2.4.1.1, Nummer 2.4.2.1 oder Nummer 2.4.3.1 genannten Ausbildungsberufen nachgewiesen werden kann,

2.6 der Antragsteller oder die für die Durchführung der SP und/oder der AU und/oder der AUK verantwortliche(n) Person(en) und die Fachkräfte darüber hinaus eine dem jeweiligen Stand der Technik der zu prüfenden Fahrzeuge entsprechende Schulung nach Nummer 7 erfolgreich abgeschlossen haben. Die Frist für die Wiederholungsschulungen beträgt maximal 36 Monate, beginnend mit dem Monat und Jahr, in dem erfolgreich eine Abschlussprüfung nach einer erstmaligen Schulung oder einer Wiederholungsschulung abgelegt wurde. Wird die Frist um mehr als zwei Monate überschritten, ist statt einer Wiederholungsschulung eine erstmalige Schulung durchzuführen,

2.7 der Antragsteller nachweist, dass alle von ihm benannten Untersuchungsstellen den Anforderungen der Anlage VIIId entsprechen,

2.8 der Antragsteller nachweist, dass für alle von ihm benannten Untersuchungsstellen Dokumentationen der Betriebsorganisationen erstellt sind, die interne Regeln enthalten, nach denen eine ordnungsgemäße Durchführung der SP und/oder der AU und/oder der AUK sichergestellt ist. Die Dokumentationen müssen mindestens den Anforderungen der nach Nummer 1.2 bekannt gemachten Richtlinie entsprechen,

2.9 der Antragsteller bestätigt, dass für die mit der Durchführung der SP und/oder der AU und/oder der AUK betrauten verantwortliche(n) Person(en) und Fachkräfte eine ausreichende Haftpflichtversicherung zur Deckung aller im Zusammenhang mit den SP und/oder den AU und/oder den AUK entstehenden Ansprüchen besteht, dies auf Verlangen nachweist und erklärt, dass er diese Versicherung aufrechterhalten wird,

2.10 der Antragsteller sowie die im Anerkennungsverfahren beteiligten Stellen nach Nummer 1.1 Satz 2 das Land, in dem er tätig wird und für das der Antragsteller anerkannt ist, von allen Ansprüchen Dritter wegen Schäden freistellt, die im Zusammenhang mit den SP und/oder den AU und/oder den AUK von ihm oder den von ihm beauftragten verantwortlichen Personen und Fachkräften verursacht werden, und dafür den Abschluss einer entsprechenden Versicherung bestätigt, dies auf Verlangen nachweist und erklärt, dass er diese Versicherung aufrechterhalten wird.

3. Nebenbestimmungen

3.1 Die Anerkennung kann mit Nebenbestimmungen verbunden werden, die erforderlich sind, um sicherzustellen, dass die SP und/oder die AU und/oder die AUK ordnungsgemäß durchge-

führt werden. Die Anerkennung ist nicht übertragbar.

3.2 Die Anerkennung ist auf die jeweiligen Untersuchungs/Prüfungsarten sowie auf bestimmte Arten, Fabrikate oder Typen von Fahrzeugen zu beschränken, wenn die Voraussetzungen nach Nummer 2 nur für diese Arten, Fabrikate oder Typen nachgewiesen sind.

4. Rücknahme der Anerkennung

Die Anerkennung ist zurückzunehmen, wenn bei ihrer Erteilung eine der Voraussetzungen nach Nummer 2 nicht vorgelegen hat. Von der Rücknahme kann abgesehen werden, wenn der Mangel nicht mehr besteht.

5. Widerruf der Anerkennung

Die Anerkennung ist zu widerrufen, wenn nachträglich eine der Voraussetzungen nach Nummer 2 weggefallen ist. Sie ist teilweise oder völlig zu widerrufen, wenn gröblich gegen die Vorschriften zur Durchführung der SP und/oder der AU und/oder der AUK verstoßen wurde, wenn die SP und/oder die AU und/oder die AUK nicht ordnungsgemäß durchgeführt wurden oder wenn gegen die Auflagen der Anerkennung gröblich verstoßen wurde. Sie kann widerrufen werden, wenn von ihr innerhalb von mindestens sechs Monaten kein Gebrauch gemacht worden ist oder der Antragsteller auf die Anerkennung verzichtet. Ist die Anerkennung zeitlich befristet und wird keine Verlängerung der Geltungsdauer beantragt, erlischt sie mit deren Ablauf.

6. Aufsicht über anerkannte Kraftfahrzeugwerkstätten

6.1 Die Anerkennungsstelle übt die Aufsicht aus. Sie kann selbst prüfen oder prüfen lassen,

6.1.1 ob die SP und/oder die AU und/oder die AUK ordnungsgemäß durchgeführt, dokumentiert und nachgewiesen sind sowie die sich sonst aus der Anerkennung ergebenden Pflichten erfüllt werden,

6.1.2 in welchem Umfang von der Anerkennung Gebrauch gemacht worden ist.

6.2 Nummer 8.1.1 findet Anwendung.

7. Schulung der verantwortlichen Personen und Fachkräfte

7.1 Die Schulung nach Nummer 2.6 kann durchgeführt werden

7.1.1 für SP durch Hersteller von SP-pflichtigen Kraftfahrzeugen oder Kraftfahrzeugimporteure, wenn sie SP-pflichtige Kraftfahrzeuge importieren und wenn sie eine eigene Kundendienstorganisation haben sowie Hersteller von Bremsanlagen für SP-pflichtige Kraftfahrzeuge und Anhänger, sowie von diesen ermächtigte geeignete Stellen,

7.1.2 für AU durch Hersteller von AU-pflichtigen Kraftfahrzeugen oder Kraftfahrzeugimporteure, wenn sie AU-pflichtige Kraftfahrzeuge importieren und wenn sie eine eigene Kundendienstorganisation haben sowie Kraftfahrzeugmotorenhersteller, Hersteller von Gemischaufbereitungssystemen mit eigener Kundendienstorganisation, sofern sie Erstausrüstung liefern, sowie von diesen ermächtigte geeignete Stellen,

7.1.3 für AUK durch Hersteller von AUK-pflichtigen Kraftfahrzeugen oder Kraftfahrzeugimporteure, wenn sie AUK-pflichtige Kraftfahrzeuge importieren und wenn sie eine eigene Kundendienstorganisation haben, sowie von diesen ermächtigte geeignete Stellen,

7.1.4 vom Bundesinnungsverband des Kraftfahrzeughandwerks ermächtigte Stellen.

7.2 Schulungsstätten sind entsprechend

der örtlichen Zuständigkeit den zuständigen obersten Landesbehörden oder den von ihnen bestimmten oder nach Landesrecht zuständigen Stellen sowie dem Bundesinnungsverband des Kraftfahrzeughandwerks in 53040 Bonn, Postfach 15 01 62, unaufgefordert zu melden; dies gilt entsprechend für die Einstellung der Schulungstätigkeit. Der Bundesinnungsverband des Kraftfahrzeughandwerks erfasst zentral die Schulungsstätten und übersendet den zuständigen obersten Landesbehörden und dem Bundesministerium für Verkehr, Bau und Stadtentwicklung jeweils zu Beginn eines Jahres eine aktuelle Zusammenfassung aller Schulungsstätten, aufgegliedert nach SP-, AU- und AUK-Schulungsstätten.

7.3 Die Schulungen, die vorgeschriebenen Wiederholungsschulungen, die Schulungsinhalte sowie die Schulungsstätten müssen der nach Nummer 1.3 bekannt gemachten Richtlinie entsprechen.

8. Aufsicht über das Anerkennungsverfahren und die Schulungen

8.1 Die Aufsicht über die Anerkennungsstellen und das Anerkennungsverfahren obliegt der zuständigen obersten Landesbehörde, den von ihr bestimmten oder nach Landesrecht zuständigen Stellen jeweils für ihren Zuständigkeitsbereich. Die Aufsichtsbehörde kann selbst prüfen oder durch die Anerkennungsstelle prüfen lassen, ob die Voraussetzungen für die Anerkennung noch gegeben sind und die sich sonst aus der Anerkennung oder den Nebenbestimmungen ergebenden Pflichten erfüllt werden. Diese Prüfung ist mindestens alle drei Jahre durchzuführen.

8.1.1 Die mit der Prüfung beauftragten Personen sind befugt, Grundstücke und Geschäftsräume des Inhabers der Anerkennung während der Geschäfts- und Betriebszeiten zu betreten, dort Prüfungen und Besichtigungen vorzunehmen und die vorgeschriebenen Aufzeichnungen einzusehen. Der Inhaber der Anerkennung hat diese Maßnahmen zu dulden, soweit erforderlich die beauftragten Personen dabei zu unterstützen und auf Verlangen die vorgeschriebenen Aufzeichnungen vorzulegen. Er hat die Kosten der Prüfung zu tragen.

8.2 Die Aufsicht über die Schulungen obliegt der zuständigen obersten Landesbehörde, den von ihr bestimmten oder nach Landesrecht zuständigen Stellen jeweils für ihren Zuständigkeitsbereich. Die Aufsichtsbehörde kann selbst prüfen oder durch die von ihr bestimmten oder nach Landesrecht zuständigen Stellen prüfen lassen, ob die für die Schulungsstätten geltenden Vorschriften eingehalten sind und die sich sonst aus der Ermächtigung oder den Nebenbestimmungen ergebenden Pflichten erfüllt werden. Sie können die Befugnis zur Prüfung auf den Bundesinnungsverband des Kraftfahrzeughandwerks übertragen. Diese Prüfung ist mindestens alle drei Jahre durchzuführen.

8.2.1 Die mit der Prüfung beauftragten Personen sind befugt, Grundstücke und Geschäftsräume der Schulungsstätten während der Geschäfts- und Betriebszeiten zu betreten, dort Prüfungen und Besichtigungen vorzunehmen und die vorgeschriebenen Aufzeichnungen einzusehen. Der Inhaber oder der Leiter der Schulungsstätte hat diese Maßnahmen zu dulden, soweit erforderlich die beauftragten Personen dabei zu unterstützen und auf Verlangen die vorgeschriebenen Aufzeichnungen vorzulegen. Die Schulungsstätte hat die Kosten der Prüfung zu tragen.

9. Schlussbestimmungen

9.1 Veränderungen bei anerkannten Kraftfahrzeugwerkstätten, die ihre Anerkennung beeinflussen können,

sind von ihr der Anerkennungsstelle unaufgefordert mitzuteilen. Zuwiderhandlungen können zum Widerruf der Anerkennung führen.

9.2 Veränderungen bei Schulungsstätten, die Einfluss auf die Schulung haben, sind den in Nummer 7.2 genannten Stellen unaufgefordert zu melden. Bei Zuwiderhandlungen können die in Nummer 8.2 genannten Stellen die Durchführungen von Schulungen untersagen.

5. Richtlinie für die Anerkennung von Kraftfahrzeugwerkstätten zur Durchführung von Sicherheitsprüfungen und/oder Untersuchungen der Abgase und/oder Untersuchungen der Abgase an Krafträdern nach §§ 29 und 47a i.V.m. Anlage VIII und Anlage VIIIc StVZO („Anerkennungsrichtlinie")

(VkBl. 2006, S. 314)

Für bestimmte Kraftfahrzeuge und Anhänger ist die Durchführung von Sicherheitsprüfungen in regelmäßigen Zeitabständen vorgeschrieben (Nr. 1 und 2 Anlage VIII StVZO). Weiterhin sind nach § 47a und nach Anlage VIII StVZO Abgasuntersuchungen oder Untersuchungen der Abgase an bestimmten Kraftfahrzeugen vorgeschrieben. Diese Prüfungen und Untersuchungen dürfen auch von dafür anerkannten Kraftfahrzeugwerkstätten durchgeführt werden.

Das Verfahren der Anerkennung für diese Kraftfahrzeugwerkstätten ist in Anlage VIIIc StVZO vorgeschrieben. Die nachstehende Richtlinie ergänzt diese Vorschriften im Sinne einer einheitlichen Anwendung.

Nach Zustimmung der zuständigen obersten Landesbehörden (Nr. 1.2 Anlage VIIIc StVZO) wird hiermit die Anerkennungsrichtlinie bekannt gegeben. Die Richtlinie ist ab dem 1. April 2006 anzuwenden.

Die Richtlinien

- für die Anerkennung von Kraftfahrzeugwerkstätten zur Durchführung von Sicherheitsprüfungen nach § 29 i. V. m. Anlage VIII und Anlage VIIIc StVZO („SP-Anerkennungsrichtlinie") vom 02.06.1998, VkBl. S. 545, in der Fassung vom 29.10.2003, VkBl. S. 750,

und

- für die Anerkennung von Kraftfahrzeugwerkstätten nach § 47b StVZO für die Durchführung von Abgasuntersuchungen nach § 47a Abs. 2 i.V.m. Anlage XIa StVZO vom 19.02.2002, VkBl. S. 183, in der Fassung vom 18.01.2005, VkBl. S. 77,

werden mit Wirkung zum 31. März 2006 aufgehoben.

Richtlinie für die Anerkennung von Kraftfahrzeugwerkstätten zur Durchführung von Sicherheitsprüfungen und/oder Untersuchungen der Abgase und/oder Untersuchungen der Abgase an Krafträdern nach §§ 29 und 47a i. V. m. Anlage VIII und Anlage VIIIc Straßenverkehrs-Zulassungs-Ordnung (StVZO)

(„Anerkennungsrichtlinie")

1. Allgemeines

Diese Richtlinie gilt für Kraftfahrzeugwerkstätten (im Folgenden als aW bezeichnet), die die nach § 29 in Verbindung mit Anlage VIII StVZO vorgeschriebenen Sicherheitsprüfungen (im Folgenden als SP bezeichnet) und/oder Untersuchungen der Abgase (im Folgenden als AU bezeichnet) und/oder Untersuchungen der Abgase an Krafträdern (im Folgenden als AUK bezeichnet) durchführen und bescheinigen und deshalb nach Nr. 1 Anlage VIIIc StVZO der Anerkennung bedürfen.

2. Antrag

Der Antrag auf Anerkennung ist bei der nach Nr. 1 Anlage VIIIc StVZO

zuständigen Stelle in zweifacher Ausfertigung einzureichen; er erfasst jede Betriebsstätte des Antragstellers (Hauptsitz, Zweigstelle(n), Nebenbetriebe(n)) in der SP und/oder AU und/oder AUK durchgeführt werden sollen. Hierfür ist für jede Betriebsstätte der Vordruck nach dem aus Anlage 1 dieser Richtlinie ersichtlichen Muster zu verwenden. Die Antragsvordrucke werden von der anerkennenden Stelle ausgegeben. Dem Antrag sind die erforderlichen Unterlagen beizufügen, insbesondere:

2.1 eine Bescheinigung der örtlich zuständigen Handwerkskammer, dass der Antragsteller selbst oder eine in der Betriebsstätte fest angestellte Person die Voraussetzungen nach der Handwerksordnung zur selbstständigen gewerblichen Verrichtung solcher Arbeiten erfüllt, die zur Behebung der bei den SP und/oder den AU und/oder den AUK festgestellten Mängel erforderlich sind,

2.2 ein Führungszeugnis zur Vorlage bei der Verwaltungsbehörde nach den Vorschriften des Bundeszentralregistergesetzes für den Antragsteller, gegebenenfalls auch für die zur Vertretung berufenen Personen sowie für die Personen, die für die Durchführung der SP und/oder AU und/oder AUK verantwortlich sind. Die Auskünfte dürfen zum Zeitpunkt der Antragstellung nicht älter als sechs Monate sein,

2.3 ein Auszug aus dem Verkehrszentralregister für den Antragsteller, gegebenenfalls auch für die zur Vertretung berufenen Personen sowie für die Personen, die für die Durchführung der SP verantwortlich sind. Die Auskünfte dürfen zum Zeitpunkt der Antragstellung nicht älter als sechs Monate sein,

2.4 ein Nachweis über die Dokumentation der Betriebsorganisation nach Nr. 3.4.1 dieser Richtlinie,

2.5 ein Nachweis, dass die für die Durchführung der SP und/oder AU und/oder AUK verantwortlichen Personen sowie gegebenenfalls weitere zur Durchführung der SP und/oder AU und/oder AUK eingesetzten Fachkräfte die für die beantragte Anerkennung geforderte Vorbildung nach Nr. 2.4 oder 2.5 Anlage VIIIc StVZO besitzen,

2.6 ein Nachweis, dass der Antragsteller oder die für die Durchführung der SP und/oder AU und/oder AUK verantwortlichen Personen sowie gegebenenfalls weitere zur Durchführung der SP und/ oder AU und/oder AUK eingesetzten Fachkräfte die für die beantragte Anerkennung geforderte Schulung nach Nr. 2.6 Anlage VIIIc StVZO erfolgreich abgeschlossen haben,

2.7 eine Bestätigung über die nach Nr. 2.9 und 2.10 Anlage VIIIc StVZO geforderten Haftpflichtversicherungen, einschließlich der Freistellungserklärung nach Nr. 2.10 Anlage VIIIc StVZO.

2.8 eine Erklärung des Antragstellers,

- für welche Anerkennung er zur Durchführung von SP und/oder AU und/oder AUK einen Antrag stellt und
- auf welche Fahrzeugarten/Fahrzeugtypen die Durchführung der SP und/oder
- auf welche Fahrzeuggruppe nach Nr. 3.2 Anlage VIIIc StVZO oder Fahrzeuge bestimmter Hersteller die Durchführung der AU

eine Beschränkung erfolgen soll.

3. Voraussetzung für die Anerkennung

3.1 Zuverlässigkeit

Der Antragsteller, bei juristischen Personen die nach Gesetz oder Satzung zur Vertretung berufenen Personen sowie die für die Durchführung der SP und/oder AU und/oder AUK verantwortlichen Personen müssen persönlich zuverlässig sein.

3.2 Fachkunde

3.2.1 Für die beantragte SP- und/oder AU- und/oder AUK-Anerkennung muss der Antragsteller nachweisen, dass er die fachliche Voraussetzung nach Nr. 2.4 oder 2.5 Anlage VIIIc StVZO erfüllt, die zur Behebung der bei der SP und/oder AU und/oder AUK festgestellten Mängel erforderlich sind. Dies ist nicht notwendig, wenn der Antragsteller für die Durchführung der SP und/ oder AU und/oder AUK eine oder mehrere verantwortliche Personen bestellt.

3.2.2 Bestellt der Antragsteller eine oder mehrere für die Durchführung der SP und/oder AU und/oder AUK verantwortliche Personen, so müssen diese die gleichen fachlichen Voraussetzungen nach Nr. 3.2.1 erfüllen; dies ist vom Antragsteller nachzuweisen. Die vom Antragsteller bestellten Personen müssen bei ihm fest angestellt und in einer benannten Betriebsstätte tätig sein.

3.2.3 Der Antragsteller hat nachzuweisen, dass die für die Durchführung der SP und/oder AU und/oder AUK verantwortlichen Personen und eingesetzten Fachkräfte die vorgeschriebene Schulung nach Nr. 2.6 Anlage VIIIc StVZO erfolgreich abgeschlossen haben. Dazu sind entsprechende Bescheinigungen der berechtigten Schulungsstätten vorzulegen (Nr. 1.3 i.V. m. Nr. 2.6 und Nr. 7 Anlage VIIIc StVZO).

3.3 Untersuchungsstelle, Prüf- und Messgeräte und sonstige Einrichtungen

3.3.1 Der Antragsteller muss nachweisen, dass jede Betriebsstätte, in der SP und/oder AU und/oder AUK durchgeführt werden sollen, den Vorschriften der Anlage VIIId StVZO entspricht.

3.3.2 Zur laufenden Unterrichtung der für die Durchführung der SP und/oder AU und/oder AUK verantwortlichen Personen und der dafür eingesetzten Fachkräfte sind die nachfolgend aufgeführten Unterlagen bereit und auf dem neuesten Stand zu halten:

3.3.2.1 Die für die SP und/oder AU und/oder AUK einschlägigen Vorschriften der StVZO und die dazu gehörenden Richtlinien in der jeweils gültigen Fassung,

3.3.2.2 Verkehrsblatt – Amtsblatt des Bundesministeriums für Verkehr, Bau und Stadtentwicklung – oder die fachlich einschlägigen Auszüge, die für die Durchführung der SP und/oder AU und/oder AUK erforderlich sind, aus dem Verkehrsblatt, wenn sie von Dritten, die sich zur frühzeitigen und vollständigen Lieferung gegenüber den Werkstätten verpflichten, ausgegeben worden sind,

3.3.2.3 technische Daten und Prüfanleitungen der Fahrzeug- und/oder Bremsen- und/oder Bremsgerätehersteller zur Durchführung der SP und/oder AU und/oder AUK im Umfang der jeweiligen Anerkennung.

3.4 Sicherstellung der ordnungsgemäßen Durchführung der SP und/oder AU und/oder AUK

3.4.1 Dokumentation der Betriebsorganisation

Die Leitung der aW muss eine Dokumentation erstellen, die interne Regeln enthält, nach denen die ordnungsgemäße Durchführung der SP und/oder AU und/oder AUK sichergestellt wird.

Diese Dokumentation muss mindestens Festlegungen enthalten zu:

- Beauftragter der aW nach Nr. 3.4.2,
- Beschaffenheit und Ausstattung der Betriebsstätten nach Nr. 3.3.1,
- Qualifikation und Weiterbildung der Mitarbeiter, die mit der Durchführung der SP und/oder AU und/oder AUK befasst sind nach Nr. 3.2.3,

- Überwachung der eingesetzten Mess- und Prüfmittel nach den einschlägigen Vorschriften für die Eichung und Prüfung sowie auf Einhaltung der Wartungsanweisungen,
- interne Maßnahmen zur Aufrechterhaltung der Qualität bei Durchführung und Dokumentation der SP und/oder AU und/oder AUK.

3.4.2 Beauftragter der aW

Die Leitung der aW benennt einen Beauftragten (aWB), der im Unternehmen mit der Überwachung aller Maßnahmen zur Erreichung der festgelegten Qualität beauftragt ist. Besitzt der aWB nur die Befähigung zur Durchführung der SP oder AU oder AUK können auch drei Personen benannt werden. In diesem Fall müssen die Aufgabenbereiche der einzelnen aWB in der Dokumentation der Betriebsorganisation klar abgegrenzt sein. Zum aWB kann auch eine der verantwortlichen Personen benannt werden.

Der aWB muss je nach Anerkennung

- die Befähigung zur Durchführung von SP und/oder AU und/oder AUK besitzen,
- direkt der Leitung der aW berichten, sofern er dieser nicht selbst angehört,
- die Kenntnisse zur Umsetzung der Vorschriften und Richtlinien zur Durchführung der SP und/oder AU und/oder AUK sowie zum Anerkennungsverfahren und über die Betriebsorganisation der aW besitzen,
- sicherstellen, dass er stets aktuell über die Vorschriften und die Richtlinien zur Durchführung der SP und/oder AU und/oder AUK informiert ist. Erforderlichenfalls hat er an zusätzlichen Schulungen teilzunehmen.

Der aWB hat insbesondere folgende Aufgaben:

- die Betriebsorganisation und Abläufe der aW in eigener Verantwortung regelmäßig auf Übereinstimmung mit den einschlägigen Vorschriften und der Dokumentation der aW zu überprüfen,
- der Anerkennungsbehörde oder der von ihr beauftragten oder nach Landesrecht zuständigen Stelle in Abstimmung mit der Leitung alle erforderlichen Daten, Informationen und Unterlagen auf Verlangen zur Verfügung zu stellen,
- die Überprüfung der Dokumentation nach Nr. 3.4.1.

Die gesetzlichen und gegebenenfalls internen Anforderungen sind fortlaufend vom aWB auf Einhaltung zu überprüfen.

4. Sicherung der Qualität bei der Durchführung der SP und/oder AU und/oder AUK

4.1 Betriebsorganisation

Die aW hat bei der Antragstellung darzulegen, wie sie die Einhaltung der Bestimmungen nach Nr. 3.4.1 sicherstellen wird. Nach erfolgter Anerkennung obliegt die Durchführung dieser Bestimmungen der aW. Die Verantwortung hierfür trägt die Leitung der aW.

4.2 Dokumentation der Mitarbeiter-Qualifikation

Der aWB ist verantwortlich für die Qualifikation der die SP und/oder AU und/oder AUK durchführenden Fachkräfte und dokumentiert bezüglich jeder Fachkraft lückenlos folgende Daten und Informationen:

1. Schulungsmaßnahmen entsprechend der im Verkehrsblatt bekannt gemachten „SP-/AU-/AUK-Schulungsrichtlinie",
2. Einhaltung eventueller Nebenbestimmungen der Anerkennungsstelle.

Die Dokumentation ist nachvollziehbar aufzustellen; sie muss bis zur nächsten Überprüfung durch die Anerkennungsstelle, aber mindestens 5 Jahre aufbewahrt werden.

4.3 Prüfprotokolle, Prüfmarken, Plaketten, Nachweis-Siegel und Prägezange mit Prägenummer

Von der aW werden

- für die Durchführung der SP die Vordrucke der Prüfprotokolle, die Prüfmarken sowie ggf. die SP-Schilder

und/oder

- für die Durchführung der AU die Plaketten bzw. die Nachweis-Siegel und Prägezange mit Prägenummer

entsprechend den einschlägigen Vorschriften beschafft und im erforderlichen Umfang an die verantwortliche(n) Person(en) ausgegeben.

4.4 Verwaltung und Verwendung der Prüfprotokolle, Prüfmarken, Plaketten und/oder Nachweis-Siegel und/oder AU-Prüfbescheinigungen und/oder Nachweise

4.4.1 Die aW weist für SP die ordnungsgemäße Verwaltung und Verwendung der einzelnen Vordrucke der Prüfprotokolle sowie der einzelnen Prüfmarken durch geeignete Verfahren lückenlos für einen Zeitraum von 3 Jahren nach.

Hierzu zählen mindestens folgende Vorgänge:

- Einkauf der Vordrucke der Prüfprotokolle und Prüfmarken durch die aW,
- Verwendung der Vordrucke der Prüfprotokolle,
- Verwendung der Prüfmarken mit direkter Zuordnung zu den erstellten Prüfprotokollen,
- Verbleib der Vordrucke der Prüfprotokolle, der Prüfmarken und der zugehörigen Unterlagen bei Sondervorgängen wie Beschädigung, Zerstörung, Diebstählen und Verlusten.

4.4.2 Die aW weist für AU die ordnungsgemäße Verwaltung und Verwendung der einzelnen Prüfbescheinigungen und/oder Nachweise und Plaketten und/oder Nachweis-Siegel durch geeignete Verfahren lückenlos für einen Zeitraum von 3 Jahren nach.

Hierzu zählen mindestens folgende Vorgänge:

- Einkauf der Plaketten und/oder Nachweis-Siegel durch die aW,
- Verwendung der AU-Prüfbescheinigungen und/oder Nachweise,
- Verwendung der Plaketten und/oder Nachweis-Siegel mit direkter Zuordnung zu den erstellten AU-Prüfbescheinigungen und Nachweisen,
- Verbleib der Plaketten und/oder Nachweis-Siegel und AU-Prüfbescheinigungen und/oder Nachweise sowie der zugehörigen Unterlagen bei Sondervorgängen wie Beschädigung, Zerstörung, Diebstählen und Verlusten.

4.4.3 Die aW weist für AUK die ordnungsgemäße Verwaltung und Verwendung der einzelnen Nachweise durch geeignete Verfahren lückenlos für einen Zeitraum von 3 Jahren nach.

Hierzu zählen mindestens folgende Vorgänge:

- Einkauf der Nachweis-Siegel,
- Verwendung der AUK-Nachweise,
- Verwendung der Nachweis-Siegel mit direkter Zuordnung zu den erstellten AUK-Nachweisen,
- Verbleib der Nachweis-Siegel der Nachweise und der zugehörigen Unterlagen bei Sondervorgängen wie Zerstörung, Diebstählen und Verlusten.

4.4.4 Geeignete Vorkehrungen gegen Diebstahl und Missbrauch müssen von der

aW getroffen werden. Die konkreten Regelungen sind in der Dokumentation der Betriebsorganisation nach Nr. 3.4.1 festzulegen.

4.4.5 Bei Prüfprotokollen und/oder AU-Prüfbescheinigungen und/oder AU-/AUK-Nachweisen, die mit Hilfe der elektronischen Datenverarbeitung erstellt werden, ist eine Zweitschrift (Kopie) zu archivieren. Die Bestimmungen nach den Nr. 4.4.1 bis 4.4.4 gelten entsprechend.

4.5 Nachweisführung über durchgeführte SP und/oder AU und/oder AUK

Die durchgeführten SP und/oder AU und/oder AUK werden so dokumentiert, dass jederzeit eine aktuelle Übersicht bezüglich Bestand, Verwendung, Inhalt und Verbleib aller Prüfprotokolle und/oder AU-Prüfbescheinigungen und/ oder AU-/AUK-Nachweise und/ oder Nachweis-Siegel möglich ist.

4.5.1 Jedes Prüfprotokoll und/oder jede AU-Prüfbescheinigung und/oder jeder AU- und/oder AUK-Nachweis muss innerhalb von 2 Arbeitstagen aufgrund der Angaben des

- amtlichen Kennzeichens des Fahrzeugs oder
- der Fahrzeug-Identifizierungsnummer (mindestens die letzten 7 Stellen)

im Original oder als Kopie der Anerkennungs- oder Aufsichtsstelle vorgelegt werden können.

4.6 Auswertung über durchgeführte SP und/oder AU und/oder AUK

Der aWB erstellt in einem Turnus von höchstens einem Monat

4.6.1 über alle durchgeführten SP jeweils für die Fahrzeugarten

- Kraftomnibusse,
- andere Kraftfahrzeuge,
- Anhänger,

4.6.2 und/oder über alle durchgeführten AU jeweils für die Fahrzeugarten

- Kraftfahrzeuge mit Fremdzündungsmotor ohne Katalysator oder mit Katalysator, jedoch ohne lambdageregelte Gemischaufbereitung,
- Kraftfahrzeuge mit Fremdzündungsmotor mit Katalysator und lambdageregelte Gemischaufbereitung, jedoch ohne On-Board-Diagnosesystem (OBD),
- Kraftfahrzeuge mit Fremdzündungsmotor mit Katalysator und lambdageregelte Gemischaufbereitung und mit On-Board-Diagnosesystem (OBD),
- Kraftfahrzeuge mit Kompressionszündungsmotor und einer zulässigen Gesamtmasse bis 3,5 t, jedoch ohne On-Board-Diagnosesystem (OBD),
- Kraftfahrzeuge mit Kompressionszündungsmotor und einer zulässigen Gesamtmasse bis 3,5 t und mit On-Board-System (OBD),
- Kraftfahrzeuge mit Kompressionszündungsmotor und einer zulässigen Gesamtmasse von mehr als 3,5 t, jedoch ohne On-Board-Diagnosesystem (ODB),
- Kraftfahrzeuge mit Kompressionszündungsmotor und einer zulässigen Gesamtmasse von mehr als 3,5 t und mit On-Board-Diagnosesystem (OBD).

4.6.3 und/oder über alle durchgeführten AUK jeweils für die Fahrzeugarten

- Krafträder mit 2- oder 4-Takt-Fremdzündungsmotor ohne Katalysator oder mit Katalysator, jedoch ohne lambdageregelte Gemischaufbereitung,
- Krafträder mit 2- oder 4-Takt-Fremdzündungsmotor mit Katalysator und lambdageregelter Gemischaufbereitung

standardisierte Aufstellungen nach Vorgabe der Anerkennungs- oder Aufsichtsstelle über die bei jeder SP und/oder AU und/oder AUK festgestellten Mängel, aufgegliedert nach dem jeweiligen Prüfbereich. Diese Aufstellungen (Mängel-Übersichten) sind mindestens 3 Jahre aufzubewahren und auf Anforderung der Anerkennungs- oder Aufsichtsstelle als standardisierte Jahresübersichten/-statistiken vorzulegen. Die Anerkennungsstellen sind verpflichtet, auf der Grundlage der ihnen vorgelegten betrieblichen Aufstellungen/Übersichten jährlich eine Statistik zu erarbeiten. Der Bundesinnungsverband des Kraftfahrzeughandwerks stellt auf der Grundlage dieser Aufstellungen/Statistiken eine Gesamtübersicht (-statistik) der festgestellten SP- und/oder AU- und/oder AUK-Mängel auf. Die Auswertungen sind auf Anforderung dem Bundesministerium für Verkehr, Bau und Stadtentwicklung sowie den zuständigen obersten Landesbehörden zur Fortschreibung der maßgeblichen Vorschriften zur Verfügung zu stellen.

4.7 Durchführung von Überprüfungen

4.7.1 Die zuständige oberste Landesbehörde oder die von ihr bestimmten oder die nach Landesrecht zuständigen Stellen überprüfen mindestens alle 3 Jahre die Einhaltung der gesetzlichen Vorschriften und der Bestimmungen dieser Richtlinie durch die aW. Die aW stellt hierzu alle erforderlichen Daten, Informationen und Unterlagen zur Verfügung.

4.7.2 Festgestellte Abweichungen oder Verstöße können den Widerruf der jeweiligen Anerkennung der aW zur Durchführung von SP und/oder AU und/oder AUK zur Folge haben.

4.8 Prüfmittelüberwachung

Die Leitung der aW stellt durch Arbeits- und Verfahrensanweisungen sicher, dass sämtliche bei SP und/oder AU und/oder AUK eingesetzten Mess- und Prüfgeräte funktionsfähig, entsprechend den Herstellervorgaben gewartet und gemäß den gesetzlichen Vorschriften geprüft bzw. geeicht sind.

5. Bestimmungen bei Erteilung der Anerkennung

5.1 Durchführung und Widerruf

Für die Durchführung des Anerkennungsverfahrens sowie für den Widerruf und die Rücknahme der Anerkennung gelten die Verwaltungsverfahrensgesetze der Länder. Im Fall des Widerrufs oder der Rücknahme der SP- und/oder AU- und/oder AUK-Anerkennung sind die Prüfmarken und/oder die Plaketten und/oder die Nachweis-Siegel und die Prägezange mit Prägenummer an die anerkennende Stelle gegen entsprechende Kostenerstattung zurückzugeben.

5.2 Kontrollnummern und Prägezangen mit Prägenummer

Die anerkennende Stelle vergibt die Kontrollnummer für die Durchführung von SP und/oder AU und/oder AUK nach dem jeweiligen Schlüsselmuster der Anlage 2. Die Prägezange mit der Prägenummer wird der aW von der anerkennenden Stelle zugeteilt. Die Prägenummer besteht aus dem Kernteil der Kontrollnummer der anerkannten aW.

5.2.1 Kontrollnummern, die bis einschließlich 31. März 2006 vergeben werden, können bis zu einer Änderung/Ergänzung der unter Nummer 3.2 Anlage VIIIc StVZO genannten Beschränkungen sowie bei der unter Nummer 5.3.2 aufgeführten Veränderungen der aW weiter genutzt werden.

5.3 Nebenbestimmungen und Beschränkungen

Die Anerkennung (siehe Musterbescheid nach Anlage) kann mit Nebenbestimmungen verbunden werden, die für die ordnungsgemäße Durchführung der SP und/oder AU und/oder

AUK erforderlich sind. Die Anerkennung ist nicht übertragbar.

5.3.1 Veränderungen des Personals/der Personalien bei den unter Nummer 3.2 aufgeführten Personen sind der anerkennenden Stelle unverzüglich mitzuteilen. Personen, die dabei erstmals benannt werden, dürfen zur Durchführung von SP und/oder AU und/oder AUK erst dann eingesetzt werden, nachdem die Anerkennung entsprechend geändert wurde.

5.3.2 Veränderungen der aW (Änderungen der Rechtsform des Unternehmens oder des Betriebes, der Umfirmierung des Betriebes, der Anschrift des Betriebes, der Zweigstellen oder Nebenbetriebe) sind der Anerkennungsstelle unter Vorlage der erforderlichen Nachweise unverzüglich mitzuteilen.

5.3.3 Die aW kann in Abstimmung mit der Anerkennungsstelle alle Vorlagen und Berichte auf elektronischem Wege übermitteln.

Anlage 1
zur Anerkennungsrichtlinie

Antrag auf Anerkennung von Kraftfahrzeugwerkstätten zur Durchführung von Sicherheitsprüfungen (SP)*) und/oder Untersuchungen der Abgase (AU)*) und/oder Untersuchungen der Abgase an Krafträdern (AUK)*) nach §§ 29 und 47 a in Verbindung mit Anlage VIII und Anlage VIIIc StVZO

1. Allgemeiner Teil

1.1 Name und Sitz der/des Antragsteller/s*)

....

1.1.1 Sitz von Zweigstelle oder Nebenbetrieb für die/den der Antrag gestellt wird.*)

....

1.2 Das Führungszeugnis der/des Antragsteller/s*) bzw. der zur Vertretung berufenen Person/en*) nach den Vorschriften des Bundeszentralregistergesetzes zur Vorlage bei der für die *SP*) - und/oder AU*) - und/oder AUK*)* - Anerkennung zuständigen Stelle
liegt vor: ja/nein*)
ist beantragt: ja/nein*).

1.3 Der Auszug aus dem Verkehrszentralregister für den/die Antragsteller*) bzw. für die zur Vertretung berufene/n Person/en*) für die SP-Anerkennung
liegt vor: ja/nein*)
ist beantragt: ja/nein*).

1.4 Der Antragsteller bestätigt, dass für die mit der Durchführung der SP*) und oder AU*) und/oder AUK*) betrauten Fachkräfte eine ausreichende Haftpflichtversicherung zur Deckung aller im Zusammenhang mit der SP*) und/oder AU*) und/oder AUK*) entstehenden Ansprüche besteht, dieses nachweist und erklärt, dass er diese Versicherung aufrecht erhalten wird.
Nachweis über Haftpflichtversicherung nach Nummer 2.9 Anlage VIIIc StVZO:
liegt vor: ja/nein*).

1.5 Der Antragsteller stellt das Land, in dem er tätig wird, von allen Ansprüchen Dritter wegen Schäden frei, die im Zusammenhang mit der SP*) und/oder AU*) und/oder AUK*) von ihm oder den von ihm beauftragten Fachkräften verursacht werden, bestätigt den Abschluss einer entsprechenden Versicherung und erklärt, dass er diese Versicherung aufrecht erhalten wird.
Nachweis über Haftpflichtversicherung nach Nummer 2.10 Anlage VIIIc StVZO:
liegt vor: ja/nein*).

---

*) Nichtzutreffendes streichen

- 2 -

1.2 **Vorhandene Voraussetzungen**

1.2.1 **Beschaffenheit und Ausstattung**

Die Beschaffenheit und Ausstattung der Werkstätten (Hauptbetrieb/Zweigstellenbetriebe), für die der Antrag gestellt wird, entspricht den Vorschriften der Anlage VIIId StVZO:

ja/nein*)

....

....

Anschrift/en*) der Werkstätte/n*)

1.2.2 **Einschlägige Vorschriften**

1.2.2.1 Die für die SP*) und/oder AU*) und/oder AUK*) einschlägigen Vorschriften der StVZO und die dazu gehörenden Richtlinien in der jeweils gültigen Fassung liegen vor:

ja/nein*).

1.2.2.2 Das Verkehrsblatt - Amtsblatt des Bundesministeriums für Verkehr, Bau und Stadtentwicklung - oder die fachlich einschlägigen Auszüge daraus, die für die Durchführung der SP*) und/oder AU*) und/oder AUK*) erforderlich sind, aus dem Verkehrsblatt, wenn sie von Dritten, die sich zur frühzeitigen und vollständigen Lieferung gegenüber den Werkstätten verpflichten, ausgegeben worden sind, liegen vor:

ja/nein*).

1.2.2.3 Technische Daten und Prüfanleitungen der Fahrzeug- und/oder Bremsenhersteller*) für die Fahrzeuge, an denen SP*) / AU*) / AUK*) durchzuführen sind, liegen vor:

ja/nein*).

1.3.1 **Dokumentation**

Die Dokumentation nach Nummer 2.8 Anlage VIIIc StVZO ist beigefügt.

1.4 **Ich/Wir verpflichte(n) mich/uns, Änderungen, die die Anerkennungsvoraussetzungen betreffen, der Anerkennungsstelle unverzüglich mitzuteilen.**

Ort ...., den.. 20..........

....

Unterschrift der/des Antragsteller/s

*) Nichtzutreffendes streichen

- 3 -

2. Sicherheitsprüfung (SP)

2.1 Eintragung in die Handwerksrolle

Für die SP-Durchführung ist der Betrieb mit dem in Nummer 2.4.1.2 Anlage VIIIc StVZO genannten

- .... Handwerk*)

in die Handwerksrolle bei der Handwerkskammer .... eingetragen.

Bescheinigung der örtlich zuständigen Handwerkskammer ist beigefügt.*)

2.2 Verantwortliches Personal

2.2.1 Name(n) der für die Durchführung der SP verantwortlichen Person(en):

....

....

Name, Vorname, Anschrift, Unterschrift

Das Führungszeugnis nach den Vorschriften des Bundeszentralregistergesetzes zur Vorlage bei der für die Anerkennung zuständigen Stelle

liegt vor: ja/nein*)

ist beantragt: ja/nein*)

Der Auszug aus dem Verkehrszentralregister

liegt vor: ja/nein*)

ist beantragt: ja/nein*)

....

....

Name, Vorname, Anschrift, Unterschrift

Das Führungszeugnis nach den Vorschriften des Bundeszentralregistergesetzes zur Vorlage bei der für die Anerkennung zuständigen Stelle

liegt vor: ja/nein*)

ist beantragt: ja/nein*)

Der Auszug aus dem Verkehrszentralregister

liegt vor: ja/nein*)

ist beantragt: ja/nein*)

---

*) Nichtzutreffendes streichen oder Zutreffendes eintragen

2.2.2 Die verantwortliche/n Person/en hat/haben die nach Nummer 2.4 Anlage VIIIc StVZO geforderte Qualifikation. Nachweise sind beigefügt:

....	....
Name	Qualifikation
....	....
Name	Qualifikation

Die genannten Personen haben an einer Erst-/Wiederholungsschulung nach Nummer 2.6 i.V.m. Nummer 7 Anlage VIIIc StVZO erfolgreich teilgenommen. Bescheinigung/en der Schulungsstätte/n ist/sind beigefügt:

....	.... Erst-/Wiederholungsschulung*)
Name	Datum
....	.... Erst-/Wiederholungsschulung*)
Name	Datum

2.3 Andere zur Durchführung der SP eingesetzte Fachkräfte, einschließlich des SP-Beauftragten (SPB)

Die für die Durchführung der SP angestellte/n Fachkraft/kräfte und der SP-Beauftragten hat/haben die nach Nummer 2.4 Anlage VIIIc StVZO geforderte Qualifikation. Nachweise sind beigefügt:

....	....
Name (Fachkraft/SPB)*)	Qualifikation
....	....
Name (Fachkraft/SPB)*)	Qualifikation

Die Fachkräfte und der SPB haben an einer Erst-/Wiederholungsschulung nach Nummer 2.6 i.V.m. Nummer 7 Anlage VIIIc StVZO erfolgreich teilgenommen. Bescheinigung/en der Schulungsstätte/n ist/sind beigefügt:

....	.... Erst-/Wiederholungsschulung*)
Name	Datum
....	.... Erst-/Wiederholungsschulung*)
Name	Datum

2.4 Beschränkung der Anerkennung

Die Anerkennung soll auf die Durchführung der SP an folgenden Fahrzeugarten/Fahrzeugtypen*) beschränkt werden:

....

....

Die Anerkennung soll auf die Durchführung von SP an Fahrzeugen folgender Hersteller*) beschränkt werden:

....

....

....

Unterschrift der/des Antragsteller/s

*) Nichtzutreffendes streichen

3. Untersuchung der Abgase (AU)

3.1 Eintragung in die Handwerksrolle

Für die AU-Durchführung ist der Betrieb mit dem in Nummer 2.4.2.2 Anlage VIIIc StVZO genannten

- .... -Handwerk*)

in die Handwerksrolle bei der Handwerkskammer .... eingetragen.

Bescheinigung der örtlich zuständigen Handwerkskammer ist beigefügt.*)

3.2 Verantwortliches Personal

3.2.1 Name(n) der für die Durchführung der AU verantwortlichen Person(en):

....

....

Name, Vorname, Anschrift, Unterschrift

Das Führungszeugnis nach den Vorschriften des Bundeszentralregistergesetzes zur Vorlage bei der für die Anerkennung zuständigen Stelle

liegt vor: ja/nein*)

ist beantragt: ja/nein*)

....

....

Name, Vorname, Anschrift, Unterschrift

Das Führungszeugnis nach den Vorschriften des Bundeszentralregistergesetzes zur Vorlage bei der für die Anerkennung zuständigen Stelle

liegt vor: ja/nein*)

ist beantragt: ja/nein*)

3.2.2 Die verantwortliche/n Person/en hat/haben die nach Nummer 2.4 Anlage VIIIc StVZO geforderte Qualifikation. Nachweise sind beigefügt:

Name	Qualifikation
....	....
....	....

Die genannten Personen haben an einer Erst-/Wiederholungsschulung nach Nummer 2.6 i.V.m. Nummer 7 Anlage VIIIc StVZO erfolgreich teilgenommen. Bescheinigung/en der Schulungsstätte/n ist/sind beigefügt:

Name	Schulung für Fahrzeuge nach Nr.	Datum	
....	....	....	Erst-/Wiederholungsschulung*)
....	....	....	Erst-/Wiederholungsschulung*)

*) Nichtzutreffendes streichen oder Zutreffendes eintragen

- 6 -

3.3 Andere zur Durchführung der AU eingesetzte Fachkräfte, einschließlich des AU-Beauftragten (AUB)

Die für die Durchführung der AU angestellte/n Fachkraft/kräfte und des/der AU-Beauftragten hat/haben die nach Nummer 2.4 Anlage VIIIc StVZO geforderte Qualifikation. Nachweise sind beigefügt:

....	....
Name (Fachkraft/AUB)*)	Qualifikation
....	....
Name (Fachkraft/AUB)*)	Qualifikation

Die Fachkräfte und AUB haben an einer Erst-/Wiederholungsschulung nach Nummer 2.6 i.V.m. Nummer 7 Anlage VIIIc StVZO erfolgreich teilgenommen. Bescheinigung/en der Schulungsstätte/n ist/sind beigefügt:

....	....	.... Erst-/Wiederholungsschulung*)
Name	Schulung für Fahrzeuge nach Nr.	Datum
....	....	.... Erst-/Wiederholungsschulung*)
Name	Schulung für Fahrzeuge nach Nr.	Datum

3.3 Beschränkung der Anerkennung

Die Anerkennung soll auf die Durchführung von AU an folgenden Fahrzeugarten/Fahrzeugtypen*)

beschränkt werden:

....

....

Die Anerkennung soll auf die Durchführung von AU an Fahrzeugen folgender Hersteller*) beschränkt werden:

....

....

....

Unterschrift der/des Antragsteller/s

*) Nichtzutreffendes streichen

- 7 -

4. Untersuchung der Abgase an Krafträdern (AUK)

4.1 Eintragung in die Handwerksrolle

Für die AUK-Durchführung ist der Betrieb mit dem in Nummer 2.4.3.2 Anlage VIIIc StVZO genannten

- .... -Handwerk*)

in die Handwerksrolle bei der Handwerkskammer .... eingetragen.

Bescheinigung der örtlich zuständigen Handwerkskammer ist beigefügt.*)

4.2 Verantwortliches Personal

4.2.1 Name(n) der für die Durchführung der AUK verantwortlichen Person(en):

....

....

Name, Vorname, Anschrift, Unterschrift

Das Führungszeugnis nach den Vorschriften des Bundeszentralregistergesetzes zur Vorlage bei der für die Anerkennung zuständigen Stelle

liegt vor: ja/nein*)

ist beantragt: ja/nein*)

....

....

Name, Vorname, Anschrift, Unterschrift

Das Führungszeugnis nach den Vorschriften des Bundeszentralregistergesetzes zur Vorlage bei der für die Anerkennung zuständigen Stelle

liegt vor: ja/nein*)

ist beantragt: ja/nein*)

4.2.2 Die verantwortliche/n Person/en hat/haben die nach Nummer 2.4 Anlage VIIIc StVZO geforderte Qualifikation. Nachweise sind beigefügt:

....	....	....
Name	Qualifikation	
....	....	....
Name	Qualifikation	

*) Nichtzutreffendes streichen oder Zutreffendes eintragen

- 8 -

Die genannten Personen haben an einer Erst-/Wiederholungsschulung nach Nummer 2.6 i.V.m. Nummer 7 Anlage VIIIc StVZO erfolgreich teilgenommen. Bescheinigung/en der Schulungsstätte/n ist/sind beigefügt:

.... Erst-/Wiederholungsschulung*)
Name Datum

.... Erst-/Wiederholungsschulung*)
Name Datum

4.3 Andere zur Durchführung der AUK eingesetzte Fachkräfte, einschließlich des AUK-Beauftragten (AUKB)

Die für die Durchführung der AUK angestellte/n Fachkraft/kräfte und des/der AUK-Beauftragten hat/haben die nach Nummer 2.4 Anlage VIIIc StVZO geforderte Qualifikation. Nachweise sind beigefügt:

....
Name (Fachkraft/AUKB)*) Qualifikation

....
Name (Fachkraft/AUKB)*) Qualifikation

Die Fachkräfte und AUKB haben an einer Erst-/Wiederholungsschulung nach Nummer 2.6 i.V.m. Nummer 7 Anlage VIIIc StVZO erfolgreich teilgenommen. Bescheinigung/en der Schulungsstätte/n ist/sind beigefügt:

.... Erst-/Wiederholungsschulung*)
Name Datum

.... Erst-/Wiederholungsschulung*)
Name Datum

4.4 Beschränkung der Anerkennung

Die Anerkennung soll auf die Durchführung von AUK an folgenden Fahrzeugarten/Fahrzeugtypen*) beschränkt werden:

....

....

Die Anerkennung soll auf die Durchführung von AUK an Fahrzeugen folgender Hersteller*) beschränkt werden:

....

....

....
Unterschrift der/des Antragsteller/s

*) Nichtzutreffendes streichen

Anlage 2
zur Anerkennungsrichtlinie

Aufbau der Kontrollnummer für die anerkannte Werkstatt zur Durchführung von SP und/oder AU und/oder AUK:

AB*)	XY	1	00	0000	00
Buchstabe des Anerkennungsumfangs	(jeweiliges Bundesland)	Nummer der Handwerkskammer von 1 ... beginnend	Nummer der Kfz-Innung	Nummer der anerkannten Werkstatt durchlaufend von 0001	Kennziffer für Anerkennung zur Durchführung der Untersuchung der Abgase an bestimmten Fahrzeuggruppen gemäß der Richtlinie für die Untersuchung der Abgase von Kraftfahrzeugen nach Nummer 4.8.2 Anlage VIIIa StVZO (AU-Richtlinie)
	Buchstaben des Bundeslandes		Wenn hier die Zahlenfolge 00 steht, liegt die Anerkennung bei der Handwerkskammer; falls von 1 beginnend eine Zahl eingetragen ist, liegt die Anerkennung bei der Innung		
2 Buchstaben entfällt, wenn Anerkennung auf die AU- und/oder AUK-Durchführung beschränkt ist	2 Buchstaben	1 Zahl	2 Zahlen vorgesehen	4 Zahlen vorgesehen	einstellig oder zweistellig möglich entfällt, wenn Anerkennung auf die SP-Durchführung beschränkt ist

*) z. B. SP

Beispiele:	**Erklärungen:**
SP-BY 2-04-0016:	Die Anerkennung gilt für die Durchführung der SP. Die anerkannte Werkstatt befindet sich in Bayern (BY). Die Anerkennung, im Kammerbezirk mit der laufenden Nr. 2 (Oberfranken), erfolgte durch die Kfz-Innung mit der laufenden Nr. 4. Die Werkstatt hat die laufende Nummer 16.
NW 5-20-0095-1:	Die Anerkennung gilt für die Durchführung der AU und AUK. Die anerkannte Werkstatt befindet sich in Nordrhein-Westfalen (NW). Die Anerkennung, im Kammerbezirk mit der laufenden Nr. 5 (Düsseldorf), erfolgte durch die Kfz-Innung mit der laufenden Nr. 20. Die Werkstatt hat die laufende Nr. 95. Die Anerkennung gilt für die Durchführung von Untersuchungen der Abgase an allen Kraftfahrzeugen mit Fremd- oder Kompressionszündungsmotoren nach den Nr. 4.1.1, 4.2.1 und 4.3 der AU-Richtlinie (ohne OBD).
BW 2-05-0019-21:	Die Anerkennung gilt für die Durchführung der AU und AUK. Die anerkannte Werkstatt befindet sich in Baden-Württemberg (BW). Die Anerkennung, im Kammerbezirk mit der laufenden Nr. 2 (Heilbronn), erfolgte durch die Kfz-Innung mit der laufenden Nr. 5. Die Anerkennung erfolgte unter der laufenden Nr. 19. Die Anerkennung gilt für die Durchführung von Untersuchungen der Abgase an allen Kraftfahrzeugen mit Fremdzündungsmotoren einschließlich Krafträdern nach den Nr. 4.1 und 4.3 der AU-Richtlinie (ohne oder mit Otto-OBD).
TH 1-02-0005-13:	Die Anerkennung gilt für die Durchführung der AU und AUK. Die anerkannte Werkstatt befindet sich in Thüringen (TH). Die Anerkennung, im Kammerbezirk mit der laufenden Nr. 1 (Erfurt), erfolgte durch die Kfz-Innung mit der laufenden Nr. 2. Die Anerkennung erfolgte unter der laufenden Nr. 5. Die Anerkennung gilt für die Durchführung von Untersuchungen der Abgase an allen Kraftfahrzeugen mit Fremd- oder Kompressionszündungsmotoren nach den Nr. 4.1.1, 4.2.1 und 4.3 der AU-Richtlinie (mit OBD).
BB 3-10-0055-9	Die Anerkennung gilt nur für die Durchführung der AUK. Die anerkannte Werkstatt befindet sich in Brandenburg (BB). Die Anerkennung, im Kammerbezirk mit der laufenden Nr. 3 (Potsdam), erfolgte durch die Kfz-Innung mit der laufenden Nr. 10. Die Werkstatt hat die laufende Nr. 55. Die Anerkennung gilt für die Durchführung von Untersuchungen der Abgase an Krafträdern nach Nr. 4.1.1 der AU-Richtlinie.

1. Kennbuchstaben der Länder und Kennnummern der Handwerkskammern in den jeweiligen Ländern

Berlin:

BE -1: Handwerkskammer Berlin

Baden-Württemberg:

BW -1: Handwerkskammer Freiburg/Breisgau
-2: Handwerkskammer Heilbronn – Franken
-3: Handwerkskammer Karlsruhe
-4: Handwerkskammer Konstanz
-5: Handwerkskammer Mannheim-Rhein-Neckar-Odenwald
-6: Handwerkskammer Reutlingen
-7: Handwerkskammer Region Stuttgart
-8: Handwerkskammer Ulm

Bayern

BY -1: Handwerkskammer für Schwaben
-2: Handwerkskammer für Oberfranken
-3: (bleibt frei)
-4: Handwerkskammer für München und Oberbayern
-5: Handwerkskammer für Mittelfranken
-6: Handwerkskammer Niederbayern-Oberpfalz)
-7: Handwerkskammer für Unterfranken

Brandenburg:

BB -1: Handwerkskammer Cottbus
-2: Handwerkskammer Frankfurt/Oder
-3: Handwerkskammer Potsdam

Bremen:

HB: -1: Handwerkskammer Bremen

Hessen:

HE -1: Handwerkskammer Kassel
-2: Handwerkskammer Rhein-Main
-3: Handwerkskammer Wiesbaden

Hamburg:

HH -1: Handwerkskammer Hamburg

Mecklenburg-Vorpommern:

MV -1: Handwerkskammer Ostmecklenburg-Vorpommern
-2: Handwerkskammer Schwerin

Niedersachsen:

NI -1: Handwerkskammer für Ostfriesland
-2: Handwerkskammer Braunschweig
-3: Handwerkskammer Hannover
-4: Handwerkskammer Hildesheim
-5: Handwerkskammer Lüneburg-Stade
-6: Handwerkskammer Oldenburg
-7: Handwerkskammer Osnabrück-Emsland

Nordrhein-Westfalen:

NW -1: Handwerkskammer Aachen
-2: Handwerkskammer Arnsberg
-3: Handwerkskammer Ostwestfalen-Lippe zu Bielefeld
-4: Handwerkskammer Dortmund
-5: Handwerkskammer Düsseldorf
-6: Handwerkskammer zu Köln
-7: Handwerkskammer Münster

Rheinland-Pfalz:

RP -1: Handwerkskammer der Pfalz
-2: Handwerkskammer Koblenz
-3: Handwerkskammer Rheinhessen
-4: Handwerkskammer Trier

Saarland:

SA -1: Handwerkskammer des Saarlandes

Sachsen:

FS -1: Handwerkskammer Chemnitz
-2: Handwerkskammer Dresden
-3: Handwerkskammer zu Leipzig

Sachsen-Anhalt:

ST -1: Handwerkskammer Halle (Saale)
-2: Handwerkskammer Magdeburg

Schleswig-Holstein:

SH -1: Handwerkskammer Flensburg
-2: Handwerkskammer Lübeck

Thüringen:

TH -1: Handwerkskammer Erfurt
-2: Handwerkskammer für Ostthüringen
-3: Handwerkskammer Südthüringen

2. Kennziffern für die Anerkennung zur Durchführung von AU nach Nr. 4 der Richtlinie für die Untersuchung der Abgase von Kraftfahrzeugen nach Nr. 4.8.2 Anlage VIIIa StVZO (AU-Richtlinie)

2.1 Mit einstelliger Kennziffer

1: Anerkennung gilt uneingeschränkt für die Durchführung von AU an Kraftfahrzeugen gemäß Richtlinie für die Untersuchung der Abgase von Kraftfahrzeugen nach den Nr. 4.1.1, 4.2.1 und 4.3 (alle Kraftfahrzeuge mit Fremd- oder Kompressionszündungsmotor).

2: Anerkennung gilt uneingeschränkt für die Durchführung von AU an Kraftfahrzeugen gemäß Richtlinie für die Untersuchung der Abgase von Kraftfahrzeugen nach den Nr. 4.1.1 und 4.3 (alle Kraftfahrzeuge mit Fremdzündungsmotor).

3: Anerkennung gilt für die Durchführung von AU an Kraftfahrzeugen gemäß Richtlinie für die Untersuchung der Abgase von Kraftfahrzeugen nach den Nr. 4.2.1 und 4.3 (alle Kraftfahrzeuge mit Kompressionszündungsmotor; jedoch auch für Kraftfahrzeuge nach Nr. 4.1.1.1, wenn die Anerkennung vor dem 01.04.2006 erfolgte).

4: Anerkennung gilt für die Durchführung von AU an Kraftfahrzeugen gemäß Richtlinie für die Untersuchung der Abgase von Kraftfahrzeugen nach den Nr. 4.2.1 und 4.3 (eingeschränkt auf Kraftfahrzeuge mit Kompressionszündungsmotor und einer Gesamtmasse bis 7,5 Tonnen; jedoch auch für Kraftfahrzeuge nach Nr. 4.1.1.1, wenn die Anerkennung vor dem 01.04.2006 erfolgte).

5: Anerkennung gilt für die Durchführung von AU an Kraftfahrzeugen gemäß Richtlinie für die Untersuchung der Abgase von Kraftfahrzeugen nach den Nr. 4.2.1 und 4.3 (eingeschränkt auf Kraftfahrzeuge mit Kompressionszündungsmotor und einer Gesamtmasse ab 2,8 Tonnen; jedoch auch für Kraftfahrzeuge nach Nr. 4.1.1.1, wenn die Anerkennung vor dem 01.04.2006 erfolgte).

6: Anerkennung gilt für die Durchführung von AU an Kraftfahrzeugen gemäß Richtlinie für die Untersuchung der Abgase von Kraftfahrzeugen nach den Nr. 4.1.1, 4.2.1 und 4.3 (eingeschränkt auf Kraftfahrzeuge mit Kompressionszündungsmotor und einer Gesamtmasse bis 7,5 Tonnen; jedoch auch für Kraftfahrzeuge nach Nr. 4.1.1.1, wenn die Anerkennung vor dem 01.04.2006 erfolgte).

7: Anerkennung gilt für die Durchführung von AU an Kraftfahrzeugen gemäß Richtlinie für die Untersuchung der Abgase von Kraftfahrzeugen nach den Nr. 4.1.1, 4.2.1 und 4.3 (eingeschränkt auf Kraftfahrzeuge mit Kompressionszündungsmotor und einer Gesamtmasse ab 2,8 Tonnen).

8: Anerkennung gilt für die Durchführung von AU an Kraftfahrzeugen gemäß Richtlinie für die Untersuchung der Abgase von Kraftfahrzeugen nach den Nr. 4.2.1 und 4.3 (eingeschränkt auf Kraftfahrzeuge mit Kompressionszündungsmotor und einer Gesamtmasse ab 2,8 Tonnen).

9: Anerkennung gilt für die Durchführung von AUK an Kraftfahrzeugen gemäß Richtlinie für die Untersuchung der Abgase von Kraftfahrzeugen nach Nr. 4.1.1 (Krafträder).

2.2 Mit zweistelliger Kennziffer für die Anerkennung zur Durchführung von AU und/oder AUK

x ohne: Anerkennung gilt für die AU-Durchführung an Kraftfahrzeugen nach Nr. 2.1 ohne OBD.

x1: Anerkennung gilt für die AU-Durchführung an Kraftfahrzeugen nach Nr.

2.1 mit Otto-OBD aber ohne Diesel-OBD.

x2: Anerkennung gilt für die AU-Durchführung an Kraftfahrzeugen nach Nr. 2.1 mit Diesel-OBD aber ohne Otto-OBD.

x3: Anerkennung gilt für die AU-Durchführung an Kraftfahrzeugen nach Nr. 2.1 mit OBD.

(x = einstellige Kennziffer nach Nr. 2.1)

(Stempel der Anerkennungsstelle)

Anerkennung
als Kraftfahrzeugwerkstatt für die Durchführung von Sicherheitsprüfungen (SP)*) und/oder Untersuchungen der Abgase (AU)*) und/oder Untersuchungen der Abgase von Krafträdern (AUK)*)
nach § 29 in Verbindung mit Anlage VIII StVZO
Kontroll-Nr.: [z.B. SP-BY 2-04-00-16]

Hiermit erkennen wir unter dem Vorbehalt des jederzeitigen Widerrufs aufgrund von Anlage VIIIc zu § 29 StVZO die Firma

Anschrift der Werkstatt

ggf. Anschrift der betroffenen Zweigstelle

ggf. Anschrift des betroffenen Nebenbetriebes

für die Durchführung von Sicherheitsprüfungen*) und/oder Untersuchungen der Abgase*) und/oder Untersuchungen der Abgase an Krafträdern*) an.

Die Anerkennung ist nicht*) / ist beschränkt auf die Durchführung von SP*) an folgenden Fahrzeugarten:

Die Anerkennung ist nicht*) / ist beschränkt auf die Durchführung von AU*) an Kraftfahrzeugen nach Nummer: *)

Die Anerkennung ist nicht*) / ist beschränkt auf die Durchführung von AUK*) an Kraftfahrzeugen nach Nummer: *)

Verantwortliche Personen für die Durchführung der SP und/oder AU und/oder AUK:

Name, Vorname, Anschrift

Erstmalige oder Wiederholungs-Schulung gemäß Schulungsrichtlinie nach Nummer 2.6 Anlage VIIIc StVZO und Schulungsdatum

Name, Vorname, Anschrift

Erstmalige oder Wiederholungs-Schulung gemäß Schulungsrichtlinie nach Nummer 2.6 Anlage VIIIc StVZO und Schulungsdatum

Zur Durchführung eingesetzte Fachkräfte/SP*) - und/oder AU*) - und/oder AUK*) - Beauftragten:

Name (Fachkraft/Beauftragter)*) und Schulungsdatum (SP*) / AU*) / AUK*))

Name (Fachkraft/Beauftragter)*) und Schulungsdatum (SP*) / AU*) / AUK*))

Name (Fachkraft/Beauftragter)*) und Schulungsdatum (SP*) / AU*) / AUK*))

*) Nichtzutreffendes streichen oder Zutreffendes eintragen

- 2 -

Die Anerkennung ist nicht übertragbar.

Die Anerkennung kann widerrufen werden, wenn nachträglich eine der Voraussetzungen nach Anlage VIIIc zur StVZO oder der Anerkennungsrichtlinie weggefallen oder wenn die Sicherheitsprüfungen (SP) und/oder Untersuchungen der Abgase (AU) und/oder Untersuchungen der Abgase an Krafträdern (AUK) wiederholt nicht ordnungsgemäß durchgeführt oder wenn sonst gegen die Pflichten aus der Anerkennung oder gegen Nebenbestimmungen grob verstoßen worden ist.

Änderungen der Rechtsform des Unternehmens oder des Betriebes, des Inhabers, der für die Durchführung der SP und/oder AU und/oder AUK verantwortlichen Personen oder der eingesetzten Fachkräfte, oder Änderungen der Anschrift des Betriebes, der Zweigstellen oder der Nebenbetriebe sind - unter Vorlage der erforderlichen Nachweise - unverzüglich der anerkennenden Stelle anzuzeigen.

Die Durchführung der Arbeiten im Rahmen der Anerkennung darf nur durch die vorstehend genannten verantwortlichen Personen und eingesetzten Fachkräfte durchgeführt werden. Wenn keine zur Durchführung der SP und/oder AU und/oder AUK verantwortliche und geschulte Person zur Verfügung steht, ist die Durchführung der Arbeiten im Rahmen der Anerkennung unverzüglich einzustellen.

Die anerkennende Stelle und die oberste Landesbehörde oder die von ihr bestimmten oder nach Landesrecht zuständigen Stellen sind berechtigt, jederzeit Nachprüfungen - auch in der anerkannten Werkstatt - auf Einhaltung der gesetzlichen Vorschriften sowie der genannten Bedingungen und Auflagen vorzunehmen. Die Kosten für die Nachprüfung sind von der Werkstatt zu übernehmen. Den mit der Überprüfung beauftragten Personen ist während der Geschäfts- und Betriebszeiten das Betreten der Betriebsräume zu Prüfungszwecken zu gestatten, die nötigen Unterlagen zur Verfüugng zu stellen und alle erforderlichen Auskünfte zu erteilen.

Es gelten folgende Auflagen:

1. Die SP und/oder AU und/oder AUK sind unter Einhaltung der hierfür geltenden Vorschriften der StVZO und den dazu bekannt gemachten Richtlinien sowie der betreffenden Anleitungen der Fahrzeug- und/oder Bremsenhersteller durchzuführen. Die Ergebnisse der SP und/oder AU und/oder AUK sind entsprechend zu dokumentieren. Eine Durchschrift, ein Abdruck oder eine Speicherung auf Datenträger der Dokumentation verbleibt bei der prüfenden Stelle. Sie ist bis zur nächsten Überprüfung durch die Anerkennungsstelle aufzubewahren; sie kann nach 3 Jahren vernichtet werden.

2. Der Antragsteller hat sicherzustellen, dass die für die Durchführung der SP und/oder AU und/oder AUK eingesetzten Fachkräfte die entsprechenden Erstschulungen/Wiederholungsschulungen erfolgreich abgeschlossen haben und die Gültigkeitsdauer der Schulung noch nicht abgelaufen ist. Die Teilnahmebescheinigungen über die Schulungen sind der anerkennenden Stelle vorzulegen.

3. Der Antragsteller bestätigt, dass für die mit der Durchführung der SP und/oder AU und/oder AUK betrauten Fachkräfte eine ausreichende Haftpflichtversicherung zur Deckung aller im Zusammenhang mit den Arbeiten im Rahmen der Anerkennung entstehenden Ansprüche besteht. Er weist dies auf Verlangen nach und erklärt, dass er diese Versicherung aufrecht erhalten wird.

4. Der Antragsteller stellt das Land, in dem er tätig ist, von allen Ansprüchen Dritter wegen Schäden frei, die in Zusammenhang mit den Arbeiten im Rahmen der Anerkennung von ihm, den verantwortlichen Personen oder den betrauten Fachkräften verursacht werden. Er bestätigt dafür den Abschluss einer entsprechenden Versicherung, weist diese auf Verlangen nach und erklärt, dass er diese Versicherung aufrecht erhalten wird.

5. Zur laufenden Unterrichtung der für die Durchführung der SP und/oder AU und/oder AUK verantwortlichen Personen und der eingesetzten Fachkräfte sind die in der Anerkennungsrichtlinie genannten Unterlagen bereit und auf dem jeweils aktuellen Stand zu halten.

(Hinweise auf Gebührenerhebung)
(Text der Rechtsbehelfsbelehrung)

Ort: ...., den .... 20........

(Unterschrift und Stempel der anerkennenden Stelle)

6. Richtlinie für die Durchführung von Schulungen der verantwortlichen Personen und Fachkräfte, die
- Sicherheitsprüfungen (SP) an Kraftfahrzeugen und ihren Anhängern,
- Untersuchungen der Abgase (AU) an Kraftfahrzeugen mit Fremd- und/oder Kompressionszündungsmotoren,
- Untersuchungen der Abgase an Krafträdern (AUK) und davon abgeleiteten Kraftfahrzeugen

nach §§ 29 und 47a i. V. m. Anlage VIII und Anlage VIIIa StVZO durchführen („SP-/AU-/AUK-Schulungsrichtlinie")

(VkBl. 2006, S.326)

Nach den Nr. 2.4 und 2.5 Anlage VIIIc StVZO ist vorgeschrieben, dass die für die Durchführung von Sicherheitsprüfungen (SP) und/oder Untersuchungen der Abgase (AU) und/oder Untersuchungen der Abgase an Krafträdern (AUK) verantwortlichen Personen und die mit der Durchführung befassten Fachkräfte über eine entsprechende Vorbildung und ausreichende Erfahrungen auf dem Gebiet der Kraftfahrzeugtechnik verfügen müssen. Zusätzlich müssen diese Personen eine dem jeweiligen Stand der Technik angepasste Schulung erfolgreich abgeschlossen haben (Nr. 2.6 Anlage VIIIc StVZO).

Die für die vorgeschriebenen Schulungen, Wiederholungsschulungen, die Schulungsinhalte sowie die Schulungsstätten maßgeblichen Bestimmungen werden nach Zustimmung durch die zuständigen obersten Landesbehörden (Nr. 1.3 Anlage VIIIc StVZO) nachstehend veröffentlicht.

Die vorliegende Richtlinie fasst die „SP-Schulungsrichtlinie" vom 02.06.1998, VkBl. S. 552 und den „AU-Schulungsplan" vom 19.02.2002, VkBl. S. 177, zuletzt geändert am 18.01.2005, VkBl. S. 77, zusammen; sie wurde darüber hinaus ergänzt um Anforderungen für die Durchführung von Schulungen der verantwortlichen Personen und der Fachkräfte, die Untersuchungen der Abgase an Krafträdern (AUK) durchführen. Die Richtlinie ist wie folgt anzuwenden:

- für die Schulung der verantwortlichen Personen und der Fachkräfte, die Untersuchungen der Abgase an Krafträdern (AUK) durchführen, spätestens ab dem 01.04.2006,
- für die Schulung der verantwortlichen Personen und der Fachkräfte, die
  - Sicherheitsprüfungen
  - Untersuchungen der Abgase

  durchführen, spätestens ab dem 01.04.2006.

Der „AU-Schulungsplan" vom 19.02.2002, VkBl. S. 177, zuletzt geändert am 18.01.2005, VkBl. S. 77, und die „SP-Schulungsrichtlinie" vom 2.6.1998, VkBl. S. 552, werden mit Wirkung ab dem 01.04.2006 aufgehoben.

Richtlinie für die Durchführung von Schulungen der verantwortlichen Personen und Fachkräfte, die
- Sicherheitsprüfungen (SP) an Kraftfahrzeugen und ihren Anhängern,
- Untersuchungen der Abgase (AU) an Kraftfahrzeugen mit Fremd- und/ oder Kompressionszündungsmotoren,
- Untersuchungen der Abgase an Krafträdern (AUK) und davon abgeleiteten Kraftfahrzeugen, nach §§ 29 und 47a i. V. m. Anlage VIII und Anlage VIIIa StVZO durchführen („SP-/AU-/AUK-Schulungsrichtlinie")

1 Allgemeines, Zweck der Schulung und Übergangsregelungen

1.1 Durch die Schulung sollen die verantwortlichen Personen und die Fachkräfte auf die bei der Durchführung von SP und/oder AU und/oder AUK anfallenden spezifischen Untersuchungsaufgaben vorbereitet werden.

1.2 Nach Nr. 2.6 Anlage VIIIc StVZO ist vorgeschrieben, dass die verantwortlichen Personen und die mit der Durchführung von SP und/oder AU und/oder AUK befassten Fachkräfte eine entsprechende Schulung erfolgreich abgeschlossen haben müssen. Die vorgeschriebene Schulung teilt sich auf in eine

1.2.1 erstmalige Schulung für verantwortliche Personen und Fachkräfte, die zukünftig für die Durchführung von SP und/oder AU und/oder AUK verantwortlich oder mit deren Durchführung beauftragt sind und in

1.2.2 Wiederholungsschulungen für verantwortliche Personen und Fachkräfte, die bereits erfolgreich an einer erstmaligen Schulung teilgenommen haben.

1.3 Die Frist für die erste und alle weiteren Wiederholungsschulungen beträgt maximal 36 Monate (Nr. 2.6 Anlage VIIIc StVZO), beginnend mit dem Monat, in dem erfolgreich eine Abschlussprüfung nach einer erstmaligen Schulung oder einer Wiederholungsschulung abgelegt wurde.

Wird die Frist um mehr als 2 Monate überschritten, ist statt einer Wiederholungsschulung immer eine erstmalige Schulung zu absolvieren.

1.4 Der Nachweis über die erfolgreiche Teilnahme an den Schulungen ist eine der Voraussetzungen für die Anerkennung und deren Erhalt zur Durchführung von SP und/oder AU und/oder AUK in den hierfür anerkannten Kraftfahrzeugwerkstätten.

1.5 Die verantwortlichen Personen und die Fachkräfte müssen im Rahmen der Schulung das Gelernte praktisch üben.

1.6 Schulungen sowie die darüber ausgestellten Bescheinigungen über die erfolgreiche Teilnahme an Schulungen nach

- der SP-Schulungsrichtlinie vom 02.06.1998, VkBl. S. 552

und/oder

- dem AU-Schulungsplan vom 19.02. 2002, VkBl. S. 117, zuletzt geändert am 18.01.2005, VkBl. S. 77

behalten weiterhin ihre Gültigkeit entsprechend der vorgegebenen Fristen (ab dem Ausstellungsdatum 36 Monate).

2 Verantwortliche Personen und Fachkräfte

Es gelten die Vorschriften der Nr. 2.4 und 2.5 Anlage VIIIc StVZO.

3 Berechtigung zur Durchführung von Schulungen, Aufsicht über Schulungsstätten

3.1 Schulungen dürfen von den in Nr. 7.1 Anlage VIIIc StVZO genannten Stellen durchgeführt werden. Die in den Nr. 7.1.2 und 7.1.3 Anlage VIIIc StVZO genannten Stellen schulen die verantwortlichen Personen und Fachkräfte ihrer Vertragspartner.

3.2 Die Aufsicht über die Erstschulungen, Wiederholungsschulungen, Schulungsinhalte und Schulungsstätten obliegt den zuständigen obersten Landesbehörden oder den von ihr bestimmten oder nach Landesrecht zuständigen Stellen (Nr. 8.2 Anlage VIIIc StVZO). Die Überprüfung der Schulungsstätten auf Einhaltung der Vorschriften der Anlage VIIIc StVZO und den Bestimmungen dieser Richtlinie durch die dazu berechtigte Stelle erfolgt mindestens alle 3 Jahre (Nr. 8.2 Anlage VIIIc StVZO).

3.3 Festgestellte Abweichungen oder Verstöße können den Entzug der jeweiligen Berechtigung der Schulungsstätte zur Durchführung von SP- und/oder AU- und/oder AUK-Schulungen zur Folge haben. In Zweifelsfällen entscheidet hierüber die oberste Landesbehörde oder die von ihr bestimmten oder nach Landesrecht zuständigen Stellen.

3.4 Für die Meldungen, Erfassung und Bekanntgabe der Schulungsstätten gelten die Vorschriften von Nr. 7.2 Anlage VIIIc StVZO.

4 Ausbildungskräfte und Schulungsstätten

4.1 Die Durchführung der Schulungen obliegt den in Nr. 3.1 genannten Stellen.

4.2 Für die Schulung der verantwortlichen Personen und der Fachkräfte müssen die Schulungsstätten über qualifizierte Ausbildungskräfte und geeignete Räumlichkeiten verfügen.

4.3 Die Ausbildungskräfte müssen mindestens den Meisterbrief oder eine damit gleichzusetzende Berufsqualifikation in einem der in Nr. 2.4.1, 2.4.2 und/oder 2.4.3 Anlage VIIIc StVZO vorgeschriebenen Ausbildungsberufe für die von ihnen durchzuführenden Schulungen der SP und/oder AU und/oder AUK haben. Die Ausbildungskräfte müssen sich entsprechend den fahrzeugtechnischen Entwicklungen und den maßgeblichen Vorschriften- und Richtlinienänderungen fortlaufend weiterbilden und haben dies auf Verlangen den in Nr. 3.2 genannten Stellen nachzuweisen.

4.4 Die Ausbildungskräfte nehmen mindestens alle zwei Jahre an einem Erfahrungsaustausch teil.

4.5 Die einschlägigen Vorschriften, Richtlinien und Nachschlagewerke mit den SP- und/oder AU-und/oder AUK-Daten und Herstelleranleitungen müssen vorhanden sein und auf dem aktuellen Stand gehalten werden.

4.6 Die Ausbildungskräfte haben dafür Sorge zu tragen, dass sie frühzeitig die relevanten Vorschriften- und Richtlinienänderungen sowie die jeweils für die Schulungen wichtigen fahrzeugtechnischen Entwicklungen in die Schulung einfließen lassen.

4.7 Die von den Schulungsstätten einzuhaltenden Mindestanforderungen ergeben sich aus Anlage 1.

4.8 Die bei den Schulungen und den Abschlussprüfungen eingesetzten Mess- und Prüfgeräte sind in Abhängigkeit von der Anzahl der zu schulenden Personen in ausreichender Anzahl vorzuhalten; sie müssen entsprechend den Herstellervorgaben gewartet und gemäß den gesetzlichen Vorschriften geprüft und geeicht sein.

5 Inhalt der Schulung

5.1 Die Ausbildungsinhalte der erstmaligen Schulungen und der Wiederholungsschulungen für SP und/oder AU und/oder AUK und die Dauer der Schulungslehrgänge ergeben sich aus Nr. 6.

5.2 Vermittlung der

5.2.1 bei SP-pflichtigen Kraftfahrzeugen und Anhängern eingesetzten Fahrzeugtechniken, die für die Durchführung der SP von Bedeutung sind. Die Schulung muss sich hierbei nach den in der „Richtlinie für die Durchführung von Sicherheitsprüfungen nach § 29 i. V. m. Anlage VIII StVZO" vorgeschriebenen Prüfpunkten orientieren;

5.2.2 bei AU-pflichtigen Kraftfahrzeugen eingesetzten Techniken, insbesondere der Techniken von Motoren und allen abgasrelevanten Fahrzeugteilen. Die Schulung muss sich hierbei nach den in der „Richtlinie für die Untersuchung der Abgase von Kraftfahrzeugen nach Nr. 4.8.2 Anlage VIIIa StVZO" vorgeschriebenen Untersuchungspunkten orientieren;

5.2.3 bei AUK-pflichtigen Kraftfahrzeugen eingesetzten Techniken, insbesondere der Techniken von Motoren und allen abgasrelevanten Fahrzeugteilen. Die Schulung muss sich hierbei nach den in der unter Nr. 5.2.2 genannten Richtlinie vorgeschriebenen Untersuchungspunkten bei der AUK orientieren;

5.2.4 für den Einsatz und die Handhabung der bei den SP und/oder AU und/oder AUK eingesetzten Mess- und Prüfgeräte notwendigen Kenntnisse sowie der zu beachtenden Besonderheiten;

5.2.5 notwendigen Kenntnisse zur praktischen Durchführung einer SP und/oder AU und/oder AUK.

6 Durchführung der Schulung, Abschlussprüfung und Bescheinigung

6.1 Organisation und Durchführung der Vorbereitungen auf die Schulungslehrgänge sind dem jeweiligen Schulungsträger freigestellt.

6.2 Ablauf und Organisation der Schulungslehrgänge müssen mindestens dem jeweils zutreffenden Schulungsplan nach den Nr. 6.4 bis 6.7 entsprechen.

6.3 Bei der Durchführung der Schulung sollen nicht mehr als 16 Personen gleichzeitig von einer Ausbildungskraft geschult werden. Die Personenzahl ist bei der Schulung des „Praktischen Könnens" zu vermindern, wenn nur so das Ausbildungsziel erreicht werden kann. Die Schulung umfasst mindestens den in Nr. 5 jeweils dargestellten Schulungsinhalt. Die Dauer für die erstmalige Schulung und Wiederholungsschulung ergeben sich aus den folgenden Mindestzeitvorgaben (Angaben in Zeitstunden), wobei pro Schulungstag 8 Zeitstunden nicht überschritten werden dürfen.

6.4 SP-Schulung

Ausbildungsinhalte		**Schulungsdauer** in Zeitstunden	
		erstmalige Schulung	Wiederholungsschulung
6.4.1	Rechtliche Grundlagen und allgemeines Wissen – Vorschriften und Richtlinien – SP-Richtlinie und Durchführungsanweisungen – Prüfen und Reparieren – Qualitätssicherung bei der Durchführung und Dokumentation der Sicherheitsprüfung – Mängelstatistik	2,0 h	0,5 h
6.4.2 6.4.2.1 6.4.2.2 6.4.2.3 6.4.2.4	Technik der Fahrzeuge Fahrgestell/Fahrwerk/Verbindungseinrichtungen Lenkung Reifen/Räder Auspuffanlage	4,0 h	1,0 h
6.4.2.5	Bremsanlage - EG-Bremsanlage • Druckluft • Drucklufthydraulik • Hydraulische Bremse mit Druckluftunterstützung • Ventile und Aggregate • ABV - ELB - Radbremsen - elektronisch/elektrisch geregelte Bremsanlagen	12,0 h	4,5 h
6.4.3	Praktisches Können -Durchführung von Sicht-/Funktions-/Wirkungsprüfungen an Einrichtungen nach 6.4.2.1 bis 6.4.2.5 -Einsatz von Mess- und Prüfgeräten	5,0 h	4,0 h
6.4.4	Abschlussprüfung	3,0 h	3,0 h
6.4.5	**Gesamtzeitbedarf**	**26,0 h**	**13,0 h**

6.5 AU-Schulung (erstmalige Schulung)

Ausbildungsinhalte der Erstschulung / Fahrzeuggruppen		Schulungsdauer (in Zeitstunden)						
		Fremdzündungsmotor	Kompressionszündungsmotor			Fremd- und Kompressionszündungsmotor		
		(GKat) a	bis 7,5 t b	ab 2,8 t c	alle b + c	a + b	a + c	a + b +c
6.5.1	Rechtliche Grundlagen und allgemeines Wissen	1,5 h	1,5 h	1,5 h	1,5 h	1,5 h	1,5 h	1,5 h
6.5.1.1	Einführung in die Vorschriften und Richtlinien über die Durchführung von Untersuchungen der Abgase einschließlich OBD-Systemen							
6.5.1.2	Darstellung der Bedeutung der amtlichen Prüfung einschließlich der erforderlichen Dokumentation							
6.5.1.3	Prüfen und Reparieren							
6.5.1.4	Qualitätssicherung bei der Durchführung und Dokumentation der AU							
6.5.1.5	Mängelstatistik							
6.5.1.6	Fahrzeugidentifizierung anhand des Fahrzeugscheins							
6.5.1.7	Ablauf einer AU sowie einer On-Board-Diagnose							
6.5.2	Technik der Fahrzeuge	3,75 h	3,75 h	3,75 h	4,5 h	6,5 h	6,5 h	7,5 h
6.5.2.1	Einfluss des Kraftstoffs, insbesondere alternativer Kraftstoffe, auf die Schadstoffzusammensetzung im Abgas							
6.5.2.2	Aktueller Stand von Motorenkonzepten unter besonderer Berücksichtigung der Verbrauchs- und Schadstoffminderung							
6.5.2.3	Wirkungen abgasrelevanter Komponenten von Motoren auf die Schadstoffzusammensetzung							
6.5.2.4	Systeme der Abgasnachbehandlung							
6.5.2.5	Beeinflussung der Schadstoffzusammensetzung durch die Wirkungskette Kraftstoff, Motor, Abgasnachbehandlung							
6.5.2.6	Nachrüstsysteme							
6.5.2.7	Alternative Antriebskonzepte							
6.5.2.8	Technische Systeme der On-Board-Diagnose und ihr Zusammenwirken							
6.5.2.9	Systeme der Abgasmessung: Aufbau, Wirkungsweise, Genauigkeit, Eichung und Wartung							
6.5.3	Praktisches Können bezogen auf die Fahrzeuggruppe, die Schulungsschwerpunkt ist	2,0 h	2,0 h	2,0 h	3,0 h	4,0 h	4,0 h	5,5 h
6.5.3.1	Handhabung des Abgasmessgerätes							
6.5.3.2	Praktische Durchführung einer Untersuchung des Motormanagement-/ Abgasreinigungssystems							
6.5.4	Abschlussprüfung	0,75 h	0,75 h	0,75 h	1,0 h	1,0 h	1,0 h	1,5 h
6.5.5	**Gesamtzeitbedarf**	**8,0 h**	**8,0 h**	**8,0 h**	**10,0 h**	**13,0 h**	**13,0 h**	**16,0 h**

6.6 AU-Schulung (Wiederholungsschulung)

Fahrzeuggruppen / Ausbildungsinhalte der Erstschulung		Schulungsdauer (in Zeitstunden)						
		Fremd-zündungs-motor	Kompressionszündungsmotor			Fremd- und Kompressions-zündungsmotor		
		(GKat) a	bis 7,5 t b	ab 2,8 t c	alle b + c	a + b	a + c	a + b +c
6.6.1	Rechtliche Grundlagen und allgemeines Wissen	1,0 h	1,0 h	1,0 h	1,0 h	1,0 h	1,0 h	1,0 h
6.6.1.1	Wiederholung und Fortschreibung der Vorschriften und Richtlinien über die Durchführung von Untersuchungen der Abgase einschließlich OBD-Systemen							
6.6.1.2	Anwendung der Vorschriften und Richtlinien in der Werkstattpraxis							
6.6.1.3	Verbesserungsmöglichkeiten der Qualität der AU							
6.6.1.4	Fortschreibung des Systems zur Fahrzeugidentifizierung							
6.6.2	Erfahrungsaustausch	0,5 h	0,5 h	0,5 h	0,5 h	0,5 h	0,5 h	0,5 h
6.6.3	Technik der Fahrzeuge	2,75 h	2,75 h	2,75 h	3,5 h	5,5 h	5,5 h	6,0 h
6.6.3.1	Weiterentwicklung neuer Kraftstoffqualitäten, insbesondere bei alternativen Kraftstoffen, hinsichtlich der Schadstoff-zusammensetzung im Abgas							
6.6.3.2	Motorenkonzepte unter besonderer Berücksichtigung der Verbrauchs- und Schadstoffminderung: Anpassung an den Stand der Technik							
6.6.3.3	Auswirkungen der Veränderung bestimmter Motorparameter auf die Emissionsbildung							
6.6.3.4	Nachrüstsysteme und alternative Antriebskonzepte: Anpassung an den Stand der Technik							
6.6.3.5	Technische Neuerungen bei Systemen der Abgasnachbehandlung							
6.6.4	Praktisches Können	1,5 h	1,5 h	1,5 h	2,0 h	3,0 h	3,0 h	4,0 h
6.6.4.1	Erfahrungsaustausch bei der praktischen Durchführung der AU in der Werkstatt							
6.6.4.2	Ergebnisse aus der Praxis bei der Anwendung des QS-Systems							
6.6.5	Abschlussprüfung	0,75 h	0,75 h	0,75 h	1,0 h	1,0 h	1,0 h	1,5 h
6.6.6	**Gesamtzeitbedarf**	**6,5 h**	**6,5 h**	**6,5 h**	**8,0 h**	**11 h**	**11 h**	**13 h**

6.7 AUK-Schulung

Ausbildungsinhalte		Schulungsdauer (in Zeitstunden)	
		erstmalige Schulung	Wiederholungsschulung
6.7.1	Rechtliche Grundlagen und allgemeines Wissen	1,0 h	0,5 h
6.7.1.1	Einführung in Vorschriften und Richtlinien		
6.7.1.2	Darstellung der Bedeutung der amtlichen Prüfung		
6.7.1.3	Fahrzeugidentifizierung		
6.7.2	Technik der Fahrzeuge	3,0 h	1,5 h
6.7.2.1	Spezielle technische Merkmale und Sachverhalte		
6.7.2.2	Zusammenhänge zwischen Technik und Emission		
6.7.2.3	Technische Sachverhalte der Schadstoffemission von Krafträdern		
6.7.3	Praktisches Können	2,0 h	1,0 h
6.7.3.1	Handhabung des Abgasmessgerätes		
6.7.3.2	Durchführung einer Untersuchung des Motormanagement-/Abgasreinigungssystems, Erfahrungsaustausch		
6.7.4	Abschlussprüfung	1,0 h	1,0 h
6.7.5	**Gesamtzeitbedarf**	**7,0 h**	**4,0 h**

6.8 Die Schulungen sind mit einer Abschlussprüfung abzuschließen.

6.8.1 Zur Abschlussprüfung sind nur die Personen zugelassen, die an der gesamten Schulung teilgenommen haben.

6.8.2 Die Abschlussprüfung teilt sich auf in einen

6.8.2.1 schriftlichen Teil, bei dem jeweils aus

6.8.2.1.1 der SP-Schulung annähernd

- 10 % der Aufgaben aus 6.4.1
- 20 % der Aufgaben aus 6.4.2.1 bis 6.4.2.4 und
- 70 % der Aufgaben aus 6.4.2.5

mit Mehrfachantworten vorzusehen sind; die Gesamtzahl der Aufgaben für die Abschlussprüfung muss mindestens 30 betragen

und/oder

6.8.2.1.2 der AU-Schulung annähernd

- 30 % der Aufgaben aus 6.5.1 oder 6.6.1
- 70 % der Aufgaben aus 6.5.2 oder 6.6.3

mit Mehrfachantworten vorzusehen sind; die Gesamtzahl der Aufgaben, bezogen auf die Schulung einer Fahrzeuggruppe, muss mindesten 20, in Verbindung mit einer weiteren Fahrzeuggruppe mindestens 30 und in Verbindung mit zwei weiteren Fahrzeuggruppen mindestens 40 betragen und/oder

6.8.2.1.3 der AUK-Schulung annähernd

- 30 % der Aufgaben aus 6.7.1
- 70 % der Aufgaben aus 6.7.2

mit Mehrfachantworten vorzusehen sind; die Gesamtzahl der Aufgaben für die Abschlussprüfung muss mindestens 20 betragen;

6.8.2.2 praktischen Teil, der die Durchführung von Teilen einer SP und/oder AU und/oder AUK, aufgeteilt in Prüfbereiche nach den Richtlinien für die Durchführung von SP und/oder AU und/oder AUK, umfasst.

6.8.3 Die Abschlussprüfung ist bestanden, wenn

6.8.3.1 mindestens 70 % der Aufgaben nach 6.8.2.1 richtig gelöst sind, wobei von jeder Aufgabengruppe mindestens 50 % richtig gelöst sein müssen;

6.8.3.2 im praktischen Teil von den zu prüfenden Personen alleine oder in Gruppen von bis zu 5 Personen der Nachweis erbracht wurde, dass sie ohne Hilfestellung die gestellte Aufgabe lösen.

6.8.3.3 Kann im praktischen Teil von einer Person oder der Gruppe die gestellte Aufgabe nicht gelöst werden, darf eine weitere Aufgabe gestellt werden.

6.8.4 Über die Teilnahme an der Schulung und über das Ergebnis der Abschlussprüfung ist den geprüften Personen eine Bescheinigung auszustellen und zu übergeben. Die Bescheinigung muss mindestens dem in Anlage 2 aufgeführten Muster entsprechen und die vorgesehenen Angaben enthalten.

Anlage 1
Zu Nummer 4.7
der SP-/AU-/AUK-Schulungsrichtlinie

Mindestanforderungen an die SP-/AU-/AUK-Schulungsstätten

Schulungsstätten für / Ausstattungen/Anforderungen	SP	AU		AUK
		Fremdzündungsmotor	Kompressionszündungsmotor	
1. Schulungsraum für bis zu 20 Personen, [mindestens mit 2 m x 2 m großer, weißer Projektionsfläche und hochauflösendem, lichtstarkem Beamer]	X	X		X
2. Prüfhalle	X [1] [Länge ≥ 12 m]	X [1] [Länge ≥ 6 m]		X [1] [Länge ≥ 4 m]
3. Grube oder Hebebühne oder Rampe mit Beleuchtungsmöglichkeit	X [1] [Länge ≥ 12 m] zusätzlich mit Einrichtung zum Anheben einer Achse oder Spieldetektoren	X [1] [Länge ≥ 5 m]		–
4. Kraftfahrzeug	X [1] SP-pflichtig	X [1] mit Fremdzündungsmotor	X [1] mit Kompressionszündungsmotor	X [1] Kraftrad mit einem Hubraum ≥ 50 cm³
5. Bremsprüfstand und schreibendes Bremsmessgerät	X [1]	–		–
6. Prüfgerät zur Funktionsprüfung von Druckluftbremsanlagen	X	–		–
7. Fußkraft- [und Handkraftmessgerät] (Bremsanlagen)	X	–		–
8. Prüfgerät für die elektrischen Verbindungseinrichtungen zwischen Kraftfahrzeugen und ihren Anhängern	X	–		–
9. Lehren für die Überprüfung von Zugösen, Bolzen der Anhängekupplung, Zugsattelzapfen, Sattelkupplungen und Kupplungskugeln	X	–		–
10. Anschauungsmodelle oder geeignete computergestützte Simulations- und Anschauungsmodelle				
10.1 einer EG-Bremsanlage für Lkw (Sattelzugmaschine) mit (Sattel-) Anhänger, einschl. aller Ventile und Aggregate	X	–		–
10.2 je einer Radbremse als Trommel- und Scheibenbremse	X	–		–
10.3 eines automatischen Blockierverhinderers (ABV)	X [2]	–		–
10.4 einer elektronisch gesteuerten Druckluftbremsanlage (ELB)	X [2]	–		–
10.5 eines Prüfmotors	–	X	X	X
10.6 abgasrelevanter Komponenten von Motoren	–	X	X	X
10.7 von On-Board-Diagnosesystemen	–	X	X	–
10.8 der Systeme zur Abgasmessung	–	X	X	X
11. Messgerät zur Ermittlung der Betriebstemperatur des Motors	–	X	X	X
12. Geräte zur Prüfung von Schließwinkel, Zündzeitpunkt und Leerlaufdrehzahl	–	X	–	X Jedoch ohne Prüfgerät für Schließwinkel und Zündzeitpunkt
13. Abgasmessgerät für Fremdzündungsmotoren einschl. Auslesegerät für elektr. Fehlerspeicher	–	X	–	X Jedoch ohne Auslesegerät für elektr. Fehlerspeicher
14. Abgasmessgerät für Kompressionszündungsmotoren einschl. Auslesegerät für elektr. Fehlerspeicher	–	–	X	–

Mögliche Abweichungen:

[1] Für die Zeit der jeweils durchgeführten Schulung nach den Nr. 5.2.1 – 5.2.4 i. V. m. den Nr. 6.4.3, 6.5.3, 6.6.4, 6.7.3 sowie der praktischen Abschlussprüfungen von den Schulungsstätten bereitzuhalten.

[2] Die Bereitstellung dieser Anschauungsmodelle/Simulationsmodelle ist entbehrlich, wenn das nach Nr. 4 bereitzustellende Kraftfahrzeug mit diesen Einrichtungen ausgerüstet ist und deren Funktionsweisen dargestellt werden können.

Anlage 2
Zu Nummer 6.8.4 der SP-/AU-/AUK-Schulungsrichtlinie

- Muster -

Bescheinigung über die Teilnahme an einer
„SP-Schulung"[1)]
„AU-Schulung"[1)]
„AUK-Schulung"[1)]

____
(Name der Schulungsstätte und Anschrift)

Herr/Frau ______________________________
(Vorname, Name, Geburtsdatum)

der ______________________________
(Firma, Anschrift)

hat vom ____________________ bis ____________________
an einer

erstmaligen Schulung[1)]

Wiederholungsschulung[1)]

zur Durchführung von Sicherheitsprüfungen (SP) nach § 29 i.V.m. Anlage VIII StVZO und/oder Untersuchungen der Abgase (AU) und/oder Untersuchungen der Abgase an Krafträdern (AUK)[1)]

für [2)] ______________________________

____

teilgenommen.

Er/Sie hat die Abschlussprüfung

bestanden[1)]

nicht bestanden[1)].

Die Schulung erfolgt nach den Vorgaben des vom Bundesminister für Verkehr, Bau und Stadtentwicklung im Verkehrsblatt (VkBl. 2006, S. 326) bekannt gemachten Schulungsrichtlinie.

____
(Datum, Name und Unterschrift der Ausbildungskraft, Stempel der Schulungsstätte)

---

1) Zutreffendes ankreuzen bzw. Nichtzutreffendes streichen

2) Hier sind Beschränkungen, z.B. auf einzelne Fahrzeugarten (SP) oder bei der AU nur für Fremdzündungs- oder nur für Kompressionszündungsmotoren, einzutragen.

Untersuchungsstellen zur Durchführung von HU, SP, AU, AUK und GWP (Anlage VIIId StVZO)

1. Vorschriften über Untersuchungsstellen
2. Folgen bei Nichteinhaltung der Vorschriften der Anlage VIIId StVZO
3. Anlage VIIId StVZO; Untersuchungsstellen zur Durchführung von HU, AU, SP, AUK und GWP
4. Richtlinie für die Anwendung, Beschaffenheit und Prüfung von Bremsprüfständen

1. Neufassung der Vorschriften über Untersuchungsstellen

Ausgehend von den in der Praxis zu beobachtenden Missständen bei einigen Untersuchungsstellen bzw. ihrer mangelhaften oder unzureichenden Ausstattung wurden die hierfür geltenden Vorschriften / Richtlinien überarbeitet und die „Bedingungen" für Untersuchungsstellen rechtlich verbindlich und eindeutig erstmals durch die 28. VO zur Änderung straßenverkehrsrechtlicher Vorschriften vom 20.5.1998 (BGBl. I S. 1051) festgelegt.

So enthält Nr. 4 Anlage VIII StVZO die eindeutige Vorschrift, dass HU, AU, GWP und SP nur an solchen Untersuchungsstellen durchgeführt werden dürfen, die die Vorschriften der Anlage VIIId StVZO erfüllen. Im Weiteren sind dort bestimmte Verfahrensvorschriften zur Meldung der Untersuchungsstellen und zur Überprüfung dieser „Stellen" durch die die Aufsicht durchführenden Stellen/Personen vorgeschrieben.

Die in Nummer 4 Anlage VIII StVZO enthaltene Vorschrift und die Festverweisung auf Anlage VIIId StVZO sind notwendig geworden, um die in der bisherigen Praxis aufgetretenen Missbräuche zu verhindern (sogen. „Hinterhof-Prüfungen") und den jeweils zuständigen Anerkennungsstellen eindeutige und rechtlich verbindliche Mindestanforderungen vorzugeben. Die Vorschrift soll sicherstellen, dass bundesweit gleiche Untersuchungs- und Prüfvoraussetzungen für die Fahrzeuge vorliegen. Dies ist zum Schutz und zur Gleichbehandlung aller Fahrzeughalter zu gewährleisten.

2. Folgen bei Nichteinhaltung der Vorschriften der Anlage VIIId StVZO

1. Zur Einhaltung der Vorschriften der Anlage VIIId StVZO gehört u.a.:

   a) Es dürfen nur die Fz bzw. -Arten untersucht und überprüft werden, für die die entspr. Ausstattung nach Anlage VIIId StVZO vorgehalten wird. Event. Beschränkungen, die im Anerkennungsbescheid nach Nr. 4.2 Anlage VIIId StVZO aufgeführt sind, müssen eingehalten werden.

   b) Nach Nr. 3.2 Anlage VIIId StVZO hat der Inhaber oder Nutzer die Einhaltung der eichrechtlichen oder sonstigen für die Mess- und Prüfgeräte geltenden Vorschriften sicherzustellen. Dazu gehören z.B. auch die im Abstand von 2 Jahren durchzuführenden Stückprüfungen an Bremsprüfständen (s. unter 4.).

   c) Veränderungen bei Untersuchungsstellen, die Einfluss auf die Anerkennung ha-

ben können, sind der Anerkennungsstelle unaufgefordert zu melden.

2. Folgen bei der Nichteinhaltung der Vorschriften der Anlage VIIId StVZO

   a) Bei Nichteinhaltung der eichrechtlichen oder sonstigen für die Mess-/Prüfgeräte geltenden Vorschriften ist die Durchführung von HU und SP an dieser Untersuchungsstelle unzulässig (Nr. 3.2 Anlage VIIId StVZO).

   b) Bei Zuwiderhandlung gegen die Vorschriften nach den Nrn. 1 bis 4 Anlage VIIId StVZO kann die Untersuchungs-/Prüftätigkeit von der zuständigen Aufsichtsbehörde/-stelle untersagt werden.

   c) Weitergehende Vorschriften, die bei Verstößen greifen, sind:
      - für ÜO: Nr. 9 der Anlage VIIIb StVZO (Anerkennung von ÜO)
      - für anerkannte Werkstätten: insbesondere Nr. 2.7 der Anlage VIIIc StVZO (Anerkennung von Kfz-Werkstätten zur Durchführung der dort genannten Untersuchungen/Prüfungen).

3. Anlage VIIId StVZO
(Anlage VIII Nr. 4 StVZO)
Untersuchungsstellen zur Durchführung von Hauptuntersuchungen, Sicherheitsprüfungen, Untersuchungen der Abgase und wiederkehrenden Gasanlagenprüfungen

1. Zweck und Anwendungsbereich

1.1 Hauptuntersuchungen, Sicherheitsprüfungen, Untersuchungen der Abgase, Untersuchungen der Abgase von Krafträdern und wiederkehrende Gasanlagenprüfungen (im Folgenden als HU, SP, AU und AUK und oder GWP bezeichnet) sind unter gleichen Voraussetzungen und nach gleichen technischen Standards durchzuführen.

1.2 Die nachstehenden Vorschriften gelten für Untersuchungsstellen, an denen HU und/oder SP und/oder AU und/oder AUK und oder GWP durchgeführt werden.

2. Untersuchungsstellen

An Untersuchungsstellen werden HU und/oder SP und/oder AU und/oder AUK durchgeführt. Sie werden wie folgt unterteilt:

2.1 Prüfstellen

2.1.1 Prüfstellen allgemein

An Prüfstellen werden regelmäßig HU, SP, AU und AUK und GWP von amtlich anerkannten Sachverständigen oder Prüfern oder Prüfingenieuren, im Folgenden als aaSoP oder PI bezeichnet, durchgeführt. Prüfstellen müssen sich während der Durchführung der Untersuchungen und Prüfungen in der ausschließlichen Verfügungsgewalt der Technischen Prüfstellen oder amtlich anerkannten Überwachungsorganisationen befinden.

2.1.2 Prüfstellen von Technischen Prüfstellen

2.1.2.1 Die Technischen Prüfstellen unterhalten zur Gewährleistung eines flächendeckenden Untersuchungsangebots ihre Prüfstellen an so vielen Orten, dass die Mittelpunkte der im Einzugsbereich liegenden Ortschaften nicht mehr als 25 km Luftlinie von den Prüfstellen entfernt sind. In besonderen Fällen können die in Nummer 4.1 der Anlage VIII genannte(n) Stelle(n) Abweichungen zulassen oder einen kürzeren Abstand festlegen.

2.2 Prüfstützpunkte

An Prüfstützpunkten werden unter Inanspruchnahme der technischen Einrichtungen einer in die Handwerksrolle eingetragenen Kraftfahrzeugwerkstatt oder eines entsprechenden Fachbetriebs, dazu zählen Kraftfahrzeugwerkstätten zur Betreuung eines Fuhrparks, HU und/ oder SP und/oder AU und/oder AUK und oder GWP durchgeführt.

2.3 Prüfplätze

Auf Prüfplätzen dürfen nur Fahrzeuge des eigenen Fuhrparks, dazu zählen alle Fahrzeuge eines Halters oder Betreibers, oder land- und forstwirtschaftliche Fahrzeuge mit Vmax/zul $\leq$ 40 km/h untersucht und/oder geprüft werden.

2.4 Anerkannte Kraftfahrzeugwerkstätten zur Durchführung von SP und/oder AU und/oder AUK und oder GWP

SP und/oder AU und/oder AUK und oder GWP dürfen durch dafür anerkannte Kraftfahrzeugwerkstätten in den im Anerkennungsbescheid bezeichneten Betriebsstätten/ Zweigstellen durchgeführt werden.

3. Ausstattung und bauliche Gegebenheiten von Untersuchungsstellen, Mess und Prüfgeräte

3.1 Die Mindestanforderungen an Untersuchungsstellen ergeben sich aus der Tabelle am Ende dieser Anlage.

3.2 Die Einhaltung der für die eingesetzten Mess-/Prüfgeräte geltenden Vorschriften ist von der Inhaberin oder vom Inhaber oder von der Nutzerin oder vom Nutzer der Untersuchungsstelle sicherzustellen. Werden die Vorschriften nicht eingehalten, ist die Durchführung von HU, SP, AU und AUK und GWP bis zur Wiederherstellung des ordnungsgemäßen Zustandes unzulässig.

3.3 Die Messgeräte nach den Nummern 21, 22 und 23 der Tabelle müssen über Einrichtungen verfügen oder mit Einrichtungen verbunden sein, die die zur Identifizierung erforderlichen Daten der zu untersuchenden Kraftfahrzeuge nach den Nummern 4.8.2.1 und 4.8.2.2 der Anlage VIIIa einschließlich der ermittelten Messwerte aufnehmen, speichern und bei Untersuchungen nach Nummer 3.1.1.1 der Anlage VIII in Form eines Nachweises ausdrucken. Die eingesetzte Softwareversion der Messgeräte muss zu Prüfungszwecken angezeigt werden können.

3.4 Die zulässigen Softwareversionen für Messgeräte nach Nummer 3.3 sowie Richtlinien über Anforderungen an Mess- und Prüfgeräte, für die keine eichrechtlichen Vorschriften bestehen, werden vom Bundesministerium für Verkehr, Bau und Stadtentwicklung mit Zustimmung der zuständigen obersten Landesbehörden im Verkehrsblatt veröffentlicht.

4. Abweichungen

4.1 An Prüfstützpunkten und Prüfplätzen ist eine ständige Ausstattung mit den nach Nummer 3.1 vorgeschriebenen und in der Tabelle unter den Nummern 5, 6, 11, 13 bis 16 und 18 bis 25 aufgeführten Prüfgeräten dann entbehrlich, wenn sichergestellt ist, dass die für die jeweiligen Untersuchungen/Prüfungen notwendigen Geräte von den durchführenden Personen mitgeführt und bei HU, SP, AU, AUK und GWP eingesetzt werden.

4.2 Von der nach Nummer 3.1 vorgeschriebenen Ausstattung mit Mess- und Prüfgeräten sind Abweichungen an Untersuchungsstellen zulässig, wenn an diesen nur bestimmte Fahrzeugarten untersucht oder geprüft werden. Die zulässigen Abweichungen ergeben sich aus der Tabelle am Ende dieser Anlage; sie sind der zuständigen Anerkennungsstelle nach Nummer 4 der Anlage VIII oder Nummer 1.1 der Anlage VIIIc zu melden.

5. Schlussbestimmungen

Veränderungen bei Untersuchungsstellen, welche ihre Anerkennung beeinflussen können, sind der Anerkennungsstelle nach Nummer 4.1 der Anlage VIII oder Nummer 1.1 der Anlage VIIIc unaufgefordert mitzuteilen. Bei Zuwiderhandlung gegen die Nummern 1 bis 4 kann die Untersuchungs- und/oder Prüftätigkeit in den betreffenden Untersuchungsstellen untersagt werden.

Ausstattung und bauliche Gegebenheiten von Untersuchungsstellen, Mess- und Prüfgeräte zu Nummer 3

	1	2	3	4	5	6	7
Untersuchungsstellen/ Anforderungen	**Prüfstellen**	**Prüfstützpunkte**	**Prüfplätze**	**Anerkannte Kraftfahrzeugwerkstätten zur Durchführung von SP**	**Anerkannte Kraftfahrzeugwerkstätten zur Durchführung von AU**	**Anerkannte Kraftfahrzeugwerkstätten zur Durchführung von AUK**	**Anerkannte Kraftfahrzeugwerkstätten zur Durchführung von GWP**
1. Grundstück	Lage und Größe muss ordnungsgemäße HU/AU/SP an zu erwartender Zahl von Fahrzeugen gewährleisten.	Muss so beschaffen sein, dass Störungen im öffentlichen Verkehrsraum durch den Betrieb nicht entstehen.	Geeigneter Platz zur Durchführung einer HU/AU/ SP an mindestens einem Fahrzeug muss vorhanden sein.	Mindestgröße ergibt sich aus 2.	Mindestgröße ergibt sich aus 2.	Mindestgröße ergibt sich aus 2.	Mindestgröße ergibt sich aus 2.
2. Bauliche Anforderungen	Prüfhalle muss festeingebaute Prüfeinrichtungen überdecken. Ihre Abmessungen richten sich nach der Anzahl der Prüfgassen und deren Ausrüstung. Die Länge wird durch den Einbau der jeweiligen Prüfgeräte und die Abmessungen der zu untersuchenden Fahrzeuge bestimmt.	Ausreichend bemessene Halle oder überdachter Prüfplatz in Abhängigkeit von den zu untersuchenden Fahrzeugen (z. B. nur Personenkraftwagen oder Personenkraftwagen und Nutzfahrzeuge).	–	Ausreichend bemessene Halle oder überdachter Prüfplatz, wo ein Lastkraftwagenzug geprüft werden kann.	Ausreichend bemessene Halle oder geschlossener Prüfraum. Die Größe richtet sich nach der Art der zu untersuchenden Kraftfahrzeuge entsprechend der Anerkennung (nur Personenkraftwagen oder auch Nutzfahrzeuge).	Geeigneter und geschlossener Prüfraum, wo mindestens ein Kraftrad untersucht werden kann.	Ausreichend bemessene Halle oder überdachter Prüfplatz in Abhängigkeit von den zu untersuchenden Fahrzeugen (z.B. nur Personenkraftwagen oder Personenkraftwagen und Nutzfahrzeuge).
3. Grube, Hebebühne oder Rampe mit ausreichender Länge und Beleuchtungsmöglichkeit sowie mit Einrichtung zum Anheben der Achsen oder Spieldetektoren	X	X	X Jedoch entbehrlich, sofern nur Fahrzeuge mit Vmax/zul. ≤ 40 km/h untersucht werden.	X	X Jedoch ohne Einrichtung zum Anheben der Achsen oder Spieldetektoren.	–	X Jedoch ohne Einrichtung zum Anheben der Achsen oder Spieldetektoren.
4. Ortsfester Bremsprüfstand	X	X[1])	X[1])	X[1])	–	–	–
5. Schreibendes Bremsmessgerät	X	X[2])	X[2])	X[2])	–	–	–

	1	2	3	4	5	6	7
Untersuchungsstellen/ Anforderungen	**Prüfstellen**	**Prüfstützpunkte**	**Prüfplätze**	**Anerkannte Kraftfahrzeugwerkstätten zur Durchführung von SP**	**Anerkannte Kraftfahrzeugwerkstätten zur Durchführung von AU**	**Anerkannte Kraftfahrzeugwerkstätten zur Durchführung von AUK**	**Anerkannte Kraftfahrzeugwerkstätten zur Durchführung von GWP**
6. Prüfgerät zur Funktionsprüfung von Druckluftbremsanlagen	X[3])	X[4])	X[4])	X[3])	–	–	–
7. Fußkraftmessgerät (Bremsanlagen)	X[5])	–	–	–	–	–	–
8. Druckluftbeschaffungsanlage ausreichender Größe und Leistung	–	–	–	X	–	–	–
9. Füll- und Entlüftergerät sowie Pedalstütze (Prüfung) für Hydraulikbremsanlagen	–	–	–	X[6])	–	–	–
10. Mess- und Prüfgeräte							
10.1 zur Prüfung einzelner Bremsaggregate und Bremsventile	–	–	–	X[7])	–	–	–
10.2 zur Prüfung des Luftpressers	–	–	–	X[7])	–	–	–
11. Bandmaß (≥ 20 m), Zeitmesser	X	X	X	X[8])	–	–	–
12. Scheinwerfereinstellprüfgerät oder senkrechte Prüffläche und ebene Flächen für die Aufstellung des Fahrzeugs	X	X	X	–	–	–	–
13. Prüfgerät für die elektrischen Verbindungseinrichtungen zwischen Kraffahrzeug und Anhänger	X	X	X	–	–	–	–

	1	2	3	4	5	6	7
Untersuchungsstellen/ Anforderungen	**Prüfstellen**	**Prüfstützpunkte**	**Prüfplätze**	**Anerkannte Kraftfahrzeugwerkstätten zur Durchführung von SP**	**Anerkannte Kraftfahrzeugwerkstätten zur Durchführung von AU**	**Anerkannte Kraftfahrzeugwerkstätten zur Durchführung von AUK**	**Anerkannte Kraftfahrzeugwerkstätten zur Durchführung von GWP**
14. Lehren für die Überprüfung von Zugösen und Bolzen der Anhängerkupplung, Zugsattelzapfen, Sattelkupplungen, Kupplungskugeln	X[9]) X[9]) X[9]) X	X[9]) X[9]) X[9]) X	X[9]) X[9]) X[9]) X	X[9]) X[9]) X[9]) X	–	–	–
15. Messgeräte zur Messung der Spitzenkraft nach Anhang V der Richtlinie 2001/85/EG	X[10])	X[10])	X[10])	X[10])	–	–	–
16. Prüfgerät zur Funktionsprüfung von Geschwindigkeitsbegrenzern	X[11])	X[11])	X[11])	–	–	–	–
17. Ausstattung mit Spezialwerkzeugen nach Art der zu erledigenden Montagearbeiten	–	–	–	X	–	–	–
18. Messgerät zur Ermittlung der Temperatur des Motors	X	X	X	–	X	X	–
19. Geräte zur Prüfung von Schließwinkeln, Zündzeitpunkt und Motordrehzahl	X[12])	X[12])	X[12])	–	X[12])	X[13])	–
20. CO-Abgasmessgerät oder Abgasmessgerät für Fremdzündungsmotoren	X[12])	X[12])	X[12])	–	X[12])	X	–
21. Abgasmessgerät für Fremdzündungsmotoren	X	X	X[15])	–	X	–	–

	1	2	3	4	5	6	7
Untersuchungsstellen/ Anforderungen	**Prüfstellen**	**Prüfstützpunkte**	**Prüfplätze**	**Anerkannte Kraftfahrzeugwerkstätten zur Durchführung von SP**	**Anerkannte Kraftfahrzeugwerkstätten zur Durchführung von AU**	**Anerkannte Kraftfahrzeugwerkstätten zur Durchführung von AUK**	**Anerkannte Kraftfahrzeugwerkstätten zur Durchführung von GWP**
22. Abgasmessgerät für Kompressionszündungsmotoren	X	X	X[15])	–	X	X[14])	–
23. Prüf- und Diagnosegerät zur Prüfung von OBD-Kfz	X	X	X[15])	–	X	–	–
24. Messgerät für Geräuschmessung	X	X	X	–	–	–	–
25. Prüfmittel für Gasanlagenprüfung: Lecksuchspray für die zu prüfenden Betriebsgase (LPG, CNG) zum Auffinden von Gasundichtigkeiten	X[16)	X[16)	X[16)	–	–	–	X

Abweichungen nach 4.2:

1) Ausstattung nicht erforderlich, wenn ausschließlich Fahrzeuge mit Vmax/zul. ≤ 40 km/h geprüft werden oder die nicht auf Bremsenprüfstand geprüft werden können.
2) Ausstattung nicht erforderlich, wenn ausschließlich Fahrzeuge untersucht werden, bei denen für die Bremsprüfung ein schreibendes Bremsmessgerät nicht erforderlich ist.
3) Ausstattung nur erforderlich, wenn Fahrzeuge mit Druckluftbremsanlagen untersucht und geprüft werden; Beschränkung in Anerkennung aufnehmen.
4) Ausstattung nur erforderlich, wenn Fahrzeuge mit Druckluftbremsanlage untersucht werden.
5) Ausstattung erforderlich für Prüfstellen von Technischen Prüfstellen.
6) Ausstattung nur erforderlich, wenn Fahrzeuge mit Hydraulikbremsanlagen geprüft werden; Beschränkung in Anerkennung aufnehmen.
7) Entfällt, wenn die aufgeführten Teile nicht instand gesetzt, sondern nur ausgetauscht werden.
8) Bandmaß entbehrlich.
9) Ausstattung nur erforderlich, wenn Lastkraftwagen, Sattelzugmaschinen, Zugmaschinen, selbstfahrende Arbeitsmaschinen und Kraftomnibusse untersucht und geprüft werden.
10) Ausstattung nur erforderlich, wenn Kraftomnibusse mit mehr als 22 Fahrgastplätzen untersucht und geprüft werden.
11) Jedoch entbehrlich, sofern nur Kraftfahrzeuge untersucht werden, die nicht mit Geschwindigkeitsbegrenzern ausgerüstet sind.
12) Jedoch entbehrlich, sofern nur Kraftfahrzeuge untersucht werden, die unter den Anwendungsbereich der Nummer 1.2.1.1 Buchstabe a der Anlage VIII fallen.
13) Geräte zur Prüfung von Schließwinkel und Zündzeitpunkt entbehrlich; bordeigene Drehzahlmessgeräte an Krafträdern sind zulässig.
14) Jedoch entbehrlich, sofern nur Krafträder untersucht werden, die mit Fremdzündungsmotor angetrieben werden.
15) Jedoch entbehrlich, sofern nur Kraftfahrzeuge mit Vmax/zul. ≤ 40 km/h oder die nach § 47a Abs. 1 von der Durchführung der AU befreit sind, untersucht werden.
16) Ausstattung nur erforderlich, wenn GWP durchgeführt werden.

4. Richtlinie für die Anwendung, Beschaffenheit und Prüfung von Bremsprüfständen

(VkBl. 2003, S. 303)

Nach § 29, Anlage VIII und Anlage VIIIa Straßenverkehrs-Zulassungs-Ordnung (StVZO) und den dazu veröffentlichten Durchführungsrichtlinien sind bei Hauptuntersuchungen (HU) und Sicherheitsprüfungen (SP) die Wirkungen der Fahrzeugbremsen zu prüfen. Dies erfolgt ganz überwiegend durch die Ermittlung der Abbremsung der Fahrzeuge, wobei sich diese Art der Wirkungsprüfung auf § 41 Abs. 12 StVZO stützt.

Die Ausrüstung der Untersuchungsstellen (Prüfstellen, Prüfstützpunkte, Prüfplätze und anerkannte SP-Kfz-Werkstätten) mit ortsfesten Bremsprüfständen ist nach Nr. 3.1 i.V.m. Position 4 der Anlage zu Nr. 3 der Anlage VIIId StVZO vorgeschrieben. Nach Nr. 3.2 Anlage VIIId StVZO ist weiter vorgeschrieben, dass vom Inhaber oder Nutzer der Untersuchungsstellen die Einhaltung der eichrechtlichen und sonstigen für die eingesetzten Mess-/Prüfgeräte geltenden Vorschriften sicherzustellen ist. Bei Bremsprüfständen ist die vorgenannte Vorschrift dann erfüllt, wenn die nachstehenden Anforderungen eingehalten und die wiederkehrenden Stückprüfungen an im Betrieb befindlichen Prüfständen fristgerecht durchgeführt werden. Über die Einhaltung dieser Anforderungen wird gewährleis-tet, dass die Bremsprüfstände ordnungsgemäß arbeiten und ihre Messergebnisse verlässliche Angaben über die Wirkungen und teilweise über den Zustand der Fahrzeugbremsen liefern.

Die Änderung der Richtlinie in der Fassung der Veröffentlichung vom 9. Mai 1990 (VkBl. 1990, Seite 320) wurde erforderlich, um die zunehmend in Bremsprüfstände integrierten drahtlos arbeitenden Druckmesseinrichtungen, die bisher der Eichpflicht unterlagen, in den Anwendungsbereich der Richtlinie aufzunehmen. Insoweit werden an diese Einrichtungen keine neuen Anforderungen gestellt, sondern es erfolgt lediglich eine materielle Übernahme der eichrechtlichen Vorschriften in die vorliegende Richtlinie.

Nach Zustimmung der zuständigen obersten Landesbehörden wird die Neufassung der Richtlinie bekannt gegeben. Die Richtlinie ist ab dem 1. Juli 2003 für neu in den Verkehr kommende Bremsprüfstände anzuwenden.

Die „Richtlinie für die Anwendung, Beschaffenheit und Prüfung von Bremsprüfständen" vom 9. Mai 1990 (VkBl. 1990, Seite 320) wird mit Wirkung vom 1. Juli 2003 aufgehoben.

Richtlinie für die Anwendung, Beschaffenheit und Prüfung von Bremsprüfständen

1. Zweckbestimmung und Anwendung

1.1 Bremsprüfstände im Sinne dieser Richtlinie sind Einrichtungen, mit denen die Wirkungen der Fahrzeugbremsen ermittelt werden und die zu diesem Zweck für jedes Rad einzeln die gemessene Bremskraft direkt anzeigen und/oder aufzeichnen.

Allrad- oder mehrachsgetriebene Kraftfahrzeuge können nur auf dafür besonders konzipierten Bremsprüfständen geprüft werden. Die für Bremsprüfstände geltenden Arbeitsschutzbestimmungen müssen eingehalten sein.

1.2 Bremsprüfstände dürfen für Bremsprüfungen nach § 29 und Anlage VIII StVZO in Verbindung mit Anlage VIIId StVZO nur verwendet werden, wenn durch ein Gutachten einer Prüfstelle nachgewiesen ist, dass die Geräte der vorliegenden Richtlinie entsprechen. Bremsprüfstände, für die vor dem 1. Juli 2003 bereits ein Gutachten nach der Richtlinie vom 21.10.1968 (VkBl. 1968, S. 542, vom 26.07.1978 (VkBl. 1978, S. 348) oder vom 09.05.1990 (VkBl. 1990 S. 320) erteilt wurde, brauchen nur hinsichtlich etwaiger Zusatzfunktionen nach 2.2 dieser Richtlinie begutachtet zu werden.

1.2.1 Prüfstellen für die Prüfung von Bremsprüfständen sind das Institut für Fahrzeugtechnik der RWTÜV Fahrzeug GmbH, Adlerstraße 7, 45307 Essen und DEKRA, Handwerkstraße 15, 70565 Stuttgart. Federführende Prüfstelle für die Anwendung vorliegender Richtlinie ist das Institut für Fahrzeugtechnik der RWTÜV Fahrzeug GmbH, Adlerstraße 7, 45307 Essen.

Es werden auch Prüfungen und Gutachten aner-

kannt, die von den zuständigen Prüfstellen anderer EU-Mitgliedstaaten oder Staaten, in denen das Abkommen über den Europäischen Wirtschaftsraum gilt, nach diesen oder anderen gleichwertigen Richtlinien durchgeführt wurden. Als gleichwertig wird angesehen, wenn die nach dieser Richtlinie vorgeschriebenen Anforderungen gleichermaßen dauerhaft eingehalten werden, so dass für den Schutz der Gesundheit und die Verkehrssicherheit dasselbe Niveau gewährleistet wird.

Zuständige Prüfstellen anderer EU-Mitgliedstaaten oder Staaten, in denen das Abkommen über den Europäischen Wirtschaftsraum gilt, sind solche Prüfstellen, die entsprechend der Norm DIN EN ISO/IEC 17025 durch die zuständige örtliche Genehmigungsbehörde anerkannt oder für die Prüfung von Bremsprüfständen akkreditiert sind.

1.3 Für jeden Prüfstand ist eine Betriebsanleitung erforderlich. Die Betriebsanleitung soll bei Prüfständen, die nach der vorstehenden Richtlinie begutachtet werden, DIN 8418 – ab dem 1.11.2003 DIN EN 62079 – entsprechen; Betriebsanleitungen ausländischer Hersteller in deutscher Sprache mit gleichwertigem Inhalt sind zulässig.

2. Bauarten

2.1 Als Bremsprüfstände im Sinne dieser Richtlinie sind zulässig:

2.1.1 Rollenbremsprüfstände, bei denen sich die Räder des Fahrzeugs achsweise auf Rollen oder Rollenpaaren mit Eigenantrieb abstützen und bei denen die tangentialen Bremskräfte zwischen Rädern und Treibrollen ermittelt werden.

2.1.2 Schwungmassenbremsprüfstände, bei denen die Räder des Fahrzeugs sich auf Rollen oder Rollenpaaren mit ausreichender Schwungmasse abstützen und bei denen die Bremswirkung aus der Rotationsverzögerung der antriebslos laufenden Rollen bestimmt wird.

2.1.3 Plattenbremsprüfstände, bei denen eine – bei der Prüfung von Krafträdern – oder mehrere ebene Messplatten in der Fahrbahn so angeordnet und geführt sind, dass zwischen den Einzelrädern und Platten eine tangentiale Schubkraft gemessen werden kann, die entsteht, wenn ein aufgefahrenes Fahrzeug auf ihnen abgebremst wird.

2.2 Bremsprüfstände können über Zusatzeinrichtungen zur Ermittlung von Drücken in pneumatischen und/oder hydraulischen Bremsanlagen verfügen, die ebenfalls Gegenstand dieser Richtlinie sind. Damit sind Messeinrichtungen gemeint, die nicht selbstständig sondern ausschließlich in Verbindung mit dem Bremsprüfstand und dessen Steuerungs- bzw. Anzeigeeinrichtungen betrieben werden können.

3. Beschaffenheit

3.1 Die Prüfstände müssen so beschaffen sein, dass sie den auftretenden Beanspruchungen genügen. Prüfstände, die für die Verwendung im Freien zugelassen sind, müssen den dadurch bedingten höheren Beanspruchungen genügen.

3.2 Die Prüfstände müssen so beschaffen sein, dass zwischen Rad und Rolle bzw. Rad und Platte im trockenen Zustand ein Reibbeiwert von mindestens 0,7, im nassen Zustand von mindestens 0,5 erreicht wird.

3.3 Die Prüfstände müssen so eingerichtet sein, dass die Richtigkeit der Anzeige und/oder Aufzeichnung der Messergebnisse (Einhaltung der Fehlergrenzen nach 5) mit einfachen Mitteln nachgeprüft werden kann. Durch Fehlereinflüsse und Unsicherheiten der verwendeten Prüfmittel darf die gesamte Abweichung vom Sollwert der Bremskraft nicht mehr als 1% betragen. Prüfgewichte müssen geeicht oder eichamtlich geprüft sein. Systeme, die nicht mit einer mechanischen Prüfeinrichtung kontrollierbar sind, müssen so beschaffen sein, dass die Richtigkeit der Anzeige und/oder der Aufzeichnung der Messergebnisse mit einem einfachen Messaufbau nachgeprüft werden kann.

3.4 Rollenbremsprüfstände müssen so beschaffen sein, dass eine übermäßige Beanspruchung der Fahrzeugreifen vermieden wird; insbesondere müssen sich die Prüfstände automatisch abschalten, wenn die gebremsten Räder zu blockieren beginnen. Der Durchmesser der Rollen darf 150 mm nicht unterschreiten. Eine Prüfgeschwindigkeit von 2 km/h bei Volllast darf nicht unterschritten werden; Prüfgeschwindigkeiten von 5 km/h sind anzustreben.

3.5 Die Messbereiche der Zusatzeinrichtungen müssen zur Ermittlung von Einsteuerdrücken bei Druckluftbremsanlagen und/oder hydraulischen Bremsanlagen von Nutzfahrzeugen geeignet sein. Ein Messbereich von 0–20 bar für pneumatische bzw. 0–200 bar für hydraulische Bremsanlagen ist anzustreben.

3.6 Bei Verwendung von drahtlosen Fernbedienungen und anderen Einrichtungen darf die Übertragung der Steuerimpulse und der Daten nicht durch äußere Einflüsse (elektromagnetische Felder oder andere Störquellen im Werkstattbereich) beeinträchtigt werden. Ein unbeabsichtigtes Anlaufen der Antriebsmotoren muss ausgeschlossen sein.

4. Messtechnische Eigenschaften

4.1 Anzeige und Aufzeichnung der Bremskräfte

4.1.1 Die ermittelten Bremskräfte sind in Newton (N) anzugeben.

4.1.2 Die Messwerte können durch analog oder digital anzeigende Messeinrichtungen dargestellt und/oder durch schreibende oder druckende Geräte aufgezeichnet und/oder gespeichert werden.

4.1.3 Die Messeinrichtungen müssen auf den Wert Null einstellbar oder mit automatischem Nullabgleich versehen sein. Analog anzeigende Geräte sollten, digital anzeigende müssen mit Speichereinrichtungen zur Anzeige oder Weiterverarbeitung jeweils zusammengehöriger Messwertpaare der Räder einer Achse versehen sein. Bei elektronischer Messwertverarbeitung müssen Funktionsfehler erkennbar sein.

4.1.4 Eigenfrequenz und Dämpfung der Messeinrichtung müssen so bemessen sein, dass bei der Anzeige bzw. Aufzeichnung der Messwerte der Bremskraft die zulässigen Fehlergrenzen nach 5.1 und 5.2 nicht überschritten werden. Diese Forderung muss bis zu einer Anstiegsgeschwindigkeit entsprechend einem Bremskraftanstieg von Null bis Messbereichsendwert in 2 s (0,5 s bei Plattenprüfständen) erfüllt sein.

4.1.5 Digitale Messeinrichtungen müssen (einschließlich Messwertaufnahme und -verarbeitung) mit Messschritten arbeiten, die nicht größer als 1% des Messbereichsendwertes sind.

4.1.6 Digital anzeigende oder druckende Geräte müssen in den oberen beiden Dritteln des Messbereichs den Messwert mit wenigstens drei Ziffern angeben. Die Ziffern digitaler Anzeigefelder müssen eine solche Größe und einen solchen Kontrast zur näheren Umgebung haben, dass eine einwandfreie Ablesung möglich ist.

4.1.7 Bei analog anzeigenden Geräten müssen die Skalen mindestens 150 mm, bei Schaublättern schreibender Geräte mindestens 70 mm lang sein. Die Skalen müssen so beschaffen sein, dass die Ablesung eines Wertes ≤ 2% vom Skalenendwert ohne Schwierigkeiten möglich ist. Skalen und Schaublätter müssen in Abschnitte von nicht mehr als 4% des Skalenendwertes geteilt und in Abständen von nicht mehr als 20% des Skalenendwertes beziffert sein.

4.1.8 Schreibende Geräte müssen so beschaffen sein, dass mögliche Fehler infolge Lageänderungen von Schaublättern zu den Schreibeinrichtungen bei Fixierung oder Vorschub höchstens 1% vom Skalenendwert betragen. Die Vorschubgeschwindigkeit bei zeitabhängiger Aufzeichnung muss mindestens 5 mm/s betragen und darf nicht mehr als + 5% von ihrem Sollwert abweichen. Bei kreisförmigen Schaublättern gilt dies für den inneren Rand des Schreibfelds.

4.2 Bei der Anzeige und Aufzeichnung über Zusatzeinrichtungen sind 4.1.2 und 4.1.3 bei drahtlosen Übertragungseinrichtungen auch 3.6 entsprechend anzuwenden.

4.2.1 Bremsdrücke sind in bar anzugeben. Die Auflösung der Anzeigen muss mindestens 0,1 bar für pneumatische bzw. 1 bar für hydraulische Bremsanlagen betragen.

5. Fehlergrenzen

5.1 Bremskräfte

5.1.1 Die Fehlergrenzen für die Anzeige und die Aufzeichnung der in 4.1.1 genannten Messgrößen beträgt im gesamten Messbereich ± 2% bezogen auf den Skalenendwert.

5.1.2 Die Anzeigen beider Messgeräte für die Räder einer Achse dürfen bei gleicher Messgröße nur um höchstens 2% bezogen auf den Skalenendwert voneinander abweichen.

5.1.3 Bei Bremsprüfständen mit elektrischer Wirkleistungsmessung muss der Hersteller nachweisen, auf welche Weise er die Einhaltung der Fehlergrenzen in der Serie gewährleistet.

5.2 Zusatzeinrichtungen

5.2.1 Die Fehlergrenze für die Anzeige von Bremsdrücken beträgt bei Druckluftbremsanlagen ± 0,2 bar und bei hydraulischen Bremsanlagen ± 2 bar jeweils im gesamten Messbereich.

6. Prüfeinrichtungen

6.1 Bei Rollenbremsprüfständen, die auf der Basis der Drehmoment- oder Wirkleistungsmessung arbeiten, wird die Einhaltung der Fehlergrenzen nach 5.1.1 und 5.1.2 mit einem dynamischen Messverfahren, das die Vorgänge der realen Bremsprüfung simuliert, geprüft.

6.2 Bei Rollenbremsprüfständen, die auf der Basis der Drehmomentmessung arbeiten, kann die Einhaltung der Fehlergrenzen nach 5.1.1 und 5.1.2 auch mit besonderen Einrichtungen (z.B. mit einem Bremshebel, an dem Gewichte angebracht sind) geprüft werden. Die Rollen müssen dabei in betriebsüblicher Weise umlaufen können.

6.3 Bei Plattenbremsprüfständen wird die Einhaltung der Fehlergrenzen nach 5.1.1 und 5.1.2 mit Hilfe eines eichamtlich geprüften Kraftmessers überprüft. Die Platten müssen dabei mit einem Fahrzeug belastet sein.

7. Stückprüfung

7.1 Stückprüfungen sind

- vor der ersten Inbetriebnahme des Prüfstandes,
- vor Inbetriebnahmen an geänderten Aufstellungsorten

und dann in Abständen von maximal 2 Jahren durchzuführen:

7.1.1 bei Rollenbremsprüfständen je nach Art der Messeinrichtung:

7.1.1.1 auf der Basis der Drehmomentmessung nach 6.2 oder

7.1.1.2 auf der Basis der Wirkleistungsmessung nach 6.1 durch Überprüfen der mechanischen und elektrischen Teile der Motoren sowie der Kontrolle der Fehlergrenze und Abweichung der Messgeräte untereinander;

7.1.1.3 bei Plattenbremsprüfständen nach 6.3.

7.2 Die Stückprüfung umfasst:

7.2.1 Beschaffenheitsprüfung (durch äußere Besichtigung und Funktionsprüfung); u.a. Sichtprüfung der Oberflächenbeschaffenheit der Rollen oder Messplatten, ob Anzeichen dafür vorliegen, dass durch starke Abnutzung der Rollen oder Messplatten bzw. deren Beläge die geforderten Reibwerte nach 3.2 nicht mehr erreicht werden können,

7.2.1.1 Zustand der Anzeigen, Abdeckungen, Rollen usw.,

7.2.1.2 Leichtgängigkeit der beweglichen Teile,

7.2.1.3 Beschaffenheit von Druck- und Stromleitungen,

7.2.1.4 Überprüfung der Grube auf Schmutz und Fremdteile, Verbindung des Prüfstandes mit Fundament,

7.2.1.5 Überprüfung, ob Einbauverhältnisse ausreichend Platz für Bremsprüfungen an Fahrzeugen bieten.

7.2.2 Messtechnische Prüfung (Prüfstände mit Messrichtungsumkehr sind in beiden Richtungen nacheinander zu prüfen),

7.2.2.1 Überprüfung der Rollendurchmesser (Einhaltung der Toleranz).

7.2.2.2 Prüfung auf Einhaltung der Fehlergrenzen nach 5.1.1 und 5.1.2.

7.2.2.3 Prüfung von Zusatzeinrichtungen gemäß Beschreibung in 2.2 auf Einhaltung der Fehlergrenzen nach 5.2.1 (zur Kalibrierung)[1] der Zusatzeinrichtungen für die Anzeige von Bremsdrücken sind auf ein nationales oder in-

[1] Erläuterungen:
Kalibrierung im Sinne dieser Richtlinie ist die Durchführung von Vergleichsmessungen der Messgrößen, die mit dem zu kalibrierenden Prüfmittel gemessen werden, mit einem geeichten oder anderweitig auf nationale oder internationale Normale rückführbarem Vergleichsmessgerät. Dieses darf nicht für andere Messungen verwendet werden. Dafür ist ein Verfahren festzulegen, in dem die Kalibrierfristen, die Messreihe, zulässige Abweichungen und die Aufzeichnung der Ergebnisse festgelegt sein müssen.

ternationales Normal rückgeführte Messgeräte zu verwenden, deren Messunsicherheit ein Viertel der zu überprüfenden Fehlergrenzen nicht überschreitet).

7.2.2.4 Die Überprüfung der Zusatzeinrichtungen kann entfallen, wenn die zugehörigen Funktionen, Anzeigen und Bedienelemente des Bremsprüfstandes deutlich erkennbar außer Betrieb gesetzt wurden.

7.3 Über das Ergebnis der Stückprüfung ist ein Prüfbericht nach Anlage 1 auszufertigen. Der Prüfbericht ist mindestens 5 Jahre von der für die Unterhaltung des Prüfstandes verantwortlichen Person (Werkstattbesitzer) aufzubewahren und zuständigen Personen auf Verlangen vorzulegen. Die Überprüfung der Zusatzeinrichtungen des Bremsprüfstandes ist im Bericht der Stückprüfung mit messtechnischen Angaben zu vermerken.

7.3.1 Festgestellte Mängel sind unverzüglich zu beseitigen. Vor ihrer Beseitigung dürfen die Bremsprüfstände nicht zu Prüfungen nach 1.2 eingesetzt werden.

7.3.2 Wenn Baugruppen instandgesetzt werden, die im Zusammenhang mit der Messeinrichtung betroffen sind, ist eine Wiederholung der Stückprüfung erforderlich.

7.3.3 Der Termin für die nächste Stückprüfung ist mit einer Plakette an geeigneter Stelle des Prüfstands und an geprüften Zusatzeinrichtungen nach 2.2 anzugeben. Auf der Plakette ist neben dem Termin der nächsten Stückprüfung auch ein Hinweis auf den Prüfer und die zugehörige Organisation (z.B. Hersteller oder Prüforganisation) anzugeben.

7.4 Die Stückprüfung darf nur durchgeführt werden von Sachkundigen

7.4.1 des Herstellers oder Importeurs des Bremsprüfstandes,

7.4.2 der zuständigen Eichbehörde,

7.4.3 staatlicher Stellen, die eigene Technische Prüfstellen oder zentrale Stellen im Sinne des Kraftfahrsachverständigengesetzes unterhalten,

7.4.4 Technischer Prüfstellen nach dem Kraftfahrsachverständigengesetz,

7.4.5 der nach § 29 i.V.m. Anlage VIIIb StVZO amtlich anerkannten Überwachungsorganisationen,

7.4.6 der Kraftfahrzeug-Innungen oder -Landesverbände.

7.5 Sachkundig im Sinne von 7.4 und berechtigt zur Stückprüfung ist nur, wer

7.5.1 berufsmäßig mit der Konstruktion, Herstellung oder Installation von Bremsprüfständen befasst ist und von daher der in Anlage 2 dargestellte und zu vermittelnde Wissensstoff bei diesen Personen vorausgesetzt werden kann (7.4.1) oder

7.5.2 einer Eichbehörde angehört und berufsmäßig Eichungen durchführt (7.4.2) oder

7.5.3 als Angehöriger einer der in 7.4.3 und 7.4.4 genannten Stellen bereits nach den Richtlinien vom 21. Oktober 1968 (VkBl. 1968, S. 542) oder vom 26. Juli 1978 (VkBl. 1978, S. 348) Stückprüfungen durchgeführt hat und bei Angehörigen Technischer Prüfstellen (7.4.4) von diesen benannt und von der zuständigen obersten Landesbehörde oder der von ihr bestimmten Behörde anerkannt wurde oder

7.5.4 erfolgreich an einer Schulung eines Herstellers oder Importeurs von Bremsprüfständen teilgenommen hat (Anlage 2) sowie jeweils von den in 7.4.4 bis 7.4.6 aufgeführten Stellen benannt und von der zuständigen obersten Landesbehörde oder der von ihr bestimmten Behörde anerkannt wurde (7.4.4 bis 7.4.6).

Anlage I

Prüfbericht

Stückprüfung eines Bremsprüfstandes

Anschrift der Firma, die den Bremsprüfstand betreibt: ______________________

____

Datum der Prüfung:

❑ Rollenbremsprüfstand auf der Basis der Drehmomentmessung

❑ Rollenbremsprüfstand auf der Basis der Wirkleistungsmessung

❑ Plattenbremsprüfstand

Hersteller: ________ Fabrikat-Nr. ________

Baujahr/Inbetriebnahme:

Monat: ____________ Jahr: _____

Bauartprüfung nach der/den Richtlinie(n) von

❑ 1968 ❑ 1978 ❑ 1990 ❑ 2003

Prüfmittel: ____________
Serien-Nr. der Kalibriervorrichtung

____
Serien-Nr. des Prüfgewichts

Alle verwendeten Prüfmittel sind auf nationale oder internationale Normale rückführbar.

Ergebnis der Stückprüfung[1]

Messtechnische Eigenschaften

max. Messbereich 0-______ N pro Anzeige

	links N	rechts N	Fehler in %
– Nullpunkt:	____	____	____
– Anzeige bei 30 % Belastung:	____	____	____
– Anzeige bei max. Belastung:	____	____	____

– max. Differenz der Anzeige links/rechts
* bei 30 % Belastung: ______ N ______ %
* bei max. Belastung: ______ N ______ %

❑ Die Fehlergrenzen für die Anzeige von ± 2 % für den gesamten Messbereich, bezogen auf den Skalenwert, wurden eingehalten.

❑ Die zulässige Abweichung zwischen der Anzeige der beiden Messgeräte links/rechts von 5 % des größeren Werts, jedoch höchstens 2% des Skalenendwerts, wurde eingehalten.

❑ Die zulässige Toleranz der Rollen wurde eingehalten.

❑ Die zulässige Fehlergrenze der Zusatzeinrichtungen wurde eingehalten.

Allgemeiner Funktionszustand des Bremsprüfstands nach 7.2.1 der Richtlinie (Beschreibung / Mängel / Bemerkungen):

Gegen die Verwendung des Bremsprüfstands für Bremswirkungsprüfungen im Rahmen von Untersuchungen nach § 29 StVZO, Anlage VIII und Anlage VIIIa in Verbindung mit § 41 StVZO bestehen

❑ keine Bedenken,

❑ Bedenken.

Die festgestellten Mängel sind umgehend zu beheben. Eine Wiederholung der Stückprüfung ist innerhalb von 4 Wochen durchzuführen.

❑ Die nächste Stückprüfung ist durchzuführen im

______ ______
(Monat) (Jahr)

Dieser Termin (Monat und Jahr) wurde am Prüfstand mit einer Plakette kenntlich gemacht.

Die Stückprüfung wurde durchgeführt von einem Sachkundigen

❑ des Herstellers oder Importeurs
❑ der zuständigen Eichbehörde
❑ staatlicher Stellen
❑ einer Technischen Prüfstelle
❑ der amtl. anerkannten Überwachungsorganisationen
❑ der Kraftfahrzeug-Innung oder des Kraftfahrzeug-Landesverbandes

______________ ______________
(Name und Unterschrift) (Name und Anschrift der prüfenden Stelle – Stempel –)

❑ Zutreffendes ankreuzen

[1] Für die Stückprüfung von Bremsprüfständen, für die vor dem 1. Juli 2003 ein Gutachten erteilt wurde, gelten die zum Zeitpunkt der Gutachtenerstellung jeweils festgelegten Fehlergrenzen (vergl. jeweilige Richtlinien Fassung nach 1.2).

Wiederholung der Stückprüfung am ____________
(Tag der Wiederholung)

❑ Die bei der Stückprüfung am festgestellten Mängel sind behoben. ____________
(Tag der Stückprüfung)

❑ Die nächste Stückprüfung ist durchzuführen im

________ ________
(Monat) (Jahr)

Dieser Termin (Monat und Jahr) wurde am Prüfstand mit einer Plakette kenntlich gemacht.

Die Stückprüfung wurde durchgeführt von einem Sachkundigen

❑ des Herstellers oder Importeurs

❑ der zuständigen Eichbehörde

❑ staatlicher Stellen

❑ einer Technischen Prüfstelle

❑ der amtl. anerkannten Überwachungsorganisationen

❑ der Kraftfahrzeug-Innung oder Kraftfahrzeug-Landesverbandes

____________ ____________
(Name und Unterschrift) (Name und Anschrift der prüfenden Stelle – Stempel –)

❑ Zutreffendes ankreuzen

Anlage 2

Lerninhalte für die Schulung von Sachkundigen zur Durchführung von Stückprüfungen an Bremsprüfständen

Die Schulung ist von einem Hersteller oder Importeur von Bremsprüfständen durchzuführen. Sachkundige von staatlichen Stellen (7.4.3) werden von diesen geschult.

Bei der Schulung müssen mindestens nachfolgende Sachgebiete über Bremsprüfstände und ihre Bedienung behandelt und geprüft werden. Die Dauer der Schulung einschließlich Abschlussprüfung muss mindestens 20 Zeitstunden betragen.

1. Allgemein

1.1 Einführung in die „Richtlinie für die Anwendung, Beschaffenheit und Prüfung von Bremsprüfständen" und Grundsätze über die Wirkungsprüfung von Fahrzeugbremsen

1.2 Grundsätze für die Prüfung der Arbeitssicherheit[1]

2 Bauarten, Aufbau und Funktion von Bremsprüfständen

2.1 Rollenbremsprüfstand auf der Basis der Drehmomentmessung

2.2 Rollenbremsprüfstand auf der Basis der Wirkleistungsmessung

2.3 Plattenbremsprüfstand

3. Anzeigesysteme, messtechnische Eigenschaften und Aufzeichnung

3.1 Analog

3.2 Digital

3.3 Messgrößen

4. Fehlergrenzwerte für Anzeige und Aufzeichnung

5. Theoretische Ausbildung über Prüfeinrichtungen sowie deren praktische Anwendung an Bremsprüfständen

6. Zustands- und Stückprüfung nach 7.2 der Richtlinie

7. Funktions- und Bremsprüfung mit einem Fahrzeug

8. Aufzeichnung der Prüfergebnisse und ggf. Mängelanzeigen

9. Zusammenfassung und Abschlussprüfung

9.1 Der vermittelte Lehrstoff ist zusammenfassend am Ende der Schulung zu wiederholen.

9.2 Eine Abschlussprüfung ist schriftlich unter Verwendung entsprechender Fragebögen durchzuführen.

[1] Hierbei sind die entsprechenden Vorschriften der Berufsgenossenschaften zugrunde zu legen.

9.3 Die Abschlussprüfung gilt als bestanden, wenn mindestens 70% der gestellten Fragen richtig beantwortet wurden.

10. Teilnahmebescheinigung

10.1 Über die durchgeführte Schulung ist eine Bescheinigung auszustellen, aus der hervorgehen muss, dass der Schulungsteilnehmer mit Erfolg teilgenommen hat. Dabei sind Angaben über Schulungsdauer und -inhalt zu machen.

10.2 Die Schulung und Abschlussprüfung kann auch getrennt nach Bauarten von Prüfständen (z.B. nur für Rollenbremsprüfstände nach 2.1.1 und 2.1.2 oder nur für Plattenbremsprüfstände nach 2.1.3) durchgeführt werden. In diesen Fällen muss aus der Bescheinigung nach 10.1 hervorgehen, für welche Bauarten von Prüfständen der Teilnehmer an der Schulung mit Erfolg teilgenommen hat.

Fahrtschreiber und Kontrollgeräte, Geschwindigkeitsbegrenzer

1. Allgemeines über die Entstehung und Entwicklung der §§ 57a und 57b StVZO über Fahrtschreiber und Kontrollgeräte

Nach der BOKraft mussten bereits seit dem Jahre 1939 in bestimmten Kraftomnibussen Fahrtschreiber eingebaut sein. Im Jahre 1952 ist dann durch das 1. Gesetz zur Sicherung des Straßenverkehrs ein erweiterter Fahrtschreiberzwang für bestimmte Kfz zur Güter- und Personenbeförderung eingeführt worden (§ 57a StVZO). Durch den Fahrtschreiber soll u.a. die Nachprüfung der gefahrenen Geschwindigkeit vor Unfällen ermöglicht werden.

Eine andere Aufgabe hat das durch die EG-Verordnung Nr. 3821/85 vorgeschriebene „Kontrollgerät". Hiermit sollen in erster Linie die Lenk- und Ruhezeiten des Fahrpersonals von bestimmten Fahrzeugen nach der EG-Verordnung Nr. 3820/85 überwacht werden. Das Kontrollgerät ersetzt das früher für die Überwachung zu führende „Persönliche Kontrollbuch" nach § 15a StVZO; diese Vorschrift ist inzwischen aufgehoben. Da das Kontrollgerät auch die Aufgaben des nach § 57a StVZO vorgeschriebenen Fahrtschreibers übernimmt, ersetzt das Kontrollgerät den Fahrtschreiber (§ 57a Abs. 3 StVZO).

Die Prüfung der Fahrtschreiber auf ihre Vorschriftsmäßigkeit war zunächst auch Gegenstand der Hauptuntersuchung nach § 29 StVZO. In der Praxis wurde sie jedoch nicht von den amtlich anerkannten Sachverständigen oder Prüfern, sondern von den Kundendienstwerkstätten der Fahrtschreiberhersteller vorgenommen. Das hat sich als zweckmäßig erwiesen, weil diese Werkstätten über das notwendige Fachpersonal und die erforderlichen Einrichtungen verfügen. Der Verordnungsgeber hat hieraus die Konsequenz gezogen und durch die Verordnung vom 14.7.1972 (BGBl. I S. 1209) § 57 b in die StVZO eingefügt. Danach sind Fahrtschreiber und Kontrollgeräte in bestimmten Fällen bzw. in turnusmäßigen Abständen zu überprüfen. Diese Prüfung ist von einem amtlich anerkannten Hersteller oder von einer von ihm ermächtigten Werkstatt nach bestimmten Richtlinien durchzuführen.

Mit der VO zur Durchführung des Gesetzes über die mit der Einführung des digitalen Kontrollgerätes zur Kontrolle der Lenk- und Ruhezeiten erforderlichen Begleitregelungen vom 27.6.2005 (BGBl. I S. 1882, VkBl. S. 545) wurden die Durchführungs- und Anerkennungsvorschriften sowie die dazugehörigen Richtlinien umfassend geändert. Mit der Einführung des digitalen Kontrollgerätes werden die herkömmlichen Schaublätter zur Aufzeichnung der Lenk- und Ruhezeiten sowie der gefahrenen Wegstrecke und Geschwindigkeit für neu in den Verkehr kommende ausrüstungspflichtige Kfz elektronisch aufgezeichnet und durch die so genannte Fahrerkarte ersetzt. Die regelmäßige Prüfung und Kalibrierung des digitalen Kontrollgerätes soll wie bisher schon bei EG-Kontrollgerät und Fahrtschreiber durch beauftragte Kraftfahrzeugwerkstätten, die die personellen und werkstattmäßigen Voraussetzungen erfüllen, durchgeführt werden. Im Rahmen der Neufassung des § 57b mit Anlagen XVIII bis XVIIId StVZO, die im Wirksamwerden des Anhangs I B der Verordnung (EWG) 3821/85 begründet ist, wird auch dem Beschluss des Bund-Länder-Fachausschusses „Technischen Kraftfahrwesen" vom 13./14. Februar 2001 neben den bisher von den obersten Landesbehörden anerkannten Kontrollgeräteherstellern nun auch die örtlich und fachlich zuständigen Kraftfahrzeuginnungen anzuerkennen, entsprochen. Diese Vorschriften und Richtlinien sind nachstehend wiedergegeben.

Unbenommen davon wird bei HU nach § 29 StVZO das Vorhandensein, das Einbauschild sowie die Verplombung des Antriebs und die fristgemäße Durchführung der „§ 57b-Prüfung" überprüft.

2. Fahrzeuge, die mit einem Fahrtschreiber oder mit einem Kontrollgerät ausgerüstet sein müssen

a) Mit einem Fahrtschreiber sind auszurüsten:

aa) Kfz mit einem zulässigen Gesamtgewicht von 7,5 t und darüber,

bb) Zugmaschinen mit einer Motorleistung von 40 kW (55 PS) und darüber, die nicht ausschließlich für land- oder forstwirtschaftliche Zwecke eingesetzt werden, sowie

cc) zur Beförderung von Personen bestimmte Kfz mit mehr als 8 Fahrgastplätzen,

sofern die unter aa) bis cc) aufgeführten Kfz eine durch die Bauart bestimmte Höchstgeschwindigkeit von mehr als 40 km/h erreichen (§ 57a Abs. 1 StVZO).

Weitere Ausnahmen gelten für Kfz der Bundeswehr, es sei denn, es handelt sich um Kfz der Bundeswehrverwaltung oder um Busse, Kfz der Feuerwehren und der anderen Einheiten und Einrichtungen des Katastrophenschutzes sowie die in § 18 Abs. 1 der Fahrpersonalverordnung und in den Artikeln 4 Nr. 9 und 13 der EG-Verordnung 3820/85 genannten Kraftfahrzeuge (vgl. § 57a Abs. 1 StVZO).

Das unter b) erwähnte Kontrollgerät ersetzt den Fahrtschreiber (§ 57a Abs. 3 StVZO).

b) Mit einem Kontrollgerät sind auszurüsten:

aa) Fahrzeuge zur Güterbeförderung, deren zulässige Gesamtgewichte einschließlich ihrer Anhänger oder Sattelanhänger 3,5 t übersteigen und

bb) Fahrzeuge zur Personenbeförderung mit mehr als 8 Fahrgastplätzen.

Ausnahmen:

- Fahrzeuge mit einer durch die Bauart bestimmten Höchstgeschwindigkeit von nicht mehr als 30 km/h,
- land- und forstwirtschaftliche Zugmaschinen, die ausschließlich für örtliche land- oder forstwirtschaftliche Arbeiten eingesetzt werden,
- Fahrzeuge, die zur Beförderung im Linienverkehr eingesetzt werden, wenn die Linienlänge 50 km nicht übersteigt,
- Rettungs- und Pannenhilfsfahrzeuge,
- Fahrzeuge im Zirkus- und Schaustellergewerbe;

  weitere Ausnahmen siehe Artikel 4 der EG-Verordnung 3820/85.

c) Rechtsgrundlage: Für die Ausrüstung von Fahrzeugen mit einem Kontrollgerät gilt die EG-Verordnung Nr. 3821/85 i.V.m. der EG-Verordnung Nr. 3820/85. Deshalb wird dieses Gerät auch „EG-Kontrollgerät" genannt.

3. Prüfung der Fahrtschreiber und Kontrollgeräte

An Fahrtschreibern und Kontrollgeräten sind Prüfungen durchzuführen:

a) nach jedem Einbau oder

b) nach jeder Reparatur der Fahrtschreiber- oder Kontrollgeräteanlage oder

c) nach jeder Änderung der Wegdrehzahl oder -impulszahl oder

d) nach jeder Änderung des wirksamen Reifenumfanges,

e) jedoch spätestens innerhalb von 2 Jahren seit der letzten Prüfung (§ 57b Abs. 2 StVZO),

f) sowie bei Kontrollgeräten nach Anhang I B der VO (EWG) Nr. 3821/85 auch dann, wenn die UTC-Zeit von der korrekten Zeit um mehr als 20 Minuten abweicht oder wenn sich das amtliche Kennzeichen des Kfz geändert hat.

4. Ausführende für die Prüfung an Fahrtschreibern und Kontrollgeräten

Die Prüfungen dürfen

a) entweder durch einen hierfür amtlich anerkannten Hersteller für Fahrtschreiber oder Kontrollgeräte (Anlage XVIIIc StVZO) oder

b) durch eine von dem amtlich anerkannten Hersteller ermächtigte Werkstatt nach Maßgabe der Anlage XVIIIc StVZO

sowie

c) von nach Anlage XVIIIc StVZO anerkannten Kfz-Werkstätten durchgeführt werden (§ 57b Abs. 3 StVZO).

5. Umfang der Prüfung von Fahrtschreibern und Kontrollgeräten

Es ist zu prüfen, ob der Einbau, der Zustand, die Messgenauigkeit und die Arbeitsweise vorschriftsmäßig nach den Anlagen XVIII und XVIIIa StVZO sind.

6. § 57a StVZO Fahrtschreiber und Kontrollgerät

(1) Mit einem eichfähigen Fahrtschreiber sind auszurüsten

1. Kraftfahrzeuge mit einem zulässigen Gesamtgewicht von 7,5 t und darüber,
2. Zugmaschinen mit einer Motorleistung von 40 kW und darüber, die nicht ausschließlich für land- oder forstwirtschaftliche Zwecke eingesetzt werden,

3. zur Beförderung von Personen bestimmte Kraftfahrzeuge mit mehr als 8 Fahrgastplätzen.

Dies gilt nicht für

1. Kraftfahrzeuge mit einer durch die Bauart bestimmten Höchstgeschwindigkeit von nicht mehr als 40 km/h,
2. Kraftfahrzeuge der Bundeswehr, es sei denn, dass es sich um Kraftfahrzeuge der Bundeswehrverwaltung oder um Kraftomnibusse handelt,
3. Kraftfahrzeuge der Feuerwehren und der anderen Einheiten und Einrichtungen des Katastrophenschutzes,
4. Fahrzeuge, die in § 18 Abs. 1 der Fahrpersonalverordnung vom 27. Juni 2005 (BGBl. I S. 1882), die zuletzt durch Artikel 1 der Zweiten Verordnung zur Änderung fahrpersonalrechtlicher Vorschriften vom 22. Januar 2008 (BGBl. I S. 54) geändert worden ist, genannt sind, und
5. Fahrzeuge, die in Artikel 3 Buchstabe d bis g und i der Verordnung (EG) Nr. 561/2006 des Europäischen Parlaments und des Rates vom 15. März 2006 über die Harmonisierung bestimmter Sozialvorschriften im Straßenverkehr (ABl. EU Nr. L 102 S. 1) genannt sind.

(1a) Der Fahrtschreiber sowie alle lösbaren Verbindungen der Übertragungseinrichtungen müssen plombiert sein.

(2) Der Fahrtschreiber muss vom Beginn bis zum Ende jeder Fahrt ununterbrochen in Betrieb sein und auch die Haltezeiten aufzeichnen. Die Schaublätter – bei mehreren miteinander verbundenen Schaublättern (Schaublattbündel) das erste Blatt – sind vor Antritt der Fahrt mit dem Namen der Führer sowie dem Ausgangspunkt und Datum der ersten Fahrt zu bezeichnen; ferner ist der Stand des Wegstreckenzählers am Beginn und am Ende der Fahrt oder beim Einlegen und bei der Entnahme des Schaublatts vom Kraftfahrzeughalter oder dessen Beauftragten einzutragen; andere, durch Rechtsvorschriften weder geforderte noch erlaubte Vermerke auf der Vorderseite des Schaublattes sind unzulässig. Es dürfen nur Schaublätter mit Prüfzeichen verwendet werden, die für den verwendeten Fahrtschreibertyp zugeteilt sind. Die Schaublätter sind zuständigen Personen auf Verlangen jederzeit vorzulegen; der Kraftfahrzeughalter hat sie ein Jahr lang aufzubewahren. Auf jeder Fahrt muss mindestens ein Ersatzschaublatt mitgeführt werden.

(3) Die Absätze 1 bis 2 gelten nicht, wenn das Fahrzeug an Stelle eines vorgeschriebenen Fahrtschreibers mit einem Kontrollgerät im Sinne des Anhangs I oder des Anhangs I B der Verordnung (EWG) Nr. 3821/85 des Rates vom 20. Dezember 1985 über das Kontrollgerät im Straßenverkehr (ABl. EG Nr. L 370 S. 8), die zuletzt durch die Verordnung (EG) Nr. 561/2006 des Europäischen Parlaments und des Rates vom 15. März 2006 (ABI. EU Nr. L 102 S. 1) geändert worden ist, ausgerüstet ist. In diesem Fall ist das Kontrollgerät nach Maßgabe des Absatzes 2 zu betreiben; bei Verwendung eines Kontrollgerätes nach Anhang I B der Verordnung (EWG) Nr. 3821/85 muss die Fahrerkarte nicht gesteckt werden. Im Falle des Einsatzes von Kraftomnibussen im Linienverkehr bis 50 Kilometer kann an Stelle des Namens der Führer das amtliche Kennzeichen oder die Betriebsnummer des jeweiligen Fahrzeugs auf den Ausdrucken und Schaublättern eingetragen werden. Die Daten des Massespeichers sind vom Kraftfahrzeughalter alle drei Monate herunterzuladen; § 2 Abs. 5 der Fahrpersonalverordnung gilt entsprechend. Wird bei Fahrzeugen zur Güterbeförderung mit einer zulässigen Gesamtmasse von mindestens 12 t oder bei Fahrzeugen zur Personenbeförderung mit mehr als acht Sitzplätzen außer dem Fahrersitz und einer zulässigen Gesamtmasse von mehr als 10 t, die ab dem 1. Januar 1996 erstmals zum Verkehr zugelassen wurden und bei denen die Übermittlung der Signale an das Kontrollgerät ausschließlich elektrisch erfolgt, das Kontrollgerät ausgetauscht, so muss dieses durch ein Gerät nach Anhang I B der Verordnung (EWG) Nr. 3821/85 ersetzt werden. Ein Austausch des Kontrollgerätes im Sinne des Satzes 5 liegt nur dann vor, wenn das gesamte System bestehend aus Registriereinheit und Geschwindigkeitsgeber getauscht wird.

(4) Weitergehende Anforderungen in Sondervorschriften bleiben unberührt.

§ 57b StVZO Prüfung der Fahrtschreiber und Kontrollgeräte

(1) Halter, deren Kraftfahrzeuge mit einem Fahrtschreiber nach § 57a Abs. 1 oder mit einem Kontrollgerät nach der Verordnung (EWG) Nr. 3821/85 ausgerüstet sein müssen, haben auf ihre Kosten die Fahrtschreiber oder die Kontrollgeräte nach Maßgabe des Absatzes 2 und der Anlagen XVIII und XVIIIa darauf prüfen zu lassen, dass Einbau, Zustand, Messgenauigkeit und Arbeitsweise vorschriftsmäßig sind. Bestehen keine Bedenken gegen die Vorschriftsmäßigkeit, so hat der Hersteller oder die Werkstatt auf oder neben dem Fahrtschreiber oder dem Kontrollgerät gut sichtbar und dauerhaft ein Einbauschild anzubringen. Das Einbauschild muss plombiert sein, es sei denn, dass es sich nicht ohne Vernichtung der Angaben entfernen lässt. Der Halter hat dafür zu sorgen, dass das Einbauschild die vorgeschriebenen Angaben enthält, plombiert sowie vorschriftsmäßig angebracht und weder verdeckt noch verschmutzt ist.

(2) Die Prüfungen sind mindestens einmal innerhalb von zwei Jahren seit der letzten Prüfung durchzuführen. Außerdem müssen die Prüfungen nach jedem Einbau, jeder Reparatur der Fahrtschreiber- oder Kontrollgeräteanlage, jeder Änderung der Wegdrehzahl oder Wegimpulszahl und nach jeder Änderung des wirksamen Reifenumfanges des Kraftfahrzeuges sowie bei Kontrollgeräten nach Anhang I B der Verordnung (EWG) Nr. 3821/85 auch dann, wenn die UTC-Zeit von der korrekten Zeit um mehr als 20 Minuten abweicht oder wenn sich das amtliche Kennzeichen des Kraftfahrzeuges geändert hat, durchgeführt werden.

(3) Die Prüfungen dürfen nur durch einen nach Maßgabe der Anlage XVIIIc hierfür amtlich anerkannten Fahrtschreiber- oder Kontrollgerätehersteller oder durch von diesen beauftragte Kraftfahrzeugwerkstätten und durch nach Maßgabe der Anlage XVIIId anerkannte Kraftfahrzeugwerkstätten durchgeführt werden. Die Prüfungen dürfen nur an Prüfstellen vorgenommen werden, die den in Anlage XVIIIb festgelegten Anforderungen entsprechen.

(4) Wird der Fahrtschreiber oder das Kontrollgerät vom Fahrzeughersteller eingebaut, so hat dieser, sofern er hierfür nach Anlage XVIIIc amtlich anerkannt ist, die Einbauprüfung nach Maßgabe der Anlage XVIIIa durchzuführen und das Gerät zu kalibrieren. Die Einbauprüfung und Kalibrierung kann abweichend von Satz 1 auch durch einen hierfür anerkannten Fahrzeugimporteur durchgeführt werden. Die Einbauprüfung darf nur an einer Prüfstelle durchgeführt werden, die den in Anlage XVIIIb festgelegten Anforderungen entspricht.

Anlage XVIII StVZO (zu § 57b Abs. 1)

Prüfung der Fahrtschreiber und Kontrollgeräte

1. Voraussetzungen für die Prüfung von Fahrtschreibern und Kontrollgeräten

1.1 Fahrtschreiber und Kontrollgeräte müssen nach Maßgabe des Herstellers eingebaut sein.
Fahrtschreiber und Kontrollgeräte müssen im Kraftfahrzeug so angebracht sein, dass für den Fahrer alle notwendigen Funktionen vom Fahrersitz aus zugänglich sind.

1.2 Zum Zwecke des Einbaues müssen Kontrollgeräte nach Anhang I B der Verordnung (EWG) Nr. 3821/85 in nicht aktiviertem Zustand geliefert worden sein, wobei alle in Kapitel III Abschnitt 20 des Anhangs I B der Verordnung (EWG) Nr. 3821/85 aufgeführten Kalibrierungsparameter auf geeignete und gültige Standardwerte eingestellt sein müssen. Liegt kein bestimmter Wert vor, müssen Buchstaben-Parameter auf „?" und numerische Parameter auf „0" gesetzt sein. Das Kontrollgerät muss vor der Aktivierung kalibrierfähig sein.

1.3 Während des Einbaues müssen alle bekannten Parameter voreingestellt worden sein.

1.4 Das eingebaute Kontrollgerät muss spätestens am endgültigen Einbaustandort aktiviert worden sein.

1.5 Gegebenenfalls erforderliche Koppelungen zwischen dem Weg- und/oder Geschwindigkeitsgeber und der Fahrzeugeinheit müssen automatisch während der Aktivierung des Kontrollgerätes stattfinden. Die Aktivierung des Kontrollgerätes wird durch das erstmalige Einstecken einer Werkstattkarte in eine der beiden Kartenschnittstellen automatisch ausgelöst.

1.6 Nach dem Einbau muss eine Kalibrierung erfolgt sein. Bei der Erstkalibrierung, die innerhalb von zwei Wochen nach dem Einbau oder nach der Zuteilung des amtlichen Kennzeichens für das Kraftfahrzeug erfolgt sein muss, je nachdem, welches Ereignis zuletzt eintritt, muss das amtliche Kennzeichen des Kraftfahrzeugs eingegeben worden sein.

2. Datensicherung bei Reparatur oder Austausch des Kontrollgerätes nach Anhang I B der Verordnung (EWG) Nr. 3821 /85

Wird im Rahmen einer Prüfung ein defektes digitales Kontrollgerät repariert oder ausgetauscht, so hat das Unternehmen, das die Prüfung durchführt, die im Speicher des defekten Gerätes befindlichen Daten auf einen Datenträger zu kopieren und hierüber eine Bescheinigung nach dem Muster im Anhang zu dieser Anlage auszustellen. Die kopierten Daten sind bis zur Weitergabe an den Berechtigten, längstens jedoch für die Dauer von zwei Jahren zu speichern und nach der Weitergabe oder nach Fristablauf unverzüglich zu löschen. Ist ein Kopieren der Daten nicht möglich, so ist hierüber ebenfalls eine Bescheinigung nach dem Muster im Anhang zu dieser Anlage auszustellen. Das Unternehmen hat eine Kopie der nach Satz 1 oder Satz 3 ausgestellten Bescheinigungen für die Dauer eines Jahres in Papierform aufzubewahren.

3. Art und Gegenstand der Prüfung

Bei Kraftfahrzeugen, die mit Fahrtschreibern oder Kontrollgeräten nach § 57b Abs. 1 ausgerüstet sind, ist bei der Einbauprüfung und allen weiteren Prüfungen der Fahrtschreiber und Kontrollgeräte die Einhaltung der Bestimmungen der Verordnung (EWG) Nr. 3821/85 festzustellen.

4. Durchführung der Prüfung, Nachweise 4.1

Prüfungen nach § 57b Abs. 1 sind nach Maßgabe der Anlage XVIIIa durchzuführen.

4.2 Das nach Abschluss der Prüfung anzubringende Einbauschild muss folgende Angaben enthalten:

a) Name, Anschrift oder Firmenzeichen des anerkannten Fahrtschreiber- oder Kontrollgeräteherstellers oder der von diesem beauftragten Kraftfahrzeugwerkstatt oder Name, Anschrift oder Firmenzeichen des anerkannten Fahrzeugherstellers, des anerkannten Fahrzeugimporteurs oder der anerkannten Kraftfahrzeugwerkstatt,

b) Wegimpulszahl des Kraftfahrzeuges in der Form „w = … Imp/km“ bei elektronischem Fahrtschreiber oder Kontrollgerät, Wegdrehzahl des Kraftfahrzeuges in der Form „w = … U/km“ bei mechanischem Fahrtschreiber oder Kontrollgerät,

c) Konstante des Kontrollgerätes in der Form „k = … Imp/km“,

d) tatsächlicher Reifenumfang in der Form „L = … mm“,

e) Reifengröße,

f) Datum der Bestimmung der Wegimpulszahl des Kraftfahrzeuges und der Messung des tatsächlichen Reifenumfanges und

g) Fahrzeug-Identifizierungsnummer 17-stellig (bei Kontrollgeräten nach Anhang I der Verordnung (EWG) Nr. 3821/85 genügen die letzten 8 Zeichen).

4.3 Über jede durchgeführte Prüfung ist ein Nachweis zu führen. In dem Nachweis sind anzugeben:

a) bei Prüfungen nach § 57b Abs. 1 Halter, Hersteller, Fahrzeug-Identifizierungsnummer (bei Kontrollgeräten nach Anhang I der Verordnung (EWG) Nr. 3821/85 genügen die letzten 8 Zeichen) sowie amtliches Kennzeichen des betreffenden Kraftfahrzeuges, das Ergebnis

der Prüfung und das Datum der Anbringung des Einbauschildes,

b) bei Einbauprüfungen im Sinne des § 57b Abs. 4 die Fahrzeug-Identifizierungsnummer (bei Kontrollgeräten nach Anhang I der Verordnung (EWG) Nr. 3821/85 genügen die letzten 8 Zeichen) des betreffenden Kraftfahrzeuges, das Ergebnis der Prüfung und das Datum der Anbringung des Einbauschildes.

Der Prüfnachweis ist von dem Unternehmen, das die Prüfung durchgeführt hat, drei Jahre lang aufzubewahren und zuständigen Personen auf Verlangen zur Prüfung vorzulegen.

5. Plombierung

5.1 Folgende Geräteteile müssen plombiert werden:

- jeder Anschluss, sofern es bei einer Trennung der Verbindung zu nicht nachweisbaren Änderungen oder nicht feststellbaren Datenverlusten kommen würde, und
- das Einbauschild, es sei denn, es ist so angebracht, dass es sich nicht ohne Vernichtung der Angaben entfernen lässt.

5.2 Die genannten Plombierungen dürfen entfernt werden:

- in Notfällen,
- um einen Geschwindigkeitsbegrenzer oder ein anderes der Sicherheit im Straßenverkehr dienendes Gerät einzubauen, zu justieren oder zu reparieren, sofern das Kontrollgerät auch dann noch zuverlässig und ordnungsgemäß arbeitet und von einem anerkannten Fahrtschreiber- oder Kontrollgerätehersteller, einer von diesem beauftragten Werkstatt oder von einer anerkannten Werkstatt unmittelbar nach dem Einbau des Geschwindigkeitsbegrenzers oder des anderen der Sicherheit im Straßenverkehr dienenden Gerätes, spätestens jedoch sieben Tage nach der Entfernung, wieder plombiert wird,
- zur Prüfung der Funktion des Geschwindigkeitsbegrenzers im Rahmen der Hauptuntersuchung nach § 29 durch den amtlich anerkannten Sachverständigen oder Prüfer oder Prüfingenieur; die Plombierung ist durch den amtlich anerkannten Sachverständigen oder Prüfer oder Prüfingenieur unmittelbar nach Abschluss der Funktionsprüfung des Geschwindigkeitsbegrenzers wieder herzustellen.

5.3 Jede Verletzung der Plombierung muss Gegenstand einer schriftlichen Begründung sein. Die Begründung ist für die Dauer von drei Jahren aufzubewahren und den zuständigen Personen auf Verlangen zur Prüfung vorzulegen.

Anhang (zu Anlage XVIII)

Muster
für eine Bescheinigung über das Herunterladen von Daten / über die Unmöglichkeit des Herunterladens von Daten

Vorbemerkung

Wird bei einem Kraftfahrzeug das Kontrollgerät ausgetauscht oder besteht die Möglichkeit, dass nach einer Reparatur nicht mehr auf die im Massenspeicher gespeicherten Daten zugegriffen werden kann, ist das betroffene Transportunternehmen davon in Kenntnis zu setzen, dass die im Kontrollgerät gespeicherten Daten entweder heruntergeladen worden sind und diesem Unternehmen auf Verlangen zur Verfügung gestellt werden, oder dass die im Kontrollgerät gespeicherten Daten nicht heruntergeladen werden konnten. Dies hat durch die Ausstellung einer Bescheinigung nach dem beigefügten Muster zu erfolgen.

Bescheinigungen können in „Heftform" und nach Bedarf in zwei- oder dreifacher Ausfertigung erstellt werden. Sie sind in der Überschrift mit der Länderkennzahl 1 für Deutschland und einer fortlaufenden Nummerierung zu versehen, die durch Schrägstrich von der Länderkennzahl abzugrenzen ist. Das Original ist zusammen mit der Rechnung für die ausgeführten Arbeiten dem Fahrer auszuhändigen oder kann dem Transportunternehmen per Post zugeleitet werden. Eine Ausfertigung verbleibt im Heft und wird bei dem Unternehmen, das die Bescheinigung ausgestellt hat, zur Prüfung durch die zuständige Behörde verwahrt.

Die Bescheinigung ist zu unterschreiben und mit einem Firmenstempel zu versehen.

Muster
Bescheinigung Nummer: 1/XXXX
Kontrollgerät nach Anhang I B der Verordnung (EWG) Nr. 3821/85
Bescheinigung über das Herunterladen von Daten / über die Unmöglichkeit des Herunterladens von Daten*)

1. Das Kontrollgerät, das nachfolgend unter Nummer 2 beschrieben ist und im Fahrzeug mit dem amtlichen Kennzeichen : .... eingebaut war/ist*), wurde ausgetauscht/repariert*) am: (Datum) ....

Angaben zum Kontrollgerät

2. Hersteller: ....

Modell: ....

Seriennummer: ....

3. Die im Kontrollgerät gespeicherten Daten*)

(a) **wurden heruntergeladen** und können zur Verfügung gestellt werden (siehe nachfolgende Bemerkungen)

(b) **konnten nicht heruntergeladen werden** und sind daher nicht verfügbar,

– weil ....

– folgende Versuche zur Reparatur des Kontrollgerätes, die ein Herunterladen der Daten ermöglichen sollten, wurden unternommen: ....
....

Bemerkungen

(a) Heruntergeladene Daten können nur dem betroffenen Transportunternehmen zur Verfügung gestellt werden, d.h. dem Unternehmen, das sich mittels einer Unternehmenskarte in das Kontrollgerät eingeloggt hat.

(b) Nur Daten, die sich auf das betroffene Transportunternehmen beziehen, können diesem Unternehmen zur Verfügung gestellt werden.

(c) Für den Zugriff auf die Daten ist ein Berechtigungsnachweis erforderlich.

(d) Die Daten werden nur auf Antrag übermittelt. Der Antrag ist schriftlich an die unten genannte Adresse des Unternehmens zu richten, das die Daten zur Übermittlung bereithält. In dem Antrag ist anzugeben, wie die Daten übermittelt werden sollen (z.B. per Einschreiben, E-Mail etc.).

(e) Die Daten werden nur für einen Zeitraum von zwei Jahren ab dem unter Nummer 1 genannten Tag aufbewahrt und nach Ablauf dieses Zeitraums vernichtet.

(f) Für die Übermittlung der Daten wird ein Entgeld in Höhe von € .... erhoben.

Unternehmen, das die Daten zur Übermittlung bereithält:

Datum, Unterschrift, Firmenstempel

Anlage XVIIIa StVZO (zu § 57b Abs. 1)

Durchführung der Prüfungen von Fahrtschreibern und Kontrollgeräten

1. Allgemeines

Prüfungen der Fahrtschreiber und Kontrollgeräte sind nach den Vorschriften dieser Anlage unter Beachtung der gegebenenfalls dazu im Verkehrsblatt – Amtsblatt des Bundesministeriums für Verkehr, Bau und Stadtentwicklung der Bundesrepublik Deutschland – veröffentlichten Richtlinien durchzuführen.

2. Prüfungsfälle

2.1 Prüfungen von Fahrtschreibern und Kontrollgeräten nach § 57b sind durchzuführen

a) nach dem Einbau,

b) mindestens einmal innerhalb von 2 Jahren nach der letzten Prüfung,

c) nach jeder Reparatur an der Fahrtschreiber- oder Kontrollgeräteanlage,

d) nach jeder Änderung der Wegdrehzahl/Wegimpulszahl des Kraftfahrzeuges und

e) nach jeder Änderung des wirksamen Reifenumfanges des Kraftfahrzeuges, die sich aus der Änderung der Reifengröße ergibt.

2.2 An Kontrollgeräten nach Anhang I B der Verordnung (EWG) Nr. 3821/85 sind zusätzlich Prüfungen durchzuführen

a) nach jeder Änderung des amtlichen Kennzeichens des Kraftfahrzeuges oder

b) wenn die UTC-Zeit von der korrekten Zeit um mehr als 20 Minuten abweicht.

3. Durchführung der Prüfung

3.1 Einbauprüfungen, Nachprüfungen und Reparaturen von Fahrtschreibern und Kontrollgeräten nach Anhang I der Verordnung (EWG) Nr. 3821/85.

3.1.1 Einbau, Funktionsprobe und Nachprüfung (bei Prüfungen nach Nummer 2.1).

3.1.1.1 Der Fahrtschreiber oder das Kontrollgerät ist in das Fahrzeug einzubauen sowie mechanisch und elektrisch anzuschließen.

3.1.1.2 Es ist eine Funktionsprobefahrt durchzuführen (entfällt bei Rollenprüfstand).

3.1.1.3 Die Anlage ist an den lösbaren mechanischen oder elektrischen Verbindungen mit Plombenzeichen zu plombieren.

3.1.1.4 Bei Nachprüfungen des eingebauten Fahrtschreibers oder Kontrollgerätes in den Fällen der Nummer 2.1 Buchstabe b bis e wird die angeglichene Wegdrehzahl geprüft und im Einbauschild unter w eingetragen; bei Fahrtschreibern oder Kontrollgeräten mit elektronischer Angleichung der Gerätekonstante an die Wegimpulszahl des Fahrzeuges wird die Wegimpulszahl geprüft und im Einbauschild unter w eingetragen.

3.1.2 Angleichung des Fahrtschreibers oder des Kontrollgerätes an das Kraftfahrzeug.

3.1.2.1 Die Gerätekonstante auf dem Einbauschild ist festzustellen.

3.1.2.2 Das Wegdrehzahl- oder Wegimpulsmessgerät ist am Fahrzeug anzuschließen, danach ist das Fahrzeug abzurollen.

3.1.2.3 Die Wegdrehzahl/Wegimpulszahl w ist auf einer geeigneten ebenen Prüfstrecke von mindestens 40 m festzustellen; ersatzweise kann eine 20 m lange Messstrecke bei Verwendung eines elektronischen Wegimpulszahlmessgerätes gewählt werden.

3.1.2.4 Die Messung der Wegdrehzahl/Wegimpulszahl w kann auch auf einem für diese Zwecke geeigneten Rollenprüfstand durchgeführt werden (w = Anzahl der Umdrehungen oder Impulse des Geräteanschlusses am Fahrzeug bezogen auf eine Wegstrecke von 1 km).

3.1.2.5 Bei Fahrtschreibern und Kontrollgeräten mit mechanischer Angleichung ist die Wegdrehzahl w an Gerätekonstante k innerhalb ± 2 % so anzugleichen, dass das Gerät im eingebauten Zustand die Fehlergrenze nach Anhang I Kapitel III Buchstabe f Nr. 2 der Verordnung (EWG) Nr. 3821/85 einhalten kann. Die Angleichung ist mittels Zwischengetriebe vorzunehmen und auf Einhaltung der Fehlergrenzen zu überprüfen. Bei Fahrtschreibern oder Kontrollgeräten mit elektronischer Angleichung der Gerätekonstante an die Wegimpulszahl des Fahrzeuges sind ebenfalls die Fehlergrenzen nach Anhang I Kapitel III Buchstabe f Nr. 2 der Verordnung (EWG) Nr. 3821/85 einzuhalten.

3.1.2.6 Die Messung des Fahrzeuges ist wie folgt vorzunehmen:

a) mit unbeladenem Fahrzeug in fahrbereitem Zustand nur mit einem Fahrer besetzt,

b) mit verkehrssicheren Fahrzeugreifen und dem vom Fahrzeughersteller empfohlenen Innendruck,

c) durch nachfolgend beschriebene Bewegung des Fahrzeuges:

Das Fahrzeug muss sich mit eigener Motorkraft geradlinig auf ebenem Gelände und mit einer Geschwindigkeit von 50 ± 5 km/h fortbewegen. Die Messstrecke muss mindestens 1.000 m betragen.

Die Prüfung kann auch mit anderen Methoden, wie z.B. auf einem Prüfstand durchgeführt werden, sofern eine vergleichbare Genauigkeit gewährleistet ist.

3.1.2.7 Der nach Nummer 3.1.2.6 Buchstabe a und b zu berücksichtigende Normalzustand des Fahrzeuges kann aus anderen betrieblichen Zuständen des Fahrzeuges durch Korrektur der zugehörigen Messwerte rechnerisch angenähert sein (vgl. die Korrekturwerte bzw. die Korrekturtabellen der Fahrtschreiberhersteller).

3.1.2.8 Die Antriebswelle ist auf gute Verlegung und einwandfreien Lauf zu prüfen.

3.1.3 Untersuchung des Fahrtschreibers oder des Kontrollgerätes auf Eigenfehler (bei Prüfungen nach Nummer 2.1 Buchstabe a bis c)

3.1.3.1 Das Schaublatt ist mit den Fahrzeugdaten und Datum auszufüllen und in den Fahrtschreiber oder in das Kontrollgerät einzulegen.

3.1.3.2 Der Fahrtschreiber oder das Kontrollgerät ist als separate Komponente mit einem Prüfgerät zu kontrollieren; dabei dürfen die Abweichungen höchstens betragen:

a) zurückgelegte Wegstrecke:

± 1 %, bezogen auf 1.000 m,

b) Geschwindigkeit:

± 3 km/h (gilt bis Messbereich 125 km/h),

c) Zeit:

± 2 Minuten pro Tag oder

± 10 Minuten nach 7 Tagen.

3.1.3.3 Es ist ein Prüfdiagramm wie folgt zu erstellen:

a) Es sind drei Messpunkte nach Geschwindigkeitsanzeige anzufahren (z.B. 40, 80, 120 für Messbereich 125 km/h).

b) Leitliniendiagramm

Es ist kurzzeitig bis zum Endpunkt hochzufahren und das Prüfgerät ist nach ca. 60 Sekunden auszuschalten = zeitlose Abfalllinie.

c) Es ist wieder bis zum Endpunkt hochzufahren und danach in drei Stufen mit jeweils 60 Sekunden Verharrung auf jeden Messpunkt abwärts zu schreiben.

d) Das Prüfschaublatt ist durch ein Auswertgerät mit Lupe zu kontrollieren.

Bei nichtauswertbarem Aufschrieb muss der Fahrtschreiber oder das Kontrollgerät instandgesetzt werden; anschließend ist die Überprüfung nach Nummer 3.1.3 zu wiederholen.

3.1.3.4 Die Prüfung nach Nummer 3.1.3 entfällt beim Einbau, wenn die Prüfung bereits vom Gerätehersteller vorgenommen wurde und nicht länger als ein Jahr zurückliegt.

3.2 Einbauprüfungen, Nachprüfungen und Reparaturen von Kontrollgeräten nach Anhang I B der Verordnung (EWG) Nr. 3821/85.

3.2.1 Bei neuen oder reparierten Kontrollgeräten wird die ordnungsgemäße Arbeitsweise und die Genauigkeit der Anzeigen und Aufzeichnungen innerhalb der in den Nummern 3.2.5.1 und 3.2.5.2 festgelegten Fehlergrenzen durch die vom Hersteller oder der Werkstatt vorgenommene Plombierung bestätigt und muss beim Einbau oder der Eingabe des Fahrzeugkennzeichens nicht nochmals überprüft werden, sondern es sind lediglich die Prüfungen nach Nummer 3.2.3 Buchstabe c bis f durchzuführen.

3.2.2 Einbauprüfung

Beim Einbau in ein Fahrzeug muss die Gesamtanlage (einschließlich Kontrollgerät) den Vorschriften über die in den Nummern 3.2.5.1 und 3.2.5.2 festgelegten Fehlergrenzen entsprechen.

3.2.3 Regelmäßige Nachprüfung

Regelmäßige Nachprüfungen müssen bei jedem der unter Nummer 2 aufgeführten Prüfungsfälle erfolgen. Überprüft werden mindestens:

a) die ordnungsgemäße Arbeitsweise des Kontrollgerätes einschließlich der Datenspeicherung auf den Kontrollgerätekarten,

b) die Einhaltung der in den Nummern 3.2.5.1 und 3.2.5.2 aufgeführten Fehlergrenzen des Gerätes in eingebautem Zustand,

c) das Vorhandensein des Prüfzeichens auf dem Kontrollgerät,

d) das Vorhandensein des Einbauschildes,

e) die Unversehrtheit der Plombierung des Gerätes und der anderen Einbauteile,

f) die Reifengröße und der tatsächliche Reifenumfang.

Bestandteil der Überprüfung muss eine Kalibrierung nach Nummer 3.3 sein.

3.2.4 Messung der Anzeigefehler

Die Messung der Anzeigefehler beim Einbau und während der Benutzung wird unter folgenden Bedingungen, die als normale Prüfbedingungen anzusehen sind, durchgeführt:

- unbeladenes Fahrzeug in fahrbereitem Zustand,
- Reifendrücke gemäß Angaben des Herstellers,
- Reifenabnutzung innerhalb der zulässigen Grenzen der Straßenverkehrs-Zulassungs-Ordnung,
- Bewegung des Fahrzeuges:
  Das Fahrzeug muss sich mit eigener Motorkraft geradlinig auf ebenem Gelände und mit einer Geschwindigkeit von 50 ± 5 km/h fortbewegen. Die Messstrecke muss mindestens 1.000 m betragen. Die Prüfung kann auch mit anderen Methoden, wie z.B. auf einem Prüf-

stand durchgeführt werden, sofern eine vergleichbare Genauigkeit gewährleistet ist.

3.2.5 Fehlergrenzen

3.2.5.1 Messung der zurückgelegten Wegstrecke

3.2.5.1.1 Die Messung kann erfolgen:

– als Kumulierung der Vorwärts- und der Rückwärtsfahrt oder

– nur beim Vorwärtsfahren.

3.2.5.1.2 Das Kontrollgerät muss Wegstrecken von 0 bis 9.999.999,9 km messen können.

3.2.5.1.3 Die simuliert gemessene Wegstrecke muss innerhalb folgender Fehlergrenzen liegen (Strecken von mindestens 1.000 m):

– ± 1 % vor dem Einbau,

– ± 2 % beim Einbau und bei den regelmäßigen Nachprüfungen,

– ± 4 % während des Betriebes.

3.2.5.1.4 Die Wegstreckenmessung hat auf mindestens 0,1 km genau zu erfolgen.

3.2.5.2 Geschwindigkeitsmessung

3.2.5.2.1 Das Kontrollgerät muss Geschwindigkeiten von 0 bis 220 km/h messen können.

3.2.5.2.2 Zur Gewährleistung einer zulässigen Fehlergrenze der angezeigten Geschwindigkeit im Betrieb von ± 6 km/h und unter der Berücksichtigung

– einer Fehlergrenze von ± 2 km/h für Eingangsabweichung (Reifenabweichung),

– einer Fehlergrenze von ± 1 km/h beim Einbau oder der regelmäßigen Nachprüfung

darf das Kontrollgerät bei Geschwindigkeiten zwischen 20 und 180 km/h und bei Wegimpulszahlen des Fahrzeuges zwischen 4.000 bis 25.000 Imp/km die Geschwindigkeit innerhalb einer Fehlergrenze von ± 1 km/h (bei konstanter Geschwindigkeit) messen. Aufgrund der Auflösung der Datenspeicherung ergibt sich eine weitere zulässige Fehlergrenze von 0,5 km/h für die im Kontrollgerät gespeicherte Geschwindigkeit.

3.2.5.2.3 Die Geschwindigkeitsmessung muss auf mindestens 1 km/h genau erfolgen.

3.2.6 Die Prüfabläufe und die Erstellung des Prüfdiagramms müssen nach den Vorgaben des Kontrollgeräteherstellers erfolgen.

3.3 Kalibrierung

Bei der Kalibrierung müssen folgende Vorgänge ausgeführt werden:

a) Koppelung des Weg- und/oder Geschwindigkeitsgebers mit der Fahrzeugeinheit,

b) digitale Angleichung der Konstante des Kontrollgerätes (k) an die Wegimpulszahl (w) des Fahrzeuges (Kraftfahrzeuge mit mehreren Hinterachsuntersetzungen müssen mit einer Umschalteinrichtung ausgerüstet sein, durch die die verschiedenen Untersetzungsverhältnisse automatisch auf die Wegimpulszahl gebracht werden, für die das Gerät abgestimmt wurde),

c) Kontrolle und gegebenenfalls Einstellung der aktuellen Uhrzeit (UTC-Zeit), gegebenenfalls die Einstellung des aktuellen Kilometerstandes (Gerätetausch),

d) Aktualisierung der im Massenspeicher gespeicherten Kenndaten des Weg- und/oder Geschwindigkeitsgebers,

e) Aktualisierung oder Bestätigung der anderen dem Kontrollgerät bekannten Parameter wie: Fahrzeugkennung:

– Fahrzeugkennzeichen,

- Fahrzeug-Identifizierungsnummer,
- zulassender Mitgliedstaat (Country Code);

Fahrzeugmerkmale:

- Wegimpulszahl (w),
- Konstante (k),
- Reifenumfang (L),
- Reifengröße,
- UTC-Zeit,
- aktueller Kilometerstand,
- Wert der gesetzlich vorgeschriebenen Abregelgeschwindigkeit des Fahrzeuges.

Nach der Kalibrierung muss ein Ausdruck der technischen Daten am Kontrollgerät sowie ein Download der Werkstattkartendaten erstellt werden. Das Kalibrierungsprotokoll muss zusammen mit dem Prüfnachweis für drei Jahre aufbewahrt werden.

Anlage XVIIIb StVZO (zu § 57b Abs. 3 und 4)

Prüfstellen für die Durchführung von Prüfungen der Fahrtschreiber und Kontrollgeräte

1. Allgemeines

1.1 Prüfungen der Fahrtschreiber und Kontrollgeräte sind unter gleichen Voraussetzungen und nach gleichen technischen Standards durchzuführen.

1.2 Prüfungen der Fahrtschreiber und Kontrollgeräte dürfen nur an Stellen durchgeführt werden, an denen die in dieser Anlage beschriebenen Einrichtungen, Ausstattungen und Unterlagen für die Durchführung der Prüfungen vorhanden sind (Prüfstellen).

1.3 Die Einhaltung der für die eingesetzten Mess-/Prüfgeräte geltenden Vorschriften ist von dem Betreiber der Prüfungsstelle sicherzustellen. Werden die Vorschriften nicht eingehalten, ist die Durchführung von Prüfungen der Fahrtschreiber und Kontrollgeräte bis zur Wiederherstellung des ordnungsgemäßen Zustandes unzulässig.

2. Einrichtungen und Ausstattungen

In Abhängigkeit von den durchzuführenden Prüfungen der Fahrtschreiber und Kontrollgeräte müssen ständig vorhanden sein:

2.1 Grundausstattung:

a) Grube, Hebebühne oder Rampe,

b) geeigneter und eichfähiger Rollenprüfstand oder entsprechend genaue Messeinrichtung,

c) eichfähige Prüfgeräte für Geschwindigkeits- und Wegstreckenmessungen sowie für den entsprechenden Aufschrieb,

d) eichfähiges Wegdrehzahlmessgerät,

e) Auswertegerät mit Lupe für Schaublattprüfungen,

f) Uhrenprüfgerät,

g) Prüfschablonen,

h) Plombiereinrichtung und Plombierungszeichen,

i) Reifenfüllanlage mit geeichtem Reifenluftdruckmessgerät,

j) Werkzeuge und weitere Messgeräte nach Weisung des Fahrtschreiber- oder Kontrollgeräteherstellers.

2.2 Zusatzausstattung für Prüfungen an Kontrollgeräten nach Anhang I B der Verordnung (EWG) Nr. 3821/85:

a) eine Werkstattkarte nach Anhang I B der Verordnung (EWG) Nr. 3821/85,

b) eine Einrichtung zum Herunterladen der Kontrollgerätedaten und beim Gerätetausch zur Weitergabe der Massenspeicherdaten an den Fahrzeughalter,

c) ein eichfähiges Prüfgerät zur Programmierung der Geräteparameter nach Anhang I B der Verordnung (EWG) Nr. 3821 /85,

d) eine Einrichtung für die elektronische Archivierung und Sicherung der Prüfungsdaten zu den durchgeführten Prüfungen.

Die gespeicherten Prüfungsdaten, die Plombiereinrichtungen, die Werkstattkarten sowie die Formulare zur Bestätigung über die Unmöglichkeit des Herunterladens der Daten sind durch geeignete Maßnahmen gegen unberechtigten Zugriff und Diebstahl zu schützen.

2.3 Zur laufenden Unterrichtung der für die Durchführung der Prüfung eingesetzten verantwortlichen Fachkräfte sind die nachfolgend aufgeführten Unterlagen bereit und auf dem aktuellen Stand zu halten:

a) die für die Durchführung von Prüfungen der Fahrtschreiber und Kontrollgeräte einschlägigen Vorschriften der Straßenverkehrs-Zulassungs-Ordnung in der jeweils aktuellen Fassung,

b) die im Verkehrsblatt – Amtsblatt des Bundesministeriums für Verkehr, Bau und Stadtentwicklung der Bundesrepublik Deutschland – veröffentlichten Richtlinien, die für die Durchführung der Prüfung erforderlich sind,

c) Technische Daten und Prüfanleitungen der in Frage kommenden Fahrtschreiber und Kontrollgeräte und

d) eine Übersicht über die erfolgte Schulung der zur Prüfung eingesetzten Fachkräfte unter Angabe der Art der Schulung und des Datums, bis zu dem die Schulung der jeweiligen Fachkraft spätestens erneut durchgeführt werden muss.

Anlage XVIIIc StVZO (zu § 57b Abs. 3 und 4)

Anerkennung von Fahrtschreiber- oder Kontrollgeräteherstellern und von Fahrzeugherstellern oder Fahrzeugimporteuren zur Durchführung von Prüfungen

1. Allgemeines

1.1 Die Anerkennung von Fahrtschreiber- oder Kontrollgeräteherstellern für die Durchführung von Prüfungen allgemein sowie von Fahrzeugherstellern oder Fahrzeugimporteuren zur Durchführung von Einbauprüfungen der Fahrtschreiber und Kontrollgeräte obliegt der obersten Landesbehörde oder den von ihr bestimmten oder nach Landesrecht zuständigen Stellen.

1.2 Die Anerkennung kann erteilt werden

a) zur Vornahme der Prüfungen durch den Antragsteller selbst,

b) für Kontrollgerätehersteller auch zur Beauftragung von Kraftfahrzeugwerkstätten, die die Prüfungen vornehmen.

Lässt der Antragsteller die Prüfungen durch von ihm beauftragte Kraftfahrzeugwerkstätten vornehmen, muss er nachweisen, dass er durch entsprechende Überwachungs- und Weisungsbefugnisse sichergestellt hat, dass bei den Werkstätten die Voraussetzungen der Anlage XVIIIb und der Anlage XVIIId Nr. 2 und 3 vorliegen und die Durchführung der Prüfungen ordnungsgemäß erfolgt. Eine Kraftfahrzeugwerkstatt, die bereits für die Prüfung von Kontrollgeräten und Fahrtschreibern nach Anhang I der Verordnung (EWG) Nr. 3821/85 ermächtigt ist, kann, sofern sie die notwendigen Bedingungen an Ausrüstung, Schulung und Sicherheit erfüllt, zur Durchführung der Prüfungen von Kontrollgeräten nach Anhang I B der Verordnung (EWG) Nr. 3821/85 vom bisherigen Fahrtschreiber- oder Kontrollgerätehersteller beauftragt werden. Sofern eine Kraftfahrzeugwerkstatt eine Erweiterung beantragt, ist diese nur zu erteilen, wenn die Voraussetzungen für eine Prüfberechtigung für Kontrollgeräte nach Anhang I und Anhang I B der Verordnung (EWG) Nr. 3821/85 erfüllt sind. Der Hersteller darf keine Werkstatt beauftragen, die bereits selbst von einer Anerkennungsstelle nach Anlage XVIIId anerkannt ist oder deren Anerkennung wegen Missachtung einschlägiger Vorschriften dauerhaft entzogen wurde.

1.3 Für die Anerkennung muss der Fahrtschreiber- oder Kontrollgerätehersteller nachweisen, dass er Inhaber einer allgemeinen Bauartgenehmigung für Fahrtschreiber nach § 22a dieser Verordnung oder einer EG-

Bauartgenehmigung für Kontrollgeräte nach der Verordnung (EWG) Nr. 3821/85 ist.

1.4 Fahrzeugimporteure können wie Fahrzeughersteller im Sinne dieser Anlage für die Einbauprüfung anerkannt werden, wenn sie an Fahrzeugen, die außerhalb des Geltungsbereichs der Straßenverkehrs-Zulassungs-Ordnung hergestellt worden sind, für den jeweiligen Fahrzeughersteller die Einbauprüfung vornehmen.

2. Allgemeine Voraussetzungen

2.1 Voraussetzung für eine Anerkennung ist, dass der Antragsteller, bei juristischen Personen die nach Gesetz oder Satzung zur Vertretung befugten Personen sowie die für die Durchführung von Prüfungen der Fahrtschreiber und Kontrollgeräte verantwortlichen Fachkräfte persönlich zuverlässig sind. Ein Führungszeugnis und ein Auszug aus dem Verkehrszentralregister sind jeweils vorzulegen.

2.2 Die Anerkennung zur Durchführung der Prüfungen durch den Antragsteller kann erteilt werden, wenn er nachweist, dass er die Anforderungen der Anlage XVIIId, ausgenommen Nummer 2.2, erfüllt und über mindestens eine Prüfstelle nach Anlage XVIIIb verfügt.

3. Nebenbestimmungen

Die Anerkennung kann mit Auflagen verbunden werden, die erforderlich sind, um sicherzustellen, dass die Prüfungen ordnungsgemäß durchgeführt werden und dass die Sicherheit nach Maßgabe der Anlage 10 des Anhangs I B der Verordnung (EWG) Nr. 3821/85 gewährleistet ist.

4. Rücknahme der Anerkennung

Die Anerkennung ist zurückzunehmen, wenn bei ihrer Erteilung eine der in Nummer 2 genannten Voraussetzungen nicht vorgelegen hat. Von der Rücknahme kann abgesehen werden, wenn der Mangel nicht mehr besteht.

5. Widerruf der Anerkennung

Die Anerkennung ist zu widerrufen, wenn nachträglich eine der in Nummer 2 genannten Voraussetzungen weggefallen ist. Sie ist auch dann zu widerrufen, wenn der Antragsteller vorsätzlich oder grob fahrlässig gegen die Vorschriften zur Durchführung der Prüfungen verstoßen hat, wenn die Prüfungen nicht ordnungsgemäß durchgeführt wurden, die Sicherheit nach Anlage 10 des Anhangs I B der Verordnung (EWG) Nr. 3821/85 nicht gewährleistet ist oder wenn die mit der Anerkennung verbundenen Auflagen nicht eingehalten worden sind. Die Anerkennung kann widerrufen werden, wenn von ihr innerhalb von sechs Monaten kein Gebrauch gemacht worden ist.

6. Aufsicht

6.1 Die Anerkennungsstelle übt die Aufsicht über die anerkannten Unternehmen aus. Sie prüft oder lässt prüfen,

a) ob die sich aus der Anerkennung ergebenden Pflichten erfüllt werden,

b) ob die Prüfungen der Fahrtschreiber und Kontrollgeräte durch den Antragsteller ordnungsgemäß durchgeführt, dokumentiert und nachgewiesen worden sind und

c) in welchem Umfang von der Anerkennung Gebrauch gemacht worden ist.

6.2 Die mit der Prüfung beauftragten Personen sind befugt, Grundstücke und Geschäftsräume des Inhabers der Anerkennung während der Geschäfts- und Betriebszeiten zu betreten, dort Prüfungen und Besichtigungen vorzunehmen und die vorgeschriebenen Aufzeichnungen einzusehen. Der Inhaber der Anerkennung hat diese Maßnahmen zu dulden, soweit erforderlich die beauftragten Personen dabei zu unterstützen und auf Verlangen die vorgeschriebenen Aufzeichnungen vorzulegen. Er hat die Kosten der Prüfung zu tragen.

7. Schlussbestimmungen

Die zur Durchführung der Prüfung anerkannten Fahrtschreiber- oder Kontrollgerätehersteller sowie die anerkannten Fahrzeughersteller und Importeure haben alle Veränderungen, die ihre Anerkennung beeinflussen können, der Anerkennungsstelle unverzüglich und unaufgefordert mitzuteilen.

Anlage XVIIId StVZO (zu § 57b Abs. 3 und 4)

Anerkennung von Kraftfahrzeugwerkstätten zur Durchführung von Prüfungen sowie Schulung der mit der Prüfung beauftragten Fachkräfte

1. Allgemeines

1.1 Die Anerkennung von Kraftfahrzeugwerkstätten zur Durchführung von Prüfungen der Fahrtschreiber und Kontrollgeräte obliegt der zuständigen obersten Landesbehörde oder den von ihr bestimmten oder nach Landesrecht zuständigen Stellen (Anerkennungsstelle). Diese können die Befugnis auf die örtlich und fachlich zuständigen Kraftfahrzeuginnungen übertragen. Die Anerkennungsstelle darf keine Werkstatt anerkennen, die bereits von einem anerkannten Fahrtschreiber- oder Kontrollgerätehersteller nach Anlage XVIIIc beauftragt ist oder deren Anerkennung wegen Missachtung einschlägiger Vorschriften dauerhaft entzogen wurde.

1.2 Für die nach Nummer 2.5 vorgeschriebenen Schulungen und Wiederholungsschulungen und für das Verfahren der Anerkennung von Kraftfahrzeugwerkstätten wird eine Richtlinie im Verkehrsblatt – Amtsblatt des Bundesministeriums für Verkehr, Bau und Stadtentwicklung der Bundesrepublik Deutschland – veröffentlicht.

1.3 Die Anerkennung nach Nummer 1.1 und die Erfüllung der in Nummer 2 bestimmten persönlichen Voraussetzungen sind Grundlage für die Zuteilung der Werkstattkarten. Die Werkstattkarte wird jeweils mit den Daten der Kraftfahrzeugwerkstatt sowie der für die Durchführung der Prüfung verantwortlichen Fachkraft personalisiert. Bei Wegfall der Prüfberechtigung der Kraftfahrzeugwerkstatt oder einer verantwortlichen Fachkraft oder beim Ausscheiden einer verantwortlichen Fachkraft aus dem Unternehmen sowie bei Nichteinhaltung der in Nummer 2.5 festgelegten Nachschulungsfrist sind die betroffenen Werkstattkarten durch die Kraftfahrzeugwerkstatt an die ausgebende Stelle zurückzugeben.

2. Persönliche Voraussetzungen für die Anerkennung von Kraftfahrzeugwerkstätten

2.1 Der Antragsteller, bei juristischen Personen, die nach Gesetz oder Satzungen zur Vertretung berufenen Personen, sowie die für die Durchführung von Prüfungen der Fahrtschreiber und Kontrollgeräte verantwortlichen Fachkräfte müssen persönlich zuverlässig sein und ein Führungszeugnis und einen Auszug aus dem Verkehrszentralregister vorlegen.

2.2 Der Antragsteller muss durch die Vorlage einer Bescheinigung der örtlich zuständigen Handwerkskammer die Eintragung in die Handwerksrolle nachweisen, dass er selbst oder der Betriebsleiter somit die Voraussetzungen nach der Handwerksordnung zur selbstständigen gewerblichen Verrichtung solcher Arbeiten erfüllt, die zur Behebung der bei der Durchführung von Prüfungen der Fahrtschreiber und Kontrollgeräte festgestellten Mängel erforderlich sind.

2.3 Der Antragsteller muss nachweisen, dass er für die Durchführung von Prüfungen der Fahrtschreiber und Kontrollgeräte verantwortliche Fachkräfte beschäftigt. Diese müssen vom Antragsteller namentlich benannt werden.

2.4 Der Antragsteller muss nachweisen, dass die für die Durchführung von Prüfungen der Fahrtschreiber und Kontrollgeräte verantwortlichen Fachkräfte über eine entsprechende Vorbildung und ausreichende Erfahrungen auf dem Gebiet der Kraftfahrzeugtechnik verfügen, wobei die verantwortlichen Fachkräfte

a) eine erfolgreiche Abschlussprüfung in einem der folgenden Ausbildungsberufe nachweisen müssen:

– Kraftfahrzeugmechaniker,

– Kraftfahrzeugelektriker,

- Automobilmechaniker,
- Kfz-Mechatroniker,
- Mechaniker für Karosserieinstandhaltungstechnik,
- Karosserie- und Fahrzeugbauer,
- Karosserie- und Fahrzeugbaumechaniker,
- Metallbauer, Fachrichtung Fahrzeugbau,
- Metallbauer, Fachrichtung Nutzfahrzeugbau,
- Landmaschinenmechaniker,
- Land- und Baumaschinenmechaniker oder

b) eine erfolgreiche Meisterprüfung in einem der folgenden Berufe nachweisen müssen:

- Kraftfahrzeugmechaniker-Handwerk,
- Kraftfahrzeugelektriker-Handwerk,
- Kraftfahrzeugtechniker-Handwerk,
- Karosserie- und Fahrzeugbauer-Handwerk,
- Metallbauer-Handwerk (Fachrichtung Fahrzeugbau),
- Metallbauer-Handwerk (Schwerpunkt Nutzfahrzeugbau),
- Landmaschinenmechaniker-Handwerk oder

c) als Dipl.-Ing., Dipl.-Ing. (FH) oder Ing. (grad.) der Fachrichtung Maschinenbau, Fahrzeugtechnik, Elektrotechnik oder Luft- und Raumfahrttechnik/Luftfahrzeugtechnik nachweisen müssen:

- eine mindestens dreijährige Tätigkeit im Kraftfahrzeugbereich (Untersuchung, Prüfung, Wartung und Reparatur) oder
- eine Abschlussprüfung in den vorgenannten Ausbildungsberufen.

2.5 Die für die Durchführung von Prüfungen der Fahrtschreiber und Kontrollgeräte verantwortlichen Fachkräfte müssen darüber hinaus eine dem jeweiligen Stand der Technik der zu prüfenden Fahrtschreiber und Kontrollgeräte entsprechende Schulung nach Maßgabe der Nummer 8 erfolgreich abgeschlossen haben, wobei die Frist für die Wiederholungsschulungen maximal 36 Monate beträgt, beginnend mit dem Monat und Jahr, in dem erfolgreich eine Abschlussprüfung nach einer erstmaligen Schulung oder einer Wiederholungsschulung abgelegt wurde. Wird die Frist um mehr als zwei Monate überschritten, ist statt einer Wiederholungsschulung eine erstmalige Schulung durchzuführen.

2.6 Der Antragsteller muss nachweisen, dass die von ihm benannte Prüfstelle den Anforderungen der Anlage XVIIIb entspricht.

2.7 Die Anerkennung ist nicht übertragbar.

3. Handhabung der Werkstattkarte

3. Die Kraftfahrzeugwerkstatt und die zur Führung der Geschäfte bestimmte Person sind für die ordnungsgemäße Nutzung der Werkstattkarte verantwortlich. Sie hat die verantwortlichen Fachkräfte hierüber jährlich zu belehren. Die Belehrung ist schriftlich festzuhalten.

3.2 Die Kraftfahrzeugwerkstatt hat sicherzustellen, dass die Werkstattkarte nicht missbräuchlich oder durch unbefugte Personen verwendet wird. Sie darf nur von der verantwortlichen Fachkraft, auf die sie ausgestellt ist, verwendet werden. Sie ist innerhalb der Werkstatt sicher und gegen unbefugte Zugriffe geschützt aufzubewahren und darf außerhalb der Werkstatt nur zum ordnungsgemäßen Gebrauch mitgeführt werden, soweit dies in konkreten Einzelfällen notwendig ist. Verlust oder Diebstahl der Werkstattkarte sind der ausgebenden Behörde oder Stelle unverzüglich anzuzeigen. Gleiches gilt, wenn die verantwortliche Fachkraft unter Mitnahme der Werkstattkarte ihr Arbeitsverhältnis auflöst und die Kraftfahrzeugwerkstatt die Karte nicht beschaffen kann. Die Kraftfahrzeugwerkstatt hat nachzuweisen, dass es ihr nicht möglich ist, die Werkstattkarte zurückzuerlangen.

3.3 Die Kraftfahrzeugwerkstatt führt zu Kontrollzwecken einen kontinuierlichen Nachweis über die jeweilige Verwendung der ihren verantwortlichen Fachkräften erteilten Werkstattkarten. Zu diesem Zweck sind die im Speicherchip der Werkstattkarten vorhandenen Daten regelmäßig auf einen Datenträger zu kopieren. Die Daten sind mindestens drei Jahre zu speichern.

4. Nebenbestimmungen

Die Anerkennung kann mit Auflagen verbunden werden, die erforderlich sind, um sicherzustellen, dass die Prüfungen ordnungsgemäß durchgeführt werden und dass die Sicherheit nach Maßgabe der Anlage 10 des Anhangs I B der Verordnung (EWG) Nr. 3821/85 gewährleistet ist.

5. Rücknahme der Anerkennung

Die Anerkennung ist zurückzunehmen, wenn bei ihrer Erteilung eine der in Nummer 2 genannten Voraussetzungen nicht vorgelegen hat. Von der Rücknahme kann abgesehen werden, wenn der Mangel nicht mehr besteht.

6. Widerruf der Anerkennung

Die Anerkennung ist zu widerrufen, wenn eine der in Nummer 2 genannten Voraussetzungen weggefallen ist. Sie ist auch dann zu widerrufen, wenn die Kraftfahrzeugwerkstatt vorsätzlich oder grob fahrlässig gegen die Vorschriften zur Durchführung der Prüfungen verstoßen hat, wenn die Prüfungen nicht ordnungsgemäß durchgeführt wurden, die Sicherheit nach Anlage 10 des Anhangs I B der Verordnung (EWG) Nr. 3821/85 nicht gewährleistet ist oder wenn die mit der Anerkennung verbundenen Auflagen nicht eingehalten worden sind. Die Anerkennung kann widerrufen werden, wenn von ihr innerhalb von sechs Monaten kein Gebrauch gemacht worden ist.

7. Aufsicht

7.1 Die Anerkennungsstelle übt die Aufsicht aus. Sie prüft selbst oder lässt prüfen,

a) ob die Prüfungen der Fahrtschreiber und Kontrollgeräte ordnungsgemäß durchgeführt, dokumentiert und nachgewiesen sowie die sich sonst aus der Anerkennung ergebenden Pflichten erfüllt werden,

b) in welchem Umfang von der Anerkennung Gebrauch gemacht worden ist und

c) ob die in Nummer 8 vorgeschriebenen Schulungen durchgeführt werden. Die Prüfungen sind regelmäßig, mindestens alle drei Jahre, durchzuführen. Die Prüfungen sind zu dokumentieren.

7.2 Die mit der Prüfung beauftragten Personen sind befugt, Grundstücke und Geschäftsräume des Inhabers der Anerkennung während der Geschäfts- und Betriebszeiten zu betreten, dort Prüfungen und Besichtigungen vorzunehmen und die vorgeschriebenen Aufzeichnungen einzusehen. Der Inhaber der Anerkennung hat diese Maßnahmen zu dulden, soweit erforderlich die beauftragten Personen dabei zu unterstützen und auf Verlangen die vorgeschriebenen Aufzeichnungen vorzulegen. Er hat die Kosten der Prüfung zu tragen.

8. Schulung der verantwortlichen Fachkräfte

8.1 Die Schulung nach Nummer 2.5 kann durchgeführt werden durch

- Hersteller für Fahrtschreiber oder Kontrollgeräte,
- von einem Hersteller für Fahrtschreiber oder Kontrollgeräte autorisierte und für solche Schulungen geeignete Stellen oder
- vom Bundesinnungsverband des Kraftfahrzeughandwerks autorisierte und für solche Schulungen geeignete Bildungsstätten des Handwerks.

8.2 Schulungsstätten sind den örtlich zuständigen obersten Landesbehörden oder den von ihnen bestimmten oder nach Landesrecht zuständigen Stellen unaufgefordert zu melden; dies gilt auch für die Einstellung der Schulungstätigkeit.

8.3 Die Schulungen, die vorgeschriebenen Wiederholungsschulungen, die Schulungsinhalte sowie die Schulung der Schulungsstätten müssen der nach Nummer 1.2 bekannt gemachten Richtlinie entsprechen. Die Schulungen müssen geräte- und herstellerübergreifend durchgeführt werden.

8.4 Die in den Schulungen für Geräte nach Anhang I B der Verordnung (EWG) Nr. 3821/85 verwendeten Kontrollgeräte und Karten sind mit speziellen Test-Keys auszurüsten, um Sicherheitsrisiken wie beispielsweise einen Diebstahl und eine damit verbundene unbefugte Weiterverwendung von Schulungskarten auszuschließen.

9. Aufsicht über das Anerkennungsverfahren und die Schulungen

9.1 Die Aufsicht über die Anerkennungsstellen und das Anerkennungsverfahren obliegt der zuständigen obersten Landesbehörde oder den von ihr bestimmten oder nach Landesrecht zuständigen Stellen. Nummer 7.2 ist entsprechend anzuwenden.

9.2 Die Aufsicht über die Schulungen obliegt der zuständigen obersten Landesbehörde oder den von ihr bestimmten oder nach Landesrecht zuständigen Stellen.

Die mit der Prüfung beauftragten Personen sind befugt, Grundstücke und Geschäftsräume der Schulungsstätten während der Geschäfts- und Betriebszeiten zu betreten, dort Prüfungen und Besichtigungen vorzunehmen und die vorgeschriebenen Aufzeichnungen einzusehen. Der Inhaber oder Leiter der Schulungsstätte hat diese Maßnahmen zu dulden, soweit erforderlich die beauftragten Personen dabei zu unterstützen und auf Verlangen die vorgeschriebenen Aufzeichnungen vorzulegen. Die Schulungsstätte hat die Kosten der Prüfung zu tragen.

10. Schlussbestimmungen

10.1 Veränderungen bei anerkannten Kraftfahrzeugwerkstätten, die ihre Anerkennung beeinflussen können, sind von ihnen der Anerkennungsstelle unaufgefordert mitzuteilen.

10.2 Veränderungen bei Schulungsstätten, die Einfluss auf die Durchführung der Schulungen haben können, sind den nach Nummer 8.2 zuständigen Stellen unaufgefordert zu melden.

7. Richtlinie für die Anerkennung von Werkstätten zur Durchführung der Prüfungen von Fahrtschreibern und Kontrollgeräten nach § 57b StVZO in Verbindung mit Anlagen XVIII und XVIIId StVZO

(Fahrtschreiber- und Kontrollgeräte-Anerkennungsrichtlinie)
vom 19.7.2005, VkBl. S. 595

1. Allgemeines

Diese Richtlinie gilt für Werkstätten, die die nach § 57b StVZO in Verbindung mit Anlage XVIII StVZO vorgeschriebenen Fahrtschreiber- und Kontrollgeräteprüfungen durchführen, bescheinigen und dafür nach Nummer 1 Anlage XVIIId StVZO anerkannt werden müssen.

2. Antrag

Der Antrag auf Anerkennung ist bei der nach Anlage XVIIId Nummer 1 StVZO zuständigen Stelle in zweifacher Ausfertigung einzureichen; er erfasst jede Betriebsstätte des Antragstellers, in der Fahrtschreiber- und Kontrollgeräteprüfungen durchgeführt werden sollen (Hauptsitz, Zweigstelle(n), Nebenbetrieb(e)). Hierfür sind Vordrucke nach dem aus Anlage 1 dieser Richtlinie ersichtlichen Muster zu verwenden. Die Antragsvordrucke werden vom Anerkennungsgeber ausgegeben.

Dem Antrag sind die erforderlichen Unterlagen beizufügen, insbesondere

2.1 eine Bescheinigung der örtlich zuständigen Handwerkskammer, dass die anzuerkennende Werkstatt sowie der Antragsteller selbst oder eine in der Betriebsstätte fest angestellte Person in die Handwerksrolle eingetragen sind und die Voraussetzungen nach der Handwerksordnung zur selbstständigen gewerblichen Verrichtung solcher Arbeiten erfüllen, die zur Behebung der bei der Durchführung von Prüfungen der Fahrtschreiber und Kontrollgeräte festgestellten Mängel erforderlich sind;

2.2 ein Führungszeugnis für den Antragsteller, ggf. auch für die zur Vertretung berufenen Personen sowie für die verantwortlichen Fachkräfte, die für die Durchführung der Prüfung verantwortlich sind. Die Auskünfte dürfen zum Zeitpunkt der Antragstellung nicht älter als sechs Monate sein;

2.3 ein Nachweis, dass die für die Durchführung der Prüfung verantwortlichen Fachkräfte die für die beantragte Anerkennung geforderte Vorbildung besitzen (Anlage XVIIId Nummer 2.4);

2.4 ein Nachweis, dass der Antragsteller und/oder die für die Durchführung der Prüfungen verantwortlichen Fachkräfte die für die beantragte Anerkennung geforderten Schulungen nach Anlage XVIIId Nummer 2.5 StVZO erfolgreich abgeschlossen haben.

3. Voraussetzung für die Anerkennung

3.1 Zuverlässigkeit

Der Antragsteller, bei juristischen Personen, die nach Gesetz, Vertrag oder Satzung zur Vertretung berufenen Personen und die für die Durchführung der Prüfung verantwortlichen Fachkräfte müssen persönlich zuverlässig sein.

3.2 Fachkunde

3.2.1 Der Antragsteller muss nachweisen, dass er selbst oder eine in der Betriebsstätte fest angestellten Person die Voraussetzungen nach der Handwerksordnung zur selbstständigen gewerblichen Verrichtung aller Arbeiten, die im Rahmen der Fahrtschreiber-/Kontrollgeräteprüfung erforderlich sind (Anlage XVIIId Nummer 2.2 StVZO), erfüllt.

3.2.2 Bestellt der Antragsteller eine oder mehrere für die Durchführung der Prüfung verantwortliche Fachkräfte, so müssen diese die fachlichen Voraussetzungen nach Anlage XVIIId Nummer 2.4 erfüllen; dies ist durch Vorlage einer Bescheinigung der örtlich zuständigen Handwerkskammer nachzuweisen. Die vom Antragsteller bestellten verant-

wortlichen Fachkräfte müssen bei ihm in einem Arbeits-/Angestelltenverhältnis stehen und in der benannten Betriebsstätte tätig sein.

3.2.3 Der Antragsteller hat nachzuweisen, dass die für die Durchführung der Prüfung verantwortlichen Fachkräfte die vorgeschriebene Schulung nach Anlage XVIIIa Nummer 2.5 StVZO erfolgreich abgeschlossen haben. Dazu sind Bescheinigungen entsprechend der Definition in der Schulungsrichtlinie der Schulungsstätte vorzulegen.

3.3 Prüfplätze, Prüf- und Messgeräte und sonstige Einrichtungen

3.3.1 Der Inhaber muss nachweisen, dass jede Betriebsstätte, in der Prüfungen durchgeführt werden sollen, den Vorschriften der Anlage XVIIIb StVZO entspricht sowie über die notwendigen, dem Stand der Technik entsprechenden Prüf- und Messgeräte und sonstigen Einrichtungen verfügt.

3.3.2 Zur laufenden Unterrichtung der für die Durchführung der Prüfungen verantwortlichen Fachkräfte sind die nachfolgend aufgeführten Unterlagen auf dem neuesten Stand bereit zu halten:

3.3.2.1 Die für die Prüfungen einschlägigen Vorschriften der Straßenverkehrs-Zulassungs-Ordnung und die dazu gehörenden Richtlinien in der jeweils gültigen Fassung,

3.3.2.2 Verkehrsblatt – Amtsblatt des Bundesministeriums für Verkehr, Bau und Stadtentwicklung der Bundesrepublik Deutschland – oder die fachlich einschlägigen Auszüge, die für die Durchführung der Fahrtschreiber- und Kontrollgeräteprüfung erforderlich sind, aus dem Verkehrsblatt, wenn sie von Dritten, die sich zur frühzeitigen und vollständigen Lieferung gegenüber den Werkstätten verpflichten, ausgegeben worden sind.

3.3.2.3 Technische Daten und Prüfanleitungen der Fahrtschreiber- und Kontrollgerätehersteller zur Durchführung der Prüfung.

4. Sicherung der Qualität bei der Durchführung der Prüfungen

4.1 Dokumentation der Mitarbeiter-Qualifikation

Die Werkstatt dokumentiert bezüglich jeder verantwortlichen Fachkraft lückenlos folgende Daten und Informationen:

1. Schulungsmaßnahmen entsprechend der im Verkehrsblatt bekannt gemachten „Fahrtschreiber- und Kontrollgeräte-Schulungsrichtlinie“,
2. Einhaltung evtl. Nebenbestimmungen des Anerkennungsgebers.

Die Dokumentation ist nachvollziehbar aufzustellen; sie muss bis zur nächsten Überprüfung durch den Anerkennungsgeber, aber mindestens 5 Jahre aufbewahrt werden.

4.2 Bescheinigungen über die Unmöglichkeit des Herunterladens der Daten.

Die Vordrucke der Bescheinigungen über die Unmöglichkeit des Herunterladens der Daten sowie die Bescheinigung über das erfolgreiche Herunterladen der Daten werden von der Werkstatt bei dem Anerkennungsgeber beschafft und im erforderlichen Umfang an die verantwortlichen Fachkräfte ausgegeben.

4.2.1 Verwaltung und Verwendung der Bescheinigungen über die Unmöglichkeit des Herunterladens der Daten sowie die Bescheinigung über das erfolgreiche Herunterladen der Daten.

Die Werkstatt weist die ordnungsgemäße Verwaltung und Verwendung der einzelnen Vordrucke der Bescheinigungen über die Unmöglichkeit des Herunterladens der Daten sowie die Bescheinigung über das erfolgreiche Herunterladen der Daten durch geeignete Verfahren lückenlos für einen Zeitraum von 3 Jahren nach.

Hierzu zählen mindestens folgende Vorgänge:

- Beschaffung der Vordrucke der Bescheinigungen über die Unmöglich-

keit des Herunterladens der Daten sowie die Bescheinigung über das erfolgreiche Herunterladen der Daten durch die Werkstatt,

- Verwendung der Bescheinigungen über die Unmöglichkeit des Herunterladens der Daten sowie die Bescheinigung über das erfolgreiche Herunterladen der Daten.

4.2.2 Geeignete Vorkehrungen gegen Diebstahl und Missbrauch müssen von der Werkstatt getroffen werden.

4.2.3 Bei Bescheinigungen über die Unmöglichkeit des Herunterladens der Daten, sowie die Bescheinigung über das erfolgreiche Herunterladen der Daten, die mit Hilfe der Elektronischen Datenverarbeitung erstellt werden, ist eine Zweitschrift (Kopie) zu archivieren. Die Bestimmungen nach 4.2.1 und 4.2.2 gelten entsprechend.

4.3 Plombiereinrichtung und Plombierzeichen

Die Werkstatt beschafft die Plombiereinrichtungen mit dem ihr zugeteilten Plombierzeichen über den Anerkennungsgeber. Die Werkstatt stellt sicher, dass die Plombiereinrichtung nur von verantwortlichen Fachkräften genutzt wird. Sie trifft geeignete Vorkehrungen gegen Diebstahl und Missbrauch.

4.4 Werkstattkarte

Die Werkstatt beantragt die Werkstattkarten bei der nach Landesrecht zuständigen Behörde oder Stelle. Der Antragsteller oder die nach Gesetz, Vertrag oder Satzung zur Vertretung berufenen Personen sind für die ordnungsgemäße Nutzung der Werkstattkarten verantwortlich.

4.4.1 Verwaltung und Verwendung der Werkstattkarten

Die Werkstatt stellt sicher, dass eine Werkstattkarte nur von der verantwortlichen Fachkraft verwendet wird, auf die sie ausgestellt ist. Die Werkstatt stellt durch geeignete Maßnahmen sicher, dass die Werkstattkarten nicht missbräuchlich oder durch unbefugte Personen verwendet werden. Die Werkstattkarten sind innerhalb der Werkstatt sicher und gegen unbefugte Zugriffe geschützt aufzubewahren. Sie dürfen außerhalb der Werkstatt nur zum ordnungsgemäßen Gebrauch mitgeführt werden, soweit dies in konkreten Einzelfällen notwendig ist. Die verantwortlichen Fachkräfte werden vor der erstmaligen Nutzung einer Werkstattkarte in der Werkstatt und danach regelmäßig über die ordnungsgemäße Nutzung der Werkstattkarte belehrt. Die Belehrung ist zu dokumentieren.

4.4.2 Nachweis über die Verwendung der Werkstattkarten

Die Werkstatt führt zu Kontrollzwecken einen kontinuierlichen Nachweis über die jeweilige Verwendung der den verantwortlichen Fachkräften erteilten Werkstattkarten. Zu diesem Zweck sind die auf dem Speicherchip der Werkstattkarten vorhandenen Daten nach erfolgter Prüfung auf einen Datenträger zu kopieren. Die kopierten Daten sind mindestens 3 Jahre zu archivieren.

4.4.3 Verlust oder Diebstahl der Werkstattkarte

Der Verlust oder Diebstahl einer Werkstattkarte ist der ausgebenden Behörde oder Stelle unverzüglich anzuzeigen. Gleiches gilt, wenn eine verantwortliche Fachkraft unter Mitnahme der Werkstattkarte ihr Arbeitsverhältnis auflöst und die Karte der Werkstatt nicht zurückgeben kann. Die Werkstatt hat einen Nachweis darüber zu führen, dass es ihr nicht möglich ist, diese Werkstattkarte zurück zu erlangen.

4.5 Dokumentation über durchgeführte Prüfungen sowie des Herunterladens von Daten (Download) oder der Unmöglichkeit des Herunterladens von Daten.

Die durchgeführten Prüfungen und Downloads werden so dokumentiert,

dass jederzeit eine aktuelle Übersicht bzgl. Bestand und Verbleib aller Bescheinigungen sowie die Bescheinigung über das erfolgreiche Herunterladen der Daten möglich ist. Jeder Prüfnachweis und jede Bescheinigung muss innerhalb von 2 Arbeitstagen aufgrund der Angaben des

- amtlichen Kennzeichens des Fahrzeugs oder
- der 17-stelligen Fahrzeug-Identifizierungsnummer (bei Kontrollgeräten nach Anhang I der Verordnung (EWG) Nr. 3821/85 genügen die letzten 8 Stellen)

im Original oder als Kopie dem Anerkennungsgeber oder der Aufsichtsstelle vorgelegt werden können.

4.5.1 Die Prüfnachweise sind in der Werkstatt mindestens 3 Jahre lang aufzubewahren.

4.5.2 Die Bescheinigungen über die Unmöglichkeit des Herunterladens der Daten sowie die Bescheinigung über das erfolgreiche Herunterladen der Daten sind in der Werkstatt mindestens 1 Jahr aufzubewahren.

4.6 Prüfmittelüberwachung

Die Leitung der Werkstatt stellt durch Arbeits- und Verfahrensanweisungen sicher, dass sämtliche eingesetzten Mess- und Prüfgeräte funktionsfähig, entsprechend den Herstellervorgaben gewartet und gemäß den gesetzlichen Vorschriften geprüft bzw. geeicht sind.

4.7 Durchführung von Überprüfungen

4.7.1 Der Anerkennungsgeber überprüft mindestens alle 3 Jahre (bei Eigenüberwachern und Werkstätten, die eigene Fahrzeuge einsetzen, die der Verordnung EWG Nr. 3820/85 unterfallen, 1-mal im Jahr) die Einhaltung der gesetzlichen Vorschriften und der Bestimmungen dieser Richtlinien durch die Werkstatt. Die Werkstatt stellt hierzu alle erforderlichen Daten, Informationen und Unterlagen zur Verfügung.

Festgestellte Abweichungen oder Verstöße können den Entzug der Anerkennung der Werkstatt zur Durchführung von Fahrtschreiber- und Kontrollgeräteprüfungen zur Folge haben.

5. Bestimmungen bei Erteilung der Anerkennung

5.1 Durchführung und Widerruf

Für die Durchführung des Anerkennungsverfahrens sowie für den Widerruf und die Rücknahme der Anerkennung gelten die Verwaltungsverfahrensgesetze der Länder.

5.2 Plombierzeichen

Der Anerkennungsgeber vergibt das Plombierzeichen und teilt dem Kraftfahrt-Bundesamt jede von ihm anerkannte Werkstatt und das jeweils zugeteilte Plombierzeichen mit.

5.3 Nebenbestimmungen und Beschränkungen

Die Anerkennung kann mit Nebenbestimmungen verbunden werden, die für die ordnungsgemäße Durchführung der Fahrtschreiber- und Kontrollgeräteprüfung erforderlich sind. Die Anerkennung ist nicht übertragbar.

5.3.1 Veränderungen des Personals/der Personalien bei den unter 3.2 aufgeführten Personen sind dem Anerkennungsgeber unverzüglich mitzuteilen. Personen, die dabei erstmals benannt werden, dürfen zur Durchführung von Prüfungen erst eingesetzt werden, nachdem der Anerkennungsgeber dies schriftlich bestätigt hat. Die Bestimmungen nach 3.1, 3.2.2 und 3.2.3 gelten entsprechend.

5.3.2 Die Werkstatt kann in Abstimmung mit dem Anerkennungsgeber alle Vorlagen und Berichte auf elektronischem Wege übermitteln.

Anlage 1
zu Nummer 2 der Fahrtschreiber-
und Kontrollgeräte-Anerkennungsrichtlinie

Antrag auf Anerkennung von Werkstätten für die Durchführung von Prüfungen von Fahrtschreibern und Kontrollgeräten nach § 57b in Verbindung mit Anlagen XVIII und XVIIId StVZO

1. Name und Sitz der/des Antragsteller/s*)

____

1.1 Sitz von Zweigstelle oder Nebenbetrieb für die/den der Antrag gestellt wird.*)

____

1.2 Der Betrieb ist mit dem

– Kfz-Technikerhandwerk ja/nein*)

– Karosserie und Fahrzeugbauerhandwerk ja/nein*)

– Metallbauer, Fachrichtung Fahrzeugbau-Handwerk ja/nein*)

in die Handwerksrolle bei der Handwerkskammer ______________ eingetragen.

Bescheinigung der örtlich zuständigen Handwerkskammer ist beigefügt.*)

1.3 Das Führungszeugnis der/des Antragsteller/s*) bzw. der zur Vertretung berufenen Person/en*) nach den Vorschriften des Bundeszentralregistergesetzes zur Vorlage bei der für die Anerkennung zuständigen Stelle liegt vor/ist beantragt.*)

2. Verantwortliche Fachkräfte

2.1 Namen der für die Durchführung der Prüfungen von Fahrtschreibern und Kontrollgeräten verantwortlichen Fachkräfte:

____

Name, Vorname, Anschrift

Das Führungszeugnis nach den Vorschriften des Bundeszentralregistergesetzes zur Vorlage bei der für die Anerkennung zuständigen Stelle liegt vor/ist beantragt.*)

____

Name, Vorname, Anschrift

Das Führungszeugnis nach den Vorschriften des Bundeszentralregistergesetzes zur Vorlage bei der für die Anerkennung zuständigen Stelle liegt vor/ist beantragt.*)

*) Nicht Zutreffendes streichen

2.2 Die verantwortliche/n Fachkraft/kräfte haben die nach Nummer 2.4 der Anlage XVIIId StVZO geforderte Qualifikation. Nachweise sind beigefügt:

Name ____________________ Qualifikation ____________________

Name ____________________ Qualifikation ____________________

Die genannten Personen haben an einer Erst-/Wiederholungsschulung*) nach Nummer 2.5 i.V.m. Nummer 8 Anlage XVIIId StVZO erfolgreich teilgenommen. Bescheinigung/en der Schulungsstätte/n ist/sind beigefügt:

Name ______ Datum ______ Erst-/Wiederholungsschulung*)

Name ______ Datum ______ Erst-/Wiederholungsschulung*)

3. Vorhandene Voraussetzungen

3.1 Beschaffenheit und Ausstattung

Die Beschaffenheit und Ausstattung der Werkstätten (Hauptbetrieb/Zweigstellenbetriebe), für die der Antrag gestellt wird, entspricht*) entspricht nicht*) den Vorschriften der Anlage XVIIIb StVZO:

Anschrift/en*) der Werkstätte/n*)

____

____

____

3.2 Einschlägige Vorschriften

3.2.1 Die für die Prüfung von Fahrtschreibern und Kontrollgeräten einschlägigen Vorschriften der StVZO und die dazugehörenden Richtlinien in der jeweils gültigen Fassung liegen*) liegen nicht*) vor

3.2.2 Das Verkehrsblatt – Amtsblatt des Bundesministeriums für Verkehr, Bau und Stadtentwicklung der Bundesrepublik Deutschland – oder die fachlich einschlägigen Auszüge, die für die Durchführung der Fahrtschreiber- und Kontrollgeräteprüfung erforderlich sind, aus dem Verkehrsblatt, wenn sie von Dritten, die sich zur frühzeitigen und vollständigen Lieferung gegenüber den Werkstätten verpflichten, ausgegeben worden sind, liegen*) liegen nicht*) vor:

*) Nicht Zutreffendes streichen

3.2.3 Technische Daten und Prüfanleitungen der Fahrzeug- oder Fahrtschreiber- und Kontrollgerätehersteller für die Fahrtschreiber und Kontrollgeräte, an denen Fahrtschreiber- und Kontrollgeräte-Prüfungen durchzuführen sind, liegen*) liegen nicht*) vor:

4. Ich/Wir verpflichte/n mich/uns, Änderungen, die die Anerkennungsvoraussetzungen betreffen, der Anerkennungsstelle unverzüglich mitzuteilen.

Ort:, ______________________________, den ____________ 20 __________

____

Unterschrift/en der/des Antragsteller/s

*) Nicht Zutreffendes streichen

8. Richtlinie für die Durchführung von Schulungen der verantwortlichen Fachkräfte, die Prüfungen der Fahrtschreiber und Kontrollgeräte nach § 57b i.V.m. Anlage XVIIId StVZO durchführen

(Fahrtschreiber- und Kontrollgeräte-Schulungsrichtlinie)
vom 19.7.2005, VkBl. S. 599

1. Allgemeines, Zweck der Schulung

1.1 Durch die Schulung sollen die für die Durchführung der Prüfung der Fahrtschreiber und Kontrollgeräte verantwortlichen Fachkräfte auf die bei der Durchführung von Prüfungen anfallenden spezifischen Untersuchungsaufgaben vorbereitet werden.

1.2 Die nach Anlage XVIIId Nummer 2.5 StVZO vorgeschriebene Schulung teilt sich auf in eine

- erstmalige Schulung für verantwortliche Fachkräfte, die zukünftig für die Durchführung der Prüfungen verantwortlich sind und in
- Wiederholungsschulungen für verantwortliche Fachkräfte, die bereits erfolgreich an einer erstmaligen Schulung teilgenommen haben.

Die Frist für die erste und alle weiteren Wiederholungsschulungen beträgt maximal 36 Monate, beginnend mit dem Monat, in dem erfolgreich eine Abschlussprüfung nach einer erstmaligen Schulung oder einer Wiederholungsschulung abgelegt wurde.

Wird die Frist um mehr als 2 Monate überschritten, ist statt einer Wiederholungsschulung eine erstmalige Schulung durchzuführen.

1.3 Die Nachweise über die erfolgreiche Teilnahme an den Schulungen sind u.a. Voraussetzung für die Anerkennung oder Beauftragung und deren Erhalt zur Durchführung von Prüfungen der Fahrtschreiber und Kontrollgeräte in den hierfür anerkannten oder beauftragten Kraftfahrzeugwerkstätten oder durch hierfür anerkannte Hersteller von Fahrtschreibern oder Kontrollgeräten und von Fahrzeugherstellern, sowie für den Erhalt der personalisierten Werkstattkarte.

2. Verantwortliche Fachkräfte

Es gelten die Vorschriften der Anlage XVIIId Nummer 2.4 StVZO.

3. Berechtigung zur Durchführung von Schulungen, Aufsicht über Schulungsstätten

3.1 Schulungen dürfen von den in Anlage XVIIId Nummer 8.1 StVZO, genannten Stellen durchgeführt werden.

3.2 Die Aufsicht über die Schulungen, Schulungsinhalte und Schulungsstätten obliegt den zuständigen obersten Landesbehörden oder den von ihr bestimmten oder nach Landesrecht zuständigen Stellen.

3.3 Für die Meldung, Erfassungen und Bekanntgabe der Schulungsstätten gilt Anlage XVIIId Nummer 8.2 StVZO.

4. Ausbildungskräfte und Schulungsstätten

4.1 Die Durchführung der Schulungen obliegt den in Anlage XVIIId Nummer 8.1 StVZO genannten Stellen. Diese stellen qualifizierte Ausbildungskräfte und die hierzu erforderlichen Schulungsstätten.

4.2 Die Ausbildungskräfte müssen mindestens eine abgeschlossene Berufsausbildung in einem der in Anlage XVIIId Nummer 2.4 StVZO vorgeschriebenen Ausbildungsberufe haben und dafür Sorge tragen, dass sie frühzeitig die relevanten Vorschriften- und Richtlinienänderungen sowie die entsprechenden gerätetechnischen Entwicklungen in die Schulung einfließen lassen. Dafür haben sie sich fortlaufend entsprechend weiterzubilden; sie haben dies auf Verlangen der zuständigen Aufsichtsbehörde nachzuweisen.

4.3 Für die Schulungen müssen die Schulungsstätten mindestens den aus der Anlage 1 ersichtlichen Anforderungen genügen.

4.4 Die für die angebotenen Schulungen notwendigen Messgeräte und Fahrtschreiber und Kontrollgeräte müssen in ausreichender Anzahl vorhanden sein. Die Messgeräte müssen nach Herstellervorgabe gewartet und nach den gesetzlichen Vorschriften geprüft und kalibriert sein.

4.5 Die einschlägigen Vorschriften, Richtlinien und Nachschlagewerke mit Daten und Herstelleranleitungen müssen vor- und auf dem aktuellen Stand gehalten werden.

5. Inhalt der Schulung

5.1 Einführung in die europäischen und nationalen Vorschriften und Richtlinien über Lenk- und Ruhezeiten, die Einbaupflicht für Fahrtschreiber und Kontrollgeräte sowie über die Durchführung der Prüfungen nach § 57b i.V.m. Anlage XVIIIa StVZO.

5.2 Vermittlung der bei Fahrtschreibern und Kontrollgeräten eingesetzten Techniken, die für die Durchführung der Prüfung von Bedeutung sind entsprechend Anlage 2.

5.3 Unterweisung in der praktischen Durchführung einer Prüfung gemäß Anlage 2.

5.4 Unterweisung in der Einsetzung und Handhabung der bei den Prüfungen verwendeten Prüfgeräte und in die zu beachtenden Besonderheiten gemäß Anlage 2.

6. Durchführung der Schulung und Abschlussprüfung

6.1 Inhalt der Schulungen sind Fahrtschreiber und Kontrollgeräte nach § 57b Abs. 1 StVZO.

6.1.1 Bei der Durchführung der Schulung dürfen nicht mehr als 16 Personen gleichzeitig geschult werden. Die Personenzahl ist bei der Schulung des „praktischen Könnens“ zu vermindern, wenn nur so das Schulungsziel erreicht werden kann.

6.1.2 Die Dauer eines Schulungslehrganges für die erstmalige Schulung und die Wiederholungsschulungen hat sich mindestens an die aus der Anlage 2 ersichtlichen Zeitvorgaben zu halten.

6.1.3 Die Dauer einer Schulung darf 8 Zeitstunden pro Tag nicht übersteigen.

6.1.4 Organisation und Durchführung der Vorbereitung auf den Schulungslehrgang sind dem jeweiligen Schulungsträger freigestellt. Zur Vorbereitung sind den Teilnehmern vor dem Schulungslehrgang Teilnehmerunterlagen zur Verfügung zu stellen. Diese Teilnehmerunterlagen sind den in Nummer 3.2 genannten Stellen auf Verlangen vorzulegen.

6.1.5 Ablauf und Organisation des Schulungslehrgangs müssen mindestens dieser Schulungsrichtlinie entsprechen.

6.2 Die Schulung ist mit einer Abschlussprüfung abzuschließen.

6.2.1 Zur Abschlussprüfung sind nur die Personen zugelassen, die an der gesamten Schulung teilgenommen haben.

6.2.2 Die Abschlussprüfung teilt sich auf in einen

6.2.2.1 schriftlichen Teil, bei dem die Gesamtzahl der Aufgaben mindestens 20 betragen muss;

6.2.2.2 praktischen Teil, bei dem eine Prüfung der Fahrtschreiber und Kontrollgeräte durchzuführen ist.

6.2.3 Die Abschlussprüfung ist bestanden, wenn

6.2.3.1 mindestens 70% der Aufgaben nach Nummer 6.2.2.1 richtig gelöst sind und

6.2.3.2 im praktischen Teil von den zu prüfenden Personen alleine oder in Gruppen von bis zu 4 Personen der Nachweis erbracht wurde, dass sie ohne Hilfestellung die gestellte Aufgabe lösen.

6.2.3.3 Kann im praktischen Teil von einer Person oder der Gruppe die gestellte Aufgabe nicht gelöst werden, darf eine weitere Aufgabe gestellt werden.

6.3 Über die Teilnahme an der Schulung und über das Ergebnis der Abschlussprüfung ist den geprüften Personen eine Bescheinigung auszustellen und zu übergeben. Die Bescheinigung muss mindestens die im Muster nach Anlage 3 aufgeführten Angaben enthalten.

7. Übergangsbestimmungen

7.1 Spätestens mit dem Inkrafttreten der Vorschriften zur Durchführung der Prüfungen nach § 57b i.V.m. Anlage XVIII StVZO müssen die Schulungen der verantwortlichen Fachkräfte nach den Bestimmungen dieser Schulungsrichtlinie durchgeführt werden.

7.2 Eine bis zu diesem Zeitpunkt durchgeführte Schulung entsprechend 3.3.1 bzw. 4.1.1 der Fahrtschreiber-Anerkennungs-Richtlinie(VkBl. 1972 S. 863 mit Änderungen VkBl. 1973 S. 244 und VkBl. 1974 S. 683) zum § 57b StVZO behält bis zum Ablauf des auf dem erteilten Zertifikat Gültigkeitszeitraums ihre Gültigkeit.

7.3 Liegt die letzte Erst- oder Wiederholungsschulung zum Zeitpunkt einer Schulung nicht länger als 18 Monate zurück, kann eine Aufbauschulung, bezogen auf Kontrollgeräte nach Anhang I B der Verordnung (EWG) Nr. 3821/85, im Umfang einer um die Kontrollgeräte nach Anhang I der Verordnung (EWG) Nr. 3821/85 verkürzten Wiederholungsschulung durchgeführt werden. Die Frist zur Teilnahme an der nächsten Wiederholungsschulung nach Anlage 2 wird durch diese verkürzte Schulung nicht verlängert.

Anlage 1

(zu Nummer 4.3 der Fahrtschreiber- und Kontrollgeräte-Schulungsrichtlinie)

Mindestanforderungen an die Fahrtschreiber- und Kontrollgeräte-Schulungsstätten

1. Geeigneter Schulungsraum für mindestens 16 Personen mit folgender Ausstattung für jeweils ein Team aus 2 Personen:
   - Mechanischer Antrieb für Geber und Simulation des Fahrzeuggetriebes
   - Netzteil für Fahrtschreiber und Kontrollgeräte
   - Programmiergerät für elektronisch und digitale Kontrollgeräte
   - Digitales Kontrollgerät
   - Handbuch, technische Daten und Prüfanleitungen zum digitalen Kontrollgerät
   - Impulsgeber mit Anschlussleitung
   - PC-System mit Peripherie für Download und Datenhandling
   - 1 Satz Fahrer-, Unternehmens-, Behörden- und Werkstattkarten
   - Anschluss und Prüfleitungen.

Zusätzliche Ausrüstung für Kontrollgeräte nach Anhang I VO (EWG) Nr. 3821/85 in mindestens einfacher Ausrüstung pro Schulungsstätte:

- Service-Diagnosesystem mit mechanischem Antrieb für Geber
- Wegdrehzahlmessgerät inklusive automatischer Messstrecke und Reflektoren
- Uhrenprüfgerät

Zusätzliches Anschauungsmaterial:

- Mechanische Kontrollgeräte
- Angleichgetriebe und Antriebswellen
- Plomben und Plombierwerkzeuge
- Sondereinrichtungen (Strombegrenzer, Impulsspeicher etc.)
- Prüfnachweise, Einbau- und K-Schilder

sowie Plombierfolien.

2. Prüfraum mit Grube, Hebebühne oder Rampe mit ausreichender Länge und Beleuchtung
3. Kraftfahrzeug mit Getriebeabgang für Wegimpulsgeber
4. Messstrecke mit einer Länge von mindestens 20 m plus Anfahrt- und Auslaufzone
5. Eichfähiges Maßband, Länge mindestens 20 m
6. Geeichtes Reifenfüllgerät.

Anlage 2

(zu Nummer 5 der Fahrtschreiber- und Kontrollgeräte-Schulungsrichtlinie)

A. Schulungsinhalte und Mindestzeitvorgaben für die erstmalige Schulung

	Schulungsinhalte	Schulungsdauer
1. Tag		
1.	Rechtliche Grundlagen	1,0 h
1.1	Vorschriften und Richtlinien	
1.2	Darstellung der Bedeutung der amtlichen Untersuchung	
1.3	Ausrüstungspflichten	
1.4	Dokumentation	
2.	Allgemeine Fahrtschreiber- und Kontrollgeräteübersicht	4,0 h
2.1	Fahrtschreiber, EG-Kontrollgeräte	
2.2	Mechanische und elektronische Anlagen	
2.3	Diagrammscheiben/Schaublätter	
2.4	Einbau von Fahrtschreiber- und Kontrollgeräteanlagen	
2.5	Sondereinrichtungen	
2.6	Plombierung der Fahrtschreiber- und Kontrollgeräteanlage	
3.	Service-Diagnose-Systeme	1,0 h
3.1	Stationäre Prüfgeräte	
3.2	Mobile Prüfgeräte	
3.3	Prüfgeräte am Rollenprüfstand	
3.4	Automatische Messstrecke	
4.	Prüfung nach § 57b StVZO – Theorie	1,0 h
4.1	Prüfpflicht	
4.2	Zulässige Eigenfehler	
4.3	Prüfungsumfang	
4.4	Prüfungsablauf	
4.5	Prüfnachweis, Einbauschild, K-Schild	
5.	Prüfung nach § 57b StVZO Praxis – Teil 1	1,0 h
5.1	Eigendiagnose	
5.2	Anzeige- und Aufzeichnungsmechanik prüfen	
5.3	Konstanten ermitteln und einstellen	
5.4	Geschwindigkeitsanzeige/-aufschrieb prüfen	
Ende 1. Tag Zeitbedarf gesamt		**8,0 h**
2. Tag		
noch 5.	– Prüfung nach § 57b StVZO Praxis – Teil 2	1,0 h
5.5	Zeitabweichung der Uhr prüfen	
5.6	Zeitgruppenschalter prüfen	
5.7	Funktionskontrolleinrichtung prüfen	
5.8	Wegstreckenzähler prüfen	
6.	Fahrtschreiber und Kontrollgeräte angleichen und programmieren	2,0 h
6.1	Angleichung von Fahrtschreibern und Kontrollgeräten mit Umschalter und Potentiometer	

6.2	Angleichung von Fahrtschreibern und Kontrollgeräten mit DIP-Schaltern (Kodierschaltern)	
6.3	Angleichung von Fahrtschreibern und Kontrollgeräten durch Programmierung	
6.4	Parameterprogrammierung bei programmierbaren Fahrtschreibern und Kontrollgeräten	
7.	Praxis am Fahrzeug / Prüfung nach § 57b StVZO	4,0 h
7.1	Reifenumfang ermitteln	
7.2	W-Wert ermitteln	
7.3	K-Wert ermitteln	
7.4	Fahrtschreiber und Kontrollgeräte angleichen	
7.5	Plombierung der Fahrtschreiber- und Kontrollgeräteanlage	
7.6	Probefahrt	
8.	Fahrtschreiber und Kontrollgeräte Praxis	1,0 h
8.1	Fehleranalyse	
8.2	Reparaturen	
8.3	Wartung	
8.4	Zählerstände einstellen	
8.5	Impulsgeber überprüfen	
Ende 2. Tag Zeitbedarf gesamt		**8,0 h**

3. Tag

9.	Gesetzesänderungen zum digitalen Kontrollgerät	0,5 h
9.1	Änderungen in der EG-Verordnung	
9.2	Änderungen § 57b StVZO	
9.3	Änderungen FPersV	
10.	Chipkarten des digitalen Kontrollgeräts	0,5 h
10.1	Kartenarten	
10.2	Sicherheit	
10.3	Kartenausgabe	
10.4	Kartendaten	
10.5	Datenspeicherung	
10.6	Kartenkonflikte	
11.	Funktionen des digitalen Kontrollgeräts	3,5 h
11.1	Systemkomponenten	
11.2	Betriebsarten	
11.3	Funktionselemente	
11.4	Messgenauigkeit	
11.5	Massenspeicher	
11.6	Anschlusspläne	
11.7	Kalibrierung / Aktivierung	
11.8	Plombierung	
11.9	Schnittstellen	
11.10	Display / Anzeigen	
11.11	Ausdrucke	
12.	Download von Daten am digitalen Kontrollgerät	2,0 h
12.1	Downloadbereich	
12.2	Downloadverfahren	
12.3	Datenmanagement	
12.4	Datensicherung	
12.5	Datenweitergabe	
13.	Programmierung des digitalen Kontrollgeräts – Teil 1	1,5 h
13.1	K-Konstante	
13.2	Radumfang	
13.3	Wegstreckenzähler	
13.4	Fahrgestellnummer, Erstinstallation, Plombennummer	
13.5	Datum, Zeit, Datum der Überprüfung	
Ende 3. Tag Zeitbedarf gesamt		**8,0 h**

4. Tag

noch 13.	– Programmierung des digitalen Kontrollgeräts – Teil 2	0,5 h
13.9	Koppelung FE/Geber	
13.10	sonstige Parameter	
14.	Prüfung des digitalen Kontrollgeräts nach § 57b StVZO	3,5 h
14.1	Prüfgeräte	
14.2	Messstrecke	
14.3	Prüfpflicht	
14.4	Prüfbedingungen	
14.5	Prüfumfang	
14.6	Prüfablauf	
14.7	Wegimpulszahl ermitteln	
14.8	K-Wert einstellen	
14.9	Funktionsprüfung	
14.10	Geschwindigkeitsprüfung	
14.11	Wegstreckenzählerprüfung	
14.12	Installationsdaten	
14.13	Plombierung	
14.14	Prüfabschluss	
15.	Prüfdiagramm für Kontrollgeräte nach Anhang I VO (EWG) Nr. 3821/85	1,5 h
15.1	Prüfdiagramm erstellen	
15.2	Prüfdiagramm auswerten	
16.	Praktische Prüfung	1,5 h
16.1	Simulierte Prüfung nach § 57b StVZO an elektronisch angleichbaren Kontrollgeräten nach Anhang I VO (EWG) Nr. 3821/85 durchführen	
16.2	Simulierte Prüfung nach § 57b StVZO an digitalen Kontrollgeräten durchführen	
17.	Schriftlicher Abschlusstest	1,0 h
Ende 4. Tag Zeitbedarf gesamt		**8,0 h**

B. Schulungsinhalte und Mindestzeitvorgaben für die Wiederholungsschulung

	Schulungsinhalte	Schulungsdauer
1. Tag		
1.	Information Kontrollgeräte nach Anhang I VO (EWG) Nr. 3821/85	1,0 h
1.1	Technische Änderungen	
1.2	Serviceinformationen	
1.3	Allgemeine Informationen	
1.4	Gesetz bezüglich digitalem Kontrollgerät	
1.5	Änderungen in der EG-Verordnung	
1.6	Änderungen § 57b StVZO	
1.7	Änderungen FPersV	
2.	Chipkarten für digitales Kontrollgerät	0,5 h
2.1	Kartenarten	
2.2	Sicherheit	
2.3	Kartenausgabe	
2.4	Kartendaten	
2.5	Datenspeicherung	
2.6	Kartenkonflikte	
3.	Funktionen des digitalen Kontrollgeräts	3,5 h
3.1	Systemkomponenten	
3.2	Betriebsarten	
3.3	Funktionselemente	
3.4	Messgenauigkeit	
3.5	Massenspeicher	
3.6	Anschlusspläne	
3.7	Kalibrierung / Aktivierung	
3.8	Plombierung	
3.9	Schnittstellen	
3.10	Display / Anzeigen	
3.11	Ausdrucke	

4.	Download von Daten am digitalen Kontrollgerät	2,0 h
4.1	Downloadbereich, Downloadverfahren	
4.2	Datenmanagement, Datensicherung, Datenweitergabe	
5.	Programmierung des digitalen Kontrollgeräts – Teil 1	0,5 h
5.1	K-Konstante	
5.2	Radumfang	
5.3	Wegstreckenzähler	
Ende 1. Tag Zeitbedarf insgesamt		**8,0 h**

2. Tag

noch 5.	– Programmierung des digitalen Kontrollgeräts – Teil 2	1,5 h
5.4	Fahrgestellnummer, Erstinstal-, lation Plombennummer	
5.5	Datum, Zeit, Datum der Überprüfung	
5.6	Koppelung FE/Geber	
5.7	sonstige Parameter	
6.	Prüfung nach § 57b StVZO am digitalen Kontrollgerät	3,5 h
6.1	Prüfgeräte	
6.2	Messstrecke	
6.3	Prüfpflicht	
6.4	Prüfbedingungen	
6.5	Prüfumfang	
6.6	Prüfablauf	
6.7	Wegimpulszahl ermitteln	
6.8	K-Wert einstellen	
6.9	Funktionsprüfung	
6.10	Geschwindigkeitsprüfung	
6.11	Wegstreckenzählerprüfung	
6.12	Installationsdaten	
6.13	Plombierung	
6.14	Prüfabschluss	
7.	Prüfdiagramm mit Kontrollgerät nach Anhang I der VO (EWG) Nr. 3821/85	1,25 h
7.1	Prüfdiagramm erstellen	
7.2	Prüfdiagramm auswerten	
8.	Praktische Prüfung	0,75 h
8.1	Simulierte Prüfung nach § 57b StVZO an digitalem Kontrollgerät durchführen	
9.	Schriftlicher Abschlusstest	1,0 h
Ende 2. Tag Zeitbedarf gesamt		**8,0 h**

C. Schulungsinhalte und Mindestzeitvorgaben für die verkürzte Wiederholungsschulung für Kontrollgeräte nach Anhang I der Verordnung (EWG) Nr. 3821/85

	Schulungsinhalte	Schulungsdauer
1.	Information Kontrollgeräte nach Anhang I VO (EWG) Nr. 3821/85	1,5 h
1.1	Technische Änderungen	
1.2	Serviceinformationen	
1.3	Allgemeine Informationen	
1.4	Gesetze	0,5 h
1.5	Änderungen in der EG-Verordnung	
1.6	Änderungen § 57b StVZO	
1.7	Änderungen FPersVO	
2.	Prüfdiagramm	1,25 h
2.1	Prüfdiagramm erstellen	
2.2	Prüfdiagramm auswerten	
3.	Praktische Prüfung	0,75 h
3.1	Simulierte Prüfung nach § 57b StVZO an einem elektrisch angleichbaren Kontrollgerät durchführen	
4.	Schriftlicher Abschlusstest	1,0 h
Zeitbedarf gesamt		**5,0 h**

Anlage 3
zu Nummer 6.3
der Fahrtschreiber- und Kontrollgeräte-Schulungsrichtlinie

– Muster –
Bescheinigung über die Teilnahme an einer Fahrtschreiber- und Kontrollgeräte-Schulung nach § 57b StVZO

____

(Name der Schulungsstätte und Anschrift)

Herr/ Frau ______________________________
(Vorname, Name, Geburtsdatum)

der ______________________________
(Firma, Anschrift)

hat am/vom* ____________ bis*) ____________

an einer

☐ erstmaligen Schulung +)

☐ Wiederholungsschulung +)

zur Durchführung der Fahrtschreiber- und Kontrollgeräteprüfung nach § 57b StVZO teilgenommen.

Er/Sie *) hat die Abschlussprüfung

☐ bestanden +)

☐ nicht bestanden +).

Die Schulung erfolgte nach den Vorgaben der vom Bundesministerium für Verkehr, Bau und Stadtentwicklung im Verkehrsblatt (VkBl. 2005 S. 599) bekannt gemachten Schulungsrichtlinie.

Es wird bestätigt, dass wir nach Anlage XVIIId Nummer 7.1 StVZO zur Durchführung der Schulung befugt *)

durch ____________ ermächtigt *)

von ____________ anerkannt *) sind.

____

Datum, Name und Unterschrift der Ausbildungskraft, Stempel der Schulungsstätte

*) Nichtzutreffendes streichen

+) Zutreffendes ankreuzen

9. Richtlinie für die Überprüfung von Fahrtschreibern und von Kontrollgeräten bei einer Hauptuntersuchung nach § 29 StVZO

(VkBl. 1973 S. 140)

1. Allgemeines

Bei Fahrzeugen, deren Fahrtschreiber oder Kontrollgerät der Prüfung nach § 57 b StVZO unterliegt, ist festzustellen, ob das vorschriftsmäßige Einbauschild (§ 57 b Abs. 1 Satz 2 StVZO) vorhanden ist.

Außerdem ist eine Sichtprüfung durchzuführen und dabei auf folgende Punkte zu achten.

2. Umfang der Prüfung

2.1 Reifengröße

Vergleich der Reifenabmessungen am Fahrzeug mit den Angaben in den Fahrzeugpapieren oder dem wirksamen Reifenumfang nach dem Einbauschild.

2.2 Gerät

2.2.1 Plombierung

2.2.1.1 an der Anlage

Plombenzeichen an den lösbaren mechanischen und elektrischen Verbindungen prüfen.

2.2.1.2 bei geöffnetem Apparatedeckel überprüfen, ob die Abdeckplatte und der Wegstreckenzähler plombiert sind.

2.2.2 Schaublatt

2.2.2.1 Bei der Anfahrt zur Prüfstelle müssen alle Schreibstifte eine auf Grund einer Sichtprüfung des Schaublattes nicht zu beanstandende Aufschreibung geliefert haben. Die Geschwindigkeitsschreibung darf keine gleichförmigen Bogen oder Knicke aufweisen. Sie muss bei der Ruhe-Linie beginnen (vgl. Prüfschablone).

Während der Fahrt muss vom Zeitschreiber ein balkenförmiger oder stufenförmiger Aufschrieb erzeugt werden. Die Wegstreckenschreibung muss die übliche Zick-Zack-Form zeigen.

2.2.2.2 Mit dem Messbereichsende des Fahrtschreibers oder des Kontrollgeräts (z.B. 90, 100, 125 km/h) muss das Ende des Aufzeichnungsbereiches des eingelegten Schaublattes übereinstimmen.

2.2.2.4 Beim Schließen und Öffnen des Gerätes müssen auf dem Schaublatt Markierungen entstehen.

2.2.3 Uhrwerk

Ob das Uhrwerk läuft, kann am Apparat selbst oder auf dem Schaublatt festgestellt werden (siehe auch 2.2.2.1). Es dürfen keine senkrechten Aufzeichnungen aller Schreiber vorhanden sein.

2.2.4 Schreibstifte

Alle Schreibstifte müssen entgegen dem Federdruck leicht beweglich und dürfen nicht verbogen sein. Zur Kontrolle Prüfschablone verwenden (vgl. 2.2.2.1).

3. Untersuchungsergebnis

Falls sich bei der Sichtprüfung des Fahrtschreibers oder des Kontrollgerätes Beanstandungen oder Mängel, auch hinsichtlich des Einbauschildes, ergeben haben, wird die Prüfplakette nach § 29 StVZO und Anlage IX zur StVZO nicht erteilt.

10. Ausrüstung von Kraftfahrzeugen mit Geschwindigkeitsbegrenzern (§ 57c StVZO)

1. Allgemeines

Geschwindigkeitsbegrenzer sind Einrichtungen, die im Kraftfahrzeug in erster Linie durch die Steuerung der Kraftstoffzufuhr zum Motor die Höchstgeschwindigkeit auf den eingestellten Wert beschränken (§ 57 c Abs. 1 StVZO).

Die Vorschriften über Geschwindigkeitsbegrenzer in der StVZO gehen auf entspr. EG-Richtlinien zurück. In der Richtlinie 92/24/EWG sind die baulichen Anforderungen vorgegeben, die die Geschwindigkeitsbegrenzer einhalten müssen, und in der Richtlinie 92/6/EWG sind die Vorschriften über ihre Benutzung vorgegeben.

2. Ausrüstungsvorschriften (§ 57c Abs. 2 StVZO)

Alle KOM sowie Lkw, Zugmaschinen und Sattelzugmaschinen mit einer zul. GM von mehr als 3,5 t müssen mit Geschwindigkeitsbegrenzern ausgerüstet sein. Die Geschwindigkeitsbegrenzer müssen so beschaffen sein, dass sie nicht ausgeschaltet werden können. Die eingestellte Geschwindigkeit (v_{set}) beträgt

- 100 km/h für KOM
- 90 km/h für Lkw, Zugmaschinen und Sattelzugmaschinen.

Die eingestellte Geschwindigkeit gibt den Höchstwert, also einschließlich aller Toleranzen an und darf nicht überschritten werden.

Die Ausrüstungsvorschriften für Geschwindigkeitsbegrenzer traten wie folgt in Kraft:

1. auf alle genannten Fahrzeuge, die vom 1.1.2005 erstmals in den Verkehr kommen, ab diesem Datum.

2. auf KOM mit einer zul. GM ≦ 10 t und übrige Kfz mit einer zul. GM ≦ 12 t die zwischen dem 1.10.2001 und dem 1.1.2005 in den Verkehr gekommen sind, ab dem 1.1.2006.
   KOM mit einer zul. GM von > 10 t und Lkw, Zugmaschinen und Sattelzugmaschinen mit einer zul. GM von > 12 t, die vor dem 1.1.1988 erstmals in den Verkehr gekommen sind, brauchen nicht mit einem Geschwindigkeitsbegrenzer ausgerüstet sein.

3. Ausnahmen

Mit Geschwindigkeitsbegrenzern brauchen nicht ausgerüstet zu werden (§ 57 c Abs. 3 StVZO):

1. Kfz, deren durch die Bauart bestimmte tatsächliche Höchstgeschwindigkeit geringer ist als die jeweils zu der betreffenden Fz-Klasse angegebene, also für KOM weniger als 100 km/h und für die übrigen Kfz weniger als 90 km/h.
2. Kfz der Bundeswehr, der Bundespolizei, der Einheiten und Einrichtungen des Katastrophenschutzes, der Feuerwehren, der Rettungsdienste und der Polizei.
3. Kfz, die für wissenschaftliche Versuchszwecke auf der Straße oder zur Erprobung im Sinne des § 19 Abs. 6 StVZO eingesetzt werden.
4. Kfz, die ausschließlich für öffentliche Dienstleistungen innerhalb geschlossener Ortschaften eingesetzt oder überführt werden.

11. Einbau und Prüfung von Geschwindigkeitsbegrenzern (§ 57d StVZO)

1. Einbau und Prüfung

Geschwindigkeitsbegrenzer dürfen nur eingebaut und geprüft werden von hierfür amtlich anerkannten

- Fz-Herstellern
- Herstellern von Geschwindigkeitsbegrenzern oder
- Beauftragten der Hersteller

sowie durch von diesen ermächtigten Werkstätten.

2. Zusätzliche Prüfungen

Geschwindigkeitsbegrenzer sind zu prüfen

- nach jedem Einbau,
- nach jeder Reparatur,
- jeder Änderung der Wegdrehzahl oder des wirksamen Reifenumfangs,
- jeder Änderung der Kraftstoffzuführungseinrichtung.

Außerdem sind bei HU nach § 29 StVZO die Ausführung, der Einbau, die Zulässigkeit, das Vorhandensein von Prüfbescheinigung bzw. Verplombung sowie Funktion – sofern ein Prüfanschluss vorhanden ist – zu untersuchen.

3. Nachweis über Prüfungen

Zum Nachweis über durchgeführte Prüfungen sind Bescheinigungen von den die Prüfungen durchführenden Stellen den Fahrzeughaltern auszuhändigen. Diese Bescheinigungen sind in den Fz mitzuführen und zuständigen Personen

auf Verlangen auszuhändigen (Mitführpflicht!); dies gilt jedoch nicht für Kfz mit rotem Kennzeichen oder Kurzzeitkennzeichen. Auf die Bescheinigungen kann dann verzichtet werden, wenn ein Einbauschild mit den entspr. Daten angebracht wird. Die Bescheinigungen müssen folgende Angaben enthalten:

- Name, Anschrift oder Firmenzeichen der Stelle, die die Prüfungen durchführte,
- die eingestellte Geschwindigkeit v_{set},
- Wegdrehzahl des Kfz,
- wirksamer Reifenumfang des Kfz,
- Datum der Prüfung und
- die letzten 8 Zeichen der Fz-Identifizierungs-Nr. des Kfz.

4. Anerkennung der Stellen, die Geschwindigkeitsbegrenzer einbauen und prüfen dürfen

Für die Anerkennung der Fz-Hersteller, der Hersteller von Geschwindigkeitsbegrenzern oder von Beauftragten der Hersteller sind die zuständigen obersten Landesbehörden oder die von ihnen bestimmten oder nach Landesrecht zuständigen Stellen zuständig. Die Anerkennung kann auch so erteilt werden, dass diese ihrerseits Werkstätten ermächtigen dürfen, die den Einbau und die Prüfungen von Geschwindigkeitsbegrenzern vornehmen können.

Einzelheiten zu den Anerkennungsverfahren sind § 57 d StVZO und der Geschwindigkeitsbegrenzer-Anerkennungsrichtlinie zu entnehmen; siehe unter 12.

12. Richtlinie für die amtliche Anerkennung von Fahrzeug- und Geschwindigkeitsbegrenzerherstellern für die Durchführung von Aufgaben nach § 57d StVZO im Rahmen des Einbaus und der Prüfung von Geschwindigkeitsbegrenzern (Geschwindigkeitsbegrenzer-Anerkennungsrichtlinie)

(VkBl. 1993 S. 619)

Die Richtlinie 92/6/EWG des Rates über Einbau und Benutzung von Geschwindigkeitsbegrenzern für bestimmte Kraftfahrzeugklassen vom 10. Februar 1992 legt in Artikel 5 Abs. 2 fest, dass die Geschwindigkeitsbegrenzer nur durch von den Mitgliedstaaten zugelassene Werkstätten und Einrichtungen eingebaut werden dürfen.

In der EG-Richtlinie 92/24/EWG des Rates über Geschwindigkeitsbegrenzungseinrichtungen und vergleichbare Geschwindigkeitsbegrenzungssysteme für bestimmte Kraftfahrzeugklassen vom 31. März 1992 sind die Anforderungen an diese Einrichtungen festgelegt. Diese EG-Richtlinie ist eine Einzelrichtlinie für die EG-Betriebserlaubnis und im Rahmen der Harmonisierung in die StVZO (§ 57c) übernommen worden. Nach Artikel 2 der EG-Richtlinie 92/24/EWG dürfen die Mitgliedstaaten weder die EWG-Typgenehmigung bzw. nationale Genehmigung für das Fahrzeug oder die Geschwindigkeitsbegrenzungseinrichtung verweigern noch den Verkauf, die Zulassung, die Inbetriebnahme oder die Benutzung untersagen, wenn die Vorschriften der Anhänge der Richtlinie eingehalten werden. Aufgrund dieser Festlegungen und insbesondere auch der festgelegten Anforderungen im Anhang I der EG-Richtlinie 92/24/EWG sind die Produktionsstätten der Hersteller von Fahrzeugen oder Geschwindigkeitsbegrenzungseinrichtungen mit der Erteilung der entsprechenden Genehmigung hinsichtlich des Artikels 5 Abs. 2 der EG-Richtlinie 92/6/EWG für den Ersteinbau zugelassen.

Richtlinie für die amtliche Anerkennung von Fahrzeug- und Geschwindigkeitsbegrenzerherstellern für die Durchführung von Aufgaben nach § 57 d StVZO im Rahmen des Einbaus und der Prüfung von Geschwindigkeitsbegrenzern (Geschwindigkeitsbegrenzer-Anerkennungsrichtlinie)

1. Allgemeines

Diese Richtlinie gilt für

1.1 Fahrzeug- und Geschwindigkeitsbegrenzerhersteller, die im Besitz einer EWG-Typgenehmigung nach der EG-Richtlinie 92/24/EWG oder einer entsprechenden nationalen Genehmigung sind und die einer Anerkennung nach § 57 d Abs. 1 StVZO bedürfen, um

1.1.1 den nach § 57d Abs. 2 StVZO vorgeschriebenen Einbau von und die Prüfung an Geschwindigkeitsbegrenzern selbst vorzunehmen (§ 57d Abs. 4, Nr. 1 StVZO) und/oder

1.1.2 Werkstätten und Einrichtungen zu ermächtigen, die ihrerseits den nach § 57d Abs. 2 StVZO vorgeschriebenen Einbau von und die Prüfung an Geschwindigkeitsbegrenzern vornehmen (§ 57d Abs. 4, Nr. 2 StVZO);

1.2 Fahrzeughersteller, die nicht im Besitz einer EWG-Typgenehmigung nach der EG-Richtlinie 92/24/EWG oder einer entsprechenden nationalen Genehmigung sind und die einer Anerkennung nach § 57 d Abs. 1 StVZO bedürfen, um die nach § 57 d Abs. 2 StVZO vorgeschriebenen Einbauten und/oder Prüfungen selbst vorzunehmen, ohne Berechtigte nach Nr. 1.1.2 zu sein (keine Ermächtigung von Werkstätten).

1.3 Händler (Importeure) die bei Erfüllung der entsprechenden Voraussetzungen als Hersteller im Sinne von 1.1 bzw. 1.2 dieser Richtlinie anerkannt werden, wenn sie an Fahrzeugen oder Geschwindigkeitsbegrenzern, die außerhalb des Geltungsbereichs der StVZO hergestellt worden sind, in Wahrnehmung der Aufgaben des betreffenden Herstellers die Einbauten und/oder Prüfungen vornehmen.

2. Antrag

Der Antrag auf Anerkennung ist in dreifacher Ausfertigung bei der für den Verkehr zuständigen obersten Landesbehörde oder der von ihr bestimmten Behörde (Anerkennungsbehörde) in dem Land zu stellen, in dem der Antragsteller seinen Sitz hat. Die Anerkennung hat Wirkung für das ganze Bundesgebiet.

Für den Antrag sind Vordrucke nach dem aus der Anlage zu dieser Richtlinie ersichtlichen Muster zu verwenden; die Antragsvordrucke werden von der Anerkennungsbehörde ausgegeben.

Dem Antrag sind die erforderlichen Nachweise beizufügen.

3. Zuverlässigkeit

3.1 Zuverlässigkeit

Der Antragsteller, bei juristischen Personen die nach Gesetz oder Satzung zur Vertretung berufenen Personen, müssen nach ihrer Persönlichkeit die Gewähr für die zuverlässige Ausübung der zu verleihenden Befugnisse geben. Es ist die Vorlage eines Führungszeugnisses zu veranlassen und eine Auskunft aus dem Verkehrszentralregister einzuholen.

Auf Führungszeugnis und Auskunft aus dem Verkehrszentralregister kann verzichtet werden, wenn der Antragsteller nachweist, dass er Inhaber einer Betriebserlaubnis für Fahrzeugteile nach § 22 StVZO für Geschwindigkeitsbegrenzer oder Inhaber einer Allgemeinen Betriebserlaubnis nach § 20 Abs. 1 StVZO oder einer EWG-Typgenehmigung für Geschwindigkeitsbegrenzer oder Fahrzeuge nach EG-Richtlinie 92/24/EWG vom 31. März 1992 ist.

3.2 Der Antragsteller nach 1.1 der Richtlinie muss nachweisen, dass er Fahrzeug oder Geschwindigkeitsbegrenzerhersteller (im Sinne der EG-Richtlinie 92/94/EWG) ist.

3.3 Weitere Voraussetzungen bei Vornahme der Prüfungen durch den Antragsteller selbst

(Antragsteller nach 1.1, 1.2 und 1.3 der Richtlinie)

3.3.1 Verantwortliches Personal

Die für die ordnungsgemäße Durchführung der Einbauten und/oder Prüfung verantwortlichen Personen müssen die hierfür erforderlichen Erfahrungen auf den Gebieten der Kraftfahrzeug-

technik, Elektronik und der Feinmechanik besitzen.

Sie müssen an einem mindestens zweitägigen Lehrgang über gesetzliche Bestimmungen, Aufbau, Funktion, Einbau und Prüfung von Geschwindigkeitsbegrenzern (Aufbaulehrgang) eines amtlich anerkannten Fahrzeug- oder Geschwindigkeitsbegrenzerherstellers oder von diesem Beauftragten mit Erfolg teilgenommen haben. Sofern sie bereits an einem Lehrgang eines Herstellers mit Erfolg teilgenommen haben bzw. eine Schulung nach § 57 b StVZO stattgefunden hat, ist eine mindestens eintägige Schulung ausreichend. Die Teilnahmebescheinigungen sind der Anerkennungsbehörde auf Verlangen vorzulegen. Die Anerkennung gilt nur für Einbau und Prüfung solcher Geschwindigkeitsbegrenzer, für die eine Schulung mit Erfolg stattgefunden hat.

3.3.2 Prüfgeräte, Einrichtungen und Ausstattungen

3.3.2.1 Grube, Hebebühne oder Rampe;

3.3.2.2 geeigneter und eichfähiger Rollenprüfstand oder eine mindestens 20 m lange und ebene Messstrecke;

3.3.2.3 eichfähiges Prüfgerät zur Wegimpulsermittlung;

3.3.2.4 Prüfmittel für die Überprüfung und Einstellung der Elektronik des zu prüfenden Geschwindigkeitsbegrenzers gemäß Zulassung durch den jeweiligen Geschwindigkeitsbegrenzerhersteller oder gegebenenfalls den Fahrzeughersteller;

3.3.2.5 Einrichtungen für Maßnahmen gegen missbräuchliche Eingriffe (z.B. Plombierung, Selbstzerstörung, Versiegelung usw.);

3.3.2.6 Reifenfüllanlage mit geeichtem Reifenluftdruckmessgerät;

3.3.2.7 Werkzeuge und weitere Messgeräte nach Weisung des Geschwindigkeitsbegrenzerherstellers oder gegebenenfalls des Fahrzeugherstellers.

3.4 Weitere Voraussetzungen bei Ermächtigung von Werkstätten und Einrichtungen, die ihrerseits die Einbauten und/oder die Prüfungen vornehmen (Antragsteller nach 1.1 der Richtlinie)

3.4.1 Vorlage eines Mustervordrucks, den der Antragsteller für die Ermächtigung von Werkstätten und Einrichtungen verwenden will.

Dieser Vordruck muss mindestens die Bedingungen nach 4.2.3 und 4.2.4 enthalten.

3.4.2 Erklärung des Antragstellers gegenüber der Anerkennungsbehörde, nur solche Werkstätten und Einrichtungen zu ermächtigen, bei denen die Voraussetzungen nach 4.2.1 vorliegen und bei denen zu erwarten ist, dass sie die Bedingungen nach 4.2.3 erfüllen.

4. Nebenbestimmungen bei Erteilung der Anerkennung

Die Anerkennung ist mindestens mit folgenden Nebenbestimmungen zu verbinden:

4.1 Bei Einbauten und/oder Prüfungen durch den Inhaber der Anerkennung selbst

4.1.1 Die für die ordnungsgemäße Durchführung der Prüfungen verantwortlichen Personen müssen nach dem Lehrgang nach 3.3.1 (Aufbaulehrgang) mindestens alle 3 Jahre an einem mindestens eintägigen Lehrgang über Aufbau, Funktion, Einbau und Prüfung von Geschwindigkeitsbegrenzern (Fortbildungslehrgang) mit Erfolg teilnehmen. Die Teilnahmebescheinigungen sind den mit der Prüfung beauftragten Personen (§ 57d Abs. 5 Ziffer 3 StVZO) auf Verlangen vorzulegen.

4.1.2 Die Prüfungen sind nach der von den obersten Landesbehörden eingeführten Richtlinie für die Durchführung von Prüfungen an Geschwindigkeitsbegrenzern nach § 57d StVZO vorzunehmen.

4.1.3 Zur laufenden Unterrichtung des Personals sind folgende Unterlagen in der jeweils gültigen Fassung bereitzuhalten:

4.1.3.1 Straßenverkehrs-Zulassungs-Ordnung:

4.1.3.2 Richtlinie 92/24/EWG vom 31. März 1992;

Richtlinie 92/6/EWG vom 10. Februar 1992;

4.1.3.3 Richtlinie für die Durchführung des Einbaus von und der Prüfung an Geschwindigkeitsbegrenzern nach § 57d StVZO sowie gege-

benenfalls Richtlinie für die Überprüfung von Geschwindigkeitsbegrenzern bei einer Hauptuntersuchung nach § 29 StVZO; Geschwindigkeitsbegrenzer-Anerkennungsrichtlinie;

4.1.3.4 Technische Ratgeber, Arbeitsanweisungen und Mitteilungen der Fahrzeug- und/oder Gerätehersteller etc.

4.1.4 Führung eines Nachweises, in welchem jede durchgeführte Prüfung nach § 57d Abs. 2 StVZO mit folgenden Angaben enthalten ist:

– Halter, Hersteller des Kraftfahrzeuges, die letzten 8 Zeichen der Fahrzeugidentifizierungsnummer des Kraftfahrzeugs, Wegdrehzahl des Kraftfahrzeugs, wirksamer Reifenumfang des Kraftfahrzeugs, eingestellte Geschwindigkeit (v_{set}), das Datum der Prüfung, das Datum der Anbringung des Einbauschildes, sofern das Schild erneuert wird.

Der Nachweis ist drei Jahre lang aufzubewahren und zuständigen Personen auf Verlangen zur Prüfung vorzulegen.

4.1.5 Die Aufsichtsbehörde kann zur Ausübung ihrer Aufsichtsrechte (§ 57d Abs. 8 StVZO) Grundstücke, Prüf- und Geschäftsräume innerhalb der Geschäftszeiten betreten, dort Nachprüfungen und Besichtigungen vornehmen und in die vorgeschriebenen Aufzeichnungen Einsicht nehmen; der Inhaber der Anerkennung hat diese Maßnahmen zu ermöglichen.

4.1.6 Der Inhaber der Anerkennung hat die Maßnahmen gegen missbräuchliche Eingriffe der Anerkennungsbehörde und dem Kraftfahrt-Bundesamt mitzuteilen; desgleichen sind diesen Stellen Änderungen dieser Maßnahmen unverzüglich anzuzeigen.

4.2 Bei Ermächtigungen von Werkstätten (dieses schließt auch Zweigwerke und Niederlassungen ein, soweit sie nicht Produktionsstätten sind) und Einrichtungen, die ihrerseits Einbauten und/oder Prüfungen vornehmen

4.2.1 Der Inhaber der Anerkennung darf nur solche Werkstätten und Einrichtungen ermächtigen, bei denen mindestens folgende – dem Inhaber der Anerkennung nachzuweisende – Voraussetzungen vorliegen:

4.2.1.1 die Werkstätten und Einrichtungen müssen die Gewähr für die zuverlässige Ausübung der mit der Ermächtigung übertragenen Aufgaben bieten; die Durchsetzung von Überwachungs- und Weisungsbefugnissen muss gesichert sein;

4.2.1.2 verantwortliches Personal nach 3.3.1 muss vorhanden sein;

4.2.1.3 Prüfgeräte, Einrichtungen und Ausstattungen nach 3.3.2 müssen vorhanden sein

4.2.2 Der Inhaber der Anerkennung hat für die Ermächtigung der Werkstätten und Einrichtungen den nach 3.4.1 vorgelegten und von der Anerkennungsbehörde genehmigten Vordruck zu verwenden.

4.2.3 Der Inhaber der Anerkennung hat dafür zu sorgen, dass nach Erteilung der Ermächtigung die Werkstätten und Einrichtungen mindestens folgende Bedingungen erfüllen:

4.2.3.1 die Prüfungen sind nur von den verantwortlichen Personen nach 4.2.1.2 durchzuführen; Veränderungen des verantwortlichen Personals sind dem Inhaber der Anerkennung unverzüglich mitzuteilen;

4.2.3.2 Prüfgeräte, Einrichtungen und Ausstattungen nach 4.2.1.3 sind instand zu halten;

4.2.3.3 es ist auszuführen und zu beachten, was Gegenstand von Auflagen nach 4.1.1 bis 4.1.5 ist;

4.2.3.4 dem Inhaber der Anerkennung wird das Recht eingeräumt, jederzeit Weisungen zu erteilen, die sich auf die Voraussetzungen und die Durchführung des Einbaus und/oder der Prüfungen sowie auf die Anbringung des Einbauschildes nach § 57d StVZO beziehen;

4.2.3.5 dem Inhaber der Anerkennung wird das Recht eingeräumt, zur Wahrnehmung von Überwachungsbefugnissen nach § 57d Abs. 5 Nr. 3 StVZO Grundstücke, Prüf- und Geschäftsräume der ermächtigten Werkstätten und Einrichtungen innerhalb der Geschäftszeiten zu betreten, dort Nachprüfungen und Besichtigungen vorzunehmen und in die vorgeschriebenen Aufzeichnungen Einsicht zu nehmen; der Inhaber der Werkstatt hat diese Maßnahmen zu ermöglichen;

4.2.3.6 Die Ermächtigung ist nicht übertragbar.

4.2.4 Der Inhaber der Anerkennung hat die Ermächtigung zurückzunehmen, wenn bei ihrer Erteilung eine der Voraussetzungen nach 4.2.1 nicht vorgelegen hat; von der Rücknahme kann abgesehen werden, wenn der Mangel nicht mehr besteht. Die Ermächtigung ist zu widerrufen, wenn nachträglich eine der Voraussetzungen nach 4.2.1 weggefallen ist oder wenn eine der Bedingungen nach 4.2.3 wiederholt nicht eingehalten oder gegen eine dieser Bedingungen gröblich verstoßen wurde.

4.2.5 Der Inhaber der Anerkennung hat für die fachliche Unterrichtung und Ausbildung des für die Prüfung verantwortlichen Personals der von ihm ermächtigten Werkstätten und Einrichtungen zu sorgen.

4.2.6 Der Inhaber der Anerkennung teilt jeder ermächtigten Werkstatt und Einrichtung ein Erkennungszeichen zu.

4.2.7 Der Inhaber der Anerkennung hat der Anerkennungsbehörde, den für Verkehr zuständigen obersten Behörden aller Bundesländer und dem Kraftfahrt-Bundesamt die von ihm ermächtigten Werkstätten und Einrichtungen sowie das ihnen jeweils zugeteilte Erkennungszeichen mitzuteilen; desgleichen hat er diese Stellen unverzüglich über diesbezügliche Änderungen (z.B. Rücknahme, Widerruf von Ermächtigten, Änderung des Erkennungszeichens) zu unterrichten.

4.2.8 Der Inhaber der Anerkennung hat der Anerkennungsbehörde die Personen mitzuteilen, die verantwortlich sind für die Erteilung der Ermächtigung und für die Ausübung der Überwachungs- und Weisungsbefugnisse gegenüber den ermächtigten Werkstätten und Einrichtungen. Desgleichen sind Änderungen dieses Personals unverzüglich anzuzeigen.

Anlage
zur Anerkennungsrichtlinie

Antrag auf Anerkennung von Geschwindigkeitsbegrenzerherstellern sowie von Fahrzeugherstellern nach § 57d StVZO

Es wird beantragt die Anerkennung als

Geschwindigkeitsbegrenzerhersteller zur Vornahme von Einbauten und Prüfungen nach § 57d Abs. 2 StVZO

Fahrzeughersteller zur Vornahme von Einbauten und Prüfungen nach § 57d Abs. 2 StVZO

Fahrzeug- oder Geschwindigkeitsbegrenzerhersteller zur Ermächtigung von Werkstätten und Einrichtungen, die Einbauten und Prüfungen nach § 57d Abs. 2 StVZO vornehmen sollen.

1. Name und Sitz der beantragenden Firma:

____

____

____

____

____

Bei juristischen Personen:
Name und Anschrift der nach Gesetz oder Satzung zur Vertretung berufenen Personen:

____

____

____

____

____

1.1 Nur bei Geschwindigkeitsbegrenzerherstellern:

1.1.1 Ist eine allgemeine Betriebserlaubnis für Fahrzeugteile nach § 22 StVZO für Geschwindigkeitsbegrenzer erteilt? ja – nein
Falls ja: (es genügt die Angabe einer Betriebserlaubnis)

Datum ____________ Nummer ____________ erteilende Behörde ____________

1.1.2 Ist eine EWG-Typgenehmigung für Geschwindigkeitsbegrenzer nach EG-Richtlinie 92/24/EWG vom 31. März 1992 erteilt? ja – nein
Falls ja: (es genügt die Angabe einer Typgenehmigung)

Datum ____________ Nummer ____________ erteilende Behörde ____________

1.2 Nur bei Fahrzeugherstellern:

1.2.1 Ist eine Allgemeine Betriebserlaubnis nach § 20 Abs. 1 StVZO erteilt? ja – nein
Falls ja: (es genügt die Angabe einer Betriebserlaubnis)

Datum ____________ Nummer ____________ erteilende Behörde ____________

1.2.2 Ist eine EWG-Typgenehmigung für Fahrzeuge nach EG-Richtlinie 92/24/EWG vom 31. März 1992 erteilt? ja – nein
Falls ja: (es genügt die Angabe einer Typgenehmigung)

Datum ____________ Nummer ____________ erteilende Behörde ____________

2. Nur bei Antragstellern, die die Einbauten und/oder Prüfungen selbst durchführen:

2.1 Sind Personen angestellt, die für die Durchführung der Prüfungen verantwortlich sind? ja – nein

Gegebenenfalls Anzahl: ____________

2.1.1 Besitzen diese Personen die für die Durchführung der Prüfungen erforderlichen Erfahrungen auf den Gebieten der Kraftfahrzeugtechnik, Elektronik und Feinmechanik? ja – nein

2.1.2 Haben diese Personen an einem mindestens zweitägigen Lehrgang über gesetzliche Bestimmungen, Aufbau, Funktion, Einbau und Prüfung von Geschwindigkeitsbegrenzern (Aufbaulehrgang) eines Fahrzeug- oder Geschwindigkeitsbegrenzerherstellers mit Erfolg teilgenommen? ja – nein
(Teilnahmebescheinigungen sind auf Verlangen der Anerkennungsbehörde vorzulegen.)

2.2 Prüfgeräte, Einrichtungen und Ausstattungen

2.2.1 Grube, Hebebühne oder Rampe;

2.2.2 geeigneter und eichfähiger Rollenprüfstand oder eine mindestens 20 m lange und ebene Messstrecke;

2.2.3 geeignetes Prüfgerät zur Wegimpulsermittlung;

2.2.4 Prüfmittel für die Überprüfung und Einstellung der Elektronik des zu prüfenden Geschwindigkeitsbegrenzers gemäß Zulassung des jeweiligen Geschwindigkeitsbegrenzerherstellers oder gegebenenfalls des Fahrzeugherstellers;

2.2.5 Einrichtungen für Maßnahmen gegen missbräuchliche Eingriffe (z.B. Plombierung, Selbstzerstörung, Versiegelung usw.);

2.2.6 Reifenfüllanlage mit geeichtem Reifenluftdruckmessgerät;

2.2.7 Werkzeuge und weitere Messgeräte nach Weisung des Geschwindigkeitsbegrenzerherstellers oder gegebenenfalls des Fahrzeugherstellers.

3. Nur bei Antragsteller, die Werkstätten und Einrichtungen zur Durchführung der Einbauten und/oder Prüfungen ermächtigen wollen:

3.1 Mustervordruck, der für die Ermächtigung von Werkstätten verwendet werden soll, ist beigefügt.

3.2 Welche Personen sind verantwortlich für die Erteilung der Ermächtigung sowie für die Ausübung der Überwachungs- und Weisungsbefugnisse gegenüber den ermächtigten Werkstätten und Einrichtungen?

Name Dienststellung

a) ______________________________

b) ______________________________

c) ______________________________

3.3 Erklärung des Antragstellers:

Ich/wir erkläre(n), nur solche Werkstätten und Einrichtungen zu ermächtigen, bei denen die Voraussetzungen nach Nr. 4.2.1 der Geschwindigkeitsbegrenzer-Anerkennungsrichtlinie vorliegen und bei denen zu erwarten ist, dass sie die Bedingungen nach Nr. 4.2.3 der Geschwindigkeitsbegrenzer-Anerkennungsrichtlinie erfüllen.

4. Bemerkungen (z.B. zusätzliche Einrichtungen):

____

____

____

____

____

____

______________________________, den ______________ 20 ______

(Ort)

____

(Unterschrift des Antragstellers)

13. Richtlinie für die Durchführung von Prüfungen an Geschwindigkeitsbegrenzern nach § 57d StVZO (Geschwindigkeitsbegrenzer-Durchführungsrichtlinie)

(VkBl. 1993, S. 623)

1. Anwendungsbereich

Die Richtlinie gilt für die nach § 57d Abs. 2 StVZO vorzunehmenden Prüfungen von Geschwindigkeitsbegrenzern. Der Prüfung unterliegen:

2. Prüfungsfälle

Prüfungsfälle für Geschwindigkeitsbegrenzern im Sinne von Nr. 1 sind:

2.1 jeder Einbau

2.2 jede Reparatur an der Geschwindigkeitsbegrenzeranlage

2.3 jede Änderung der Wegdrehzahl des Kraftfahrzeugs

2.4 jede Änderung des wirksamen Reifenumfangs, des Kraftfahrzeugs, die sich aus der Änderung der Reifengröße ergibt.

3. Umfang der Prüfung nach 2.1 bis 2.4

3.1 Angleichung des Geschwindigkeitsbegrenzers an das Kraftfahrzeug

3.1.1 Ist der Geschwindigkeitsbegrenzer an das Ausgangssignal des EWG-Kontrollgeräts (Fahrtschreibers) angeschlossen, so ist das EG-Kontrollgerät (Fahrtschreiber) auf korrekte Angleichung an das Fahrzeug zu prüfen.

3.1.2 Eichfähiges Prüfgerät zur Wegimpulszahlermittlung pro km an den Geber oder die Prüfbuchse des EG-Kontrollgeräts (Fahrtschreiber) anschließen, Fahrzeug auf einer geeigneten Prüfstrecke von mindestens 20 m abrollen und den ermittelten Wert mit der Angleichung des EG-Kontrollgeräts (Fahrtschreiber) vergleichen. Weichen die Werte um mehr als ± 1% voneinander ab, ist eine Korrektur vorzunehmen.

3.1.3 Die Messung der Wegimpulszahl kann auch auf einem für diese Zwecke geeigneten und geeichten Rollenprüfstand durchgeführt werden.

3.1.4 Die Messung des Fahrzeugs ist wie folgt vorzunehmen:

3.1.4.1 mit unbeladenem Fahrzeug in fahrbereitem Zustand nur mit einem Fahrer besetzt,

3.1.4.2 verkehrssichere Fahrzeugreifen mit dem vom Fahrzeughersteller empfohlenen Innendruck,

3.1.4.3 geradlinige Bewegung des Fahrzeugs auf ebenem Gelände mit einer Geschwindigkeit von etwa 5 km/h oder auf einem Rollenprüfstand mit einer Geschwindigkeit von 50 km/h + 5 km/h.

3.1.5 Der Normalzustand des Fahrzeugs hinsichtlich der Punkte 3.1.5.1 und 3.1.5.3 kann aus anderen betrieblichen Zuständen durch Korrektur der zugehörigen Messwerte rechnerisch angenähert sein (vgl. die Korrekturwerte bzw. die Korrekturtabellen der Fahrtschreiber-, Fahrzeug- und/oder Geschwindigkeitsbegrenzerhersteller).

3.1.6 Das EG-Kontrollgerät (Fahrtschreiber) mit entsprechenden Prüfmitteln antreiben.

3.1.7 Sobald die eingestellte Geschwindigkeitsanzeige des EG-Kontrollgeräts (Fahrtschreiber) die v_{set} Geschwindigkeit erreicht, muss der Abregelvorgang spätestens beginnen und bei einer Geschwindigkeitsanzeige von höchstens 85 km/h oder 100 km/h (je nach vorgeschriebener begrenzter Geschwindigkeit) die Leerlaufregelstellung des Fahrzeugmotors erreicht sein.

3.1.8 Ist der Geschwindigkeitsbegrenzer nicht an das EG-Kontrollgerät (Fahrtschreiber) angeschlossen, sondern auf andere Weise angesteuert, so ist die Funktion des Geschwindigkeitsbegrenzers entsprechend den besonderen Anweisungen des Fahrzeug- oder Geschwindigkeitsbegrenzerherstellers zu prüfen.

3.2 Untersuchung des Geschwindigkeitsbegrenzers

(nur bei Prüfung nach 2.1 bis 2.4)

3.2.1 Geschwindigkeitsbegrenzer mit dem

vom Hersteller vorgeschriebenen und für die Prüfung zugelassenen Prüfgerät überprüfen und gegebenenfalls angleichen.

3.3 Einbau, Funktionsprobe und Nachprüfung

3.3.1 Geschwindigkeitsbegrenzer soweit erforderlich in das Fahrzeug einbauen und mechanisch und elektrisch anschließen.

3.3.2 Verbindungen zwischen Geschwindigkeitsbegrenzer und EG-Kontrollgerät (Fahrtschreiber) bzw. anderen Ansteuerungen auf einwandfreien Zustand überprüfen.

3.3.3 Funktionsprobe nach 3.1.6 bis 3.1.8 vornehmen.

3.3.4 Anlage an den lösbaren mechanischen oder elektrischen Verbindungen mit Maßnahmen gegen missbräuchlichen Eingriff sichern.

3.3.5 Einbauschild anbringen bzw. erneuern.

4. Einbauschild

Geschwindigkeitsbegrenzer sind nach jeder Prüfung nach § 57d Abs. 2 StVZO mit einem Einbauschild zu versehen, welches gleichzeitig die Bescheinigung der Überprüfung darstellt. Dieses Einbauschild muss folgende Angaben aufweisen:

4.1 Name, Anschrift oder Firmenzeichen des Berechtigten und des Ermächtigungsgebers nach § 57d Abs. 1 StVZO mit Angabe der Plombierungs-Nummer.

4.2 Wegimpulszahl des Kraftfahrzeugs in der Form „W = ... Imp/km“

4.3 Wirksamer Reifenumfang in der Form „I = … mm“

4.4 Datum der Prüfung

4.5 Die letzten 8 Zeichen der Fahrzeug-Identifizierungsnummer des Kraftfahrzeugs

4.6 Eingestellte Geschwindigkeit (v_{set})

4.7 Die Angaben zu 4.2 und 4.3 entfallen, wenn sie bereits auf dem Einbauschild des EG-Kontrollgeräts richtig angegeben sind. Das Einbauschild ist an gut sichtbarer Stelle im Fahrerhaus (Vorschlag: Windschutzscheibe) anzubringen und zu plombieren. Die Plombierung kann mittels einer Folie erfolgen. Die Plombierung kann entfallen, wenn das Einbauschild ohne Zerstörung nicht abgelöst werden kann.

5. Führung der Nachweise über die durchgeführten Prüfungen

Über jede durchgeführte Prüfung nach Nr. 2 ist ein Nachweis zu führen. In dem Nachweis sind anzugeben:

– Halter, Hersteller des Kraftfahrzeugs, die letzten 8 Zeichen der Fahrzeug-Identifizierungsnummer, Wegdrehzahl des Kraftfahrzeugs, wirksamer Reifenumfang des Kraftfahrzeugs, eingestellte Geschwindigkeit (v_{set}), das Datum der Prüfung, das Datum der Anbringung des Einbauschilds, sofern das Schild erneuert wird.

Das Verzeichnis ist drei Jahre lang aufzubewahren und zuständigen Personen auf Verlangen zur Prüfung vorzulegen.

Richtlinie für die Einstellung und die Prüfung der Einstellung von Scheinwerfern an Kraftfahrzeugen[1)]

(VkBl. 1987 S. 563 und S.759)

Die richtige Einstellung von Scheinwerfern an Kraftfahrzeugen soll eine möglichst gute Fahrbahnbeleuchtung durch das Abblendlicht bei möglichst geringer Blendung entgegenkommender Verkehrsteilnehmer ermöglichen. Dazu muss die Neigung der Scheinwerferlichtbündel zu einer ebenen Grundfläche und deren Richtung zur senkrechten Fahrzeuglängsmittelebene die in dieser Richtlinie festgelegten Bedingungen erfüllen.

Nach § 50 Abs. 6 StVZO gilt die Blendung – bei Abblendlicht – als behoben, wenn die Beleuchtungsstärke in einer Entfernung von 25 m vor jedem einzelnen Scheinwerfer auf einer Ebene senkrecht zur Fahrbahn in Höhe der Scheinwerfermitte und darüber nicht mehr als 1 Lux beträgt. Diese Forderung wird in der Regel erfüllt, wenn die Scheinwerfer den Richtlinien entsprechend eingestellt sind.

Scheinwerfer an Fahrzeugen, bei denen extreme Belastungsfälle auftreten, müssen abweichend von den Richtlinien so eingestellt werden, dass das angestrebte Ziel erreicht wird. In diesen Richtlinien werden folgende Abkürzungen verwendet:

H = Höhe der Mitte des Scheinwerfers über der Standfläche in cm.

h = Höhe des Trennstrichs der Prüffläche (siehe Abb. 1) über der Standfläche in cm,

e = Einstellmaß in cm, e = H – h,

N = Maß in cm, um das die Lichtbündelmitte auf 5 m Entfernung geneigt werden soll.

1. Einstellen der Scheinwerfer

1.1 Vor der Scheinwerfereinstellung ist dafür zu sorgen, dass die Reifen den vorgeschriebenen Luftdruck haben. Fahrzeuge mit Federung sind nach dem Beladen einige Meter zu rollen, damit sich die Federn richtig einstellen.

1.2 Für die Einstellung der Scheinwerfer ist das Fahrzeug auf eine ebene Fläche zu stellen.

1.3 Die Scheinwerfer sind einzeln einzustellen. Dazu müssen die anderen Scheinwerfer ausgeschaltet oder abgedeckt werden.

1.4 Bei Fahrzeugen mit automatischem Ausgleich der durch die Lastabhängigkeit verursachten Karosserie- oder Scheinwerferneigung sind die Eigenheiten dieser Einrichtungen nach den Anweisungen des Herstellers zu beachten.

1.5 Zur Einstellung der Scheinwerfer muss sich bei Fahrzeugen, bei denen die Scheinwerfer von Hand verstellt werden können, die Verstelleinrichtung in der vorgeschriebenen Raststellung für die Grundeinstellung befinden.

Bei Scheinwerfern mit Verstelleinrichtungen für nur 2 Stellungen, bei denen die Raststellungen nicht besonders gekennzeichnet sind, ist wie folgt zu verfahren:

1.5.1 Bei Fahrzeugen, bei denen sich das Lichtbündel mit zunehmender Beladung hebt, ist die Einstellung in der Endstellung der Verstelleinrichtung vorzunehmen, bei der das Lichtbündel am höchsten liegt.

1.5.2 Bei Fahrzeugen, bei denen sich das Lichtbündel mit zunehmender Beladung senkt, ist die Einstellung in der Endstellung der Verstelleinrichtung vorzunehmen, bei der das Lichtbündel am niedrigsten liegt.

[1)] Hinweis:
Die Richtlinie für die Prüfung von Scheinwerfer-Einstell-Prüfgeräten ist im VkBl. 1981, S. 392 abgedruckt.

1.6 Die Fahrzeuge sind bei der Einstellung der Scheinwerfer wie folgt zu belasten:

1.6.1 Personenkraftwagen, Lastkraftwagen und sonstige mehrspurige Fahrzeuge bleiben unbelastet (Leergewicht nach § 42 Abs. 3 StVZO).[1]

Personenkraftwagen jedoch zusätzlich mit einer Person oder 75 kg auf dem Führersitz.

1.6.2 Einspurige Fahrzeuge sowie einachsige Zug- oder Arbeitsmaschinen (mit Sitzkarre oder Anhänger) mit einer Person oder 75 kg auf dem Führersitz.

1.7 Von den Belastungen nach 1.6 darf abgewichen werden, wenn bekannt ist, wie das Einstellmaß zu wählen ist, damit sich bei Belastung nach 1.6.1 oder 1.6.2 das entsprechende Einstellmaß nach anliegender Tabelle für die Einstellung ergibt.

1.8 Für die Einstellung des Scheinwerfers nach der Tabelle ist eine verstellbare ebene Fläche zu verwenden. Diese Prüffläche soll hellfarbig und mit einer Zentralmarke sowie mit einem Trennstrich versehen sein (siehe Abb. 1). Sie muss senkrecht zur Standfläche des Fahrzeugs und senkrecht zur Fahrzeuglängsmittelebene angeordnet sein. Für die Anwendung der Einstellmaße nach der Tabelle muss der Abstand zwischen der Prüffläche und dem einzustellenden Scheinwerfer 10 m betragen. Bei großen Lichtbündelneigungen, z.B. bei Nebelscheinwerfern, kann ein Abstand von 5 m gewählt werden; hierbei sind die vorgeschriebenen Einstellmaße zu halbieren.

[1] Das Leergewicht ist das Gewicht des betriebsfertigen Fahrzeugs ohne austauschbare Ladungsträger (Behälter, die dazu bestimmt und geeignet sind, Ladungen aufzunehmen und auf oder an verschiedenen Trägerfahrzeugen verwendet zu werden, wie Container, Wechselbehälter), aber mit vollständig gefüllten eingebauten Kraftstoffbehältern (mind. 90% entspr. 76/756/EWG Anlage 5) einschließlich des Gewichts aller im Betrieb mitgeführten Ausrüstungsteile (z.B. Ersatzräder und -bereifung, Ersatzteile, Werkzeug, Wagenheber, Feuerlöscher, Aufsteckwände, Planengestell mit Planenbügeln und Planenlatten oder Planenstangen, Plane, Gleitschutzeinrichtungen, Belastungsgewichte), bei anderen Kraftfahrzeugen als Krafträdern und Personenkraftwagen zuzügl. 75 kg als Gewicht des Fahrzeugführers. Austauschbare Ladungsträger, die Fahrzeuge miteinander verbinden oder Zugkräfte übertragen, sind Fahrzeugteile.

1.9 Die Zentralmarke der Prüffläche muss in der zur Fahrzeuglängsmittelebene parallelen Ebene liegen, die durch die Mitte des einzustellenden Scheinwerfers geht (siehe Abb. 2).

1.10 Für jeden einzustellenden Scheinwerfer muss der Trennstrich parallel zur Standfläche auf Höhe h eingestellt werden. Dabei ist $h = H - e$.

1.11 Nach Möglichkeit ist in einem geschlossenen Raum und in nicht zu heller Umgebung einzustellen, da die Einstellgenauigkeit durch Wind (Bewegung der Prüffläche) und Fremdlicht beeinflusst werden kann.

1.12 Einstellung

1.12.1 Bei Scheinwerfern für symmetrisches Abblendlicht und bei Nebelscheinwerfern muss die höchste Stelle der Hell-Dunkel-Grenze den Trennstrich berühren und über die Mindestbreite der Prüffläche möglichst waagerecht verlaufen.

In seitlicher Richtung müssen diese Scheinwerfer so eingestellt werden, dass die Lichtverteilung möglichst symmetrisch zur vertikalen Linie durch die Zentralmarke liegt.

1.12.2 Bei Scheinwerfern für asymmetrisches Abblendlicht muss die Hell-Dunkel-Grenze links von der Mitte den Trennstrich berühren. Der Schnittpunkt zwischen dem linken (möglichst waagerechten) und dem rechts ansteigenden Teil der Hell-Dunkel-Grenze (Knickpunkt) muss auf der Senkrechten durch die Zentralmarke liegen. Zur leichteren Ermittlung des genannten Schnittpunkts kann die linke Scheinwerferhälfte einige Male abwechselnd abgedeckt und wieder freigegeben werden.

1.12.3 Die Lichtbündelmitte des Fernlichts muss auf der Zentralmarke liegen. Bei Scheinwerfern mit gemeinsamer Einstellbarkeit für Fern- und Abblendlicht sind Abweichungen von je 20 cm nach rechts oder links und von 15 cm nach oben oder 10 cm nach unten zulässig.

1.12.4 Bei einachsigen Zug- oder Arbeitsmaschinen mit dauerabgeblendeten Scheinwerfern, auf denen die Neigung der Lichtbündelmitte angegeben ist, muss die Lichtbündelmitte auf dem Trennstrich und auf der vertikalen Linie durch die Zentralmarke liegen.

1.13 Bei Verwendung von Scheinwerfer-Einstellprüfgeräten, die den hierfür geltenden Richtlinien entsprechen müssen, sind die Bedienungsanweisungen des Herstellers zu beachten.

1.14 Scheinwerfer, deren Befestigung zur Einstellung gelöst werden müssen, sind nach Einstellung am Fahrzeug wieder so zu befestigen, dass eine unbeabsichtigte Verstellung nicht eintreten kann.

1.15 Nach einer Reparatur an der Fahrzeugfederung sowie bei Änderungen und Maßnahmen, die die Scheinwerfereinstellung beeinflussen können, sind die Scheinwerfer stets neu einzustellen. Dies empfiehlt sich auch nach dem Auswechseln einer Glühlampe.

2. Prüfung der Scheinwerfereinstellung bei Fahrzeuguntersuchungen nach § 29 StVZO

2.1 Prüfgeräte und Prüfbedingungen

Die Forderungen in 1.2, 1.5 und 1.8 bis 1.13 sind entsprechend anzuwenden und einzuhalten.

2.2 Belastung der Fahrzeuge

Für die Belastung gelten die in 1.6 angegebenen Werte. Wird hiervon abgewichen, so muss für die gewählte Belastung die Abweichung Δe der Einstellung von dem für die Belastung nach 1.6 geltenden Einstellmaß e bekannt sein.

Die in 2.3 zugelassenen Toleranzen gelten dann von $e + \Delta e$ aus.

2.3 Prüftoleranzen

Folgende Abweichungen der Lage der Hell-Dunkel-Grenze von der durch die Tabelle angegebenen Sollage sind nicht zu beanstanden:

a) bei Fahrzeugen nach Nr. 1 a bis 1 e sowie 4 der Tabelle:

je 5 cm nach oben und unten,

b) bei Fahrzeugen nach Nr. 1 f bis 1 h sowie 2 und 3 der Tabelle: 10 cm nach oben und 5 cm nach unten.

Der Knick zwischen dem horizontalen und dem ansteigenden Teil der Hell-Dunkel-Grenze darf nicht mehr als 5 cm von der Vertikalen durch die Zentralmarke nach rechts oder links abweichen.

3. Prüfung der Scheinwerfereinstellung bei polizeilichen Kontrollen im Straßenverkehr

3.1 Prüfgeräte und Prüfbedingungen

Die Forderungen in 1.2, 1.5 und 1.8 bis 1.13 sind entsprechend anzuwenden und einzuhalten.

3.2 Belastung der Fahrzeuge

Die Einstellung der Scheinwerfer ist in dem Belastungszustand zu prüfen, in welchem das Fahrzeug im Verkehr angetroffen wird.

3.3 Prüftoleranzen

Folgende Abweichungen der Lage der Hell-Dunkel-Grenze von der durch die Tabelle angegebenen Sollage sind nicht zu beanstanden:

a) bei Fahrzeugen nach Nr. 1 a bis 1 e sowie 4 der Tabelle:

5 cm nach oben und 15 cm nach unten,

b) bei Fahrzeugen nach Nr. 1 f bis 1 h sowie 2 und 3 der Tabelle;

25 cm nach oben und 5 cm nach unten.

Der Knick zwischen dem horizontalen und dem ansteigenden Teil der Hell-Dunkel-Grenze darf nicht mehr als 10 cm von der Vertikalen durch die Zentralmarke nach rechts oder links abweichen.

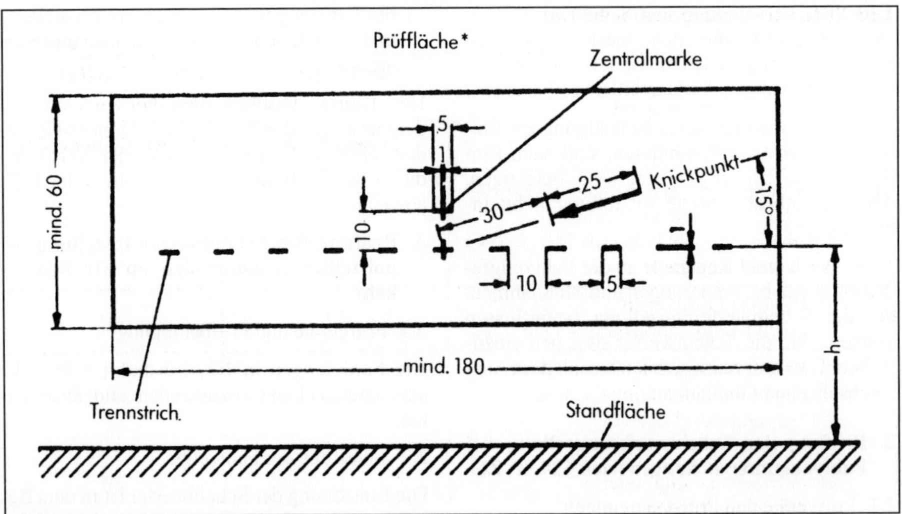

Abb. 1

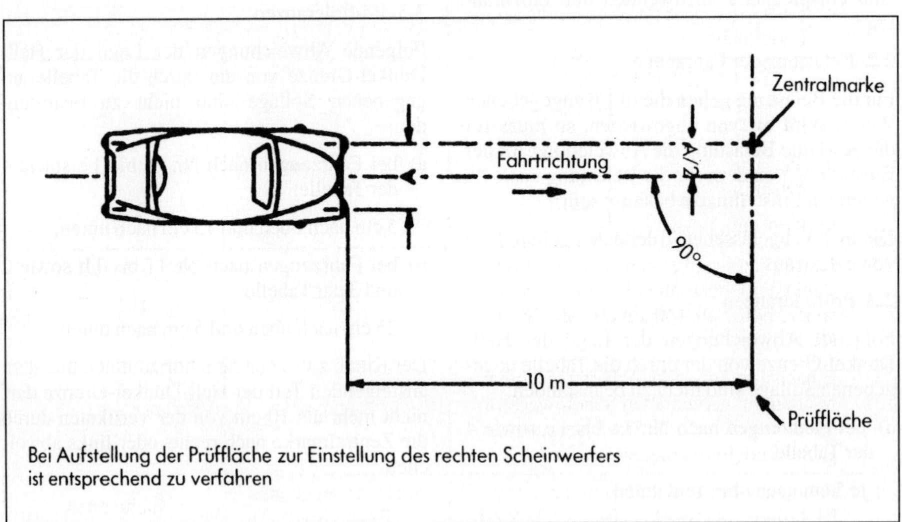

Abb. 2

[1] Alte Prüfflächen in Scheinwerfer-Einstellprüfgeräten dürfen weiter verwendet werden.

Tabelle für die Einstellung (siehe 1.8)

Fahrzeugart	Einstellmaß „e" in cm bei Aufstellung der Prüffläche nach Abb. 2	
	Scheinwerfer	**Nebelscheinwerfer**
1 Kraftfahrzeuge, bei denen der höchste Punkt der leuchtenden Fläche der Scheinwerfer nicht höher als 140 cm über der Standfläche liegt		
a) Personenkraftwagen (auch Kombinationskraftwagen	12	20
b) Kraftfahrzeuge mit niveauregelnder Federung oder automatischem Neigungsausgleich des Lichtbündels[1] c) mehrachsige Zug- oder Arbeitsmaschinen d) einspurige Kraftfahrzeuge[2] e) Lastkraftwagen mit vorn liegender Ladefläche	10	20
f) Lastkraftwagen mit hinten liegender Ladefläche g) Sattelzugmaschinen h) Kraftomnibusse } ausgenommen Kraftfahrzeuge nach 1 b	30	40
2 Kraftfahrzeuge, bei denen der höchste Punkt der leuchtenden Fläche der Scheinwerfer höher als 140 cm über der Standfläche liegt	H/3	H/3 + 7
3 Einachsige Zug- oder Arbeitsmaschinen mit dauerabgeblendeten Scheinwerfern, auf denen die erforderliche Neigung der Lichtbündelmitte angegeben ist	2 × N	20
4 Fahrzeuge mit Genehmigung nach der Richtlinie 76/756/EWG bzw. ECE-R 48	am Fz angegebenes Einstellmaß	siehe oben

[1] Eigenheiten dieser Einrichtungen sind nach den Anweisungen der Hersteller zu beachten.

[2] Fahrräder mit Hilfsmotor mit einer 3-Watt-Lichtanlage sind wie Fahrräder zu behandeln.

Druckgasanlagen und Druckbehälter (§ 41a StVZO)

1. § 41a StVZO Druckgasanlagen und Druckbehälter

(1) Kraftfahrzeugtypen, die mit speziellen Ausrüstungen oder Bauteilen für die Verwendung von

1. verflüssigtem Gas (LPG) oder

2. komprimiertem Erdgas (CNG)

in ihrem Antriebssystem ausgestattet sind, müssen hinsichtlich des Einbaus dieser Ausrüstungen oder Bauteile nach den im Anhang zu dieser Vorschrift genannten Bestimmungen genehmigt sein.

(2) Spezielle Nachrüstsysteme für die Verwendung von

1. verflüssigtem Gas (LPG) oder

2. komprimiertem Erdgas (CNG)

im Antriebssystem eines Kraftfahrzeugs müssen hinsichtlich ihrer Ausführung nach der im Anhang zu dieser Vorschrift genannten Bestimmung genehmigt sein.

(3) Spezielle Bauteile für die Verwendung von

1. verflüssigtem Gas (LPG) oder

2. komprimiertem Erdgas (CNG)

im Antriebssystem eines Kraftfahrzeugs müssen hinsichtlich ihrer Ausführung nach der im Anhang zu dieser Vorschrift genannten Bestimmung genehmigt sein. Ferner müssen für den Einbau die Bedingungen der im Anhang zu dieser Vorschrift genannten Bestimmung erfüllt werden.

(4) Hersteller von Bauteilen für Ausrüstungen nach Absatz 1 oder Nachrüstsysteme nach Absatz 2 oder von speziellen Bauteilen nach Absatz 3 müssen diesen die notwendigen Informationsunterlagen, entsprechend den im Anhang zu dieser Vorschrift genannten Bestimmungen, für den Einbau, die sichere Verwendung während der vorgesehenen Betriebsdauer und die empfohlenen Wartungen beifügen. Den für den Einbau, den Betrieb und die Prüfungen verantwortlichen Personen sind diese Unterlagen bei Bedarf zur Verfügung zu stellen.

(5) Halter, deren Kraftfahrzeuge mit Ausrüstungen nach Absatz 2 oder Absatz 3 ausgestattet worden sind, haben nach dem Einbau eine Gasanlagenprüfung (Gassystemeinbauprüfung) nach Anlage XVII durchführen zu lassen. Gassystemeinbauprüfungen dürfen nur durchgeführt werden von

1. verantwortlichen Personen in hierfür anerkannten Kraftfahrzeugwerkstätten, sofern das Gassystem in der jeweiligen Kraftfahrzeugwerkstatt eingebaut wurde,
2. amtlich anerkannten Sachverständigen oder Prüfern für den Kraftfahrzeugverkehr,
3. Prüfingenieuren im Sinne der Anlage VIIIb Nr. 3.9.

Nach der Gassystemeinbauprüfung haben Halter von Kraftfahrzeugen mit Ausrüstungen nach Absatz 3 eine Begutachtung nach § 21 zur Erlangung einer neuen Betriebserlaubnis durchführen zu lassen.

(6) Halter, deren Kraftfahrzeuge mit Ausrüstungen nach den Absätzen 1 bis 3 ausgestattet sind, haben im Zusammenhang mit jeder Reparatur der Gasanlage eine Gasanlagenprüfung nach Anlage XVII durchführen zu lassen. Dies gilt auch, wenn die Gasanlage durch Brand oder Unfall beeinträchtigt wurde. Die Gasanlagenprüfungen dürfen nur durchgeführt werden von

1. verantwortlichen Personen in hierfür anerkannten Kraftfahrzeugwerkstätten oder Fachkräften unter deren Aufsicht,
2. amtlich anerkannten Sachverständigen oder Prüfern für den Kraftfahrzeugverkehr,
3. Prüfingenieuren im Sinne der Anlage VIIIb Nr. 3.9.

(7) Die Anerkennung der Kraftfahrzeugwerkstätten für die Durchführung der Gassystemeinbauprüfungen nach Absatz 5, der Gasanlagenprüfungen nach Absatz 6 und der Untersuchungen nach Anlage VIII Nr. 3.1.1.2 hat nach Anlage XVIIa zu erfolgen. Die Schulung der in Absatz 5 Satz 2 Nr. 2 und 3 sowie Absatz 6 Satz 3 Nr. 2 und 3 genannten Personen hat in entsprechender Anwendung der Nummern 2.5, 7.3 und 7.4 der Anlage XVIIa zu erfolgen, wobei der Umfang der erstmaligen Schulung dem einer Wiederholungsschulung entsprechen kann.

(8) Druckbehälter für Druckluftbremsanlagen und Nebenaggregate müssen die im Anhang zu dieser Vorschrift genannten Bestimmungen erfüllen. Sie dürfen auch aus anderen Werkstoffen als Stahl und Aluminium hergestellt werden, wenn sie den im Anhang zu dieser Vorschrift genannten Bestimmungen entsprechen und für sie die gleiche Sicherheit und Gebrauchstüchtigkeit nachgewiesen ist. Druckbehälter sind entsprechend des Anhangs zu kennzeichnen.

Auszug aus der Übergangsvorschrift (§ 72 Abs. 2 i.V.m. § 41a StVZO):

§ 41 a Abs. 2 und 3 (Druckgasanlagen)
ist anzuwenden ab dem 1. April 2006; dies gilt auch für Kraftfahrzeuge, die vor dem 1. April 2006 erstmals in den Verkehr gebracht worden sind und deren Gasanlagen-Tank nach der ECE-Regelung Nr. 67 oder der ECE-Regelung Nr. 110 genehmigt ist. Für Kraftfahrzeuge, die vor dem 1. April 2006 erstmals in den Verkehr gekommen sind und deren Gasanlagen-Tank nicht nach der ECE-Regelung Nr. 67 oder der ECE-Regelung Nr. 110 genehmigt ist, gilt § 41 a in der vor dem 1. April 2006 geltenden Fassung.

2. Anlage XVII StVZO
(zu § 41 a Abs. 5 und 6)

Gassystemeinbauprüfungen und sonstige Gasanlagenprüfungen

1. Art und Gegenstand der Prüfung

Gasanlagenprüfungen nach dem Einbau (Gassystemeinbauprüfungen) und sonstige Gasanlagenprüfungen im Sinne des § 41 a Abs. 6 sind nach Maßgabe der folgenden Bestimmungen durchzuführen. Der ordnungsgemäße Zustand der Gasanlagen ist dabei nach Maßgabe der vom Bundesministerium für Verkehr, Bau und Stadtentwicklung im Verkehrsblatt mit Zustimmung der obersten Landesbehörden bekannt gemachten Richtlinien zu untersuchen.

2. Durchführung der Prüfungen, Nachweise

2.1 Die Prüfungen sind von hierfür nach Anlage XVIIa anerkannten Kraftfahrzeugwerkstätten oder amtlich anerkannten Sachverständigen oder Prüfern für den Kraftfahrzeugverkehr (im Folgenden als aaSoP bezeichnet) oder den von einer amtlich anerkannten Überwachungsorganisation betrauten Prüfingenieuren (im Folgenden als PI bezeichnet) durchzuführen.

2.2 Der Halter hat das Kraftfahrzeug zur Durchführung der Prüfung in einer hierfür anerkannten Kraftfahrzeugwerkstatt oder bei einem aaSoP oder PI vorzuführen.

2.3 Werden bei der Prüfung der Gasanlage

2.3.1 keine Mängel festgestellt, so ist dies in einem Nachweis zu bescheinigen,

2.3.2 Mängel festgestellt, so sind diese in einen Nachweis einzutragen. Der Halter hat die Mängel unverzüglich beheben zu lassen und das Kraftfahrzeug spätestens nach einem Monat zu einer erneuten Prüfung unter Vorlage des Nachweises vorzuführen.

2.4 Nachweise über Prüfungen sind nach einem vom Bundesministerium für Verkehr, Bau und Stadtentwicklung mit Zustimmung der obersten Landesbehörden im Verkehrsblatt bekannt gemachten Muster fälschungserschwerend auszuführen oder mit fälschungserschwerenden Merkmalen (Nachweis-Siegel mit Prägenummer) zu versehen und müssen mindestens folgende Angaben enthalten:

- Art der Prüfung,
- Jahr, in dem das Fahrzeug erstmals in den Verkehr gekommen ist,
- Hersteller des Fahrzeugs einschließlich seiner Schlüsselnummer,
- Fahrzeugart und Fahrzeugtyp einschließlich Schlüsselnummern,
- Fahrzeug-Identifizierungsnummer (mindestens die letzten 7 Zeichen),
- Datum der Durchführung der Prüfung,
- Name, Anschrift und Prüfort der prüfenden Stelle,
- Ergebnisse der Einzelprüfungen,
- Ergebnis der Gesamtprüfung,
- bei Gassystemeinbauprüfungen zusätzlich die in den Fahrzeugdokumenten zu ändernden Angaben als Empfehlung für die Zulassungsbehörde,
- Unterschrift der für die Prüfung verantwortlichen Person, Kontrollnummer der Kraftfahrzeugwerkstatt und, soweit vorhanden, Nachweis-Siegel mit Prägenummer oder Unterschrift mit Prüfstempel und Kennnummer des für die Prüfung verantwortlichen aaSoP oder PI mit Angaben über die bei der Prüfung festgestellten Mängel,
- Anordnung der Wiedervorführpflicht.

2.5 Der Nachweis ist unmittelbar nach Durchführung der Prüfung zu unterzeichnen. Er ist dem Fahrzeughalter auszuhändigen.

3. Untersuchungsstelle zur Durchführung von Prüfungen

3.1 Die Prüfungen dürfen nur an Untersuchungsstellen durchgeführt werden, die den in Anlage VIIId Nr. 3 genannten Anforderungen entsprechen.

3.2 Die zuständige oberste Landesbehörde oder die von ihr bestimmten oder nach Landesrecht zuständigen Stellen oder die zuständige Anerkennungsstelle können selbst überprüfen oder durch von ihr bestimmte sachverständige Personen oder Stellen überprüfen lassen, ob die für die Untersuchungsstellen geltenden Vorschriften eingehalten sind. Die mit den Prüfungen beauftragten Personen sind befugt, Grundstücke und Geschäftsräume, die zur Untersuchungsstelle gehören, während der Geschäfts- und Betriebszeiten zu betreten, dort Überprüfungen und Besichtigungen vorzunehmen. Der Inhaber der Untersuchungsstelle oder der Nutzer der Untersuchungsstelle hat diese Maßnahmen zu dulden und, soweit erforderlich, die beauftragten Personen zu unterstützen. Der Inhaber oder der Nutzer hat die Kosten der Überprüfung zu tragen.

3. Anlage XVIIa StVZO

(zu § 41 a Abs. 7 und Anlage VIII Nr. 3.1.1.2)

Anerkennung von Kraftfahrzeugwerkstätten zur Durchführung von Gassystemeinbauprüfungen oder von wiederkehrenden und sonstigen Gasanlagenprüfungen sowie Schulung der verantwortlichen Personen und Fachkräfte

1. Allgemeines

1.1 Die Anerkennung von Kraftfahrzeugwerkstätten zur Durchführung von Gassystemeinbauprüfungen oder wiederkehrenden Gasanlagenprüfungen (GWP) und sonstigen Gasanlagenprüfungen im Sinne des § 41 a Abs. 6 obliegt der zuständigen obersten Landesbehörde oder den von ihr bestimmten oder nach Landesrecht zuständigen Stellen (Anerkennungsstellen). Diese können die Befugnis auf die örtlich und fachlich zuständigen Kraftfahrzeuginnungen übertragen.

1.2 Auf das Verfahren der Anerkennung von Kraftfahrzeugwerkstätten zur Durchführung von Gassystemeinbauprüfungen oder wiederkehrenden und sonstigen Gasanlagenprüfungen und auf die Dokumentation der durchgeführten Prüfungen findet die vom Bundesministerium für Verkehr, Bau und Stadtentwicklung mit Zustimmung der zuständigen obersten Landesbehörden im Verkehrsblatt bekannt gemachte Richtlinie Anwendung.

2. Allgemeine Voraussetzungen für die Anerkennung von Kraftfahrzeugwerkstätten

Die Anerkennung wird erteilt, wenn

2.1 der Antragsteller, bei juristischen Personen die nach Gesetz oder Satzung zur Vertretung berufenen Personen sowie die für die Durchführung von Prüfungen verantwortlichen Personen persönlich zuverlässig sind. Ein Führungszeugnis und

ein Auszug aus dem Verkehrszentralregister sind jeweils vorzulegen,

2.2 der Antragsteller durch Vorlage einer Bescheinigung der örtlich zuständigen Handwerkskammer mit seiner Eintragung in der Handwerksrolle nachweist, dass er selbst oder eine in der Betriebsstätte fest angestellte Person die Voraussetzungen nach der Handwerksordnung zur selbstständigen gewerblichen Verrichtung solcher Arbeiten erfüllt, die zur Behebung der bei Prüfungen festgestellten Mängel erforderlich sind,

2.3 der Antragsteller nachweist, dass er eine oder mehrere für die Durchführung von Prüfungen verantwortliche Personen bestellt hat. Die Durchführung der Prüfung kann auch von Fachkräften unter der Aufsicht einer verantwortlichen Person erfolgen. Die verantwortlichen Personen und Fachkräfte müssen vom Antragsteller namentlich benannt werden,

2.4 der Antragsteller nachweist, dass die für die Durchführung von Prüfungen verantwortlichen Personen und die Fachkräfte über eine entsprechende Vorbildung und ausreichende Erfahrungen auf dem Gebiet der Kraftfahrzeugtechnik verfügen. Dazu müssen Nachweise darüber erbracht werden, dass

2.4.1 Fachkräfte eine Abschlussprüfung im anerkannten Ausbildungsberuf

- Kraftfahrzeugmechaniker,
- Kraftfahrzeugelektriker,
- Automobilmechaniker,
- Kraftfahrzeug-Mechatroniker,
- Mechaniker für Karosserieinstandhaltungstechnik,
- Karosserie- und Fahrzeugbauer,
- Karosserie- und Fahrzeugbaumechaniker erfolgreich abgeschlossen haben,

2.4.2 verantwortliche Personen eine Meisterprüfung im

- Kraftfahrzeugmechaniker-Handwerk,
- Kraftfahrzeugelektriker-Handwerk,
- Kraftfahrzeugtechniker-Handwerk,
- Karosserie- und Fahrzeugbauer-Handwerk

erfolgreich bestanden haben. Diesen Prüfungsabschlüssen stehen gleich der Dipl.-Ing., Dipl.-Ing. (FH), Ing. (grad.) oder der staatlich geprüfte Techniker der Fachrichtung Maschinenbau, Fahrzeugtechnik, Elektrotechnik oder Luft- und Raumfahrttechnik/Luftfahrzeugtechnik, sofern der Betreffende nachweislich im Kraftfahrzeugbereich (Untersuchung, Prüfung, Wartung oder Reparatur) tätig ist und eine mindestens dreijährige Tätigkeit oder eine Abschlussprüfung in den unter Nummer 2.4.1 genannten Ausbildungsberufen nachgewiesen werden kann,

2.5 der Antragsteller oder die für die Durchführung von Prüfungen verantwortlichen Personen und die Fachkräfte darüber hinaus an einer dem jeweiligen Stand der Technik der zu prüfenden Gasanlagen entsprechenden Schulung nach Nummer 7 teilgenommen und diese mit einer erfolgreichen Prüfung abgeschlossen haben,

2.6 der Antragsteller nachweist, dass er über mindestens eine Untersuchungsstelle verfügt, die die in Anlage VIIId Nr. 3 genannten Anforderungen erfüllt,

2.7 der Antragsteller nachweist, dass für jede von ihm benannte Untersuchungsstelle eine Dokumentation der Betriebsorganisation erstellt wird, die interne Regeln enthält, nach denen eine ordnungsgemäße Durchführung und Nachweisführung der Prüfungen sichergestellt ist. Die Dokumentation muss mindestens der nach Nummer 1.2 bekannt gemachten Richtlinie entsprechen,

2.8 der Antragsteller bestätigt, dass für die mit der Durchführung der Prüfung betrauten verantwortlichen Personen und Fachkräfte eine ausreichende Haftpflichtversicherung zur Deckung aller im Zusammenhang mit den Prüfungen entstehenden Ansprüchen besteht, dies auf Verlangen nachweist und erklärt, dass er diese Versicherung aufrechterhalten wird,

2.9 der Antragsteller sowie die im Anerkennungsverfahren beteiligten Stellen nach Nummer 1.1 Satz 2 das Land, in dem sie tätig werden und für das der Antragsteller anerkannt wird, von allen Ansprüchen Dritter wegen Schäden freistellt, die im Zusammenhang mit den Prüfungen von ihm oder den von ihm beauftragten verantwortlichen Personen und Fachkräften verursacht werden, und dafür den Abschluss einer entsprechenden Versicherung bestätigt, dies auf Verlangen nachweist und erklärt, dass er diese Versicherung aufrechterhalten wird.

3. Nebenbestimmungen

3.1 Die Anerkennung kann mit Nebenbestimmungen verbunden werden, die erforderlich sind, um sicherzustellen, dass die Prüfungen ordnungsgemäß durchgeführt werden. Die Anerkennung ist nicht übertragbar.

3.2 Die Anerkennung ist auf bestimmte Arten von Gasanlagen zu beschränken, wenn die Voraussetzungen nach Nummer 2 nur für diese Arten nachgewiesen sind.

4. Rücknahme der Anerkennung

Die Anerkennung ist zurückzunehmen, wenn bei ihrer Erteilung eine der Voraussetzungen nach Nummer 2 nicht vorgelegen hat. Von der Rücknahme kann abgesehen werden, wenn der Mangel nicht mehr besteht.

5. Widerruf der Anerkennung

Die Anerkennung ist zu widerrufen, wenn nachträglich eine der Voraussetzungen nach Nummer 2 weggefallen ist. Sie ist teilweise oder völlig zu widerrufen, wenn gröblich gegen die Vorschriften zur Durchführung der Prüfungen verstoßen wurde, wenn die Prüfungen nicht ordnungsgemäß durchgeführt wurden oder wenn gegen die Auflagen der Anerkennung gröblich verstoßen wurde. Sie kann widerrufen werden, wenn von ihr innerhalb von mindestens sechs Monaten kein Gebrauch gemacht worden ist.

6. Aufsicht über anerkannte Kraftfahrzeugwerkstätten

6.1 Die Anerkennungsstelle übt die Aufsicht über die anerkannten Kraftfahrzeugwerkstätten aus. Sie kann selbst überprüfen oder überprüfen lassen,

6.1.1 ob die Prüfungen ordnungsgemäß durchgeführt, dokumentiert und nachgewiesen werden und ob die sich sonst aus der Anerkennung ergebenden Pflichten erfüllt werden,

6.1.2 in welchem Umfang von der Anerkennung Gebrauch gemacht worden ist.

6.2 Nummer 8.1 ist entsprechend anzuwenden.

7. Schulung der verantwortlichen Personen und Fachkräfte

7.1 Zur Durchführung der Schulungen nach Nummer 2.5 sind berechtigt:

- Kraftfahrzeughersteller,
- Kraftfahrzeugimporteure, die entweder selbst Inhaber einer allgemeinen Betriebserlaubnis für Kraftfahrzeugtypen oder durch Vertrag mit einem ausländischen Kraftfahrzeughersteller alleinvertriebsberechtigt im Geltungsbereich der Straßenverkehrs-Zulassungs-Ordnung sind, sofern sie eine eigene Kundendienstorganisation haben,
- geeignete Stellen, die von einem der vorgenannten Kraftfahrzeughersteller oder Kraftfahrzeugimporteure beauftragt worden sind,
- Hersteller von Gasanlagen, die Inhaber einer Teilegenehmigung für mindestens eine Gesamtanlage sind,
- Importeure von Gasanlagen, die entweder selbst Inhaber einer Teilegenehmigung für mindestens eine Gesamtanlage sind oder die durch Vertrag mit einem ausländischen Hersteller von Gasanlagen, der Inhaber einer Teilegenehmigung für mindestens eine Gesamtanlage ist, alleinvertriebsberechtigt im Geltungsbereich der Straßenver-

kehrs-Zulassungs-Ordnung sind, sofern sie eine eigene Kundendienstorganisation haben,

- Stellen, die vom Bundesinnungsverband des Kraftfahrzeughandwerks in 53040 Bonn, Postfach 15 01 62, zur Durchführung von Schulungen ermächtigt worden sind, und
- Stellen, die von der zuständigen obersten Landesbehörde oder der von ihr bestimmten oder nach Landesrecht zuständigen Stelle zur Durchführung von Schulungen anerkannt worden sind.

7.2 Die Schulungsstätten sind den zuständigen obersten Landesbehörden oder den von ihnen bestimmten oder nach Landesrecht zuständigen Stellen sowie dem Bundesinnungsverband des Kraftfahrzeughandwerks in 53040 Bonn, Postfach 15 01 62, unaufgefordert zu melden; dies gilt entsprechend für die Einstellung der Schulungstätigkeit. Der Bundesinnungsverband des Kraftfahrzeughandwerks erfasst zentral die Schulungsstätten und übersendet den zuständigen obersten Landesbehörden und dem Bundesministerium für Verkehr, Bau und Stadtentwicklung jeweils zu Beginn eines Jahres eine aktuelle Zusammenfassung aller Schulungsstätten.

7.3 Die Schulung muss jeweils innerhalb von drei Jahren wiederholt und erneut mit einer erfolgreichen Prüfung abgeschlossen werden. Die Frist beginnt jeweils mit dem Monat und Jahr, in dem erfolgreich eine Prüfung nach einer erstmaligen Schulung oder einer Wiederholungsschulung abgelegt wurde. Nach Ablauf der Frist ist erneut eine erstmalige Schulung und Prüfung abzulegen.

7.4 Die Schulungen und Wiederholungsschulungen, Schulungsinhalte sowie Schulungsstätten müssen die Anforderungen der vom Bundesministerium für Verkehr, Bau und Stadtentwicklung mit Zustimmung der zuständigen obersten Landesbehörden im Verkehrsblatt bekannt gemachten Richtlinie erfüllen.

8. Aufsicht über das Anerkennungsverfahren und die Schulungen

8.1 Die Aufsicht über die Anerkennungsstellen und das Anerkennungsverfahren obliegt der zuständigen obersten Landesbehörde oder den von ihr bestimmten oder nach Landesrecht zuständigen Stellen. Die Aufsichtsbehörde kann selbst überprüfen oder durch die Anerkennungsstelle überprüfen lassen, ob die Voraussetzungen für die Anerkennung noch gegeben sind und die sich sonst aus der Anerkennung oder den Nebenbestimmungen ergebenden Pflichten erfüllt werden. Diese Überprüfung ist mindestens alle drei Jahre durchzuführen.

8.2 Die Aufsicht über die Schulungen obliegt der zuständigen obersten Landesbehörde oder den von ihr bestimmten oder den nach Landesrecht zuständigen Stellen. Die Aufsichtsbehörde kann selbst überprüfen oder durch die von ihr bestimmten oder nach Landesrecht zuständigen Stellen überprüfen lassen, ob die für die Schulungsstätten geltenden Vorschriften eingehalten sind und die sich sonst aus der Ermächtigung oder den Nebenbestimmungen ergebenden Pflichten erfüllt werden. Sie können die Befugnis zur Überprüfung auf den Bundesinnungsverband des Kraftfahrzeughandwerks übertragen. Diese Überprüfung ist mindestens alle drei Jahre durchzuführen.

8.3 Die mit der Überprüfung beauftragten Personen sind befugt, Grundstücke und Geschäftsräume

- des Inhabers der Anerkennung oder
- der Schulungsstätte

während der Geschäfts- und Betriebszeiten zu betreten, dort Überprüfungen und Besichtigungen vorzunehmen und die vorgeschriebenen Aufzeichnungen einzusehen. Der Inhaber der Anerkennung oder der Inhaber oder Leiter der Schulungsstätte hat diese Maßnahmen zu dulden, soweit erforderlich die beauftragten Personen dabei zu unterstützen und auf Verlangen die vorgeschriebenen Aufzeichnungen vorzulegen. Der Inhaber der Anerkennung oder die Schulungsstätte hat die Kosten der Überprüfung zu tragen.

9. Schlussbestimmungen

9.1 Veränderungen bei anerkannten Kraftfahrzeugwerkstätten, die ihre Anerkennung beeinflussen können, sind von ihr der Anerkennungsstelle unaufgefordert mitzuteilen. Zuwiderhandlungen können zum Widerruf der Anerkennung nach Nummer 5 führen.

9.2 Veränderungen bei Schulungsstätten, die Einfluss auf die Schulung haben, sind den in Nummer 7.2 genannten Stellen unaufgefordert zu melden. Bei Zuwiderhandlungen können die in Nummer 8.2 genannten Stellen die Durchführungen von Schulungen untersagen.

4. Auszug aus der Begründung zur 42. Verordnung zur Änderung straßenverkehrsrechtlicher Vorschriften

(VkBl. 2006, S. 426)

Allgemeines

Durch die Neufassung des § 41a werden die Vorschriften zur Zulassung und für den Betrieb von Druckgeräten, die zum Betrieb von Fahrzeugen vorgesehen sind in die StVZO (§ 41a, Anlagen XVII und XVIIa) übernommen. Die Vorschriften für die Zulassung und den Betrieb von Druckgeräten waren bisher in der Verordnung über Druckbehälter, Druckgasbehälter und Füllanlagen (Druckbehälterverordnung) in der Fassung der Bekanntmachung vom 21. April 1989 (BGBl. I S. 843), zuletzt geändert durch Artikel 331 der Verordnung vom 29. Oktober 2001 (BGBl. I S. 2785), enthalten. Durch die „Verordnung zur Rechtsvereinfachung im Bereich der Sicherheit und des Gesundheitsschutzes bei der Bereitstellung von Arbeitsmitteln und deren Benutzung bei der Arbeit, der Sicherheit beim Betrieb überwachungsbedürftiger Anlagen und der Organisation des betrieblichen Arbeitsschutzes" – Vierzehnte Verordnung zum Gerätesicherheitsgesetz (Druckgeräteverordnung – 14. GSGV) vom 27. September 2002 (BGBl. I S. 3777) wurde die Druckbehälterverordnung zum 01.01.2003 außer Kraft gesetzt.

Für das Inverkehrbringen von Druckgeräten ist nach dem Außerkrafttreten der Druckbehälterverordnung Artikel 3 der genannten Verordnung vom 27. September 2002 anzuwenden. Diese „neue" Druckgeräteverordnung klammert jedoch in § 1 Abs. 2 Nr. 5 Geräte zum Betrieb von Fahrzeugen, die in den Geltungsbereich der Rahmenrichtlinien 70/156/EWG (Kraftfahrzeuge und Kraftfahrzeuganhänger), 74/150/EWG (land- oder forstwirtschaftliche Zugmaschinen) und 92/61/EWG (zwei- oder dreirädrige Kraftfahrzeuge) fallen, aus ihrem Anwendungsbereich aus. Alle Druckgeräte von sonstigen Fahrzeugen (z.B. Stapler) fallen weiterhin unter die Druckgeräteverordnung (14. GSVG). Um für Druckgeräte in Fahrzeugen, die bisher den Vorschriften der Druckbehälterverordnung entspre-

chen mussten, weiterhin einen notwendigen Sicherheitsstandard zu gewährleisten, werden die Anforderungen der Regelungen ECE-R 67, ECE-R 110 und ECE-R 115 der UN-Wirtschaftskommission für Europa für mit dem Inkrafttreten dieser Verordnung erstmals in den Verkehr kommende Kraftfahrzeuge verbindlich vorgeschrieben.

In der Druckbehälterverordnung waren Vorschriften für den Betrieb und die wiederkehrenden Prüfungen von Druckbehältern, Druckgasbehältern und Rohrleitungen an verschiedenen Stellen definiert. Zur Rechtsvereinfachung und um die Vorschriften überschaubarer zu machen, wurden u.a. die Vorschriften zum Betrieb und zur Prüfung von Druckgeräten in der „Verordnung über Sicherheit und Gesundheitsschutz bei der Bereitstellung von Arbeitsmitteln und deren Benutzung bei der Arbeit, über Sicherheit beim Betrieb überwachungsbedürftiger Anlagen und über die Organisation des betrieblichen Arbeitsschutzes“ (Betriebssicherheitsverordnung – BetrSichV) vom 27. September 2002 (BGBl. I S. 3777) zusammengefasst. Fahrzeuge, die in den Geltungsbereich der Rahmenrichtlinien fallen, sind von diesen Vorschriften ausgenommen.

Um auch für Fahrzeuge, die in den Geltungsbereich der Rahmenrichtlinien fallen, eine Rechtsvereinfachung zu erreichen, werden die Vorschriften zum Betrieb und zur Prüfung dieser Fahrzeuge in § 41a und die Anlagen XVII und XVIIa StVZO aufgenommen. Die Änderung der Kraftstoffart bei Umrüstung eines Fahrzeugs auf Gasbetrieb verpflichtet den Fahrzeugführer, diese Änderung unverzüglich der Zulassungsbehörde zu melden und die Eintragung in den Fahrzeugschein und den Fahrzeugbrief zu veranlassen. Diese Mitteilungspflicht wird in der „Verordnung zur Neuordnung des Rechts der Zulassung von Fahrzeugen zum Straßenverkehr“ geregelt.

Die bisherigen Vorschriften der Druckbehälterverordnung waren dadurch gekennzeichnet, dass sie sowohl die für Fahrzeughalter als auch die für Behörden und die die Prüfung durchführenden Stellen notwendigen Vorschriften und Bestimmungen enthielten. Durch die Neufassung des § 41a und der Anlagen XVII und XVIIa StVZO wurde dies geändert. So enthalten § 41a und Anlage XVII StVZO die relevanten Vorschriften für alle Halter der Fahrzeuge, die mit Anlagen, die nach den Regelungen ECE-R 67 oder ECE-R 110 genehmigt wurden, ausgerüstet sind. Die darüber hinaus gehenden Vorschriften wie Mindestanforderungen an Untersuchungsstellen, Untersuchungsanweisungen, Anerkennungsverfahren für Werkstätten sowie Schulung der für die Prüfungen verantwortlichen Personen wurden in die Anlagen VIII, VIIIa, VIIId, XVII und XVIIa StVZO aufgenommen.

Die speziellen Vorschriften zur Neufassung des § 41a sowie der Anlagen VIII, VIIIa, VIIId, XVII und XVIIa StVZO sind auf Fahrzeuge, die mit Anlagen, die nach den Regelungen ECE-R 67, ECE-R 110 oder ECE-R 115 genehmigt wurden, anzuwenden. Für Kraftfahrzeuge, die mit Brennstoffzelle oder mit speziellen Bauteilen für die Verwendung von komprimiertem Wasserstoff (CGH_2) oder verflüssigtem Wasserstoff (LH_2) in ihrem Antriebssystem ausgestattet sind, bestehen zurzeit keine speziellen Regelungen für die Genehmigung. Es ist vorgesehen, die Vorschriften der StVZO auch auf Fahrzeuge, die mit CGH_2- oder LH_2-Anlagen ausgestattet sind, auszudehnen, sobald für diese Fahrzeuge einheitliche Bedingungen für die Genehmigung (EG-Richtlinien) in Kraft sind.

5. Richtlinie für die Durchführung der Gassystemeinbauprüfungen (im Folgenden als GSP bezeichnet) oder der wiederkehrenden oder sonstigen Gasanlagenprüfungen (im Folgenden als GAP bezeichnet) (GSP/GAP-Durchführungs-Richtlinie)

(VkBl. 2006, S. 429)

1. Allgemeines

1.1 Die Richtlinie gilt für die Durchführung der GSP nach § 41a Abs. 5 StVZO und der GAP nach § 41a Abs. 6 und Anlage VIII Nummer 3.1.1.2 StVZO.

1.2 Bei der Durchführung der GSP und der GAP ist festzustellen, ob der Zustand und die Dichtigkeit des untersuchten Kraftfahrzeugs nach dem jeweiligen Stand der Technik als „in Ordnung" eingestuft werden kann. Dazu sind die für das Kraftfahrzeug geltenden Herstellerhinweise und nachfolgende näher beschriebenen Arbeiten auszuführen.

1.3 Als Nachweis über den ermittelten Zustand des Gassystems und der Gasanlage des untersuchten Kraftfahrzeugs, ist von dem für die Untersuchung Verantwortlichen ein Nachweis auszustellen, der die erfassten Angaben, entsprechend den Vorgaben der Anlage XVII Nummer 2.4 StVZO ausweist. In manuell auszufüllenden Nachweisen sind die Mängel kenntlich zu machen. In mit Hilfe der elektronischen Datenverarbeitung erstellten Prüfprotokollen sind die Mängel in Klarschrift einzutragen. Ein Muster für den Nachweis ist aus der Anlage ersichtlich. Der Nachweis ist 3 Jahre aufzubewahren.

1.4 Für die Überprüfung der Dichtheit der Gasanlagen eingesetzte Leckspürgeräte sind gemäß den Herstellervorgaben zu verwenden.

2. Vorbereitende Tätigkeiten

2.1 Fahrzeug-Papiere vorlegen lassen.

2.2 Prüfen, ob die vorgelegten Fahrzeug-Papiere zum vorgestellten Kraftfahrzeug gehören.

2.3 Feststellen, welches Gas bei dem zu untersuchenden Kraftfahrzeug zum Antrieb verwendet wird, um sicherzustellen, dass die dafür notwendige Ausrüstung vorhanden ist.

2.4 Sicherstellen, dass der Gastank mindestens zu 50% mit dem Betriebsstoff oder nach Vorgabe des Herstellers gefüllt ist. Bei Unterschreitung der vorgeschriebenen Gasfüllmenge ist eine weitere Prüfung nicht möglich.

3. Durchführung der Gasanlagenprüfung

3.1 Prüfung eines mit Flüssiggas (LPG) oder Erdgas (CNG) angetriebenen Kraftfahrzeugs.

3.1.1 Identifizierung der Bauteile

Durch die Identifizierung der Bauteile wird sichergestellt, dass nur vorgeschriebene und ordnungsgemäß gekennzeichnete Bauteile der Gasanlage verwendet wurden.

Hierzu gehören:
- Gastank
- Druckregler
- Rohrleitungsmaterial
- Sicherheitsrelevante Bauteile, z.B. Rückschlagventil, Sicherheitseinrichtungen, Füllanschluss usw.

3.1.2 Sichtprüfung Bauteile

Alle Bauteile der Gasanlage sind einer Sichtprüfung zu unterziehen. Durch die Sichtprüfung werden der Zustand (Beschädigung, Korrosion, Befestigung) der Gasanlage untersucht, soweit dies ohne Demontage möglich ist.

Insbesondere sind zu beachten:

- Lebensdauer der/des Druckgasbehälter/s

- Tankeinfüllstutzen
- Gastank und Befestigung
- Tankarmaturen
- Abblasevorrichtung
- alle gasführenden Leitungen
- Gasdampfrückhaltesysteme
- Druckregler
- Einblaseventile
- Warnleuchten/Kontrollleuchten

3.1.3 Funktionsprüfung

Die Funktionsprüfung umfasst:

- Hauptabsperrventil an jedem Gastank
- Kraftstoffumschalter – falls vorhanden
- Steuereinrichtung/Startunterbrechung

3.1.4 Dichtheitsprüfung

Als Voraussetzung für die Prüfung der Dichtheit muss der Gastank mindestens entsprechend den Angaben in Ziffer 2.4 gefüllt sein.

Kraftstoffumschalter auf Gasbetrieb stellen (nur bei bivalentem Betrieb) und Motor starten. Bei laufendem Motor mit dem Lecksuchgerät oder dem Lecksuchspray die Dichtheitsprüfung durchführen. Hierbei sind alle Verschraubungen, Schweißnähte (falls vorhanden), Motorversorgungsleitungen, Ventile und sonstige relevante Bauteile der Gasanlage mit dem Lecksuchgerät abzuschnüffeln oder dem Lecksuchspray einzusprühen, falls vorhanden Hochdruck- und Niederdruckteil.

Werden mit dem Lecksuchgerät Gasimissionen festgestellt, ist neben dem Lecksuchgerät ein Lecksuchspray zur Ermittlung der undichten Verbindung oder des undichten Bauteils zu verwenden. Hierbei sind alle möglicherweise undichten Verbindungen und Bauteile einzusprühen. Die Einwirkzeit des Lecksuchsprays muss mindestens 3 Minuten betragen. Die Gasanlage gilt dann als dicht, wenn keine Gasblasenbildung innerhalb der Einwirkzeit auftritt.

Ist die Prüfung bei laufendem Motor nicht möglich, ist der Motor mindestens 2 Minuten im Gasbetrieb laufen zulassen und nach dem Abstellen ist direkt die Dichtheitsprüfung durchzuführen.

Herstellerhinweise zur Durchführung der Dichtheitsprüfung sind zu beachten.

3.2 Erstellung des Nachweises nach Nummer 1.3.

4. Durchführung der Gassystemeinbauprüfung

4.1 Zuordnung der Nachrüstanlage zum Fahrzeug-Verwendungsbereich.

4.2 Zuordnung der Bescheinigung der Werkstatt über die Einstellung und/oder Software-Version nach Vorgabe der Genehmigung bzw. des Herstellers der Nachrüstanlage.

4.3 Einbauprüfung, z.B. Verlegung der Leitungen, Kennzeichnung der Leitungen, Leitungsverbindungen, Tankbefestigungen usw.

4.4 Funktionsprüfung, z.B. Umschaltung Gas/Benzin, Absperrventile usw.

4.5 Dichtheitsprüfung der Anlage nach Nummer 3.1.4.

4.6 Erstellen des Nachweises nach Nummer 1.3.

4.7 Vorschlag zur Änderung der Fahrzeugpapiere.

Anlage
zu Nummer 1.3 der
GSP/GAP-Durchführungsrichtlinie

Muster eines Nachweises
Nachweis über die Durchführung der
☐ * Gassystemeinbauprüfung (GSP)
☐ * Gasanlagenprüfung (GAP)

1. Amtliches Kennzeichen

2. Fahrzeughersteller und Schlüssel-Nr.

3. Fahrzeugart und Ausführung und Schlüssel-Nr.

4. Fahrzeugtyp und Schlüssel-Nr.

5. Fahrzeug-Ident.-Nr.

6. Datum der Erstzulassung

7. Art der Gasanlage
☐* LPG (Flüssiggas) ☐* CNG (Erdgas)

8. Datum der Prüfung

9. Ausführende Stelle

10. Ergebnis der Sichtprüfung
☐ in Ordnung*) ☐ nicht in Ordnung*)
Bemerkungen/Hinweise

11. Ergebnis der Funktionsprüfung
☐ in Ordnung*) ☐ nicht in Ordnung*)
Bemerkungen/Hinweise

12. Ergebnis der Dichtheitsprüfung
☐ in Ordnung*) ☐ nicht in Ordnung*)
Bemerkungen/Hiweise

13. Gesamtergebnis der Prüfung
☐ bestanden*) ☐ nicht bestanden*) Nachprüfung erforderlich

14. Vorschlag zur Änderung der Angaben in den Fahrzeugpapieren

15. Bestätigung des Nachweises
– Datum
– Unterschrift der verantwortlichen Person
– anerkannte Werkstatt: Kontroll-Nr., Nachweissiegel und Präge-Nr.
aaSoP oder PI Prüfstempel und Kenn-Nr.

*) Zutreffendes ankreuzen

6. Richtlinie für die Anerkennung von Kraftfahrzeugwerkstätten zur Durchführung von Gassystemeinbauprüfungen (im Folgenden als GSP bezeichnet) und von wiederkehrenden und sonstigen Gasanlagenprüfungen (im Folgenden als GAP bezeichnet) nach § 41a StVZO in Verbindung mit Anlagen XVII und XVIIa StVZO (Gas-Werkstatt-Anerkennungsrichtlinie)

(VkBl. 2006, S. 430)

1. Allgemeines

Diese Richtlinie gilt für Kraftfahrzeugwerkstätten (im Folgenden als aGW bezeichnet), die

- die nach § 41a StVZO in Verbindung mit Anlage XVII StVZO vorgeschriebenen GSP oder sonstigen GAP oder
- die nach Anlage VIII Nummer 3.1.1.2 StVZO vorgeschriebenen wiederkehrenden GAP

durchführen und bescheinigen und deshalb nach Nummer 1 Anlage XVIIa StVZO der Anerkennung bedürfen. Die Anerkennung zur Durchführung der GSP berechtigt auch zur Durchführung der GAP.

2. Antrag

Der Antrag auf Anerkennung ist bei der nach Anlage XVIIa Nummer 1 StVZO zuständigen Stelle in zweifacher Ausfertigung einzureichen; er erfasst jede Betriebsstätte des Antragstellers, in der GSP oder GAP durchgeführt werden sollen (Hauptsitz, Zweigstelle(n), Nebenbetrieb(e)). Hierfür ist für jede Betriebsstätte der Vordruck nach dem aus Anlage 1 dieser Richtlinie ersichtlichen Muster zu verwenden. Die Antragsvordrucke werden von der anerkennenden Stelle ausgegeben. Dem Antrag sind die erforderlichen Unterlagen beizufügen, insbesondere

2.1 eine Bescheinigung der örtlich zuständigen Handwerkskammer, dass der Antragsteller selbst oder eine in der aGW fest angestellte Person die Voraussetzungen nach der Handwerksordnung zur selbstständigen gewerblichen Verrichtung solcher Arbeiten erfüllt, die zur Behebung der bei der GSP oder GAP festgestellten Mängel erforderlich sind,

2.2 ein Führungszeugnis zur Vorlage bei der Verwaltungsbehörde nach den Vorschriften des Bundeszentralregistergesetzes und ein Auszug aus dem Verkehrszentralregister für den Antragsteller, ggf. auch für die zur Vertretung berufenen Personen sowie für die Personen, die für die Durchführung der GSP oder GAP verantwortlich sind. Die Auskünfte dürfen zum Zeitpunkt der Antragstellung nicht älter als sechs Monate sein,

2.3 ein Nachweis über die Dokumentation der Betriebsorganisation nach 3.4.1 dieser Richtlinie,

2.4 ein Nachweis, dass die für die Durchführung der GSP oder GAP verantwortlichen Personen sowie ggf. weitere zur Durchführung der GAP eingesetzten Fachkräfte die für die beantragte Anerkennung geforderte Vorbildung nach Anlage XVIIa Nummer 2.4 StVZO besitzen,

2.5 ein Nachweis, dass der Antragsteller oder die für die Durchführung der GSP oder GAP verantwortlichen Personen sowie ggf. weitere zur Durchführung der GAP eingesetzte Fachkräfte die für die beantragte Anerkennung geforderten Schulungen nach Anlage XVIIa Nummer 2.5 StVZO erfolgreich abgeschlossen haben,

2.6 eine Bestätigung über die nach Anlage XVIIa Nummer 2.8 StVZO geforderte Haftpflichtversicherung, einschließlich

der Freistellungserklärung nach Anlage XVIIa Nummer 2.9 StVZO.

3. Voraussetzung für die Anerkennung

3.1 Zuverlässigkeit

Der Antragsteller, die nach Gesetz, Vertrag oder Satzung zur Vertretung berufenen Personen und die für die Durchführung der GSP oder GAP verantwortlichen Personen müssen persönlich zuverlässig sein.

3.2 Fachkunde

3.2.1 Der Antragsteller muss nachweisen, dass er die fachlichen Voraussetzungen nach Anlage XVIIa Nr. 2.4 StVZO erfüllt, die zur Behebung der bei der GSP oder GAP festgestellten Mängel erforderlich sind. Dies ist nicht notwendig, wenn der Antragsteller für die Durchführung der GSP oder GAP eine oder mehrere verantwortliche Personen bestellt.

3.2.2 Bestellt der Antragsteller eine oder mehrere für die Durchführung der GSP oder GAP verantwortliche Personen, so müssen diese die gleichen fachlichen Voraussetzungen nach 3.2.1 erfüllen; dies ist vom Antragsteller nachzuweisen. Die vom Antragsteller bestellten verantwortlichen Personen müssen bei ihm angestellt und in der benannten Betriebsstätte tätig sein.

3.2.3 Der Antragsteller hat nachzuweisen, dass die für die Durchführung der GSP oder GAP verantwortlichen Personen und die für die Durchführung der GAP eingesetzten Fachkräfte die vorgeschriebenen Schulungen nach Anlage XVIIa Nummer 2.5 StVZO erfolgreich abgeschlossen haben. Dazu sind entsprechende Bescheinigungen der berechtigten Schulungsstätten vorzulegen.

3.3 Prüfplätze, Prüf- und Messgeräte und sonstige Einrichtungen

3.3.1 Der Antragsteller muss nachweisen, dass jede Betriebsstätte, in der GSP oder GAP durchgeführt werden sollen, den Vorschriften der Anlage VIIId StVZO entspricht.

3.3.2 Zur laufenden Unterrichtung der für die Durchführung der GSP oder GAP verantwortlichen Personen und der für die Durchführung der GAP eingesetzten Fachkräfte sind die nachfolgend aufgeführten Unterlagen bereit und auf dem neuesten Stand zu halten:

3.3.2.1 Die für die GSP einschlägigen Vorschriften der StVZO und die dazu gehörenden Richtlinien in der jeweils gültigen Fassung.

3.3.2.2 Verkehrsblatt – Amtsblatt des Bundesministeriums für Verkehr, Bau und Stadtentwicklung – oder die fachlich einschlägigen Auszüge, die für die Durchführung der GSP erforderlich sind, aus dem Verkehrsblatt, wenn sie von Dritten, die sich zur frühzeitigen und vollständigen Lieferung gegenüber den Werkstätten verpflichten, ausgegeben worden sind,

3.3.2.3 Technische Daten und Prüfanleitungen der Fahrzeug- oder Gasanlagenhersteller zur Durchführung der GSP im Umfang der Anerkennung.

3.4 Sicherstellung der ordnungsgemäßen Durchführung der GSP oder GAP

3.4.1 Dokumentation der Betriebsorganisation

Die Leitung der aGW muss eine Dokumentation erstellen, die interne Regeln enthält, nach denen die ordnungsgemäße Durchführung der GSP oder GAP sichergestellt wird.

Diese Dokumentation muss mindestens Festlegungen enthalten zu:

- Beauftragter der aGW nach 3.4.2,
- Beschaffenheit und Ausstattung der Betriebsstätten nach 3.3,
- Qualifikation und Weiterbildung der Mitarbeiter, die mit der Durchführung der GSP oder GAP befasst sind nach 3.2.3,

- Überwachung der eingesetzten Mess- und Prüfmittel nach den einschlägigen Vorschriften für die Eichung und Prüfung sowie auf Einhaltung der Wartungsanweisungen,
- interne Maßnahmen zur Aufrechterhaltung der Qualität bei Durchführung und Dokumentation der GSP oder GAP.

3.4.2 Beauftragter der aGW

Die Leitung der aGW benennt einen Beauftragten (GPB), der im Unternehmen mit der Überwachung aller Maßnahmen zur Erreichung der festgelegten Qualität beauftragt ist.

Der GPB muss

- die Befähigung zur Durchführung von GAP besitzen,
- direkt der Leitung der aGW berichten, sofern er dieser nicht selbst angehört,
- die Kenntnisse zur Umsetzung der Vorschriften und die Richtlinien zur Durchführung der GAP sowie zum Anerkennungsverfahren und über die Betriebsorganisation der aGW besitzen,
- sicherstellen, dass er stets aktuell über die Vorschriften und Richtlinien zur Durchführung der GSP informiert ist. Gegebenenfalls hat er an zusätzlichen Schulungen teilzunehmen. Zum GPB kann auch eine der verantwortlichen Personen benannt werden.

Der GPB hat insbesondere folgende Aufgaben:

- die Betriebsorganisation und die Abläufe der aGW in eigener Verantwortung regelmäßig auf Übereinstimmung mit den einschlägigen Vorschriften und der Dokumentation der aGW zu überprüfen,
- der Anerkennungsbehörde oder der von ihr beauftragten oder nach Landesrecht zuständigen Stelle in Abstimmung mit der Leitung alle erforderlichen Daten, Informationen und Unterlagen auf Verlangen zur Verfügung zu stellen,
- die Überprüfung der Dokumentation nach 3.4.1.

Die gesetzlichen und gegebenenfalls internen Anforderungen sind fortlaufend vom GPB auf Einhaltung zu überprüfen.

4. Sicherung der Qualität bei der Durchführung und der Dokumentation der GSP oder GAP

4.1 Betriebsorganisation

Die aGW hat bei Antragstellung darzulegen, wie sie die Einhaltung der Bestimmungen nach 3.4.1 sicherstellen wird. Nach erfolgter Anerkennung obliegt die Durchführung dieser Bestimmungen der aGW. Die Verantwortung hierfür trägt die Leitung der aGW.

4.2 Dokumentation der Mitarbeiter-Qualifikation

Die aGW dokumentiert bezüglich jeder Fachkraft lückenlos folgende Daten und Informationen:

1. Schulungsmaßnahmen entsprechend der im Verkehrsblatt bekannt gemachten „GSP/GAP-Schulungsrichtlinie“,
2. Einhaltung evtl. Nebenbestimmungen der Anerkennungsstelle.

Die Dokumentation ist nachvollziehbar aufzustellen; sie muss bis zur nächsten Überprüfung durch die Anerkennungsstelle, aber mindestens 5 Jahre aufbewahrt werden.

4.3 Nachweis-Siegel und Prägenummer

4.3.1 Das Prägewerkzeug mit der Prägenummer wird der aGW von der anerkennenden Stelle zugeteilt.

4.3.2 Die Nachweis-Siegel nach dem Muster der Anlage 3 werden von der aGW über die anerkennende Stelle beschafft und im erforderlichen Umfang an die verantwortliche Personen ausgegeben.

4.4 Verwaltung und Verwendung der Nachweis-Siegel und des Prägewerkzeugs

4.4.1 Die aGW weist die ordnungsgemäße Verwaltung und Verwendung der einzelnen Nachweis-Siegel durch geeignete Verfahren lückenlos für einen Zeitraum von 3 Jahren nach.

Hierzu zählen mindestens folgende Vorgänge:

- Einkauf der Nachweis-Siegel durch die aGW,
- Verwendung der Nachweis-Siegel mit Zuordnung zu den erstellten Nachweisen,
- Verbleib der Nachweis-Siegel und der zugehörigen Unterlagen bei Sondervorgängen wie Beschädigung, Zerstörung, Diebstahl und Verlust.

4.4.2 Geeignete Vorkehrungen gegen Diebstahl und Missbrauch der Nachweis-Siegel und des Prägewerkzeugs müssen von der aGW getroffen werden. Die konkreten Regelungen sind in der Dokumentation der Betriebsorganisation nach 3.4.1 festzulegen.

4.5 Nachweisführung über durchgeführte GSP oder GAP

4.5.1 Die durchgeführten GSP oder GAP werden so dokumentiert, dass jederzeit eine aktuelle Übersicht über den Verbleib aller Nachweise und Nachweis-Siegel möglich ist.

4.5.2 Bei Nachweisen nach Anlage XVII Nummer 2.4, die mit Hilfe der Elektronischen Datenverarbeitung erstellt werden, ist eine Zweitschrift (Kopie) für einen Zeitraum von 3 Jahren zu archivieren.

4.5.3 Auswertungen über durchgeführte GSP oder GAP

Der GPB erstellt in einem Turnus von höchstens einem Monat jeweils für Kraftfahrzeugtypen, die mit speziellen Ausrüstungen für die Verwendung von

- verflüssigten Gasen (LPG) oder
- komprimiertem Erdgas (CNG)

in ihrem Antriebssystem ausgestattet sind, standardisierte Aufstellungen über die bei jeder GSP oder GAP festgestellten Mängel, aufgegliedert nach den jeweiligen Prüfungsfällen und den festgestellten Mängeln. Diese Aufstellungen (Mängel-Übersichten) sind mindestens 3 Jahre aufzubewahren und auf Anforderung der Anerkennungs- oder Aufsichtsstelle vorzulegen.

Jeder Nachweis muss innerhalb von 2 Arbeitstagen aufgrund der Angaben des

- amtlichen Kennzeichens des Fahrzeugs oder
- der Fahrzeug-Identifizierungsnummer (mindestens die letzten 7 Stellen)

im Original oder als Kopie der Anerkennungs- oder Aufsichtsstelle vorgelegt werden können.

4.6 Prüfmittelüberwachung

Die Leitung der aGW stellt durch Arbeits- und Verfahrensanweisungen sicher, dass sämtliche bei der GSP und GAP eingesetzten Mess- und Prüfgeräte funktionsfähig, entsprechend den Herstellervorgaben gewartet und gemäß den gesetzlichen Vorschriften geprüft bzw. geeicht sind.

4.7 Durchführung von Überprüfungen

4.7.1 Die oberste Landesbehörde oder die von ihr bestimmten oder die nach Landesrecht zuständigen Stellen überprüfen mindestens alle 3 Jahre die Einhaltung der gesetzlichen Vorschriften und der Bestimmungen dieser Richtlinie durch die aGW. Die aGW stellt hierzu alle erforderlichen Daten, Informationen und Unterlagen zur Verfügung.

Festgestellte Abweichungen oder Verstöße können den Entzug der Anerkennung der aGW zur Durchführung von Gasprüfungen zur Folge haben. In Zweifelsfällen entscheidet hierüber die oberste Landesbehörde oder die von ihr bestimmten oder nach Landesrecht zuständigen Stellen.

5. Bestimmungen bei Erteilung der Anerkennung

5.1 Durchführung und Widerruf

Für die Durchführung des Anerkennungsverfahrens sowie für den Widerruf und die Rücknahme der Anerkennung gelten die Verwaltungsverfahrensgesetze der Länder.

5.2 Kontrollnummern und Prägenummer

Die anerkennende Stelle vergibt die Kontrollnummer nach dem Schlüsselmuster der Anlage 2. Die Prägenummer besteht mindestens aus den Buchstaben des Bundeslandes und der Nummer der aGW.

Im Fall des Widerrufs oder der Rücknahme der Anerkennung ist das Prägewerkzeug und die Nachweissiegel an die anerkennende Stelle zurückzugeben.

5.3 Nebenbestimmungen und Beschränkungen

Die Anerkennung kann mit Nebenbestimmungen verbunden werden, die für die ordnungsgemäße Durchführung der GSP oder GAP erforderlich sind. Die Anerkennung ist nicht übertragbar.

5.3.1 Die Anerkennung kann auf die Durchführung der GAP beschränkt werden.

5.3.2 Veränderungen des Personals/der Personalien bei den unter 3.2 aufgeführten Personen sind der anerkennenden Stelle unverzüglich mitzuteilen. Personen, die dabei erstmals benannt werden, dürfen zur Durchführung von GSP oder GAP erst eingesetzt werden, nachdem die Anerkennung entsprechend geändert wurde.

5.3.3 Die aGW kann in Abstimmung mit der Anerkennungsstelle alle Vorlagen und Berichte auf elektronischem Wege übermitteln.

Anlage 1
zu Nummer 2 der
Gas-Werkstatt-Anerkennungsrichtlinie

Antrag auf Anerkennung von Werkstätten für die Durchführung von Gassystemeinbauprüfungen (GSP)*) oder Gasanlagenprüfungen (GAP)*) nach § 41a in Verbindung mit Anlagen XVII und XVIIa StVZO

1. Name und Sitz der/des Antragsteller/s*)

____

1.1. Sitz von Zweigstelle oder Nebenbetrieb für die/den der Antrag gestellt wird.*)

____

1.2 Der Betrieb ist mit dem
– Kfz-Technikerhandwerk ja/nein*)
– Karosserie- und Fahrzeugbauerhandwerk ja/nein*)
in die Handwerksrolle bei der Handwerkskammer ____________________ eingetragen.
Bescheinigung der örtlich zuständigen Handwerkskammer ist beigefügt.*)

1.3 Das Führungszeugnis der/des Antragsteller/s*) bzw. der zur Vertretung berufenen Person/en*) nach den Vorschriften des Bundeszentralregistergesetzes zur Vorlage bei der für die Anerkennung zuständigen Stelle liegt vor / ist beantragt.*)

1.4 Der Auszug aus dem Verkehrszentralregister der/des*) Antragsteller/s*) bzw. der zur Vertretung berufenen Personen liegt vor.*)

1.5 Der Antragsteller bestätigt, dass für die mit der Durchführung der GSP oder GAP verantwortlichen Personen und die mit der Durchführung der GAP betrauten Fachkräfte eine ausreichende Haftpflichtversicherung zur Deckung aller im Zusammenhang mit der Prüfung entstehenden Ansprüche besteht, dieses nachweist und erklärt, dass er diese Versicherung aufrechterhalten wird. Nachweis über Haftpflichtversicherung nach Nummer 2.8 Anlage XVIIa StVZO liegt – nicht –*) vor.

1.6 Der Antragsteller stellt das Land, in dem er tätig wird, von allen Ansprüchen Dritter wegen Schäden frei, die in Zusammenhang mit der GSP oder GAP von ihm oder den von ihm beauftragten verantwortlichen Personen oder Fachkräften verursacht werden, bestätigt den Abschluss einer entsprechenden Versicherung und erklärt, dass er diese Versicherung aufrechterhalten wird. Nachweis über Haftpflichtversicherung nach Nummer 2.9 Anlage XVIIa StVZO liegt – nicht –*) vor.

2. Verantwortliches Personal

2.1 Namen der für die Durchführung der GSP oder GAP verantwortlichen Personen:

____

Name, Vorname, Anschrift, Unterschrift

Das Führungszeugnis nach den Vorschriften des Bundeszentralregistergesetzes zur Vorlage bei der für die Anerkennung zuständigen Stelle liegt vor / ist beantragt.*)
Der Auszug aus dem Verkehrszentralregister liegt vor.*)

____

Name, Vorname, Anschrift, Unterschrift

*) Zutreffendes ankreuzen

Das Führungszeugnis nach den Vorschriften des Bundeszentralregistergesetzes zur Vorlage bei der für die Anerkennung zuständigen Stelle liegt vor / ist beantragt.*)
Der Auszug aus dem Verkehrszentralregister liegt vor.*)

2.2 Die verantwortliche/n Person/en hat/haben die nach Nummer 2.4.2 Anlage XVIIa StVZO geforderte Qualifikation. Nachweise sind beigefügt:

____________________ ____________________
Name Qualifikation

____________________ ____________________
Name Qualifikation

Die genannten Personen haben an einer Erst-/Wiederholungsschulung nach Nummer 2.5 i.V.m. Nummer 7 Anlage XVIIa StVZO erfolgreich teilgenommen. Bescheinigung/en der Schulungsstätte/n ist/sind beigefügt:

________________ ________________ Erst-/Wiederholungsschulung*)
Name Datum

________________ ________________ Erst-/Wiederholungsschulung*)
Name Datum

3. Andere zur Durchführung der GAP eingesetzte Fachkräfte

Die für die Durchführung der GAP angestellte/n Fachkraft/kräfte hat/haben die nach Nummer 2.4.1 Anlage XVIIa StVZO geforderte Qualifikation. Nachweise sind beigefügt:

____________________ ____________________
Name Qualifikation

____________________ ____________________
Name Qualifikation

Die Fachkräfte haben an einer Erst-/Wiederholungsschulung nach Nummer 2.5 i.V.m. Nummer 7 Anlage XVIIa StVZO erfolgreich teilgenommen. Bescheinigung/en der Schulungsstätte/n ist/sind beigefügt:

________________ ________________ Erst-/Wiederholungsschulung*)
Name Datum

________________ ________________ Erst-/Wiederholungsschulung*)
Name Datum

4. Vorhandene Voraussetzungen

4.1 Beschaffenheit und Ausstattung

Die Beschaffenheit und Ausstattung der Werkstätten (Hauptbetrieb/Zweigstellenbetriebe), für die der Antrag gestellt wird, entspricht – nicht – *) den Vorschriften der Anlage VIIId StVZO:

____
Anschrift/en*) der Werkstätte/n*)

____

*) Zutreffendes ankreuzen

4.2 Einschlägige Vorschriften

4.2.1 Die für die GSP und GAP einschlägigen Vorschriften der StVZO und die dazugehörenden Richtlinien in der jeweils gültigen Fassung liegen – nicht –*) vor:

4.2.2 Das Verkehrsblatt – Amtsblatt des Bundesministeriums für Verkehr, Bau und Stadtentwicklung – oder die fachlich einschlägigen Auszüge, die für die Durchführung der GSP und GAP erforderlich sind, aus dem Verkehrsblatt, wenn sie von Dritten, die sich zur frühzeitigen und vollständigen Lieferung gegenüber den Werkstätten verpflichten, ausgegeben worden sind, liegen – nicht –*) vor:

4.2.3 Technische Daten und Prüfanleitungen der Fahrzeug- oder Gasnachrüstsystemhersteller für die Fahrzeuge, an denen GSP oder GAP durchzuführen sind, liegen – nicht –*) vor:

5. Beschränkung der Anerkennung

Die Anerkennung soll auf die Durchführung der GAP nicht*) beschränkt werden.

6. Ich/wir verpflichte/n mich/uns*), Änderungen, die die Anerkennungsvoraussetzungen betreffen, der Anerkennungsstelle unverzüglich mitzuteilen.

Ort: ________________________________, den ______________ 20 _____

____

Unterschrift/en der/des Antragsteller/s*)

*) Zutreffendes ankreuzen

Anlage 2
zu Nummer 5.2
der Gas-Werkstatt-Anerkennungsrichtlinie

Aufbau der Kontrollnummer für anerkannte Werkstätten zur Durchführung von GSP oder GAP:

GSP-XY	0	00	0000
(jeweiliges Bundesland)	Kennnummer der Handwerkskammer	Nummer der Kfz-Innung	Nummer der anerkannten Werkstatt zur Durchführung von GSP oder GAP
Buchstaben des Bundeslandes			
2 Buchstaben, zusätzlich vorangestelltes GSP für anerkannte Werkstätten zur Durchführung der GSP und GAP oder GAP für anerkannte Werkstätten zur Durchführung von GAP	1 Zahl	2 Zahlen vorgesehen	4 Zahlen vorgesehen

Beispiel: Erläuterungen:

GSP-BY 2-04-0016:

Von dem anerkannten Betrieb dürfen sowohl GSP als auch GAP durchgeführt werden. Der anerkannte Betrieb befindet sich in Bayern (BY). Die Anerkennung ist von der Handwerkskammer mit der laufenden Nummer 2 (Bayreuth) auf die Kfz-Innung mit der laufenden Nummer 4 übertragen worden. Die Anerkennung erfolgte unter der laufenden Nummer 16.

1. Kennbuchstaben der Länder und Kennnummern der Handwerkskammern in den jeweiligen Ländern

Berlin:

BE -1: Handwerkskammer Berlin

Baden-Württemberg:

BW -1: Handwerkskammer Freiburg
-2: Handwerkskammer Heilbronn
-3: Handwerkskammer Karlsruhe
-4: Handwerkskammer Konstanz
-5: Handwerkskammer Mannheim
-6: Handwerkskammer Reutlingen
-7: Handwerkskammer Stuttgart
-8: Handwerkskammer Ulm

Bayern:

BY -1: Handwerkskammer Augsburg (HWK für Schwaben)

-2: Handwerkskammer Bayreuth (HWK für Oberfranken)

-3: Handwerkskammer Coburg

-4: Handwerkskammer München (HWK für Oberbayern)

-5: Handwerkskammer Nürnberg (HWK für Mittelfranken)

-6: Handwerkskammer Passau/Regensburg (HWK für Niederbayern, Oberpfalz)

-7: Handwerkskammer Würzburg (HWK für Unterfranken)

Brandenburg:

BB -1: Handwerkskammer Cottbus

-2: Handwerkskammer Frankfurt/Oder

-3: Handwerkskammer Potsdam

Bremen:

HB -1: Handwerkskammer Bremen

Hessen:

HE -1: Handwerkskammer Kassel

-2: Handwerkskammer Rhein-Main (Darmstadt-Frankfurt)

-3: Handwerkskammer Wiesbaden

Hamburg:

HH -1: Handwerkskammer Hamburg

Mecklenburg-Vorpommern:

MV -1: Handwerkskammer Ostmecklenburg-Vorpommern

-2: Handwerkskammer Schwerin

Niedersachsen:

NI -1: Handwerkskammer Aurich (HWK für Ostfriesland)

-2: Handwerkskammer Braunschweig

-3: Handwerkskammer Hannover

-4: Handwerkskammer Hildesheim

-5: Handwerkskammer Lüneburg

-6: Handwerkskammer Oldenburg

-7: Handwerkskammer Osnabrück (HWK Osnabrück-Emsland)

Nordrhein-Westfalen:

NW -1: Handwerkskammer Aachen

-2: Handwerkskammer Arnsberg

-3: Handwerkskammer Bielefeld (HWK Ostwestfalen-Lippe)

-4: Handwerkskammer Dortmund

-5: Handwerkskammer Düsseldorf

-6: Handwerkskammer Köln

-7: Handwerkskammer Münster

Rheinland-Pfalz:

RP -1: Handwerkskammer Kaiserslautern (HWK der Pfalz)

-2: Handwerkskammer Koblenz

-3: Handwerkskammer Mainz (HWK Rheinhessen)

-4: Handwerkskammer Trier

Saarland:

SA -1: Handwerkskammer Saarbrücken (HWK des Saarlandes)

Sachsen:

FS -1: Handwerkskammer Chemnitz

-2: Handwerkskammer Dresden

-3: Handwerkskammer Leipzig

Sachsen-Anhalt:

ST -1: Handwerkskammer Halle

-2: Handwerkskammer Sachsen-Anhalt (Magdeburg)

Schleswig-Holstein:

SH -1: Handwerkskammer Flensburg

-2: Handwerkskammer Lübeck

Thüringen:

TH -1: Handwerkskammer Erfurt

-2: Handwerkskammer Ostthüringen (Gera)

-3: Handwerkskammer Südthüringen (Suhl)

Anlage 3
zu Nummer 4.3 und 4.4 der
Gasanlagenprüfungs-Anerkennungsrichtlinie

Nachweis-Siegel für die Durchführung von Gassystemeinbauprüfungen (GSP) und Gasanlagenprüfungen (GAP)

Vorgeschriebene Abmessungen des Nachweis-Siegels

Kantenlänge des äußeren Achtecks	11 mm
Durchmesser des inneren Kreises	19 mm
Schrifthöhe der Großbuchstaben	14 mm
Strichstärke des inneren Kreises	0,3 mm
Strichstärke des äußeren Achtecks	0,5 mm

Farbe: blau RAL 5015

Ergänzungsbestimmungen

1. Das Nachweis-Siegel muss so beschaffen sein, dass es für die Dauer von 36 Monaten nach dem Aufbringen auf den Nachweis lesbar bleibt. Es darf nicht ohne Beschädigung von dem Nachweis entfernt werden können.
2. Nach dem Aufbringen des Nachweis-Siegels auf den Nachweis ist das Nachweis-Siegel mit der Prägenummer zu versehen. Die Buchstaben und Ziffern der Prägenummer müssen nach dem Aufbringen mindestens 0,10 mm erhaben sein.
3. Damit Fälschungen erschwert werden, sind durch den Hersteller bestimmte Merkmale und zusätzlich eine Herstellerkennzeichnung einzubringen, die über die gesamte Lebensdauer der Prüfmarke wirksam und erkennbar bleibt. Die Herstellerkennzeichnung wird dem Bundesinnungsverband des Kraftfahrzeughandwerks bekannt gegeben.
4. Die Nachweis-Siegel und die Prägewerkzeuge mit den Prägenummern werden über den Bundesinnungsverband des Kraftfahrzeughandwerks beschafft und über die anerkennende Stelle an die nach § 41a Abs. 5 oder 6 StVZO anerkannten Werkstätten zur Durchführung von GSP oder GAP ausgegeben. Weitere Einzelheiten und Bestimmungen zu qualitätssichernden Maßnahmen werden durch den Bundesinnungsverband des Kraftfahrzeughandwerks festgelegt und geregelt.
5. Der Bundesinnungsverband des Kraftfahrzeughandwerks erfasst zentral die an die anerkennenden Stellen ausgegebenen Nachweis-Siegel und übersendet den zuständigen obersten Landesbehörden und dem Bundesminister für Verkehr, Bau und Stadtentwicklung auf Anforderung jährlich eine aktuelle Zusammenfassung aller an die anerkennenden Stellen ausgegebenen Nachweis-Siegel.

Anlage 4
Gas-Werkstatt-Anerkennungsrichtlinie

____

(Stempel der Anerkennungsstelle)

Anerkennung als Werkstatt für die Durchführung von GSP oder GAP nach § 41a in Verbindung mit Anlage XVII StVZO

Kontroll-Nr.: (z.B. GSP-BY 2-04-0016)

Hiermit erkennen wir unter dem Vorbehalt des jederzeitigen Widerrufs aufgrund von Anlage XVIIa zu § 41a StVZO die Firma

____

Anschrift der Werkstatt

____

ggf. Anschrift der betroffenen Zweigstelle

____

ggf. Anschrift des betroffenen Nebenbetriebes für die Durchführung von GSP oder GAP an.

Die Anerkennung ist auf die Durchführung von Gasanlagenprüfungen beschränkt:

☐ Ja

☐ Nein

Verantwortliche Personen für die Durchführung der GSP oder GAP:

____

Name, Vorname, Anschrift

Erstmalige oder Wiederholungs-Schulung gemäß GSP/GAP-Schulungsrichtlinie nach Nummer 2.5 Anlage XVIIa StVZO und Schulungsdatum

____

Name, Vorname, Anschrift

____

Erstmalige oder Wiederholungs-Schulung gemäß GSP/GAP-Schulungsrichtlinie nach Nummer 2.5 Anlage XVIIa StVZO und Schulungsdatum

Zur Durchführung der GAP eingesetzte Fachkräfte:

Name, Vorname und Schulungsdatum

Name, Vorname und Schulungsdatum

Name, Vorname und Schulungsdatum

Die Anerkennung ist nicht übertragbar.

Die Anerkennung kann widerrufen werden, wenn nachträglich eine der Voraussetzungen nach Anlage XVIIa zur StVZO oder der Gas-Werkstatt-Anerkennungsrichtlinie weggefallen oder wenn die GSP oder GAP wiederholt nicht ordnungsgemäß durchgeführt oder wenn sonst gegen die Pflichten aus der Anerkennung oder gegen Nebenbestimmungen grob verstoßen worden ist.

Änderungen der Rechtsform des Unternehmens oder des Betriebes, des Inhabers, der für die Durchführung der GSP oder GAP verantwortlichen Personen oder der eingesetzten Fachkräfte, oder Änderungen der Anschrift des Betriebes, der Zweigstellen oder der Nebenbetriebe sind – unter Vorlage der erforderlichen Nachweise – unverzüglich der Anerkennungsstelle anzuzeigen.

Die Durchführung der Arbeiten im Rahmen der Anerkennung darf nur durch die vorstehend genannten verantwortlichen Personen und eingesetzten Fachkräfte durchgeführt werden.

Wenn keine zur Durchführung der GSP oder GAP verantwortliche und geschulte Person mehr zur Verfügung steht, ist die Durchführung der GSP und GAP unverzüglich einzustellen.

Die anerkennende Stelle und die oberste Landesbehörde oder die von ihr bestimmten oder nach Landesrecht zuständigen Stelle sind berechtigt, jederzeit Nachprüfungen – auch in der anerkannten Werkstatt – auf Einhaltung der gesetzlichen Vorschriften sowie der genannten Bedingungen und Auflagen vorzunehmen. Die Kosten für die Nachprüfung sind von der Werkstatt zu übernehmen. Den mit der Überprüfung beauftragten Personen ist während der Geschäfts- und Betriebszeiten das Betreten der Betriebsräume zu Prüfungszwecken zu gestatten, die nötigen Unterlagen zur Verfügung zu stellen und alle erforderlichen Auskünfte zu erteilen.

Es gelten folgende Auflagen:

1. Die GSP und GAP sind unter Einhaltung der hierfür geltenden Vorschriften der StVZO und den dazu bekannt gemachten Richtlinien sowie den betreffenden Anleitungen der Fahrzeug- oder Gasnachrüstsystemhersteller durchzuführen. Die Ergebnisse der GSP und GAP sind entsprechend zu dokumentieren. Eine Durchschrift, ein Abdruck oder eine Speicherung auf Datenträger der Dokumentation verbleibt bei der prüfenden Stelle. Sie ist bis zur nächsten Überprüfung durch die Anerkennungsstelle aufzubewahren; sie kann nach 3 Jahren vernichtet werden.

2. Der Antragsteller hat sicherzustellen, dass die für die Durchführung der GSP oder GAP verantwortlichen Personen und die für die Durchführung der GAP eingesetzten Fachkräfte die entsprechenden Erstschulungen/Wiederholungsschulungen erfolgreich abgeschlossen haben und die Gültigkeitsdauer der Schulung noch nicht abgelaufen ist. Die Teilnahmebescheinigungen über die Schulungen sind der Anerkennungsstelle vorzulegen.

3. Der Antragsteller bestätigt, dass für die mit der Durchführung der GAP betrauten Fachkräfte eine ausreichende Haftpflichtversicherung zur Deckung aller in Zusammenhang mit den GAP entstehenden Ansprüchen besteht. Er weist dies auf Verlangen nach und erklärt, dass er diese Versicherung aufrecht erhalten wird.

4. Der Antragsteller stellt das Land, in dem er tätig ist, von allen Ansprüchen Dritter wegen Schäden frei, die in Zusammenhang mit der GSP oder GAP von ihm, den verantwortlichen Personen oder den betrauten Fachkräften verursacht werden. Er bestätigt dafür den Abschluss einer entsprechenden Versicherung, weist diese auf Verlangen nach und erklärt, dass er diese Versicherung aufrecht erhalten wird.

5. Zur laufenden Unterrichtung der für die Durchführung der GSP oder GAP verantwortlichen Personen und der für die Durchführung der GAP eingesetzten Fachkräfte sind die in der Gas-Werkstatt-Anerkennungsrichtlinie genannten Unterlagen bereit und auf dem jeweils aktuellen Stand zu halten.

(Hinweise auf Gebührenerhebung)

(Text der Rechtsbehelfsbelehrung)

Ort: ______________________________, den ______________ 20 _____

____

(Unterschrift und Stempel der anerkennenden Stelle)

7. Richtlinie für die Durchführung von Schulungen der verantwortlichen Personen, die die Gassystemeinbauprüfungen (im Folgenden als GSP bezeichnet) oder die wiederkehrende oder sonstige Gasanlagenprüfungen (im Folgenden als GAP bezeichnet) durchführen und der anderen Fachkräfte, die die GAP nach § 41a StVZO i.V.m. Anlage XVIIa StVZO durchführen (GSP/GAP-Schulungsrichtlinien)

(VkBl. 2006, S. 437)

1. Allgemeines, Zweck der Schulung

1.1 Durch die Schulung sollen die verantwortlichen Personen und die Fachkräfte auf die bei der Durchführung von GSP oder GAP anfallenden spezifischen Untersuchungsaufgaben vorbereitet werden.

1.2 Nach Anlage XVIIa Nummer 2.5 StVZO ist vorgeschrieben, dass die verantwortlichen Personen und Fachkräfte eine entsprechende Schulung erfolgreich abgeschlossen haben müssen. Die vorgeschriebene Schulung teilt sich auf in eine

- erstmalige Schulung
- für verantwortliche Personen, die zukünftig für die Durchführung von GSP oder GAP verantwortlich sind oder
- für Fachkräfte, die mit der Durchführung von GAP beauftragt sind, und in
- Wiederholungsschulungen für verantwortliche Personen und Fachkräfte, die bereits erfolgreich an einer erstmaligen Schulung teilgenommen haben.

Die erstmaligen Schulungen und die Wiederholungsschulungen können auf die Inhalte, die zur Befähigung zur Durchführung der GAP erforderlich sind, beschränkt und als eigenständiger Teil durchgeführt werden.

Die Geltungsdauer für die erste und alle weiteren Wiederholungsschulungen beträgt maximal 36 Monate, beginnend mit dem Monat, in dem erfolgreich eine Abschlussprüfung nach einer erstmaligen Schulung oder einer Wiederholungsschulung abgelegt wurde. Nach Ablauf der Geltungsdauer ist erneut eine erstmalige Schulung und Prüfung abzulegen.

1.3 Der Nachweis über die erfolgreiche Teilnahme an den Schulungen ist eine der Voraussetzungen für die Anerkennung und deren Erhalt zur Durchführung von GSP oder GAP in den hierfür anerkannten Kraftfahrzeugwerkstätten.

1.4 Die verantwortlichen Personen und die Fachkräfte müssen im Rahmen der Schulung das Gelernte praktisch üben.

2. Fachkräfte und verantwortliche Personen

Es gelten die Vorschriften der Anlage XVIIa Nummer 2.4 StVZO.

3. Berechtigung zur Durchführung von Schulungen, Aufsicht über Schulungsstätten

3.1 Schulungen dürfen von den in Anlage XVIIa Nummer 7 StVZO genannten Stellen durchgeführt werden.

3.2 Die Aufsicht über die Schulungen, Schulungsinhalte und Schulungsstätten obliegt den zuständigen obersten Landesbehörden oder den von ihr bestimmten oder nach Landesrecht zuständigen Stellen. Für die Überprüfung der Schulungsstätten gilt Anlage XVIIa Nummer 8.2 und Nummer 8.3.

3.3 Festgestellte Abweichungen oder Verstöße können den Entzug der jeweiligen Berechtigung der Schulungsstätte zur

Durchführung von GSP- oder GAP-Schulungen zur Folge haben. In Zweifelsfällen entscheidet hierüber die oberste Landesbehörde oder die von ihr bestimmten oder nach Landesrecht zuständigen Stellen.

3.4 Für die Meldungen, Erfassungen und Bekanntgabe der Schulungsstätten gilt Anlage XVIIa Nummer 7.2 StVZO.

4. Ausbildungskräfte und Schulungsstätten

4.1 Die Durchführung der Schulungen obliegt den in Anlage XVIIa Nummer 7 StVZO genannten Stellen. Diese stellen qualifizierte Ausbildungskräfte und die hierzu erforderlichen Schulungsstätten.

4.2 Die Ausbildungskräfte müssen mindestens den Meisterbrief oder eine damit gleichzusetzende Berufsqualifikation in einem der in Anlage XVIIa Nummer 2.4 StVZO vorgeschriebenen Ausbildungsberufe haben. Die Ausbildungskräfte müssen sich entsprechend den maßgeblichen Vorschriften- und Richtlinienänderungen sowie den entsprechenden fahrzeugtechnischen Entwicklungen fortlaufend weiterbilden und haben dies auf Verlangen den in Nummer 3.2 genannten Stellen nachzuweisen.

4.3 Die Ausbildungskräfte nehmen mindestens alle 2 Jahre an einem Erfahrungsaustausch teil.

4.4 Für die Schulungen müssen die Schulungsstätten mindestens den aus der Anlage 1 ersichtlichen Anforderungen genügen.

4.5 Die für die angebotenen Schulungen notwendigen Messgeräte und Kraftfahrzeuge müssen in ausreichender Anzahl vorhanden sein. Die Messgeräte müssen nach Herstellervorgabe gewartet und nach den gesetzlichen Vorschriften geprüft und geeicht sein.

4.6 Die einschlägigen Vorschriften, Richtlinien und Nachschlagewerke mit Daten und Herstelleranleitungen müssen vor- und auf dem aktuellen Stand gehalten werden.

5. Inhalt der Schulung

5.1 Einführung in die Vorschriften und Richtlinien über die Durchführung der GSP nach § 41a StVZO i.V.m. Anlage XVII StVZO.

5.2 Vermittlung der bei Gassystemen in Kraftfahrzeugen eingesetzten Techniken, die für die Durchführung der GSP oder GAP von Bedeutung sind entsprechend Anlage 2 Nummer 2.

5.3 Unterweisung in den Einbau eines Gassystems und der praktischen Durchführung einer GAP und ggf. einer GSP gemäß Anlage 2 Nummer 3.

5.4 Unterweisung in der Handhabung der Prüfgeräte beim praktischen Einsatz.

6. Durchführung der Schulung und Abschlussprüfung

6.1 Inhalt der Schulungen sind Anlagen zum Antrieb von Kraftfahrzeugen, die mit LPG oder CNG betrieben werden.

6.1.1 Bei der Durchführung der Schulung dürfen nicht mehr als 16 Personen gleichzeitig geschult werden. Die Personenzahl ist bei der Schulung des „praktischen Könnens“ zu vermindern, wenn nur so das Schulungsziel erreicht werden kann.

6.1.2 Die Dauer eines Schulungslehrganges für die erstmalige Schulung und die Wiederholungsschulungen hat sich mindestens an die aus der Anlage 2 ersichtlichen Mindestzeitvorgaben (Angaben in Zeitstunden) zu halten. Wird die Schulung zur Durchführung der Gasanlagenprüfung als eigenständiger Teil durchgeführt, gilt das Vorgenannte entsprechend.

6.1.3 Die Dauer einer Schulung darf 8 Zeitstunden pro Tag nicht übersteigen.

6.1.4 Organisation und Durchführung der Vorbereitung auf den Schulungslehr-

gang sind dem jeweiligen Schulungsträger freigestellt.

6.1.5 Ablauf und Organisation des Schulungslehrgangs müssen mindestens diesem Schulungsplan entsprechen. Die vom Bundesinnungsverband des Kraftfahrzeughandwerks herausgegebenen und auf dem aktuellen Stand gehaltenen Schulungshandbücher gelten zudem als Richtschnur.

6.2 Die Schulung ist mit einer Abschlussprüfung abzuschließen.

6.2.1 Zur Abschlussprüfung sind nur die Personen zugelassen, die an der gesamten Schulung teilgenommen haben.

6.2.2 Die Abschlussprüfung teilt sich auf in einen

6.2.2.1 schriftlichen Teil, bei dem annähernd

- 30% der Aufgaben aus Anlage 2 Nummer 1,
- 70% der Aufgaben aus Anlage 2 Nummer 2,

mit Mehrfachantworten vorzusehen sind; die Gesamtzahl der Aufgaben muss mindestens 20 in Bezug auf die GSP und 10 in Bezug auf die GAP betragen.

6.2.2.2 praktischen Teil, bei dem eine Gasanlagenprüfung und ggf. eine Gassystemeinbauprüfung durchzuführen ist.

6.2.2.3 Die Prüfung zur Durchführung der Gasanlagenprüfung kann als eigenständiger Teil durchgeführt werden.

6.2.3 Die Abschlussprüfung ist bestanden, wenn

6.2.3.1 mindestens 70% der Aufgaben nach Nummer 6.2.2.1 richtig gelöst sind, wobei von jeder Aufgabengruppe mindestens 50% richtig gelöst sein müssen

und

6.2.3.2 im praktischen Teil von den zu prüfenden Personen alleine oder in Gruppen von bis zu 4 Personen der Nachweis erbracht wurde, dass sie ohne Hilfestellung die gestellte Aufgabe lösen.

6.2.3.3 Kann im praktischen Teil von einer Person oder der Gruppe die gestellte Aufgabe nicht gelöst werden, darf eine weitere Aufgabe gestellt werden.

6.3 Über die Teilnahme an den Schulungen und über das Ergebnis der Abschlussprüfung ist den geprüften Personen eine Bescheinigung auszustellen und zu übergeben. Die Bescheinigung muss mindestens die im Muster nach Anlage 3 aufgeführten Angaben enthalten.

7. Übergangsbestimmungen

7.1 Spätestens mit dem Inkrafttreten der Vorschriften zur Durchführung der GSP und GAP nach § 41a StVZO i.V.m. Anlage XVII und Anlage XVIIa StVZO müssen die verantwortlichen Personen und die anderen mit der Durchführung der GAP befassten Fachkräfte Schulungen, die den Bestimmungen dieses Schulungsplanes entsprechen, nachweisen können.

7.2 Schulungen zur Durchführung der GAP, die im Vorgriff auf Grundlage dieser Schulungsrichtlinie durchgeführt wurden, sind den Schulungen nach Nummer 7.1 in Bezug auf die GAP gleichgestellt. Kann eine in einem Zeitraum von nicht mehr als 24 Monaten vor dem Inkrafttreten dieser Schulungsrichtlinie durchgeführte Einbauschulung eines Schulungsträgers nach Anlage XVIIa Nummer 7.1 StVZO nachgewiesen werden, ist eine um den praktischen Teil verkürzte Wiederholungsschulung einer erstmaligen Schulung nach dieser Richtlinie gleichgestellt. Es ist eine schriftliche Bestätigung des Schulungsträgers vorzulegen, dass die Schulungsinhalte und die Abschlussprüfung den Bestimmungen dieser Schulungsrichtlinie entsprachen.

Anlage 1
zu Nummer 4.4 der
GSP/GAP-Schulungsrichtlinie

Mindestanforderungen an die GSP/GAP-Schulungsstätten

1. Geeigneter Schulungsraum für mindestens 16 Personen
2. Prüfraum mit Grube, Hebebühne oder Rampe mit ausreichender Länge und Beleuchtung
3. Kraftfahrzeug mit Gasantrieb (LPG oder CNG)
4. Anschauungsmodelle oder geeignete computergestützte Simulations- und Anschauungsmodelle
5. Manometer
6. Leckspürgerät
7. Lecksuchspray
8. Spezialwerkzeug zum Einbau eines Gasnachrüstsystems
9. Geeignete Hard- und Software zur Anpassung des Gasnachrüstsystems an die Motorelektronik
10. Abgasmessgerät für Fremdzündungsmotoren
11. Prüf- und Diagnosegerät zur Prüfung von OBD-Fahrzeugen

Anlage 2
zu Nummer 5 und 6 der
GSP/GAP-Schulungsrichtlinie

A. Schulungsinhalte und Mindestzeitvorgaben für die erstmalige Schulung

Schulungsinhalte	Schulungsdauer	
	Gasanlagenprüfung	Gassystemeinbauprüfung
1. Rechtliche Grundlagen 1.1 Vorschriften und Richtlinien 1.2 GSP/GAP-Durchführungsrichtlinie 1.3 Darstellung der Bedeutung der amtlichen Untersuchung 1.4 Fahrzeugidentifizierung 1.5 Dokumentation 1.6 Qualitätssicherung	2,0 h	2,0 h
1.7 Nationale und internationale Vorschriften zur Typgenehmigung und Betriebserlaubnis für Einzelfahrzeuge 1.8 Nationale und internationale Vorschriften für Nachrüstsysteme 1.9 Fahrzeugbrief und Fahrzeugschein (Zulassungsbescheinigung Teil I und II) 1.10 Änderung der Zulassungspapiere/-dokumente		2,0 h
2. Technik der Gasanlagen 2.1 Spezielle technische Merkmale und Sachverhalte	3,0 h	3,0 h

A. Schulungsinhalte und Mindestzeitvorgaben für die erstmalige Schulung

Schulungsinhalte	Schulungsdauer Gasanlagenprüfung	Schulungsdauer Gassystemeinbauprüfung
2.2 Zusammenhänge zwischen Technik und Sicherheit 2.3 Physikalische und chemische Eigenschaften der Gase 2.4 Sicherheitstechnische Bauteile und Einrichtungen der Gasanlagen und ihre Wirkungsweise 2.5 Weitere alternative Antriebskonzepte		
2.6 Werkseitig verbaute Gassysteme mit und o. Typgengehmigung 2.7 Nachrüstsysteme 2.8 Einblassysteme		3,0 h
3. Praktisches Können 3.1 Durchführung einer Gasanlagenprüfung 3.2 Einsatz und Handhabung des Leckspürgerätes 3.3 Handhabung des Lecksuchsprays	2,0 h	2,0 h
3.4 Identifizierung der Komponenten eines Gasnachrüstsystems 3.5 Einbau eines Gasnachrüstsystems bzw. einzelner Komponenten 3.6 Durchführung einer Gassystemeinbauprüfung		10,0 h
4. Abschlussprüfung 4.1 Gasanlagenprüfung	1,0 h	1,0 h
4.2 Gassystemeinbauprüfung		1,0 h
5. Zeitbedarf gesamt	8,0 h	24,0 h

B. Schulungsinhalte und Mindestzeitvorgaben für die Wiederholungsschulung

Schulungsinhalte	Schulungsdauer Gasanlagenprüfung	Schulungsdauer Gassystemeinbauprüfung
1. Rechtliche Grundlagen; insbesondere Neuerungen 1.1 Vorschriften und Richtlinien 1.2 GSP/GAP-Durchführungsrichtlinie 1.3 Darstellung der Bedeutung der amtlichen Untersuchung 1.4 Fahrzeugidentifizierung 1.5 Dokumentation 1.6 Qualitätssicherung	0,5 h	0,5 h
1.7 Nationale und internationale Vorschriften zur Typgenehmigung und Betriebserlaubnis für Einzelfahrzeuge 1.8 Nationale und internationale Vorschriften für Nachrüstsysteme 1.9 Fahrzeugbrief und Fahrzeugschein (Zulassungsbescheinigung Teil I und II) 1.10 Änderung der Zulassungspapiere/-dokumente		0,5 h
2. Technik der Gasanlagen; insbesondere Neuerungen 2.1 Spezielle technische Merkmale und Sachverhalte 2.2 Zusammenhänge zwischen Technik und Sicherheit	1,0 h	1,0 h

B. Schulungsinhalte und Mindestzeitvorgaben für die Wiederholungsschulung		
Schulungsinhalte	Schulungsdauer	
	Gasanlagenprüfung	Gassystemeinbauprüfung
2.3 Physikalische und chemische Eigenschaften der Gase 2.4 Sicherheitstechnische Bauteile und Einrichtungen der Gasanlagen und ihre Wirkungsweise 2.5 Weitere alternative Antriebskonzepte		
2.6 Werkseitig verbaute Gassysteme mit und o. Typgenehmigung 2.7 Nachrüstsysteme 2.8 Einblassysteme		1,0 h
3. Praktisches Können und Erfahrungsaustausch 3.1 Durchführung einer Gasanlagenprüfung 3.2 Einsatz und Handhabung des Leckspürgerätes 3.3 Handhabung des Lecksuchsprays	1,5 h	1,5 h
3.4 Identifizierung der Komponenten eines Gasnachrüstsystems 3.5 Durchführung einer Gassystemeinbauprüfung		1,5 h
4. Abschlussprüfung 4.1 Gasanlagenprüfung	1,0 h	1,0 h
4.2 Gassystemeinbauprüfung		1,0 h
5. Zeitbedarf gesamt	4,0 h	8,0 h

Anlage 3
zu Nummer 6.3 der
GSP/GAP-Schulungsrichtlinie

– Muster –

Bescheinigung über die Teilnahme an einer GSP/GAP-Schulung

____

(Name der Schulungsstätte und Anschrift)

Herr/
Frau ____
Vorname, Name, Geburtsdatum

der

____

(Firma, Anschrift)

hat am/vom*) ____________________ bis*) ____________________

an einer

☐ erstmaligen Schulung +)

☐ Wiederholungsschulung +)

zur Durchführung der

☐ Gasanlagenprüfung +)

☐ Gassystemeinbauprüfung +)

teilgenommen.

Er/Sie *) hat die Abschlussprüfung

☐ bestanden +)

☐ nicht bestanden +).

Die Schulung erfolgte nach den Vorgaben der vom Bundesministerium für Verkehr, Bau und Stadtentwicklung im Verkehrsblatt (VkBl. 2006, S. 437) bekannt gemachten GSP/GAP-Schulungsrichtlinie.

Es wird bestätigt, dass wir nach Anlage XVIIa Nummer 7.1 StVZO zur Durchführung der Schulung befugt *)

durch ____ ermächtigt *)

von ____ anerkannt *)

sind.

____

Datum, Name und Unterschrift der Ausbildungskraft, Stempel der Schulungsstätte

*) Nichtzutreffendes streichen
+) Zutreffendes ankreuzen

Änderungen an Fahrzeugen (§ 19 StVZO)

1. Allgemeines zu den Vorschriften über die Erteilung und Wirksamkeit der Betriebserlaubnis

Die Neufassung des „§ 19 Abs. 2" wurde Anfang der 90ziger Jahre diskutiert, in mehreren Gremien erörtert und letztlich auch auf Wunsch der Öffentlichkeit und parlamentarischer Kreise geändert und im Hinblick auf eine verbraucherfreundliche Fassung reformiert. Schließlich wurde durch die Neufassung der Vorschriften eine „Öffnung" und damit Aufhebung der bisherigen Monopolstellung der Technischen Prüfstellen bezweckt, um Einbau- und Anbauabnahmen nach nachträglichen Fahrzeugänderungen von Prüfingenieuren (PI) amtlich anerkannter Überwachungsorganisationen (Anlage VIII b StVZO) zu ermöglichen.

Folgende Leitgedanken führten zu den seit dem 1.1.1994 geltenden Vorschriften und zum neuen Beispielkatalog:

1. Die Betriebserlaubnis (BE) des Fahrzeugs soll nicht mehr allein dann erlöschen, wenn lediglich Beschaffenheitsvorschriften berührt werden.

2. Die BE soll erlöschen, wenn die genehmigte Fahrzeugart geändert wird.

3. Die BE soll erlöschen, wenn eine Gefährdung von Verkehrsteilnehmern durch die Fahrzeugänderung zu erwarten ist.

4. Die BE soll auch erlöschen, wenn Änderungen vorgenommen werden, durch die eine Verschlechterung des Abgas- oder Geräuschverhaltens des Fahrzeugs eintritt.

5. Die Abnahmen von Ein- oder Anbauten sollen zusätzlich zu den amtlich anerkannten Sachverständigen oder Prüfern (aaSoP) auch von PI der amtlich anerkannten Überwachungsorganisationen (z.B. Dekra, FKÜ'en der TÜV, GTÜ, KÜS u.a.) durchgeführt werden dürfen. Damit können Abnahmen auch direkt in den Kfz-Werkstätten erfolgen; dem Fahrzeughalter bleibt die Fahrt zur Technischen Prüfstelle bis auf wenige Ausnahmen erspart.

6. Eine sofortige Änderung der Fahrzeugpapiere nach Umbau/Änderung des Fahrzeugs und erfolgter Abnahme ist nur dann erforderlich, wenn es sich um Änderungen handelt, die im § 13 Abs. 1 Satz 1 FZV aufgeführt sind. Dies sind insbesondere Fahrzeugänderungen in den Bereichen Abmessungen und Gewichte, Abgas und Lärm, Leistungs- oder Geschwindigkeitsänderungen (da fahrerlaubnisrelevant) sowie Änderungen, die für die Kraftfahrzeugsteuer relevant sind. In den übrigen Fällen, und dies ist nach derzeitigem Stand in etwa Dreiviertel der Fälle so (z.B. Anbau einer Anhängekupplung, Fahrwerk-Tieferlegung, andere Reifen/Räder), ist die Berichtigung der Fahrzeugpapiere bei nächster Befassung der Zulassungsbehörde damit nachzuholen. Damit bleibt dem Fahrzeughalter auch in diesen Fällen die früher notwendige Fahrt zur Zulassungsbehörde erspart. Für diese Fälle genügt es, dass der

Fahrzeughalter den in § 19 Abs. 4 Satz 1 StVZO geforderten Nachweis mitführt und zuständigen Personen auf Verlangen hin aushändigen kann.

Die 16. Verordnung zur Änderung straßenverkehrsrechtlicher Vorschriften vom 16.12.1993, durch die die Änderung des § 19 ff. StVZO im BGBl. I S. 2106 verkündet wurde, ist im VkBl. 1994 S. 143 mit ihrer Begründung veröffentlicht worden. Eine Änderung dieser Vorschriften erfolgte durch die 26. VO zur Änderung straßenverkehrsrechtlicher Vorschriften vom 12.8.1997 (BGBl. I S. 2051), die mit ihrer Begründung im VkBl. 1997 S. 643 veröffentlicht wurde.

2. Vorschriften über die Erteilung und Wirksamkeit der Betriebserlaubnis (§§ 19 ff. StVZO)

2.1 § 19 StVZO

Erteilung und Wirksamkeit der Betriebserlaubnis

(1) Die Betriebserlaubnis ist zu erteilen, wenn das Fahrzeug den Vorschriften dieser Verordnung, den zu ihrer Ausführung erlassenen Anweisungen des Bundesministeriums für Verkehr, Bau und Stadtentwicklung und den Vorschriften der Verordnung (EWG) Nr. 3821/85 des Rates vom 20. Dezember 1985 über das Kontrollgerät im Straßenverkehr (ABl. EG Nr. L 370 S. 8) entspricht. Die Betriebserlaubnis ist ferner zu erteilen, wenn das Fahrzeug anstelle der Vorschriften dieser Verordnung die Einzelrichtlinien in ihrer jeweils geltenden Fassung erfüllt, die

1. in Anhang IV der Richtlinie 92/53/EWG des Rates vom 18. Juni 1992 zur Änderung der Richtlinie 70/156/EWG zur Angleichung der Rechtsvorschriften der Mitgliedstaaten über die Betriebserlaubnis für Kraftfahrzeuge und Kraftfahrzeuganhänger (ABl. EG Nr. L 225 S. 1) oder
2. in Anhang II der Richtlinie 74/150/EWG des Rates vom 4. März 1974 zur Angleichung der Rechtsvorschriften der Mitgliedstaaten über die Betriebserlaubnis für land- oder forstwirtschaftliche Zugmaschinen auf Rädern (ABl. EG Nr. L 84 S. 10) oder
3. in Anhang I der Richtlinie 2002/24/EG des Europäischen Parlaments und Rates vom 18. März 2002 über die Typgenehmigung für zweirädrige oder dreirädrige Kraftfahrzeuge und zur Aufhebung der Richtlinie 92/61/EWG des Rates (ABl. EG Nr. L 124 S. 1)

in seiner jeweils geltenden Fassung genannt sind. Die jeweilige Liste der in Anhang IV der Betriebserlaubnisrichtlinie 92/53/EWG, in Anhang II der Betriebserlaubnisrichtlinie 74/150/EWG und in Anhang I der Typgenehmigungsrichtlinie 2002/24/EG genannten Einzelrichtlinien wird unter Angabe der Kurzbezeichnungen und der ersten Fundstelle aus dem Amtsblatt der Europäischen Gemeinschaften vom Bundesministerium für Verkehr, Bau und Stadtentwicklung im Verkehrsblatt bekanntgemacht und fortgeschrieben. Die in Satz 2 genannten Einzelrichtlinien sind jeweils ab dem Zeitpunkt anzuwenden, zu dem sie in Kraft treten und nach Satz 3 bekanntgemacht worden sind. Soweit in einer Einzelrichtlinie ihre verbindliche Anwendung vorgeschrieben ist, ist nur diese Einzelrichtlinie maßgeblich.

(2) Die Betriebserlaubnis des Fahrzeugs bleibt, wenn sie nicht ausdrücklich entzogen wird, bis zu seiner endgültigen Außerbetriebsetzung wirksam. Sie erlischt, wenn Änderungen vorgenommen werden, durch die

1. die in der Betriebserlaubnis genehmigte Fahrzeugart geändert wird,
2. eine Gefährdung von Verkehrsteilnehmern zu erwarten ist oder
3. das Abgas- oder Geräuschverhalten verschlechtert wird.

Sie erlischt ferner für Fahrzeuge der Bundeswehr, für die § 20 Abs. 3b oder § 21 Satz 5 angewendet worden ist, sobald die Fahrzeuge nicht mehr für die Bundeswehr zugelassen sind. Für die Erteilung einer neuen Betriebserlaubnis gilt § 21 entsprechend. Besteht Anlass zur Annahme, dass die Betriebserlaubnis erloschen ist, kann die Verwaltungsbehörde zur Vorbereitung einer Entscheidung

1. die Beibringung eines Gutachtens eines amtlich anerkannten Sachverständigen, Prüfers für

den Kraftfahrzeugverkehr oder eines Prüfingenieurs darüber, ob das Fahrzeug den Vorschriften dieser Verordnung entspricht, oder

2. die Vorführung des Fahrzeugs

anordnen und wenn nötig mehrere solcher Anordnungen treffen; auch darf eine Prüfplakette nach Anlage IX nicht zugeteilt werden.

(2a) Die Betriebserlaubnis für Fahrzeuge, die nach ihrer Bauart speziell für militärische oder polizeiliche Zwecke sowie für Zwecke des Brandschutzes und des Katastrophenschutzes bestimmt sind, bleibt nur so lange wirksam, wie die Fahrzeuge für die Bundeswehr, der Bundespolizei, die Polizei, die Feuerwehr oder den Katastrophenschutz zugelassen oder eingesetzt werden. Für Fahrzeuge nach Satz 1 darf eine Betriebserlaubnis nach § 21 nur der Bundeswehr, der Bundespolizei, der Polizei, der Feuerwehr oder dem Katastrophenschutz erteilt werden; dies gilt auch, wenn die für die militärischen oder die polizeilichen Zwecke sowie die Zwecke des Brandschutzes und des Katastrophenschutzes vorhandene Ausstattung oder Ausrüstung entfernt, verändert oder unwirksam gemacht worden ist. Ausnahmen von Satz 2 für bestimmte Einsatzzwecke können gemäß § 70 genehmigt werden.

(3) Abweichend von Absatz 2 Satz 2 erlischt die Betriebserlaubnis des Fahrzeugs jedoch nicht, wenn bei Änderungen durch Ein- oder Anbau von Teilen

1. für diese Teile
   a) eine Betriebserlaubnis nach § 22 oder eine Bauartgenehmigung nach § 22 a erteilt worden ist oder
   b) der nachträgliche Ein- oder Anbau im Rahmen einer Betriebserlaubnis oder eines Nachtrags dazu für das Fahrzeug nach § 20 oder § 21 genehmigt worden ist

   und die Wirksamkeit der Betriebserlaubnis, der Bauartgenehmigung oder der Genehmigung nicht von der Abnahme des Ein- oder Anbaus abhängig gemacht worden ist oder

2. für diese Teile
   a) eine EWG-Betriebserlaubnis, eine EWG-Bauartgenehmigung oder eine EG-Typgenehmigung nach Europäischem Gemeinschaftsrecht oder
   b) eine Genehmigung nach Regelungen in der jeweiligen Fassung entsprechend dem Übereinkommen vom 20. März 1958 (BGBl. 1965 II S. 857) über die Annahme einheitlicher Bedingungen für die Genehmigung der Ausrüstungsgegenstände und Teile von Kraftfahrzeugen und über die gegenseitige Anerkennung der Genehmigung, soweit diese von der Bundesrepublik Deutschland angewendet werden,

   erteilt worden ist und eventuelle Einschränkungen oder Einbauanweisungen beachtet sind oder

3. die Wirksamkeit der Betriebserlaubnis, der Bauartgenehmigung oder der Genehmigung dieser Teile nach Nummer 1 Buchstabe a oder b von einer Abnahme des Ein- oder Anbaus abhängig gemacht ist und die Abnahme unverzüglich durchgeführt und nach § 22 Abs. 1 Satz 5, auch in Verbindung mit § 22 a Abs. 1a, bestätigt worden ist oder

4. für diese Teile
   a) die Identität mit einem Teil gegeben ist, für das ein Gutachten eines Technischen Dienstes nach Anlage XIX über die Vorschriftsmäßigkeit eines Fahrzeugs bei bestimmungsgemäßem Ein- oder Anbau dieser Teile (Teilegutachten) vorliegt,
   b) der im Gutachten angegebene Verwendungsbereich eingehalten wird und
   c) die Abnahme des Ein- oder Anbaus unverzüglich durch einen amtlich anerkannten Sachverständigen oder Prüfer für den Kraftfahrzeugverkehr oder durch einen Kraftfahrzeugsachverständigen oder Angestellten nach Nummer 4 der Anlage VIIIb durchgeführt und der ordnungsgemäße Ein- oder Anbau entsprechend § 22 Abs. 1 Satz 5 bestätigt worden ist; § 22 Abs. 1 Satz 2 und Absatz 2 Satz 3 gilt entsprechend.

Werden bei Teilen nach Nummer 1 oder 2 in der Betriebserlaubnis, der Bauartgenehmigung oder der Genehmigung aufgeführte Einschränkungen oder Einbauanweisungen nicht eingehalten, erlischt die Betriebserlaubnis des Fahrzeugs.

(4) Der Führer des Fahrzeugs hat in den Fällen

1. des Absatzes 3 Nr. 1 den Abdruck oder die Ablichtung der betreffenden Betriebserlaubnis, Bauartgenehmigung, Genehmigung im Rahmen der Betriebserlaubnis oder eines Nachtrags dazu oder eines Auszugs dieser Erlaubnis oder Genehmigung, der die für die Verwendung wesentlichen Angaben enthält,

   und

2. des Absatzes 3 Nr. 3 und 4 einen Nachweis nach einem vom Bundesministerium für Verkehr, Bau und Stadtentwicklung im Verkehrsblatt bekanntgemachten Muster über die Erlaubnis, die Genehmigung oder das Teilegutachten mit der Bestätigung des ordnungsgemäßen Ein- oder Anbaus sowie den zu beachtenden Beschränkungen oder Auflagen mitzuführen und zuständigen Personen auf Verlangen auszuhändigen. Satz 1 gilt nicht, wenn die Zulassungsbescheinigung Teil I, das Anhängerverzeichnis nach § 11 Abs. 1 Satz 2 der Fahrzeug-Zulassungsverordnung oder ein nach § 4 Abs. 5 der Fahrzeug-Zulassungsverordnung mitzuführender oder aufzubewahrender Nachweis einen entsprechenden Eintrag einschließlich zu beachtender Beschränkungen oder Auflagen enthält; anstelle der zu beachtenden Beschränkungen oder Auflagen kann auch ein Vermerk enthalten sein, dass diese in einer mitzuführenden Erlaubnis, Genehmigung oder einem mitzuführenden Nachweis aufgeführt sind. Die Pflicht zur Mitteilung von Änderungen nach § 13 der Fahrzeug-Zulassungsverordnung bleibt unberührt.

(5) Ist die Betriebserlaubnis nach Absatz 2 Satz 2 erloschen, dürfen nur solche Fahrten durchgeführt werden, die in unmittelbarem Zusammenhang mit der Erlangung einer neuen Betriebserlaubnis stehen. Am Fahrzeug sind die bisherigen Kennzeichen oder rote Kennzeichen oder Kurzzeitkennzeichen nach zu führen. Die Sätze 1 und 2 gelten auch für Fahrten, die der amtlich anerkannte Sachverständige für den Kraftfahrzeugverkehr im Rahmen der Erstellung des Gutachtens durchführt.

(6) Werden an Fahrzeugen von Fahrzeugherstellern, die Inhaber einer Betriebserlaubnis für Typen sind, im Sinne des Absatzes 2 Teile verändert, so bleibt die Betriebserlaubnis wirksam, solange die Fahrzeuge ausschließlich zur Erprobung verwendet werden; insoweit ist auch keine Mitteilung an die Zulassungsbehörde erforderlich. Satz 1 gilt nur, wenn die Zulassungsbehörde im Fahrzeugschein bestätigt hat, dass ihr das Fahrzeug als Erprobungsfahrzeug gemeldet worden ist.

(7) Die Absätze 2 bis 6 gelten entsprechend für die EG-Typgenehmigung.

Anlage XIX StVZO
(§ 19 Abs. 3 Nr. 4)

Teilegutachten

1. Teilegutachten/Technischer Dienst oder Prüfstelle

1.1 Ein Teilegutachten ist das Gutachten eines Technischen Dienstes oder einer Prüfstelle über die Vorschriftsmäßigkeit eines Fahrzeugs bei bestimmungsgemäßem Ein- oder Anbau der begutachteten Teile. Ein Teilegutachten muss den Verwendungsbereich der begutachteten Teile und notwendige Hinweise für die Abnahme des Anbaus durch den amtlich anerkannten Sachverständigen oder Prüfer für den Kraftfahrzeugverkehr oder durch einen Kraftfahrzeugsachverständigen oder Angestellten nach Nummer 4 der Anlage VIIIb sowie Auflagen und Einschränkungen enthalten.

1.2 Technischer Dienst oder Prüfstelle ist ein entsprechend der Norm DIN EN 45001 (Ausgabe Mai 1990) anerkanntes oder nach den Normen DIN EN 45001 (Ausgabe Mai 1990) und DIN EN 45002 (Ausgabe Mai 1990) akkreditiertes Prüflaboratorium. Sie können Teilegutachten nach Abschnitt 1.1 aufgrund von Prüfungen und Prüfungsarten erstellen, für die sie akkreditiert oder anerkannt sind.

1.3 Die Technischen Dienste und Prüfstellen haben bei der Erstellung von Teilegutachten den im Verkehrsblatt mit Zustimmung der zuständigen obersten Landesbehörden bekanntgemachten „Beispielkatalog über Änderungen an Fahrzeugen und ihre Auswirkungen auf die Betriebserlaubnis von Fahrzeugen“ zugrunde zu legen.

1.4 Die Technischen Dienste und Prüfstellen haben die von ihnen erstellten Teilegutachten dem Kraftfahrt-Bundesamt nach dessen Vorga-

ben für eine zentrale Erfassung zur Verfügung zu stellen.

2. Qualitätssicherungssystem

2.1 Die Gültigkeit und die Erstellung eines Teilegutachtens nach 1.1 setzen den Nachweis des Herstellers dieser Teile darüber voraus, dass er in bezug auf die Produktion dieser Teile in seiner Fertigung ein Qualitätssicherungssystem unterhält, das der harmonisierten Norm DIN EN ISO 9002 (Ausgabe August 1994) oder einem gleichwertigen Standard entspricht. Das Teilegutachten muss auf das Vorliegen eines entsprechenden Nachweises hinweisen. Als Hersteller im Sinne des Satzes 1 gilt die Person oder Stelle, die gegenüber dem jeweiligen Technischen Dienst für alle Belange des Teilegutachtens gemäß § 19 in Verbindung mit Anlage XIX sowie für die Sicherstellung der Übereinstimmung der Produktion verantwortlich ist.

2.2 Der unter 2.1 genannte Nachweis kann dadurch erbracht werden, dass dieses Qualitätssicherungssystem durch eine benannte Stelle gemäß dem Modul D (QS-Produktion) des Beschlusses des Rates vom 13. Dezember 1990 über die in den technischen Harmonisierungsrichtlinien zu verwendenden Module für die verschiedenen Phasen der Konformitätsbewertungsverfahren (90/683/EWG) (ABl. EG Nr. L 380 S. 13) zertifiziert ist und überwacht wird.

Stellen, die die Einrichtung und die Anwendung von Qualitätssicherungssystemen nach 2.1 zertifizieren und überwachen, müssen gemäß den Normen EN 45012 (Ausgabe September 1989) und EN 45002 (Ausgabe Mai 1990) akkreditiert sein (Zertifizierungsstelle für Qualitätssicherungssysteme).

Die Aufgaben der Akkreditierung nimmt das Kraftfahrt-Bundesamt als Akkreditierungsstelle nach der Norm EN 45003 (Ausgabe September 1989) wahr.

Das Kraftfahrt-Bundesamt kann auch selbst die Aufgaben der Zertifizierungsstelle für Qualitätssicherungssysteme wahrnehmen.

Unberührt bleibt auch die Akkreditierung von Zertifizierungsstellen, die durch einen anderen Mitgliedstaat erteilt ist.

2.2 § 20 StVZO Allgemeine Betriebserlaubnis für Typen

(1) Für reihenweise zu fertigende oder gefertigte Fahrzeuge kann die Betriebserlaubnis dem Hersteller nach einer auf seine Kosten vorgenommenen Prüfung allgemein erteilt werden (Allgemeine Betriebserlaubnis), wenn er die Gewähr für zuverlässige Ausübung der dadurch verliehenen Befugnisse bietet. Bei Herstellung eines Fahrzeugtyps durch mehrere Beteiligte kann die Allgemeine Betriebserlaubnis diesen gemeinsam erteilt werden. Für die Fahrzeuge, die außerhalb des Geltungsbereichs dieser Verordnung hergestellt worden sind, kann die Allgemeine Betriebserlaubnis erteilt werden

1. dem Hersteller oder seinem Beauftragten, wenn die Fahrzeuge in einem Staat hergestellt worden sind, in dem der Vertrag zur Gründung der Europäischen Wirtschaftsgemeinschaft oder das Abkommen über den Europäischen Wirtschaftsraum gilt,
2. dem Beauftragten des Herstellers, wenn die Fahrzeuge zwar in einem Staat hergestellt worden sind, in dem der Vertrag zur Gründung der Europäischen Wirtschaftsgemeinschaft oder das Abkommen über den Europäischen Wirtschaftsraum nicht gilt, sie aber in den Geltungsbereich dieser Verordnung aus einem Staat eingeführt worden sind, in dem der Vertrag zur Gründung der Europäischen Wirtschaftsgemeinschaft oder das Abkommen über den Europäischen Wirtschaftsraum gilt,
3. in den anderen Fällen dem Händler, der seine Berechtigung zum alleinigen Vertrieb der Fahrzeuge im Geltungsbereich dieser Verordnung nachweist.

In den Fällen des Satzes 3 Nr. 2 muss der Beauftragte des Herstellers in einem Staat ansässig sein, in dem der Vertrag zur Gründung der Europäischen Wirtschaftsgemeinschaft oder das Abkommen über den Europäischen Wirtschaftsraum gilt. In den Fällen des Satzes 3 Nr. 3 muss der Händler im Geltungsbereich dieser Verordnung ansässig sein.

(2) Über den Antrag auf Erteilung der Allgemeinen Betriebserlaubnis entscheidet das Kraftfahrt-Bundesamt. Das Kraftfahrt-Bundesamt kann einen amtlich anerkannten Sachverständigen für den Kraftfahrzeugverkehr oder eine andere Stelle mit der Begutachtung beauftragen. Es bestimmt, welche Unterlagen für den Antrag beizubringen sind.

(2a) Umfasst der Antrag auf Erteilung einer Allgemeinen Betriebserlaubnis auch die Genehmigung für eine wahlweise Ausrüstung, so kann das Kraftfahrt-Bundesamt auf Antrag in die Allgemeine Betriebserlaubnis aufnehmen, welche Teile auch nachträglich an- oder eingebaut werden dürfen (§ 19 Abs. 3 Nr. 1 Buchstabe b und Nr. 3); § 22 Abs. 3 ist anzuwenden.

(3) Der Inhaber einer Allgemeinen Betriebserlaubnis für Fahrzeuge hat für jedes dem Typ entsprechende zulassungspflichtige Fahrzeug einen Fahrzeugbrief (§ 25) auszufüllen. Die Vordrucke für die Briefe werden vom Kraftfahrt-Bundesamt ausgegeben. In dem Brief sind die Angaben über das Fahrzeug von dem Inhaber der Allgemeinen Betriebserlaubnis für das Fahrzeug einzutragen oder, wenn mehrere Hersteller beteiligt sind, von jedem Beteiligten für die von ihm hergestellten Teile, sofern nicht ein Beteiligter die Ausfüllung des Briefs übernimmt; war die Erteilung der Betriebserlaubnis von der Genehmigung einer Ausnahme abhängig, so müssen die Ausnahme und die genehmigende Behörde im Brief bezeichnet werden. Der Brief ist von dem Inhaber der Allgemeinen Betriebserlaubnis unter Angabe der Firmenbezeichnung und des Datums mit seiner Unterschrift zu versehen; eine Nachbildung der eigenhändigen Unterschrift durch Druck oder Stempel ist zulässig.

(3a) Der Inhaber einer Allgemeinen Betriebserlaubnis für Fahrzeuge ist verpflichtet, für jedes dem Typ entsprechende zulassungspflichtige Fahrzeug eine Datenbestätigung nach Muster 2d auszufüllen. In die Datenbestätigung sind vom Inhaber der Allgemeinen Betriebserlaubnis die Angaben über die Beschaffenheit des Fahrzeugs einzutragen oder, wenn mehrere Hersteller beteiligt sind, von jedem Beteiligten die Angaben für die von ihm hergestellten Teile, sofern nicht ein Beteiligter die Ausfüllung der Datenbestätigung übernimmt. Die Richtigkeit der Angaben über die Beschaffenheit des Fahrzeugs und über dessen Übereinstimmung mit dem genehmigten Typ hat der für die Ausfüllung der Datenbestätigung jeweils Verantwortliche unter Angabe des Datums zu bescheinigen. Gehört das Fahrzeug zu einer in Anlage XXIX benannten EG-Fahrzeugklasse, kann zusätzlich die Bezeichnung der Fahrzeugklasse eingetragen werden. Die Datenbestätigung ist für die Zulassung dem Fahrzeug mitzugeben. Hat der Inhaber einer Allgemeinen Betriebserlaubnis auch einen Fahrzeugbrief nach Absatz 3 Satz 1 ausgefüllt, ist dieser der Datenbestätigung beizufügen. Die Datenbestätigung nach Satz 1 ist entbehrlich, wenn

1. das Kraftfahrt-Bundesamt für den Fahrzeugtyp Typdaten zur Verfügung gestellt hat und

2. der Inhaber einer Allgemeinen Betriebserlaubnis durch Eintragung der vom Kraftfahrt-Bundesamt für den Abruf der Typdaten zugeteilten Typ- sowie Varianten-/Versionsschlüsselnummer im Fahrzeugbrief bestätigt hat, dass das im Fahrzeugbrief genannte Fahrzeug mit den Typdaten, die dieser Schlüsselnummer entsprechen, übereinstimmt.

(3b) Für Fahrzeuge, die für die Bundeswehr zugelassen werden sollen, braucht die Datenbestätigung abweichend von Absatz 3a Satz 1 nur für eine Fahrzeugserie ausgestellt zu werden, wenn der Inhaber der Allgemeinen Betriebserlaubnis die Fahrzeug-Identifizierungsnummer jedes einzelnen Fahrzeugs der Fahrzeugserie der Zentralen Militärkraftfahrtstelle mitteilt.

(4) Abweichungen von den technischen Angaben, die das Kraftfahrt-Bundesamt bei Erteilung der Allgemeinen Betriebserlaubnis durch schriftlichen Bescheid für den genehmigten Typ festgelegt hat, sind dem Inhaber der Allgemeinen Betriebserlaubnis nur gestattet, wenn diese durch einen entsprechenden Nachtrag ergänzt worden ist oder wenn das Kraftfahrt-Bundesamt auf Anfrage erklärt hat, dass für die vorgesehene Änderung eine Nachtragserlaubnis nicht erforderlich ist.

(5) Die Allgemeine Betriebserlaubnis erlischt nach Ablauf einer etwa festgesetzten Frist bei Widerruf durch das Kraftfahrt-Bundesamt, und wenn der genehmigte Typ den Rechtsvorschriften nicht mehr entspricht. Der Widerruf kann ausgesprochen werden, wenn der Inhaber der Allgemeinen Betriebserlaubnis gegen die mit dieser verbundenen Pflichten verstößt oder sich als unzuverlässig erweist oder wenn sich herausstellt, dass der genehmigte Fahrzeugtyp den Erfordernissen der Verkehrssicherheit nicht entspricht.

(6) Das Kraftfahrt-Bundesamt kann jederzeit bei Herstellern oder deren Beauftragten oder bei Händlern die Erfüllung der mit der Allgemeinen Betriebserlaubnis verbundenen Pflichten nachprüfen oder nachprüfen lassen. In den Fällen des Absatzes 1 Satz 3 Nr. 1 und 2 kann das Kraftfahrt-Bundesamt die Erteilung der Allgemeinen Betriebserlaubnis davon abhängig machen, dass der Hersteller oder sein Beauftragter sich verpflichtet, die zur Nachprüfung nach Satz 1 notwendigen Maßnahmen zu ermöglichen. Die Kosten der Nachprüfung trägt der Inhaber der Allgemeinen Betriebserlaubnis, wenn ihm ein Verstoß gegen die mit der Erlaubnis verbundenen Pflichten nachgewiesen wird.

2.3 § 21 StVZO

Betriebserlaubnis für Einzelfahrzeuge

Gehört ein Fahrzeug nicht zu einem genehmigten Typ, so hat der Hersteller oder ein anderer Verfügungsberechtigter die Betriebserlaubnis bei der Verwaltungsbehörde (Zulassungsbehörde) zu beantragen. Bei zulassungspflichtigen Fahrzeugen ist der Behörde mit dem Antrag ein Fahrzeugbrief vorzulegen; der Vordruck für den Brief kann von der Zulassungsbehörde bezogen werden. Mit dem Antrag auf Erteilung der Betriebserlaubnis ist der Zulassungsbehörde das Gutachten eines amtlich anerkannten Sachverständigen für den Kraftfahrzeugverkehr vorzulegen. Das Gutachten muss die technische Beschreibung des Fahrzeugs in dem Umfang enthalten, der für die Ausfertigung des Fahrzeugscheins erforderlich ist. In dem Gutachten bescheinigt der amtlich anerkannte Sachverständige für den Kraftfahrzeugverkehr, dass er das Fahrzeug im Gutachten richtig beschrieben hat und dass das Fahrzeug vorschriftsmäßig ist; die Angaben aus dem Gutachten überträgt die Zulassungsbehörde in den Fahrzeugschein und, soweit vorgesehen, in den Fahrzeugbrief. Hängt die Erteilung der Betriebserlaubnis von der Genehmigung einer Ausnahme ab, so müssen die Ausnahme und die genehmigende Behörde im Brief bezeichnet sein. Abweichend von Satz 2 bedarf es für Fahrzeuge, die für die Bundeswehr zugelassen werden, nicht der Vorlage eines Fahrzeugbriefs, wenn ein amtlich anerkannter Sachverständiger für den Kraftfahrzeugverkehr eine Datenbestätigung entsprechend Muster 2d ausstellt.

2.4 § 21a StVZO

Anerkennung von Genehmigungen und Prüfzeichen aufgrund internationaler Vereinbarungen und von Rechtsakten der Europäischen Gemeinschaften

(1) Im Verfahren auf Erteilung der Betriebserlaubnis werden Genehmigungen und Prüfzeichen anerkannt, die ein ausländischer Staat für Ausrüstungsgegenstände oder Fahrzeugteile oder in bezug auf solche Gegenstände oder Teile für bestimmte Fahrzeugtypen unter Beachtung der mit der Bundesrepublik Deutschland vereinbarten Bedingungen erteilt hat. Dasselbe gilt für Genehmigungen und Prüfzeichen, die das Kraftfahrt-Bundesamt für solche Gegenstände oder Teile oder in bezug auf diese für bestimmte Fahrzeugtypen erteilt, wenn das Genehmigungsverfahren unter Beachtung der von der Bundesrepublik Deutschland mit ausländischen Staaten vereinbarten Bedingungen durchgeführt worden ist. § 22a bleibt unberührt.

(1a) Absatz 1 gilt entsprechend für Genehmigungen und Prüfzeichen, die aufgrund von Rechtsakten der Europäischen Gemeinschaften erteilt werden oder anzuerkennen sind.

(2) Das Prüfzeichen nach Absatz 1 besteht aus einem Kreis, in dessen Innerem sich der Buchstabe „E“ und die Kennzahl des Staates befinden, der die Genehmigung erteilt hat, sowie aus der Genehmigungsnummer in der Nähe dieses Kreises, ggf. aus der Nummer der internationalen Vereinbarung mit dem Buchstaben „R“ und ggf. aus zusätzlichen Zeichen. Das Prüfzeichen nach Absatz 1a besteht aus einem Rechteck, in dessen Innerem sich der Buchstabe „e“ und die Kennzahl oder die Kennbuchstaben des Staates befinden, der die Genehmigung erteilt hat, aus der Bauartgenehmigungsnummer in der Nähe dieses Rechtecks sowie ggf. aus zusätzlichen Zeichen. Die Kennzahl für die Bundesrepublik Deutschland ist in allen Fällen „1“.

(3) Mit einem Prüfzeichen der in den Absätzen 1 bis 2 erwähnten Art darf ein Ausrüstungsgegenstand oder ein Fahrzeugteil nur gekennzeichnet sein, wenn er der Genehmigung in jeder Hinsicht entspricht. Zeichen, die zu Verwechslungen mit einem solchen Prüfzeichen Anlass geben können, dürfen an Ausrüstungsgegenständen oder Fahrzeugteilen nicht angebracht sein.

2.5 § 21b StVZO

Anerkennung von Prüfungen aufgrund von Rechtsakten der Europäischen Gemeinschaften

Im Verfahren auf Erteilung der Betriebserlaubnis werden Prüfungen anerkannt, die aufgrund harmonisierter Vorschriften nach § 19 Abs. 1 Satz 2 durchgeführt und bescheinigt worden sind.

2.6 § 22 StVZO

Betriebserlaubnis für Fahrzeugteile

(1) Die Betriebserlaubnis kann auch gesondert für Teile von Fahrzeugen erteilt werden, wenn der Teil eine technische Einheit bildet, die im Erlaubnisverfahren selbständig behandelt werden kann. Dürfen die Teile nur an Fahrzeugen bestimmter Art, eines bestimmten Typs oder nur bei einer bestimmten Art des Ein- oder Anbaus verwendet werden, ist die Betriebserlaubnis dahin gehend zu beschränken. Die Wirksamkeit der Betriebserlaubnis kann davon abhängig gemacht werden, dass der Ein- oder Anbau abgenommen worden ist. Die Abnahme ist von einem amtlich anerkannten Sachverständigen oder Prüfer für den Kraftfahrzeugverkehr oder von einem Kraftfahrzeugsachverständigen oder Angestellten nach Nummer 4 der Anlage VIII b durchführen zu lassen. In den Fällen des Satzes 3 ist durch die abnehmende Stelle nach Satz 4 auf dem Nachweis (§ 19 Abs. 4 Satz 1) darüber der ordnungsgemäße Ein- oder Anbau unter Angabe des Fahrzeugherstellers und -typs sowie der Fahrzeug-Identifizierungsnummer zu bestätigen.

(2) Für das Verfahren gelten die Vorschriften über die Erteilung der Betriebserlaubnis für Fahrzeuge entsprechend. Bei reihenweise zu fertigenden oder gefertigten Teilen ist sinngemäß nach § 20 zu verfahren; der Inhaber einer Allgemeinen Betriebserlaubnis für Fahrzeugteile hat durch Anbringung des ihm vorgeschriebenen Typzeichens auf jedem dem Typ entsprechenden Teil dessen Übereinstimmung mit dem genehmigten Typ zu bestätigen. Außerdem hat er jedem gefertigten Teil einen Abdruck oder eine Ablichtung der Betriebserlaubnis oder den Auszug davon und ggf. den Nachweis darüber (§ 19 Abs. 4 Satz 1) beizufügen. Bei Fahrzeugteilen, die nicht zu einem genehmigten Typ gehören, ist nach § 21 zu verfahren; das Gutachten des amtlich anerkannten Sachverständigen für den Kraftfahrzeugverkehr ist, falls es sich nicht gegen die Erteilung der Betriebserlaubnis ausspricht, in den Fahrzeugbrief einzutragen, wenn der Teil an einem bestimmten zulassungspflichtigen Fahrzeug an- oder eingebaut werden soll. Unter dem Gutachten hat die Zulassungsbehörde ggf. einzutragen:

„Betriebserlaubnis erteilt".

Der gleiche Vermerk ist unter kurzer Bezeichnung des genehmigten Teils in dem nach § 4 Abs. 5 der Fahrzeug-Zulassungsverordnung mitzuführenden oder aufzubewahrenden Nachweis und in dem Anhängerverzeichnis, sofern ein solches ausgestellt worden ist, einzutragen.

(3) Anstelle einer Betriebserlaubnis nach Absatz 1 können auch Teile zum nachträglichen An- oder Einbau (§ 19 Abs. 3 Nr. 1 Buchstabe b oder Nr. 3) im Rahmen einer Allgemeinen Betriebserlaubnis für ein Fahrzeug oder eines Nachtrags dazu (§ 20) genehmigt werden; die Absätze 1, 2 Satz 2 und 3 gelten entsprechend. Der Nachtrag kann sich insoweit auch auf Fahrzeuge erstrecken, die vor Genehmigung des Nachtrags hergestellt worden sind.

2.7 § 22a StVZO

Bauartgenehmigung für Fahrzeugteile

(1) Die nachstehend aufgeführten Einrichtungen, gleichgültig ob sie an zulassungspflichtigen oder an zulassungsfreien Fahrzeugen verwendet werden, müssen in einer amtlich genehmigten Bauart ausgeführt sein:

1. Heizungen in Kraftfahrzeugen, ausgenommen elektrische Heizungen sowie Warmwasserheizungen, bei denen als Wärmequelle das Kühlwasser des Motors verwendet wird (§ 35c);

1a. Luftreifen (§ 36 Abs. 1a);

2. Gleitschutzeinrichtungen (§ 37 Abs. 1 Satz 2);

3. Scheiben aus Sicherheitsglas (§ 40) und Folien für Scheiben aus Sicherheitsglas;
4. (aufgehoben)
5. Auflaufbremsen (§ 41 Abs. 10), ausgenommen ihre Übertragungseinrichtungen und Auflaufbremsen, die nach dem Anhang zu § 41 Abs. 18 genannten Bestimmungen über Bremsanlagen geprüft sind und deren Übereinstimmung in der vorgesehenen Form bescheinigt ist;
6. Einrichtungen zur Verbindung von Fahrzeugen (§ 43 Abs. 1) mit Ausnahme von
   a) Einrichtungen, die aus technischen Gründen nicht selbstständig im Genehmigungsverfahren behandelt werden können (z.B. Deichseln an einachsigen Anhängern, wenn sie Teil des Rahmens und nicht verstellbar sind),
   b) Ackerschienen (Anhängeschienen), ihrer Befestigungseinrichtung und dem Dreipunktanbau an land- und forstwirtschaftlichen Zug- oder Arbeitsmaschinen,
   c) Zugeinrichtungen an land- oder forstwirtschaftlichen Arbeitsgeräten, die hinter Kraftfahrzeugen mitgeführt werden und nur im Fahren eine ihrem Zweck entsprechende Arbeit leisten können, wenn sie zur Verbindung mit den unter Buchstabe b genannten Einrichtungen bestimmt sind,
   d) Abschlepp- und Rangiereinrichtungen einschließlich Abschleppstangen und Abschleppseilen,
   e) Langbäumen,
   f) Verbindungseinrichtungen an Anbaugeräten, die an land- oder forstwirtschaftlichen Zugmaschinen angebracht werden;
7. Scheinwerfer für Fernlicht und für Abblendlicht sowie für Fern- und Abblendlicht (§ 50);
8. Begrenzungsleuchten (§ 51 Abs. 1 und 2, § 53b Abs. 1);

8a. Spurhalteleuchten (§ 51 Abs. 4);

8b. Seitenmarkierungsleuchten (§ 51a Abs. 6);

9. Parkleuchten, Park-Warntafeln (§ 51c);

9a. Umrissleuchten (§ 51b);

10. Nebelscheinwerfer (§ 52 Abs. 1);
11. Kennleuchten für blaues Blinklicht (§ 52 Abs. 3);
12. Kennleuchten für gelbes Blinklicht (§ 52 Abs. 4);

12a. Rückfahrscheinwerfer (§ 52a);

13. Schlussleuchten (§ 53 Abs. 1 und 6, § 53b);
14. Bremsleuchten (§ 53 Abs. 2);
15. Rückstrahler (§ 51 Abs. 2, § 51a Abs. 1, § 53 Abs. 4, 6 und 7, § 53b, § 66a Abs. 4 dieser Verordnung, § 22 Abs. 4 der Straßenverkehrs-Ordnung);
16. Warndreiecke und Warnleuchten (§ 53a Abs. 1 und 3);

16a. Nebelschlussleuchten (§ 53d);

17. Fahrtrichtungsanzeiger (Blinkleuchten) (§ 53b Abs. 5, § 54);

17a. Tragbare Blinkleuchten und rot-weiße Warnmarkierungen für Hubladebühnen (§ 53b Abs. 5);

18. Lichtquellen für bauartgenehmigungspflichtige lichttechnische Einrichtungen, soweit die Lichtquellen nicht fester Bestandteil der Einrichtungen sind (§ 49a Abs. 6, § 67 Abs. 10 dieser Verordnung, § 22 Abs. 4 und 5 der Straßenverkehrs-Ordnung);
19. Warneinrichtungen mit einer Folge von Klängen verschiedener Grundfrequenz – Einsatzhorn – (§ 55 Abs. 3);
20. Fahrtschreiber (§ 57a);
21. Beleuchtungseinrichtungen für Kennzeichen (§ 10 der Fahrzeug-Zulassungsverordnung);
22. Lichtmaschinen, Scheinwerfer, Schlussleuchten, rote, gelbe und weiße Rückstrahler, Pedalrückstrahler und retroreflektierende Streifen an Reifen oder in den Speichen für Fahrräder (§ 67 Abs. 1 bis 7 und 11);

23. (aufgehoben)
24. (aufgehoben)
25. Sicherheitsgurte und andere Rückhaltesysteme in Kraftfahrzeugen;
26. Leuchten zur Sicherung hinausragender Ladung (§ 22 Abs. 4 und 5 der Straßenverkehrs-Ordnung);
27. Rückhalteeinrichtungen für Kinder in Kraftfahrzeugen (§ 21 Abs. 1a der Straßenverkehrs-Ordnung).

(1a) § 22 Abs. 1 Satz 2 bis 5 ist entsprechend anzuwenden.

(2) Fahrzeugteile, die in einer amtlich genehmigten Bauart ausgeführt sein müssen, dürfen zur Verwendung im Geltungsbereich dieser Verordnung nur feilgeboten, veräußert, erworben oder verwendet werden, wenn sie mit einem amtlich vorgeschriebenen und zugeteilten Prüfzeichen gekennzeichnet sind. Die Ausgestaltung der Prüfzeichen und das Verfahren bestimmt das Bundesministerium für Verkehr, Bau und Stadtentwicklung; insoweit gilt die Fahrzeugteileverordnung vom 12. August 1998 (BGBl. I S. 2142).

(3) Die Absätze 1 und 2 sind nicht anzuwenden auf

1. Einrichtungen, die zur Erprobung im Straßenverkehr verwendet werden, wenn der Führer des Fahrzeugs eine entsprechende amtliche Bescheinigung mit sich führt und zuständigen Personen auf Verlangen zur Prüfung aushändigt,
2. Einrichtungen – ausgenommen lichttechnische Einrichtungen für Fahrräder und Lichtquellen für Scheinwerfer –, die in den Geltungsbereich dieser Verordnung verbracht worden sind, an Fahrzeugen verwendet werden, die außerhalb des Geltungsbereichs dieser Verordnung gebaut worden sind, und in ihrer Wirkung etwa den nach Absatz 1 geprüften Einrichtungen gleicher Art entsprechen und als solche erkennbar sind,
3. Einrichtungen, die an Fahrzeugen verwendet werden, deren Zulassung auf Grund eines Verwaltungsverfahrens erfolgt, in welchem ein Mitgliedstaat der Europäischen Union bestätigt, dass der Typ eines Fahrzeugs, eines Systems, eines Bauteils oder einer selbständigen technischen Einheit die einschlägigen technischen Anforderungen der Richtlinie 70/156/EWG des Rates vom 6. Februar 1970 zur Angleichung der Rechtsvorschriften der Mitgliedstaaten über die Betriebserlaubnis für Kraftfahrzeuge und Kraftfahrzeuganhänger (ABl. EG Nr. L 42 S. 1), der Richtlinie 92/61/EWG des Rates vom 30. Juni 1992 über die Betriebserlaubnis für zweirädrige oder dreirädrige Kraftfahrzeuge (ABl. EG Nr. L 225 S. 72) oder der Richtlinie 2002/24/EG des Europäischen Parlaments und des Rates vom 18. März 2002 über die Typgenehmigung für zweirädrige oder dreirädrige Kraftfahrzeuge und zur Aufhebung der Richtlinie 92/61/EWG des Rates (ABl. EG Nr. L 124 S. 1) oder der Richtlinie 2003/37/EG des Europäischen Parlaments und des Rates vom 26. Mai 2003 über die Typgenehmigung für land- oder forstwirtschaftliche Zugmaschinen, ihre Anhänger und die von ihnen gezogenen auswechselbaren Maschinen sowie für Systeme, Bauteile und selbstständige technische Einheiten dieser Fahrzeuge und zur Aufhebung der Richtlinie 74/150/EWG (ABl. EU Nr. L 171 S. 1), in ihrer jeweils geltenden Fassung oder einer Einzelrichtlinie erfüllt.

(4) Absatz 2 ist nicht anzuwenden auf Einrichtungen, für die eine Einzelgenehmigung im Sinne der Fahrzeugteileverordnung erteilt worden ist. Werden solche Einrichtungen im Verkehr verwendet, so ist die Urkunde über die Genehmigung mitzuführen und zuständigen Personen auf Verlangen zur Prüfung auszuhändigen; dies gilt nicht, wenn die Genehmigung aus dem Fahrzeugschein, aus dem Nachweis nach § 4 Abs. 5 der Fahrzeug-Zulassungsverordnung oder aus dem statt der Zulassungsbescheinigung Teil II mitgeführten Anhängerverzeichnis hervorgeht.

(5) Mit einem amtlich zugeteilten Prüfzeichen der in Absatz 2 erwähnten Art darf ein Fahrzeugteil nur gekennzeichnet sein, wenn es der Bauartgenehmigung in jeder Hinsicht entspricht. Zeichen, die zu Verwechslungen mit einem amtlich zugeteilten Prüfzeichen Anlass geben können, dürfen an den Fahrzeugteilen nicht angebracht sein.

(6) Die Absätze 2 und 5 gelten entsprechend für Einrichtungen, die einer EWG-Bauartgenehmigung bedürfen.

3. Beispielkatalog Änderungen an Fahrzeugen und ihre Auswirkungen auf die Betriebserlaubnis von Fahrzeugen (§ 19 Abs. 2, 3, 4 und 5 StVZO)

(VkBl. 1999 S. 451)

Insbesondere wegen der 26. Verordnung zur Änderung straßenverkehrsrechtlicher Vorschriften und auch des allgemeinen technischen Fortschritts war eine Anpassung des Beispielkatalogs notwendig.

Nachstehend gebe ich, nach Anhörung des Bundesministeriums für Umwelt, Naturschutz und Reaktorsicherheit, der zuständigen obersten Landesbehörden und der zuständigen Organisationen, die Neufassung des Beispielkataloges bekannt.

Aus der Verlautbarung Nr. 41 vom 5. Januar 1994 – VkBl. S. 155–170 werden die Buchstaben b (Muster für einen Nachweis) und d (Beispielkatalog) hiermit aufgehoben.

Beispielkatalog

Änderungen an Fahrzeugen und ihre Auswirkung auf die Betriebserlaubnis von Fahrzeugen (§ 19 Abs. 2, 3, 4 und 5 StVZO)

Teil A

Allgemeines

1. Erläuterungen zu § 19 und Anlage XIX StVZO

1.1 Für Teile, durch deren Ein- oder Anbau nach § 19 Abs. 2 Satz 2 StVZO die Betriebserlaubnis des Fahrzeuges erlöschen kann, soll eine Teilegenehmigung[1] oder ein Teilegutachten im Sinne § 19 StVZO vorliegen, wenn diese Teile jeweils eine technische Einheit bilden und diese im Verfahren selbständig behandelt werden können.

Teilegenehmigungen für Fahrzeugteile, Bauartgenehmigungen oder sonstige Genehmigungen werden vom Kraftfahrt-Bundesamt oder einem anderen Mitgliedstaat der EU im allgemeinen Fall oder von der dafür zuständigen Behörde im Einzelfall erteilt.

1.2 Teilegutachten werden von Technischen Diensten oder von Prüfstellen erstellt. Diese müssen vom Kraftfahrt-Bundesamt für den jeweiligen Prüfumfang akkreditiert oder anerkannt sein und bei der Erstellung der Teilegutachten diesen Beispielkatalog zugrunde legen.

Die Erstellung eines Teilegutachtens setzt den Nachweis des Herstellers dieser Teile voraus, dass er in bezug auf die Produktion dieser Teile ein Qualitätssicherungssystem unterhält. Ab 01. Oktober 1997 muss auf dem Teilegutachten ein entsprechender Hinweis enthalten sein.

Ein Teilegutachten muss den Verwendungsbereich der begutachteten Teile und notwendige Hinweise für die Änderungsabnahme[2] durch einen amtlich anerkannten Sachverständigen oder Prüfer oder einen Prüfingenieur einer amtlich anerkannten Überwachungsorganisation sowie erforderliche Auflagen und Einschränkungen enthalten.

1.3 Gutachten eines amtlich anerkannten Sachverständigen für den Kraftfahrzeugverkehr (Prüfberichte) sind den Teilegutachten gleichgestellt, wenn

a) sie nach dem 01. Januar 1994 erstellt und durch den bestellten Leiter der Technischen Prüfstelle gegengezeichnet sind.

---

[1] Der Begriff „Teilegenehmigung" steht für die Betriebserlaubnisse für Fahrzeugteile, Bauartgenehmigungen und Genehmigungen nach EG-Recht wie EG-Typgenehmigung, EWG-Betriebserlaubnis und EWG-Bauartgenehmigung und Genehmigungen nach Regelungen in der jeweiligen Fassung entsprechend dem Übereinkommen vom 20. März 1958 (BGBl. 1965 II S. 857) über die Annahme einheitlicher Bedingungen für die Genehmigung der Ausrüstungsgegenstände und Teile von Kraftfahrzeugen und über die gegenseitige Anerkennung der Genehmigung, soweit sie von der Bundesrepublik angewendet werden, z.B. ECE-Regelungen (§ 19 Abs. 3 Nr. 1 bis 3).

[2] Der Begriff „Änderungsabnahme" steht für die in § 19 Abs. 3 Nr. 1, 3 und 4 StVZO beschriebene Abnahme des Ein- oder Anbaus von Teilen, aber auch für die Abnahme des Aus- oder Abbaus.

b) sie bis 31. Dezember 1996 erstellt und nach diesem Datum weder ergänzt noch geändert wurden oder werden,

- der Hersteller spätestens seit dem 01. Oktober 1997 ein Qualitätssicherungssystem unterhält,
- dies auf dem Abdruck oder der Ablichtung des Prüfberichtes bestätigt ist,
- die Änderungsabnahme bis zum 31. Dezember 2001 auf dem Nachweis bestätigt wird und
- im Prüfbericht der Verwendungsbereich sowie Einschränkungen und Einbauanweisungen aufgeführt sind.

Prüfberichte, die vor dem 01. Januar 1994 erstellt worden sind, dürfen nicht mehr verwendet werden.

1.4 Der Verwendungsbereich soll sich auf den Fahrzeugtyp oder bestimmte Ausführungen eines Typs beziehen. Sofern vertretbar, kann er auch mehrere Typen oder eine oder mehrere Fahrzeugarten umfassen.

1.5 Werden mehrere Änderungen, die sich in ihrer Kombination gegenseitig so beeinflussen, dass eine Gefährdung zu erwarten ist oder eine Verschlechterung des Abgas- oder Geräuschverhaltens eintritt, zeitgleich oder zeitlich versetzt vorgenommen, so erlischt die Betriebserlaubnis des Fahrzeuges. Dies gilt nicht, wenn für die Kombination eine Teilegenehmigung oder ein Teilegutachten vorliegt.

Für die Erteilung einer neuen Betriebserlaubnis gilt § 21 StVZO entsprechend. In diesen Fällen werden in der Regel über den Umfang einer Änderungsabnahme hinausgehende Prüfungen (z.B. Fahrversuche, Labor- oder Festigkeitsuntersuchungen o.ä.) erforderlich sein.

2. Änderungen

Änderungen, durch die die Betriebserlaubnis des Fahrzeuges erlöschen kann, setzen ein willentlich auf eine Änderung gerichtetes Tun voraus; die Änderung des Fahrzeugzustandes durch Verschleiß und dessen Reparatur ist keine Änderung im Sinne des § 19 Abs. 2 Satz 2 StVZO.

Eine Änderung liegt vor bei einem

- Ändern im engeren Sinne, d.h. Teile werden anders gestaltet;
- Austausch von Teilen, d.h. Teile werden gegen für das betreffende Fahrzeug in seiner Betriebserlaubnis nicht genehmigte Teile ausgewechselt;
- Hinzufügen von Teilen, d.h. Teile werden am Fahrzeug neu an- oder eingebaut;
- Entfernen von Teilen, d.h. Teile werden vom Fahrzeug abgebaut oder aus dem Fahrzeug ausgebaut.

2.1 Änderungen der Fahrzeugart liegen vor, wenn sich die Beschreibung der Fahrzeugart (z.B. Ziffer 1, Zeile 1 des Fahrzeugbriefes) ändert oder wenn der Fahrzeugaufbau so geändert wird, dass die für den ursprünglichen Aufbau maßgeblichen Merkmale des Verwendungszwecks nicht mehr gegeben sind.

2.2 Änderungen, durch die eine Gefährdung zu erwarten ist, liegen vor, wenn durch den Ein- oder Anbau oder die andere Gestaltung von Teilen oder deren Kombination negative Auswirkungen auf die Verkehrssicherheit zu erwarten sind. Kann die Erwartung der Gefährdung nicht durch eine Teilegenehmigung oder ein Teilegutachten, ggf. in Verbindung mit einer Änderungsabnahme durch einen amtlich anerkannten Sachverständigen oder Prüfer oder einen Prüfingenieur einer amtlich anerkannten Überwachungsorganisation, entkräftet werden, erlischt die Betriebserlaubnis des Fahrzeuges.

Eine Gefährdung ist insbesondere zu erwarten, wenn in Teil B eine Teilegenehmigung, ein Teilegutachten bzw. eine Begutachtung entsprechend § 21 StVZO gefordert wird. Beispiele für Kombinationen von Änderungen, die sich gegenseitig beeinflussen können, sind in einer Matrix in Teil B aufgeführt.

2.3 Änderungen, durch die eine Verschlechterung des Abgas- oder Geräuschverhal-

tens eintritt, sind solche, die infolge baulicher Änderungen oder geänderter Einstellung von Teilen zu einer höheren als der in der Fahrzeugbetriebserlaubnis genehmigten Emission führen.

2.3.1 Zulässige Werte sind bei Abgasemissionen diejenigen Werte, die im Rahmen der Erteilung der Betriebserlaubnis für das Fahrzeug festgestellt wurden oder die sich aus den Vorschriften in § 47 StVZO ergeben.

2.3.2 Zulässige Werte sind bei Geräuschemissionen diejenigen Werte, die im Rahmen der Erteilung der Betriebserlaubnis für das Fahrzeug festgestellt wurden oder die sich aus den Vorschriften des § 49 Abs. 2 StVZO ergeben.

2.3.3 Abschnitt 2.2 Satz 2 und 3 gelten entsprechend.

3. Hinweise für den Fahrzeughalter sowie den Teilehersteller und Teileimporteur

3.1 Änderungen, durch die keine Gefährdung von Verkehrsteilnehmern zu erwarten ist, führen zwar nicht automatisch zum Erlöschen der Betriebserlaubnis des Fahrzeugs; es besteht dennoch die Pflicht des Fahrzeughalters, dafür zu sorgen, dass sich sein Fahrzeug jederzeit in einem vorschriftsmäßigen Zustand befindet. Im Rahmen der Hauptuntersuchung nach § 29 StVZO wird die Vorschriftsmäßigkeit des Fahrzeugs überprüft. Will der Fahrzeughalter Änderungen an seinem Fahrzeug vornehmen, muss er sich darüber im klaren sein, dass die Betriebserlaubnis seines Fahrzeugs erlöschen kann. Dazu sind die Vorschriften in Abschnitt 1 zu beachten.

3.2 Die Betriebserlaubnis des Fahrzeugs erlischt nicht, wenn für die ein- oder angebauten Teile eine Teilegenehmigung vorliegt und deren Wirksamkeit nicht von der Änderungsabnahme abhängig gemacht worden ist.

3.3 Ist die Wirksamkeit der Teilegenehmigung jedoch von einer Änderungsabnahme abhängig gemacht, so hat der Fahrzeughalter unverzüglich dafür zu sorgen, dass die Änderungsabnahme durch einen amtlich anerkannten Sachverständigen oder Prüfer oder einen Prüfingenieur einer amtlich anerkannten Überwachungsorganisation durchgeführt wird. Ist eine Abnahme erforderlich, so geht dies aus dem Abdruck der Teilegenehmigung hervor.

3.4 Bei Vorliegen eines Teilegutachtens ist immer eine Änderungsabnahme vorgeschrieben.

3.5 Der Fahrzeughalter sollte in den Fällen 3.3 und 3.4 bereits vor der Änderung einen Abnahmetermin vereinbaren.

3.6 Liegt für eine Änderung durch Ein- oder Anbau von Teilen, durch die eine Gefährdung zu erwarten ist, keine Teilegenehmigung oder kein Teilegutachten vor, so ist immer eine Begutachtung durch einen amtlich anerkannten Sachverständigen erforderlich.

Für die Erteilung einer neuen Betriebserlaubnis gilt § 21 StVZO entsprechend. In diesen Fällen werden in der Regel über den Umfang einer Änderungsabnahme hinausgehende Prüfungen (z.B. Fahrversuche, Labor- oder Festigkeitsuntersuchungen o.ä.) erforderlich sein. Bei der Zulassungsstelle ist unverzüglich eine neue Betriebserlaubnis zu beantragen.

3.7 Genehmigte Teile sind an folgender Kennzeichnung zu erkennen:

3.7.1 Teile mit Allgemeiner Bauartgenehmigung (§ 22 a StVZO) haben ein Prüfzeichen, bestehend aus

- einer Wellenlinie von drei Perioden
- einem oder zwei Kennbuchstaben
- einer Nummer und, soweit erforderlich, zusätzlichen Zeichen.

Z.B. Kupplungskugel mit Halterung

∿∿∿ M 4280

3.7.2 Teile mit Allgemeiner Betriebserlaubnis (§ 22 StVZO) haben ein Typzeichen, bestehend aus

- den Buchstaben „KBA“ und

- einer Ziffernfolge (Genehmigungsnummer).

Z.B. Sonderrad:

KBA 40986

3.7.3 Teile mit Einzelbetriebserlaubnis (§ 22 StVZO) oder mit Einzelbauartgenehmigung (§ 22a StVZO) haben eine Kennzeichnung, bestehend aus

- einem Unterscheidungszeichen der Prüfstelle und
- einer Prüfnummer.

Z.B. **TP 28 123456**

3.7.4 Teile mit EWG-Bauartgenehmigung haben ein Genehmigungszeichen, bestehend aus

- einem Rechteck mit dem Buchstaben „e“,
- der Kennzahl oder den Kennbuchstaben des genehmigenden Mitgliedstaats,
- einer Bauartgenehmigungsnummer und
- ggf. zusätzliche Zeichen.

Z.B. Verbindungseinrichtungen für land- oder forstwirtschaftliche Zugmaschinen

D

e 1 88-563

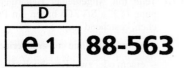

3.7.5 Teile mit ECE-Genehmigung haben ein Genehmigungszeichen, bestehend aus

- einem Kreis mit dem Buchstaben „E“,
- der Kennzahl des genehmigenden Staats,
- einer Genehmigungsnummer,
- ggf. dem Buchstaben „R“ und/oder der Nummer der entsprechenden ECE-Regelung und ggf. zusätzlichen Zeichen.

Z.B. Nebelschlussleuchte:

F–00

2439

3.7.6 Teile mit EG-Typgenehmigung/EWG-Betriebserlaubnis als technische Einheit haben ein Betriebserlaubniszeichen, bestehend aus

- einem Rechteck mit dem Buchstaben „e“, gefolgt von der Kennzahl oder den Kennbuchstaben des genehmigenden Mitgliedstaats und einer Ziffernfolge.

Z.B. Austauschschalldämpfer:

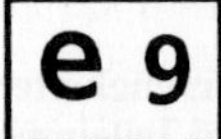

030148

(genehmigt für Kfz gemäß Richtlinie 70/157/EWG)

60676

(genehmigt für Krafträder gemäß Richtlinie 97/24/EG)

3.7.7 Teile mit Bauartgenehmigung der ehemaligen DDR haben ein Genehmigungszeichen, bestehend aus

- den Kennbuchstaben KTA-BAG bzw. KTA-TS und
- der Nummer der ABG (BAG) bzw. des Typscheins (TS).

Z.B. Kupplungskugel mit Halterung:

KTA-BAG-Nr 1234,

früher auch **KTA-TS-Nr 56**

3.7.8 Teile mit Teilegutachten oder Gutachten des amtlich anerkannten Sachverständigen haben keine standardisierte Kennzeichnung.

Die Kennzeichnung ist dem Gutachten zu entnehmen.

3.8 Auch für die Kombinationen von Änderungen können auf Antrag des Teileherstellers bzw. -importeurs Genehmigungen durch die zuständigen Behörden erteilt oder Teilegutachten erstellt werden.

Dabei müssen die Grenzwerte, technischen Daten und ggf. unzulässige Kombinationen oder ähnliches definiert werden.

3.9 Der Fahrzeugführer ist verpflichtet, nach Änderungen am Fahrzeug den Abdruck oder die Ablichtung der Teilegenehmigung oder des Auszugs davon, der die für die Verwendung wesentlichen Angaben enthält, oder im Falle der Änderungsabnahme den Nachweis mit der Bestätigung über die Änderungsabnahme mitzuführen.

Dies ist nicht erforderlich, wenn ein entsprechender Eintrag in den Fahrzeugpapieren erfolgt ist.

Die Angaben in den Fahrzeugpapieren müssen den tatsächlichen Verhältnissen entsprechen. Änderungen im Sinne des § 19 Abs. 3 StVZO müssen der zuständigen Zulassungsstelle erst bei deren nächster Befassung mit den Fahrzeugpapieren gemeldet werden. Dies gilt nicht für Änderungen, die Auswirkungen auf die Kraftfahrzeugsteuer, auf die Versicherungsprämie, auf die erforderliche Fahrerlaubnis, auf die Erhöhung von Fahrzeugabmessungen (außer bei Pkw und Kraftrad) oder auf erforderliche Ausnahmegenehmigungen haben (§ 27 Abs. 1a StVZO).

3.10 Ist die Betriebserlaubnis erloschen, darf der Fahrzeugführer nur Fahrten durchführen, die im unmittelbaren Zusammenhang mit dem Erlangen einer neuen Betriebserlaubnis stehen. Am Fahrzeug dürfen dabei die bisherigen Kennzeichen geführt werden.

3.11 Werden durch einen Fahrzeughersteller, der Inhaber einer Betriebserlaubnis für Typen oder einer EG-Typgenehmigung ist, Änderungen am Fahrzeug im Sinne des § 19 Abs. 2 StVZO vorgenommen, so bleibt die Betriebserlaubnis wirksam, solange die Fahrzeuge ausdrücklich zur Erprobung verwendet werden. Dies gilt nur, wenn die Zulassungsstelle im Fahrzeugschein bestätigt hat, dass das Fahrzeug als Erprobungsfahrzeug gemeldet ist (§ 19 Abs. 6 StVZO).

4. Allgemeine Hinweise für Polizei und für Personen, die Untersuchungen nach § 29 StVZO durchführen

4.1 Für alle Teile, durch deren Ein- oder Anbau die Betriebserlaubnis erlöschen kann, soll eine Teilegenehmigung bzw. ein Teilegutachten (siehe Erläuterung in 1.1) vorliegen. Entsprechende Genehmigungszeichen, ggf. andere Kennzeichnungen (gemäß Teilegutachten), müssen an den Teilen vorhanden sein (siehe 3.7).

Eine Teilegenehmigung liegt auch vor, wenn eine Allgemeine Betriebserlaubnis nach § 20 StVZO oder eine Einzelbetriebserlaubnis nach § 21 StVZO bzw. der Auszug davon oder der Nachweis darüber vorgelegt wird, durch die diese Änderung genehmigt ist. Diese muss einen Hinweis enthalten, sofern nur bestimmte Änderungen bzw. Kombinationen von Änderungen vorgenommen werden dürfen, die dann ggf. durch einen amtlich anerkannten Sachverständigen oder Prüfer oder einen Prüfingenieur einer amtlich anerkannten Überwachungsorganisation abgenommen und bestätigt werden müssen.

4.2 Werden an einem Fahrzeug Änderungen festgestellt, ohne dass

- der Fahrzeugführer entsprechende Dokumente vorweisen kann, wie die Ablichtung oder den Abdruck der Betriebserlaubnis für Fahrzeugteile, der Bauartgenehmigung, der sonstigen Genehmigung, des Teilegutachtens oder des Nachweises darüber oder

- die Fahrzeugpapiere entsprechende Eintragungen enthalten oder
- am Teil entsprechende Genehmigungszeichen angebracht sind,

ist zu prüfen, ob durch derartige Änderungen die Betriebserlaubnis des Fahrzeugs erloschen ist. Beispiele und Hinweise hierzu enthält Teil B.

Ist die Betriebserlaubnis erloschen bzw. ist von einer derartigen Annahme auszugehen, sind entsprechende Maßnahmen einzuleiten. Wird festgestellt, dass zwar eine Gefährdung nicht zu erwarten ist, aber eine oder mehrere Bauvorschriften nicht mehr eingehalten werden, ist der Fahrzeugführer aufzufordern, unverzüglich für eine Wiederherstellung des vorschriftsmäßigen Zustands seines Fahrzeuges zu sorgen (§ 31 StVZO). Die Prüfplakette wird in beiden Fällen nicht zugeteilt.

5. Anwendungsfälle

Die unter Teil B aufgeführten Anwendungsfälle sind Beispiele. Der Katalog erhebt keinen Anspruch auf Vollständigkeit.

Es wird unterschieden nach:

- Teilen, bei deren Ein- oder Anbau keine Gefährdung zu erwarten ist oder keine Verschlechterung des Abgas- oder Geräuschverhaltens eintritt und die ohne Einschränkungen verwendet werden können,
- Teilen, für deren Ein- oder Anbau eine Teilegenehmigung vorhanden sein sollte, deren Wirksamkeit jedoch nicht von der Änderungsabnahme dieser Teile durch einen amtlich anerkannten Sachverständigen oder Prüfer oder einen Prüfingenieur einer amtlich anerkannten Überwachungsorganisation abhängig ist,
- Teilen, für die eine Teilegenehmigung vorhanden ist, deren Wirksamkeit von der Änderungsabnahme der Teile abhängig ist, oder Teilen, für deren Ein- oder Anbau ein Teilegutachten oder übergangsweise noch ein Prüfbericht vorhanden sein soll.

  In jedem Fall ist die Änderungsabnahme dieser Teile durch einen amtlich anerkannten Sachverständigen oder Prüfer oder einen Prüfingenieur einer amtlich anerkannten Überwachungsorganisation erforderlich.
- Teilen, für die keine Teilegenehmigung oder kein Teilegutachten vorhanden ist und die eine Begutachtung nach § 21 StVZO nach sich ziehen.

Zusätzlich sind Änderungen aufgeführt, die unzulässig sind, da sie aus Gründen der Verkehrssicherheit nicht vertretbar sind. Im Rahmen der HU nach § 29 StVZO wird derartiges beanstandet. Eine Prüfplakette wird nicht zugeteilt. Von der Polizei werden derartige Fälle beanstandet.

Dem Katalog ist weiterhin eine Matrix beigefügt, die Hinweise auf Kombinationen von Änderungen, die sich gegenseitig beeinflussen können, gibt.

Teil B

Beispielkatalog

Vorbemerkungen

1. Der Beispielkatalog kann nur eine Auswahl von möglichen Änderungen enthalten. Er erhebt deshalb keinen Anspruch auf Vollständigkeit. Von dem im Beispielkatalog im Einzelfall aufgeführten Erfordernis einer Anbauabnahme[1] der Änderung kann die die Genehmigung erteilende Behörde abweichen.

2. In der Regel ist davon auszugehen, dass Teile, die nachträglich ein- oder angebaut werden und eine entsprechende Teilegenehmigung[2] oder ein Teilegutachten haben, selbst nicht verändert werden. Werden jedoch derartige Teile verändert, so ist anschließend die Begutachtung durch einen amtlich anerkannten Sachverständigen erforderlich. Dies

ist immer dann der Fall, wenn von einer derartigen Veränderung eine Gefährdung zu erwarten ist oder eine Verschlechterung des Abgas- oder Geräuschverhaltens eintritt.

3. Werden Änderungen durchgeführt, die eine Gefährdung von Verkehrsteilnehmern erwarten lassen oder durch die eine Verschlechterung des Abgas- und/oder Geräuschverhaltens eintritt, ohne dass Teilegenehmigungen, Teilegutachten bzw. Prüfberichte vorliegen, ist eine Begutachtung durch einen amtlich anerkannten Sachverständigen erforderlich. Für die Erteilung einer neuen Betriebserlaubnis gilt § 21 StVZO entsprechend. In diesen Fällen werden in der Regel über den Umfang einer Änderungsabnahme hinausgehende Prüfungen (z.B. Fahrversuche, Labor- oder Festigkeitsuntersuchungen) erforderlich sein.

4. Die im Katalog und in der Matrix durch „x" eingetragene Möglichkeit stellt den Regelfall dar.

---

[1] Der Begriff „Änderungsabnahme" steht für die im § 19Abs. 3 Nr. 1, 3 und 4 StVZO beschriebene Abnahme des Ein- oder Anbaus von Teilen, aber auch für die Abnahme des Aus- oder Abbaus.

[2] Der Begriff „Teilegenehmigung" steht für die Betriebserlaubnisse für Fahrzeugteile, Bauartgenehmigungen und Genehmigungen nach EG-Recht wie EG-Typgenehmigung, EWG-Betriebserlaubnis und EWG-Bauartgenehmigung und Genehmigungen nach Regelungen in der jeweiligen Fassung entsprechend dem Übereinkommen vom 20. März 1958 (BGBl. 1965 II S. 857) über die Annahme einheitlicher Bedingungen für die Genehmigung der Ausrüstungsgegenstände und Teile von Kraftfahrzeugen und über die gegenseitige Anerkennung der Genehmigung, soweit sie von der Bundesrepublik angewendet werden, z.B. ECE-Regelungen (§ 19 Abs. 3 Nr. 1 bis 3).

		BETRIEBSERLAUBNIS DES FAHRZEUGS erlischt nicht			erlischt	
		weil keine Genehmigung und/oder Teilegutachten erforderlich	wenn Teilegenehmigung vorhanden und nicht von der Änderungsabnahme abhängig gemacht	wenn Teilegenehmigung vorhanden und von der Änderungsabnahme abhängig gemacht oder Teilegutachten vorhanden	wenn keine Teilegenehmigung oder Teilegutachten vorhanden oder der Verwendungsbereich nicht eingehalten	
Gruppe	Änderung	ohne Einschränkung verwendbar, muss jedoch, der StVZO entsprechen	Änderungsabnahme nicht erforderlich, Beschränkungen oder Einbauanweisungen müssen aber eingehalten sein	unverzügliche Änderungsabnahme erforderlich	Begutachtung nach § 19 (2) Satz 3/§ 21 StVZO hins. d. Änderung erforderlich	Bemerkungen Hinweise auf besonders zu beachtende Vorschriften/Sonderfälle
1	2	3	4	5	6	7
1. Ausrüstung	1.1 Rückspiegel (auch Einstiegsspiegel bei KOM (für Schülerbeförderung)		×	×[1)]		§ 56 StVZO; Aufkleben von Weitwinkelspiegeln auf serienmäßige Spiegel unzulässig; [1)] zus. Nachweis über Verwendungsbereich erforderlich
	1.2 Einrichtung für Schallzeichen		×			§ 55 StVZO oder EG-Genehmigung
	1.3 Geschwindigkeitsmessgerät		×			§ 57 StVZO
	1.4 Wegstreckenzähler	×[2)]				[2)] soweit nicht vorgeschrieben
	1.5 Fahrtschreiber/Kontrollgerät		×[3)]			§§ 57a, 57b StVZO [3)] Einbau durch ermächtigte Werkstatt erforderlich
	1.6 Diebstahl-Alarmanlage	×[4)]				§ 38b StVZO [4)] ohne Eingriff in Fahrzeugelektronik
	1.7 Sicherheitseinrichtung gegen unbefugte Benutzung		×	×		§ 38a StVZO
	1.8 Wegfahrsperre		×	×		§ 38a StVZO
	1.9 Verlegung des Gaspedals[5)]		×	×		[5)] nur für Behindertenumbau
	1.10 Verlegung der Betätigung der Kupplung[5)]		×	×		[5)] nur für Behindertenumbau
	1.11 Verlegung der Betätigungseinrichtung für Sekundärfunktionen (z.B. Hupe, Licht, Fahrtrichtungsanzeiger, Scheibenwischer)[5)]	×[6)]	×			[5)] nur für Behindertenumbau [6)] sofern die Original-Betätigungseinrichtungen erhalten bleiben und die Sicht auf vorgeschriebene Anzeigen und Kontrollleuchten nicht verdeckt wird.
2. Lichttechnische Einrichtungen	2.1 Anbau lichttechnischer Einrichtungen		×	×[7)]		§ 30c StVZO, Rili über d. Beschaffenheit und Anbringung äußerer Fz-Teile § 35 StVZO Abs. 2 Rili f. Sicht aus Kfz § 50 Abs. 6 StVZO, Rili über die Einstellung von Scheinwerfern an Kfz [7)] bei Fahrtrichtungsanzeigern mit nationalen ABG, Nachprüfung erforderlich
	2.1 Anbau zusätzlicher lichttechnischer Einrichtungen – Suchscheinwerfer – Arbeitsscheinwerfer	×				§ 30 StVZO, Rili über d. Beschaffenheit und Anbringung äußerer Fz-Teile § 35b Abs. 2 StVZO, Rili f. Sicht aus Kfz

		BETRIEBSERLAUBNIS DES FAHRZEUGS erlischt nicht			erlischt	
		weil keine Genehmigung und/oder Teilegutachten erforderlich	wenn Teilegenehmigung vorhanden und nicht von der Änderungsabnahme abhängig gemacht	wenn Teilegenehmigung vorhanden und von der Änderungsabnahme abhhängig gemacht oder Teilegutachten vorhanden	wenn keine Teilegenehmigung oder Teilegutachten vorhanden oder der Verwendungsbereich nicht eingehalten	
Gruppe	Änderung	ohne Einschränkung verwendbar, muss jedoch der StVZO entsprechen	Änderungsabnahme nicht erforderlich, Beschränkungen oder Einbauanweisungen müssen aber eingehalten sein	unverzügliche Änderungsabnahme erforderlich	Begutachtung nach § 19 (2) Satz 3/§ 21 StVZO hins. d. Änderung erforderlich	Bemerkungen Hinweise auf besonders zu beachtende Vorschriften/Sonderfälle
1	2	3	4	5	6	7
2. Lichttechnische Einrichtungen	2.2 Veränderung der Leuchtleistung von lichttechnischen Einrichtungen: – Schutzgitter/Abdeckung – Scheinwerferreinigungsanlage – Lichtquelle (Glühlampe)		 × × ×	 × × ×		§ 30 StVZO, Rili über d. Beschaffenheit und Anbringung äußerer Fz-Teile § 35b Abs. 2 StVZO, Rili f. Sicht aus Kfz § 50 Abs. 6 StVZO, Rili über die Einstellung von Scheinwerfern an Kfz § 22a StVZO / EG- / ECE-Genehmigung
3. Lenkanlagen	3.1 Einbau Sonderlenkrad		×	×		
	3.2 Einbau Sonderlenkrad mit Airbag			×		
	3.3 Anbau Sonderlenker für Krafträder			×		
	3.4 Austausch der gesamten Lenkanlage oder Veränderung wesentlicher Teile davon			×	×	Die Verwendung von Tauschteilen, d. in Funktionsmaßen, Anmess, Material und Ausführung d. typmäßigen Ausrüstung entsprechen, ist ohne Einschränkung möglich
	3.5 Anbau eines Lenkradknaufs, versenkbar, klappbar			×[5]		nur für Rangierbetrieb zulässig
	3.6 Anbau eines Lenkradknaufs	×[8]				[8] wenn als Auflage f. Behinderte vorgeschrieben bzw. in BE des Kfz (Arbeitsmaschine)
	3.7 Einbau einer Fremdkraft-Lenkhilfe (Servolenkung) oder Änderung der Übersetzungskraft bzw. des Übersetzungsverhältnisses			×	×	
	3.8 Einbau einer Fremdkraft-Lenkung				×	evtl. Ausnahmegenehmigung von § 38 StVZO erforderlich (70/31/EWG Anhang I Ziff. 4.1.6)
	3.9 Einbau einer geänderten Betätigungseinrichtung für die Lenkanlage (z.B. Fußlenkung)[5]				×	[5] nur für Behindertenumbau
4. Bremsanlagen	4.1 Bremsbeläge		×	×		
	4.2 Bremsscheiben		×	×		
	4.3 Bremstrommeln		×	×		
	4.4 Bremssättel		×	×		
	4.5 Lufttrockner		×	×		

		BETRIEBSERLAUBNIS DES FAHRZEUGS erlischt nicht			BETRIEBSERLAUBNIS DES FAHRZEUGS erlischt	
		weil keine Genehmigung und/oder Teilegutachten erforderlich	wenn Teilegenehmigung vorhanden und nicht von der Änderungsabnahme abhängig gemacht	wenn Teilegenehmigung vorhanden und von der Änderungsabnahme abhängig gemacht oder Teilegutachten vorhanden	wenn keine Teilegenehmigung oder Teilegutachten vorhanden oder der Verwendungsbereich nicht eingehalten	
Gruppe	Änderung	ohne Einschränkung verwendbar, muss jedoch, der StVZO entsprechen	Änderungsabnahme nicht erforderlich, Beschränkungen oder Einbauanweisungen müssen aber eingehalten sein	unverzügliche Änderungsabnahme erforderlich	Begutachtung nach § 19 (2) Satz 3 / § 21 StVZO hins. d. Änderung erforderlich	Bemerkungen Hinweise auf besonders zu beachtende Vorschriften / Sonderfälle
1	2	3	4	5	6	7
4. Brems-anlagen	4.6 Bremszylinder		×	×		Umrüstung nur achsweise
	4.7 Kupplungsköpfe	×				ohne Einschränkung nur, wenn gleiche Funktionsmaße
	4.8 Bremsleitungen pneumatisch	×				ohne Einschränkung nur, wenn gleiche Funktionsmaße
	4.9 Bremsleitungen hydraulisch			×		
	4.10 automatische Gestängesteller		×	×		
	4.11 Retarder (hydraulisch, elektr.)			×		
	4.12 autom. Blockierverhinderer				×	
	4.13 Austausch der gesamten Bremsanlage gegen eine andere oder Veränderung wesentlicher Teile davon			×	×	
	4.14 Umbau von Ein- auf Zweileitungsanmess			×		
	4.15 zusätzlicher Anbau eines Ein- bzw. Zweileitungs-anschlusses			×		
	4.16 Anbau Luftbeschaffungs-anlage			×		z.B. an lof-Fz
	4.17 Bremsventile mit geänderter Kennlinie			×		
	4.18 Einbau einer Fremdkraft-Bremsanlage				×	evtl. Ausnahmegenehmigung von § 41 Abs. 18 StVZO erforderlich
	4.19 Einbau oder Änderung eines Bremskraftverstärkers			×		evtl. Ausnahmegenehmigung von § 41 Abs. 18 StVZO erforderlich
	4.20 Veränderung des Bremspedals (z.B. Verbreiterung, Schutz gegen Abrutschen)		×	×		
	4.21 Handbetätigung der Betriebsbremsanlage[5]			×		[5] nur für Behindertenumbau
	4.22 Einbau einer Fremdkraft-Betätigungseinrichtung der BBA (pneumatisch, elektrisch, hydraulisch)[5]			×[5]		[5] nur für Behindertenumbau
	4.23 Geänderte Betätigungseinrichtung der Feststellbremse[5]		×	×[9]		[5] nur für Behindertenumbau [9] bei Fremdkraft-Betätigungseinrichtung

		BETRIEBSERLAUBNIS DES FAHRZEUGS erlischt nicht			erlischt	
		weil keine Genehmigung und/oder Teilegutachten erforderlich	wenn Teilegenehmigung vorhanden und nicht von der Änderungsabnahme abhängig gemacht	wenn Teilegenehmigung vorhanden und von der Änderungsabnahme abhängig gemacht oder Teilegutachten vorhanden	wenn keine Teilegenehmigung oder Teilegutachten vorhanden oder der Verwendungsbereich nicht eingehalten	
Gruppe	Änderung	ohne Einschränkung verwendbar, muss jedoch, der StVZO entsprechen	Änderungsabnahme nicht erforderlich, Beschränkungen oder Einbauanweisungen müssen aber eingehalten sein	unverzügliche Änderungsabnahme erforderlich	Begutachtung nach § 19 (2) Satz 3/§ 21 StVZO hins. d. Änderung erforderlich	Bemerkungen Hinweise auf besonders zu beachtende Vorschriften/Sonderfälle
1	2	3	4	5	6	7
5. Räder/Reifen	5.1 Räder ohne Änderung am Fahrzeug und bei Verwendung einer bereits genehmigten Reifengröße – nicht in Fz-BE enthaltene Räder		×	×		
	5.2 Räder mit Änderung am Fz bzw. an der Karosserie (z.B. Radgeometrie, Lenkwinkelanschläge, Radausschnitte, Radaufhängung)			×	×	
	5.3 Räder mit anderer Horn- und Bettform, jedoch gleichen Grundmaßen (z.B. Sicherheitsfelgen		×	×		
	5.4 Reifen gleicher Bauart und Abmessung, gleicher oder höherer Geschwindigkeitskategorie aber abweichender Kennzeichnung		×[10)]			[10)] s. VkBl. 1991, S. 578
	5.5 Reifen anderer Bauart, jedoch vergleichbarer Größe, gleicher bzw. höherer Tragfähigkeits- und Geschwindigkeitskategorie		×	×		
	5.6 Reifen gleichwertiger Größenbezeichnung		×[10)]			[10)] s. VkBl. 1991, S. 578
	5.7 Reifen höherer Tragfähigkeits- u./o. Geschwindigkeitskategorie		×			
	5.8 Reifen niedriger Tragfähigkeits- u./o. Geschwindigkeitskategorie			×	×	– bei Verwendung von M+S-Reifen zulässig; Kennzeichnung d. Höchstgeschwindigkeit nach § 36 Abs. 1 StVZO erforderlich, gilt nicht für Tragfähigkeit
	5.9* Reifen für Krafträder und Pkw gleicher Bauart und Abmessung, jedoch anderer Hersteller o. Typ als mit der BE für das Fz genehmigt		×	×		
	5.10 Reifen anderer Größe, anderen Verhältnissen von Höhe zu Breite, z.B. Breitreifen (auch f. Nutzfahrzeuge)		×	×		

*) Hinweis: siehe hierzu Veröffentlichung im VkBl. 2000, S. 627 (Reifen für 2- oder 3-rädrige Fahrzeuge)

		BETRIEBSERLAUBNIS DES FAHRZEUGS erlischt nicht			BETRIEBSERLAUBNIS DES FAHRZEUGS erlischt	
		weil keine Genehmigung und/oder Teilegutachten erforderlich	wenn Teilegenehmigung vorhanden und nicht von der Änderungsabnahme abhängig gemacht	wenn Teilegenehmigung vorhanden und von der Änderungsabnahme abhhängig gemacht oder Teilegutachten vorhanden	wenn keine Teilegenehmigung oder Teilegutachten vorhanden oder der Verwendungsbereich nicht eingehalten	
Gruppe	Änderung	ohne Einschränkung verwendbar, muss jedoch, der StVZO entsprechen	Änderungsabnahme nicht erforderlich, Beschränkungen oder Einbauanweisungen müssen aber eingehalten sein	unverzügliche Änderungsabnahme erforderlich	Begutachtung nach § 19 (2) Satz 3/§ 21 StVZO hins. d. Änderung erforderlich	Bemerkungen Hinweise auf besonders zu beachtende Vorschriften/Sonderfälle
1	2	3	4	5	6	7
5. Räder/ Reifen	5.11 Räder und Reifen, Kombinationen beider Änderungen möglich, ggf. weitere Änderungen nach Genehmigung erforderlich, z.B.					
	– Radhauswand			×	×	
	– Lenkanlage (Lenkeinschlag, Lenkrad)			×	×	
	– Bremsanlage (Bremsleitungen, Belüftung)			×	×	
	– Fahrwerk			×	×	
6. Fahrgestell und Aufbau	6.1 Einbau von Distanzscheiben		×	×		
	6.2 Anbau Schleuderkettensystem		×	×		
	6.3 Fahrwerksänderung (z.B. Tieferlegung, Spurverbreiterung)			×	×	
	6.4 Änderung des Feder-/Dämpferverhaltens		×	×		
	6.5 Niveauregulierungsanlage		×	×[11]		[11] immer wenn Bremsanlage beeinflusst wird
	6.6 Fahrwerksänderung (Federn, Federbeine, Stoßdämpfer, Gabelstabilisatoren) bei Krafträdern			×	×	
	6.7 Ständer für Krafträder		×	×		
	6.8 Achsen				×	
	6.9 Rahmenänderungen			×	×	
	6.10 Überrollbügel im Pkw		×	×		
	6.11 Luftleiteinrichtung (Spoiler, Kraftradverkleidungen, seitl. Regen- und Windabweiser) bei Anbauhöhen von ≤ 2 m		×	×		
	6.12 Dachgepäckträger	×				zul. Dachlast beachten
	6.13 Tragsysteme	×	×	×[12]		§ 30 StVZO, Merkblatt über die Verwendung von Hecktragesystemen [12] sofern in verkehrsgefährdender Weise Teile beeinträchtigt werden können, an die die StVZO bzw. EG-Rili konkrete Anforderungen stellt (z.B. lichttechnische Einrichtungen, Kuppelungskugel mit Halterung).

		BETRIEBSERLAUBNIS DES FAHRZEUGS erlischt nicht			erlischt	
		weil keine Genehmigung und/oder Teilegutachten erforderlich	wenn Teilegenehmigung vorhanden und nicht von der Änderungsabnahme abhängig gemacht	wenn Teilegenehmigung vorhanden und von der Änderungsabnahme abhhängig gemacht oder Teilegutachten vorhanden	wenn keine Teilegenehmigung oder Teilegutachten vorhanden oder der Verwendungsbereich nicht eingehalten	
Gruppe	Änderung	ohne Einschränkung verwendbar, muss jedoch, der StVZO entsprechen	Änderungsabnahme nicht erforderlich, Beschränkungen oder Einbauanweisungen müssen aber eingehalten sein	unverzügliche Änderungsabnahme erforderlich	Begutachtung nach § 19 (2) Satz 3/§ 21 StVZO hins. d. Änderung erforderlich	Bemerkungen Hinweise auf besonders zu beachtende Vorschriften/Sonderfälle
1	2	3	4	5	6	7
6 Fahrgestell und Aufbau	6.14 Schlafkabine auf Fahrerhäusern			×		
	6.15 Hinterer Unterfahrschutz		×	×		
	6.16 Seitliche Schutzvorrichtung		×	×		
	6.17 Anbau von Schütten bei Hinterkippern	×				Änderungen Länge und Gewichte/Lasten beachten § 30c StVZO, Rili über d. Beschaffenheit und Anbringung äußerer Fz-Teile beachten § 32b StVZO beachten
	6.18 Einbau zusätzlicher Teile im Insassenraum (z.B. Telematik-Endgeräte, Funkgeräte)	×[13)]	×	×		§ 30 StVZO Rili für Gestaltung und Ausrüstung der Führerhäuser [13)] soweit EMB (siehe 26. Änderung VO nachgewiesen)
	6.19 Schiebedach, Glas-, Kurbel-, Hebedach		×	×		
	6.20 Änderung der Federungsart (z.B. Umbau von Blatt- auf Luftfederung)			×	×	
	6.21 Trennschutzgitter o. -wand	×				
	6.22 Rammschutzeinrichtung		×	×		
	6.23 Kupplungskugel mit Halterung			×		
	6.24 Anhängebock			×		
	6.25 Sattelkupplung (einschl. Sattelplatte)			×	×[14)]	[14)] bei Änderung der Fz-Art
	6.26 Selbsttätige Anhängekupplung bei Änderung der Größe und/oder 6.27 Form und/oder Veränderung der Anhängelast			×[15)]		ggf. Änderung d. Fz-Papiere [15)] ist d. Erhöhung d. Anhängelast nicht mit in d. BE genehmigt, Begutachtung nach § 21 StVZO erforderlich
	6.28 Nachträglicher Anbau einer selbsttätigen Anhängekupplung an Fahrzeugen mit BE, in der ein Anbau einer Anhängekupplung genehmigt ist		×	×		
	6.29 Nichtselbsttätige Anhängekupplung an lof-Fz			×		

		BETRIEBSERLAUBNIS DES FAHRZEUGS erlischt nicht			erlischt	
		weil keine Genehmigung und/oder Teilegutachten erforderlich	wenn Teilegenehmigung vorhanden und nicht von der Änderungsabnahme abhängig gemacht	wenn Teilegenehmigung vorhanden und von der Änderungsabnahme abhängig gemacht oder Teilegutachten vorhanden	wenn keine Teilegenehmigung oder Teilegutachten vorhanden oder der Verwendungsbereich nicht eingehalten	
Gruppe	Änderung	ohne Einschränkung verwendbar, muss jedoch, der StVZO entsprechen	Änderungsabnahme nicht erforderlich, Beschränkungen oder Einbauanweisungen müssen aber eingehalten sein	unverzügliche Änderungsabnahme erforderlich	Begutachtung nach § 19 (2) Satz 3/§ 21 StVZO hins. d. Änderung erforderlich	Bemerkungen Hinweise auf besonders zu beachtende Vorschriften/Sonderfälle
1	2	3	4	5	6	7
6. Fahrgestell und Aufbau	6.29 Anhänge-Zugeinrichtungen (z.B. Kurzkuppelsysteme)			×		
	6.30 nachträglicher Anbau Ladebordwand				×	
	6.31 Nachträglicher Anbau Ladekran				×	
	6.32 Änderung Achsabstand, Einbau zusätzlicher Achsen				×	
	6.33 Nachträglicher Anbau einer Seilwinde		×[16]	×		[16] nur an Pkw innerhalb des Fahrzeugumrisses EMV ist nachzuweisen
	6.34 Tausch der Anhängekupplung f. Deichselanhänger gegen eine f. Zentralachsanhänger			×		
	6.35 Einrichtungen zum Stabilisieren des Fahrverhaltens von Zugfahrzeugen und Anhängern		×			
	6.36 Sitze		×	×		
	6.37 Änderung der Sitzstruktur[5]	×[17]		×		[5] nur für Behindertenumbau [17] bei reiner Veränderung der Polsterung
	6.38 Änderung der Sitzkonsole			×		Prüfung nach 74/408/EWG erforderlich Prüfung nach 76/115/EWG erforderlich für Fahrzeuge mit Tag der 1. Zulassung nach dem 1.1.92
	6.39 Änderung der Sitzschienen			×		
	6.40 Einbau von Schwenk-, und Schiebetüren			×		
	6.41 Rollstuhl als Sitz[5]			×	×	[5] nur für Behindertenumbau
	6.42 Rollstuhl als Fahrersitz[5]				×	[5] nur für Behindertenumbau
	6.43 Sicherheitsgurte		×	×		
	6.44 Außer Funktion setzen eines Airbags		×[19]			[18] s. VkBl. 1999 S. 98
	6.45 Rollstuhlverladeeinrichtung[5]	×[19]	×			[5] nur für Behindertenumbau [19] bei Dachliftern, die nicht dauerhaft mit dem Fahrzeug verbunden sind
	6.46 Einbau von Einstiegshilfen (z.B. Kran, Lift oder Rampe)[5]			×	×	[5] nur für Behindertenumbau

		BETRIEBSERLAUBNIS DES FAHRZEUGS erlischt nicht			erlischt	
		weil keine Genehmigung und/oder Teilegutachten erforderlich	wenn Teilegenehmigung vorhanden und nicht von der Änderungsabnahme abhängig gemacht	wenn Teilegenehmigung vorhanden und von der Änderungsabnahme abhängig gemacht oder Teilegutachten vorhanden	wenn keine Teilegenehmigung oder Teilegutachten vorhanden oder der Verwendungsbereich nicht eingehalten	
Gruppe	Änderung	ohne Einschränkung verwendbar, muss jedoch, der StVZO entsprechen	Änderungsabnahme nicht erforderlich, Beschränkungen oder Einbauanweisungen müssen aber eingehalten sein	unverzügliche Änderungsabnahme erforderlich	Begutachtung nach § 19 (2) Satz 3/§ 21 StVZO hins. d. Änderung erforderlich	Bemerkungen Hinweise auf besonders zu beachtende Vorschriften/Sonderfälle
1	2	3	4	5	6	7
7. Feuersicherheit	7.1 Kraftstoffleitungen	×				DIN 73378 muss erfüllt sein
	7.2 Kraftstoffbehälter			×		§§ 30, 45 StVZO bzw. 70/221/EWG beachten
	7.3 Kraftstoffvorwärmeanlage		×	×		
	7.4 Zusatzheizung (selbsttätige Wärmeerzeugung aus flüssigen oder gasförmigen Kraftstoffen)			×		
	7.5 Einbau einer Flüssiggasanlage oder anderer alternativer Antriebssysteme (Wasserstoff-, Methanolbetrieb usw.)			×		nur mit Nachweis des Abgas- und Geräuschverhaltens
8. Abgas- und Geräuschverhalten	8.1 Austauschmotor	×				als Austauschmotor gilt nur ein Motor von gleichem Hubraum, gleicher Leistung, ohne Verschlechterung des Abgas- und Geräuschverhaltens; geringe Abweichungen infolge Ausschleifens d. Zylinder sind zulässig; Teilemotor gilt auch als Austauschmotor
	8.2 Einbau eines anderen Motors			×		ohne Verschlechterung d. Abgas- und Geräuschverhaltens, Einbauhinweise d. Genehmigung beachten; ggf. Fz-Papiere ändern
	8.3 Änderung d. vorh. Motors insbes. zur Leistungsänderung durch					in Einzelfällen Begutachtung nach § 21 StVZO erforderlich ggf. AU-Werte neu festlegen EMV ist nachzuweisen
	– Änderung der Motorelektronik			×	×	
	– Änderung der Gemischaufbereitungs- oder Ansauganlage			×	×	
	– Verwendung geänderter Motorteile (z.B. Kolben, Nockenwelle, Zylinderköpfe)			×	×	
	– Aufladung des Motors			×	×	
	– Luftfilteranlage			×	×	
	8.4 Schalldämpfer		×	×		
	8.5 Veränderung an der Zündanlage		×	×	×	
	8.6 Einbau einer Geschwindigkeitsregeleinrichtung	×[20]	×	×	×	[20] wenn kein Eingriff in die Motorelektronik und in das Bremssystem
	8.7 Einbau eines Geschwindigkeitsbegrenzers	×	×	×		

		BETRIEBSERLAUBNIS DES FAHRZEUGS erlischt nicht			erlischt	
		weil keine Genehmigung und/oder Teilegutachten erforderlich	wenn Teilegenehmigung vorhanden und nicht von der Änderungsabnahme abhängig gemacht	wenn Teilegenehmigung vorhanden und von der Änderungsabnahme abhhängig gemacht oder Teilegutachten vorhanden	wenn keine Teilegenehmigung oder Teilegutachten vorhanden oder der Verwendungsbereich nicht eingehalten	
Gruppe	Änderung	ohne Einschränkung verwendbar, muss jedoch, der StVZO entsprechen	Änderungsabnahme nicht erforderlich, Beschränkungen oder Einbauanweisungen müssen aber eingehalten sein	unverzügliche Änderungsabnahme erforderlich	Begutachtung nach § 19 (2) Satz 3/§ 21 StVZO hins. d. Änderung erforderlich	Bemerkungen Hinweise auf besonders zu beachtende Vorschriften/Sonderfälle
1	2	3	4	5	6	7
8. Abgas- und Geräuschverhalten	8.8 Abgasreinigungsanlage – Einbau, Änderung		×[21)]	×		§ 47 StVZO [21)] wenn eine AU-Werkstatt Einbau bescheinigt hat
	8.9 Latentwärmespeicher		×	×		
	8.10 Blenden für Endrohre von Schalldämpferanlagen ohne Veränderung des Auslassquerschnitts	×				§ 30 c StVZO
	8.11 Getriebe, Achsübersetzung (andere Wirkungsweise, Handschaltgetriebe)			×		bei Lkw u. KOM § 57 b StVZO beachten, Abgas- u. Geräuschverhalten beachten
	8.12 Ausbau eines Geschwindigkeitsbegrenzers (Pkw)			×		
	8.13 Einbau einer automatischen Kupplung			×		
9. Kombinationen von Änderungen	9.1 Anhängekupplung **und** Änderung des Fahrwerks (z. B. Tieferlegung)			×[22)]		[22)] Werden mehrere Änderungen, die sich in ihrer Kombination gegenseitig so beeinflussen, dass eine Gefährdung zu erwarten ist oder eine Verschlechterung des Abgas- oder Geräuschverhaltens eintritt, zeitgleich oder zeitlich versetzt vorgenommen, so erlischt die Betriebserlaubnis des Fahrzeuges. Dies gilt nicht, wenn für die Kombination eine Teilegenehmigung oder ein Teilegutachten vorliegt.
	9.2 Auspuffanlage **und** Spoiler (im Bereich der Auspuffanlage)		×[22)]	×[22)]		
	9.3 Sonderlenkrad **und** Rad-/Reifenänderung			×[22)]		
	9.4 Sonderlenkrad **und** Änderung des Fahrwerks (z. B. Tieferlegung), wenn keine Spurverbreiterung			×[22)]		
	9.5 **Mehrere** Änderungen des Fahrwerks (z. B. Sturz, Spur, Federn, Stoßdämpfer, Räder, Reifen)			×[22)]	×	
	9.6 Rad/Reifen **und** Änderung des Fahrwerks			×[22)]	×	
	9.7 Rad/Reifen **und** Spoiler		×[22)]	×[22)]		
	9.8 Rahmenverlängerung (ohne Radstandänderung) **und** Änderung des hinteren Unterfahrschutzes			×[22)]	×	

		BETRIEBSERLAUBNIS DES FAHRZEUGS erlischt nicht			erlischt	
		weil keine Genehmigung und/oder Teilegutachten erforderlich	wenn Teilegenehmigung vorhanden und nicht von der Änderungsabnahme abhängig gemacht	wenn Teilegenehmigung vorhanden und von der Änderungsabnahme abhhängig gemacht oder Teilegutachten vorhanden	wenn keine Teilegenehmigung oder Teilegutachten vorhanden oder der Verwendungsbereich nicht eingehalten	
Gruppe	Änderung	ohne Einschränkung verwendbar, muss jedoch, der StVZO entsprechen	Änderungsabnahme nicht erforderlich, Beschränkungen oder Einbauanweisungen müssen aber eingehalten sein	unverzügliche Änderungsabnahme erforderlich	Begutachtung nach § 19 (2) Satz 3 / § 21 StVZO hins. d. Änderung erforderlich	Bemerkungen Hinweise auf besonders zu beachtende Vorschriften / Sonderfälle
1	2	3	4	5	6	7
9. Kombinationen von Änderungen	9.9 Rahmenverlängerung (ohne Radstandsänderung) **und** Tieferlegung der Anhängekupplung			×[22]	×	[22] Werden mehrere Änderungen, die sich in ihrer Kombination gegenseitig so beeinflussen, dass eine Gefährdung zu erwarten ist oder eine Verschlechterung des Abgas- oder Geräuschverhaltens eintritt, zeitgleich oder zeitlich versetzt vorgenommen, so erlischt die Betriebserlaubnis des Fahrzeuges. Dies gilt nicht, wenn für die Kombination eine Teilegenehmigung oder ein Teilegutachten vorliegt.
	9.10 Leistungsänderung **und** Rad/Reifen			×[22]		
10. § 19 (2) Nr. 1 StVZO Änderung der Fahrzeugart	10.1 Änderung der genehmigten Fz-Art bzw. Aufbauart, z. B. – Pkw in Lkw oder umgekehrt (o.u.) – Lkw in Zugmaschine o.u. – Lkw in selbstfahrende Arbeitsmaschine o.u. – KOM in Wohnmobil o.u. – Pkw in Wohnmobil o.u. – Lkw in Wohnmobil o.u. – Anhänger offener Kasten in Tankwagen o.u. – Krad, Motorrad m. Lb. in Lenkrad Motorrad o.u. – Krad, Motorrad m. Lb. in Krad Motorrad o. Lb. o.u. – Lkrad in Kleinrad o.u. – Kleinkrad in Mofa			×[23]	×	d. Herabsetzung d. zGG führt nicht automatisch zur Änderung d. Fahrzeugart die Heraufsetzung des zGG innerhalb einer Fz-Art kann der Änderung der Fz-Art gleichzusetzen sein (z. B. N1-Umbau in N2, M2-Umbau in M3) [23] nur in einfachen Fällen

Die gegenseitige Beeinflussung bei Kombinationen von Änderungen (Pkw, Kraftrad)

Art der Änderung	Abgasverhalten	Auspuffanlage	Änderung am Motor, Leistungsänderung	Anhängekupplung	Lenkrad, Lenker	Tieferlegung	Spoiler	Federn, Stoßdämpfer	Spur/Sturz	Rad/Reifen
Rad/Reifen	×	–	×	–	×	×	×	×	×	–
Spur/Sturz	–	–	–	–	×	×	–	×	–	
Federn, Stoßdämpfer	–	×	×	–	–	×	–	–		
Spoiler	–	×	×	×	–	×	–			
Tieferlegung	–	×	–	×	–	–				
Lenkrad, Lenker	–	–	–	–	–					
Anhängekupplung	–	×	×	–						
Änderungen am Motor, Leistungsänderung	×	×	–							
Auspuffanlage	×	–								
Abgasverhalten	–									

[–] keine gegenseitige Beeinflussung

[×] gegenseitige Beeinflussung möglich, weitere Hinweise siehe Teile ABE/Teilegutachten/Genehmigung

Teil C – Beispielkatalog
Muster für Nachweise § 19 Abs. 4 StVZO

I) Muster für einen Nachweis gemäß § 19 Abs. 4 StVZO

Nachweis gemäß § 19 Abs. 4 Satz 1 StVZO

Für: ______________________

des Herstellers/Importeurs: ______________________

liegt eine Betriebserlaubnis nach § 22 StVZO/Bauartgenehmigung nach § 22 a StVZO/Genehmigung im Rahmen einer Betriebserlaubnis oder eines Nachtrags dazu für das Fahrzeug nach § 20 oder § 21 StVZO*)

mit Erlaubnis-/Genehmigungs-Nr.: ______________________

liegt ein Teilegutachten/Prüfbericht*)

Techn. Dienstes/Techn. Prüfstelle/aaS*) ______________________

mit Gutachten/Bericht-Nr.: ______________ Datum: __________ vor.

Kennzeichnung: ______________________

Stempel

Bestätigung der ordnungsgemäßen Änderung gem. § 19 Abs. 3 StVZO

Hiermit wird bestätigt, daß die Änderung mit dem/n im Nachweis genannten Bauteil/en am Fz-Typ: __________

Fahrzeughersteller: ______________ Fahrzeug-Ident-Nr.: ______________

ordnungsgemäß erfolgte und das Fahrzeug insoweit den geltenden Vorschriften entspricht.

Vorangegangene zulässige Änderungen, die berücksichtigt wurden:

____

Bemerkungen/Hinweise/Auflagen (siehe auch Rückseite): ______________________

____

Eine Berichtigung der Fahrzeugpapiere ist unverzüglich / bei nächster Befassung / nicht vorgeschrieben aber möglich*)

Untersuchungsbericht/Gutachten-Nr.: ______________ Unterschrift u. Name

Ort u. Datum d. Abnahme: ______________ a.a.S.o.P. / Prüf-Ing.

Stempel

Daten für Fahrzeugbrief

Nr.	Angabe		Nr.	Angabe		33 Bemerkungen
1	Fahrzeug- und Aufbauart					
5	Antriebsart		6	Höchstgeschw. km/h		
7	Leistung/kw bei min.		8	Hubraum		
9	Nutz-/Aufliegelast		10	Rauminhalt d. Tanks m³		
11	Steh-/Liegeplätze		12	Sitzplätze einschl. Führerpl. u. Nots.		
13	Maße über alles mm Länge		Breite		Höhe	
14	Leergewicht kg		15	Zul. Gesamtgewicht kg		
16	Zul. Achslast kg vorn		Mitte		hinten	
17	Räder u. a. Gleisketten	18 Zahl d. Achsen		19	davon angetriebene Achsen	
20	Größenbez. d. Breifung vorn					
21	Größenbez. d. Breifung Mitte/hinten					
22	Größenbez. d. Breifung vorn					
23	Größenbez. d. Breifung Mitte/hinten					
	Übergr. a. Bremsanschl.	24 Einleitungsbremse		25	Zweileitungsbremse	bar
26	Anhängekupplung DIN 740 Form u. Größe		27	Anhängekupplung Prüfz.		
28	Anhängelast kg bei Anhänger m Bremse		29	bei Anhänger ohne Bremsen		
30	Standgeräusch dB (A)		31	Fahrgeräusch dB (A)		

Die im vorliegenden Fz-Brief in Spalte __________ Fz-Schein*) unter Ziff. __________ u. Ziffer 33, Zeile __________ beschriebenen Angaben müssen entsprechend im Fz-Brief gestrichen werden.

*) Nichtzutreffendes streichen

II) Muster für einen EDV-Nachweis gemäß § 19 Abs. 4 StVZO:

Hinweis: Im nachfolgenden Muster sind alle möglichen Bausteine aufgeführt, die für eine Änderungsabnahme notwendig sein können. Je nach Bedarf ist auch eine Kurzfassung möglich, wie im Beispiel aufgezeigt.

Kopf der ÜI

Berichts-Nr. vom: Seite: von

Änderungsabnahme nach § 19 Abs. 3 StVZO

Kurzzeichen im Stempel

FZ-Ident-Nr.:

Fahrzeugart: SN Bezeichnung Hersteller: SN Bezeichnung

Aufbauart SN Bezeichnung Typ u. Ausführung: SN Bezeichnung

Nachweis gemäß § 19 Abs. 4 Satz 1 StVZO

Für

des Herstellers/Importeurs liegt eine Genehmigung im Rahmen einer Betriebserlaubnis oder eines Nachtrages dazu für das Fahrzeug nach § 20 StVZO mit der Erlaubnis-Nr.: vor. 1) 2)

Kennzeichnung: 1) 2)

Für

des Herstellers/ Importeurs liegt eine Genehmigung im Rahmen einer Betriebserlaubnis oder eines Nachtrages dazu für das Fahrzeug nach § 21 StVZO mit der Erlaubnis-Nr.: vor. 1) 2)

Kennzeichnung: 1) 2)

Für

des Herstellers/Importeurs liegt eine Betriebserlaubnis oder ein Nachtrag nach § 22 StVZO mit der Erlaubnis-Nr.: vor. 1) 2)

Kennzeichnung: 1) 2)

Für

des Herstellers/Importeurs liegt eine Bauartgenehmigung oder ein Nachtrag nach § 22a StVZO mit der Genehmigungs-Nr.: vor. 1) 2)

Kennzeichnung: 1) 2)

Für

des Herstellers/Importeurs liegt eine EG-Betriebserlaubnis oder ein Nachtrag mit der Erlaubnis-Nr.: vor. 1) 2)

Kennzeichnung: 1) 2)

Für

des Herstellers/Importeurs liegt eine ECE-Genehmigung oder ein Nachtrag mit der Erlaubnis-Nr.: vor. 1) 2)

Kennzeichnung: 1) 2)

1) Nichtzutreffendes weglassen
2) Mehrfachnennungen möglich

Kopf der ÜI

Berichts-Nr.: vom: Seite: von

Änderungsabnahme nach § 19 Abs. 3 StVZO

Kurzzeichen im Stempel

FZ-Ident-Nr.:

Fahrzeugart:	SN	Bezeichnung	Hersteller:	SN	Bezeichnung
Aufbauart:	SN	Bezeichnung	Typ u. Ausführung:	SN	Bezeichnung

Bestätigung der ordnungsgemäßen Änderung gemäß § 19 Abs. 3 StVZO

Hiermit wird bestätigt, daß die Änderung mit dem/n im Nachweis genannten Bauteil/en am oben beschriebenen Fahrzeug ordnungsgemäß erfolgte und das Fahrzeug insoweit den geltenden Vorschriften entspricht.

Vorangegangene zulässige Änderungen, die berücksichtigt wurden: 1)

–

–

Hinweise: 1)

–

–

Eine Berichtigung der Fahrzeugpapiere ist unverzüglich erforderlich. 1)

Eine Berichtigung der Fahrzeugpapiere ist bei nächster Befassung erforderlich. 1)

Eine Ergänzung der Fahrzeugpapiere ist nicht vorgeschrieben, aber möglich. 1)

1) Nichtzutreffendes weglassen

Kopf der ÜI

Berichts-Nr.: vom: Seite: von

Änderungsabnahme nach § 19 Abs. 3 StVZO

Kurzzeichen im Stempel

FZ-Ident-Nr.:

Fahrzeugart: SN Bezeichnung Hersteller: SN Bezeichnung

Aufbauart: SN Bezeichnung Typ u. Ausführung: SN Bezeichnung

Für
des Herstellers/Importeurs liegt ein Teilegutachten des
Techn. Dienstes: mit Gutachten-Nr.:
vom: vor.
Kennzeichnung: 1) 2)

Für
des Herstellers/Importeurs liegt ein Prüfbericht über die Vorschriftsmäßigkeit eines Fahrzeuges bei bestimmungsgemäßem Ein- oder Anbau des aaS:
bei der Techn. Prüfstelle
mit Bericht-Nr.: vom: vor. 1)

1) Nichtzutreffendes weglassen
2) Mehrfachnennungen möglich

Kopf der ÜI

Berichts-Nr.: vom: Seite: von

Änderungsabnahme nach § 19 Abs. 3 StVZO

Kurzzeichen im Stempel

FZ-Ident-Nr.:

Fahrzeugart: SN Bezeichnung Hersteller: SN Bezeichnung

Aufbauart: SN Bezeichnung Typ u. Ausführung: SN Bezeichnung

Daten für die Fahrzeugpapiere [1)]

1	Fahrzeug- und Aufbauart		
2	Fahrzeughersteller		
3	Typ und Ausführung		
4	Fahrzeug-Ident-Nr.		
5	Antriebsart		
6	Höchstgeschwindigkeit km/h		
7	Leistung kW bei min $^{-1}$		
8	Hubraum cm³		
9	Nutz- oder Aufliegelast kg		
10	Rauminhalt des Tanks m³		
11	Steh-/Liegeplätze		
12	Sitzplätze einschl. Führerpl. u. Nots.		
13	Maße über alles mm Länge		
13	Maße über alles mm Breite		
13	Maße über alles mm Höhe		
14	Leergewicht kg		
15	zul. Gesamtgewicht kg		
16	Zul. Achslast kg vorn		
16	Zul. Achslast kg mitten		
16	Zul. Achslast kg hinten		
17	Räder und / oder Gleisketten		
18	Zahl der Achsen		
19	davon angetriebene Achsen		
20	Größenbezeichnung der Bereifung	vorn	
21	Größenbezeichnung der Bereifung	mitten und hinten	

1) Nichtzutreffendes weglassen

Kopf der ÜI

Berichts-Nr.: vom: Seite: von

Änderungsabnahme nach § 19 Abs. 3 StVZO

FZ-Ident-Nr.:

Fahrzeugart: SN Bezeichnung Hersteller: SN Bezeichnung

Aufbauart: SN Bezeichnung Typ u. Ausführung: SN Bezeichnung

22	Größenbezeichnung der Bereifung	oder vorn		
23	Größenbezeichnung der Bereifung	mitten und hinten		
24	Überdruck am Bremsanschluß	Einleitungsbremse		bar
25	Überdruck am Bremsanschluß	Zweileitungsbremse		bar
26	Anhängekupplung DIN 740..-Form u. Größe			
27	Anhängekupplung Prüfzeichen ∿∿			
28	Anhängelast kg bei Anhänger mit Bremse			
29	Anhängelast kg bei Anhänger ohne Bremse			
30	Standgeräusch dB(A)			
31	Fahrgeräusch dB(A)			
32	Tag der ersten Zulassung			
33	Bemerkungen			

Die in den vorliegenden Fahrzeugpapieren in Spalte unter Ziffer und Ziffer 33, Zeile beschriebenen Angaben müssen entsprechend in den Fahrzeugpapieren gestrichen werden. [1)]

Ort, Datum

Stempel

Unterschrift

Name: a.a.S.o.P./Prüf-Ing.

1) Nichtzutreffendes weglassen

Beispiel für eine Kurzfassung:

Kopf der ÜI

Berichts-Nr.: 123435343 vom: 00.00.00

Änderungsabnahme nach § 19 Abs. 3 und 4 StVZO

FZ-Ident-Nr.: WXX23459687947123

Fahrzeugart: 01 Pkw Hersteller: 0000 Bezeichnung

Aufbauart: 02 geschlossen Typ u. Ausführung: 000 Bezeichnung

Nachweis gemäß § 19 Abs. 4 Satz 1 StVZO

Für LM-Räder des Herstellers/Importeurs XY liegt ein Teilegutachten des Techn. Dienstes: XXXXXXX mit Gutachten-Nr.: 12344321 vom: 00.00.00 vor. Kennzeichnung: ABC 1234

Stempel

Bestätigung der ordnungsgemäßen Änderung gemäß § 19 Abs. 3 StVZO

Hiermit wird bestätigt, daß die Änderung mit dem/n im Nachweis genannten Bauteil/en am oben beschriebenen Fahrzeug ordnungsgemäß erfolgte und das Fahrzeug insoweit den geltenden Vorschriften entspricht.

Vorangegangene zulässige Änderungen, die berücksichtigt wurden: [1)]

– keine

Hinweise: [1)]

– keine

Eine Berichtigung der Fahrzeugpapiere ist bei nächster Befassung erforderlich.

Unterschrift

Name: a.a.S.o.P./Prüf-Ing.

Stempel

Daten für die Fahrzeugpapiere

33	Bemerkungen	ZIFF.20 U.21: AUCH ZUL. A.LM-FELGE 7JX15H2 M.KENNZ.: ABC1234*

[1)] Nichtzutreffendes weglassen

Auf der Rückseite oder als letzte Seite des Nachweises I oder II ist nachfolgender Text aufzuführen:

Bemerkungen/Hinweise:

Gem. § 19 StVZO erlischt die Betriebserlaubnis des Fahrzeuges nicht, wenn bei Änderung durch Ein- oder Anbau/Aus- oder Abbau von Teilen eine Teilegenehmigung (deren Wirksamkeit von einer Änderungsabnahme abhängig ist) oder ein Teilegutachten für diese Teile vorliegt und die Änderungsabnahme unverzüglich durch einen a.a.S.o.P. oder einen befugten Prüfingenieur einer amtlich anerkannten Überwachungsorganisation durchgeführt und die ordnungsgemäße Änderung bestätigt worden ist. Der Führer des Fahrzeuges hat in den Fällen den Abdruck oder die Ablichtung der Teilegenehmigung oder eines Nachtrages dazu oder eines Auszuges dieser Teilegenehmigung oder den Abdruck oder die Ablichtung des Teilegutachtens/Prüfberichtes oder den Nachweis über diese Erlaubnis, diese Genehmigung oder dieses Teilegutachten mitzuführen und den zuständigen Personen auf Verlangen zur Prüfung auszuhändigen oder Änderungen nach § 27 Abs. 1 und 1a StVZO in den Fahrzeugpapieren vermerken zu lassen. Ob eine Änderung der Fahrzeugpapiere notwendig ist, ist aus der **Bestätigung der Änderungsabnahme** zu entnehmen.

Kurze Einführung in das Straßenverkehrsrecht

Zum besseren Verständnis und zur Einführung in die maßgeblichen Vorschriften enthält das nachstehende Kapitel Erläuterungen über das Zustandekommen von Gesetzen und Verordnungen sowie Hinweise, die beim Umgang mit der StVZO, teilweise auch mit FZVzu beachten sind. Es wurde in zwei Unterabschnitte gegliedert. Im ersten Abschnitt wird auf das Straßenverkehrsgesetz (StVG), seine Ermächtigungsnormen und der darauf basierenden StVZO und FZV eingegangen. Im zweiten Abschnitt wird auf die internationalen Vorschriften der Europäischen Union (früher: Europäische Wirtschaftsgemeinschaft) – EU – sowie auf die Vorschriften der UN-Wirtschaftskommission für Europa (ECE) eingegangen.

I. Nationale Vorschriften

1. StVG, Allgemeines

In einem Gesetz werden üblicherweise nur die „Grundsätze" des zu regelnden Bereichs fest- oder vorgeschrieben. So bestimmt § 1 StVG, dass Kfz, die auf öffentlichen Wegen oder Plätzen in Betrieb gesetzt werden sollen, der Zulassung bedürfen. Mit diesem Grundsatz kann weder der Bürger noch die Verwaltung allzu viel anfangen. Wie ein Kfz beschaffen und ausgerüstet sein muss, wo und unter welchen Voraussetzungen die Zulassung erfolgen kann, muss deshalb in Ausführungsbestimmungen geregelt werden. Gesetze werden aus diesen Gründen im Allgemeinen erst „lebendig" bzw. anwendbar, wenn zu ihrer Ausführung Rechtsverordnungen erlassen sind. Allerdings können zu einem Gesetz nicht ohne weiteres Rechtsverordnungen (Ausführungsbestimmungen) erlassen werden. Vielmehr bestimmt Artikel 80 des Grundgesetzes, dass Rechtsverordnungen zu einem Gesetz nur erlassen werden dürfen, wenn in dem Gesetz eine Ermächtigung hierzu enthalten ist. Im vorliegenden Fall ist z.B. in den §§ 6, 6a, und 24a, 26a StVG das BMVBS – soweit Vorschriften zum Schutze der Umwelt betroffen sind, in Zusammenarbeit mit dem Bundesministerium für Umwelt, Naturschutz und Reaktorsicherheit – ermächtigt, mit Zustimmung des Bundesrates Rechtsverordnungen und allgemeine VwV zu diesem Gesetz zu erlassen. Hiervon wurde Gebrauch gemacht und neben der StVZO u.a. folgende Rechtsverordnungen zum StVG erlassen:

a) Straßenverkehrs-Ordnung (StVO), sie bestimmt das Verhalten sämtlicher Teilnehmer im öffentlichen Straßenverkehr.

b) Verordnung über die Zulassung von Fahrzeugen zum Straßenverkehr (FZV)

c) Verordnung über die Zulassung von Personen zum Straßenverkehr (Fahrerlaubnis-Verordnung – FeV).

d) Fahrzeugteileverordnung, sie regelt die verwaltungsmäßige Prüfung und Kennzeichnung bauartgenehmigungspflichtiger Fahrzeugteile.

Für die Rechtsgültigkeit bundesrechtlicher Vorschriften (Gesetze, Rechtsverordnungen und deren Änderungen) ist immer die Verkündung im Bundesgesetzblatt (BGBl.) erforderlich. Die Begründungen (Erläuterungen) zu Änderungen oder Ergänzungen von straßenverkehrsrechtlichen Vorschriften werden ebenso wie die Richtlinien zur StVZO im Verkehrsblatt (Amtsblatt des BMVBS) veröffentlicht.

2. StVZO, Allgemeines, Anwendungsbereich

Die StVZO wurde am 13. November 1937 erlassen und ist am 1. Januar 1938 in Kraft getreten. Seit dieser Zeit ist sie durch zahlreiche Verordnungen geändert und ergänzt worden. In der StVZO sind die Einzelbestimmungen und Voraussetzungen, unter denen Fahrzeuge am Straßenverkehr teilnehmen dürfen, festgeschrieben.

Grundlage zum Erlass der StVZO ist – wie unter 1. erwähnt – das StVG. § 1 StVG lautet:

„(1) Kraftfahrzeuge und ihre Anhänger, die auf öffentlichen Straßen in Betrieb gesetzt werden sollen, müssen von der zuständigen Behörde (Zulassungsbehörde) zum Verkehr zugelassen sein. Die Zulassung erfolgt auf Antrag des Verfügungsberechtigten des Fahrzeugs bei Vorliegen einer Betriebserlaubnis oder einer EG-Typgenehmigung durch Zuteilung eines amtlichen Kennzeichens. Ist für das Fahrzeug noch keine Betriebserlaubnis erteilt oder besteht keine EG-Typgenehmigung, hat er gleichzeitig die Erteilung der Betriebserlaubnis zu beantragen.

(2) Als Kraftfahrzeuge im Sinne dieses Gesetzes gelten Landfahrzeuge, die durch Maschinenkraft bewegt werden, ohne an Bahngleise gebunden zu sein."

Des Weiteren wird, insbesondere in den Ermächtigungsnormen des § 6 StVG, auch der („Sammel-") Begriff Fahrzeuge verwendet.

Fahrzeuge im Sinne des StVG sind Kfz, Anhänger, Krafträder, selbstfahrende Arbeitsmaschinen usw. Die StVZO geht in verschiedenen Einzelvorschriften auf die jeweiligen Fahrzeugarten ein und stellt zum Teil auch unterschiedliche Anforderungen an sie. Die Anforderungen selbst und ihr Umfang können abhängig sein vom Unfallrisiko, den bauartbedingten Höchstge-

schwindigkeiten u.a.m. Letztlich ist auch entscheidend, wie sich das Nutzen-Kosten-Verhältnis der einzelnen Maßnahmen darstellt.

Die StVZO ist nur im öffentlichen Straßenverkehr anzuwenden. Öffentliche Straßen im Sinne des Straßenverkehrsrechts (vgl. § 1 Abs. 1 StVG) sind ohne Rücksicht auf die Eigentumsverhältnisse und die wegerechtliche Widmung alle Wege und Plätze, deren Benutzung durch jedermann stillschweigend oder ausdrücklich geduldet wird. Die VwV zu § 1 StVO gibt hierüber wie folgt Aufschluss:

„Öffentlicher Verkehr findet auch auf nicht gewidmeten Straßen statt, wenn diese mit Zustimmung oder unter Duldung des Verfügungsberechtigten tatsächlich allgemein benutzt werden. Dagegen ist der Verkehr auf öffentlichen Straßen nicht öffentlich, solange diese, zum Beispiel wegen Bauarbeiten, durch Absperrschranken oder ähnlich wirksame Mittel für alle Verkehrsarten gesperrt sind."

3. Aufbau der StVZO und der FZV; vergleichende Übersicht

1. Die StVZO ist wie folgt gegliedert, wobei Teile davon in die FZV übernommen wurden:

A. Personen

(gestrichen; siehe FeV)

B. Fahrzeuge

I. Zulassung von Fahrzeugen im Allgemeinen § 16 – § 17

II. Betriebserlaubnis und Bauartgenehmigung §§ 19 – 21b, 22 – 22a, 23

IIa. (aufgehoben)

III. Bau- und Ausrüstungsvorschriften

1. Allgemeine Vorschriften § 30 – § 31 e

2. Kraftfahrzeuge und ihre Anhänger § 32 – § 62

3. Andere Straßenfahrzeuge § 63 – § 67

C. Durchführungs-, Bußgeld- und Schlussvorschriften §§ 68 – 73

sowie Anlagen, Anhänge und Muster.

Damit der Wortlaut der Einzelvorschriften der StVZO nicht zu umfangreich wird, werden die Einzelheiten über die Durchführung bzw. über die Anwendung von Vorschriften in Anlagen, Anhängen, Mustern und Richtlinien geregelt.

Außerdem können die vom BMVBS herausgegebenen „Merkblätter" eine Hilfe bei der Lösung von technisch-rechtlichen Fragen sein.

2. Die FZV ist wie folgt gegliedert:

Abschnitt 1
Allgemeine Regelungen § 1 – § 5

Abschnitt 2
Zulassungsverfahren § 6 – § 15

Abschnitt 3
Zeitweilige Teilnahme am Straßenverkehr § 16 – § 19

Abschnitt 4
Teilnahme ausländischer Fahrzeuge am Straßenverkehr § 20 – § 22

Abschnitt 5
Überwachung des Versicherungsschutzes der Fahrzeuge § 23 – § 29

Abschnitt 6
Fahrzeugregister § 30 – § 45

Abschnitt 7
Durchführungs- und Schlussvorschriften § 46 – § 50

Anlagen 1 – 12

3. Vergleichende Übersicht

Die FZV ist am 1.3.2007 in Kraft getreten. Zu diesem Datum sind die Vorschriften der StVZO, die sich mit der Zulassung der Fahrzeuge befassten, außer Kraft getreten. Die folgende Übersicht soll die Zuordnung erleichtern.

StVZO		FZV	
§ 17	Einschränkung und Entziehung der Zulassung (teilweise Aufhebung)	§ 5	Beschränkung und Untersagung des Betriebs von Fahrzeugen
§ 18	Zulassungspflichtigkeit	§ 3	Notwendigkeit einer Zulassung
		§ 4	Voraussetzungen für eine Inbetriebsetzung zulassungsfreier Fahrzeuge
§ 23	Zuteilung der amtlichen Kennzeichen	§ 6	Antrag auf Zulassung
		§ 7	Zulassung im Inland nach vorheriger Zulassung in einem anderen Staat
		§ 8	Zuteilung von Kennzeichen
		§ 9	Besondere Kennzeichen
§ 24	Ausfertigung des Fahrzeugscheins	§ 11	Zulassungsbescheinigung Teil I
§ 25	Behandlung der Fahrzeugbriefe bei den Zulassungsstellen	§ 12	Zulassungsbescheinigung Teil II
§ 27	Meldepflichten der Eigentümer und Halter von Kraftfahrzeugen oder Anhängern; Zurückziehung aus dem Verkehr und erneute Zulassung	§ 13	Mitteilungspflichten bei Änderungen
		§ 14	Außerbetriebsetzung, Wiederzulassung
§ 27a	Verwertungsnachweis	§ 15	Verwertungsnachweis
§ 28	Prüfungsfahrten, Probefahrten, Überführungsfahrten	§ 16	Prüfungsfahrten, Probefahrten, Überführungsfahrten
§ 29a	Versicherungsnachweis	§ 23	Versicherungsnachweis
§ 29b	Versicherungsnachweis bei Inbetriebnahme nach vorübergehender Stilllegung	§ 24	Mitteilungspflichten der Zulassungsbehörde
§ 29c	Anzeigepflicht des Versicherers	§ 25	Maßnahmen und Pflichten bei fehlendem Versicherungsschutz
§ 29d	Maßnahmen beim Fehlen des Versicherungsschutzes		
§ 29e	Versicherungskennzeichen	§ 26	Versicherungskennzeichen

StVZO	FZV
§ 29g Rote Versicherungskennzeichen	§ 28 Rote Versicherungskennzeichen
§ 29h Maßnahmen bei vorzeitiger Beendigung des Versicherungsverhältnisses	§ 29 Maßnahmen bei vorzeitiger Beendigung des Versicherungsverhältnisses
49. AusnahmeVO zur StVZO Fahrten zur Teilnahme an Veranstaltungen für Oldtimer	§ 17 Fahrten zur Teilnahme an Veranstaltungen für Oldtimer
VOInt § 7 Abs. 1	§ 18 Fahrten im internationalen Verkehr
VOInt § 7 Abs. 2	§ 19 Fahrten zur dauerhaften Verbringung eines Fahrzeugs in das Ausland
VOInt §§ 1, 2, 5, 10 Nr. 1 und 3 und § 11 Abs. 1	§ 20 Vorübergehende Teilnahme am Straßenverkehr im Inland
	§ 21 Kennzeichen und Unterscheidungszeichen
	§ 22 Beschränkung und Untersagung des Betriebs ausländischer Fahrzeuge
§ 60 Ausgestaltung und Anbringung der amtlichen Kennzeichen	§ 10 Ausgestaltung und Anbringung der Kennzeichen
§ 60a Ausgestaltung und Anbringung des Versicherungskennzeichens	§ 27 Ausgestaltung und Anbringung des Versicherungskennzeichens
Anlage I Unterscheidungszeichen der Verwaltungsbezirke	Anlage 1 Unterscheidungszeichen der Verwaltungsbezirke
Anlage II Ausgestaltung, Einteilung und Zuteilung der Buchstaben- und Zahlengruppen für die Erkennungsnummern der Kennzeichen	Anlage 2 Ausgestaltung, Einteilung und Zuteilung der Buchstaben- und Zahlengruppen für die Erkennungsnummern der Kennzeichen
Anlage IV I. Unterscheidungszeichen der Fahrzeuge der Bundes- und Landesorgane, der Bundespolizei, der Bundes-Wasser- und Schifffahrtsverwaltung, der Bundesanstalt Technisches Hilfswerk, der Bundeswehr, des Diplomatischen Corps und bevorrechtigter internationaler Organisationen II. Sonderkennzeichen	Anlage 3 Unterscheidungszeichen der Fahrzeuge der Bundes- und Landesorgane, der Bundespolizei, der Wasser- und Schifffahrtsverwaltung des Bundes, der Bundesanstalt Technisches Hilfswerk, der Bundeswehr, des Diplomatischen Corps und bevorrechtigter internationaler Organisationen
Anlage V Muster und Maße der Kennzeichen	Anlage 4 Ausgestaltung der Kennzeichen

StVZO		FZV	
Anlage Va	Muster und Maße der Euro-Kennzeichen		
Anlage Vb	Muster und Maße der Saison-Kennzeichen		
Anlage Vd	Muster und Maße der Kurzzeitkennzeichen		
Anlage VI	Versicherungskennzeichen der Kleinkrafträder, für Fahrräder mit Hilfsmotor und für motorisierte Krankenfahrstühle	Anlage 12	Versicherungskennzeichen für Kleinkrafträder, motorisierte Krankenfahrstühle und vierrädrige Leichtkraftfahrzeuge
Anlage VII	Amtliche Kennzeichen für Kleinkrafträder, für Fahrräder mit Hilfsmotor und für motorisierte Krankenfahrstühle	Anlage 4	Ausgestaltung der Kennzeichen

Die §§ 30 – 45 wurden aus der Fahrzeugregisterverordnung (FRV), die zum 1.3.2007 aufgehoben wurde, übernommen.

4. Ausnahmeverordnungen zur StVZO/FZV

Es ist nicht immer zweckmäßig, alle Änderungen, deren Umsetzung z.B. kurzfristig notwendig ist, direkt in die StVZO aufzunehmen. Manche Änderungen oder Neuerungen sind nur für eine begrenzte Zeit vorgesehen oder werden versuchsweise oder zur Erprobung, eingeführt. Um nicht den Text der StVZO ständig ändern zu müssen, kann das BMVBS nach Anhörung der zuständigen obersten Landesbehörden allgemeine Ausnahmen von der StVZO in Form von Rechtsverordnungen, den Ausnahmeverordnungen (sog. Ministerverordnungen), erlassen (§ 6 Abs. 3 StVG). Die Zustimmung des Bundesrates ist hierbei nicht erforderlich.

Dies gilt sinngemäß auch für die FZV (vergl. § 47 Abs. 1 Nr. 3 FZV)

5. Erteilung von Ausnahmen nach § 70 StVZO und § 47 FZV

Neben den möglichen Ausnahmen aufgrund der vorerwähnten Ausnahmeverordnungen enthalten § 70 StVZO und § 47 FZV Ermächtigungen zur Erteilung von Ausnahmegenehmigungen. Je nach Bedeutung, Umfang und Geltungsbereich der Ausnahme gelten für die Erteilung der Genehmigung unterschiedliche Zuständigkeiten und Ermächtigungen. Die Genehmigung von Ausnahmen kann mit Auflagen verbunden werden (§ 71 StVZO und § 47 Abs. 3 FZV). Ausnahmen können entspr. der Vorschriften des § 70 StVZO und § 47 FZV genehmigen:

a) die höheren Verwaltungsbehörden (das sind in der Regel die Regierungspräsidenten bzw. Bezirksregierungen),

b) die obersten Landesbehörden (das sind die für den Verkehr zuständigen Ministerien in den Ländern oder die Senate in den Stadtstaaten),

c) das KBA i. R. der Erteilung von ABE nach § 20 StVZO und nach entspr. Ermächtigung durch das BMVBS.

Um eine möglichst einheitliche Behandlung von Ausnahmen zu erreichen, hat das BMVBS zusammen mit den Ländern zu verschiedenen Vorschriften der StVZO Richtlinien erarbeitet; im Übrigen findet hierzu ein reger Erfahrungsaustausch statt.

6. Inkrafttreten und Übergangsbestimmungen (§ 72 StVZO und § 50 FZV)

Die StVZO ist am 1. Januar 1938 und die FZV am 1. März 2007 in Kraft getreten.

Geänderte oder neue Vorschriften treten erst nach einer Übergangszeit nach ihrer Verkündigung in Kraft, § 72 Abs. 2 StVZO bzw. § 50 FZV tragen diesem Umstand Rechnung. In aller Regel tritt eine Einzelvorschrift erst nach einer festgelegten Übergangszeit in Kraft. Normalerweise bezieht sich der Inkrafttretungstermin bei StVZO-Vorschriften auf „erstmals in den Verkehr kommende Fahrzeuge“ und auf „bereits im Verkehr befindliche Fahrzeuge“; in letzterem Falle spricht man von einer Nachrüstpflicht.

7. Zuständigkeiten für die Ausführung der StVZO (§ 68 StVZO) und FZV (§ 46 FZV)

Für die Ausführung der StVZO und FZV sind

a) die nach Landesrecht zuständigen unteren Verwaltungsbehörden, das sind in der Regel die Landräte (Oberkreisdirektoren) oder Oberbürgermeister (Oberstadtdirektoren), oder die von den Länderministerien bestimmten Stellen, zuständig,
soweit nicht

b) die Zuständigkeit der höheren Verwaltungsbehörden, das sind in der Regel die Regierungspräsidenten bzw. Bezirksregierungen, gegeben ist.

c) Für die Dienstbereiche der Bundeswehr, der Bundespolizei und der Polizei gelten besondere Bestimmungen.

8. Verstöße (Ordnungswidrigkeiten) gegen die StVZO und FZV

Nach § 24 StVG sind Verstöße gegen die StVZO

Ordnungswidrigkeiten, die nach § 17 des Gesetzes über Ordnungswidrigkeiten (OWiG) mit einer Geldbuße geahndet werden können.

Im § 69 a StVZO und § 48 FZV sind im Einzelnen die Verstöße aufgeführt, die mit einem Verwarnungs- oder Bußgeld belegt werden können.

9. Hinweise zum Umgang mit der StVZO

Wer mit der StVZO arbeiten muss bzw. wer sich mit Einzelvorschriften der StVZO auseinandersetzen will, muss berücksichtigen, dass folgende Vorschriften bzw. Unterlagen Zusätzliches oder in Teilen Abweichendes bestimmen können:

a) der § 72,

b) die Anlagen,

c) die internationalen Vorschriften der EU und ECE,

d) die Ausnahmeverordnungen und

e) die Richtlinien.

Hinzu kommen Merkblätter und in bestimmten Fällen Einzelentscheide des BMVBS zu speziellen Auslegungsfragen der StVZO.

Beispiel: Wer in den §§ 49 a – 53 StVZO nachsieht, wird nichts über die zusätzlichen Halogen-Fernlichtscheinwerfer finden. Will man nachprüfen, wie viele Scheinwerfer zur Beleuchtung der Fahrbahn nach vorn vorgeschrieben bzw. zugelassen sind, muss man in den folgenden Vorschriften nachsehen:

1. § 50 Abs. 2 StVZO
2. § 50 Abs. 4 StVZO
3. § 50 Abs. 1 StVZO
4. Sechste AVO
5. in den einschlägigen EG-Richtlinien und ECE-Regelungen.

II. Internationale Vorschriften

10. Zweckbestimmung internationaler Vorschriften

Der internationale Warenaustausch, in vorliegendem Falle der Export und Import von Fahrzeugen oder Fz-Teilen, wird immer dann schwierig sein, wenn innerhalb der beteiligten Länder Rechtsvorschriften mit unterschiedlichen Anforderungen bestehen. Es ist einsichtig, dass Fz kostengünstiger zu produzieren sind, wenn die technischen Bedingungen, die von den Bau- und Genehmigungsvorschriften auferlegt sind, in all den Ländern gleich sind, in denen die Fz verkauft und betrieben werden sollen. Dies ist aber nur zum Teil so. Die Unterschiedlichkeit führt zu verschiedenen Fz- Ausführungen eines Typs, die sich jeweils nach dem Bestimmungsland richtet. Hinzu kommt der erhebliche Verwaltungsaufwand der exportierenden oder importierenden Firmen.

Es liegt bzw. lag nahe, die technischen Vorschriften für Kraftfahrzeuge und Anhänger anzugleichen und Verfahren zu entwickeln, die es ermöglichen, auf der Basis der gemeinsam erarbeiteten Vorschriften Genehmigungen zu erteilen und diese gegenseitig anzuerkennen. In erster Linie befassen sich mit der Harmonisierung (Angleichung/Vereinheitlichung) der Vorschriften für Fz die Wirtschaftskommission der Vereinten Nationen für Europa (ECE) sowie die Europäische Union (früher: Europäische Wirtschaftsgemeinschaft).

11. ECE-Regelungen

Grundlage für die i.R. der ECE erarbeiteten Vorschriften für Fahrzeuge ist das „Revidierte Übereinkommen vom 20.3.1958 über die Annahme einheitlicher Bedingungen für die Genehmigung der Ausrüstungsgegenstände und Teile von Kraftfahrzeugen und über die gegenseitige Anerkennung der Genehmigung". ECE-Regelungen sind Anhänge zum o.g. Übereinkommen. Die Vertragsparteien dieses Übereinkommens bestimmen selbst, welche ECE-Regelungen sie auf ihrem Hoheitsgebiet anwenden wollen. Neue Regelungen werden vom Verwaltungsausschuss beschlossen, wobei eine Zweidrittelmehrheit der von den Anwesenden abgegebenen Stimmen erforderlich ist. Die EU hat 15 Stimmen. Anschließend wird diese Regelung dem Generalsekretär der Vereinten Nationen zugeleitet, der sie den Vertragsparteien zuleitet. Die Regelung gilt dann als angenommen, sofern nicht innerhalb von 6 Monaten nach Übermitt-

lung durch den Generalsekretär mehr als ein Drittel der Vertragsparteien dem Generalsekretär mitgeteilt haben, dass sie der Regelung nicht zustimmen. Ist eine Regelung angenommen, so notifiziert der Generalsekretär dies allen Vertragsparteien. Für Änderungen von bestehenden Regelungen gilt ein analoges Verfahren. Die Regelungen selbst enthalten auch die Bestimmungen für die Erteilung von Genehmigungen und die gegenseitige Anerkennung der Genehmigungszeichen. Das Verfahren, nach dem ein Hersteller eine Genehmigung nach einer ECE-Regelung erlangen kann, unterscheidet sich grundsätzlich nicht von dem Verfahren, das auch für die EG-Typgenehmigung gilt.

Die Bundesrepublik Deutschland arbeitet aktiv an der Erstellung von ECE-Regelungen in den einzelnen Berichtergruppen der ECE mit. Bis jetzt wurden 127 Regelungen von der ECE verabschiedet.

Das Prüfzeichen der nach ECE genehmigten Teile besteht aus einem Kreis, in dessen Innerem sich der Buchstabe „E“ und die Kennzahl des Staates befinden, der die Genehmigung erteilt hat, sowie aus der Genehmigungsnummer, ggf. aus der Nummer der ECE-Regelung und mit zusätzlichen Zeichen.

Es erhielten:

Bundesrepublik Deutschland	E 1
Frankreich	E 2
Italien	E 3
Niederlande	E 4
Schweden	E 5
Belgien	E 6
Ungarn	E 7
Tschechien	E 8
Spanien	E 9
Jugoslawien	E 10
Großbritannien	E 11
Österreich	E 12
Luxemburg	E 13
Schweiz	E 14
....	E 15
Norwegen	E 16
Finnland	E 17
Dänemark	E 18
Rumänien	E 19
Polen	E 20
Portugal	E 21
Russland	E 22
Irland	E 24
Kroatien	E 25
Slowenien	E 26
Slowakei	E 27
Weißrussland	E 28
Estland	E 29
....	E 30
Bosnien-Herzegowina	E 31
Lettland	E 32
....	E 33
Bulgarien	E 34
....	E 35
Litauen	E 36
Türkei	E 37
....	E 38
Aserbaidschan	E 39
FYROM	E 40
....	E 41
EU	E 42
Japan	E 43
....	E 44
Australien	E 45
Ukraine	E 46
Südafrika	E 47
Neuseeland	E 48
Zypern	E 49
Malta	E 50
Korea	E 51
Malaysia	E 52
Thailand	E 53
....	E 54
....	E 55
Montenegro	E 56
....	E 57
Tunesien	E 58

Beispiel für einen in der Bundesrepublik Deutschland genehmigten Sicherheitsgurt nach ECE-R 16:

Ar4m

03 2492

Es bedeuten:

A = Dreipunktgurt

r = Gurt mit Retraktor (Aufrolleinrichtung)

4m = Retraktor mit Notverriegelung mit mehrfacher Empfindlichkeit, der ab einer bestimmten Fahrzeugverzögerung und auf Bandauszug blockiert

03 = Genehmigung entspr. ECE-R 16 einschließlich Änderung 03

2492 = Genehmigungsnummer

12. EU-Richtlinien

Mit dem Vertrag zur Gründung der Europäischen Wirtschaftsgemeinschaft wurde auch der Grundstein zur Angleichung der Vorschriften über den Bau und die Ausrüstung von Straßenfahrzeugen innerhalb der Mitgliedstaaten gelegt; die EU setzt dieses Ansinnen in gleicher Weise fort. Richtlinien der EU wenden sich an die Mitgliedstaaten und müssen in das jeweils geltende nationale Recht übernommen werden. Die StVZO müsste mithin so geändert werden, dass in ihr die harmonisierten Vorschriften der EU enthalten sind. Da die technischen Einzelrichtlinien einen erheblichen Umfang haben, würde die StVZO dann ein Vielfaches von ihrem jetzigen Vorschriftentext erreichen; sie würde für den Benutzer noch unübersichtlicher werden. Daher wird zurzeit in §§ der StVZO durch Festverweisungen auf EU-Richtlinien verwiesen, so dass die Einhaltung der dort enthaltenen Vorschriften dann auch im rein nationalen Genehmigungsverfahren nachzuweisen ist. Beispiele hierzu finden sich u.a. in den §§ 32b, 49a und in verschiedenen Anlagen zur StVZO. Außerdem wurde durch § 30 Abs. 4 StVZO die Wahlmöglichkeit geschaffen, an Stelle der StVZO-Vorschriften die Einzelrichtlinien, die in den Anhängen der Rahmenrichtlinien genannt sind, in ihrer jeweils geltenden Fassung einzuhalten. Die Liste dieser Richtlinien wird regelmäßig im VkBl. bekannt gegeben.

Ziel der Harmonisierungsbestrebungen in der EU ist es, eine auf der Basis der Einzelrichtlinien erteilte EU-Typgenehmigung für nahezu alle Fz-Arten zu schaffen, die innerhalb der Mitgliedstaaten anerkannt wird. Auf die Praxis bezogen heißt dies, dass eine z.B. in Frankreich erteilte EU-Typgenehmigung in der Bundesrepublik Deutschland anerkannt werden und das Fahrzeug eine Zulassung erhalten muss. Dieses Ziel ist mit der Vollendung des EG-Binnenmarktes ab dem 1.1.1993 für Pkw erreicht worden. Insgesamt wurden schon über 100 Einzelrichtlinien, die überwiegend schon durch Änderungs-(„Anpassungs"-) Richtlinien geändert wurden, von der EU verkündet.

Das Prüfzeichen der nach EU bauartgenehmigten Teile besteht aus einem Rechteck, in dessen Inneren sich der Buchstabe „e" und die Kennzahl oder die Kennbuchstaben des Mitgliedstaates befinden, der die Genehmigung erteilt hat, sowie die Bauartgenehmigungsnummer usw.

Die Kennzahlen oder Kennbuchstaben der Mitgliedstaaten lauten:

1 für Deutschland
2 für Frankreich
3 für Italien
4 für die Niederlande
5 für Schweden
6 für Belgien
7 für Ungarn
8 für die Tschechische Republik
9 für Spanien
11 für das Vereinigte Königreich
12 für Österreich
15 für Luxemburg
17 für Finnland
18 für Dänemark
19 für Rumänien
20 für Polen
21 für Portugal
23 für Griechenland
24 für Irland
26 für Slowenien
27 für die Slowakei
29 für Estland
32 für Lettland
34 für Bulgarien
36 für Litauen
49 für Zypern
50 für Malta

Beispiel für einen in der Bundesrepublik Deutschland genehmigten Sicherheitsgurt nach der EU-Richtlinie 77/541/EWG:

Ar 4m

e 1

2231

Es bedeuten:

2231 = Bauartgenehmigungsnummer

Die übrigen Teile des Genehmigungszeichens entsprechen der Bedeutung des Beispiels unter 11.

13. Verhältnis StVZO zu ECE-Regelungen und EU-Richtlinien

a) ECE-Regelungen können für das nationale Betriebserlaubnisverfahren immer dann Bedeutung haben, wenn sie in der Bundesrepublik Deutschland national in Kraft getreten sind (Einzelheiten siehe 11.). § 21 a StVZO schreibt vor, dass im Verfahren auf Erteilung der Betriebserlaubnis Genehmigungen und Prüfzeichen anerkannt werden, die ein ausländischer Staat für Ausrüstungsgegenstände oder Fahrzeugteile oder in Bezug auf solche Gegenstände oder Teile für bestimmte Fahrzeugtypen unter Beachtung der mit der Bundesrepublik Deutschland vereinbarten Bedingungen erteilt hat. Auf die Praxis bezogen bedeutet dies, dass z.B. Luftreifen für Pkw, die in Frankreich gebaut, geprüft und von der französischen Genehmigungsbehörde genehmigt wurden, in der Bundesrepublik ohne weitere Prüfungen und Genehmigungen an den für sie zutreffenden Fz verwendet werden dürfen. Das Gleiche gilt im umgekehrten Fall ebenso. Die ECE-Regelung Nr. 30, die die einheitlichen Genehmigungsbedingungen und die technischen Anforderungen für Pkw-Reifen enthält, wird gleichermaßen in beiden Staaten „angewendet", d.h., sie ist jeweils national in Kraft gesetzt worden. In der Bundesrepublik Deutschland ist das KBA Genehmigungsbehörde für die ECE-Regelungen, die hier in Kraft gesetzt wurden.

b) EU-Richtlinien können, auch wenn sie national nicht in die StVZO übernommen wurden (Einzelheiten siehe 12.), anstelle der betreffenden Vorschriften der StVZO angewendet werden. § 19 Abs. 1 Satz 2 StVZO führt aus, dass die Betriebserlaubnis auch zu erteilen ist, wenn das Fz anstelle der Vorschriften der StVZO die entsprechenden harmonisierten Vorschriften der Einzelrichtlinien erfüllt, die

- in Anhang IV der EU-Richtlinie 92/53/EWG zur Änderung der Richtlinie 70/156/EWG (sog. Rahmenrichtlinie) über die Betriebserlaubnis für Kfz und Kfz-Anhänger ...

oder

- in Anhang II der EU-Richtlinie 74/150/EWG ... über die Betriebserlaubnis für land- oder forstwirtschaftliche Zgm auf Rädern ... (sog. Rahmenrichtlinie für land- oder forstwirtschaftl. Zgm) ...

oder

- in Anhang 1 der Richtlinie 92/61/EWG des Rates ... über die Betriebserlaubnis für zwei- oder dreirädrige Kfz ...

genannt sind.

Damit sind alle EU-Einzelrichtlinien erfasst. Ausgehend von diesen Vorschriften kann der Fz-Hersteller bei den noch möglichen nationalen Genehmigungsverfahren wählen, ob er die Einzelvorschriften der StVZO oder aber die entsprechenden Vorschriften der EU-Richtlinien erfüllen will. Beispiel: Die Türen eines Fz, für das eine nationale Einzelbetriebserlaubnis nach § 21 StVZO erteilt werden soll, entsprechen den Vorschriften der EU-Richtlinie 70/387/EWG und wurden hiernach geprüft, aber die Sichtverhältnisse wurden nach § 35b Abs. 2 StVZO geprüft. Nicht zulässig hierbei ist, dass einzelne Fz-Teile einer „Einheit" nach den Vorschriften einer EU-Richtlinie und die anderen Teile nach Vorschriften der StVZO geprüft werden. Auf das oben genannte Beispiel der Fz-Türen bedeutet dies, dass die gesamten Türen den Vorschriften der EU-Richtlinie 70/387/EWG entsprechen müssen und nicht z.B. die Türscharniere die StVZO-Vorschriften und die Türschlösser die internationalen Vorschriften erfüllen. Zu beachten ist, dass § 19 Abs. 1 Satz 2 StVZO kein Prüfzeugnis und keine Genehmigung nach EU verlangt, sondern den Herstellern die Möglichkeit eröffnet, zwischen den materiellen internationalen oder nationalen Vorschriften zu wählen (Möglichkeit des Baus und der Prüfung nach internationalen oder nationalen Vorschriften).

- Eine andere, aber in ihrer Bedeutung nicht minder wichtige Vorschrift enthält § 21a Abs. 1a StVZO. Danach müssen Genehmi-

gungen und Prüfzeichen, die aufgrund von Rechtsakten der Europäischen Gemeinschaften erteilt werden oder anzuerkennen sind, im Verfahren auf Erteilung der Betriebserlaubnis nach StVZO anerkannt werden. Auf vorstehendes Beispiel der Fz-Türen bezogen bedeutet dies, dass Türen, für die eine Genehmigung nach der EU-Richtlinie 70/387/EWG vorliegt, für die Erteilung der Betriebserlaubnis anzuerkennen ist. Weitergehende Prüfungen sind – ebenso wie bei Vorlage einer ECE-Genehmigung (siehe a) – nicht erforderlich und dürfen auch nicht verlangt werden.

- Nach § 21 b StVZO sind im Verfahren auf Erteilung einer Betriebserlaubnis Prüfungen anzuerkennen, die aufgrund harmonisierter Vorschriften nach § 19 Abs. 1 StVZO (gemeint sind die EU-Einzelrichtlinien) durchgeführt und bescheinigt wurden. Damit werden auch Fz-Teile, die eine Prüfbescheinigung (sog. EU-Teilbetriebserlaubnis, die aber EU-rechtlich keine Genehmigung darstellt) nach den vorgenannten Rahmenrichtlinien haben, national anerkannt. § 21b StVZO stellt eine weitere Vereinfachung dar, da er – weitergehend als die EU-Vorschriften dies fordern – sowohl für die Erteilung der ABE als auch für die Erteilung der EBE greift.

14. EU-Typgenehmigung (Betriebserlaubnis)

Mit dem 1. Januar 1993, der Verwirklichung des EG-Binnenmarktes, ist die Allgemeine Betriebserlaubnis für Fahrzeuge in allen EG-Mitgliedstaaten auf eine neue rechtliche Grundlage gestellt worden. Mit der Richtlinie 92/53/EWG vom 18.6.1992 wurde die Betriebserlaubnis-Richtlinie 70/156/EWG neu gefasst; sie kann ab dem 1.1.1993 angewendet werden und gilt für vierrädrige Kraftfahrzeuge und ihre Anhänger. Für Zweirad- und Dreiradfahrzeuge wurde die Betriebserlaubnis-Richtlinie 92/61/EWG am 30.6.1992 verkündet, die ab dem 1.1.1994 angewendet werden kann und durch die Richtlinie 97/24/EG geändert und erweitert wurde. Für lof-Zugmaschinen gilt die Rahmenrichtlinie 74/150/EWG, für zwei- oder dreirädrige Kfz die Richtlinie 92/61/EWG.

Diese Richtlinien brachten erhebliche Änderungen mit sich. Die Richtlinie 92/53/EWG wurde national durch die „Verordnung über die EG-Typgenehmigung für Fahrzeuge und Fahrzeugteile" (EG-Typ V) umgesetzt. Mögliche Ausnahmen sind in der 1. Ausnahme-VO zur EG-Typ V (s. VkBl. 1998 S. 100) festgelegt.

- Fahrzeughersteller mussten früher, um ihre Fahrzeuge in den einzelnen Mitgliedstaaten verkaufen zu können, jeweils nationale Typgenehmigungen einholen, bevor eine Zulassung erfolgen konnte. Für einzelne Fahrzeugteile konnten bereits sog. EU-Teilbetriebserlaubnisse vorgelegt werden, was bereits eine Erleichterung darstellte. Ab dem 1.1.1993 reicht eine einzige Typgenehmigung, die von einer Genehmigungsbehörde in einem der Mitgliedstaaten erteilt wurde, aus. Diese EU-Typgenehmigung muss in allen Mitgliedstaaten anerkannt werden.
- Die bisherige Möglichkeit für PKW, zwischen der nationalen Typgenehmigung (in Deutschland die Allgemeine Betriebserlaubnis nach § 20 StVZO) und der Europäischen Typgenehmigung zu wählen, wurde mit dem Datum 1.1.1996 (bei „einstufiger" Fertigung) bzw. mit dem 1.1.1998 (bei „mehrstufiger" Fertigung) beendet. Für Zweirad- und Dreiradfahrzeuge (Richtlinie 92/61/EWG) greift dieses Verfahren ab dem 17.6.1998 für neue Typen und ab dem 17.6.2003 generell. Das Gleiche gilt für lof-Zugmaschinen (Rahmenrichtlinien 74/150/EWG). Ab diesem Datum ist nur noch eine Europäische Typgenehmigung für Serienfahrzeuge möglich.

Die EG-Typ V enthält darüber hinaus neue Verfahrensregelungen und Genehmigungsverfahren für Fz und Fz-Teile, die die Einhaltung international gültiger Normen („Norm-Reihe" EN 45000) für die Technischen Dienste und Qualitätssicherungssysteme (EN 29002) für die Hersteller vorgeben.

Für Fahrzeuge sog. Kleinserien wird es auch zukünftig ein Verfahren zur Erlangung von Einzel-Betriebserlaubnissen geben.

Auch Fahrzeughersteller aus Nicht-EU-Mitgliedstaaten (z.B. USA, Japan) können für ihre Fahrzeuge in einem EU-Mitgliedstaat eine EU-Betriebserlaubnis erlangen.

15. Weltweite Harmonisierung fahrzeugtechnischer Vorschriften

Das unter 11. beschriebene Übereinkommen der ECE von 1958 umfasst inzwischen mehr als 120 Regelungen zur Homologation von Fahrzeugsystemen. Diese Regelungen sind Basis für die nahezu weltweite Zulassung von Automobilen und Systemen bei Typprüfverfahren. Alle Vertragsstaaten des Übereinkommens von 1958 haben sich verpflichtet, einmal erteilte Genehmigungen gegenseitig anzuerkennen. Dagegen unterscheidet sich das in den USA geltende Selbstzertifizierungssystem grundsätzlich vom System der Typprüfung und der gegenseitigen Anerkennung von Genehmigungen. Die USA haben deshalb das Abkommen von 1958 nicht unterzeichnet.

Mit dem Parallelabkommen von 1998 wurde ein Vertragswerk geschaffen, das die weltweite Harmonisierung fahrzeugtechnischer Vorschriften zum Ziel hat und keine Festlegung auf ein bestimmtes Homologationssystem beinhaltet. Verhandlungspartner waren die Kommission der EU, die USA sowie Japan. Inzwischen zählen das Abkommen von 1998 u.a. folgende Vertragsparteien: Europäische Union, USA, Japan, Kanada, Deutschland, Frankreich, Großbritannien, Italien, Republik Korea, Russische Förderation sowie die Volksrepublik China.

Eine Reihe von Entwürfen für weltweit harmonisierte technische Vorschriften wurde bisher bearbeitet. Es handelt sich dabei um Sicherheitsvorschriften und Umweltschutzvorschriften (Abgas-Emissionen).

Noch steht die Verabschiedung weltweit harmonisierter Vorschriften im Exekutivgremium AC.3 der UN-ECE WP.29 „world forum for harmonisation of vehicle regulations" in einem nennenswerten Umfang aus.

Dieses Gremium befasst sich zurzeit mit Grundsatzfragen der weltweit harmonisierten Regelungen sowie deren Umsetzung in das jeweils nationale Recht der Staaten, die das Abkommen von 1998 unterzeichnet haben. Der Text des Parallelabkommens schreibt vor, dass eine weltweit harmonisierte Regelung nach ihrer Verabschiedung durch das Exekutivkomitee in das nationale bzw. regionale Recht umgesetzt werden muss. Ziel ist die Übernahme in das jeweilige nationale Recht und damit die Anerkennung dieser globalen Regelungen durch möglichst alle Unterzeichnerstaaten.

N

Zulassung und Betriebserlaubnis

I. Zulassungspflicht und -freiheit

1. Grundregel der Zulassung (§ 16 StVZO)
2. Zulassungsverfahren und Pflicht zur Zulassung (§ 3 FZV)
3. Ausnahmen von der Zulassungspflicht
4. Genehmigungspflichtige Fahrzeuge
5. Ausnahmen von der Genehmigungs- und Zulassungspflicht
6. Selbstfahrende Arbeitsmaschinen und Lof- Arbeitsgeräte
7. Nicht selbstfahrende Arbeitsmaschinen und Arbeitsgeräte
8. Kennzeichnung zulassungsfreier oder betriebserlaubnispflichtiger selbstfahrender Arbeitsmaschinen und Arbeitsgeräte sowie Anhänger-Arbeitsmaschinen und -Arbeitsgeräte
9. Land- oder forstwirtschaftliche Anbaugeräte
10. Hinweise zur bauartbedingten Höchstgeschwindigkeit
    a) für Kraftfahrzeuge
    b) für Anhänger
11. Betriebsgeschwindigkeit

II. Betriebserlaubnis und Bauartgenehmigung

12. Erteilung und Wirksamkeit der Betriebserlaubnis (§ 19 StVZO)
13. Erlöschen der Betriebserlaubnis (§ 19 Abs. 2 StVZO), Pflichten des Fahrzeughalters und Ausnahmeregelungen
14. Allgemeine Betriebserlaubnis (ABE) für Typen nach § 20 StVZO
15. Betriebserlaubnis für Einzelfahrzeuge (EBE) nach § 21 StVZO
16. Gutachten für die Einstufung als Oldtimer
17. Betriebserlaubnis für Fahrzeugteile nach § 22 StVZO
18. Bauartgenehmigung für Fahrzeugteile nach § 22a StVZO
19. Kennzeichnung bauartgenehmigter Fahrzeugteile

20. Ordnungswidrigkeiten im Zusammenhang mit bauartgenehmigungspflichtigen Fahrzeugteilen

21. Mitzuführende Fahrzeugpapiere

22. Anhängerverzeichnis

III. Besonderheiten bei beschädigten Fahrzeugen

23. Zulassungsrechtliche Behandlung total beschädigter Kraftfahrzeuge

Im Interesse der Sicherheit und Ordnung ist es erforderlich, dass die überwiegende Zahl der Fahrzeuge nicht ohne weiteres am öffentlichen Straßenverkehr teilnehmen darf. Voraussetzung ist u.a., dass die Fahrzeuge den in der StVZO oder in den internationalen Vorschriften enthaltenen Sicherheits- und Umweltschutzvorschriften entsprechen. Für die Begutachtung der Fahrzeuge auf vorschriftsmäßige Ausführung nach den Bestimmungen der StVZO ist der aaS zuständig, sofern die Fahrzeuge betriebserlaubnispflichtig sind. Die Bestätigung des Sachverständigen ist Vorbedingung für die Erteilung der ABE oder EBE bzw. die Vorlage einer EU-Typ-Genehmigung, damit ein Fahrzeug zugelassen werden kann. Siehe hierzu auch Hinweise zur FZV im Kapitel M, die am 1.3.2007 in Kraft getreten ist.

I. Zulassungspflicht und -freiheit

1. Grundregel der Zulassung (§ 16 StVZO)

Nach § 16 StVZO sind zum Verkehr auf öffentlichen Straßen alle Fahrzeuge zugelassen, die den Vorschriften der StVZO und StVO entsprechen, soweit nicht für die Zulassung einzelner Fahrzeugarten ein Erlaubnisverfahren vorgeschrieben ist. D.h. § 16 StVZO unterscheidet zwischen 2 Arten von Zulassungen:

a) die Zulassung ohne besonderes Erlaubnisverfahren (siehe N 5.),

b) die Zulassung mit besonderem Erlaubnisverfahren.

Ein Erlaubnisverfahren ist dann gegeben, wenn die Fahrzeuge einem genehmigten Typ entsprechen oder eine Einzelgenehmigung vorliegt, bevor sie nach Zuteilung eines amtlichen Kennzeichens von der Verwaltungsbehörde (Zulassungsbehörde) zum Verkehr zugelassen werden.

Die Verwaltungsbehörde kann bei nicht vorschriftsmäßigem Fahrzeug die Zulassung beschränken oder aufheben (§ 17 StVZO für Fz, die nicht in den Anwendungsbereich der FZV fallen, für andere gilt § 5 FZV).

2. Zulassungsverfahren und Pflicht zur Zulassung (§ 3 FZV)

Die Zulassung besteht nach § 3 Abs. 1 FZV

a) aus der Erteilung der Betriebserlaubnis oder einer EG-Typgenehmigung und

b) aus der Zuteilung des amtlichen Kennzeichens.

Für die Zulassung ist gemäß § 6 Abs. 1 FZV die Zulassungsbehörde zuständig.

Zulassungspflichtig sind grundsätzlich Kfz mit einer bauartbedingten Höchstgeschwindigkeit von mehr als 6 km/h und ihre Anhänger (hinter Kraftfahrzeugen mitgeführte Fahrzeuge mit Ausnahme von betriebsunfähigen Fahrzeugen, die abgeschleppt werden.

3. Ausnahmen von der Zulassungspflicht

Kraftfahrzeuge:

a) Kfz mit einer bauartbestimmten Höchstgeschwindigkeit von nicht mehr als 6 km/h und dahinter mitgeführte Anhänger (§ 1 FZV),

b) selbstfahrende Arbeitsmaschinen (§ 3 Abs. 2 Nr. 1a FZV) sowie Stapler,

c) einachsige Zugmaschinen, wenn sie nur für land- oder forstwirtschaftliche Zwecke verwendet werden (§ 3 Abs. 2 Nr. 1b) FZV,

d) Leichtkrafträder nach § 2 Nr. 10 FZV,

e) zwei- oder dreirädrige Kleinkrafträder nach § 2 Nr. 11 FZV,

f) motorisierte Krankenfahrstühle nach § 2 Nr. 13 FZV,

g) vierrädrige Leichtkraftfahrzeuge nach § 2 Nr. 12 FZV.

Anhänger:

a) Anhänger, die hinter Kfz mit einer bauartbedingten Höchstgeschwindigkeit von nicht mehr als 6 km/h mitgeführt werden (§ 1 FZV) sowie

b) die in § 3 Abs. 2 Nr. 2 FZV aufgeführten Anhänger.

4. Genehmigungspflichtige Fahrzeuge

Grundsätzlich müssen Fahrzeuge, die der Zulassungspflicht unterliegen, einem genehmigten Typ entsprechen oder eine Einzelgenehmigung vorliegen.

Fahrzeuge, die nach § 3 Abs. 2 FZV von den Vorschriften über das Zulassungsverfahren freigestellt sind, dürfen nach § 4 Abs. 1 FZV auf öffentlichen Straßen nur in Betrieb gesetzt werden, wenn sie einem genehmigten Typ entsprechen oder eine Einzelgenehmigung erteilt wurde; Ausnahmen siehe unter N 5.

5. Ausnahmen von der Genehmigungs- und Zulassungspflicht

a) Kfz mit einer bauartbedingten Höchstgeschwindigkeit von nicht mehr als 6 km/h sind zwar zulassungs- und betriebserlaubnisfrei, sie müssen jedoch den Bauvorschriften der StVZO entsprechen (vgl. § 16 StVZO i.V.m. § 1 FZV).

b) § 4 Abs. 1 i.V.m. § 3 FZV nennen u.a. folgende Fz, die weder der Genehmigungs- noch der Zulassungspflicht unterliegen:

- Lof-Arbeitsgeräte ≤ 3 t zul. GM, die für eine Höchstgeschwindigkeit von 25 km/h gekennzeichnet sind (§ 58 StVZO),
- hinter einachsigen Lof-Zug- oder Arbeitsmaschinen mitgeführte Sitzkarren.

c) Nach § 17 FZV benötigen Oldtimer, die an sog. Oldtimer-Veranstaltungen teilnehmen (dargestellt werden), für die Fahrten zu diesen Veranstaltungen keine Betriebserlaubnis und keine Zulassung, wenn sie ein rotes Oldtimer-Kennzeichen führen.

6. Selbstfahrende Arbeitsmaschinen und Lof-Arbeitsgeräte

a) Selbstfahrende Arbeitsmaschinen sind Kfz, die nach ihrer Bauart und ihren besonderen mit dem Fahrzeug fest verbundenen Einrichtungen zur Verrichtung von Arbeit nicht zur Beförderung von Personen oder Gütern bestimmt und geeignet sind (§ 2 Nr. 17 FZV). Hinweise darauf, welche Fahrzeuge als selbstfahrende Arbeitsmaschinen anerkannt wurden, können der inzwischen aufgehobenen DA zu § 18 Abs. 2 StVZO (alt) entnommen werden.

b) Lof-Arbeitsgeräte werden von einer Zugmaschine gezogen oder an diese angebaut (§ 2 Nr. 20 FZV) und dienen aufgrund ihrer Vorrichtungen und ihrer Bauart zur Verrichtung von Arbeit. Im Gegensatz zu den Arbeitsmaschinen können sie auch einen kleinen Laderaum haben. Wesentlich ist, dass der etwaige Laderaum neben dem Verwendungszweck

des Fahrzeugs als Arbeitsgerät untergeordnete Bedeutung hat.

7. Nicht selbstfahrende Arbeitsmaschinen und Arbeitsgeräte

a) Anhänger-Arbeitsmaschinen gibt es z.B. als Turmdrehkräne, Stromaggregate und Förderbänder.

Für Anhänger-Arbeitsmaschinen ist eine besondere Anerkennung nach einer DA oder einem Merkblatt nicht vorgeschrieben. Ob ein Fahrzeug eine Anhänger-Arbeitsmaschine ist, entscheiden in der Regel die Zulassungsbehörden aufgrund eines Gutachtens eines aaS.

b) Anhänger-Arbeitsgeräte gibt es z.B. in der Land- und Forstwirtschaft als Sämaschinen. Eine Sämaschine hat einen Laderaum für das Saatgut, das sie aussäen soll. Hauptzweck ist jedoch das Säen (siehe hierzu auch N 6b). Einzelheiten sind zu entnehmen:

„Merkblatt für angehängte land- oder forstwirtschaftliche Arbeitsgeräte" im VkBl. 2000 S. 674.

Anhänger-Arbeitsmaschinen bzw. Arbeitsgeräte sind ebenso wie die selbstfahrenden Arbeitsmaschinen zulassungsfrei (§ 3 Abs. 2 Nr. 1 und Nr. 2 FZV). Sie müssen jedoch, mit wenigen Ausnahmen, einem genehmigten Typ entsprechen oder für sie muss eine Einzelgenehmigung vorliegen (§ 4 Abs. 1 FZV).

8. Kennzeichnung zulassungsfreier aber betriebserlaubnispflichtiger selbstfahrender Arbeitsmaschinen und Arbeitsgeräte sowie Anhänger-Arbeitsmaschinen und -Arbeitsgeräte

a) An selbstfahrenden Arbeitsmaschinen bzw. Arbeitsgeräten mit einer bauartbestimmten Höchstgeschwindigkeit von nicht mehr als 20 km/h müssen an der linken Seite Vorname, Zuname und Wohnort des Besitzers oder der Bezeichnung seiner Firma und deren Sitz in dauerhafter und deutlicher Schrift angegeben sein (§ 4 Abs. 4 FZV).

b) Selbstfahrende Arbeitsmaschinen, einachsige Zugmaschinen mit einer bauartbedingten Höchstgeschwindigkeit von mehr als 20 km/h und Leichtkrafträder (§ 4 Abs. 2 Nr. 1 und Nr. 2 FZV) sowie Anhänger-Arbeitsmaschinen und Spezialanhänger nach § 4 Abs. 2 Nr. 3 FZV müssen ein eigenes amtliches Kennzeichen führen. Diese Fahrzeuge unterliegen damit der regelmäßigen technischen Überwachung nach § 29 StVZO.

c) An den übrigen zulassungsfreien Anhängern und somit auch an Anhänger-Arbeitsmaschinen bzw. Anhänger-Arbeitsgeräten ist an der Rückseite das Kennzeichen des ziehenden Fahrzeugs anzubringen (sog. Wiederholungskennzeichen). Bei mehreren Anhängern genügt ein Kennzeichen am letzten Anhänger (§ 10 Abs. 8 FZV).

Ausnahmen:

Nach § 10 Abs. 8 FZV können an

- Anhängern in Lof-Betrieben, die nur für deren Zwecke genutzt werden, mit einer Geschwindigkeit ≤ 25 km/h,
- Wohn- und Packwagen im Schaustellergewerbe hinter Zgm mit einer Geschwindigkeit ≤ 25 km/h,
- fahrbaren Baubuden hinter Kfz mit einer Geschwindigkeit ≤ 25 km/h,
- einachsigen Anhängern hinter Krafträdern, Kleinkrafträdern und motorisierten Krankenfahrstühlen

und

- an Anhängern für Feuerlöschzwecke

die Kennzeichen des Zugfahrzeugs als Wiederholungskennzeichen geführt werden. Besitzt der Halter mehrere Zugfahrzeuge, genügt das Kennzeichen eines dieser Fahrzeuge, womit ein Auswechseln des Kennzeichens bei wechselnden Zugfahrzeugen entfällt. Diese Kennzeichen müssen nicht abgestempelt werden (es muss kein Siegel angebracht werden).

9. Land- oder forstwirtschaftliche Anbaugeräte

Anbaugeräte sind auswechselbare Zubehörteile für Kraftfahrzeuge und Anhänger, die z.B. der Straßenunterhaltung, der Grünflächenpflege oder Lof-Zwecken dienen oder für land- oder forstwirtschaftliche Sonderfahrzeuge.

Anbaugeräte sind dazu bestimmt, mithilfe des Fahrzeugs Arbeiten auszuführen, wobei ein Austausch der Anbaugeräte für verschiedenartige Arbeiten möglich sein soll. Ihr Gewicht wird während des Transports auf der Straße im Wesentlichen von dem Fahrzeug getragen. Verschiedene Anbaugeräte werden aufgrund ihrer Abmessungen erst auf dem Feld an das Trägerfahrzeug angebaut, da sonst Fz-Abmessungen/-Gewichte beim Verkehr auf den Straßen überschritten würden; in solchen Fällen werden die Anbaugeräte mit besonderen Kfz oder Anhängern zum Einsatzort gebracht. Anbaugeräte können als Front-, Zwischenachs-, Aufbau-, Heck- oder Seitengeräte ausgeführt sein. Heckanbaugeräte dürfen auch mit einer Anhängekupplung ausgerüstet sein.

Anbaugeräte unterliegen nicht den Vorschriften über die Zulassungs- und Betriebserlaubnispflicht, weil sie keine selbstständigen Fahrzeuge, sondern Fahrzeugzubehör sind.

Für die Sicherung und Kennzeichnung solcher Geräte sowie über die zu beachtenden Einzelvorschriften der StVZO wurden folgende Merkblätter veröffentlicht:

- „Merkblatt für Anbaugeräte“ im VkBl. 1999 S. 268, geändert im VkBl. 2000 S. 479 und VkBl. 2004, S. 527
- „§§ 49a ff. StVZO, Merkblatt über die Beleuchtung von land- oder forstwirtschaftlichen Arbeitsgeräten, Anbaugeräten und Transportanhängern“ im VkBl. 1990 S. 554 mit Berichtigungen im VkBl. 1991 S. 616.

Zusätzliche Anforderungen für Winterdienstfahrzeuge sind im „Merkblatt für Winterdienstfahrzeuge“ im VkBl. 1996 S. 528 enthalten.

10. Hinweise zur bauartbedingten Höchstgeschwindigkeit

a) Kraftfahrzeuge:

Die bauartbedingte Höchstgeschwindigkeit eines Kfz ist auf ebener Bahn und ohne Anhänger festzustellen.

Ein Kfz mit einer i.R. der Begutachtung festgestellten bauartbedingten Höchstgeschwindigkeit ist hinsichtlich der Sicherheitsvorschriften der StVZO auf diese Geschwindigkeit auszulegen. Bei der Begutachtung des Kfz muss mithin sichergestellt sein, dass die Vorschriften erfüllt sind. D.h., ein Lkw mit einer zulässigen Gesamtmasse von mehr als 7,5 t, der auch auf Autobahnen nicht schneller als 80 km/h fahren darf, andererseits bauartbedingt 100 km/h fahren könnte, wäre auf die Geschwindigkeit von 100 km/h auszulegen. Durch den Einbau des Geschwindigkeitsbegrenzers (§ 57 c StVZO) wird die bauartbedingte Geschwindigkeit begrenzt, das Fahrzeug muss mindestens auf diese begrenzte Geschwindigkeit hin ausgelegt werden. Bei Fahrzeugen ohne Geschwindigkeitsbegrenzer müssen diese grundsätzlich auf die bauartbedingte Höchstgeschwindigkeit hin ausgelegt werden. Ein Anwendungsfall hierzu ergibt sich z.B. bei der Zuordnung der Reifen (Geschwindigkeitskategorie).

Können die Sicherheitsvorschriften nicht für den gesamten Geschwindigkeitsbereich abgedeckt werden oder soll das Kfz aus anderen Gründen die bauartbedingte Geschwindigkeit nicht ausfahren dürfen (z.B. deshalb, weil Reifen mit niedrigerer Geschwindigkeitskategorie verwendet werden sollen, die billiger sind), ist durch geeignete Mittel die Höchstgeschwindigkeit zu begrenzen. Die Geschwindigkeitsbeschränkung ist manipulationssicher auszuführen; sie darf nicht mit einfachen Mitteln unwirksam gemacht werden können. Getriebe- oder Gangsperren, die ggf. verschweißt sein müssen, oder elektronische Einrichtungen, die plombiert sind, zählen zu den angewandten Mitteln. Hierzu zählen z.B. auch Geschwindigkeitsbegrenzer nach § 57c StVZO.

b) Anhänger:

Durch Ergänzung des § 30 a StVZO ist vorgeschrieben, dass Anhänger für eine Geschwindigkeit von mindestens 100 km/h gebaut und ausgerüstet sein müssen. Anhänger, die für eine niedrigere Geschwindigkeit gebaut oder ausgerüstet sind, müssen nach § 58 StVZO für diese Geschwindigkeit gekennzeichnet sein. Je nach Art des Anhängers müssen die Geschwindigkeitsschilder an beiden Längsseiten und an der Rückseite angebracht werden.

Durch diese Vorschrift soll klargestellt und dem Fz-Führer aufgezeigt werden, für welche Geschwindigkeit der Anhänger geeignet ist. Die durch die Bauart bedingte Höchstgeschwindigkeit von Anhängern nach § 30a Abs. 2 StVZO ist weder in den Fz-Papieren eingetragen noch an den Anhängern selbst angeschrieben.

11. Betriebsgeschwindigkeit

Neben den durch die StVZO vorgegebenen Geschwindigkeitsgrenzen werden in der StVZO für bestimmte Fahrzeugarten maximale Betriebsgeschwindigkeiten vorgeschrieben. Entscheidend hierbei ist, dass Kraftfahrzeuge oder Züge unabhängig der bauartbedingten Geschwindigkeiten bei Fahrten auf öffentlichen Straßen eine vorgeschriebene Geschwindigkeit, die Betriebsgeschwindigkeit, nicht überschreiten (s. z.B. Nr. 8 – Ausnahmen).

II. Betriebserlaubnis und Bauartgenehmigung

12. Erteilung und Wirksamkeit der Betriebserlaubnis (§ 19 StVZO)

Die Betriebserlaubnis ist die Bestätigung der zuständigen Behörde, dass ein Fahrzeug den Vorschriften der StVZO und den zu ihrer Ausführung erlassenen Anweisungen des BMVBS und den Vorschriften der EU-Verordnung Nr. 3821/85 vom 20.12.1985 über das Kontrollgerät im Straßenverkehr entspricht. Einzelheiten, welche Vorschriften der ECE und EU die Vorschriften der StVZO im Betriebserlaubnisverfahren ersetzen können, siehe Abschnitt M.

Der Betriebserlaubnis gleichzusetzen ist eine EG-Typgenehmigung (§ 19 Abs. 7 StVZO).

Die StVZO unterscheidet zwischen 3 unterschiedlichen Betriebserlaubnissen:

- ABE für Fz nach § 20 StVZO (siehe N 14)
- EBE für Fz nach § 21 StVZO (siehe N 15)
- ABE oder EBE für Fz-Teile nach § 22 StVZO (siehe N 17).

Die Betriebserlaubnis bleibt, wenn sie nicht ausdrücklich entzogen wird, bis zur endgültigen Außerbetriebsetzung des Fahrzeugs wirksam. Sie erlischt, wenn Änderungen vorgenommen werden, durch die

1. die in der Betriebserlaubnis genehmigte Fahrzeugart geändert wird,
2. eine Gefährdung von Verkehrsteilnehmern zu erwarten ist oder
3. das Abgas- oder Geräuschverhalten verschlechtert wird (§ 19 Abs. 2 StVZO).

Für Fahrzeuge, die nach einer Außerbetriebsetzung wieder zugelassen werden sollen, gelten die Vorschriften von § 14 Abs. 2 FZV.

13. Erlöschen der Betriebserlaubnis (§ 19 Abs. 2 StVZO), Pflichten des Fahrzeughalters und Ausnahmeregelungen

Veränderungen des Fahrzeugs können zum Verlust der Betriebserlaubnis führen (§ 19 Abs. 2 StVZO – siehe unter L).

Zur Erleichterung und einheitlichen Anwendung dieser Vorschrift wurde ein Beispielkatalog erstellt, aus dem ersichtlich ist, welche Änderungen am Fahrzeug die Betriebserlaubnis unberührt lassen oder zu deren Erlöschen führen. Der Beispielkatalog ist unter L abgedruckt.

14. Allgemeine Betriebserlaubnis (ABE) für Typen nach § 20 StVZO

Für reihenweise zu fertigende oder gefertigte

Fahrzeuge kann dem Hersteller nach einer auf seine Kosten vorgenommenen Prüfung die ABE erteilt werden, wenn er die Gewähr für zuverlässige Ausübung der ihm dadurch verliehenen Befugnisse bietet. Der Antrag für eine ABE ist an das KBA zu richten. Das KBA kann einen aaS oder eine andere Stelle mit der Begutachtung des Fahrzeugs auf vorschriftsmäßige Ausführung beauftragen. Nach den Vorschriften des § 20 StVZO könnte die Begutachtung auch vom KBA selbst vorgenommen werden. Die Entscheidung auf Erteilung einer ABE liegt beim KBA.

15. Betriebserlaubnis für Einzelfahrzeuge (EBE) nach § 21 StVZO

Gehört ein Fahrzeug nicht zu einem genehmigten Typ, so hat der Hersteller oder der Verfügungsberechtigte die EBE bei der Zulassungsbehörde zu beantragen. Im Unterschied zur Erteilung einer ABE ist im EBE-Verfahren immer ein Gutachten eines aaS erforderlich.

Bei Fahrzeugen, die nur betriebserlaubnispflichtig sind, genügt auf dem Gutachten des aaS der Vermerk der Zulassungsbehörde „Betriebserlaubnis erteilt".

Bei Importfahrzeugen, für die statt einer ABE eine EBE beantragt wird, führt dies zu zahlreichen Einzelbegutachtungen. Hinzu kommt, dass diese Fahrzeuge häufig nach den Bauvorschriften des Landes, aus dem sie exportiert wurden, gebaut sind und infolgedessen nicht selten von der StVZO abweichen. Um den aaS und den Genehmigungsbehörden entsprechende Hinweise über die Genehmigung von Ausnahmen nach § 70 StVZO zu geben und eine einheitliche Verfahrensweise sicherzustellen, ist das Merkblatt für die Begutachtung von Fahrzeugen (insbesondere Pkw) nach § 21 StVZO und über mögliche Ausnahmen nach § 70 StVZO erstellt und im VkBl. veröffentlicht worden (siehe unter Q).

16. Gutachten für die Einstufung als Oldtimer

Für Fahrzeuge, die vor mehr als 30 Jahren oder eher erstmals in den Verkehr gekommen sind und vornehmlich zur Pflege des kfz-technischen Kulturgutes eingesetzt werden (§ 2 Nr. 22 FZV), kann ein Oldtimerkennzeichen zugeteilt werden (§ 9 FZV). Für diese Fahrzeuge ist jedoch zuvor eine Begutachtung für Oldtimer-Fahrzeuge erforderlich. Einzelheiten dazu s. § 23 StVZO und die Richtlinie für die Begutachtung von „Oldtimer"-Fahrzeugen im VkBl. 1997 S. 515.

17. Betriebserlaubnis für Fahrzeugteile nach § 22 StVZO

Für Fahrzeugteile, die eine technische Einheit bilden und im Erlaubnisverfahren selbstständig behandelt werden können, kann eine gesonderte Betriebserlaubnis erteilt werden. Die Erlaubnis ist ggf. dahin zu beschränken, dass das Fahrzeugteil nur an bestimmten Fahrzeugtypen, u.U. in Abhängigkeit vom Baujahr, verwendet werden darf. Außerdem kann der An- oder Einbau von der Abnahmeprüfung durch eine aaSoP oder PI abhängig gemacht werden.

Für das Erlaubnisverfahren gelten die Vorschriften über die Erteilung der Betriebserlaubnis für Fahrzeug. Bei reihenweise zu fertigenden oder gefertigten Fahrzeugteilen ist § 20 StVZO sinngemäß anzuwenden.

Anwendungsfälle ergeben sich z.B. bei bestimmten Anhängerkupplungen, Auspuffanlagen, Fahrgestellen oder Fahrgestellteilen u.a.m.

18. Bauartgenehmigung für Fahrzeugteile nach § 22a StVZO

Fahrzeugteile, die für die Verkehrs- und Betriebssicherheit eines Fahrzeug von besonderer Bedeutung sind, unterliegen der Bauartgenehmigungspflicht. Dabei ist es gleichgültig, ob diese Teile an zulassungspflichtigen oder -freien Fahrzeugen verwendet werden und der Einoder Anbau der Teile vorgeschrieben ist oder freiwillig vorgenommen wurde. In der Verordnung über die Prüfung und Genehmigung der Bauart von Fahrzeugteilen sowie deren Kennzeichnung, der Fahrzeugteileverordnung (FzTV) vom 12. August 1998 (BGBl. I S. 2142), zuletzt geändert durch VO vom 22.10.2003 (BGBl. I S. 2085, VkBl. 734), ist das Verwaltungsverfahren festgelegt. Bauartgenehmigungspflichtige Teile sind Sicherheitsgurte, Scheiben aus Sicherheitsglas, Einrichtungen zur Verbindung von Fahrzeugen, verschiedene Scheinwerfer- und Leuchtenarten u.a.m.

Die Anforderungen, die bauartgenehmigungspflichtige Teile erfüllen müssen, sind in den „Technischen Anforderungen an Fahrzeugteile bei der Bauartprüfung nach § 22 a StVZO" vom 5.7.1973 (VkBl. S. 558), letzte Änderung im VkBl. vom 21.7.2006, S. 645, enthalten.

Die Prüfung der Fahrzeugteile auf Einhaltung der vorgeschriebenen Anforderungen wird von den in der Fahrzeugteileverordnung jeweils benannten Stellen (§ 5) vorgenommen. Der Antrag auf Bauartgenehmigung ist an das KBA zu richten; das KBA entscheidet über den Antrag und erteilt ggf. die Bauartgenehmigung.

Nach § 1 Abs. 2 und § 7 Abs. 2 Fahrzeugteileverordnung können für die nach § 22a Abs. 1 StVZO vorgeschriebenen Genehmigungen (Bauartgenehmigungen) und Prüfzeichen (§ 22a Abs. 2 StVZO) auch Genehmigungen und Prüfzeichen anerkannt werden, die ein ausländischer Staat für die Bauart einer Einrichtung nach § 22a Abs. 1 StVZO entsprechend der mit Deutschland vereinbarten Bedingungen erteilt hat. D.h., liegt für die in § 22a StVZO genannten Einrichtungen eine ECE-Genehmigung vor, ist eine nationale Bauartgenehmigung entbehrlich. Gleiches gilt für EU-Genehmigungen (siehe auch § 22a Abs. 6 StVZO) bei Fz-Teilen, die auch nach den entsprechenden EU-Richtlinien eine EU-Bauartgenehmigung benötigen.

19. Kennzeichnung bauartgenehmigter Fahrzeugteile

Bauartgenehmigte Fahrzeugteile sind mit einem amtlich vorgeschriebenen und zugeteilten Prüfzeichen zu kennzeichnen (§ 22a Abs. 2 StVZO).

Das Prüfzeichen wird bei Erteilung der Bauartgenehmigung vom KBA zugeteilt. An einem vom KBA genehmigten Sicherheitsgurt wäre folgendes Prüfzeichen anzubringen:

∿∿∿ G 1809.

Das Prüfzeichen besteht aus einer Wellenlinie von drei Perioden, dem Unterscheidungsbuchstaben der Prüfstelle (§ 4 i.V.m. § 7 der Fahrzeugteileverordnung; in diesem Fall ist Prüfstelle die Staatliche Materialprüfungsanstalt an der UNI Stuttgart) und der Prüfnummer der Prüfstelle.

20. Ordnungswidrigkeiten im Zusammenhang mit bauartgenehmigungspflichtigen Fahrzeugteilen

Mit einem amtlich zugeteilten Prüfzeichen für bauartgenehmigungspflichtige Fahrzeugteile darf ein Teil nur dann gekennzeichnet sein, wenn es der Bauartgenehmigung in jeder Hinsicht entspricht. An Fahrzeugteilen dürfen keine Zeichen angebracht sein, die zu Verwechslungen mit den Prüfzeichen Anlass geben (§ 22 a Abs. 5 StVZO).

Wer vorsätzlich oder fahrlässig Fahrzeugteile, die in einer vom KBA genehmigten Bauart ausgeführt sein müssen, gewerbsmäßig feilbietet, obwohl sie nicht mit einem amtlich vorgeschriebenen und zugeteilten Prüfzeichen gekennzeichnet sind, kann mit einer Geldbuße bis zu 5.000,- Euro belegt werden (§ 23 Abs. 2 StVG).

Außerdem muss nach § 69 a Abs. 2 Nr. 7 StVZO derjenige mit einer Geldbuße rechnen, der ein Fahrzeugteil ohne amtlich vorgeschriebenes und zugeteiltes Prüfzeichen zur Verwendung feilbietet, veräußert, erwirbt oder verwendet, sofern nicht schon eine Ordnungswidrigkeit nach § 23 StVG vorliegt (Verkehrsordnungswidrigkeit nach § 24 StVG, § 17 OWiG).

21. Mitzuführende Fahrzeugpapiere

Mitzuführende Fahrzeugpapiere sind zuständigen Personen auf Verlangen zur Prüfung aus-

zuhändigen. Zur Teilnahme am öffentlichen Straßenverkehr sind grundsätzlich die Zulassungsbescheinigung Teil I (Fahrzeugschein), bei Zügen auch die Zulassungsbescheinigung Teil I für den Anhänger oder statt dessen ein Anhängerverzeichnis (s. § 11 Abs. 1 FZV) sowie ggf. besondere Genehmigungen, die für spezielle Verwendungszwecke vorgeschrieben sind (z.B. bei der Beförderung gefährlicher Güter), und evtl. vorhandene, nicht schon aus der Zulassungsbescheinigung Teil I hervorgehende Ausnahmegenehmigungen oder besondere Betriebserlaubnisse/Bauartgenehmigungen (§ 19 Abs. 4 StVZO) mitzuführen. Ebenfalls sind bei Kfz, für die Geschwindigkeitsbegrenzer vorgeschrieben sind (§ 57c StVZO), Bescheinigungen nach § 57d StVZO mitzuführen, wenn kein Einbauschild vorhanden ist.

Bei Fahrzeugen, für die keine Zulassungsbescheinigungen Teil I ausgestellt wurden, gelten die Vorschriften des § 4 Abs. 5 FZV.

22. Anhängerverzeichnis

Sind für einen Fahrzeughalter mehrere Anhänger zugelassen und werden diese mit verschiedenen Kfz zu Zügen zusammengestellt, dann wird oft versäumt, die Anhängerscheine auszuwechseln. Die unterlassene Mitnahme der Fahrzeugscheine (vgl. § 11 Abs. 5 FZV) ist jedoch eine Zuwiderhandlung, die mit einer gebührenpflichtigen Verwarnung oder einer Geldbuße geahndet werden kann (§ 48 Nr. 5 FZV).

Zur weitgehenden Vermeidung dieser Schwierigkeiten ist nach § 11 Abs. 1 FZV die Möglichkeit gegeben, dass die Zulassungsbehörden Anhängerverzeichnisse ausfertigen können, in denen alle Anhänger eines Unternehmens aufgeführt werden, so dass der lästige Austausch der Anhängerscheine unterbleiben kann.

Beispiel: Einem Unternehmen mit 3 Lkw stehen 4 Anhänger zur Verfügung. Die Kfz-Zulassungsbehörde stellt auf Antrag 3 Anhängerverzeichnisse aus, in denen alle 4 Anhänger aufgeführt werden, so dass bei jedem Lkw ein Verzeichnis mit allen Anhängern mitgeführt werden kann.

III. Besonderheiten bei beschädigten Fahrzeugen

23. Zulassungsrechtliche Behandlung total beschädigter Kraftfahrzeuge

(VkBl. 1992 S. 200)

Um die Effektivität des mit der Verlautbarung Nr. 111 im VkBl. Heft 13/1989 S. 435 eingeführten Verfahrens der Benachrichtigung der Zulassungsstellen durch die Versicherer zur Bekämpfung der missbräuchlichen Verwendung von Fahrzeugbriefen total beschädigter Kraftfahrzeuge zu erhöhen, soll die vorgenannte Verlautbarung nach Abstimmung mit den obersten Landesbehörden und dem Verband der Haftpflichtversicherer, Unfallversicherer, Autoversicherer und Rechtsschutzversicherer e.V. (HUK-Verband) dahin gehend geändert werden, dass die Mitteilung des Versicherers an die Zulassungsbehörde bereits bei Begutachtung durch den Haussachverständigen oder durch den beauftragten Sachverständigen, bei gleichzeitiger Übersendung einer Kopie des Gutachtens an die Zulassungsbehörde, erfolgt.

Diese Änderung erfordert Ergänzungen unter Abschnitt I Ziffer 2 sowie dem Muster des vom HUK-Verband empfohlenen Formschreibens, die eine Neubekanntmachung der Verlautbarung Nr. 111 VkBl. 1989 S. 435 zweckmäßig erscheinen lassen.

Die im VkBl. 1989 S. 435 bekanntgemachte Verlautbarung wird zum 1. Mai 1992 aufgehoben.

Ab 1. Mai 1992 ist wie folgt zu verfahren:

I.

1. Die Versicherer bemühen sich, bei allen Unfällen, die auf Totalschadensbasis abgerechnet werden, den betreffenden Fahrzeughalter zu veranlassen, dass das Fahrzeug endgültig abgemeldet und damit auch der Fahrzeugbrief entwertet wird.
2. Bei Kraftfahrzeugen über 500 cm^3 Hubraum,
   - deren Tag der Erstzulassung nicht länger

als vier Jahre vom Unfalltag an zurückliegt und

– deren Reparaturkosten 50 % des Neuwertes des Fahrzeugs überschreiten, so dass im allgemeinen von Mängeln ausgegangen werden kann, die die Verkehrssicherheit beeinträchtigen,

unterrichtet der Versicherer die Zulassungsstelle hierüber, sobald das Gutachten des Haussachverständigen oder des beauftragten Sachverständigen vorliegt.

Die Unterrichtung der Zulassungsstelle erfolgt unter Verwendung des nachstehend abgedruckten, vom HUK-Verband empfohlenen Musters eines Formschreibens, dem eine Kopie des Sachverständigengutachtens beigefügt ist.

Rechtsgrundlage für die Speicherung bei der Zulassungsstelle ist § 2 Abs. 2 Nr. 11 der Fahrzeugregisterverordnung.

II.

Bei Eingang einer derartigen Mitteilung ist von der Zulassungsstelle je nach Sachlage folgendes zu veranlassen:

1. Die Zulassungsstelle fordert den Halter gemäß § 17 Abs. 1 und 3 StVZO auf, dafür Sorge zu tragen, dass das Fahrzeug innerhalb einer angemessenen Frist repariert wird und dass es zwecks Prüfung der Mängelbeseitigung vorgeführt wird, wobei auch eine Identitätskontrolle des Fahrzeugs erfolgt. Zum Nachweis der Mängelbeseitigung kann die Zulassungsstelle die Beibringung eines Gutachtens anordnen.

2. Falls das Fahrzeug vorübergehend stillgelegt ist oder wird, nimmt die Zulassungsstelle die Schadensmitteilung zu ihren Unterlagen. Wird das Fahrzeug wieder in Betrieb genommen, so erfolgt anhand der Schadensmitteilung eine Überprüfung der Mängelbeseitigung, verbunden mit einer Identitätskontrolle des Fahrzeugs.

   Ggf. ordnet die Zulassungsstelle zur Überprüfung der Mängelbeseitigung die Beibringung eines Gutachtens an.

3. Kommt das Fahrzeug bei einer anderen Zulassungsstelle zur Wiederanmeldung, so übersendet die alte Zulassungsstelle nach Eingang der Umschreibungsmitteilung der neuen Zulassungsstelle die Schadensmitteilung. Die neue Zulassungsstelle verfährt gemäß § 17 Abs. 3 StVZO, d.h., sie ordnet die Vorführung des Fahrzeugs zur Überprüfung der Mängelbeseitigung und Identitätskontrolle an (ggf. unter Beibringung eines Gutachtens).

4. Falls das Fahrzeug abgemeldet (gelöscht) ist oder wird und der Fahrzeugbrief entwertet wurde, ist die Mitteilung des Versicherers zu den Akten zu nehmen.

(Muster des vom HUK-Verband empfohlenen Formschreibens)

An die Zulassungsstelle
für Kraftfahrzeuge

Datum ______________

Betr.: Überprüfung des nachstehenden Kraftfahrzeugs gemäß § 17 StVZO

Schaden-Nr.: ______________________________

Pkw – Fabrikat: ______________________________

Amtl. Kennz.: ______________________________

Erstzulassung: ______________________________

Sehr geehrte Damen und Herren!

In dieser Schadensache ist das o.a. Fahrzeug am ______________ an einem Unfall beteiligt gewesen.

❒ Das Fahrzeug ist schwer beschädigt worden.
Die Reparaturkosten belaufen sich auf ca. € ______________________

❒ Das Fahrzeug hat einen Totalschaden erlitten.

❒ Sachverständigengutachten ist beigefügt.

Wir bitten Sie, entsprechend der Verlautbarung im Verkehrsblatt 1992 S. 200 tätig zu werden.

Mit freundlichen Grüßen

Beleuchtung von Fahrzeugen

1. Allgemeine lichttechnische Grundsätze (§ 49a StVZO)
2. Anbringung von paarweisen lichttechnischen Einrichtungen
3. Anbau lichttechnischer Einrichtungen
4. Mindestzahl der nach vorne wirkenden Scheinwerfer an mehrspurigen Kfz (§ 50 StVZO)
5. Zulässige Anzahl der nach vorne wirkenden Scheinwerfer an mehrspurigen Kfz; Schaltungsvorschriften (§ 50 StVZO)
6. Bauarten der Scheinwerfer
7. Anbringungshöhe der Scheinwerfer (§ 50 StVZO)
8. Einstellung der Scheinwerfer
9. Leuchtweiteregler (§ 50 Abs. 8 StVZO)
10. Begrenzungsleuchten (§ 51 StVZO)
11. Umrissleuchten (§ 51b StVZO)
12. Schlussleuchten (§ 53 StVZO)
13. Bremsleuchten (§ 53 StVZO)
14. Rückstrahler (§ 53 StVZO)
15. Fahrtrichtungsanzeiger (§ 54 StVZO)
16. Warnblinkanlagen (§ 53a StVZO)
17. Spurhalteleuchten (§ 51 StVZO)
18. Nebelschlussleuchten (§ 53d StVZO)
19. Rückfahrscheinwerfer
20. Andere Scheinwerfer und Leuchten; Park-Warntafeln, Ausrüstung und Kenntlichmachung von Anbaugeräten und Hubladebühnen
21. Seitliche Kenntlichmachung (§ 51a StVZO) und Konturmarkierung (§ 53 Abs. 10 StVZO)
22. Warndreieck und Warnleuchte (§ 53a StVZO); Handlampe (§ 54b StVZO)

Die Verkehrsdichte einerseits und die hohen Geschwindigkeiten andererseits stellen unterschiedliche Forderungen an die Beleuchtung von Fahrzeugen. Fordert die dichte Folge der Fahrzeuge im Straßenverkehr ein möglichst mildes und für die Augen des Entgegenkommenden blendfreies Licht, so muss der Schnellfahrer möglichst weit und gut sehen können. Bei einer Geschwindigkeit von 150 km/h beträgt der Anhalteweg in Abhängigkeit von der möglicherweise eintretenden Schreckdauer und der Reaktionsdauer selbst bei einer guten Bremse je nach Fahrbahnzustand zwischen 200 m und 300 m.

Nach der üblichen Faustregel soll indessen die Geschwindigkeit in keinem Falle mehr als die Sichtweite betragen.

Im Rahmen dieser Ausführungen können und sollen nicht alle lichttechnischen Einrichtungen und ihre Schaltungen erörtert werden, sondern nur die wesentlichen und in vielen Einzelvorschriften und Ausführungsbestimmungen der StVZO enthaltenen Vorschriften erläutert werden.

Bei der Beleuchtung der Fahrzeuge muss der Autofahrer neben der StVZO die Verhaltensvorschriften der StVO beachten. Dabei kommt § 17 StVO (Beleuchtung) besondere Bedeutung zu.

1. Allgemeine lichttechnische Grundsätze (§ 49a StVZO)

An Kfz und ihren Anhängern dürfen nur die vorgeschriebenen und die für zulässig erklärten lichttechnischen Einrichtungen angebracht werden. Unzulässig ist z.B. der Anbau von beleuchteten Weihnachtsbäumen, Reklamefiguren, -zeichen oder Schriftzügen sowie der Einbau einer Fahrzeuginnenbeleuchtung, die andere Verkehrsteilnehmer blendet oder das Signalbild des Fahrzeugs verändert; dies gilt auch dann, wenn die Leuchten während der Fahrt ausgeschaltet sind. Auch Leuchtstoffe und rückstrahlende Mittel gelten als lichttechnische Einrichtungen. Lichttechnische Einrichtungen müssen ständig betriebsfertig und fest angebracht sein, sie dürfen nicht verdeckt oder verschmutzt sein (§ 49a Abs. 1 StVZO i.V.m. § 17 Abs. 1 StVO). Scheinwerfer dürfen abdeckbar oder versenkbar sein (sog. Schlafaugen), wenn ihre ständige Betriebsfertigkeit dadurch nicht beeinträchtigt wird (§ 49a Abs. 2 StVZO).

Weil die an verschiedenen Anhängern angebrachten lichttechnischen Einrichtungen besonders leicht verschmutzt, verdeckt oder zerstört werden können, lässt § 49a Abs. 9 StVZO abnehmbare Beleuchtungseinrichtungen zu. Diese Vorschrift bestimmt u.a. Folgendes:

An Anhängern in land- oder forstwirtschaftlichen Betrieben dürfen die Schlussleuchten, Nebelschlussleuchten, Spurhalteleuchten, Umrissleuchten, Bremsleuchten, hintere Fahrtrichtungsanzeiger, hintere nach der Seite wirkende gelbe, nicht dreieckige Rückstrahler und reflektierende Mittel, hintere Seitenmarkierungsleuchten, Rückfahrscheinwerfer und Kennzeichen mit Kennzeichenleuchten sowie zwei zusätzliche dreieckige Rückstrahler – für bestimmte Anhänger und angehängte lof-Arbeitsgeräte nach § 53 Abs. 7 StVZO zwei zusätzliche Rückstrahler, wie sie für Kfz vorgeschrieben sind – auf einem abnehmbaren Schild oder Gestell (Leuchtenträger) angebracht sein. Diese Leuchtenträger sind auch zulässig an Anhängern zur Beförderung von Eisenbahnwagen (Straßenroller) und zur Beförderung von Booten sowie an Turmdrehkränen, Förderbändern und Lastenaufzügen, Abschleppachsen, abgeschleppten Fahrzeugen, Fahrgestellen, die zur Anbringung des Aufbaus überführt werden, fahrbaren Baubuden, Schausteller-Wohn- oder -Packwagen, angehängten Arbeitsgeräten für die Straßenunterhaltung und Nachläufern zum Transport von Langmaterial. Der Leuchtenträger darf nicht pendeln, er muss rechtwinklig zur Fahrbahn und zur Längsmittelebene angebracht sein. Siehe hierzu „Merkblatt über den Anbau von Scheinwerfern und Leuchten an beweglichen Fahrzeugteilen“ (siehe unter Q).

Alle nach vorn wirkenden lichttechnischen Einrichtungen dürfen, mit Ausnahme der Parkleuchten, Fahrtrichtungsanzeiger und Tagfahrleuchten sowie Arbeitsscheinwerfer an lof-Zugmaschinen und lof-Arbeitsmaschinen, nur zusammen mit den Schlussleuchten und der Kennzeichenbeleuchtung einschaltbar sein (Schaltungsvorschrift), wenn sie nicht zur Ab-

gabe von Leuchtzeichen (§ 16 Abs. 1 StVO) verwendet werden (§ 49a Abs. 5 StVZO). Als Leuchtzeichen gilt auch die sog. Lichthupe.

In den Scheinwerfern und Leuchten dürfen nur die nach ihrer Bauart dafür bestimmten Leuchtmittel verwendet werden (§ 49a Abs. 6 StVZO).

Außerdem fordert § 49a Abs. 8 StVZO für Kfz und Züge, die ab dem 1.1.1988 erstmals in den Verkehr gekommen sind: „Für alle am Kfz oder Zug angebrachten Scheinwerfer und Signalleuchten muss eine ausreichende elektrische Energieversorgung unter allen üblichen Betriebsbedingungen ständig sichergestellt sein". Insbesondere bei nachträglichen Ausrüstungen von Kfz mit Einrichtungen, die zu ihrem Betrieb elektrische Energie benötigen, ist diese Vorschrift zu beachten.

2. Anbringung von paarweisen lichttechnischen Einrichtungen

Sind lichttechnische Einrichtungen gleicher Art paarweise angebracht, so müssen sie in gleicher Höhe über der Fahrbahn und symmetrisch zur Längsmittelebene des Fahrzeugs angebracht sein (§ 49a Abs. 4 StVZO). Dies gilt nicht für Fahrzeuge mit unsymmetrischer äußerer Form und bei Krafträdern mit Beiwagen. Diese lichttechnischen Einrichtungen müssen gleichfarbig sein, gleiche Lichtstärke haben und – mit Ausnahme der Parkleuchten und Fahrtrichtungsanzeiger – gleichzeitig leuchten.

3. Anbau lichttechnischer Einrichtungen

Nach § 22a StVZO unterliegen Scheinwerfer für Fern- und Abblendlicht (bei getrennter Ausführung beide), Begrenzungs- Spurhalte-, Umriss-, Nebelschluss- und Parkleuchten, Nebelscheinwerfer, Schluss- und Bremsleuchten, Beleuchtungseinrichtungen für amtliche Kennzeichen sowie verschiedene andere Leuchten und die hierfür erforderlichen Glühlampen sowie Rückstrahler der Bauartgenehmigungspflicht. Sie müssen mit dem vorgeschriebenen Prüfzeichen versehen sein. D.h., nicht bauartgenehmigte lichttechnische Einrichtungen dürfen nicht an Fz „angebaut" werden.

4. Mindestzahl der nach vorn wirkenden Scheinwerfer an mehrspurigen Kfz (§ 50 StVZO)

Mehrspurige Kfz müssen mit mindestens 2 nach vorn wirkenden Scheinwerfern für Fern- und Abblendlicht ausgerüstet sein, die nur weißes Licht abstrahlen dürfen. Für das Fern- und Abblendlicht dürfen besondere Scheinwerfer vorhanden sein; sie dürfen darüber hinaus so geschaltet sein, dass bei Fernlicht die Abblendscheinwerfer mitleuchten (§ 50 Abs. 4 StVZO).

Die Einschaltung des Fernlichts muss dem Fahrer durch eine blaue Kontrolllampe angezeigt werden. Die Scheinwerfer müssen gleichzeitig und gleichmäßig abblendbar sein. Dies gilt für alle paarweise angebrachten Scheinwerfer.

Ausnahmen:

a) An mehrspurigen Kraftfahrzeugen, deren Breite nicht mehr als ein Meter beträgt, und an Krankenfahrstühlen genügt 1 Scheinwerfer.

b) An Kfz mit einer durch die Bauart bestimmten Höchstgeschwindigkeit von nicht mehr als 8 km/h genügen Leuchten ohne Scheinwerferwirkung.

c) An Kraftfahrzeugen mit einer durch die Bauart bestimmten Höchstgeschwindigkeit von nicht mehr als 30 km/h genügen Scheinwerfer, die den Vorschriften des § 50 Abs. 6 Satz 2 und 3 StVZO entsprechen (§ 50 Abs. 5 StVZO).

d) An einachsigen Zug- oder Arbeitsmaschinen, die von Fußgängern an Holmen geführt werden, ist vom Hereinbrechen der Dunkelheit an oder wenn die Witterung es erfordert, eine nicht blendende Leuchte für weißes Licht auf der linken Fahrzeugseite anzubringen oder an der Hand mitzuführen. Die Leuchte muss von vorne und hinten gut sichtbar sein (§ 50 Abs. 2 StVZO i.V.m. § 17 Abs. 5 StVO).

e) Mofas dürfen mit einem Scheinwerfer für Dauerabblendlicht ausgerüstet sein (§ 50 Abs. 6a StVZO).

5. Zulässige Anzahl der nach vorne wirkenden Scheinwerfer an mehrspurigen Kfz; Schaltungsvorschriften (§ 50 StVZO)

a) Zwei Scheinwerfer für Fern- und Abblendlicht (§ 50 Abs. 2, 5 und 6 StVZO).

b) Für das Fernlicht und für das Abblendlicht dürfen jeweils besondere Scheinwerfer vorhanden sein, die so geschaltet sein dürfen, dass bei Fernlicht die Abblendscheinwerfer mitleuchten (§ 50 Abs. 4 StVZO).

(F) (A) (A) (F)

c) Abweichend von § 49a Abs. 1 und § 50 Abs. 4 StVZO dürfen bei Fernlichtschaltung auch die besonderen Abblendscheinwerfer Fernlicht ausstrahlen (§ 4 der 6. Ausnahme-Verordnung vom 17.7.1962, BGBl. I S. 450, zuletzt geändert durch Artikel 3 der FZV-StVR vom 25.4.2006 (BGBl. I S. 988, VkBl. S. 535).

(F) (F) (F) (F)

d) Bei der Anbringung zusätzlicher Fernlichtscheinwerfer ist Folgendes zu beachten: Verschiedene Fahrzeughersteller rüsten ihre Kfz schon serienmäßig mit 4 Hauptscheinwerfern (2 für Fern- und 2 für Abblendlicht) aus, die zwar jeweils in einem Gehäuse eingebaut sind, jedoch getrennte Reflektoren besitzen. Derartige kombinierte Scheinwerfer sind nach der Richtlinie 76/761/EWG genehmigt worden. Außerdem können bei entsprechender Genehmigung über den Anbau der Beleuchtungs- und Lichtsignaleinrichtungen für Kfz nach der Richtlinie 76/756/EWG folgende Kombinationen zulässig sein:

(F) (A/F) (A/F) (F)

oder

(F)(F)(A) (A)(F)(F)

Hierbei müssen die Scheinwerfer für Fernlicht nur gleichzeitig oder paarweise einschaltbar sein und beim Abblenden gleichzeitig erlöschen. Die Scheinwerfer für Abblendlicht dürfen gleichzeitig mit den Scheinwerfern für Fernlicht brennen (§ 50 Abs. 4).

e) Nebelscheinwerfer sind nicht vorgeschrieben. Mehrspurige Kfz dürfen mit 2 Nebelscheinwerfern für weißes oder hellgelbes Licht, einspurige (auch Krafträder mit Beiwagen) nur mit einem Nebelscheinwerfer ausgerüstet sein. Sie dürfen nicht höher als die am Kfz befindlichen Abblendscheinwerfer angebracht sein. Hierfür gelten die folgenden Schalt- und Benutzungsvorschriften:

Ist bei mehrspurigen Kraftfahrzeugen der äußere Rand der Lichtaustrittsfläche der Nebelscheinwerfer mehr als 400 mm von der breitesten Stelle des Fahrzeugumrisses entfernt, müssen die Nebelscheinwerfer so geschaltet sein, dass sie nur zusammen mit dem Abblendlicht brennen (§ 52 Abs. 1 StVZO).

Beträgt dieser Abstand weniger als 400 mm, dürfen die Nebelscheinwerfer gemeinsam mit den Begrenzungsleuchten benutzt werden. An Krafträdern ohne Beiwagen kann der Nebelscheinwerfer allein, an Krafträdern mit Beiwagen nur gemeinsam mit der Begrenzungsleuchte oder mit dem Abblendlicht benutzt werden (§ 17 Abs. 3 StVO).

Zusammenfassung: Bei mehrspurigen Kraftfahrzeugen sind zur Beleuchtung der Fahrbahn nach vorn bis zu acht Scheinwerfer zulässig. Sie werden wie folgt geschaltet bzw. benutzt:

(F)(A)(N) (N)(A)(F)

oder

(F)(F)(N) (N)(F)(F)

oder nach EU-Vorschriften und nunmehr auch nach der StVZO

(F)(A/F)(N) (N)(A/F)(F)

oder

(F)(F)(A)(N) (N)(A)(F)(F)

Außerdem darf nach § 52 Abs. 2 StVZO ein Suchscheinwerfer angebracht werden, der nur gemeinsam mit dem Schlusslicht und der Kennzeichenbeleuchtung einschaltbar sein darf. Suchscheinwerfer dürfen nur kurz und nicht

zum Beleuchten der Fahrbahn benutzt werden (§ 17 Abs. 6 StVO).

Zusätzlich dürfen unter bestimmten Bedingungen Arbeitsscheinwerfer an verschiedenen Fz verwendet werden (§ 52 Abs. 7 StVZO).

6. Bauarten der Scheinwerfer

a) Weitstrahler/Breitstrahler:

In der StVZO sind die Begriffe Weitstrahler oder Breitstrahler nicht enthalten. Weitstrahler sind Scheinwerfer für Fernlicht; Breitstrahler sind Nebelscheinwerfer, die nach § 17 Abs. 3 StVO nur bei erheblicher Sichtbehinderung durch Nebel, Schneefall oder Regen verwendet werden dürfen.

b) Halogen-Scheinwerfer:

Halogen-Scheinwerfer unterscheiden sich von herkömmlichen Scheinwerfern hauptsächlich durch die Art der Glühlampen.

Die Halogen-Glühlampe ist mit einem sehr kleinen Quarzkolben ausgerüstet, der einen bedeutend höheren Gasdruck des Edelgases (bis 3500 Torr) und höhere Temperaturen erlaubt. Dem Edelgas ist eine bestimmte Menge eines Halogens (Jod oder Brom) zugesetzt. Bei sehr hoher Temperatur des Wendels verdampft Wolfram und geht mit dem Halogen eine Verbindung ein, die am glühenden Wolframwendel wieder in Halogen und Wolfram zerfällt. Wolfram schlägt sich am Wendel nieder. Bei der herkömmlichen Glühlampe setzt sich das verdampfte Wolfram am Glaskolben als schwarzer Niederschlag ab, der Wendel hat Materialverlust. Die Lebensdauer der Halogen-Glühlampe ist größer, weil sie in ihrem Arbeitsprinzip einem Regenerationsprozess unterworfen ist.

Halogen-Scheinwerfer finden Verwendung als Scheinwerfer für Fern-, Abblend- oder Nebellicht.

c) Litronic-Scheinwerfer:

Litronic-Scheinwerfer in Polyellipsoid (PES-) Ausführung stellen eine Neuentwicklung dar, die der Forderung nach geringem Einbauraum bei gleichzeitig hohen Lichtwerten nachkommt. Die Litronic setzt sich aus der Gasentladungslampe, der Scheinwerferoptik und dem elektronischen Vorschaltgerät zusammen und findet bei Vier-Scheinwerfer-Systemen Anwendung.

7. Anbringungshöhe der Scheinwerfer (§ 50 StVZO)

Bei Scheinwerfern für Abblendlicht darf der niedrigste Punkt der Spiegelkanten nicht unter 500 mm und der höchste Punkt der leuchtenden Fläche nicht höher als 1200 mm über der Fahrbahn liegen. Fahrzeuge des Straßendienstes, die von den öffentlichen Verwaltungen oder in deren Auftrag eingesetzt werden, sowie selbstfahrende Arbeitsmaschinen und land- oder forstwirtschaftliche Zugmaschinen, deren Bauart das vorschriftsmäßige Anbringen der Scheinwerfer nicht zulässt, sind von dieser Vorschrift ausgenommen. Ist der höchste Punkt der leuchtenden Fläche jedoch höher als 1500 mm über der Fahrbahn, dann dürfen die vorgenannten Fz bei eingeschalteten Scheinwerfern nur mit einer Geschwindigkeit von nicht mehr als 30 km/h gefahren werden (Betriebsvorschrift; siehe § 50 Abs. 3 StVZO).

Scheinwerfer müssen einstellbar und so befestigt sein, dass sie sich nicht unbeabsichtigt verstellen können.

8. Einstellung der Scheinwerfer

Die richtige Einstellung der Scheinwerfer ist von entscheidender Bedeutung für die Verkehrssicherheit bei schlechten Sichtverhältnissen, Dämmerung oder Nacht. Neben einer möglichst guten Fahrbahnbe- oder -ausleuchtung, auch bei Abblendlicht, ist die Blendung entgegenkommender Verkehrsteilnehmer so gering wie möglich zu halten.

Von daher liegt es nahe, Scheinwerfer von Zeit zu Zeit – so auch i.R. der Untersuchungen nach § 29 StVZO – auf richtige Einstellung zu prüfen. Die Prüfbedingungen hierzu sind in den Richtlinien für die Einstellung von Scheinwerfern an Kraftfahrzeugen“ (siehe unter J) enthalten.

9. Leuchtweiteregler (§ 50 Abs. 8 StVZO)

Mehrspurige Kfz, ausgenommen land- oder forstwirtschaftliche Zugmaschinen und Arbeitsmaschinen, die nach dem 1.1.1990 erstmals in den Verkehr kommen, müssen mit Leuchtweitereglern ausgerüstet sein. Die Leuchtweiteregler müssen der Richtlinie 76/756/EWG, einschließlich der Änderungsrichtlinien dazu, entsprechen.

Bei Kfz ohne Niveauregelanlage und ohne Leuchtweiteregler ist in der Regel bei höherer Beladung die Hell-Dunkel-Grenze der Scheinwerfer-Lichtbündel nicht mehr zur Fahrbahn geneigt, sondern nach oben gerichtet. Zwei entscheidende Nachteile treten dann auf: Andere Verkehrsteilnehmer werden geblendet, die Fahrbahn wird nicht mehr hinreichend genug ausgeleuchtet. Diese Nachteile werden durch den Einbau von Leuchtweitereglern, mit denen die Scheinwerfer und damit die Hell-Dunkel-Grenze ihrer Lichtbündel wieder zur Fahrbahn geneigt werden können, aufgehoben.

10. Begrenzungsleuchten – Standlicht – (§ 51 StVZO)

Kfz, die breiter als 1 m sind, müssen zur Kenntlichmachung ihrer seitlichen Begrenzung vorn mit zwei Begrenzungsleuchten für weißes Licht ausgerüstet sein, bei denen der äußere Rand der Lichtaustrittsflächen nicht mehr als 400 mm von der breitesten Stelle des Fahrzeugumrisses entfernt sein darf. Beträgt der Abstand des äußersten Punktes der leuchtenden Fläche der Scheinwerfer von den breitesten Stellen des Fz-Umrisses nicht mehr als 400 mm, genügen in die Scheinwerfer eingebaute Begrenzungsleuchten. Zulässig sind zwei zusätzliche Begrenzungsleuchten, die Bestandteil der Scheinwerfer sein müssen (§ 51 Abs. 1 StVZO).

Die seitliche Begrenzung von Anhängern, die mehr als 400 mm über den äußersten Punkt der leuchtenden Fläche der Begrenzungsleuchten des vorderen Fahrzeugs hinausragen, muss kenntlich gemacht werden; d.h., an diesen Anhängern müssen vorn Begrenzungsleuchten angebracht sein, damit Entgegenkommende auf den überstehenden Teil des Anhängers hingewiesen werden.

Ausnahmen:

An einachsigen Zug- oder Arbeitsmaschinen, die von Fußgängern an Holmen geführt werden oder deren durch die Bauart bestimmte Höchstgeschwindigkeit 30 km/h nicht übersteigt und der Abstand des äußersten Punktes der leuchtenden Fläche der Scheinwerfer von der breitesten Stelle des Fz-Umrisses nicht mehr als 400 mm beträgt, sind Begrenzungsleuchten nicht erforderlich (§ 51 Abs. 1 StVZO).

11. Umrissleuchten (§ 51 b StVZO)

Zusätzlich zu Begrenzungs- und Schlussleuchten werden Fahrzeuge in ihrer Breite durch Umrissleuchten gekennzeichnet. Umrissleuchten sollen soweit als möglich außen und hoch angebracht werden.

Fz mit mehr als 2,10 m Breite müssen und Fz mit einer Breite von 1,80 m bis 2,10 m dürfen auf jeder Fahrzeugseite mit einer nach vorn wirkenden weißen und einer nach hinten wirkenden roten bauartgenehmigten Umrissleuchte ausgerüstet sein (§ 51b Abs. 2 StVZO). Die genannten Leuchten an einer Fz-Seite dürfen zu einer Leuchte zusammengefasst sein.

Umrissleuchten sind nicht erforderlich an

- land- oder forstwirtschaftlichen Zug- und Arbeitsmaschinen sowie deren Anhänger und
- allen Anbaugeräten und Anhängegeräten hinter den vorgenannten Zugmaschinen (§ 51b Abs. 4 StVZO).

12. Schlussleuchten (§ 53 Abs. 1 StVZO)

Mehrspurige Kfz müssen nach hinten mit zwei ausreichend wirkenden Schlussleuchten für rotes Licht ausgerüstet sein. Der niedrigste Punkt der leuchtenden Fläche darf nicht tiefer als 350 mm und der höchste Punkt der leuchtenden Fläche nicht höher als 1500 mm (Arbeitsmaschinen und land- oder forstwirtschaftliche

Zugmaschinen: 1900 mm) über der Fahrbahn liegen.

Das Gleiche gilt für mehrspurige Anhänger hinter mehrspurigen Kfz. Schlussleuchten unterliegen ebenfalls der Bauartgenehmigungspflicht nach § 22a StVZO. Vorgeschriebene Schlussleuchten dürfen nicht an einer gemeinsamen Sicherung angeschlossen sein.

Krafträder benötigen nur eine Schlussleuchte.

Mehrspurige Kfz und ihre Anhänger dürfen mit zwei zusätzlichen Schlussleuchten ausgerüstet sein (§ 53 Abs. 1 StVZO).

13. Bremsleuchten (§ 53 Abs. 2 StVZO)

Kfz und ihre Anhänger müssen hinten mit zwei bauartgenehmigten Bremsleuchten für rotes Licht ausgerüstet sein, die auch bei Tageslicht die Betätigung der Betriebsbremse anzeigen. Die Bremsleuchten dürfen auch bei Betätigen eines Retarders oder einer ähnlichen Einrichtung aufleuchten. Sind die Bremsleuchten in der Nähe der Schlussleuchten angebracht oder mit ihnen zusammengebaut, müssen sie stärker als diese leuchten.

Mehrspurige Fz dürfen außerdem mit 2 zusätzlichen, höher als 1 m über der Fahrbahn innen oder außen am Fz fest angebrachten Bremsleuchten ausgerüstet sein (§ 53 Abs. 2 StVZO).

Die sog. dritte Bremsleuchte darf an Pkw nach § 1 der 43. Ausnahme-VO zur StVZO vom 18.3.1993 (BGBl. I S. 361) sowie nach den einschlägigen Vorschriften der ECE und EU ebenfalls angebaut werden, wenn die dort vorgeschriebenen Bedingungen erfüllt werden.

Keine Bremsleuchten werden benötigt an

a) Krafträdern mit oder ohne Beiwagen mit einer durch die Bauart bestimmten Höchstgeschwindigkeit von nicht mehr als 50 km/h,

b) Krankenfahrstühlen,

c) Anhängern an den vorgenannten Fz,

d) Fahrzeugen mit hydrostatischem Fahrantrieb, der als Betriebsbremse anerkannt ist.

14. Rückstrahler (§ 53 Abs. 4, § 51 Abs. 2 StVZO)

Kfz müssen mit zwei roten runden Rückstrahlern, Anhänger mit zwei dreieckigen Rückstrahlern (Seitenlänge mindestens 150 mm) ausgerüstet sein. Rückstrahler sind – ebenso wie retroreflektierende Streifen an Reifen und Pedalrückstrahler – bauartgenehmigungspflichtig. Sie dürfen nicht mehr als 400 mm (äußerster Punkt der leuchtenden Fläche) von der breitesten Stelle des Fahrzeugumrisses entfernt und höchstens 900 mm (höchster Punkt der leuchtenden Fläche) über der Fahrbahn angebracht sein (§ 53 Abs. 4 StVZO).

Zwei nicht dreieckige weiße Rückstrahler dürfen an der Vorderseite von Anhängern so angebracht sein, dass der äußerste Punkt der leuchtenden Fläche nicht weniger als 350 mm und nicht mehr als 900 mm – falls die Bauart des Fahrzeugs dies nicht zulässt, höchstens 1500 mm – über der Fahrbahn liegen (§ 51 Abs. 2 StVZO). Bei der Anbringung ist zu beachten, dass der Abstand vom äußersten Umrisspunkt des Anhängers bis zum äußersten Punkt der leuchtenden Fläche 150 mm, bei land- oder forstwirtschaftlichen Anhängern 400 mm, nicht unterschritten wird.

An Anhängern, die nur für land- oder forstwirtschaftliche Zwecke eingesetzt werden, dürfen neben den vorgeschriebenen 2 dreieckigen auch runde Rückstrahler angebracht sein (§ 53 Abs. 7a StVZO).

Ausnahmen:

Nach § 53 Abs. 7 StVZO genügen an

a) land- oder forstwirtschaftlichen Arbeitsgeräten, die hinter Kraftfahrzeugen mitgeführt werden und nur im Fahren eine ihrem Zweck entsprechende Arbeit leisten können, sowie an

b) eisenbereiften Anhängern, wenn sie nur für land- oder forstwirtschaftliche Zwecke verwendet werden, Rückstrahler, wie sie für Kfz vorgeschrieben sind; sie brauchen nicht dreieckig zu sein.

c) Rückstrahler an land- oder forstwirtschaftlichen Bodenbearbeitungsgeräten, die hinter

Kfz mitgeführt werden, dürfen abnehmbar angebracht sein (§ 53 Abs. 7b StVZO).

15. Fahrtrichtungsanzeiger (§ 54 StVZO)

Kfz und ihre Anhänger müssen mit Fahrtrichtungsanzeigern, das sind Blinkleuchten für gelbes Licht, ausgerüstet sein. Sind Fahrtrichtungsanzeiger eingeschaltet, muss dies dem Fahrer akustisch oder optisch angezeigt werden. Fahrtrichtungsanzeiger müssen so angebracht sein, dass sie unter allen Betriebsbedingungen von den Verkehrsteilnehmern, für die ihre Erkennbarkeit von Bedeutung ist, deutlich gesehen werden. Die vorgeschriebene Anzahl der paarweise anzubringenden Blinkleuchten in Abhängigkeit von der Art des Fz ergibt sich aus § 54 Abs. 4 StVZO. An Fz, bei denen der Abstand der einander zugekehrten äußeren Ränder der Lichtaustrittsflächen der Blinkleuchten an der Vorder- und an der Rückseite mehr als 6 m beträgt, müssen an den Längsseiten mit zusätzlichen Fahrtrichtungsanzeigern ausgerüstet werden.

An mehrspurigen Kfz und Sattelanhängern – ausgenommen lof-Zugmaschinen und deren Anhänger – mit einer zul. Gesamtmasse von mehr als 3,5 t sind diese Fahrtrichtungsanzeiger dann entbehrlich, wenn Blinkleuchten nach § 54 Abs. 4 Nr. 5 StVZO angebracht sind.

Die zusätzliche Anbringung eines Fahrtrichtungsanzeiger-Paares, z.B. an der Rückseite von Fahrzeugen, ist nach geltenden Vorschriften erlaubt.

KOM, die für die Schülerbeförderung besonders eingesetzt werden (z.B. im freigestellten Schülerverkehr), müssen mit zwei zusätzlichen Blinkleuchten an der Rückseite, die so hoch und so weit außen wie möglich anzuordnen sind, ausgerüstet sein.

Ausnahmen: (§ 54 Abs. 5 StVZO)

Folgende Fahrzeuge benötigen keine Fahrtrichtungsanzeiger:

a) Einachsige Zug- oder Arbeitsmaschinen, offene Krankenfahrstühle, Klein- und Leichtkrafträder, Fahrräder mit Hilfsmotor,
b) eisenbereifte Anhänger, die nur für land- oder forstwirtschaftliche Zwecke verwendet werden,
c) angehängte land- oder forstwirtschaftliche Arbeitsgeräte, aber nur soweit sie die Blinkleuchten des ziehenden Fahrzeugs nicht verdecken,
d) einachsige Anhänger hinter Krafträdern,
e) Sitzkarren, die hinter land- oder forstwirtschaftlichen Zug- oder Arbeitsmaschinen mitgeführt werden.

Beim Mitführen von zwei Anhängern hinter Zugmaschinen mit einer bauartbestimmten Höchstgeschwindigkeit von nicht mehr als 25 km/h genügt es, wenn die Blinkleuchten am letzten Anhänger angebracht sind. Dies gilt auch, wenn die Anhänger für eine Höchstgeschwindigkeit von nicht mehr als 25 km/h in der durch § 58 StVZO vorgeschriebenen Weise gekennzeichnet sind (§ 54 Abs. 4 Nr. 3 StVZO).

16. Warnblinkanlagen (§ 53a StVZO)

Mehrspurige Fahrzeuge, für die Fahrtrichtungsanzeiger (§ 54 StVZO) vorgeschrieben sind (ausgenommen 2- und 3-rädrige Kleinkrafträder und 4-rädrige Leichtkraftfahrzeuge), müssen zusätzlich mit einer Warnblinkanlage ausgerüstet sein (§ 53a Abs. 4 StVZO). Diese Kopplung von Fahrtrichtungsanzeigern und Warnblinkanlagen ergibt sich aus den gemeinsam benutzten Blinkleuchten, die somit eine Doppelfunktion ausüben. Die Einschaltung des Warnblinklichts darf nur über einen besonderen Schalter erfolgen und muss dem Fahrer durch eine auffällige Kontrollleuchte für rotes Licht angezeigt werden.

Warnblinklicht ist in folgenden Fällen einzuschalten

- bei liegen gebliebenen mehrspurigen Fahrzeugen, die ein Hindernis für den übrigen Verkehr darstellen (§ 15 StVO),
- während des Abschleppens an beiden Fahrzeugen (§ 15a StVO),

- an Schulbussen, entspr. § 16 Abs. 2 StVO,
- immer dann, wenn andere Verkehrsteilnehmer durch das Fahrzeug gefährdet werden (§ 16 StVO).

17. Spurhalteleuchten (§ 51 StVZO)

An Anhängern darf am hinteren Ende der beiden Längsseiten je eine nach vorn wirkende Leuchte für weißes Licht (Spurhalteleuchte) angebracht sein (§ 51 Abs. 4 StVZO). Spurhalteleuchten unterliegen ebenfalls der Bauartgenehmigungspflicht.

Diese Leuchten gestatten dem Fahrzeugführer – besonders bei Kurvenfahrten –, Abweichungen des Anhängers von der Spur des ziehenden Fahrzeugs im Rückspiegel zu erkennen.

18. Nebelschlussleuchten (§ 53d StVZO)

Mehrspurige Kfz und ihre Anhänger, deren durch die Bauart bestimmte Höchstgeschwindigkeit mehr als 60 km/h beträgt, müssen hinten mit einer oder zwei, andere Kfz und ihre Anhänger dürfen hinten mit einer Nebelschlussleuchte ausgerüstet sein. Die Höhe über der Fahrbahn darf nicht weniger als 250 mm (niedrigster Punkt der leuchtenden Fläche) und nicht mehr als 1000 m (höchster Punkt) betragen. Der Abstand zur Bremsleuchte muss mindestens 100 mm betragen. Wenn an mehrspurigen Fz nur eine Nebelschlussleuchte angebracht ist, muss sie in der Mitte des Fahrzeugs oder links davon angeordnet sein.

Das Einschalten der Nebelschlussleuchte/n muss durch eine gelbe Kontrollleuchte im Blickfeld des Fahrers angezeigt werden.

Nebelschlussleuchten dürfen nur gemeinsam mit den Scheinwerfern für Fernlicht, für Abblendlicht oder mit den Nebelscheinwerfern leuchten; die Betätigung des Schalters für Fern- oder Abblendlicht darf die Nebelschlussleuchten nicht ausschalten. Die Nebelschlussleuchten müssen unabhängig von Nebelscheinwerfern ausschaltbar sein. Nebelschlussleuchten dürfen nur benutzt werden, wenn durch Nebel die Sichtweite weniger als 50 m beträgt (§ 17 Abs. 3 StVO).

19. Rückfahrscheinwerfer (§ 52a StVZO)

Rückfahrscheinwerfer werden aus zwei Gründen angebaut: Zum einen soll die Fahrbahn hinter oder ggf. neben dem Fahrzeug ausgeleuchtet und zum anderen soll den übrigen Verkehrsteilnehmern angezeigt werden, dass das Fahrzeug rückwärts fährt oder zu fahren beginnt.

Kfz müssen hinten mit einem oder zwei Rückfahrscheinwerfern für weißes Licht ausgerüstet sein. An Anhängern ist eine solche Ausrüstung zulässig. Rückfahrscheinwerfer dürfen nicht niedriger als 250 mm (niedrigster Punkt der leuchtenden Fläche) und nicht höher als 1200 mm (höchster Punkt) über der Fahrbahn angebracht sein. Sie dürfen nur bei eingelegtem Rückwärtsgang und nur dann leuchten, wenn die Einrichtung zum Anlassen oder Stillsetzen des Motors sich in der Stellung befindet, in der der Motor arbeiten kann.

Anbau-Rückfahrscheinwerfer müssen so angebaut (geneigt) sein, dass die Fahrbahn auf höchstens 10 m hinter der(n) Leuchte(n) ausgeleuchtet wird.

An mehrspurigen Kfz mit einer zul. Gesamtmasse von mehr als 3,5 t darf an jeder Längsseite ein Rückfahrscheinwerfer angebaut sein.

Ausnahmen:

Rückfahrscheinwerfer sind nicht erforderlich an Krafträdern, land- oder forstwirtschaftlichen Zug- oder Arbeitsmaschinen, einachsigen Zugmaschinen, Arbeitsmaschinen und Krankenfahrstühlen.

20. Andere Scheinwerfer und Leuchten; Park-Warntafeln; Ausrüstung und Kenntlichmachung von Anbaugeräten und Hubladebühnen

a) Arbeitsscheinwerfer, auch mehrere, dürfen nur an mehrspurigen Fahrzeugen (§ 52 Abs. 7 StVZO) angebracht werden. Sie dienen zur Beleuchtung von Arbeitsgeräten und Arbeitsstellen.

b) Die Ausrüstung mit Rundumkennleuchten für blaues oder gelbes Blinklicht (§ 52 Abs. 3 und 4 StVZO) ist ebenfalls nur bestimmten Fahrzeugen vorbehalten.

c) Parkleuchten (§ 51c StVZO) dürfen an Kfz, Anhängern und Zügen angebracht werden. Einzelheiten zur Art der Leuchten und ihrer Anbringung ergeben sich aus § 51c Abs. 2 und Abs. 3 StVZO. An Fz, die nicht breiter als 2000 mm und nicht länger als 6000 mm sind, genügen zur Kenntlichmachung der seitlichen Begrenzung beim Parken innerhalb geschlossener Ortschaften eine nach vorn wirkende Parkleuchte für weißes und eine nach hinten wirkende für rotes Licht; diese dürfen in einem Gerät vereinigt sein.

d) Türsicherungsleuchten für rotes Licht, die beim Öffnen der Fahrzeugtüren nach rückwärts leuchten, sind zulässig (§ 52 Abs. 8 StVZO); für den gleichen Zweck dürfen auch rote rückstrahlende Mittel verwendet werden.

e) Vorzeltleuchten an Wohnwagen und Wohnmobilen sind zulässig (§ 52 Abs. 9 StVZO). Sie dürfen nicht während der Fahrt und nur dann eingeschaltet werden, wenn nicht zu erwarten ist, dass sie Verkehrsteilnehmer auf öffentlichen Straßen blenden.

f) Park-Warntafeln (§ 51c StVZO) dürfen bei Dunkelheit zur Kenntlichmachung auf der Fahrbahn haltender Fahrzeuge mit einer zul. Gesamtmasse von mehr als 3,5 t – ausgenommen Pkw – innerhalb geschlossener Ortschaften verwendet werden. (§ 17 Abs. 4 StVO i.V.m. den Verlautbarungen vom 25.9.1980, VkBl. S. 737 und vom 6.1.1984, VkBl. S. 23).

g) Anbaugeräte, die seitlich oder nach hinten über die Schlussleuchten des Fahrzeugs um bestimmte Maße hinausragen, bedürfen einer zusätzlichen lichttechnischen Ausrüstung (Absicherung). An Hubladebühnen und ähnlichen Einrichtungen müssen möglichst am hinteren Ende und soweit wie möglich voneinander entfernt auf der in Arbeitsstellung befindlichen Einrichtung (z.B. Rampe) Blinkleuchten für gelbes Licht angebracht sein. Diese Einrichtungen sind außerdem mit rot-weißen Warnmarkierungen kenntlich zu machen (§ 53b Abs. 5 StVZO).

21. Seitliche Kenntlichmachung (§ 51a StVZO) und Konturmarkierung (§ 53 Abs. 10 StVZO)

Kraftfahrzeuge – ausgenommen Pkw – mit einer Länge von mehr als 6 m sowie Anhänger müssen an den Längsseiten mit gelben, nicht dreieckigen Rückstrahlern ausgerüstet sein. Für die Anbringung gelten die Bestimmungen des § 51a Abs. 1 und Abs. 2 StVZO.

Fahrzeuge mit einer Länge von mehr als 6 m, ausgenommen Fahrgestelle mit Führerhaus, lof-Zug- und Arbeitsmaschinen und deren Anhänger sowie Arbeitsmaschinen, die hinsichtlich der Baumerkmale nicht den Lkw und Zugmaschinen gleichzusetzen sind, müssen mit gelben Seitenmarkierungsleuchten ausgerüstet sein. Diese Leuchten müssen nach der Seite wirken und der Richtlinie 76/756/EWG entsprechen (§ 51a Abs. 6 StVZO).

Außerdem sind retroreflektierende gelbe waagerechte Streifen, die unterbrochen sein können, an den Längsseiten von Fz zulässig, wenn sie nicht die Form von Schriftzügen oder Emblemen haben (§ 51a Abs. 4 StVZO).

An den Reifen von Krafträdern und Krankenfahrstühlen sind retroreflektierende ringförmige weiße Streifen in zusammenhängender Form zulässig (§ 51a Abs. 5 StVZO).

Nach § 51a Abs. 7 StVZO sind Fz-Kombinationen mit Nachläufern zum Transport von Langmaterial über ihre gesamte Länge, einschließlich der Ladung, durch gelbes retroreflektierendes Material zu kennzeichnen.

Bestimmte langsam fahrende (v ≤ 30 km/h) oder schwere und lange Kfz und ihre Anhänger dürfen mit besonderen Tafeln (Leuchtmittel) und/oder weißen oder gelben retroreflektierenden Materialien gekennzeichnet werden. Einzelheiten sind § 53 Abs. 10 StVZO entnehmbar.

22. Warndreieck und Warnleuchte (§ 53a StVZO); Handlampe (§ 54b StVZO)

a) In Pkw und land- oder forstwirtschaftlichen Zug- oder Arbeitsmaschinen (ohne Rücksicht auf die zul. Gesamtmasse) sowie anderen Kfz mit einer zul. Gesamtmasse von nicht mehr als 3,5 t muss mindestens 1 Warndreieck,

in anderen Kraftfahrzeugen mit einer zul. Gesamtmasse von mehr als 3,5 t müssen mindestens 1 Warndreieck und mindestens 1 Warnleuchte mitgeführt werden.

Für Krankenfahrstühle, Krafträder, einachsige Zug- oder Arbeitsmaschinen sind diese Warneinrichtungen nicht vorgeschrieben.

b) In Kraftomnibussen muss zusätzlich eine von der Lichtanlage des Fahrzeugs unabhängige windsichere Handlampe mitgeführt werden (§ 54b StVZO).

Besondere Vorschriften aus der StVZO

1. Mindest-Motorleistung für Kfz und Züge (§ 35 StVZO)
2. Berechnung der erforderlichen Motorleistung
3. Vorschriften, die beim Mitführen von Anhängern zu beachten sind
4. Ermittlung des zulässigen Gesamtgewichts (der zul. Gesamtmasse) von Sattel-Kfz (§ 34 StVZO)
5. Abschleppen (§ 15a StVO) und Schleppen (§ 33 StVZO) von Fahrzeugen
6. Kennzeichnung abgeschleppter und geschleppter Fahrzeuge
7. Lichttechnische Einrichtungen beim Abschleppen betriebsunfähiger Fahrzeuge hinter Abschleppwagen
8. Kennleuchten für gelbes Blinklicht an Pannenhilfsfahrzeugen
9. Einschaltung des gelben Blinklichts
10. Verwendung von roten Kennzeichen oder Kurzzeitkennzeichen
11. Bremsen (§ 41 StVZO)
    a) Physikalische Grundlagen und gesetzliche Forderungen
    b) Wiederkehrende Prüfungen der Bremsanlagen von Fahrzeugen (§ 29 StVZO)
12. Anhalteweg – Bremsweg
13. Ermittlung der Abbremsung eines Anhängers, der nicht auf dem Bremsprüfstand geprüft wird
14. Ausrüstung von Kfz und Anhängern mit Unterlegkeilen (§ 41 Abs. 14 StVZO)
15. Bereifung (§ 36 StVZO)
    a) Allgemeine Anforderungen an Reifen
    b) Winterreifen
    c) Mischbereifung
    d) Luftreifen
16. Reservereifen
    a) Allgemeines
    b) Unterbringung und Befestigung (§ 36a StVZO)
17. Ausrüstung von Fahrzeugen
    a) mit Verbandkästen (§ 35h StVZO)
    b) mit Feuerlöschern (§ 35g StVZO)

Neben den ausführlicher behandelten Gebieten Zulassung, Betriebserlaubnis, Untersuchungen (§ 29 StVZO, § 47a StVZO) und Beleuchtung von Fahrzeugen sollen in diesem Kapitel solche Fragen aus der StVZO behandelt werden, die für aaSoP/PJ, Werkstätten und Fahrzeughändler, aber auch für Polizeibeamte und Fahrlehrer von Bedeutung sind.

1. Mindest-Motorleistung für Kfz und Züge (§ 35 StVZO)

Bei Lkw, KOM einschließlich Gepäckanhänger, Sattel-Kfz sowie bei Lkw-Zügen muss eine Motorleistung von mindestens 5,0 kW (6,8 PS) (für die Kfz, die ab dem 1.1.2001 erstmals in den Verkehr kommen) je Tonne und bei Zugmaschinen und Zugmaschinenzügen – ausgenommen für land- oder forstwirtschaftliche Zwecke – von mindestens 2,2 kW (3 PS) je Tonne der zulässigen Gesamtmasse des Kfz und der jeweiligen Anhängelast vorhanden sein (§ 35 StVZO).

2. Berechnung der erforderlichen Motorleistung

Die Berechnung erfolgt:

a) bei Kfz nach der zulässigen Gesamtmasse,

b) beim Zug ist für das Zugfahrzeug die zulässige Gesamtmasse und für den Anhänger das tatsächlich vorhandene Gewicht (die Anhängelast) zugrunde zu legen.

Beispiel: Einem Halter stehen folgende Fahrzeuge zur Verfügung:

aa) Ein Lkw mit einer zulässigen Gesamtmasse von 10 Tonnen bei einer Motorleistung von 88 kW (120 PS) und

bb) ein Anhänger mit einer zulässigen Gesamtmasse von 12 Tonnen.

Bei voller Auslastung des Anhängers würde eine Motorleistung von 5,0 kW (6,8 PS) × 22 t = 110 kW (150 PS) benötigt. Da der Lkw eine geringere Motorleistung hat, darf der Anhänger nur so beladen werden, dass er 7,6 Tonnen wiegt; denn für den Lkw mit einer zulässigen Gesamtmasse von 10 Tonnen und dem Anhänger mit einem tatsächlichen Gewicht von 7,6 Tonnen, also zusammen 17,6 Tonnen, werden bei 5,0 kW (6,8 PS) × 17,6 t = 88 kW (120 PS) benötigt.

Die Vorschrift ermöglicht, dass Anhänger durch entsprechende Beladung auch dann noch verwendet werden können, wenn ein für die zulässige Gesamtmasse des Zuges erforderliches Zugfahrzeug nicht zur Verfügung steht. Dies dürfte aber nur für Ausnahmefälle eine praktische Bedeutung haben.

3. Vorschriften, die beim Mitführen von Anhängern zu beachten sind

§ 32 StVZO (Abmessungen von Fahrzeugen und Fz-Kombinationen),

§ 32 a StVZO (Mitführen von Anhängern),

§ 32 d StVZO (Kurvenlaufeigenschaften),

§ 34 StVZO (Achslast und Gesamtgewicht),

§ 41 StVZO (Bremsen und Unterlegkeile),

§ 41 b StVZO (Automatische Blockierverhinderer),

§ 42 StVZO (Anhängelast hinter Kfz und Leergewicht),

§ 43 StVZO (Einrichtungen zur Verbindung von Fahrzeugen),

§ 44 StVZO (Stützeinrichtung und Stützlast),

§ 49a StVZO (Lichttechnische Einrichtungen, allgemeine Grundsätze)

§ 58 StVZO (Geschwindigkeitsschilder), je nach Art des Anhängers.

4. Ermittlung des zulässigen Gesamtgewichts (der zul. Gesamtmasse) von Sattel-Kfz (§ 34 StVZO)

Das zulässige Gesamtgewicht/die zul. Gesamtmasse eines Sattel-Kfz ist die Summe aus zulässigem Gesamtgewicht der Sattelzugmaschine und des Sattelanhängers, vermindert um den jeweils höheren Wert

a) der zul. Sattellast der Sattelzugmaschine oder

b) der zul. Aufliegelast des Sattelanhängers bei gleichen Werten um diesen Wert.

Die Vorschrift stellt somit sicher, dass die zulässigen Gewichtswerte eingehalten werden und damit auch keines der beiden miteinander verbundenen Fahrzeuge konstruktiv überbelastet wird.

Anhand von zwei Beispielen sollen die verschiedenen Möglichkeiten dargestellt werden.

1. Beispiel

Sattelzugmaschine:

Leergewicht	=	7 000 kg
Sattellast	=	10 000 kg
Zul. Ges.-Gew.	=	17 000 kg
Zul. Achslast vorn	=	6 000 kg
hinten	=	11 000 kg

Sattelanhänger:

Leergewicht	=	7 600 kg
Zul. Aufliegelast	=	11 000 kg
Zul. Ges.-Gew.	=	29 000 kg
Zul. Achslast hinten 2 × 9000 kg	=	18 000 kg
Nutzlast	=	21 400 kg

Addiert man die zulässigen Gesamtgewichte beider Fahrzeuge, ergibt das ein zulässiges Gesamtgewicht von 17000 kg + 29000 kg = 46000 kg. Hiervon ist die größere Aufliegelast (Sattelanhänger) abzuziehen, also

46 000 kg
– 11 000 kg
37 700 kg zulässiges Gesamtgewicht des Sattelkraftfahrzeugs.

Dieser Wert ist nach § 34 Abs. 6 StVZO für ein Sattel-Kfz mit 4 Achsen zulässig.

2. Beispiel

Sattelzugmaschine:

Leergewicht	=	7 300 kg
Sattellast	=	14 500 kg
Zul. Ges.-Gew.	=	22 000 kg
Zul. Achslast vorn	=	6 000 kg
hinten 2 × 8000 kg	=	16 000 kg

Sattelanhänger:

Leergewicht	=	6 600 kg
Zul. Aufliegelast	=	14 200 kg
Nutzlast	=	23 600 kg
Zul. Ges.-Gew.	=	30 200 kg
Zul. Achslast hinten 2 × 8000 kg	=	16 000 kg

Hier ist die Sattellast der Sattelzugmaschine größer als die Aufliegelast des Sattelanhängers. Würde der Fahrer die mögliche Sattellast der Sattelzugmaschine von 14500 kg ausnutzen, wäre der Sattelanhänger um 300 kg überladen.

Das zulässige Gesamtgewicht des Sattelkraftfahrzeugs beträgt

22 000 kg Sattelzugmaschine
+30 200 kg Sattelanhänger
52 200 kg
– 14 500 kg Sattellast Sattelzugmaschine
= 37 700 kg

Nach § 34 Abs. 6 StVZO ist für ein fünfachsiges Sattel-Kfz 40,0 t (44,0 t im kombinierten Verkehr) zulässig.

5. Abschleppen (§ 15 a StVO) und Schleppen (§ 33 StVZO) von Fahrzeugen

a) **Abschleppen** ist das Verbringen von betriebsunfähigen Fahrzeugen zum nächsten geeigneten Bestimmungsort (Werkstatt, Unterstell-, Abstellplatz u.a.m.). Betriebsunfähig ist ein Fahrzeug, wenn es wegen technischen Mangels oder Beschädigung (z.B. nach einem Unfall) nicht mit dem eigenen Motor bewegt werden kann oder zur Vermeidung weiterer Schäden nicht bewegt werden darf; in diesen Fällen liegt ein Verkehrsnotstand vor, der die Anwendung erleichterter Bestimmungen für das Abschleppen rechtfertigt, um damit einer Gefährdung oder Behinderung des übrigen Verkehrs durch das liegen gebliebene Fahrzeug entgegenzuwirken. Welcher Bestimmungsort als geeignet anzusehen ist, ist eine Tatfrage. Je nach Fahrzeugart (Größe und Zustand des abzuschlep-

penden Fahrzeugs oder Zuges im Verhältnis zum Abschleppfahrzeug), Straßenzustand (Eis/Schnee) oder Sichtverhältnisse (Tag, Nacht, Nebel oder starker Schneefall) sind hinsichtlich der Entfernung engere oder weitere Grenzen zu beachten. Außerdem ist zu beachten, dass beim Abschleppen eines auf der Autobahn liegen gebliebenen Fahrzeugs die Autobahn bei der nächsten Abfahrt zu verlassen ist. Bei einem außerhalb der Autobahn liegen gebliebenen Fahrzeug darf nicht in die Autobahn eingefahren werden.

Beide Fahrzeuge müssen während des Abschleppens Warnblinklicht eingeschaltet haben. Der lichte Abstand zwischen beiden Fahrzeugen darf höchstens 5 m betragen, die Abschleppeinrichtung ist – z.B. durch einen roten Lappen – ausreichend zu kennzeichnen. Abschleppseile sind nur eingeschränkt verwendbar. Bei einem Lenkungsschaden ist das Fahrzeug mittels eines Abschleppwagens oder einer -achse abzuschleppen, bei einem Bremsschaden ist mindestens eine Abschleppstange zu verwenden. Auf jeden Fall ist vor dem Abschleppen des Fahrzeugs in der Betriebsanleitung nachzusehen, was weiter zu beachten ist, um mögliche Schäden (z.B. an bestimmten Achsen, Automatikgetrieben usw.) zu vermeiden.

Abgeschleppte Fahrzeuge unterliegen nicht der Zulassungs- und Betriebserlaubnispflicht. Unter anderem finden die folgenden Vorschriften der StVZO beim Abschleppen keine Anwendung:

a) § 32 (Länge von Zügen),

b) § 32a (Anzahl der Anhänger),

c) § 34 (Zulässige Gesamtmasse von Zügen),

d) § 35 (Motorleistung),

e) § 42 (Anhängelast),

f) § 53 (Dreieckrückstrahler).

Diese Ausnahmen rechtfertigen sich im Hinblick auf den Nothelfgedanken, der dem Abschleppen zugrunde liegt. Deshalb ist das Abschleppen genehmigungsfrei.

Für den Fahrer des Schleppfahrzeugs genügt die für das ziehende Fahrzeug vorgeschriebene Fahrerlaubnis. Der Lenker des abgeschleppten Fahrzeugs benötigt keine Fahrerlaubnis, er muss jedoch mit der Lenkung von Kfz vertraut sein.

b) **Schleppen** ist das Verbringen von betriebsfähigen oder betriebsunfähigen Kfz über den Rahmen des Abschleppens hinaus. Unter Schleppen versteht man somit das Mitführen (Ziehen) eines Kfz aus Gründen, die nicht dadurch bedingt sind, dass das geschleppte Fahrzeug im Straßenverkehr betriebsunfähig geworden ist. Nach § 33 Abs. 1 StVZO dürfen Fahrzeuge, die nach ihrer Bauart zum Betrieb als Kfz bestimmt sind, nicht als Anhänger betrieben werden. Hiervon können die unteren Verwaltungsbehörden (Kfz-Zulassungsbehörden) Ausnahmen (auch auf eine bestimmte Zeit befristet) genehmigen. Einzelheiten ergeben sich aus § 33 Abs. 2 StVZO und den im Verkehrsblatt bekannt gegebenen Verlautbarungen des BMVBS (siehe unter Q). Das Schleppen bedarf somit im Gegensatz zum Abschleppen der Genehmigung.

Fahrzeuge mit einer zul. Gesamtmasse von mehr als 4 t dürfen nur mit einer Abschleppstange mitgeführt werden.

Für den Fahrer des Zugfahrzeugs (Zug mit mehr als 3 Achsen) ist die Fahrerlaubnis der Klasse 2, jetzt C1E oder CE und für den Fahrer des geschleppten Fahrzeugs die für dieses Fahrzeug vorgeschriebene Fahrerlaubnis erforderlich.

Das Verbot des Schleppens von Kraftfahrzeugen gilt nicht, wenn das Kraftfahrzeug wie ein Anhänger ausgerüstet ist, vgl. hierzu § 3 der 6. Ausnahmeverordnung der StVZO.

6. Kennzeichnung abgeschleppter und geschleppter Fahrzeuge

a) **Abschleppen:** An abgeschleppten Fahrzeugen braucht kein amtliches Kennzeichen angebracht zu werden; vorhandene eigene Kennzeichen können am Fahrzeug verbleiben.

b) **Schleppen:** Geschleppte Fahrzeuge unterliegen nicht den Vorschriften über das Zulassungsverfahren (§ 33 Abs. 2 Nr. 2 StVZO).

7. Lichttechnische Einrichtungen beim Abschleppen betriebsunfähiger Fahrzeuge hinter Abschleppwagen

Mit Abschleppwagen abgeschleppte betriebsunfähige Fahrzeuge müssen Schlussleuchten, Bremsleuchten, Rückstrahler und Fahrtrichtungsanzeiger haben. Diese Einrichtungen dürfen auf einem abnehmbaren Leuchtenträger (§ 49a Abs. 9 StVZO) angebracht sein; sie müssen vom Abschleppwagen aus betätigt werden können (§ 53 Abs. 8 StVZO).

8. Kennleuchten für gelbes Blinklicht an Pannenhilfsfahrzeugen

Kfz, die nach ihrer Bauart oder Einrichtung zur Pannenhilfe geeignet und nach dem Fahrzeugschein als Pannenhilfsfahrzeuge anerkannt sind, dürfen mit einer oder zwei Kennleuchten für gelbes Blinklicht (Rundumlicht) ausgerüstet sein. Nach den im VkBl. 1997 S. 472 (siehe unter Q) bekannt gegebenen Richtlinien sind als Pannenhilfsfahrzeuge im Sinne des § 52 Abs. 4 Nr. 2 StVZO anzuerkennen:

1. Abschleppwagen (Kranwagen) als selbstfahrende Arbeitsmaschinen,
2. Bergungsfahrzeuge (Kfz, die beschädigte oder liegen gebliebene Fahrzeuge mittels technischer Einrichtungen – z.B. mittels einer Winde – auf die Ladefläche heben oder ziehen und dann befördern),
3. Kfz mit entsprechender Ausrüstung zur Behebung [vornehmlich] technischer Störungen an Ort und Stelle,
4. Fahrzeuge mit entsprechender Ausrüstung vornehmlich zur Behebung von Reifenpannen an Ort und Stelle,

   Die Anerkennung als Pannenhilfsfahrzeug erfolgt durch die Zulassungsbehörde, die zur Vorbereitung ihrer Entscheidung das Gutachten eines aaSoP verlangen kann (§ 52 Abs. 4 Nr. 2 StVZO).

9. Einschaltung des gelben Blinklichts

Gelbes Blinklicht warnt vor Gefahren. Es darf nur verwendet werden, um die Verkehrsteilnehmer vor Arbeits- oder Unfallstellen oder vor ungewöhnlich langsam fahrenden Fahrzeugen oder vor Fahrzeugen mit ungewöhnlicher Breite oder Länge oder mit ungewöhnlich breiter oder langer Ladung zu warnen (§ 38 Abs. 3 StVO).

Hieraus folgt, dass auf der Fahrt zu einer Unfall- oder Arbeitsstelle die Kennleuchten in keinem Falle und während des Abschleppens nur dann in Betrieb gesetzt werden dürfen, wenn z.B. das abgeschleppte Fahrzeug über die Umrisse des ziehenden Fahrzeugs hinausragt oder der Zug sehr langsam fährt. Diese Vorschrift wird – wie zu beobachten ist – häufig missachtet.

10. Verwendung von roten Kennzeichen oder Kurzzeitkennzeichen

In einem vereinfachten Verfahren dürfen nach § 16 FZV Fahrzeuge mit rotem Kennzeichen oder mit Kurzzeitkennzeichen zu

a) Prüfungs-,
b) Probe- und
c) Überführungsfahrten

im Straßenverkehr verwendet werden.

Prüfungsfahrten sind auch Fahrten zu und von einer TP zur Begutachtung eines Fahrzeugs.

Probefahrten sind z.B. Fahrten, die eine Kfz-Werkstatt oder ein Kfz-Händler mit einem neuen oder gebrauchten Fahrzeug zur Anregung der Kauflust vornehmen oder z.B. um ein instand gesetztes Fahrzeug einer Fahrprobe zu unterziehen.

Überführungsfahrten sind Fahrten zur Verbringung eines Fahrzeugs vom Hersteller zum Händler oder Käufer bzw. Fahrten anlässlich eines Halter- oder Standortwechsels.

Die bisherigen roten Kennzeichen zur einmaligen Verwendung wurden ersetzt durch das Kurzzeitkennzeichen (Anlage 4 FZV). Dieses Kennzeichen ist in schwarzer Schrift auf weißem, schwarz umrandetem Grund herzustellen. Auf der rechten Seite dieses Kennzeichens ist auf gelbem Feld das „Verfallsdatum", also das Datum, bis zu dem einschließlich das Kennzeichen gültig ist, vorhanden. Auf dem Kurzzeitkennzeichen ist eine von der Zulassungsbehörde ausgegebene blaue Plakette anzubringen.

Kurzzeitkennzeichen werden den Kfz-Haltern zugeteilt; es werden ihm die Erkennungsnummer und das Ablaufdatum („Verfallsdatum") zugeteilt, so dass er beim Schilderhersteller ein entspr. Schild anfertigen lassen kann (s. 16 Abs. 2 FZV).

Zuverlässige Kfz-Hersteller, Kfz-Teilehersteller, Kfz-Werkstätten und Kfz-Händler können rote Kennzeichen befristet oder widerruflich zur wiederkehrenden Verwendung (§ 16 Abs. 3 FZV) erhalten.

11. Bremsen (§ 41 StVZO)

a) Physikalische Grundlagen und gesetzliche Forderungen:

Verzögerung ist die Geschwindigkeitsabnahme in der Zeiteinheit 1 Sekunde (s).

Ein Kfz besitzt beim Fahren eine bestimmte Geschwindigkeit in Meter/Sekunde, die beim Bremsen ebenfalls „je Sekunde" entsprechend gemindert wird. Hieraus ergibt sich zwangsläufig, dass die Zeiteinheit Sekunde zweimal vorkommt. Anstelle der doppelten Sekunden-Bezeichnung wird „m/s^2" eingesetzt.

Die erreichbare Verzögerung (b) eines Fahrzeugs hängt u.a. ab von den Fahrbahnverhältnissen, von der Verteilung der Belastung und der Bremskraft auf die Räder, vom Kraftschluss zwischen Reifen und Fahrbahn und von den Fahrzeugwiderständen (z.B. Roll-, Steigungs- und Luftwiderstand; der Rollwiderstand wirkt unterstützend beim Bremsen, der Steigungswiderstand (Auf- oder Abfahrt) und Luftwiderstand (je nach Windrichtung) unterstützend oder aber bremswegverlängernd. Bei idealen Verhältnissen und Vernachlässigung der Fahrzeugwiderstände errechnet sich b nach folgenden Grundformeln der Mechanik:

$$F = G \cdot \mu$$
$$= m \cdot g \cdot \mu$$

wobei aber auch

$$F = m \cdot b$$

ist. Nach Gleichsetzung ergibt sich

$$m \cdot b = m \cdot g \cdot \mu$$

und

$$\boxed{b = g \cdot \mu}$$

F = Bremskraft zwischen Reifen und Fahrbahn

G = $m \cdot g$ = Fahrzeuggewicht

m = $\frac{G}{g}$ = Fahrzeugmasse

g = $9{,}81\ \frac{m}{s^2}$ = Erdbeschleunigung

μ = Kraftschlussbeiwert (trockene Straße ca. 0,8, vereiste Straße 0,1 und kleiner).

Die Formel verdeutlicht, dass der Fahrbahnzustand und damit der Kraftschlussbeiwert, der im Übrigen bei steigender Geschwindigkeit und auch bei blockierenden Rädern (Gleit- statt Haftreibung) abnimmt, die Fahrzeugverzögerung sehr stark beeinflusst.

Für neu in den Verkehr kommende Kfz und Anhänger wird je nach Fahrzeugart und bauartbestimmter bzw. betriebsbedingter Geschwindigkeit mindestens eine mittlere Vollverzögerung zwischen 3,5 m/s^2 bis 5 m/s^2 durch § 41 StVZO gefordert. In den internationalen Bauvorschriften der ECE und EU, letztere sind nach § 41 StVZO von bestimmten Fahrzeugen einzuhalten, gelten für Bremsanlagen höhere Werte.

Der Begriff „mittlere Verzögerung“ beinhaltet auch das bei allen Bremsanlagen vorhandene Zeitverhalten. Die erreichte Verzögerung, aufgetragen über der gesamten Bremszeit, ist nicht konstant, sie ist in ihrem Betrag abhängig vom jeweiligen Zeitabschnitt beim Bremsvorgang.

Beim Betätigen des Bremspedals setzt die Verzögerung nicht schlagartig ein, sondern steigt mit einer je nach Bremsanlage unterschiedlichen zeitlichen Verschiebung auf die Vollverzögerung an, bleibt nicht ständig auf dem Höchstwert und fällt bei Fahrzeugstillstand auf 0 zurück. Aus dem Zeitverhalten und der Vollverzögerung ergibt sich die mittlere Verzögerung.

Die mittlere Verzögerung ist bei einem Bremsvorgang nicht unmittelbar messbar; sie kann aus der Ausgangsgeschwindigkeit und dem Bremsweg, der vom Beginn der Bremspedalbetätigung bis zum Fahrzeugstillstand zurückgelegt wird, errechnet werden. Ist statt des Bremsweges die gesamte Bremszeit bekannt, ist die Berechnung ebenfalls möglich. Bei neu in den Verkehr kommenden Fahrzeugen (Typ- oder EBE-Prüfung) müssen die vorgeschriebenen Bremsverzögerungen auf ebener, trockener Straße mit gewöhnlichem Kraftaufwand bei voll belastetem Fahrzeug, erwärmten Bremstrommeln und auch bei Höchstgeschwindigkeit erreicht werden, ohne dass das Fahrzeug seine Spur verlässt. Die vorgeschriebenen Bremsverzögerungen müssen auch beim Mitführen von Anhängern erreicht werden.

Bei der o.g. Prüfung dieser Fahrzeuge muss eine dem betriebsüblichen Nachlassen der Bremswirkung entsprechend höhere Verzögerung erreicht werden; außerdem muss eine ausreichende, dem jeweiligen Stand der Technik entsprechende Dauerleistung der Bremsen für längere Talfahrten gewährleistet sein (§ 41 Abs. 12 StVZO).

b) Wiederkehrende Prüfungen der Bremsanlagen von Fahrzeugen (§ 29 StVZO):

Infolge der starken Verkehrsdichte sind dynamische Bremsprüfungen auf der Straße kaum noch möglich und daher auch nur bedingt zulässig (§ 29 StVO). Bei wiederkehrenden Bremsprüfungen nach § 29 StVZO sind aus diesem Grunde und wegen der anfallenden „Massenabfertigung“ sowie unter Kostengesichtspunkten vereinfachte Prüfbedingungen festgelegt worden. Dies ergibt sich aus § 41 Abs. 12 StVZO. Es heißt hier u.a.: „Von dem ... vorgeschriebenen Verfahren kann, insbesondere bei Nachprüfungen nach § 29, abgewichen werden, wenn Zustand und Wirkung der Bremsanlage auf andere Weise feststellbar sind“.

Die vereinfachten Prüfbedingungen oder -vorschriften finden in den Richtlinien zur Durchführung der SP und HU ihren Niederschlag.

In den genannten Richtlinien wird nicht der Nachweis der erreichten Vollverzögerung, sondern eine zu erreichende Mindestabbremsung verlangt.

Die Abbremsung eines Fahrzeugs, die auf der Basis von Messungen der Bremskräfte je Rad (Achse) auf einem Rollen- oder Plattenbremsprüfstand errechnet wird, kann näherungsweise umgerechnet werden auf die Fahrzeugverzögerung.

Die Abbremsung ist das Verhältnis

$$z = \frac{F_{ges}}{G} \cdot 100\,\%$$

wobei

$$F_{ges} = m \cdot b = \frac{G}{g} \cdot b \text{ ist}$$

und eingesetzt in erste Formel ergibt

$$z = \frac{G \cdot b}{g \cdot G} \cdot 100\,[\%]$$

Bei bekannter Abbremsung ist

$$b = \frac{z \cdot g}{100} \quad [\frac{m}{s^2}]$$

z = Abbremsung [%]

F_{ges} = Σ aller Bremskräfte an den Rädern

F =, g =, m = } siehe a

Setzt man nun für g = 9,81 m/s² näherungsweise 10 m/s² ein, so wird ein einfacher Zusammenhang gefunden:

$$\boxed{b = \frac{z}{10} \quad [\frac{m}{s^2}]}$$

Die erreichbare Vollverzögerung eines Fahrzeugs kann somit über die auf einem stationären Prüfstand (z.B. Rollenbremsprüfstand) ermittelte Abbremsung, die durch 10 zu dividieren ist, näherungsweise bestimmt werden. Untersuchungen und praktische Erfahrungen ergaben, dass durch Multiplikation der erreichten Vollverzögerung mit einem Umrechnungsfaktor von etwa 0,8 bis 0,85 die mittlere Verzögerung gefunden werden kann. Somit ergibt sich

$$\boxed{bm \approx b \cdot 0{,}8 = \frac{z}{10} \cdot 0{,}8 \quad [\frac{m}{s^2}]}$$

Die in den Richtlinien geforderten Mindest-Abbremsungen sind mit wenigen Ausnahmen alle auf die zulässige Gesamtmasse der zu prüfenden Fahrzeuge bezogen. Da die Mindest-Abbremsung beim leeren Fahrzeug selten erreicht wird – infolge mangelnden Gewichts blockieren die Räder schon bei relativ geringen Radbremskräften, der Rollenbremsprüfstand schaltet automatisch ab (Reifenschaden!) –, ist in diesen Fällen vom Leer-(Prüf-)Gewicht des Fahrzeugs auf die zulässige Gesamtmasse hochzurechnen, oder es ist die Einhaltung der für das betreffende Fz angegebenen Referenzwerte nachzuprüfen. Bei Druckluftbremsanlagen werden die bei leerem Fahrzeug bis kurz vor der Blockiergrenze in die Bremszylinder eingesteuerten Drücke (Messung) zu den maximal einsteuerbaren Drücken (Berechnungsdruck) ins Verhältnis gesetzt. Bei Fahrzeugen mit hydraulischer Bremse oder bei mechanischen Handbremsen werden die gemessenen Betätigungskräfte (Fuß- oder Handkraft) zu den zulässigen Kräften ins Verhältnis gesetzt. Einzelheiten dazu sind den Richtlinien zu entnehmen.

12. Anhalteweg – Bremsweg

Die Zeit, die ein mit einer bestimmten Geschwindigkeit fahrendes Kfz vom Erkennen eines unerwartet auftauchenden Hindernisses durch den Fahrer bis zum Stillstand benötigt, ist die sog. Anhaltedauer; der Weg, den das Kfz in dieser Zeit durchfährt, ist der Anhalteweg. Die Anhaltedauer setzt sich wie folgt zusammen:

Anhaltedauer		Schreckdauer	ca. 0,5 – 1,5 s	v = x km/h (Erkennen)
Anhaltedauer		Reaktionsdauer (= Auslöse- + Umsetzdauer)	ca 0,3 – 0,7 s	v = x km/h (Einleitung der Bremsung)
Anhaltedauer	Bremsdauer	Ansprechdauer	ca. 0,1 – 0,3 s	
Anhaltedauer	Bremsdauer	Schwelldauer	ca. 0,1 – 0,6 s	
Anhaltedauer	Bremsdauer	Wirkdauer	von v und Bremskraft abhängig	v = 0 km/h (Kfz-Stillstand)
Zeit				

Je größer die Schreckdauer und die Reaktionsdauer beim Menschen sind – letztere ist vom Alter und der Verfassung des Menschen abhängig, bei Betrunkenen wird 1 Sekunde meist überschritten –, desto weiter fährt das Kfz, ehe die Bremsung eingeleitet wird und der eigentliche Bremsweg beginnt.

Beispiel: Ein Kfz fährt mit einer Geschwindigkeit von 72 km/h. Der Fahrer sieht ein Hindernis und benötigt bis zur Einleitung der Bremsung 1 Sekunde. In dieser Zeit legt das Kfz eine Strecke von 20 m zurück, denn 72 km/h bedeutet, dass das Kfz in einer Stunde 72 000 m

zurücklegt. Die Sekunde ist der 3600. Teil einer Stunde, also somit

72 000 m : 3600 s = 20 m/s.

Bei einer Reaktionszahl von 0,5 s könnte das Kfz 10 m eher zum Halten gebracht werden.

Bei mechanischen Bremsen (Seil oder Gestänge) und Öldruckbremsen beträgt die Ansprech- und Schwelldauer etwa 0,2 s, während für reine Druckluftbremsen 0,2 bis 0,4 s benötigt werden. Wird der Bremsweg über die Ausgangsgeschwindigkeit und die mittlere Bremsverzögerung errechnet, werden diese Zeiten nicht berücksichtigt, da sie bereits in der Verzögerung enthalten sind.

Der Bremsweg kann wie folgt berechnet werden:

$$s = \frac{}{26 \times b}$$

Hierbei bedeuten:

s = Bremsweg in Metern

v = Geschwindigkeit in km/h

b = mittlere Bremsverzögerung in m/s^2

Die in der Formel enthaltene Zahl 26 ist eine Umrechnungszahl (Proportionalitätsfaktor), die sich aus $2 \times 3{,}6^2 = 25{,}92$ ergibt, also aufgerundet etwa 26 beträgt. Diese Umrechnungszahl ist deshalb erforderlich, weil die Geschwindigkeit in Kilometer pro Stunde eingesetzt wird.

Beispiel einer Bremswegberechnung bei einer Geschwindigkeit von 72 km/h und einer mittleren Bremsverzögerung von 4 m/s^2:

$$s = \frac{72^2}{26 \times 4} = \frac{72 \times 72}{26 \times 4} = 49{,}8 \text{ m}$$

Rechnet man noch den im ersten Beispiel ermittelten Reaktionsweg von 20 m hinzu, beträgt der Anhalteweg 69,8 m.

Die Bremsverzögerung kann durch Umstellen der Formel errechnet werden, wenn der Bremsweg und die Geschwindigkeit feststehen.

Beispiel: Nach einem Unfall wird auf dem Fahrtschreiber eine Geschwindigkeit von 80 km/h und eine Bremsspur von 60 m festgestellt. Die Bremsverzögerung wird wie folgt errechnet:

$$b = \frac{v^2}{26 \times s} = \frac{80 \times 80}{26 \times 60} = 4{,}1 \frac{m}{s^2}$$

13. Ermittlung der Abbremsung eines Anhängers, der nicht auf dem Bremsprüfstand geprüft wird

Zur Feststellung der Wirkung der Anhängerbremsanlage sind, falls wegen der Bauart des Anhängers auf Bremsprüfständen nicht geprüft werden kann, Fahrversuche mit dem Zug durchzuführen, bei denen nur der Anhänger gebremst wird. Einzelheiten und Berechnungsformeln zu diesem Verfahren können den HU-, und SP-Richtlinien entnommen werden.

Der Anhänger wird bei dieser Prüfung alleine gebremst, indem auf die Zuggabel des Anhängers ein elektropneumatisches Entlüftungsventil angebracht und am Kupplungskopf des Anhängers angeschlossen wird. Die Auslösung erfolgt durch eine Steuerleitung, die in das Führerhaus verlegt wird. Von hier aus erfolgt dann die Entlüftung der Anhängerbremse.

Die elektropneumatischen Entlüftungsventile liefern einschlägige Bremsenhersteller.

Ist der Zug mit einer Zweileitungsbremse ausgerüstet, so kann im Allgemeinen die Anhängerbremsung mit dem im Fahrerhaus des Zugfahrzeugs angebrachten zusätzlichen Anhängerbremsventil betätigt werden.

Diese Art der Ermittlung erfolgt – entsprechend der Prüfung von Einzel-Kfz im Fahrversuch – mit Hilfe eines schreibenden Bremsmessgerätes, auf dessen Schaublatt die erreichte Verzögerung aufgezeichnet wird.

14. Ausrüstung von Kfz und Anhängern mit Unterlegkeilen (§ 41 Abs. 14 StVZO)

Kraftfahrzeuge und Anhänger müssen wie folgt mit Unterlegkeilen ausgerüstet sein:

Ein Unterlegkeil bei

a) Kraftfahrzeugen mit einer zulässigen Gesamtmasse von mehr als 4 t,

b) zweiachsigen Anhängern – ausgenommen Sattel- und Starrdeichselanhänger (einschl. Zentralachsanhängern) – mit einer zulässigen Gesamtmasse von mehr als 750 kg.

Zwei Unterlegkeile bei

a) drei- und mehrachsigen Fahrzeugen,

b) Sattelanhängern,

c) Starrdeichselanhängern (einschl. Zentralachsanhängern) mit einer zulässigen Gesamtmasse von mehr als 750 kg.

Vgl. auch Richtlinien für die Unterbringung von Unterlegkeilen an Kfz und deren Anhänger, ausgenommen Pkw und Krafträder (siehe unter Q).

15. Bereifung (§ 36 StVZO)

a) Allgemeine Anforderungen an Reifen:

An Fahrzeugen verwendete Reifen müssen hinsichtlich ihrer Maße und Bauart den Betriebsbedingungen, besonders der Belastung (Tragfähigkeit) und der bauartbestimmten – also maximalen – Geschwindigkeit der Fahrzeuge, entsprechen. An land- oder forstwirtschaftlichen Kfz und Kfz des Straßenunterhaltungsdienstes dürfen auch Reifen verwendet werden, die gegenüber den Kfz eine nur niedrigere Höchstgeschwindigkeit zulassen, wenn diese Kfz mit einem Geschwindigkeitsschild nach § 58 StVZO, das die niedrigere Geschwindigkeit angibt, gekennzeichnet sind. Bei der Begutachtung (Typprüfung) der Fahrzeuge werden die an ihnen verwendbaren Reifen festgelegt und in der Zulassungsbescheinigung Teil I (früher: Fahrzeugschein) eingetragen. Grundsätzlich dürfen nur solche Reifen verwendet werden, die für das jeweilige Fahrzeug geeignet sind. Luftreifen an Kraftfahrzeugen und Anhängern müssen am ganzen Umfang und auf der ganzen Breite der Luftfläche mit Profilrillen oder Einschnitten versehen sein. Die Profilrillen (Hauptrillen) müssen an jeder Stelle der Lauffläche mindestens 1,6 mm tief sein (bei Fahrrädern mit Hilfsmotor, Kleinkrafträdern und Leichtkrafträdern genügen 1 mm).

Vgl. Richtlinien für die Beurteilung von Luftreifen (siehe unter Q).

b) Winterreifen:

Bei Verwendung von M+S-Reifen (Winterreifen) gilt die Forderung hinsichtlich der Geschwindigkeit (siehe a) auch als erfüllt, wenn die für M+S-Reifen zulässige Höchstgeschwindigkeit unter der bauartbestimmten Höchstgeschwindigkeit des Fahrzeugs liegt, jedoch

1. die für diese Reifen zulässige Höchstgeschwindigkeit im Blickfeld des Fahrers sinnfällig, z.B. mittels eines Aufklebers angegeben ist,
2. die für diese Reifen zulässige Höchstgeschwindigkeit beim Betrieb der Fahrzeuge nicht überschritten wird (§ 36 Abs. 1 StVZO).

c) Mischbereifung:

Unter Mischbereifung versteht man die Verwendung von Diagonal- und Radialreifen (nicht Sommer- und Winterreifen) an einem Fahrzeug.

Personenkraftwagen sowie andere Kfz mit mehr als 40 km/h bauartbestimmter Höchstgeschwindigkeit und nicht mehr als 3,5 t zulässiger Gesamtmasse und ihre Anhänger dürfen entweder nur mit Diagonal- oder nur mit Radialreifen ausgerüstet sein. Im Fz-Zug gilt dies nur für das jeweilige Einzel-Fz. An anderen Kfz mit einer zulässigen Gesamtmasse von mehr als 3,5 t und einer bauartbestimmten Höchstgeschwindigkeit von mehr als 40 km/h (z.B. Lkw) dürfen die Räder einer Achse entweder nur mit Diagonal- oder nur mit Radialreifen ausgerüstet sein.

Ausgenommen von den Bestimmungen über Mischbereifung sind nur Anhänger mit 25-km/h-Schild hinter Kfz, wenn der Zug auch nur mit 25 km/h gefahren wird (Betriebsvorschrift).

d) Luftreifen:

Luftreifen für Fahrzeuge mit einer durch die Bauart bestimmten Höchstgeschwindigkeit von mehr als 40 km/h müssen vom Reifenhersteller und Reifenerneuerer gekennzeichnet sein:

- Fabrik- oder Handelsmarke,
- Reifengröße,

- Reifenbauart,
- Tragfähigkeit,
- Geschwindigkeitskategorie,
- Herstellungs- bzw. Reifenerneuerungsdatum.

Luftreifen sind bauartgenehmigungspflichtige Fahrzeugteile nach § 22a Abs. 1 Nr. 1a StVZO.

16. Reservereifen

a) Allgemeines:

Es besteht keine gesetzliche Verpflichtung, Ersatzreifen oder Ersatzräder im oder am Fahrzeug mitzuführen. Vorschriften über die Beschaffenheit von (nur) in Reserve mitgeführten Reifen sind nicht vorhanden. Früher bestand die Auffassung, dass auch der beim Fahrzeug mitgeführte Ersatzreifen den im Fahrzeugschein eingetragenen Daten entsprechen müsste.

Seit einigen Jahren werden Pkw auch mit sog. Noträdern, deren Gewicht und Abmessungen unter denen der normalerweise verwendeten Reifen liegt, ausgestattet, um Kosten, Stauraum und Gewicht einzusparen. Diese Noträder sind nur bis zu einer begrenzten Geschwindigkeit und Wegstrecke benutzbar. Aufschriften auf den Noträdern und Hinweise in den Betriebsanleitungen geben hierüber Aufschluss.

Ein abgefahrener Reservereifen darf beim Fahrzeug mitgeführt und bei einer Reifenpanne im Rahmen des sog. Nothelfgedankens dazu benutzt werden, das Fahrzeug aus dem Verkehr zu ziehen.

b) Unterbringung und Befestigung (§ 36a StVZO):

Für außen an Fahrzeugen mitgeführte Ersatzräder müssen Halterungen vorhanden sein, die die Ersatzräder sicher aufnehmen und allen betriebsüblichen Beanspruchungen standhalten können. Die Ersatzräder müssen gegen Verlieren durch 2 voneinander unabhängige Einrichtungen gesichert sein. Die Einrichtungen müssen so beschaffen sein, dass eine von ihnen wirksam bleibt, wenn die andere – insbesondere durch Bruch, Versagen oder Bedienungsfehler – ausfällt (§ 36 a Abs. 3 StVZO).

17. Ausrüstung von Fahrzeugen

a) mit Verbandkästen (§ 35h StVZO):

In KOM sind nach § 35 h StVZO Verbandkästen, die selbst und deren Inhalt an Erste-Hilfe-Material den Normblättern DIN 13 164, Ausgabe Januar 1998, entspricht, mitzuführen, und zwar mindestens

- ein Verbandkasten in KOM mit nicht mehr als 22 Fahrgastplätzen,
- zwei Verbandkästen in anderen KOM.

In anderen Fz als KOM mit einer durch die Bauart bestimmten Höchstgeschwindigkeit von mehr als 6 km/h mit Ausnahme von Krankenfahrstühlen, Krafträdern, Zug- oder Arbeitsmaschinen in land- oder forstwirtschaftlichen Betrieben sowie anderen Zug- oder Arbeitsmaschinen, wenn sie einachsig sind, ist Erste-Hilfe-Material mitzuführen, das nach Art, Menge und Beschaffenheit mindestens dem Normblatt DIN 13 164, Ausgabe Januar 1998, entspricht. Das Erste-Hilfe-Material ist in einem Behältnis verpackt zu halten, das so beschaffen sein muss, dass es den Inhalt von Staub und Feuchtigkeit sowie vor Kraft- und Schmierstoffen ausreichend schützt.

b) mit Feuerlöschern (§ 35g StVZO):

In KOM muss mindestens ein Feuerlöscher, in Doppeldeckfahrzeugen müssen mindestens zwei Feuerlöscher mit einer Füllmasse von jeweils 6 kg in betriebsfertigem Zustand mitgeführt werden. Zulässig sind nur Feuerlöscher, die mindestens für die im § 35g StVZO aufgeführten Brandklassen amtlich zugelassen sind.

Die in Kraftomnibussen mitgeführten Feuerlöscher müssen mindestens einmal innerhalb von 12 Monaten auf Gebrauchsfähigkeit überprüft werden. Der Name des Prüfers und der Tag der Prüfung müssen auf einem am Feuerlöscher befestigten Schild angegeben sein.

Anhang mit Richtlinientexten und Sachwortverzeichnis

1. Rechtliche Bedeutung und Anwendung der technischen Richtlinien zu den Vorschriften der StVZO (Kurzfassung)

Die Richtlinien stellen eine Sammlung von Unterlagen für den Sachverständigen dar, die angibt, auf welche Weise das in der StVZO vorgeschriebene Ziel bei den einzelnen Bestimmungen erreicht werden kann und mit welchen der vom Konstrukteur angewendeten Mittel dieses Ziel aufgrund vorangegangener Prüfungen des Sachverständigen als gesichert zu betrachten ist. Auf diese Weise ist auch im Interesse des Herstellers dem Sachverständigen eine Erleichterung gegeben, weil ihm die Erfahrungen aus der praktischen Tätigkeit anderer Stellen gleichfalls zugute kommen und er in einzelnen Fällen nicht gezwungen ist, selbst in umfangreiche Prüfungen einzutreten, die schon vorher unter gleichen Voraussetzungen stattgefunden haben. Der Sachverständige ist bei seiner Gutachtertätigkeit an diese Richtlinien, die gewissermaßen eine Vorarbeit für die ihm gestellte Aufgabe bedeuten, ebenso wenig gebunden, wie der Konstrukteur, der auch unter anderen als den schon geprüften Lösungsmöglichkeiten bei der Gestaltung des Fz wählen kann. Die Bekanntmachung der Richtlinien durch das BMVBS nach Abstimmung ihres Inhalts mit den zuständigen obersten Länderbehörden, dem VDA und den übrigen in Betracht kommenden Wirtschaftsverbänden stellt für den Sachverständigen sicher, dass seine Begutachtung unter Anwendung der Richtlinien mit der Auffassung der für die Zulassung der Fz zuständigen Verkehrsbehörden übereinstimmt und dem Stand der Technik entspricht.

Eine Anwendung der Richtlinien in der Weise, dass der Sachverständige bei der von ihm vorzunehmenden Beurteilung lediglich die in den Richtlinien angeführten Konstruktionswege anerkennt und andere von vornherein anlehnt, entspricht nicht ihrem Sinn und Zweck. Im Zuge der technischen Entwicklung müssen auch die Lösungsmöglichkeiten berücksichtigt werden, die der Konstrukteur als neue Wege beschreitet und die aufgrund der mangelnden praktischen Erfahrungen noch keinen Eingang in die Richtlinien gefunden haben. In solchen Fällen ist vom Sachverständigen in eine sorgfältige, umfassende Prüfung einzutreten, für die der Hersteller den erforderlichen Zeitaufwand billigerweise berücksichtigen muss und seine Mithilfe bei der Erstellung der erforderlichen Nachweise nicht versagen sollte.[1]

2. Merkblatt für die Begutachtung von Fahrzeugen (insbesondere Pkw) nach § 21 StVZO und über mögliche Ausnahmen nach § 70 StVZO

(VkBl. 1998 S. 1314)

Das Merkblatt „Hinweise über mögliche Genehmigungen von Ausnahmen nach § 70 StVZO für importierte Pkw“ vom 12. Februar 1981 (VkBl. 1981, S. 94) wurde entsprechend dem technischen Fortschritt und Änderungen straßenverkehrsrechtlicher Vorschriften angepasst.

[1] Vorstehender Einzelentscheid des BMV – STV 7 – 4117 Va/61 – vom 24.7.1961 gilt für Richtlinien, die i.R. von Begutachtungen nach §§ 19, 20, 21, 22 und 22a StVZO von Fahrzeugen und Fahrzeugteilen zur Anwendung gelangen. Anders ist die Sachlage bei der Untersuchung/Prüfung von Fz nach § 29 StVZO und den dazu bekannt gegebenen Richtlinien. Ein Ermessensspielraum z.B. bei der Begutachtung von Mängeln ist nur insoweit gegeben, als diese Vorschriften/ Richtlinien hierzu einen bestimmten Rahmen vorgeben.

MERKBLATT

für die Begutachtung von Fahrzeugen (insbesondere Pkw) nach § 21 StVZO und über mögliche Ausnahmen nach § 70 StVZO

(Ablaufschema einer Begutachtung siehe Anlage 1)

Dieses Merkblatt gilt für Fahrzeuge, die in den Geltungsbereich der StVZO eingeführt werden und vom Hersteller nicht entsprechend den Bauvorschriften der StVZO ausgerüstet wurden. Nicht unter die Anforderungen dieses Merkblattes fallen Fahrzeuge mit EG-Typgenehmigung oder EG-Betriebserlaubnis.

Das Merkblatt beinhaltet Abweichungen von den Bau- und Betriebsvorschriften der StVZO, die regelmäßig bei der Begutachtung festgestellt werden. Für vergleichbare Abweichungen bei anderen Fahrzeugen als Pkw ist das Merkblatt sinngemäß anzuwenden.

Bevor Abweichungen von der StVZO, ggf. mit der Folge einer notwendigen Ausnahme, festgestellt werden, sind EG-Typgenehmigungen für Systeme, Bauteile oder technische Einheiten sowie EG-Teilbetriebserlaubnisse, ECE-Typgenehmigungen oder Gutachten von akkreditierten Technischen Diensten heranzuziehen.

Ist für bauartgenehmigungspflichtige Teile die „Etwa-Wirkung" nach § 22 a Abs. 3 Nr. 2 StVZO (d.h. ausschließlich für im Ausland hergestellte Fahrzeuge, im Geltungsbereich der StVZO hergestellte Fahrzeuge schließen die Anwendung einer „Etwa-Beurteilung" aus), nachgewiesen, hat der aaS dies unter Angabe dieser Teile und deren Kennzeichnung unter Ziff. 33 im Fahrzeuggutachten zu vermerken (Beispiele siehe Anlagen). Für Teile, deren „Etwa-Wirkung" der aaS durch Inaugenscheinnahme (umfasst eine Funktions- und Wirkungsprüfung und eine Feststellung eventueller ausländischer Prüfzeichen sowie Herstellerbezeichnungen) feststellen kann, ist die Dokumentation unter Ziffer 33 entbehrlich (z.B. Verglasung, Sicherheitsgurte, lichttechnische Einrichtungen – ausgenommen Scheinwerfer).

Ausnahmen von umweltrelevanten Vorschriften werden grundsätzlich nicht erteilt.

Von anderen Vorschriften werden i.d.R. Ausnahmen genehmigt.

- wenn die Abweichungen von den Vorschriften sicherheitstechnisch unbedenklich[1] sind und die Umrüstung entsprechend StVZO technisch nicht möglich oder unzumutbar[2] ist;
- bei Fahrzeugen, die auch in StVZO-konformer Ausführung in der Bundesrepublik Deutschland vertrieben werden, grundsätzlich in dem Umfang, wie sie für die in oder für Deutschland hergestellten Ausführungen des Typs gelten;
- bei Umzugsgut.[3]

Die nachfolgende Auflistung ist nach dem Ordnungsprinzip der StVZO aufgebaut (s. Spalte 2). Wird eine Ausnahme für möglich gehalten (s. Spalte 3), so wird im Regelfall bundesweit eine Ausnahme erteilt. Die für die Erteilung der Ausnahmen zuständigen Länderbehörden können in begründeten Einzelfällen weitergehende Auflagen und Bedingungen festlegen.

Für andere, als die in der Liste genannten Abweichungen von der StVZO sollten grundsätzlich keine Ausnahmegenehmigungen befürwortet bzw. erteilt werden.

[1] Unbedenklichkeitskriterien für Scheinwerfer sind in Anlage 2 dargestellt.

[2] Bei der Einschätzung der Zumutbarkeit sind insbesondere zu beachten: der Grad der Abweichung von der StVZO und das Verhältnis der Umrüstkosten zum aktuellen Fahrzeugwert. (Für Oldtimer werden besondere Bestimmungen im Verkehrsblatt bekanntgegeben und bei Bedarf aktualisiert.)

[3] Für Umzugsgut sind Ausnahmen in der Regel auch von Abgas- und Geräuschvorschriften möglich, sofern nicht einfache Umrüstmaßnahmen mit Genehmigung verfügbar sind. „Umzugsgut" ist ein Fahrzeug dann, wenn der Antragsteller zukünftiger Halter des Fahrzeuges ist, welches vorher mindestens 6 Monate auf seinen Namen im Ausland zugelassen war.

Bezeichnung	Fundstelle (StVZO)	Hinweise für den Sachverständigen	
		Umrüstung zumutbar bzw. Ausnahme	Hinweise und Bemerkungen
1a. Scheiben aus Sicherheitsglas	§ 22a (1) Nr. 3 i.V.m. § 40 (1)	„Etwa-Wirkung“ muss nachgewiesen werden.	Von einer „Etwa-Wirkung“ kann u.a. dann ausgegangen werden, wenn die Scheiben eine Kennzeichnung z.B. entsprechend der SAE-Norm AS 1 (Frontscheibe) oder AS 2 (AS 3) und DOT-Norm aufweisen und gegenüber dieser unverändert sind.
1b. Scheiben aus Panzerglas	§ 22a (1) Nr. 3 i.V.m. § 40 (1)	Ausnahmen nur < >	Nur halterbezogen für Sicherheitsdienste oder gefährdete Personen. < I.V.m. der Zustimmung der Sicherheitsbehörden erteilen.>
2. Anhängekupplung	§ 22a (1) Nr. 6 i.V.m. § 43 (1)	BG erforderlich oder Nachweis der „Etwa-Wirkung“ durch Festigkeitsrechnung oder -prüfung.	Anwendung von § 22a (3) Nr. 2
3. Scheinwerfer für Fernlicht und für Abblendlicht	§ 22a (1) Nr. 7 i.V.m. § 50	Umrüsten auf Scheinwerfer mit BG oder Nachweis der „Etwa-Wirkung“ durch TD-Lichttechnik.	Bei „Etwa-Wirkung“ Eintrag unter Ziff. 33 Fahrzeuggutachten. Es ist nur weißes Licht gemäß ECE-R 48 zulässig. TD-Lichttechnik prüfen nach Maßgabe der Anlage 2.
4. Begrenzungsleuchten	§ 22a (1) Nr. 8 i.V.m. § 51 (1)	„Etwa-Wirkung“ ausreichend. Bei Abweichungen von der Farbe umrüsten.	Z.B. zusammen mit Ziffer 3. Nur weißes Licht zulässig.
5. Seitenmarkierungsleuchten	§ 22a (1) Nr. 8b i.V.m. § 51a (6)	„Etwa-Wirkung“ ausreichend. Für separate hintere rote Leuchten Ausnahme möglich.	
6. Nebelscheinwerfer	§ 22a (1) Nr. 10 i.V.m. § 51 (1)	Umrüsten auf Scheinwerfer mit BG oder Nachweis der „Etwa-Wirkung“ durch TD-Lichttechnik.	Bei „Etwa-Wirkung“ Eintrag unter Ziff. 33 Fahrzeuggutachten. TD-Lichttechnik prüfen nach Maßgabe der Anlage 2.

Bezeichnung	Fundstelle (StVZO)	Hinweise für den Sachverständigen	
		Umrüstung zumutbar bzw. Ausnahme	**Hinweise und Bemerkungen**
7. Rückfahr-scheinwerfer	§ 22a (1) Nr. 12a i.V.m. § 52a	„Etwa-Wirkung" ausreichend. Wenn nicht vorhanden, nachrüsten bei Erstzulassung ab 1.1.1987.	
8. Schlussleuchten	§ 22a (1) Nr. 13 i.V.m. § 53 (1)	„Etwa-Wirkung" ausreichend.	Getrennt absichern.
9. Bremsleuchten	§ 22a (1) Nr. 14 i.V.m. § 53 (2)	„Etwa-Wirkung" ausreichend.	Bremsleuchten sind nicht gleichzeitig als Fahrtrichtungsanzeiger (rot) zulässig – keine Ausnahme.
10. Rückstrahler	§ 22a (1) Nr. 15 i.V.m. § 53 (4)	Umrüsten oder zusätzliche Rückstrahler mit BG.	Bei Abweichungen von der Farbe Rückstrahler entfernen oder unwirksam machen. Zusätzliche Rückstrahler unter Ziffer 33 vermerken.
11. Nebelschluss-leuchte	§ 22a (1) Nr. 16a i.V.m. § 53d	„Etwa-Wirkung" ausreichend. Wenn nicht vorhanden, nachrüsten bei Erstzulassung ab 1.1.1991.	
12. Fahrtrichtungs-anzeiger	§ 22a (1) Nr. 17 i.V.m. § 54	„Etwa-Wirkung" ausreichend. Bei Abweichungen von der Farbe umrüsten.	Zur Sicherstellung eines einheitlichen Signalbildes müssen alle Fahrtrichtungsanzeiger auf gelbes Blinklicht umgerüstet werden.
13. Lichtquellen (auswechselbare Glühlampen)	§ 22a (1) Nr. 18 i.V.m. § 49a (6) § 22a (3) Nr. 2	Wird bei Inaugenscheinnahme das Vorhandensein nicht bauartgenehmigter Lichtquellen festgestellt, ist wie folgt zu verfahren: * **Bei Lichtquellen für Scheinwerfer**	Bei Erteilung einer Ausnahme sind zwei Ersatzlampen des im „Etwa-Gutachten" bezeichneten Typs beim Betrieb des Fahrzeuges mitzuführen. Nicht bauartgenehmigte Lichtquellen für Scheinwerfer, für die ein „Etwa-Gutachten"

Bezeichnung	Fundstelle (StVZO)	Hinweise für den Sachverständigen	
		Umrüstung zumutbar bzw. Ausnahme	Hinweise und Bemerkungen
		– **für Einzelgutachten** sind Lichtquellen ohne BG im Ausnahmeverfahren möglich, sofern sie einem COP-kontrollierten Serientyp entsprechen (ausländische Prüfzeichen, Herstellerbezeichnung), – **für Mustergutachten** sind nur Lichtquellen mit BG nach ECE-R 37 zulässig. Die Farbe des ausgestrahlten Lichtes muss weiß sein. Bei Nebelscheinwerfern ist außerdem die Farbe hellgelb zulässig. Bei Lichtquellen für andere lichttechnische Einrichtungen ist die „Etwa-Wirkung" aufgrund einer Sichtprüfung ausreichend, sofern sie einem COP-kontrollierten Serientyp entsprechen. * **Bei Lichtquellen für Leuchten** ist der auf der Leuchte bezeichnete Typ zu verwenden.	eines Technischen Dienstes vorliegt, sind im Gutachten unter Ziffer 33 zu beschreiben; zusätzlicher Vermerk: „Ausnahmegenehmigung gem. § 70 StVZO erforderlich."
14. Beleuchtungseinrichtungen für hinteres amtliches Kennzeichen	§ 22a (1) Nr. 21 i.V.m. § 60 (4)	„Etwa-Wirkung" ausreichend.	

Bezeichnung	Fundstelle (StVZO)	Hinweise für den Sachverständigen	
		Umrüstung zumutbar bzw. Ausnahme	Hinweise und Bemerkungen
15. Sicherheitsgurte	§ 22a (1) Nr. 25 i.V.m. § 35a (4)	Umrüsten – ggf. auch auf 3-Punkt-Gurtsystem, wenn technisch möglich. Ausgenommen sind die Sicherheitsgurte, die mit der im Herstellerland vorgeschriebenen Kennzeichnung versehen sind; hier kann „Etwa-Wirkung" angenommen werden.	Keine Ausnahme von Art und Anzahl.
16. Gestaltung des Fahrzeugaufbaus, insbesondere innere und äußere Fahrzeugteile	§§ 30 und 30c	Gefährliche Teile entschärfen.	Maßnahmen ggf. unter Ziffer 33 vermerken.
17. Fahrer- und Beifahrersitz	§ 35a (10)	Selbsttätige Lehnenverriegelung nachrüsten.	
18. Verankerungspunkte für die Sicherheitsgurte	§ 35a (3)	Anforderungen gelten als erfüllt, wenn serienmäßige Verankerungspunkte in der Fahrzeugstruktur integriert sind oder bei anderen Verankerungspunkten die Eignung durch Inaugenscheinnahme festgestellt wird. Andere Verankerungspunkte müssen durch geeignete abgerundete Bleche ausreichender Größe und Dicke verstärkt sein.	
19. Räder, Bereifung und Radabdeckungen	§§ 36 und 36a	Umrüstung auf vorschriftsmäßige Bereifung und Radabdeckungen.	Ggf. Herstellerangaben mit Freigabebescheinigung zwecks eindeutiger Identifizierung; unter Ziffer 20 bis 23 und/oder Ziffer 33 vermerken.

Bezeichnung	Fundstelle (StVZO)	Hinweise für den Sachverständigen	
		Umrüstung zumutbar bzw. Ausnahme	Hinweise und Bemerkungen
20. Außen angebrachtes Reserverad	§ 36a (3)	Umrüsten auf doppelte Sicherung.	Vermerk unter Ziffer 33. Laufende Nr. 16 und geometrische Sichtbarkeit der Beleuchtung und des amtlichen Kennzeichens beachten.
21. Sicherung gegen unbefugte Benutzung	§ 38a	Nachrüsten mit entsprechender Einrichtung nach § 38a oder einer gleichwertigen Wegfahrsicherung.	Wenn Nachrüstung nicht zumutbar, Ausnahme erforderlich – Auflage: „Sicherung durch loses Zubehör".
22. Bremsanlage	§ 41	Adäquates Prüfverfahren nach VdTÜV-Merkblatt Kraftfahrwesen 753; Ausnahmegenehmigung erforderlich.	
23. Abschlepp-einrichtung	§ 43 (2)	Nachrüsten bei Erstzulassung ab 1.10.1974, hinten jedoch nur bei Pkw mit zugelassener Anhängelast.	
24. Abgas- und Partikelemissionen	§ 47	Ausnahme nicht möglich, außer bei Umzugsgut.	
25. Auspuffmündung	§ 47c	Ggf. Umrüsten der Mündungsrichtung bei zu erwartender Gefährdung der Insassen oder anderer Verkehrsteilnehmer.	Für Fahrzeuge, die Rili 70/157/EWG erfüllen, ist die Mündungsrichtung nicht reglementiert.
26. Geräuschemissionen	§ 49	Ausnahme nicht möglich, außer bei Umzugsgut.	
27. Fernlichtkontrolle	§ 50 (5)	Ausnahme von der Farbe möglich.	
28. Leuchtweite-regelung	§ 50 (8)	Ausnahme ohne Auflage möglich.	
29. Warnblinkanlage	§ 53a (4)	Nachrüstung erforderlich.	Siehe auch laufende Nr.12.

Bezeichnung	Fundstelle (StVZO)	Hinweise für den Sachverständigen	
		Umrüstung zumutbar bzw. Ausnahme	Hinweise und Bemerkungen
30. Warnblink-kontrolleuchte	§ 53a (4)	Ausnahme von der Farbe möglich.	
31. Nebelschluss-lichtkontrolleuchte	§ 53d (5)	Ausnahme von der Farbe möglich.	
32. Blinkgeber	§ 54 (1)	Ggf. umrüsten.	Ausfall eines Fahrtrichtungsanzeigers muss sinnfällig angezeigt werden.
33. Geschwindigkeitsmessgerät	§ 57 (2), (3)	Anzeigebereich bis Höchstgeschwindigkeit ergänzen. Skalierung in km/h dauerhaft markieren oder umrüsten.	
34. Fabrikschild	§ 59 (1)	Nach Vorschrift anbringen.	Unvorschriftsmäßiges Originalfabrikschild sollte erhalten bleiben (Oldtimer), weil es die Herstellerangaben dokumentiert.
35. Fahrzeug-Identifizierungsnummer	§ 59 (2)	Ausnahme vom Anbringungsort und/oder der Anbringungsart möglich. Keine Ausnahme von der Stellenzahl, bei abweichender Stellenzahl TP-Nr. erforderlich. Fahrzeug-Identifizierungsnummer allein auf genietetem Schild nicht ausreichend. Sie ist an geeigneter Stelle zusätzlich einzuschlagen.	Ggf. Hinweis unter Ziffer 33 auf Anbringungsort der Fahrzeug-Indentifizierungsnummer.

Anlage 1 zum Merkblatt für die Begutachtung von Fahrzeugen (insbesondere Pkw) nach § 21 StVZO und über mögliche Ausnahmen nach § 70 StVZO

Schema der Bearbeitung (hier: Beurteilung von Scheinwerfern)

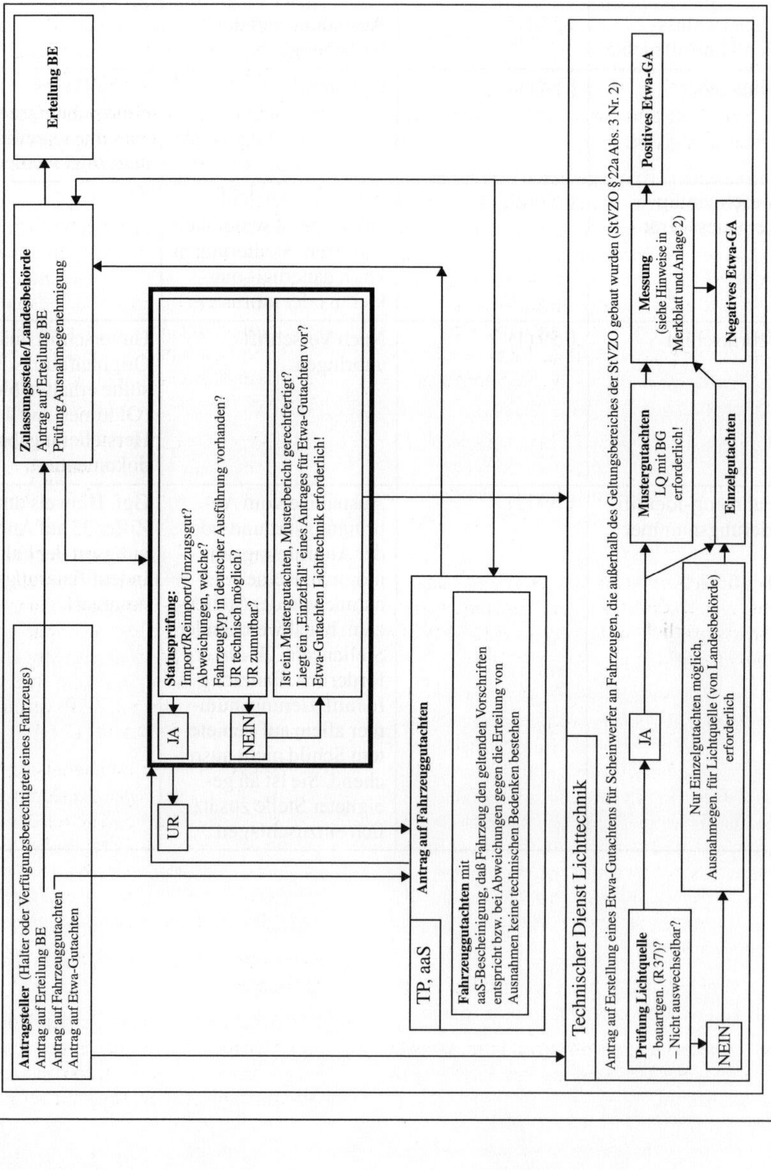

Antragsteller (Halter oder Verfügungsberechtigter eines Fahrzeugs)
Antrag auf Erteilung BE
Antrag auf Fahrzeuggutachten
Antrag auf Etwa-Gutachten

Zulassungsstelle/Landesbehörde
Antrag auf Erteilung BE
Prüfung Ausnahmegenehmigung

Erteilung BE

Statusprüfung:
Import/Reimport/Umzugsgut?
Abweichungen, welche?
Fahrzeugtyp in deutscher Ausführung vorhanden?
UR technisch möglich?
UR zumutbar?

Ist ein Mustergutachten, Musterbericht gerechtfertigt?
Liegt ein „Einzelfall" eines Antrages für Etwa-Gutachten vor?
Etwa-Gutachten Lichttechnik erforderlich!

JA

NEIN

UR

TP, aaS

Antrag auf Fahrzeuggutachten

Fahrzeuggutachten mit aaS-Bescheinigung, daß Fahrzeug den geltenden Vorschriften entspricht bzw. bei Abweichungen gegen die Erteilung von Ausnahmen keine technischen Bedenken bestehen

Technischer Dienst Lichttechnik

Antrag auf Erstellung eines Etwa-Gutachtens für Scheinwerfer an Fahrzeugen, die außerhalb des Geltungsbereiches der StVZO gebaut wurden (StVZO § 22a Abs. 3 Nr. 2)

Prüfung Lichtquelle
– bauartgen. (R 37)?
– Nicht auswechselbar?

JA

NEIN

Mustergutachten
LQ mit BG
erforderlich!

Einzelgutachten

Nur Einzelgutachten möglich,
Ausnahmegen. für Lichtquelle (von Landesbehörde)
erforderlich

Messung
(siehe Hinweise in
Merkblatt und Anlage 2)

Positives Etwa-GA

Negatives Etwa-GA

Anlage 2 zum Merkblatt

für die Begutachtung von Fahrzeugen (insbesondere Pkw) nach § 21 StVZO und über mögliche Ausnahmen nach § 70 StVZO

Begutachtungskriterien für Scheinwerfer und deren Lichtquellen nach Nr. 3, 6 und 13.

Vor der Begutachtung der Scheinwerfer ist festzustellen, ob es sich um einen Antrag für ein Einzelfahrzeug (z.B. Umzugsgut) handelt oder ob die Einführung mehrerer typgleicher Fahrzeuge beabsichtigt ist.

Der Antragsteller hat die genauen Umstände gegenüber der Behörde, bei der er die Betriebserlaubnis beantragt, der TP (aaS) sowie dem Technischen Dienst Lichttechnik, bei dem der Antrag zur Prüfung des Scheinwerfers gestellt wird, offenzulegen. Ist die Einführung mehrerer typgleicher Fahrzeuge mit identischer Scheinwerferausrüstung beabsichtigt, kann der Technische Dienst auf Antrag ein **„Mustergutachten"** erstellen.

Die Technischen Dienste Lichttechnik wenden für die Feststellung der „Etwa-Wirkung" für Einzelscheinwerfer Beurteilungskriterien an, die von denen für „Mustergutachten" abweichen.

– **Für alle Scheinwerfer** ist eine Hell-Dunkel-Grenze gefordert, die eine Einstellung der Scheinwerferlichtverteilung nach § 50 StVZO sicher ermöglicht.

– **Für Mustergutachten** gilt, dass die jeweils zutreffende ECE-Regelung anzuwenden ist, d.h. z.B., im Falle von Halogenscheinwerfern sind die ECE-Regelungen für diese heranzuziehen. Es sind die in der Regelung festgelegten Toleranzen für Serienmuster anzuwenden. Bei Einzelwerten in sicherheitstechnisch unkritischen Bereichen der vorgeschriebenen Lichtverteilung können die Toleranzgrenzen zusätzlich um 5 %-Punkte vergrößert werden.

  Die Verwendung von Lichtquellen ohne ECE-BG ist nicht zulässig.

  Die fotometrischen Prüfungen sind an zwei Mustern unter Verwendung von Prüflampen durchzuführen.

– **Für Einzelgutachten** kann eine „Etwa-Wirkung" bestätigt werden, wenn auch die normalen Toleranzgrenzen für die Überprüfung von Serienmustern nach der ECE-Regelung Nr. 1 für Scheinwerfer mit asymmetrischem Abblendlicht und Glühlampen der Kategorie R2 nach ECE-Regelung Nr. 37 in sicherheitstechnisch unkritischen Bereichen der vorgeschriebenen Lichtverteilung um zusätzlich 10 %-Punkte überschritten werden.

  Für Scheinwerfer mit symmetrischer Lichtverteilung ist als Bewertungsgrundlage mindestens die Technische Anforderung Nr. 7 StVZO heranzuziehen.

  Die Bestätigung kann auch für Scheinwerfer mit Lichtquellen erfolgen, die nicht nach ECE-Regelung Nr. 37 genehmigt sind, sofern diese ein international bekanntes Genehmigungszeichen und eine eindeutige Herstellerbezeichnung besitzen. In diesem falle ist eine Ausnahmegenehmigung nach § 70 StVZO für diese Lichtquelle erforderlich.

  Das Einzelgutachten muss eine eindeutige Zuordnung zum Einzel-Fahrzeug (z.B. FIN) enthalten, für das der Scheinwerfer geprüft wurde.

– **Scheinwerfer und Kunststoffstreuscheiben** können nur positiv beurteilt werden, wenn sie mit international bekannten Prüfzeichen versehen sind, aus denen ableitbar ist, dass der Kunststoff einer angemessenen Eignungsprüfung, d.h. einem den ECE-Regelungen äquivalenten COP-Verfahren, unterzogen wurde (z.B. DOT).

– **„Etwa-Gutachten" für Nebelscheinwerfer** sind nur für Einbauscheinwerfer zulässig. Es sind in jedem Falle die Kriterien der ECE-Regelung Nr. 19 anzuwenden, wobei die Regeln für Einzelfahrzeuggutachten und Mustergutachten wie bei Scheinwerfern für Fernlicht oder Abblendlicht anzuwenden sind.

– **Eintragungsbeispiele für das Fahrzeuggutachten**

a) Für Scheinwerfer, für die per Einzel-/Mustergutachten des TD-LTE die „Etwa-Wirkung" nachgewiesen ist, so dass gegen eine Verwendung am Fahrzeug mit der FIN… / an

Fahrzeugen des Typs ... keine technischen Bedenken bestehen

ETWA-WIRKR.F.[FERN-,ABBLENDL.-U.NEBEL-]SCHEINW.NACHGEW.*

Hinweis: Die Etwa-GA verbleiben beim Antragsteller und sind der zuständigen Behörde (z.B. bei Erteilung der BE/Zulassung des Fahrzeugs) auf Verlangen vorzulegen.

b) für Scheinwerfer, für die per Einzelgutachten des TD-LTE die „Etwa-Wirkung" nachgewiesen ist, so dass gegen eine Verwendung am Fahrzeug mit FIN ... keine technischen Bedenken bestehen, jedoch aufgrund einer Lichtquelle (LQ) ohne BG eine Ausnahmegenehmigung erforderlich ist (mit der Auflage, dass mindestens zwei der auf dem Scheinwerfer angegebenen LQ ständig im Fahrzeug mitzuführen sind).

ETWA-WIRK.F[FERN-,ABBLENDL.-U.NEBEL-]SCHEINW.NACHGEW.,LQ O.BG,AG ERFORDERL., AUFLAGE: MITFUEHREN V.MIND.2D.AUF D.SCHEINW.ANGEGEB.LQ.*

3. Richtlinien für die Beurteilung von Reifenschäden an Luftreifen und Richtlinien für die Instandsetzung von Luftreifen

(VkBl. 2001 S. 91)

Die Richtlinie für die Beurteilung von Luftreifen (VkBl. 1980 S. 268 einschließlich der Änderungen im VkBl. 1993 S. 247) zur einheitlichen Anwendung des § 36 StVZO, insbesondere bei der Untersuchung der Fahrzeuge nach § 29 StVZO sowie der Überwachung der Fahrzeuge im Verkehr, enthält unter Abschnitt 3.3 nur wenige Hinweise für die Beurteilung von Reifenschäden. Aus Gründen der Verkehrssicherheit ist es notwendig, die **Beurteilung von Reifenschäden an Luftreifen** näher zu erläutern und in einer eigenen Richtlinie festzulegen. Diese Richtlinie richtet sich an die in der Verkehrs- und Fahrzeug-Überwachung tätigen Personen und an die Reifen-Fachwerkstätten.

Die Richtlinie **Instandsetzung von Luftreifen** dient der Anwendung einheitlicher Bedingungen für die fachgerechte Instandsetzung von Luftreifen und richtet sich an die damit befassten Reihenfachbetriebe sowie an das Fachpersonal, das in anderen Betrieben mit Reifeninstandsetzungsarbeiten betraut ist.

Nach Anhörung der zuständigen obersten Landesbehörden werden nachstehende Richtlinien bekannt gegeben. Die Richtlinien sind sofort anzuwenden.

Die Richtlinie für die Beurteilung von Luftreifen VkBl. (1980 S. 628 einschließlich der Änderungen im VkBl. 1993 S. 247) wird hiermit aufgehoben. Die Inhalte dieser vorgenannten Richtlinie sind mit den beiden neuen Richtlinien und der Richtlinie für das Nachschneiden von Reifen an Nutz-Fahrzeugen (BMV/StV 13/36.25.07-00 vom 19.07.1996, VkBl. S. 400) fortgeschrieben worden.

1. Richtlinie für die Beurteilung von Reifenschäden an Luftreifen

1 Anwendungsbereich

Diese Richtlinie dient der Anwendung einheitlicher Bedingungen für die Beurteilung von Reifenschäden und richtet sich an die damit befassten Überwachungsorgane und Reifen-Fachwerkstätten.

2 Begriffsbestimmungen

2.1 Oberflächige Reifenschäden

Oberflächige Reifenschäden sind im Laufflächen- und Seitenbereich von Luftreifen aufgetretene Schäden, die die Betriebssicherheit des Reifens nicht beeinträchtigen. Eine Schadensbehebung oder Instandsetzung des Reifens ist nicht erforderlich.

2.2 Nicht reparable sicherheitsrelevante Reifenschäden

Sicherheitsrelevante Reifenschäden sind Schäden, durch die die Betriebssicherheit des Reifens herabgesetzt ist und die weitere Verwendung des Reifens gänzlich ausgeschlossen ist.

2.3 Reparable sicherheitsrelevante Reifenschäden

Reparable sicherheitsrelevante Reifenschäden sind Schäden, durch die die Betriebssicherheit des Reifens herabgesetzt ist und nach Schadensanalyse durch eine Reifen-Fachwerkstatt repariert werden können. Die Verwendung des Reifens im Schadenszustand ist unzulässig.

2.4 Reifenquerschnitt

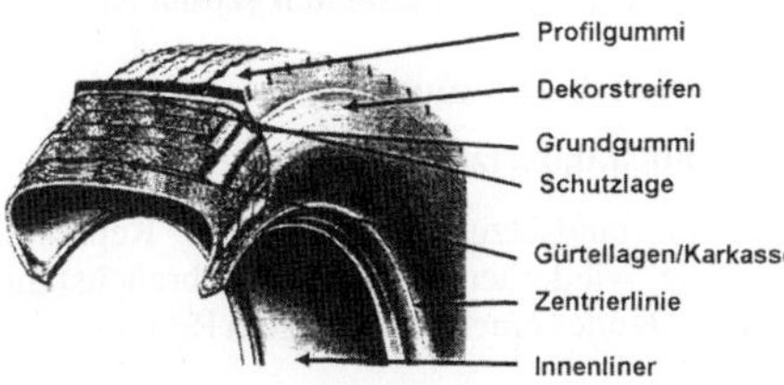

Profilgummi

Äußere Gummischicht im Laufflächenbereich.

Grundgummi

Gummischicht zwischen Profilgrund und den Festigkeitsträgern (Gürtellagen/Karkasse)

Schutzlage

Kord, der zwischen Gürtellage und Grundgummi liegt und dem Schutz des Festigkeitsträgers dient.

Gürtellagen / Karkasse (Festigkeitsträger)

Kord, bestehend aus Strängen (Fäden, Seile), die die Gewebelagen des Gürtels/der Reifenkarkasse bilden.

Innenliner

Gummilage, die die Gasdichtigkeit des Reifens sicherstellt.

Nenn-Querschnittsbreite

In der Größenbezeichnung des Reifens enthaltene Angabe zur Querschnittsbreite des Reifens, die den Abstand zwischen den Außenseiten der Seitenwände des aufgepumpten Reifens nach Abzug der Erhöhungen für die Beschriftungen, Verzierungen, Scheuerleisten oder Scheuerrippen beinhaltet.

Lauffläche

Teil eines Reifens, der mit dem Boden in Berührung kommt.

Laufflächenbereich

Bereich des Reifens, der mit dem Boden in Berührung kommt, zuzüglich des Teils des Reifens, der sich von der Lauffläche bis zum Dekorstreifen erstreckt.

Seitenwandbereich

Bereich des Reifens zwischen Dekorstreifen und Zentrierlinie.

Wulstzone

Bereich des Reifens unterhalb der Zentrierlinie.

3 Beurteilung von Reifenschäden

3.1 Oberflächige Reifenschäden

Oberflächige Reifenschäden an Luftreifen im Laufflächen- und Seitenbereich, die ausschließlich das Gummi betreffen und bei denen keine Kordfäden des Festigkeitsträgers sichtbar sind, können unter Zugrundelegung folgender Abgrenzungskriterien für die Betriebssicherheit des Reifens als unbedenklich eingestuft werden:

Kraftradreifen

- Geringfügige Riss- oder Schnittverletzungen, die nicht über den gesamten Reifenumfang verlaufen,
- Alterungsrisse, die nicht tiefer als 1 mm sind.

Reifen an PKW und ihren Anhängern

- Geringfügige Riss- oder Schnittverletzungen, die nicht über den gesamten Reifenumfang verlaufen.
- Geringfügige flächenartige Laufflächenverletzungen, deren Ausdehnung nicht mehr als 10% der Nenn-Querschnittsbreite beträgt.
- Anscheuerungen und kleinere Verletzungen im Seitenwandbereich ohne Verdickungen oder Wölbungen im Schadensbereich.

- Alterungsrisse, die nicht tiefer als 1 mm sind.

Reifen an Nutzfahrzeugen und ihren Anhängern

- Riss- oder Schnittverletzungen der Lauffläche sowie rundumlaufende Riss- oder Schnittverletzungen, deren Schadensbreite nicht mehr als 5 % der Nenn-Querschnittsbreite beträgt.
- Flächenartige Verletzungen im Laufflächenbereich, deren Ausdehnung folgende Größe (in Prozent) der Nenn-Querschnittsbreite nicht überschreitet:

  Bei C-Reifen und Reifen mit Tragfähigkeitskennzahl < 122 : 20 %

  Bei Reifen mit Tragfähigkeitskennzahl ≥ 122 : 30 %
- Anscheuerungen und kleinere Verletzungen im Seitenwandbereich ohne Verdickungen oder Wölbungen im Schadensbereich.
- Alterungsrisse, die nicht tiefer als

  1 mm bei C-Reifen und Reifen mit Tragfähigkeitskennzahl < 122 bzw.

  3 mm bei Reifen mit Tragfähigkeitskennzahl ≥ 122 sind.
- Rundumlaufende Trennungen von höchstens 8 mm Tiefe bei kalterneuerten Reifen im Bereich zwischen Laufflächenkante und Dekorstreifen.

3.2 Sicherheitsrelevante Reifenschäden

Alle Schäden mit weitergehendem Schadensbild als der unter 3.1 aufgeführten Ausdehnungen oder Merkmale sind für den Betrieb des Reifens als sicherheitsrelevante Schäden einzustufen. Die Verwendung eines Reifens mit sicherheitsrelevanten Schäden ist unzulässig. Hinsichtlich der Möglichkeit zur Reparatur des Reifenschadens entscheidet der Reifenfachbetrieb unter Berücksichtigung der Hinweise des Reifenherstellers (siehe auch Richtlinie für die Instandsetzung von Luftreifen).

2. Richtlinie für die Instandsetzung von Luftreifen

1 Anwendungsbereich

Diese Richtlinie dient der Anwendung einheitlicher Bedingungen für die fachgerechte Instandsetzung von Luftreifen und richtet sich an die damit befassten Reifenfachbetriebe sowie an das Fachpersonal, das in anderen Betrieben mit Reifeninstandsetzungsarbeiten betraut ist.

2 Begriffsbestimmungen

Reifeninstandsetzung

Reifeninstandsetzung umfasst die Reparatur und die Wiederherstellung des gebrauchsfähigen Zustandes eines beschädigten Reifens.

Reifenreparatur

Reifenreparatur ist die dauerhafte Beseitigung des Schadens an einem Reifen mittels geeigneter Reparaturmittel und Verfahren zur weiteren uneingeschränkten Verwendung des Reifens gemäß der auf dem Reifen angegebenen Kennzeichnungen.

Pannenhilfsmittel

Pannenhilfsmittel ist ein temporärer Notbehelf nach einem eingetretenen Reifenschaden für eine begrenzte Mobilitätsssicherung.

Heiß-/Warmvulkanisation

Verfahren zum Aufbringen und Vulkanisieren von Reparaturmitteln unter Zuführung von Wärme und durch das Aufbringen von Druck bei bestimmten Temperaturen.

Selbstvulkanisation

Verfahren zum Aufbringen und Vulkanisieren von Reparaturmitteln bei Raumtemperatur.

Reparaturmittel

Kombireparaturmittel

Reparaturkörper, bestehend aus Lochkanalfüllung und Reparaturpflaster.

Reparaturpflaster

Flächenartiger, in seinen Abmessungen und für seinen Verwendungsbereich geeigneter Reparaturkörper.

Reparaturflicken

Flächenartiger dehnungsfähiger Reparaturkörper für die Schlauchreparatur.

Festigkeitsträger

Kord, bestehend aus Strängen (Fäden, Seile), die die Gewebelagen des Reifens bilden und auch bei Reparaturpflastern ab einer bestimmten Größe Verwendung finden.

Reifenzonen

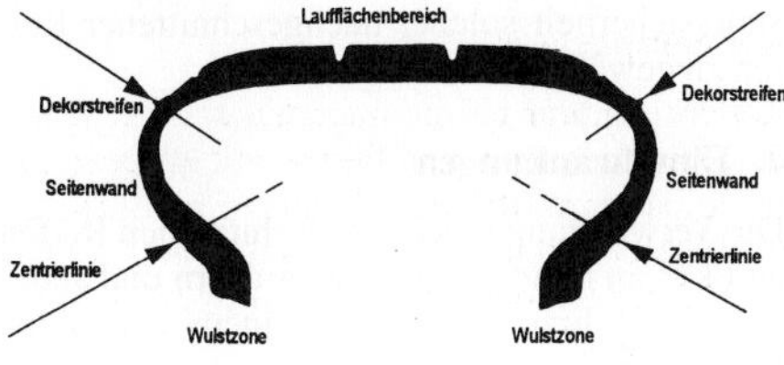

Laufflächenbereich

Bereich des Reifens, der mit dem Boden in Berührung kommt, zuzüglich des Teils des Reifens, der sich von der Lauffläche bis zum Dekorstreifen erstreckt.

Seitenwandbereich

Bereich des Reifens zwischen Dekorstreifen und Zentrierlinie.

Wulstzone

Bereich des Reifens unterhalb der Zentrierlinie.

3 Allgemeine Anforderungen

3.1 Grundsätzlich ist jeder Reifen vor der Reparatur zur Analyse des Schadens und zur Reparaturdurchführung von der Felge zu demontieren. Ausgenommen sind Reifen, die Schäden aufweisen, welche eindeutig als rein äußere Verletzung des Reifens erkennbar sind und ohne Demontage von außen repariert werden können sowie Reifen an Nutzfahrzeugen mit einer durch die Bauart bestimmten Höchstgeschwindigkeit von nicht mehr als 40 km/h.

3.2 Vor der Reparatur ist der Reifen hinsichtlich seiner Reparaturwürdigkeit zu untersuchen (siehe auch Richtlinie für die Beurteilung von Reifenschäden an Luftreifen); insbesondere ist in diese Betrachtung auch der allgemeine Zustand des Reifens außerhalb des zu reparierenden Schadens einzubeziehen. Die Informationen des Reifenherstellers zur Reifeninstandsetzung sind dabei zu beachten.

3.3 Je nach Schadensbild sind ausschließlich die hierfür geeigneten Reparaturmittel nach Anweisung des Herstellers dieser Reparaturmittel zu verwenden; dabei ist insbesondere auf die Verträglichkeit der verwendeten Materialien untereinander zu achten.

3.4 Die Schadensstelle ist mit geeignetem Werkzeug freizulegen und zu reinigen.

3.5 Schäden an Reifen, die mittels Pannenhilfsmittel behandelt wurden, können nicht repariert werden.

3.6 Das Einlegen eines Schlauches ohne Behebung des Reifenschadens ist unzulässig.

4 Reparaturausführung

Generell ist der Schadenskanal mit Rohgummi, das mittels Heiß- oder Warmvulkanisation zu vulkanisieren ist, zu füllen und an der Reifeninnenseite ein Reparaturpflaster einzusetzen. Für die Lochkanalfüllung von Stichverletzungen im Laufflächenbereich kann auch ein vorvulkanisierter Gummikörper in Verbindung mit einem Reparaturpflaster Verwendung finden.

Dabei gilt ergänzend für:

Kraftradreifen

An Kraftradreifen sind Reparaturen von Stichverletzungen bis höchstens 6 mm Schadensausdehnung im Laufflächenbereich mittels Kombireparaturkörper zulässig. Andere Reifenreparaturen außerhalb des Laufflächenbereichs sind an Kraftradreifen unzulässig.

Reifen an PKW und ihren Anhängern

Im Laufflächenbereich sind Reparaturen von Stichverletzungen bis höchstens 6 mm Schadensausdehnung mittels Kombireparaturkörper zulässig. Im Bereich der Wulstzonen sind **Gummi**reparaturen nur zulässig, wenn die Festigkeitsträger nicht davon berührt sind.

C-Reifen und Reifen mit einer Tragfähigkeitskennzahl kleiner 122 an Nutzfahrzeugen und ihren Anhängern

Im Laufflächenbereich sind Reparaturen von Stichverletzungen bis höchstens 6 mm Schadensausdehnung mittels Kombireparaturkörper zulässig. Im Bereich der Wulstzonen sind **Gummi**reparaturen nur zulässig, wenn die Festigkeitsträger nicht davon berührt sind.

Reifen mit einer Tragfähigkeitskennzahl größer oder gleich 122 an Nutzfahrzeugen und ihren Anhängern

Im Laufflächenbereich sind Reparaturen von Stichverletzungen bis höchstens 10 mm Schadensausdehnung mittels Kombireparaturkörper zulässig. Im Bereich der Wulstzonen sind **Gummi**reparaturen nur zulässig, wenn die Festigkeitsträger (Karkass- oder Umkehrlagen) nicht davon berührt sind.

4. § 36 Abs. 2 StVZO; Richtlinie für das Nachschneiden von Reifen an Nutzfahrzeugen

(VkBl. 1996 S. 400)

Die Richtlinie für die Beurteilung von Luftreifen (VkBl. 1980 S. 628 einschließlich der Änderung im VkBl. 1993 S. 247) zur einheitlichen Anwendung des § 36 StVZO und der Untersuchungen der Fahrzeuge nach § 29 StVZO sowie der Überwachung der Fahrzeuge im Verkehr enthält unter Nr. 4 Bedingungen für das Nachschneiden von Reifen. Aus Gründen der Verkehrssicherheit ist es notwendig, das Verfahren des Nachschneidens der Reifen von Nutzfahrzeugen in einer eigenen Richtlinie festzulegen, die sich an die in der Verkehrs- und Fahrzeugüberwachung tätigen Personen, insbesondere aber an die Betreiber von Nutzfahrzeugen und an die Reifen-Fachwerkstätten richtet.

Nach Anhörung der zuständigen Landesbehörden wird nachstehende Richtlinie bekanntgegeben. Die Richtlinie ist ab sofort anzuwenden.

Nr. 4 der Richtlinie für die Beurteilung von Luftreifen (VkBl. 1980 S. 628 einschließlich der Änderung im VkBl. 1993 S. 247) wird hiermit aufgehoben; die bisherige Nr. 5 dieser Richtlinie wird Nr. 4.

Richtlinie für das Nachschneiden von Reifen an Nutzfahrzeugen

1. Anwendungsbereich

Die Richtlinie dient der Sicherstellung einheitlicher Voraussetzungen für das Nachschneiden der Reifen von Nutzfahrzeugen, um die Verkehrssicherheit solcher nachgeschnittener Reifen zu gewährleisten.

2. Einschränkungen

Die Verwendung von nachgeschnittenen Reifen an Pkw, an motorisierten Zweirädern und anderen Kraftfahrzeugen bis zu einem zulässigen Gesamtgewicht von 3,5 t ist unzulässig.

An Kraftomnibussen mit einer zulässigen Höchstgeschwindigkeit von 100 km/h sind nachgeschnittene Reifen, die dieser Richtlinie entsprechen, nur an Achsen mit Zwillingsbereifung oder an sogenannten Vorlauf- oder Nachlaufachsen zulässig.

3. Voraussetzungen

Reifen dürfen nur nachgeschnitten werden, wenn sie auf den Seitenwänden die Zusatzkennzeichnung „REGROOVABLE“ oder das entsprechende Symbol (gemäß 3.1.9 der ECE-R 54 in der Fassung der 2. Ergänzung vom 3. September 1989) tragen.

4. Inspektion der Reifen

Vor dem Nachschneiden ist zu prüfen, ob die Reifen keine Verletzungen aufweisen. Bei größeren Schnittverletzungen oder Profilausbrüchen ist die weitere Verwendung der Reifen fachgerecht zu überprüfen sowie festzustellen, ob ein Nachschneiden noch vertretbar ist.

5. **Durchführen der Arbeiten**

5.1 Das Nachschneiden von Reifen darf nur durch qualifiziertes und sachkundiges Personal durchgeführt werden.

5.2 Reifen dürfen nur nach den von den Reifenherstellern oder Runderneuerern herausgegebenen Anleitungen nachgeschnitten werden, die detaillierte Angaben zur Reifengröße und zum Profil vorgeben. Das Nachschneiden ist nur bis zu einer Grundgummistärke oberhalb des Zwischenbaus bzw. des Gürtels von mindestens 2 mm zulässig.

5.3 Vor dem Nachschneiden ist am Reifenumfang die Stelle mit der geringsten Profiltiefe der für das Nachschneiden zulässigen Profilrillen des Reifens zu ermitteln. In Abhängigkeit von dieser Profiltiefe ist die Nachschneidtiefe am Schneidwerkzeug nach den Anleitungen des Reifenherstellers oder des Reifenrunderneuerers einzustellen.

5.4 Das Nachschneiden darf nur mit heizbaren Schneidwerkzeugen durchgeführt werden. Es sind nur abgerundete Messerformen nach Angaben der Reifenhersteller oder der Reifenrunderneuerer zulässig.

5.5 Das Nachschneiden ist in jeder dafür vorgesehenen Profilrille nur einmal zulässig.

5. Richtlinien für die Unterbringung von Unterlegkeilen an Kraftfahrzeugen und deren Anhängern, ausgenommen Personenkraftwagen und Krafträder[1]

(VkBl. 1980 S. 775)

(1) Unterlegkeile dürfen nicht lose im Führerhaus oder auf der Ladefläche mitgeführt werden. Sie müssen am Fahrzeug leicht zugänglich, stets greifbar und so untergebracht sein, dass bei ihrer Benutzung Verletzungen weitgehend ausgeschlossen sind.

(2) Zur Aufnahme der Unterlegkeile müssen am Fahrzeug geeignete Halterungen vorhanden sein, die ein Verlieren und Klappern ausschließen. Das Anhängen an gewendelten Haken oder an Ketten gilt nicht als ausreichende Sicherung gegen Verlieren.

(3) Unterlegkeile dürfen mit dem Fahrzeug zusätzlich durch Ketten oder Seile verbunden sein, die verhindern, dass die Keile beim Anfahren auf der Fahrbahn liegenbleiben.

6. Merkblatt über den Anbau von Scheinwerfern und Leuchten an beweglichen Fahrzeugteilen

(VkBl. 1975 S.7, mit Änderungen im VkBl. 1977 S. 90 und VkBl. 1982 S. 504)

Nach § 49 a Abs. 1 Satz 3 StVZO müssen die an den Straßenfahrzeugen verwendeten lichttechnischen Einrichtungen vorschriftsmäßig und fest angebracht sowie ständig betriebsfertig sein.

Es bestand Unklarheit darüber, ob diese Vorschriften noch als erfüllt angesehen werden können, wenn Scheinwerfer und/oder Leuchten an z.B. Hecktüren, Heckklappen, klappbaren Führerhäusern usw. von Straßenfahrzeugen angebracht sind.

Allgemein ist festzustellen, dass in der Regel kein dringendes Bedürfnis besteht, Scheinwerfer oder Leuchten an beweglichen Fahrzeugteilen anzubringen. Bei der Beurteilung von Fahrzeugen mit derartig angeordneten Scheinwerfern oder Leuchten muss deshalb ein strenger Maßstab angelegt werden. Das nachstehende Merkblatt soll hierzu Hinweise geben.

1. Geltungsbereich

„Bewegliche Fahrzeugteile" im Sinne dieses Merkblattes sind jene Aufbau-, Karosserie- und anderen Fahrzeugteile, deren Lage durch Klappen, Drehen oder Verschieben verändert werden kann. Sie schließen u.a. auch die klappbaren Führerhäuser ein. Lichttechnische Einrichtungen, die aufgrund von Vorschriften der StVZO

[1] Hinweis: Zur Ausrüstung bestimmter Fahrzeuge mit Unterlegkeilen siehe § 41 Abs. 14 StVZO.

oder Ausnahmegenehmigungen klappbar oder abnehmbar sein dürfen, sowie Scheinwerfer an Krafträdern werden durch dieses Merkmal nicht berührt.

2. Allgemeine Anforderungen

Lichttechnische Einrichtungen müssen an Kraftfahrzeugen und Anhängern so angebracht sein, dass unter normalen Betriebsbedingungen und trotz der ggf. auftretenden Schüttelbeanspruchungen oder Eigenschwingungen des Fahrzeugs die vorgeschriebene Wirkung und die geforderten Eigenschaften nicht beeinträchtigt werden. Insbesondere dürfen dabei keine Resonanzschwingungen und keine unbeabsichtigte Verstellung der Scheinwerfer oder Leuchten eintreten.

3. Besondere Anforderungen

An beweglichen Fahrzeugteilen dürfen die nachfolgend genannten lichttechnischen Einrichtungen nur dann angebaut bzw. eingebaut sein, wenn über die „Allgemeinen Anforderungen" hinaus die folgenden weiteren Bedingungen eingehalten werden:

3.1 Die lichttechnischen Einrichtungen an der Fahrzeug-Vorderseite sowie die seitlichen gelben Rückstrahler, die hinteren Umrissleuchten, die Spurhalteleuchten, die Nebelschlussleuchte, die Rückfahrscheinwerfer und die Kennzeichen-Beleuchtungseinrichtung dürfen an beweglichen Fahrzeugteilen dann angebaut sein, wenn das bewegliche Fahrzeugteil für die Straßenfahrt nur eine Normalstellung hat (z.B. Klappe geschlossen) und die Einrichtung beim Verbringen in die Normallage des beweglichen Fahrzeugteils immer in ihre definierte Lage zurückkehrt. Unter den genannten Bedingungen dürfen die seitlichen Fahrtrichtungsanzeiger auch an klappbaren Führerhäusern angebaut sein, wenn noch rückwärtige Fahrtrichtungsanzeiger vorhanden sind.

3.2 Scheinwerfer für Abblendlicht sowie Nebelscheinwerfer dürfen an solchen beweglichen Fahrzeugteilen nur unter der weiteren Bedingung an- bzw. eingebaut werden, dass sich die Scheinwerfereinstellung auch bei wiederholter Betätigung der beweglichen Fahrzeugteile in keiner Richtlinie um mehr als 1 cm in 10 m Abstand verändert.

4. Ausnahmen

4.1 Schlussleuchten, Bremsleuchten – ausgenommen zusätzliche Schlussleuchten nach § 53 Abs. 1 StVZO und zusätzliche hochgesetzte Bremsleuchten nach § 53 Abs. 2 StVZO –, hintere rote Rückstrahler und hintere Fahrtrichtungsanzeiger sowie ggf. vorhandene besondere hintere Warnblinkleuchten nach § 53 a Abs. 5 StVZO dürfen nicht an beweglichen Fahrzeugteilen angebaut werden, es sei denn, dass das Fahrzeugteil zum Be- und Entladen oder zum Erreichen der Arbeitsstellung nur Parallelversetzungen der lichttechnischen Einrichtungen innerhalb der durch die StVZO erlaubten Grenzen bewirkt. Bei Doppelleuchten darf ein Teil der Leuchte an beweglichen Fahrzeugteilen angebracht sein, wenn der am festen Fahrzeugteil verbleibende Teil der Doppelleuchte für sich allein alle Bedingungen für diese Leuchtenart erfüllt und auch als solche genehmigt ist. Die nach § 53 Abs. 5 StVZO erforderlichen zusätzlichen Schlussleuchten, Bremsleuchten und Rückstrahler können in technisch begründeten Ausnahmefällen an beweglichen Fahrzeugteilen angebracht sein.

4.2 Die Anbringung von Beleuchtungseinrichtungen an Oberwagen von Mobilbaggern und Mobilkränen, die in Fahrstellung arretiert sind, ist zulässig.

4.3 Sollen lichttechnische Einrichtungen, abweichend von Nr. 3.4.1 und 4.2 dieses Merkblattes, an Arbeitsmaschinen oder vergleichbaren anderen Fahrzeugen (z.B. Gabelstaplern) zum Schutz gegen Beschädigungen beim Arbeitseinsatz weggeklappt oder sonstwie geschützt werden, so ist dafür eine Ausnahmegenehmigung mit an den Einzelfall angepassten Auflagen erforderlich.

5. Kenntlichmachung liegengebliebener oder haltender Fahrzeuge. Werden Begrenzungsleuchten oder/und vordere sowie seitliche Warnblinkleuchten durch das „Wegklappen" in ihrer Anbaulage verändert oder verdeckt (z.B. beim klappbaren Führerhaus), so muss zur Einhaltung der Vorschriften der §§ 15, 16 und 17 StVO durch weitere Einrichtungen, insbesondere nach § 53 a Abs. 1 bis 3 StVZO (Warndreieck, Warnleuchten), für entsprechenden Ersatz zur Sicherung des Fahrzeugs beim „Liegenbleiben" gesorgt sein.

6. Verdeckungen

Beleuchtungseinrichtungen dürfen nicht durch bewegliche Fahrzeugteile verdeckt oder in ihrer vorgeschriebenen geometrischen Sichtbarkeit eingeschränkt werden. Geschieht dies aber doch beim Be- und Entladen, so muss das Fahrzeug während der Zeit, in der die Beleuchtung eingeschaltet werden muss, durch Einrichtungen gemäß § 53a Abs. 1 bis 3 StVZO abgesichert werden, sofern Beleuchtungseinrichtungen betroffen sind, die nach 4.1 nicht an beweglichen Fahrzeugteilen angebracht sein dürfen.

(Diese Forderung gilt nicht, wenn nur die Bremsleuchten beim Be- oder Entladen verdeckt werden.)

7. Nichtanwendung des § 33 StVZO auf das Abschleppen betriebsunfähiger Fahrzeuge

(VkBl. 1961 S. 24)

Mit Verlautbarung vom 14. Oktober 1960 – StV 2 Nr. 2277 Va/60 – (VkBl. S. 582) habe ich darauf hingewiesen, dass das Wegschaffen betriebsunfähiger Fahrzeuge von der Straße zum nächsten geeigneten Bestimmungsort (Werkstatt, Verschrottungsbetrieb, Garage, Verladebahnhof usw.) nach wie vor zulässig ist, ohne dass die Voraussetzungen des § 33 StVZO vorliegen müssen. § 33 StVZO gilt nicht für betriebsunfähige Fahrzeuge, die abgeschleppt werden.

Ich mache darauf aufmerksam, dass dieser Hinweis den Begriff des Abschleppens nicht erschöpft, sondern nur ein Beispiel nennt. Außer dem Wegschaffen des Fahrzeugs von der Straße kommt auch die Abbeförderung von anderen Stellen zum nächsten geeigneten Bestimmungsort in Betracht, wenn die Betriebsunfähigkeit des Fahrzeugs zu einer derartigen Notmaßnahme zwingt. Ist ein Fahrzeug auf der Straße betriebsunfähig geworden, so bleiben die Vergünstigungen, die für das Abschleppen gelten, auch dann erhalten, wenn das Fahrzeug bis zur Entscheidung über den nächsten geeigneten Bestimmungsort an einer Stelle außerhalb der Straße abgestellt worden ist.

Ein Abschleppen im Sinne des § 18 kommt ferner dann in Betracht, wenn das Fahrzeug auf einem Hof oder in einer Garage betriebsunfähig geworden ist und deshalb abbefördert werden muss.

Welche Vorsichtsmaßregeln beim Abschleppen getroffen werden müssen, richtet sich nach den Umständen. Bildet das Fahrzeug ein Verkehrshindernis, so wird man die Anforderungen hinsichtlich der Sicherheitsmaßregeln u.U. geringer halten müssen, um zu erreichen, dass das Verkehrshindernis eher beseitigt werden kann.

8. § 52 Abs. 4 Nr. 2 StVZO; Richtlinien über die Mindestanforderungen an Bauart oder Ausrüstung von Pannenhilfsfahrzeugen

(VkBl. 1997 S. 472)

Die „Richtlinie über die Anerkennung von Pannenhilfsfahrzeugen" vom 24.1.1969, VkBl. 1969 Seite 67 wurde ausgedehnt auf Fahrzeuge, die vornehmlich zur Behebung von Reifenpannen an Nutzfahrzeugen eingesetzt werden. Da die benötigte technische Ausrüstung zur Behebung von Reifenpannen an Nutzfahrzeugen erheblich von den Ausrüstungsvorschriften der in der o.g. Richtlinie definierten Pannenhilfsfahrzeuge abweicht, wurden die Mindestanforderungen an die Einrichtung der Fahrzeuge zur Behebung von Reifenpannen unter Ziffer 4 dieser Richtlinie hinzugefügt.

Die Ausweitung der Berechtigung, eine Kennleuchte für gelbes Blinklicht (Rundumlicht) zu führen, wird für notwendig erachtet, da sich inzwischen ständig Fahrzeuge zur Behebung von Reifenpannen, insbesondere an Nutzfahrzeugen auf öffentlichen Straßen, im Einsatz befinden. Die Tätigkeit auf der dem Verkehr zugewandten Seite an liegengebliebenen Fahrzeugen ist überaus risikobehaftet, die übrigen Verkehrsteilnehmer sollten deshalb auf diese Art von Gefahrenstellen schon weithin sichtbar aufmerksam gemacht werden können.

Bei der Überarbeitung der o.g. Richtlinie wurden gleichzeitig auch die Anforderungen für die bereits anerkannten Pannenhilfsfahrzeuge sinngemäß dem heutigen Stand der Technik angepasst.

Nach Anhörung der zuständigen Landesbehörden wird nachstehende Richtlinie bekanntgegeben. Die Richtlinie kann ab sofort angewendet werden.

Die „Richtlinie über die Anerkennung von Pannenhilfsfahrzeugen" vom 24.1.1969, VkBl. 1969 Seite 67 wird hiermit aufgehoben.

Richtlinien über die Mindestanforderungen an Bauart oder Ausrüstung von Pannenhilfsfahrzeugen

Als Pannenhilfsfahrzeuge im Sinne des § 52 Abs. 4 Nr. 2 StVZO sind anzuerkennen:

1. Abschleppwagen
2. Bergungsfahrzeuge
3. Fahrzeuge mit entsprechender Ausrüstung vornehmlich zur Behebung technischer Störungen an Ort und Stelle
4. Fahrzeuge mit entsprechender Ausrüstung vornehmlich zur Behebung von Reifenpannen an Ort und Stelle

Anerkennungsvoraussetzungen

zu 1. Anerkennung nach § 18 Abs. 2 Nr. 1 StVZO als selbstfahrende Arbeitsmaschine.

Hierfür gelten die Richtlinien für die Begutachtung von Abschleppwagen (Kranwagen) als Arbeitsmaschinen vom 9.6.1967 (Verkehrsblatt 1967 S. 394).

zu 2. Kraftfahrzeuge zum (Ab-)Transport beschädigter oder liegengebliebener Fahrzeuge mit technischen Einrichtungen zum Aufladen dieser Fahrzeuge (z.B. Seilwinde oder Ladekran).

zu 3. Die Ausrüstung dieser Kraftfahrzeuge oder Anhänger muss mindestens die unter a, b11, b21, b31 und b41 aufgeführten Gegenstände umfassen.

zu 4. Die Ausrüstung dieser Kraftfahrzeuge oder Anhänger muss mindestens die unter a, b12, b22 und b32 aufgeführten Gegenstände umfassen, zusätzlich muss ein entsprechender Transportraum für die im jeweiligen Pannenfall zu ersetzenden Reifen zur Verfügung stehen.

Ausrüstungsgegenstände der unter 3. und 4. genannten Fahrzeuge:

a) Ausrüstung zur Absicherung der Unfall- oder Arbeitsstelle:

- 2 Unterlegkeile
- 1 Warnflagge weiß-rot gestreift
- 3 Warndreiecke und 2 Warnleuchten, jeweils in amtlich genehmigter Bauart
- 5 Leitkegel („Lübecker Hüte")

b) Ausrüstung zur Behebung von Pannen:

WERKZEUG

b11)
- je 1 Dorn, Körner und Meißel
- je 1 Kontakt-, Flach-, Halbrund- und Rundfeile
- 1 Satz Gabelschlüssel (Schlüsselweiten 6–32)
- je 1 Satz Ringschlüssel (Schlüsselweiten 6–32) gerade und gekröpft
- 1 Satz Steckschlüssel (Schlüsselweiten 6–22)
- 1 Satz Innensechskantschlüssel (Schlüsselweiten 4–12)
- 1 Radkreuzschlüssel
- 2 Zündkerzenschlüssel (Schlüsselweiten 21 und 26)
- 1 Magnet an biegsamer Verlängerung
- 1 Satz Schraubenzieher
- je 1 Kombi-Zange, Seitenschneider und Wasserpumpenzange
- 1 Zündkerzenbürste
- 2 Hämmer (300 und 800 g)
- 1 Gummi- oder Plastikhammer
- 2 Montierhebel

b12)
- 1 Satz Kleinwerkzeuge (z.B. Fräser und Rauhwerkzeuge)

- 1 Kleinwerkzeug-Koffer (Schraubenzieher, Zangen etc.)
- 1 Steckschlüsselkasten mit Wechselsteckschlüssel in langer Ausführung (Schlüsselweiten 24–36 mm)
- 2 Hämmer (300 und 800 g)
- 1 Satz Montierhebel
- 1 Satz Pumpringe
- 1 Radkreuzschlüssel
- 1 Radmutternlöser
- 1 Drehmomentschlüssel für 140 Nm bis 760 Nm (3/4 mit Verlängerung und Adapter für 1)

GERÄTE

b21) – 1 Wagenheber
- 1 Unterstellbock oder -klotz
- 1 Luftpumpe oder 1 Druckluftflasche
- 1 Spaten
- 1 Prüflampe
- 1 Arbeitslampe
- 1 Öleinspritzkanne
- 1 Abschleppseil
- Startbatterieausrüstung (12 Volt) mit Starthilfekabel, ausgelegt für Dieselmotoren

b22) – 1 Wagenheber
- 1 Satz Unterstellböcke
- 2 Unterlegkeile
- 1 Kompressor oder 1 Druckluftflasche
- 1 Hand-Reifenfüllmesser
- 1 Arbeitslampe mit Verlängerungskabel (25 m)

ERSATZMATERIAL

b31) – Isolierband
- Ventileinsätze
- Zündkerzen verschiedener Art (Gewinde, Wärmewert etc.)
- Ersatz-Kabel für die Kraftfahrzeugelektrik in gängigen Querschnitten
- Kabelbinder verschiedener Länge
- Benzinschlauch mit passenden Schlauchschellen
- Ersatz-Wasserschläuche Schlauchschellen
- Bindedraht
- Ersatz-Glühlampen für die vorgeschriebene Fahrbahn- und Fahrzeugbeleuchtung
- Sicherungen gängiger Art für unterschiedliche Stromstärken

b32) – gebräuchliche Ventile und Ventilverlängerungen
- gebräuchliche Radmuttern und Dichtringe
- Reifenreparaturmaterial

KRAFT- UND SCHMIERSTOFFE, WASSER

b41) – 10 Liter Superbenzin, unverbleit
- 5 Liter Dieselkraftstoff
- 10 Liter Wasser
- 2 Liter synthetisches Motoröl

Der Vermerk unter Ziffer 33 im Fahrzeugschein über die Anerkennung als Pannenhilfsfahrzeug soll lauten:

„Als Pannenhilfsfahrzeug nach § 52 Abs. 4 Nr. 2 StVZO anerkannt.“

9. Merkblatt über die Verwendung von Hecktragesystemen an Pkw und Wohnmobilen

(VkBl. 1993 S. 576)

An Personenkraftwagen und Wohnmobilen wird seit geraumer Zeit vermehrt die Verwendung von sog. „Hecktragesystemen" beobachtet.

Hierbei stehen Hecktragesysteme für Fahrräder im Vordergrund, die zwischenzeitlich in einer Vielzahl von mehr oder weniger geeigneten Varianten am Markt angeboten werden. Die Befestigung dieser Tragesysteme erfolgt in der Regel mittels einer Klemmvorrichtung an der am Fahrzeug vorhandenen Kupplungskugel mit Halterung (KmH).

Durch die vom ursprünglichen Verwendungszweck der KmH abweichende Benutzung wird die Bauartgenehmigung der KmH betroffen. Darüber hinaus ist es aufgrund der bereits angesprochenen Variantenvielfalt für den Verwender kaum noch möglich, ohne sachkundige Beratung ein geeignetes System auszuwählen. Aus diesen Gründen wurde ein an Händler, Käufer und insbesondere an den Fahrzeughalter gerichtetes Merkblatt erarbeitet, welches im wesentliche folgende Informationen beinhaltet:

- in allgemeiner Form gehaltene Ausführungen über die grundsätzlichen Anforderungen an Hecktragesysteme,
- Hinweise auf die Ladungsbefestigung und den Betrieb des Fahrzeugs mit Hecktragesystem

sowie

- die Empfehlung, nur Systeme mit einer Betriebserlaubnis nach § 22 StVZO zu verwenden.

Merkblatt

über die Verwendung von Hecktragesystemen an Personenkraftwagen und Wohnmobilen[1]

Dieses Merkblatt enthält Hinweise für den Fahrzeughalter über die Anbringung und Verwendung von fest angebrachten und abnehmbaren Hecktragesystemen.

1. Hecktragesysteme müssen so dimensioniert sein, dass sie den im Betrieb auftretenden Beanspruchungen standhalten; Angaben über die zulässige Tragfähigkeit müssen dauerhaft angebracht sein.

2. Hecktragesysteme müssen so gestaltet sein, dass weder die für das Fahrzeug zulässigen Abmessungen überschritten werden noch nach außen gerichtete Kanten vorhanden sind.

3. Bei der Anbringung von Hecktrageystemen ist folgendes zu beachten:

- die Befestigung muss den betriebsbedingten Beanspruchungen standhalten, ein ungewolltes Lösen muss durch Sicherungen verhindert sein.
- Die Hinweise des Fahrzeug- und des Tragesystem-Herstellers sind zu beachten.
- Wird die Kupplungskugel mit Halterung zur Befestigung herangezogen, muss deren Eignung gesondert nachgewiesen sein (z.B. durch Gutachten eines amtlich anerkannten Sachverständigen für den Kraftfahrzeugverkehr).
- Bei zusätzlicher Abstützung am Fahrzeugaufbau müssen die Auflageflächen zur Aufnahme der entsprechenden Stützkräfte geeignet sein.

4. Bei auch nur teilweiser Verdeckung von lichttechnischen Einrichtungen und/oder des amtlichen Kennzeichens durch das Hecktragesystem oder die mitgeführte Ladung sind die entsprechenden lichttechnischen Einrichtungen und/oder am Hecktragesystem zu wiederholen.

[1] Um sicherzustellen, dass das Hecktragesystem den geltenden Vorschriften entspricht, sollten nur Systeme verwendet werden, die eine Betriebserlaubnis gemäß § 22 StVZO haben.

Die elektrische Schaltung der wiederholten Nebelschlussleuchte ist so auszuführen, dass die serienmäßige(n) Nebelleuchte(n) ausgeschaltet wird (werden). Die jeweilige Ab- bzw. Wiedereinschaltung der Nebelschlussleuchte muss selbsttätig durch Aufstecken des Steckers für die zu wiederholenden Leuchten erfolgen.

5. Im übrigen gelten die Vorschriften der StVO bezüglich der Ladung (§ 22 StVO). Insbesondere ist zu beachten, dass die Ladung seitlich nicht mehr als 40 cm über den äußeren Rand der Lichtaustrittsflächen der Begrenzungs- oder Schlussleuchten hinausragt. Schlecht erkennbare Gegenstände dürfen seitlich nicht herausragen.

6. Durch die am Heck des Fahrzeugs angebrachte Ladung wird die vom Fahrzeughersteller vorgegebene Achslastverteilung verändert. Diese Veränderung der Achslastverteilung darf nicht zu einem Überschreiten der zulässigen Achslasten führen.

Die Fahrweise ist dem Beladungszustand und einem ggf. geänderten Fahrverhalten anzupassen.

Auch die zulässige Stützlast der Kugelkupplung mit Halterung darf nicht überschritten werden.

Der gleichzeitige Betrieb eines Anhängers in einem Hecktragesystem setzt voraus, dass die Anhängekupplung zugänglich und die Winkelbeweglichkeit des Anhängers gewährleistet bleibt.

10. Sachwortverzeichnis

Die Angaben hinter den Sachwörtern verweisen auf Kapitel und Abschnitte und ggf. laufende Nummern in diesen Kapiteln. Beispiel: AKE E5; der AKE (Arbeitskreis Erfahrungsaustausch) ist in Kapitel E, Abschnitt 5 zu finden.

A

B

C

D

E

L

M

N

O

P

R

W

Z